Die globalen Häusertabellen

DIE GLOBALEN HÄUSERTABELLEN

nach Placidus, vervollständigt
und neu computerberechnet.
Mit den Zeitzonen und
Sommerzeiten aller
europäischer Länder.

O.W. BARTH

Der Titel DIE DEUTSCHE EPHEMERIDE ist für
den Otto Wilhelm Barth Verlag, München,
als Warenzeichen eingetragen.

Dieser Band
wurde erarbeitet von Friedrich Jacob
von der Technischen Universität
München

www.fischerverlage.de

Dreizehnte Auflage 2004
Erschienen bei O.W. Barth,
ein Verlag der S. Fischer Verlag GmbH,
Frankfurt am Main

Gesamtherstellung: Ebner & Spiegel, Ulm
Printed in Germany

ISBN 3-502-68831-1

INHALT
CONTENTS
TABLE DES MATIÈRES

HINWEIS FÜR DEN GEBRAUCH

Das vorliegende Werk enthält ein vollständiges Verzeichnis der Häuserspitzen für die geographischen Breiten von 0 bis 66° Nord. Nach sehr einfacher Umrechnung, die weiter unten erklärt wird, ergeben sich die Häuserspitzen für südliche Breiten.

Die Häuserspitzen wurden nach der bewährten Methode des Placidus de Titis berechnet. Diese Methode ist keineswegs die einzige, sicher jedoch die verbreitetste.

Die Überschrift einer jeden Seite der Häusertabellen enthält die Sternzeit, dann folgen die Angaben des MC *(medium coeli)*, also der Himmelsmitte, sowie der RAMC (Rektaszension des *medium coeli)*. Außer der Spitze des zehnten Hauses (=MC) sind alle anderen Häuserspitzen nicht nur von der Sternzeit, sondern auch von der geographischen Breite abhängig. Unter der Bezeichnung «Lat.» für «Latitude» sind nördliche Breiten angegeben. Nebenstehend sind die Positionen der zugehörigen Spitzen des elften, zwölften, ersten, zweiten und dritten Hauses aufgeführt, wobei die Spitze des ersten Hauses auch als Aszendent bezeichnet wird und mit ASC überschrieben ist.

Anhand eines Beispiels sei gezeigt, wie die Häuserspitzen berechnet werden. Folgende Daten müssen bekannt sein:

1. Geburtszeit	z.B. 5h 33m	(1)
2. Datum	z.B. 7.10.1952	(2)
3. Geburtsort,	z.B. München:	
d.h. die Länge und Breite	11°34′ östl. Länge	(3)
	48°08′ nördl. Breite	(4)

I. MITTAGSEPHEMERIDE - MITTERNACHTSEPHEMERIDE

Eine der Grundlagen zur Berechnung von Häuserspitzen ist die Sternzeitangabe, die für jeden Tag den Ephemeriden entnommen werden kann. Man unterscheidet zwei Arten von Ephemeriden: die Mittagsephemeriden, die alle Planetenpositionen und Sternzeiten für 12h Greenwichzeit eines jeden Tages angeben,und die Mitternachtsephemeriden, die sich auf 0h Greenwichzeit beziehen. Es soll nun für die weiteren Betrachtungen eine gemeinsame Basis geschaffen werden.

Liegt eine Mitternachtsephemeride vor, so sind keine Umrechnungen nötig. Für Mittagsephemeriden muß unterschieden werden, ob das Ereignis vor Mittag (also a.m.) oder nach Mittag (also p.m.) stattfand. Für Ereignisse vor Mittag wird das Datum des vorhergehenden Tages benützt, und zur Geburtszeit müssen 12 Stunden hinzugezählt werden:

z.B. statt 8h 15m am 2.2. schreibe man 20h 15m und als Datum den 1.2. Für Ereignisse nach Mittag ist das Datum beizubehalten und die Zeit in Stunden ab Mittag anzugeben:

z.B. statt 15h 30m am 2.2. schreibe man 3h 30m und behalte den 2.2. bei. Mit dem sich so ergebenden Geburtstag und der neuen Geburtszeit wird in Abschnitt II weitergerechnet.

II. GEBURTSZEIT WIRD IN GREENWICHZEIT UMGERECHNET

Die Geburtszeit ist in der Zeit irgendeiner Zeitzone gegeben, wie z.B. MEZ (mitteleuropäische Zeit), OEZ (osteuropäische Zeit) und so fort. Daneben ist zu beachten, daß in manchen Staaten in bestimmten Jahren abweichend von der sonst üblichen Zeitzonenregelung Sommerzeiten eingeführt wurden. Ziel ist es, die Geburtszeit in Greenwichzeit umzurechnen, d.h. zu ergründen, wieviel Uhr es zum Zeitpunkt der Geburt in Greenwich, also am nullten Meridian war. Dieser nullte Meridian hat deshalb eine so besondere Bedeutung, weil alle Ephemeriden wie auch diese Häusertabellen sich auf Greenwichzeit beziehen.

Um eine verbreitete Unsicherheit zu beenden und einer großen Nachfrage entgegenzukommen, wurden diesem Buch Angaben über die Zeitzonen- und Sommerzeitregelungen aller europäischen Länder beigegeben. Aus ihnen ist zu entnehmen, um wieviel sich die jeweilige Zonenzeit von der Greenwichzeit unterscheidet. Für Deutschland galt z.B. am 7.10.1952 die mitteleuropäische Zeit, sie ist gleich der Greenwichzeit +1h. Zieht man also eine Stunde von der mitteleuropäischen Zeit ab, so ergibt sich die Zeit von Greenwich. 5h 33m MEZ entspricht somit 4h 33m Greenwichzeit (GZ).

Anmerkung: In manchen Fällen ergibt sich beim Umrechnen in Greenwichzeit ein anderes Datum. So entspricht 0h 30m MEZ 23h 30m des vorherigen Tages. Dieses Datum ist dann Basis für die weiteren Berechnungen.

III. DIE STERNZEITKORREKTUR FÜR DIE GREENWICHZEIT

Durch den Zeitraum zwischen zwei Durchgängen der mittleren Sonne durch den Meridian ist die Länge des sogenannten Sonnentages festgelegt und damit auch Stunde, Minute und Sekunde definiert. (Daß heute die Sekunde durch andere physikalische Prozesse festgelegt wird, ändert in diesem Zusammenhang nichts.)

Neben dem sogenannten Sonnentag gibt es noch den Sterntag. Darunter versteht man die Zeitspanne, die ein Stern für zwei Meridiandurchgänge braucht. Der Sterntag wird in Sternstunden, Sternminuten und Sternsekunden unterteilt. Er ist um 3m 55,91s kürzer als der Sonnentag.

Für die in Abschnitt II ermittelte Greenwichzeit kann die gesuchte Sternzeitkorrektur der Tabelle 2 (Seite 34) entnommen werden; z.B. beträgt die Sternzeitkorrektur für 4h 33m: 0m 45s. (5)

IV. UMRECHNEN DER GEOGRAPHISCHEN LÄNGE DES GEBURTSORTES IN ZEIT

Aufgrund der Erdrotation ergibt sich eine Beziehung zwischen einem Winkel, um den sich die Erde dreht, und der dazu benötigten Zeit. In 24 Stunden dreht sich die Erde um 360°, in 4 Minuten um 1° und in 4 Sekunden um 1′. Mit diesen Kenntnissen läßt sich die gegebene geographische Länge des Geburtsortes in Zeit umrechnen.

Die Ergebnisse solcher Umrechnungen sind in Tabelle 1 (Seite 33) zusamengefaßt.

Die Länge von München beträgt 11° 34′ (ö.L.)

Tabelle 1 entnimmt man:	11° entspricht	44m
	34′ entspricht	2m 16s
Daraus folgt:	11° 34′ entspricht	46m 16s
	(= geogr. Länge in Zeit)	(6)

V. DIE ORTSZEIT (OZ) DER GEBURT WIRD BERECHNET

Bei allen bisher genannten Zeiten handelt es sich um Zonenzeiten, die in großen Gebieten wie etwa Mitteleuropa oder Osteuropa usw. benutzt werden. Im Unterschied dazu gibt es die sogenannten Ortszeiten, die von der geographischen Länge des Ortes abhängen, so daß alle Orte, die nicht auf dem gleichen Längengrad liegen, verschiedene Ortszeiten haben. Die Ortszeit (OZ) errechnet sich wie folgt:

für Orte mit westlicher Länge:

OZ = Greenwichzeit – geographische Länge in Zeit

(GZ) – (6) = (7)

für Orte mit östlicher Länge:

OZ = Greenwichzeit + geographische Länge in Zeit

(GZ) + (6) = (7)

z.B. 4h 33m GZ + 46m 16s = 5h 19m 16s OZ

Anmerkung: In manchen Fällen ergibt sich beim Berechnen der Ortszeit das Datum des vorhergehenden oder des folgenden Tages. Dieses neue Datum ist dann Grundlage für die weiteren Berechnungen:

z.B. 23h 30m GZ + 0h 46m ergibt 0h 16m des folgenden Tages.

VI. DIE STERNZEIT DES GEBURTSTAGES

Der Ephemeride wird nun die Sternzeit entnommen für das Datum, das sich aus den Geburtsdaten nach dem Umrechnen laut Abschnitt I und den Anmerkungen der Abschnitte II und V ergeben hat.
Für unser Beispiel 7.10. 1952 findet man: 1h 2m 20s (8)

VII. DIE STERNZEIT DES EREIGNISSES

Sie erhält man aus folgender Rechnung:

	Ortszeit des Ereignisses	z.B. 5h 19m 16s	(7)
+	Sternzeitkorrektur	45s	(5)
+	Sternzeit aus Ephemeride	1h 02m 20s	(8)
	Sternzeit der Geburt	6h 22m 21s	
			(7)+(5)+(8)=(9)

Ist die Sternzeit der Geburt größer als 24 Stunden, so zieht man 24 Stunden ab, z.B. 28h 37m ist gleichbedeutend mit 4h 37m.

Diese Sternzeit der Geburt und die geographische Breite des Geburtsortes bestimmen die Lage der Häuserspitzen eindeutig.

VIII. SÜDLICHE BREITEN

Für südliche Breiten sind zu der in Abschnitt VII ermittelten Sternzeit der Geburt 12 Stunden zu addieren oder zu subtrahieren, so daß die neue Sternzeit kleiner als 24 Stunden ist.
z.B. aus 3h 24m erhält man 15h 24m
aus 18h 40m erhält man 6h 40m

Die mit dieser neuen Sternzeit errechneten Häuserspitzen sind nun nicht die Häuserspitzen des MC, des 11., 12., 1., 2. und 3. Hauses, sondern genau die jeweils gegenüberliegenden, also die Spitzen des IC *(imum coeli)* - also des 4. Hauses - sowie des 5., 6., 7., 8. und 9. Hauses.

In Abständen von 4 Minuten Sternzeit und einem Grad in der geographischen Breite sind die Häuserspitzen den Tabellen zu entnehmen. In vielen Fällen sind die der genauen Sternzeit und dem genauen Breitengrad zunächstliegenden Angaben von hinreichender Genauigkeit.

Zuerst ein Beispiel:
Die Sternzeit der Geburt z.B.: 6h 22m 21s
Zunächstliegende Sternzeit aus der Tabelle: 6h 24m 00s
Die Breite des Geburtsortes z.B.: 48° 08′ n.B.
Benachbarte Breite aus der Tabelle: 48° 00′ n.B.
Man findet in den Häusertabellen für das Beispiel:

6h 24m MC 5° ♋ 30′ 29″

Lat.	11	12	ASC	2	3
48°	10° ♌ 26′	10° ♍ 15′	4° ♎ 24′ 49″	29° ♎ 31′	0° ♐ 9′

Höhere Präzision wird durch lineare Interpolation erreicht.

Die Methode der linearen Interpolation dient dazu, Häuserspitzen für Sternzeiten und geographische Breiten zu berechnen, die zwischen den in den Tabellen gegebenen Werten liegen.

Außer für den MC, der unabhängig von der Breite ist, müssen zwei Interpolationen durchgeführt werden, eine für die Sternzeit und eine für die geographische Breite. In den Häusertabellen sucht man die Seiten, die sich auf Sternzeiten (erste Angabe einer jeden Überschrift) beziehen, welche der gegebenen Sternzeit benachbart sind.

z.B. für 6h 22m 21s findet man:
6h 20m (kleinere Sternzeit) (10)
6h 24m (größere Sternzeit) (11)

Von Bedeutung sind die Zeilen, die für die Breiten gelten, welche der Breite des Geburtsortes benachbart sind.

z.B. für 48° 08′ findet man:
48° (kleinere geographische Breite) (12)
49° (größere geographische Breite) (13)

In den Häusertabellen findet man:
für die größere Breite (13) und die
größere Sternzeit (11): (14)

6h 24m MC 5° ♋ 30′ 29″

Lat.	11	12	ASC	2	3
49°	10° ♌ 40′	10° ♍ 26′	4° ♎ 21′ 46″	29° ♎ 16′	29° ♏ 53′

für die größere Breite (13) und die
kleinere Sternzeit (10): (15)

6h 20m MC 4° ♋ 35′ 21″

Lat.	11	12	ASC	2	3
49°	9° ♌ 47′	9° ♍ 37′	3° ♎ 38′ 9″	28° ♎ 27′	29° ♏ 0′

Es ist die Differenz zwischen (14) und
(15) zu bilden: (14)-(15)=(16)

Diff MC = 0° 55′ 08″

Diff 11	Diff 12	Diff ASC	Diff 2	Diff 3
0° 53′	0° 49′	0° 43′ 37″	0° 49′	0° 53′

Die Werte, die soeben in Zeile (16) berechnet wurden, müssen mit einem Interpolationsfaktor für die Sternzeit (IFS) multipliziert werden. Zuerst wird der Interpolationsfaktor ermittelt. Um die Rechnungen auszuführen, empfiehlt es sich, alle Größen gleichnamig zu machen, d.h. alle Größen etwa in Minuten oder Sekunden umzurechnen.

$$\text{IFS} = \frac{\text{Sternzeit (9) – kleinere Sternzeit}}{\text{4 Minuten}}$$

$$\text{z.B.}\ \frac{\text{6h 22m 21s – 6h 20m}}{\text{4 Minuten}} = 0{,}588 \qquad (17)$$

Zeile (16) wird mit Faktor IFS siehe (17)
multipliziert: (18)

Diff MC · (17) = 0° 32′ 25″

Diff 11 · (17)	Diff 12 · (17)	Diff ASC · (17)	Diff 2 · (17)	Diff 3 · (17)
0° 31′	0° 29′	0° 25′ 39″	0° 29′	0° 31′

Zeile (18) wird zu Zeile (15) addiert. (19)

6h 22m 21s MC 5° ♋ 7′ 46″

Lat.	11	12	ASC	2	3
49°	10° ♌ 18′	10° ♍ 06′	4° ♎ 3′ 48″	28° ♎ 56′	29° ♏ 31′

Der endgültige Wert des MC liegt damit fest, da dieser unabhängig ist von der geographischen Breite. Die Daten (19) sind die genauen Häuser für die Sternzeit der Geburt und die größere geographische Breite. Nun werden die Häuser auf gleiche Weise für die kleinere geographische Breite berechnet. Der MC bleibt hierbei unberücksichtigt, da er bereits festliegt.
In den Häusertabellen findet man:
für die kleinere Breite (12) und
die größere Sternzeit (11): (20)

Lat.	11	12	ASC	2	3
48°	10° ♌ 26′	10° ♍ 15′	4° ♎ 24′ 49″	29° ♎ 31′	0° ♐ 9′

für die kleinere Breite (12) und
die kleinere Sternzeit (10): (21)

Lat.	11	12	ASC	2	3
48°	9° ♌ 33′	9° ♍ 26′	3° ♎ 40′ 41″	28° ♎ 42′	29° ♏ 16′

Als Differenz von (20) und (21) ergibt
sich: (20) − (21) = (22)

Diff 11	Diff 12	Diff ASC	Diff 2	Diff 3
0° 53′	0° 49′	0° 44′ 08″	0° 49′	0° 53′

Die Ergebnisse von (22) werden nun mit dem Interpolationsfaktor für die Sternzeit multipliziert.

(22) · (17) = (23)

Diff 11 · (17)	Diff 12 · (17)	Diff ASC · (17)	Diff 2 · (17)	Diff 3 · (17)
0° 31′	0° 29′	0° 25′ 57″	0° 29′	0° 31′

Zeile (23) wird zu Zeile (21) addiert: (23) + (21) = (24)

6h 22m 21s

Lat.	11	12	ASC	2	3
48°	10° ♌ 4′	9° ♍ 55′	4° ♎ 6′ 38″	29° ♎ 11′	29° ♏ 47′

Die Daten (24) sind die Häuserspitzen für genaue Sternzeit der Geburt, aber für die kleinere geographische Breite.
Nun wird die Differenz zwischen den Werten von (19) und (24) gebildet: (19) – (24) = (25)

Diff 11	Diff 12	Diff ASC	Diff 2	Diff 3
0° 14′	0° 11′	– 0° 2′ 50″	– 0° 15′	– 0° 16′

Ein Interpolationsfaktor für die geographische Breite (IB) wird berechnet.

$$IB = \frac{\text{gesuchte Breite - kleinere Breite}}{\text{60 Bogenminuten}}$$

$$\text{z.B.} \quad \frac{48°\,08' - 48°\,00'}{60'} = 0{,}133 \qquad (26)$$

Die Ergebnisse von (25) werden mit IB (26) multipliziert: (25) · (26) = (27)

Diff 11 · (26)	Diff 12 · (26)	Diff ASC · (26)	Diff 2 · (26)	Diff 3 · (26)
0° 2′	0° 1′	– 0° 0′ 23″	– 0° 2′	– 0° 2′

Addiert man nun die Ergebnisse von (27) zu (24), so erhält man die gesuchten Häuserspitzen. Den MC übernehmen wir von (19).

6h 22m 21s MC 5° ♋ 7′ 46″

Lat.	11	12	ASC	2	3
48° 8′	10° ♌ 6′	9° ♍ 56′	4° ♎ 6′ 15″	29° ♎ 9′	29° ♏ 45′

INSTRUCTIONS FOR USE

The present work contains a complete set of house cusps for geographical latitudes from 0° to 66° North. The house cusps for south latitudes can be obtained by way of a very simple conversion explained below.

The house cusps have been calculated according to the method of Placidus de Titis, this being by no means the only but no doubt the most popular method.

The caption on each page of the Tables of Houses contains the Sidereal Time (ST), the Midheaven (MC = *medium coeli)* and the Right Ascension of the Midheaven (RAMC). Except for the cusp of the tenth house, i.e. of the Midheaven, all other house cusps vary not only with the Sidereal Time but also with the geographical latitude. Under «Lat.» for «latitude» are listed north latitudes. To the right then follow the positions of the respective cusps of the eleventh, twelfth, first, second and third house, the cusp of the first house also being called Ascendant and therefore headed «ASC».

Let us illustrate by means of an example how house cusps can be calculated.

The following data must be known:

1. Time of birth	e.g. 5h 33m	(1)
2. Date of birth	e.g. October 7, 1952	(2)
3. Place of birth,	e.g. Munich: 11°E 34′	(3)
i.e. longitude and latitude	48°N 08′	(4)

I. MIDDAY EPHEMERIS - MIDNIGHT EPHEMERIS

One of the bases for the calculation of house cusps is the indication of the Sidereal Time which can be found for each day in the ephemeris.

We distinguish two types of ephemerides: midday ephemerides which give all positions of the planets and the Sidereal Times for 12h GMT of each day and midnight ephemerides which refer to 0h GMT.

For any further considerations, let us bring the two on a common basis. In the case of a midnight ephemeris, no conversions are necessary.

As far as midday ephemerides are concerned, we must distinguish between events taking place before noon (a.m.) and after noon (p.m.).

With events before noon, the date of the preceding day has to be used and 12 hours added to the time.

e.g. instead of 8h 15m on Feb.2 say 20h 15m on Feb. 1
(8.15 a.m.) (8.15 p.m.)

With events after noon, the date is kept and time is indicated in hours p.m.

e.g. instead of 15h 30m on Feb.2 say 3h 30m on Feb.2
(3.30 p.m.)

The date and time of birth obtained in this way are then used as a basis for further calculations (see paragraph II).

II. CONVERSION OF THE TIME OF BIRTH INTO GREENWICH MEAN TIME (GMT)

The time of birth is given in the time of a certain time zone, like e.g. in CET (Central European Time), ET (Eastern Time) and so forth. Apart from this, it must be noted that in some countries daylight saving times have been introduced in some years, thus creating a difference from the normal time zone regulation.

We want to convert the time of birth into GMT. We therefore have to ask ourselves what the time was in Greenwich, i.e. along the prime meridian, at the moment of birth. This prime meridian is of great importance because all ephemerides as well as these Tables of Houses are based on GMT.

In order to put an end to a wide-spread uncertainty and to meet the great demand in this field, a list of the time zone and daylight saving time regulations of all European countries has been included in this book. It informs about the difference between the respective zone time and the GMT.

In Germany, for example, the current time on Oct. 7, 1952 was the CET, which equals GMT + 1 hour. Therefore, if we substract 1 hour from the CET, we get the GMT. Thus 5h 33m CET corresponds to 4h 33m GMT.

Note: In some cases, the conversion into GMT results in a change of date. Thus 0h 30m CET corresponds to 23h 30 (11.30 p.m.) on the preceding day. This date then serves as a basis for further calculations.

III. SIDEREAL TIME CORRECTION FOR GREENWICH MEAN TIME (GMT)

The time interval between two transits of the mean sun over the meridian fixes the length of the so-called solar day and thereby also defines the hour, minute and second. (Today a second is in fact defined by other physical processes, yet this does not change anything in this context.)

Apart from the so-called solar day there exists also the sidereal day. Its length is defined by the time interval between two transits of a star over the meridian. The sidereal day is divided into sidereal hours, minutes and seconds. It is 3m 55.91s shorter than the solar day.

For the GMT determined in the foregoing paragraph, the wanted Sidereal Time Correction can be found in Table 2 (see page 34); e.g. The Sidereal Time Correction for 4h 33m is: 0m 45s. (5)

IV. CONVERSION OF THE GEOGRAPHICAL LONGITUDE OF THE PLACE OF BIRTH INTO TIME

Because of the rotation of the earth there exists a relation between the angle around which the earth rotates and the time needed. Within 24 hours the earth turns by 360°, within 4 minutes by 1° or by 1′ within 4 seconds. Knowing this, we can convert the given geographical longitude of the place of birth into time. The results of such conversions are summed up in Table 1 (see page 33).

The longitude of Munich is 11°E 34′.

From Table 1 we learn

that 11° correspond to 44m 00s
34′ correspond to 2m 16s

From this follows that 11° 34′ correspond to 46m 16s
(= long. in time). (6)

V. CALCULATION OF THE LOCAL TIME (LT) OF BIRTH

All times mentioned so far are zone times which are used in large areas like Central Europe or Eastern Europe etc. As opposed to them there exist so-called local times which vary with the geographical longitude of the place so that all places not situated along the same meridian have different local times. The local time (LT) is calculated as follows:

for places with west
longitude: LT = GMT – geogr. long. in time
GMT – (6) = (7)

for places with east
longitude: LT = GMT + geogr. long. in time
GMT + (6) = (7)

e.g. 4h 33m GMT + 46m 16s = 5h 19m 16s LT

Note: In some cases the calculation of the local time results in a change of date, giving either the one of the preceding or of the following day. This date is then used as a basis for further calculations.

e.g. 23h 30m GMT + 0h 46m = 0h 16m on the following day.

VI. THE SIDEREAL TIME OF THE DATE OF BIRTH

From the ephemeris we now take the Sidereal Time given for the date which we have obtained from the date and time of birth after conversion according to paragraph I and the notes at the end of paragraphs II and V. For our example of October 7, 1952
we find: 1h 02m 20s. (8)

VII. THE SIDEREAL TIME OF THE EVENT

It can be obtained through the following calculation:

	Local Time of the event	e.g. 5h 19m 16s	(7)
+	Sidereal Time Correction	45s	(5)
+	Sidereal Time as found in the ephemeris	1h 02m20s	(8)
	Sidereal Time of Birth	6h 22m21s	
		(7)+(5)+(8) =	(9)

If the Sidereal Time of Birth be over 24h, we substract 24h:
e.g. 28h 37m corresponds to 4h 37m.

This Sidereal Time of Birth and the geographical latitude of the place of birth clearly define the position of the house cusps.

VIII. SOUTH LATITUDES

For south latitudes we add 12 hours to the Sidereal Time obtained in paragraph VII or substract them, making sure that the resulting Sidereal Time remains below 24h.
e.g. 3h 24m is changed to 15h 24m
18h 40m is changed to 6h 40m
The house cusps calculated with this new Sidereal Time are not the cusps of the MC the 11th, 12th, 1st, 2nd and 3rd house, but of those lying opposite to them, i.e. the cusps of the IC (*imum coeli* = cusp of the 4th house), the fifth, sixth, seventh, eighth and ninth house.

IX. DETERMINATION OF THE HOUSE CUSPS

The house cusps can be found in the Tables of Houses at intervals of 4 minutes Sidereal Time and one degree geographical latitude. In many cases, the data closest to the exact Sidereal Time and to the exact geographical latitude provide sufficiently accurate results.
First an example:

Sidereal Time of birth:	6h 22m 21s
Sidereal Time from the Tables coming closest to this:	6h 24m 00s

Latitude of the place of birth: 48°N 08′
Latitude from the Tables coming closest to this: 48°N 00′

For this example we find the following data in the Tables of Houses:

6h 24m MC 5° ♋ 30′ 29″

Lat.	11	12	ASC	2	3
48°	10° ♌ 26′	10° ♍ 15′	4° ♎ 24′ 49″	29° ♎ 31′	0° ♐ 9′

A higher degree of accuracy can be obtained through linear interpolation. The method of linear interpolation serves the purpose of calculating the house cusps for sidereal times and geographical latitudes lying between those listed in the Tables.

Except for the Midheaven (MC), which is independent from the latitude, two interpolations have to be carried out, one for the sidereal time, the other for the latitude.

We have to find those pages in the Tables of Houses which refer to the sidereal times coming closest to the given Sidereal Time (the data for the Sidereal Time being the first information given on each page).
e.g. for 6h 22m 21s we find:
6h 20m (smaller Sidereal Time) (10)
6h 24m (greater Sidereal Time) (11)

The next important step is to find the lines referring to the geographical latitudes coming closest to the latitude of the place of birth.
e.g. for 48° 08′ we find:
48° (smaller geographical latitude) (12)
49° (greater geographical latitude) (13)
The Tables of Houses give us the following data:
For the greater geographical latitude (13) and the greater Sidereal Time (11): (14)

6h 24m MC 5° ♋ 30′ 29″

Lat.	11	12	ASC	2	3
49°	10° ♌ 40′	10° ♍ 26′	4° ♎ 21′ 46″	29° ♎ 16′	29° ♏ 53′

For the greater geographical latitude (13) and the smaller Sidereal Time (10): (15)

6h 20m MC 4° ♋ 35′ 21″

Lat.	11	12	ASC	2	3
49°	9° ♌ 47′	9° ♍ 37′	3° ♎ 38′ 9″	28° ♎ 27′	29° ♏ 0′

Now the difference is calculated between (14) and (15): (14)-(15)=(16)

Diff MC = 0° 55′ 08″

Diff 11	Diff 12	Diff ASC	Diff 2	Diff 3
0° 53′	0° 49′	0° 43′ 37″	0° 49′	0° 53′

The values just calculated under (16) have to be multiplied by an interpolation factor for the Sidereal Time (IFS). First, the interpolation factor has to be determined. To facilitate the calculations, it is advisable to reduce all values to a common unit, i.e. to convert them into minutes or seconds.

$$\text{IFS} = \frac{\text{Sidereal Time (9) - smaller Sidereal Time}}{\text{4 minutes}}$$

$$\text{e.g.} \quad \frac{\text{6h 22m 21s - 6h 20m}}{\text{4 minutes}} = 0{,}588 \qquad (17)$$

Line (16) is then multiplied by the factor IFS (17): (18)

Diff MC × (17) = 0° 32′ 25″

Diff 11 × (17)	Diff 12 × (17)	Diff ASC × (17)	Diff 2 × (17)	Diff 3 × (17)
0° 31′	0° 29′	0° 25′ 39″	0° 29′	0° 31′

Line (18) is then added to line (15): (19)

6h 22m 21s MC 5° ♋ 7′ 46″

Lat.	11	12	ASC	2	3
49°	10° ♌ 18′	10° ♍ 06′	4° ♎ 3′ 48″	28° ♎ 56′	29° ♏ 31′

Thus the final value has been determined for the Midheaven which is - as mentioned before - independent from the geographical latitude. The data to be found under (19) give the exact house cusps for the Sidereal Time of birth and the greater geographical latitude. Now the house cusps for the smaller geographical latitude are calculated in the same manner. The Midheaven can now be ignored, since it has already been determined.
The Tables of Houses give the following data:
for the smaller geographical latitude (12)
and the greater Sidereal Time (11): (20)

Lat.	11	12	ASC	2	3
48°	10° ♌ 26′	10° ♍ 15′	4° ♎ 24′ 49″	29° ♎ 31′	0° ♐ 9′

for the smaller geographical latitude (12)
and the smaller Sidereal Time (10): (21)

Lat.	11	12	ASC	2	3
48°	9° ♌ 33′	9° ♍ 26′	3° ♎ 40′ 41″	28° ♎ 42′	29° ♏ 16′

The difference between (20) and (21) is: (20) – (21) = (22)

Diff 11	Diff 12	Diff ASC	Diff 2	Diff 3
0° 53′	0° 49′	0° 44′ 08″	0° 49′	0° 53′

The results obtained under (22) are now multiplied by the interpolation factor for the Sidereal Time:
(22) × (17) = (23)

Diff 11 × (17)	Diff 12 × (17)	Diff ASC × (17)	Diff 2 × (17)	Diff 3 × (17)
0° 31′	0° 29′	0° 25′ 57″	0° 29′	0° 31′

Line (23) is now added to line (21): (23) + (21) = (24)

6h 22m 21s

Lat.	11	12	ASC	2	3
48°	10° ♌ 4′	9° ♍ 55′	4° ♎ 6′ 38″	29° ♎ 11′	29° ♏ 47′

The data obtained under (24) give the house cusps for the exact sidereal time of birth, but for the smaller geographical latitude only.

Now the difference is calculated between the data obtained under (19) and (24): (19) – (24) = (25)

Diff 11	Diff 12	Diff ASC	Diff 2	Diff 3
.0° 14′	0° 11′	– 0° 2′ 50″	– 0° 15′	– 0° 16′

An interpolation factor has to be determined for the geographical latitude (IFL):

$$\text{IFL} = \frac{\text{exact latitude - smaller latitude}}{\text{60 minutes of arc}}$$

$$\text{e.g.}\ \frac{48°\,08' - 48°\,00'}{60'} = 0{,}133 \qquad (26)$$

The results obtained under (25) are multiplied by IFL (26): (25) × (26) = (27)

Diff 11 × (26)	Diff 12 × (26)	Diff ASC × (26)	Diff 2 × (26)	Diff 3 × (26)
0° 2′	0° 1′	– 0° 0′ 23″	– 0° 2′	– 0° 2′

After adding the results obtained under (27) to those obtained under (24), we get the wanted final data for the house cusps. The data for the Midheaven are to be found under (19).

6h 22m 21s MC 5° ♋ 7′ 46″

Lat.	11	12	ASC	2	3
48° 8′	10° ♌ 6′	9° ♍ 56′	4° ♎ 6′ 15″	29° ♎ 9′	29° ♏ 45′

DIRECTIVES POUR L'UTILISATION

L'ouvrage présent contient une liste complète des cuspides des maisons pour les latitudes géographiques de 0 à 66° Nord. On peut obtenir facilement les cuspides des maisons pour les latitudes Sud en suivant les explications données plus bas.

Les cuspides des maisons ont été calculées selon la méthode de Placidus de Titis, laquelle n'est nullement la seule méthode, mais sans doute la plus connue.

Le titre de chaque page des tables des maisons contient le temps sidéral, ensuite le milieu-du-ciel (MC), ainsi que l'ascension droite du milieu-du-ciel (RAMC). A l'exception de la pointe de la dixième maison du milieu-du-ciel, toutes les autres pointes des maisons dépendent non seulement du temps sidéral, mais également des latitudes géographiques. Sous «Lat.» pour «latitude» figurent les latitudes Nord. A droite suivent les positions des pointes respectives de la onzième, douzième, première, deuxième et troisième maison, la pointe de la première maison étant connue sous le nom d'ascendent et donc intituleé «ASC».

Ci-après un exemple pratique comment calculer des pointes de maisons:

1. Heure de naissance	p.ex.	5h 33	(1)
2. Date de naissance	p.ex.	7.10.1952	(2)
3. Lieu de naissance, c'est-à-dire longitude et latitude	p.ex.	11° E 34′	(3)
	Munich	48° N 08′	(4)

I. ÉPHÉMÉRIDES DE MIDI - ÉPHÉMÉRIDES DE MINUIT

Une des bases pour calculer les pointes des maisons est l'indication du temps sidéral qui peut être déduit pour chaque jour des éphémérides. Il existe deux sortes d'éphémérides: les éphémérides de midi qui indiquent toutes les positions planétaires et le temps sidéral de chaque jour pour 12h Greenwich, et les éphémérides de minuit qui se réfèrent à 0h Greenwich. Pour la continuation de nos propos, nous devons créer une base commune. Dans le cas d'une éphéméride de minuit, aucune conversion n'est nécessaire. En ce qui concerne les éphémérides de midi, il faut préciser si l'événement a eu lieu avant midi (a.m.) ou après midi (p.m.). Pour les événements ayant eu lieu avant midi, on prend la date de la veille en additionnant 12 heures.

Par exemple: au lieu de dire 8h 15 du 2.2., on dira 20h 15 du 1.2. Les événements qui ont eu lieu après midi gardent la même date et l'on compte les heures à partir de midi.

Par exemple: au lieu de dire 15h30 du 2.2., on dira 3h30 en gardant la date du 2.2.

La date et l'heure de naissance ainsi obtenues sont utilisées pour des calculs ultérieurs dans paragraphe II.

II. CONVERSION DE L'HEURE DE NAISSANCE EN HEURE GREENWICH

L'heure de naissance est indiquée selon l'horaire en vigueur dans la région du lieu de naissance (Europe centrale, Europe orientale etc.). A noter que pendant certaines années plusieurs pays ont introduit l'horaire d'été qui diffère de l'heure de Greenwich. Il faut donc convertir l'heure de naissance en temps Moyen de Greenwich, c'est-à-dire nous voulons savoir quelle heure il était à Greenwich (sur le méridien 0) au moment de la naissance. Le méridien 0 est d'une grande importance, car toutes les éphémérides ainsi que les tables des maisons sont basées sur l'heure de Greenwich.

Afin d'écarter toute incertitude et de répondre à une demande générale, ce livre contient les indications concernant les différentes régions et horaires d'été de tous les pays européens et vous renseigne sur l'heure respective du pays et de combien elle diffère de l'heure à Greenwich.

Par exemple: le 7.10.52, l'Allemagne avait l'heure de l'Europe centrale ce qui correspond au temps de Greenwich + 1 heure. Donc, en déduisant 1 heure de l'heure de l'Europe centrale, on obtient l'heure de Greenwich. 5h33 correspond donc à 4h 33 à Greenwich.

Remarque: Dans de nombreux cas, la conversion en heure Greenwich peut entraîner un changement de date. Ainsi 0h 30 heure de l'Europe centrale correspond à 23h 30 à Greenwich du jour précédent. Cette nouvelle date est alors déterminante pour tous les calculs ultérieurs.

III. CORRECTION DU TEMPS SIDÉRAL POUR L'HEURE GREENWICH

La durée entre deux passages du soleil sur le méridien détermine ce que l'on appelle le jour solaire et en même temps l'heure, la minute et la seconde. (Aujourd'hui, la seconde est définie par d'autres processus physiques, ce qui ne change rien dans ce contexte.)

Outre le jour solaire, il existe également le jour sidéral, qui signifie la durée de deux passages d'une étoile sur le méridien. Le jour sidéral est divisé en heures sidérales, minutes sidérales et secondes sidérales et est plus courte que le jour solaire de 3 minutes 55,91 secondes.

On peut trouver la correction du temps sidéral pour l'heure Greenwich obtenu dans le paragraphe ci-dessus en consultant table 2.

Par exemple: La correction du temps sidéral pour 4h33 Greenwich est: 0m 45s. (5)

IV. CONVERSION DE LA LONGITUDE GÉOGRAPHIQUE DU LIEU DE NAISSANCE EN TEMPS

A cause de la rotation de la terre, il existe un rapport entre l'angle autour duquel la terre tourne et le temps utilisé. En 24 heures, la terre tourne de 360°, en 4 minutes de 1° et en 4 secondes de 1′. Sachant ceci, nous pouvons convertir la longitude géographique donnée du lieu de naissance en temps. Les résultats de ce genre de conversions figurent dans table 1.
La longitude de Munich est 11° 34′.

Table 1 nous apprend que	11°	= 44m
	34′	= 2m 16 sec
Il s'ensuit que	11° 34′	= 46m 16 sec

(= longitude géographique en temps) (6)

V. CALCUL DE L'HEURE LOCALE (HL) DE LA NAISSANCE

Tous les temps mentionnés jusqu'ici sont les temps de régions étendues comme l'Europe centrale, Europe orientale etc. Contrairement à ceci, il existe l'heure locale qui dépend de la longitude géographique de l'endroit, ce qui signifie que tous les lieux ne se trouvant pas sur la même longitude ont une heure différente. L'heure locale (HL) est calculée de la manière suivante:

Pour les lieux de longitude Ouest:

HL = heure Greenwich moins longitude géographique en temps (HG) – (6) = (7)

Pour les lieux de longitude Est:

HL = heure Greenwich plus longitude géographique en temps (HG)+ (6) = (7)

Par exemple: 4h 33m HG + 46m 16 sec = 5h 19m 16s HL.

Remarque: Dans de nombreux cas, en calculant l'heure locale, on obtient soit la date du jour précédent soit du jour suivant. Cette nouvelle date est alors déterminante pour tous les calculs ultérieurs.

Exemple: 23h 30m HG + 0h 46m = 0h 16m du jour suivant.

VI. LE TEMPS SIDÉRAL DE LA DATE DE NAISSANCE

Nous prenons de l'éphéméride le temps sidéral pour la date que nous avons obtenue à partir de la date et l'heure de naissance après la conversion selon les explications données sous paragraphe II et V.

Pour l'example du 7.10.52, nous obtenons: 1h 2m 20s.

VII. LE TEMPS SIDÉRAL DE L'ÉVÉNEMENT

On le trouve en faisant le calcul suivant:

	HL de l'événement p.ex.	5h 19m 16s	(7)
+	correction du temps sidéral	45s	(5)
+	temps sidéral de l'éphéméride	1h 02m 20s	(8)
	temps sidéral de la naissance:	6h 22m 21s	
			(7)+(5)+(8)=(9)

Si le temps sidéral est supérieur à 24 heures, on déduit 24 heures. Par exemple: 28h 37m = 4h 37m.

Ce temps sidéral de la naissance et la latitude géographique du lieu de naissance sont déterminants pour la position des cuspides des maisons.

VIII. LES MÉRIDIENS SUD

Pour trouver les méridiens Sud, il faut additionner ou soustraire 12 heures du (au) temps sidéral de naissance, afin que le nouveau temps sidéral soit inférieur à 24 heures.

Exemple: 3h 24m = 15h 24m
18h 40m = 6h 40m

Les cuspides des maisons calculées à l'aide de ce nouveau temps sidéral ne sont pas celles du milieu-du-ciel, soient la onzième, douzième, première, deuxième et troisième maison, mais justement celles d'en face, à savoir les cuspides du IC *(imum coeli)* - donc de la quatrième -, de la cinquième, sixième, septième, huitième et neuvième maison.

IX. DÉTERMINATION DES CUSPIDES DES MAISONS

Les cuspides des maisons peuvent être trouvées dans la table des maisons à des intervals de 4 minutes de temps sidéral et un degré de latitude géographique. Dans de nombreux cas, les indications les plus proches du temps sidéral exact et de la latitude géographique exacte donnent des résultats suffisamment précis.

D'abord un exemple:

Temps sidéral de la naissance p.ex.	6h 22m 21s
Indication la plus proche du temps sidéral dans la table	6h 24m 00s
Latitude du lieu de naissance p.ex.	48° 08′ Lat. N.
Latitude voisine dans la table	48° 00′ Lat. N.

Pour cet exemple, on trouve dans la table des maisons:

6h 24m MC 5° ♋ 30′ 29″

Lat.	11	12	ASC	2	3
48°	10° ♌ 26′	10° ♍ 15′	4° ♎ 24′ 49″	29° ♎ 31′	0° ♐ 9′

On obtient plus de précision par interpolation linéaire. La méthode de l'interpolation linéaire sert à calculer des cuspides de maisons pour des temps sidéraux et des latitudes géographiques qui se trouvent entre les valeurs données dans les tables.

A l'exception du MC, qui ne dépend pas de la latitude, il faut faire deux interpolations, l'une pour le temps sidéral et l'autre pour la latitude géographique.

Dans les tables des maisons, il faut chercher les pages qui se réfèrent aux temps sidéraux (première indication de chaque titre) voisins au temps sidéral donné.

Exemple: pour 6h 22m 21s on trouve
6h20 (temps sidéral plus petit) (10)
6h24 (temps sidéral plus grand) (11)

Les lignes importantes sont celles qui se réfèrent aux latitudes voisines à la latitude du lieu de naissance.

Par exemple: pour 48° 08′ on trouve:
48° (latitude plus petite) (12)
49° (latitude plus grande) (13)

Dans les tables des maisons on trouve:
pour la latitude plus grande (13) et le temps sidéral plus grand (11) (14)

6h 24m MC 5° ♋ 30′ 29″

Lat.	11	12	ASC	2	3
49°	10° ♌ 40′	10° ♍ 26′	4° ♎ 21′ 46″	29° ♎ 16′	29° ♏ 53′

pour la latitude plus grande (13) et le temps sidéral plus petit (10): (15)

6h 20m MC 4° ♋ 35′ 21″

Lat.	11	12	ASC	2	3
49°	9° ♌ 47′	9° ♍ 37′	3° ♎ 38′ 9″	28° ♎ 27′	29° ♏ 0′

Il faut calculer la différence entre
(14) et (15) : (14)-(15)=(16)

Diff MC = 0° 55′ 08″

Diff 11	Diff 12	Diff ASC	Diff 2	Diff 3
0° 53′	0° 49′	0° 43′ 37″	0° 49′	0° 53′

Les valeurs obtenues en ligne (16) doivent être multipliées par le facteur d'interpolation pour le temps sidéral (FIS). Tout d'abord, on calcule le facteur d'interpolation pour le temps sidéral. Pour cela, il est préférable de convertir toutes les valeurs en un dénommінateur commun, c'est-à-dire en minutes ou secondes.

$$FIS = \frac{\text{Temps sidéral (9) - temps sidéral plus petit}}{\text{4 minutes}}$$

$$\text{exemple: } \frac{\text{6h 22m 21s - 6h 20m}}{\text{4 minutes}} = 0{,}588 \qquad (17)$$

La ligne (16) est multipliée par le facteur FIS
voir (17): (18)

Diff MC · (17) = 0° 32′ 25″

Diff 11 · (17)	Diff 12 · (17)	Diff ASC · (17)	Diff 2 · (17)	Diff 2 · (17)
0° 31′	0° 29′	0° 25′ 39″	0° 29′	0° 31′

La ligne (18) est additionnée à la ligne (15). (19)

6h 22m 21s MC 5° ♋ 7′ 46″

Lat.	11	12	ASC	2	3
49°	10° ♌ 18′	10° ♍ 06′	4° ♎ 3′ 48″	28° ♎56′	29° ♏ 31′

La valeur finale du MC est fixé, car il ne dépend pas de la latitude géographique. Les données (19) sont les maisons exactes pour le temps sidéral de naissance et la latitude plus grande. Maintenant, on calcule de la même manière les maisons pour la latitude plus petite. Le MC n'est pas pris en considération, étant donné qu'il est déjà fixé. Dans les tables de maisons on trouve:

Pour la latitude plus petite (12) et le temps sidéral plus grand (11): (20)

Lat.	11	12	ASC	2	3
48°	10° ♌ 26′	10° ♍ 15′	4° ♎ 24′ 49″	29° ♎ 31′	0° ♐ 9′

Pour la latitude plus petite (12) et
le temps sidéral plus petit (10): (21)

Lat.	11	12	ASC	2	3
48°	9° ♌ 33′	9° ♍ 26′	3° ♎ 40′ 41″	28° ♎ 42′	29° ♏ 16′

La différence entre (20) et (21) est: (20) - (21) = (22)

Diff 11	Diff 12	Diff ASC	Diff 2	Diff 3
0° 53′	0° 49′	0° 44′ 08″	0° 49′	0° 53′

Les résultats de (22) sont maintenant multipliés par le facteur d'interpolation pour le temps sidéral:

(22) · (17) = (23)

Diff 11 · (17)	Diff ASC · (17)	Diff 2 · (17)	Diff 12 · (17)	Diff 3 · (17)
0° 31′	0° 29′	0° 25′ 57″	0° 29′	0° 31′

La ligne (23) et la ligne (21) sont additionnées:

(23) + (21) = (24)

6h 22m 21s

Lat.	11	12	ASC	2	3
48°	10° ♌ 4′	9° ♍ 55′	4° ♎ 6′ 38″	29° ♎ 11′	29° ♏ 47′

Les données (24) sont les cuspides des maisons pour le temps sidéral exact de naissance, mais pour la latitude géographique plus petite.
Nous allons maintenant faire la différence entre les valeurs (19) et (24): (19) – (24) = (25)

Diff 11	Diff 12	Diff ASC	Diff 2	Diff 3
0° 14′	0° 11′	– 0° 2′ 50″	– 0° 15′	– 0° 16′

On calcule un facteur d'interpolation pour la latitude géographique (IL)

$$IL = \frac{\text{latitude cherchée - latitude plus petite}}{\text{60 minutes}}$$

p.ex.: $\frac{48°\,08' - 48°\,00'}{60'} = 0{,}133$ (26)

Les résultats de (25) sont multipliés de sont multipliés par IL (26): (25) · (26) = (27)

Diff 11 · (26)	Diff 12 · (26)	Diff ASC · (26)	Diff 2 · (26)	Diff 3 · (26)
0° 2′	0° 1′	– 0° 0′ 23″	– 0° 2′	– 0° 2′

Si nous additionnons maintenant les résultats de (27) et de (24), nous trouvons les cuspides des maisons cherchées. Nous prenons le MC du (19).

6h 22m 21s MC 5° ♋ 7′ 46″

Lat.	11	12	ASC	2	3
48° 8′	10° ♌ 6′	9° ♍ 56′	4° ♎ 6′ 15″	29° ♎ 9′	29° ♏ 45′

Tabelle 1: Zeitkorrektur für die geographische Länge
Table 1: Time Correction for Longitude
Table 1: Correction de temps pour longitude

Grade Degrees Degrés									Minuten			Sekunden	
°	h	m	°	h	m	°	h	m	′	m	s	″	s
1	0	4	61	4	4	121	8	4	1	0	4	1	0
2	0	8	62	4	8	122	8	8	2	0	8	2	0
3	0	12	63	4	12	123	8	12	3	0	12	3	0
4	0	16	64	4	16	124	8	16	4	0	16	4	0
5	0	20	65	4	20	125	8	20	5	0	20	5	0
6	0	24	66	4	24	126	8	24	6	0	24	6	0
7	0	28	67	4	28	127	8	28	7	0	28	7	0
8	0	32	68	4	32	128	8	32	8	0	32	8	1
9	0	36	69	4	36	129	8	36	9	0	36	9	1
10	0	40	70	4	40	130	8	40	10	0	40	10	1
11	0	44	71	4	44	131	8	44	11	0	44	11	1
12	0	48	72	4	48	132	8	48	12	0	48	12	1
13	0	52	73	4	52	133	8	52	13	0	52	13	1
14	0	56	74	4	56	134	8	56	14	0	56	14	1
15	1	00	75	5	00	135	9	00	15	1	00	15	1
16	1	4	76	5	4	136	9	4	16	1	4	16	1
17	1	8	77	5	8	137	9	8	17	1	8	17	1
18	1	12	78	5	12	138	9	12	18	1	12	18	1
19	1	16	79	5	16	139	9	16	19	1	16	19	1
20	1	20	80	5	20	140	9	20	20	1	20	20	1
21	1	24	81	5	24	141	9	24	21	1	24	21	1
22	1	28	82	5	28	142	9	28	22	1	28	22	1
23	1	32	83	5	32	143	9	32	23	1	32	23	2
24	1	36	84	5	36	144	9	36	24	1	36	24	2
25	1	40	85	5	40	145	9	40	25	1	40	25	2
26	1	44	86	5	44	146	9	44	26	1	44	26	2
27	1	48	87	5	48	147	9	48	27	1	48	27	2
28	1	52	88	5	52	148	9	52	28	1	52	28	2
29	1	56	89	5	56	149	9	56	29	1	56	29	2
30	2	00	90	6	00	150	10	00	30	2	00	30	2
31	2	4	91	6	4	151	10	4	31	2	4	31	2
32	2	8	92	6	8	152	10	8	32	2	8	32	2
33	2	12	93	6	12	153	10	12	33	2	12	33	2
34	2	16	94	6	16	154	10	16	34	2	16	34	2
35	2	20	95	6	20	155	10	20	35	2	20	35	2
36	2	24	96	6	24	156	10	24	36	2	24	36	2
37	2	28	97	6	28	157	10	28	37	2	28	37	2
38	2	32	98	6	32	158	10	32	38	2	32	38	3
39	2	36	99	6	36	159	10	36	39	2	36	39	3
40	2	40	100	6	40	160	10	40	40	2	40	40	3
41	2	44	101	6	44	161	10	44	41	2	44	41	3
42	2	48	102	6	48	162	10	48	42	2	48	42	3
43	2	52	103	6	52	163	10	52	43	2	52	43	3
44	2	56	104	6	56	164	10	56	44	2	56	44	3
45	3	00	105	7	00	165	11	00	45	3	00	45	3
46	3	4	106	7	4	166	11	4	46	3	4	46	3
47	3	8	107	7	8	167	11	8	47	3	8	47	3
48	3	12	108	7	12	168	11	12	48	3	12	48	3
49	3	16	109	7	16	169	11	16	49	3	16	49	3
50	3	20	110	7	20	170	11	20	50	3	20	50	3
51	3	24	111	7	24	171	11	24	51	3	24	51	3
52	3	28	112	7	28	172	11	28	52	3	28	52	3
53	3	32	113	7	32	173	11	32	53	3	32	53	4
54	3	36	114	7	36	174	11	36	54	3	36	54	4
55	3	40	115	7	40	175	11	40	55	3	40	55	4
56	3	44	116	7	44	176	11	44	56	3	44	56	4
57	3	48	117	7	48	177	11	48	57	3	48	57	4
58	3	52	118	7	52	178	11	52	58	3	52	58	4
59	3	56	119	7	56	179	11	56	59	3	56	59	4
60	4	00	120	8	00	180	12	00	60	4	00	60	4

Tabelle 2: Sonnenzeit-Sternzeitkorrektur
Table 2: Solar-Sidereal Time Correction
Table 2: Correction de temps solaire-sidéral

	0 h	1 h	2 h	3 h	4 h	5 h	6 h	7 h	8 h	9 h	10 h	11 h	
Min	m s	m s	m s	m s	m s	m s	m s	m s	m s	m s	m s	m s	Min
0	0 0	0 10	0 20	0 30	0 39	0 49	0 59	1 9	1 19	1 29	1 39	1 48	0
1	0 0	0 10	0 20	0 30	0 40	0 49	0 59	1 9	1 19	1 29	1 39	1 49	1
2	0 0	0 10	0 20	0 30	0 40	0 50	0 59	1 9	1 19	1 29	1 39	1 49	2
3	0 0	0 10	0 20	0 30	0 40	0 50	1 00	1 9	1 19	1 29	1 39	1 49	3
4	0 1	0 11	0 20	0 30	0 40	0 50	1 00	1 10	1 20	1 29	1 39	1 49	4
5	0 1	0 11	0 21	0 30	0 40	0 50	1 00	1 10	1 20	1 30	1 39	1 49	5
6	0 1	0 11	0 21	0 31	0 40	0 50	1 00	1 10	1 20	1 30	1 40	1 49	6
7	0 1	0 11	0 21	0 31	0 41	0 50	1 00	1 10	1 20	1 30	1 40	1 50	7
8	0 1	0 11	0 21	0 31	0 41	0 51	1 00	1 10	1 20	1 30	1 40	1 50	8
9	0 1	0 11	0 21	0 31	0 41	0 51	1 1	1 10	1 20	1 30	1 40	1 50	9
10	0 2	0 11	0 21	0 31	0 41	0 51	1 1	1 11	1 20	1 30	1 40	1 50	10
11	0 2	0 12	0 22	0 31	0 41	0 51	1 1	1 11	1 21	1 31	1 40	1 50	11
12	0 2	0 12	0 22	0 32	0 41	0 51	1 1	1 11	1 21	1 31	1 41	1 50	12
13	0 2	0 12	0 22	0 32	0 42	0 51	1 1	1 11	1 21	1 31	1 41	1 51	13
14	0 2	0 12	0 22	0 32	0 42	0 52	1 1	1 11	1 21	1 31	1 41	1 51	14
15	0 2	0 12	0 22	0 32	0 42	0 52	1 2	1 11	1 21	1 31	1 41	1 51	15
16	0 3	0 12	0 22	0 32	0 42	0 52	1 2	1 12	1 21	1 31	1 41	1 51	16
17	0 3	0 13	0 23	0 32	0 42	0 52	1 2	1 12	1 22	1 32	1 41	1 51	17
18	0 3	0 13	0 23	0 33	0 42	0 52	1 2	1 12	1 22	1 32	1 42	1 51	18
19	0 3	0 13	0 23	0 33	0 42	0 52	1 2	1 12	1 22	1 32	1 42	1 52	19
20	0 3	0 13	0 23	0 33	0 43	0 53	1 2	1 12	1 22	1 32	1 42	1 52	20
21	0 3	0 13	0 23	0 33	0 43	0 53	1 3	1 12	1 22	1 32	1 42	1 52	21
22	0 4	0 13	0 23	0 33	0 43	0 53	1 3	1 13	1 22	1 32	1 42	1 52	22
23	0 4	0 14	0 23	0 33	0 43	0 53	1 3	1 13	1 23	1 32	1 42	1 52	23
24	0 4	0 14	0 24	0 34	0 43	0 53	1 3	1 13	1 23	1 33	1 43	1 52	24
25	0 4	0 14	0 24	0 34	0 44	0 53	1 3	1 13	1 23	1 33	1 43	1 53	25
26	0 4	0 14	0 24	0 34	0 44	0 54	1 3	1 13	1 23	1 33	1 43	1 53	26
27	0 4	0 14	0 24	0 34	0 44	0 54	1 4	1 13	1 23	1 33	1 43	1 53	27
28	0 5	0 14	0 24	0 34	0 44	0 54	1 4	1 14	1 23	1 33	1 43	1 53	28
29	0 5	0 15	0 24	0 34	0 44	0 54	1 4	1 14	1 24	1 33	1 43	1 53	29
30	0 5	0 15	0 25	0 34	0 44	0 54	1 4	1 14	1 24	1 34	1 43	1 53	30
31	0 5	0 15	0 25	0 35	0 45	0 54	1 4	1 14	1 24	1 34	1 44	1 54	31
32	0 5	0 15	0 25	0 35	0 45	0 55	1 4	1 14	1 24	1 34	1 44	1 54	32
33	0 5	0 15	0 25	0 35	0 45	0 55	1 5	1 14	1 24	1 34	1 44	1 54	33
34	0 6	0 15	0 25	0 35	0 45	0 55	1 5	1 15	1 24	1 34	1 44	1 54	34
35	0 6	0 16	0 25	0 35	0 45	0 55	1 5	1 15	1 25	1 34	1 44	1 54	35
36	0 6	0 16	0 26	0 35	0 45	0 55	1 5	1 15	1 25	1 35	1 44	1 54	36
37	0 6	0 16	0 26	0 36	0 46	0 55	1 5	1 15	1 25	1 35	1 45	1 54	37
38	0 6	0 16	0 26	0 36	0 46	0 56	1 5	1 15	1 25	1 35	1 45	1 55	38
39	0 6	0 16	0 26	0 36	0 46	0 56	1 6	1 15	1 25	1 35	1 45	1 55	39
40	0 7	0 16	0 26	0 36	0 46	0 56	1 6	1 16	1 25	1 35	1 45	1 55	40
41	0 7	0 17	0 26	0 36	0 46	0 56	1 6	1 16	1 26	1 35	1 45	1 55	41
42	0 7	0 17	0 27	0 36	0 46	0 56	1 6	1 16	1 26	1 36	1 45	1 55	42
43	0 7	0 17	0 27	0 37	0 46	0 56	1 6	1 16	1 26	1 36	1 46	1 55	43
44	0 7	0 17	0 27	0 37	0 47	0 57	1 6	1 16	1 26	1 36	1 46	1 56	44
45	0 7	0 17	0 27	0 37	0 47	0 57	1 7	1 16	1 26	1 36	1 46	1 56	45
46	0 8	0 17	0 27	0 37	0 47	0 57	1 7	1 17	1 26	1 36	1 46	1 56	46
47	0 8	0 18	0 27	0 37	0 47	0 57	1 7	1 17	1 27	1 36	1 46	1 56	47
48	0 8	0 18	0 28	0 37	0 47	0 57	1 7	1 17	1 27	1 37	1 46	1 56	48
49	0 8	0 18	0 28	0 38	0 47	0 57	1 7	1 17	1 27	1 37	1 47	1 56	49
50	0 8	0 18	0 28	0 38	0 48	0 57	1 7	1 17	1 27	1 37	1 47	1 57	50
51	0 8	0 18	0 28	0 38	0 48	0 58	1 8	1 17	1 27	1 37	1 47	1 57	51
52	0 9	0 18	0 28	0 38	0 48	0 58	1 8	1 18	1 27	1 37	1 47	1 57	52
53	0 9	0 19	0 28	0 38	0 48	0 58	1 8	1 18	1 28	1 37	1 47	1 57	53
54	0 9	0 19	0 29	0 38	0 48	0 58	1 8	1 18	1 28	1 38	1 47	1 57	54
55	0 9	0 19	0 29	0 39	0 48	0 58	1 8	1 18	1 28	1 38	1 48	1 57	55
56	0 9	0 19	0 29	0 39	0 49	0 58	1 8	1 18	1 28	1 38	1 48	1 58	56
57	0 9	0 19	0 29	0 39	0 49	0 59	1 9	1 18	1 28	1 38	1 48	1 58	57
58	0 10	0 19	0 29	0 39	0 49	0 59	1 9	1 19	1 29	1 38	1 48	1 58	58
59	0 10	0 20	0 29	0 39	0 49	0 59	1 9	1 19	1 29	1 38	1 48	1 58	59
60	0 10	0 20	0 30	0 39	0 49	0 59	1 9	1 19	1 29	1 39	1 48	1 58	60

	12 h	13 h	14 h	15 h	16 h	17 h	18 h	19 h	20 h	21 h	22 h	23 h	
Min	m s	m s	m s	m s	m s	m s	m s	m s	m s	m s	m s	m s	Min
0	1 58	2 8	2 18	2 28	2 38	2 48	2 57	3 7	3 17	3 27	3 37	3 47	0
1	1 58	2 8	2 18	2 28	2 38	2 48	2 58	3 7	3 17	3 27	3 37	3 47	1
2	1 59	2 8	2 18	2 28	2 38	2 48	2 58	3 8	3 17	3 27	3 37	3 47	2
3	1 59	2 9	2 18	2 28	2 38	2 48	2 58	3 8	3 18	3 27	3 37	3 47	3
4	1 59	2 9	2 19	2 29	2 38	2 48	2 58	3 8	3 18	3 28	3 37	3 47	4
5	1 59	2 9	2 19	2 29	2 39	2 48	2 58	3 8	3 18	3 28	3 38	3 48	5
6	1 59	2 9	2 19	2 29	2 39	2 49	2 58	3 8	3 18	3 28	3 38	3 48	6
7	1 59	2 9	2 19	2 29	2 39	2 49	2 59	3 8	3 18	3 28	3 38	3 48	7
8	2 00	2 9	2 19	2 29	2 39	2 49	2 59	3 9	3 18	3 28	3 38	3 48	8
9	2 00	2 10	2 19	2 29	2 39	2 49	2 59	3 9	3 19	3 29	3 38	3 48	9
10	2 00	2 10	2 20	2 29	2 39	2 49	2 59	3 9	3 19	3 29	3 38	3 48	10
11	2 00	2 10	2 20	2 30	2 40	2 49	2 59	3 9	3 19	3 29	3 39	3 48	11
12	2 00	2 10	2 20	2 30	2 40	2 50	2 59	3 9	3 19	3 29	3 39	3 49	12
13	2 00	2 10	2 20	2 30	2 40	2 50	3 00	3 9	3 19	3 29	3 39	3 49	13
14	2 1	2 10	2 20	2 30	2 40	2 50	3 00	3 10	3 19	3 29	3 39	3 49	14
15	2 1	2 11	2 20	2 30	2 40	2 50	3 00	3 10	3 20	3 29	3 39	3 49	15
16	2 1	2 11	2 21	2 30	2 40	2 50	3 00	3 10	3 20	3 30	3 39	3 49	16
17	2 1	2 11	2 21	2 31	2 40	2 50	3 00	3 10	3 20	3 30	3 40	3 49	17
18	2 1	2 11	2 21	2 31	2 41	2 51	3 00	3 10	3 20	3 30	3 40	3 50	18
19	2 1	2 11	2 21	2 31	2 41	2 51	3 1	3 10	3 20	3 30	3 40	3 50	19
20	2 2	2 11	2 21	2 31	2 41	2 51	3 1	3 11	3 20	3 30	3 40	3 50	20
21	2 2	2 12	2 21	2 31	2 41	2 51	3 1	3 11	3 21	3 30	3 40	3 50	21
22	2 2	2 12	2 22	2 31	2 41	2 51	3 1	3 11	3 21	3 31	3 40	3 50	22
23	2 2	2 12	2 22	2 32	2 41	2 51	3 1	3 11	3 21	3 31	3 41	3 50	23
24	2 2	2 12	2 22	2 32	2 42	2 52	3 1	3 11	3 21	3 31	3 41	3 51	24
25	2 2	2 12	2 22	2 32	2 42	2 52	3 2	3 11	3 21	3 31	3 41	3 51	25
26	2 3	2 12	2 22	2 32	2 42	2 52	3 2	3 12	3 21	3 31	3 41	3 51	26
27	2 3	2 13	2 22	2 32	2 42	2 52	3 2	3 12	3 22	3 31	3 41	3 51	27
28	2 3	2 13	2 23	2 32	2 42	2 52	3 2	3 12	3 22	3 32	3 41	3 51	28
29	2 3	2 13	2 23	2 33	2 42	2 52	3 2	3 12	3 22	3 32	3 42	3 51	29
30	2 3	2 13	2 23	2 33	2 43	2 52	3 2	3 12	3 22	3 32	3 42	3 52	30
31	2 3	2 13	2 23	2 33	2 43	2 53	3 3	3 12	3 22	3 32	3 42	3 52	31
32	2 4	2 13	2 23	2 33	2 43	2 53	3 3	3 13	3 22	3 32	3 42	3 52	32
33	2 4	2 14	2 23	2 33	2 43	2 53	3 3	3 13	3 23	3 32	3 42	3 52	33
34	2 4	2 14	2 24	2 33	2 43	2 53	3 3	3 13	3 23	3 33	3 42	3 52	34
35	2 4	2 14	2 24	2 34	2 43	2 53	3 3	3 13	3 23	3 33	3 43	3 52	35
36	2 4	2 14	2 24	2 34	2 44	2 53	3 3	3 13	3 23	3 33	3 43	3 53	36
37	2 4	2 14	2 24	2 34	2 44	2 54	3 3	3 13	3 23	3 33	3 43	3 53	37
38	2 5	2 14	2 24	2 34	2 44	2 54	3 4	3 14	3 23	3 33	3 43	3 53	38
39	2 5	2 15	2 24	2 34	2 44	2 54	3 4	3 14	3 24	3 33	3 43	3 53	39
40	2 5	2 15	2 25	2 34	2 44	2 54	3 4	3 14	3 24	3 34	3 43	3 53	40
41	2 5	2 15	2 25	2 35	2 44	2 54	3 4	3 14	3 24	3 34	3 44	3 53	41
42	2 5	2 15	2 25	2 35	2 45	2 54	3 4	3 14	3 24	3 34	3 44	3 54	42
43	2 5	2 15	2 25	2 35	2 45	2 55	3 4	3 14	3 24	3 34	3 44	3 54	43
44	2 6	2 15	2 25	2 35	2 45	2 55	3 5	3 15	3 24	3 34	3 44	3 54	44
45	2 6	2 16	2 25	2 35	2 45	2 55	3 5	3 15	3 25	3 34	3 44	3 54	45
46	2 6	2 16	2 26	2 35	2 45	2 55	3 5	3 15	3 25	3 35	3 44	3 54	46
47	2 6	2 16	2 26	2 36	2 45	2 55	3 5	3 15	3 25	3 35	3 45	3 54	47
48	2 6	2 16	2 26	2 36	2 46	2 55	3 5	3 15	3 25	3 35	3 45	3 55	48
49	2 6	2 16	2 26	2 36	2 46	2 56	3 5	3 15	3 25	3 35	3 45	3 55	49
50	2 6	2 16	2 26	2 36	2 46	2 56	3 6	3 15	3 25	3 35	3 45	3 55	50
51	2 7	2 17	2 26	2 36	2 46	2 56	3 6	3 16	3 26	3 35	3 45	3 55	51
52	2 7	2 17	2 27	2 36	2 46	2 56	3 6	3 16	3 26	3 36	3 45	3 55	52
53	2 7	2 17	2 27	2 37	2 46	2 56	3 6	3 16	3 26	3 36	3 46	3 55	53
54	2 7	2 17	2 27	2 37	2 47	2 56	3 6	3 16	3 26	3 36	3 46	3 56	54
55	2 7	2 17	2 27	2 37	2 47	2 57	3 6	3 16	3 26	3 36	3 46	3 56	55
56	2 7	2 17	2 27	2 37	2 47	2 57	3 7	3 16	3 26	3 36	3 46	3 56	56
57	2 8	2 17	2 27	2 37	2 47	2 57	3 7	3 17	3 26	3 36	3 46	3 56	57
58	2 8	2 18	2 28	2 37	2 47	2 57	3 7	3 17	3 27	3 37	3 46	3 56	58
59	2 8	2 18	2 28	2 38	2 47	2 57	3 7	3 17	3 27	3 37	3 47	3 56	59
60	2 8	2 18	2 28	2 38	2 48	2 57	3 7	3 17	3 27	3 37	3 47	3 57	60

ZEICHEN UND ABKÜRZUNGEN
SYMBOLS AND ABBREVIATIONS
SYMBOLES ET ABREVIATIONS

♈	Widder	Aries	Bélier
♉	Stier	Taurus	Taureau
♊	Zwilling	Gemini	Gémeaux
♋	Krebs	Cancer	Cancer
♌	Löwe	Leo	Lion
♍	Jungfrau	Virgo	Vierge
♎	Waage	Libra	Balance
♏	Skorpion	Scorpio	Scorpion
♐	Schütze	Sagittarius	Sagittaire
♑	Steinbock	Capricorn	Capricorne
♒	Wassermann	Aquarius	Verseau
♓	Fische	Pisces	Poissons

ASC	Aszendent	Ascendant	Ascendant
GT	Greenwichzeit	Greenwich Mean Time	Temps Moyen de Greenwich
Lat.	Geographische Breite	Latitude	Latitude
MC	Medium coeli	Midheaven	Milieu-du-ciel
RAMC	Rektaszension des Medium coeli	Right Ascension of the Midheaven	Ascension droite du milieu-du-ciel
E	Ost	East	Est
N	Nord	North	Nord
W	West	West	Ouest

HÄUSERTABELLEN

Berechnet
für die Schiefe der Ekliptik
von 23° 26′ 33.12″
für die geographischen Breiten
von 0° bis 66° Nord

Tables of Houses

calculated for the obliquity of the ecliptic
of 23° 26′ 33.12″
for geographical latitudes
from 0° to 66° North

Tables des Maisons

calculées pour l'inclinaison de l'écliptique
de 23° 26′ 33.12″
pour les latitudes géographiques
de 0° à 66° Nord

Lat.	11	12	ASC	2	3
0	2 ♉ 11	2 ♊ 5	0 ♋ 0 0	27 ♋ 54	27 ♌ 49
5	2 34	3 18	1 59 36	29 5	28 11
10	2 58	4 34	4 0 15	0 ♌ 16	28 34
15	3 23	5 53	6 5 5	1 27	28 56
20	3 49	7 19	8 14 21	2 40	29 19
21	3 55	7 37	8 40 58	2 55	29 24
22	4 1	7 55	9 7 52	3 10	29 29
23	4 7	8 14	9 35 6	3 25	29 34
24	4 13	8 33	10 2 40	3 40	29 39
25	4 19	8 52	10 30 34	3 56	29 43
26	4 25	9 12	10 58 51	4 11	29 48
27	4 31	9 33	11 27 32	4 27	29 53
28	4 38	9 53	11 56 37	4 43	29 59
29	4 45	10 15	12 26 9	4 59	0 ♍ 4
30	4 52	10 37	12 56 9	5 16	0 9
31	4 59	10 59	13 26 37	5 32	0 14
32	5 6	11 22	13 57 37	5 49	0 20
33	5 14	11 46	14 29 9	6 6	0 25
34	5 21	12 10	15 1 15	6 24	0 31
35	5 29	12 35	15 33 57	6 41	0 37
36	5 37	13 1	16 7 17	6 59	0 42
37	5 46	13 28	16 41 17	7 18	0 48
38	5 55	13 56	17 15 58	7 36	0 54
39	6 4	14 25	17 51 24	7 55	1 1
40	6 13	14 55	18 27 36	8 15	1 7
41	6 23	15 25	19 4 36	8 35	1 13
42	6 34	15 58	19 42 28	8 55	1 20
43	6 44	16 31	20 21 14	9 16	1 27
44	6 55	17 6	21 0 57	9 37	1 34
45	7 7	17 42	21 41 39	9 59	1 41
46	7 19	18 20	22 23 24	10 22	1 48
47	7 32	19 0	23 6 15	10 45	1 56
48	7 46	19 42	23 50 15	11 8	2 4
49	8 0	20 26	24 35 28	11 33	2 12
50	8 15	21 12	25 21 59	11 58	2 20
51	8 31	22 1	26 9 50	12 24	2 29
52	8 48	22 52	26 59 6	12 50	2 38
53	9 6	23 47	27 49 52	13 18	2 47
54	9 25	24 45	28 42 13	13 46	2 57
55	9 46	25 47	29 36 12	14 16	3 6
56	10 8	26 54	0 ♌ 31 56	14 47	3 17
57	10 32	28 5	1 29 30	15 18	3 28
58	10 58	29 21	2 29 0	15 51	3 39
59	11 26	0 ♋ 44	3 30 31	16 25	3 51
60	11 57	2 13	4 34 9	17 1	4 3
61	12 32	3 50	5 40 2	17 38	4 16
62	13 10	5 37	6 48 15	18 17	4 30
63	13 53	7 35	7 58 56	18 57	4 44
64	14 42	9 45	9 12 11	19 39	4 59
65	15 38	12 11	10 28 9	20 24	5 15
66	16 45	14 55	11 46 55	21 10	5 32

Lat.	11		12		ASC			2		3	
0	3 ♉	13	3 ♊	3	0 ♋	55	3	28 ♋	51	28 ♌	52
5	3	37	4	16	2	54	34	0 ♌	2	29	13
10	4	1	5	32	4	55	31	1	12	29	35
15	4	27	6	52	6	59	28	2	23	29	57
20	4	54	8	18	9	8	13	3	35	0 ♍	19
21	5	0	8	36	9	34	42	3	49	0	24
22	5	6	8	54	10	1	29	4	4	0	29
23	5	12	9	13	10	28	34	4	19	0	33
24	5	18	9	32	10	55	59	4	34	0	38
25	5	25	9	52	11	23	44	4	50	0	43
26	5	31	10	12	11	51	51	5	5	0	48
27	5	38	10	32	12	20	21	5	21	0	52
28	5	44	10	53	12	49	15	5	36	0	57
29	5	51	11	14	13	18	35	5	52	1	2
30	5	58	11	36	13	48	22	6	9	1	7
31	6	6	11	59	14	18	38	6	25	1	13
32	6	13	12	22	14	49	23	6	42	1	18
33	6	21	12	46	15	20	41	6	59	1	23
34	6	29	13	10	15	52	32	7	16	1	29
35	6	37	13	35	16	24	58	7	33	1	34
36	6	45	14	1	16	58	1	7	51	1	40
37	6	54	14	28	17	31	43	8	9	1	46
38	7	3	14	56	18	6	5	8	28	1	52
39	7	12	15	25	18	41	11	8	46	1	58
40	7	22	15	54	19	17	3	9	6	2	4
41	7	32	16	25	19	53	42	9	25	2	10
42	7	43	16	57	20	31	11	9	45	2	16
43	7	54	17	31	21	9	33	10	6	2	23
44	8	5	18	6	21	48	50	10	27	2	30
45	8	17	18	42	22	29	5	10	48	2	37
46	8	30	19	20	23	10	23	11	11	2	44
47	8	43	20	0	23	52	44	11	33	2	51
48	8	57	20	41	24	36	14	11	57	2	59
49	9	11	21	25	25	20	55	12	21	3	7
50	9	27	22	11	26	6	51	12	45	3	15
51	9	43	23	0	26	54	6	13	11	3	23
52	10	0	23	51	27	42	45	13	37	3	32
53	10	19	24	45	28	32	51	14	4	3	41
54	10	39	25	43	29	24	30	14	32	3	50
55	11	0	26	45	0 ♌	17	46	15	1	4	0
56	11	23	27	50	1	12	44	15	31	4	10
57	11	47	29	1	2	9	29	16	2	4	20
58	12	14	0 ♋	16	3	8	7	16	35	4	31
59	12	43	1	38	4	8	44	17	8	4	42
60	13	15	3	6	5	11	27	17	43	4	54
61	13	50	4	42	6	16	20	18	19	5	7
62	14	30	6	27	7	23	31	18	57	5	20
63	15	14	8	22	8	33	7	19	37	5	34
64	16	4	10	30	9	45	14	20	19	5	49
65	17	3	12	52	11	0	1	21	2	6	4
66	18	12	15	32	12	17	33	21	47	6	20

Lat.	11	12	ASC	2	3
0	4 ♉ 15	4 ♊ 0	1 ♋ 50 6	29 ♋ 49	29 ♌ 54
5	4 40	5 13	3 49 31	0 ♌ 59	0 ♍ 15
10	5 5	6 30	5 50 13	2 8	0 36
15	5 31	7 50	7 53 48	3 18	0 58
20	5 59	9 17	10 2 0	4 30	1 19
21	6 5	9 35	10 28 21	4 44	1 24
22	6 11	9 53	10 55 0	4 59	1 28
23	6 17	10 12	11 21 56	5 14	1 33
24	6 24	10 31	11 49 11	5 28	1 37
25	6 30	10 51	12 16 47	5 44	1 42
26	6 37	11 11	12 44 43	5 59	1 47
27	6 43	11 31	13 13 2	6 14	1 52
28	6 50	11 52	13 41 45	6 30	1 56
29	6 57	12 14	14 10 53	6 46	2 1
30	7 5	12 36	14 40 27	7 2	2 6
31	7 12	12 58	15 10 30	7 18	2 11
32	7 20	13 21	15 41 1	7 34	2 16
33	7 28	13 45	16 12 4	7 51	2 21
34	7 36	14 10	16 43 40	8 8	2 27
35	7 44	14 35	17 15 49	8 25	2 32
36	7 53	15 1	17 48 35	8 43	2 38
37	8 2	15 28	18 21 59	9 1	2 43
38	8 11	15 56	18 56 4	9 19	2 49
39	8 21	16 24	19 30 50	9 37	2 55
40	8 30	16 54	20 6 20	9 56	3 1
41	8 41	17 25	20 42 38	10 16	3 7
42	8 52	17 57	21 19 44	10 35	3 13
43	9 3	18 30	21 57 42	10 56	3 19
44	9 15	19 5	22 36 34	11 16	3 26
45	9 27	19 41	23 16 23	11 38	3 32
46	9 40	20 19	23 57 12	11 59	3 39
47	9 53	20 59	24 39 4	12 22	3 47
48	10 7	21 40	25 22 3	12 45	3 54
49	10 22	22 24	26 6 12	13 8	4 1
50	10 38	23 9	26 51 34	13 33	4 9
51	10 55	23 58	27 38 14	13 58	4 17
52	11 13	24 49	28 26 15	14 24	4 26
53	11 32	25 43	29 15 42	14 50	4 34
54	11 52	26 40	0 ♌ 6 40	15 18	4 43
55	12 13	27 41	0 59 12	15 46	4 53
56	12 37	28 46	1 53 24	16 16	5 2
57	13 2	29 56	2 49 21	16 46	5 12
58	13 29	1 ♋ 11	3 47 9	17 18	5 23
59	13 59	2 31	4 46 54	17 51	5 34
60	14 32	3 58	5 48 40	18 25	5 46
61	15 8	5 33	6 52 35	19 1	5 58
62	15 49	7 16	7 58 45	19 38	6 10
63	16 34	9 9	9 7 17	20 17	6 24
64	17 27	11 14	10 18 17	20 58	6 38
65	18 27	13 33	11 31 53	21 40	6 53
66	19 39	16 8	12 48 12	22 25	7 9

Lat.	11		12		ASC			2		3	
0	5 ♉	18	4 ♊	57	2 ♋	45	10	0 ♌	47	0 ♍	57
5	5	42	6	11	4	44	28	1	56	1	18
10	6	8	7	28	6	44	54	3	5	1	38
15	6	35	8	49	8	48	4	4	14	1	59
20	7	4	10	15	10	55	41	5	24	2	20
21	7	10	10	34	11	21	55	5	39	2	24
22	7	16	10	52	11	48	25	5	53	2	28
23	7	22	11	11	12	15	12	6	8	2	33
24	7	29	11	30	12	42	18	6	23	2	37
25	7	35	11	50	13	9	43	6	38	2	42
26	7	42	12	10	13	37	29	6	53	2	46
27	7	49	12	30	14	5	37	7	8	2	51
28	7	56	12	51	14	34	8	7	23	2	55
29	8	3	13	13	15	3	4	7	39	3	0
30	8	11	13	35	15	32	25	7	55	3	5
31	8	18	13	57	16	2	14	8	11	3	10
32	8	26	14	21	16	32	32	8	27	3	15
33	8	34	14	44	17	3	20	8	43	3	20
34	8	43	15	9	17	34	40	9	0	3	25
35	8	51	15	34	18	6	33	9	17	3	30
36	9	0	16	0	18	39	2	9	34	3	35
37	9	9	16	27	19	12	8	9	52	3	41
38	9	19	16	55	19	45	53	10	10	3	46
39	9	28	17	23	20	20	19	10	28	3	52
40	9	39	17	53	20	55	29	10	47	3	58
41	9	49	18	24	21	31	25	11	6	4	3
42	10	0	18	56	22	8	8	11	26	4	9
43	10	12	19	29	22	45	42	11	46	4	16
44	10	24	20	4	23	24	9	12	6	4	22
45	10	36	20	40	24	3	31	12	27	4	28
46	10	49	21	18	24	43	53	12	48	4	35
47	11	3	21	57	25	25	16	13	10	4	42
48	11	18	22	39	26	7	44	13	33	4	49
49	11	33	23	22	26	51	21	13	56	4	56
50	11	49	24	7	27	36	10	14	20	5	4
51	12	6	24	56	28	22	14	14	45	5	12
52	12	24	25	46	29	9	38	15	10	5	20
53	12	44	26	40	29	58	26	15	36	5	28
54	13	4	27	37	0 ♌	48	42	16	3	5	37
55	13	27	28	37	1	40	32	16	31	5	46
56	13	51	29	42	2	33	59	17	0	5	55
57	14	16	0 ♋	51	3	29	8	17	30	6	5
58	14	44	2	5	4	26	6	18	1	6	15
59	15	15	3	24	5	24	58	18	34	6	26
60	15	49	4	50	6	25	50	19	8	6	37
61	16	26	6	23	7	28	48	19	43	6	49
62	17	7	8	5	8	33	57	20	19	7	1
63	17	54	9	56	9	41	26	20	57	7	14
64	18	48	11	58	10	51	20	21	37	7	27
65	19	51	14	14	12	3	47	22	19	7	42
66	21	6	16	45	13	18	54	23	2	7	57

Lat.	11		12		ASC			2		3	
0	6 ♉	19	5 ♊	54	3 ♋	40	15	1 ♌	45	2 ♍	0
5	6	45	7	8	5	39	23	2	53	2	20
10	7	11	8	26	7	39	32	4	1	2	40
15	7	38	9	47	9	42	16	5	10	3	0
20	8	8	11	14	11	49	18	6	19	3	20
21	8	14	11	32	12	15	23	6	34	3	24
22	8	21	11	51	12	41	45	6	48	3	28
23	8	27	12	10	13	8	23	7	2	3	33
24	8	34	12	29	13	35	18	7	17	3	37
25	8	40	12	48	14	2	34	7	32	3	41
26	8	47	13	9	14	30	9	7	47	3	46
27	8	54	13	29	14	58	5	8	2	3	50
28	9	2	13	50	15	26	25	8	17	3	55
29	9	9	14	12	15	55	8	8	32	3	59
30	9	17	14	34	16	24	16	8	48	4	4
31	9	24	14	56	16	53	52	9	4	4	8
32	9	32	15	19	17	23	55	9	20	4	13
33	9	41	15	43	17	54	28	9	36	4	18
34	9	49	16	8	18	25	32	9	52	4	23
35	9	58	16	33	18	57	9	10	9	4	28
36	10	7	16	59	19	29	20	10	26	4	33
37	10	16	17	26	20	2	8	10	44	4	38
38	10	26	17	54	20	35	34	11	1	4	44
39	10	36	18	22	21	9	41	11	19	4	49
40	10	46	18	52	21	44	30	11	38	4	55
41	10	57	19	23	22	20	3	11	57	5	0
42	11	8	19	55	22	56	23	12	16	5	6
43	11	20	20	28	23	33	33	12	35	5	12
44	11	32	21	2	24	11	35	12	56	5	18
45	11	45	21	38	24	50	31	13	16	5	24
46	11	59	22	16	25	30	25	13	37	5	31
47	12	13	22	55	26	11	19	13	59	5	37
48	12	27	23	36	26	53	17	14	21	5	44
49	12	43	24	20	27	36	22	14	44	5	51
50	13	0	25	5	28	20	37	15	7	5	59
51	13	17	25	53	29	6	6	15	32	6	6
52	13	36	26	43	29	52	53	15	57	6	14
53	13	56	27	36	0 ♌	41	3	16	22	6	22
54	14	17	28	33	1	30	38	16	49	6	30
55	14	39	29	33	2	21	45	17	16	6	39
56	15	4	0 ♋	37	3	14	27	17	45	6	48
57	15	30	1	45	4	8	50	18	14	6	57
58	15	59	2	58	5	4	59	18	45	7	7
59	16	30	4	17	6	2	59	19	17	7	18
60	17	5	5	42	7	2	57	19	50	7	28
61	17	43	7	13	8	4	57	20	24	7	39
62	18	25	8	53	9	9	8	21	0	7	51
63	19	14	10	42	10	15	34	21	37	8	4
64	20	9	12	42	11	24	23	22	16	8	17
65	21	14	14	54	12	35	42	22	57	8	31
66	22	32	17	21	13	49	38	23	40	8	45

Lat.	11		12		ASC			2		3	
0	7 ♉	21	6 ♊	50	4 ♋	35	21	2 ♌	43	3 ♍	3
5	7	47	8	5	6	34	19	3	51	3	23
10	8	14	9	23	8	34	9	4	58	3	42
15	8	42	10	45	10	36	25	6	6	4	1
20	9	12	12	12	12	42	51	7	15	4	21
21	9	19	12	30	13	8	47	7	29	4	25
22	9	25	12	49	13	34	59	7	43	4	29
23	9	32	13	8	14	1	28	7	57	4	33
24	9	38	13	27	14	28	14	8	11	4	37
25	9	45	13	47	14	55	18	8	26	4	41
26	9	52	14	7	15	22	43	8	41	4	45
27	9	59	14	28	15	50	28	8	55	4	50
28	10	7	14	49	16	18	35	9	10	4	54
29	10	14	15	10	16	47	6	9	26	4	58
30	10	22	15	32	17	16	1	9	41	5	3
31	10	30	15	55	17	45	22	9	57	5	7
32	10	38	16	18	18	15	11	10	12	5	12
33	10	47	16	42	18	45	28	10	28	5	16
34	10	55	17	6	19	16	16	10	45	5	21
35	11	4	17	32	19	47	37	11	1	5	26
36	11	13	17	58	20	19	31	11	18	5	31
37	11	23	18	24	20	52	0	11	35	5	36
38	11	33	18	52	21	25	7	11	53	5	41
39	11	43	19	21	21	58	54	12	10	5	46
40	11	54	19	50	22	33	22	12	29	5	52
41	12	5	20	21	23	8	33	12	47	5	57
42	12	16	20	53	23	44	31	13	6	6	3
43	12	28	21	26	24	21	17	13	25	6	9
44	12	41	22	1	24	58	53	13	45	6	14
45	12	54	22	36	25	37	23	14	5	6	20
46	13	7	23	14	26	16	49	14	26	6	27
47	13	22	23	53	26	57	15	14	47	6	33
48	13	37	24	34	27	38	42	15	9	6	40
49	13	53	25	17	28	21	15	15	32	6	46
50	14	10	26	2	29	4	57	15	55	6	53
51	14	28	26	50	29	49	51	16	19	7	1
52	14	47	27	40	0 ♌	36	2	16	43	7	8
53	15	7	28	32	1	23	33	17	8	7	16
54	15	28	29	28	2	12	28	17	35	7	24
55	15	52	0 ♋	28	3	2	52	18	2	7	32
56	16	17	1	31	3	54	50	18	29	7	41
57	16	43	2	39	4	48	27	18	58	7	50
58	17	13	3	51	5	43	47	19	28	8	0
59	17	45	5	9	6	40	56	20	0	8	9
60	18	20	6	32	7	40	0	20	32	8	20
61	18	59	8	3	8	41	5	21	6	8	30
62	19	43	9	41	9	44	16	21	41	8	42
63	20	32	11	28	10	49	41	22	18	8	54
64	21	29	13	25	11	57	26	22	56	9	6
65	22	36	15	34	13	7	38	23	36	9	20
66	23	57	17	57	14	20	24	24	18	9	34

Lat.	11		12		ASC			2		3	
0	8 ♉	23	7 ♊	47	5 ♋	30	29	3 ♌	41	4 ♍	7
5	8	49	9	2	7	29	14	4	48	4	25
10	9	16	10	20	9	28	44	5	55	4	44
15	9	45	11	42	11	30	32	7	2	5	2
20	10	16	13	10	13	36	19	8	10	5	21
21	10	22	13	28	14	2	7	8	24	5	25
22	10	29	13	47	14	28	10	8	38	5	29
23	10	36	14	6	14	54	29	8	52	5	33
24	10	43	14	25	15	21	4	9	6	5	37
25	10	50	14	45	15	47	58	9	20	5	41
26	10	57	15	5	16	15	11	9	35	5	45
27	11	4	15	26	16	42	44	9	49	5	49
28	11	12	15	47	17	10	39	10	4	5	53
29	11	19	16	8	17	38	57	10	19	5	57
30	11	27	16	30	18	7	39	10	34	6	2
31	11	35	16	53	18	36	46	10	50	6	6
32	11	44	17	16	19	6	20	11	5	6	11
33	11	52	17	40	19	36	22	11	21	6	15
34	12	1	18	5	20	6	54	11	37	6	20
35	12	10	18	30	20	37	58	11	53	6	24
36	12	20	18	56	21	9	34	12	10	6	29
37	12	29	19	23	21	41	45	12	27	6	34
38	12	40	19	50	22	14	33	12	44	6	39
39	12	50	20	19	22	48	0	13	1	6	44
40	13	1	20	49	23	22	7	13	19	6	49
41	13	12	21	19	23	56	56	13	38	6	54
42	13	24	21	51	24	32	31	13	56	7	0
43	13	36	22	24	25	8	52	14	15	7	5
44	13	49	22	58	25	46	4	14	35	7	11
45	14	2	23	34	26	24	7	14	55	7	17
46	14	16	24	11	27	3	6	15	15	7	23
47	14	31	24	50	27	43	2	15	36	7	29
48	14	46	25	31	28	24	0	15	57	7	35
49	15	2	26	14	29	6	1	16	20	7	42
50	15	20	26	59	29	49	10	16	42	7	48
51	15	38	27	46	0 ♌	33	29	17	6	7	55
52	15	57	28	36	1	19	4	17	30	8	3
53	16	18	29	28	2	5	56	17	55	8	10
54	16	40	0 ♋	24	2	54	12	18	20	8	18
55	17	3	1	22	3	43	54	18	47	8	26
56	17	29	2	25	4	35	8	19	14	8	34
57	17	56	3	32	5	27	59	19	43	8	43
58	18	26	4	43	6	22	31	20	12	8	52
59	18	59	6	0	7	18	49	20	43	9	1
60	19	35	7	23	8	17	1	21	14	9	11
61	20	15	8	52	9	17	10	21	47	9	22
62	21	0	10	28	10	19	23	22	22	9	32
63	21	51	12	13	11	23	48	22	58	9	44
64	22	49	14	8	12	30	29	23	35	9	56
65	23	58	16	14	13	39	35	24	14	10	9
66	25	22	18	34	14	51	12	24	55	10	22

Lat.	11		12		ASC			2		3	
0	9 ♉	24	8 ♊	43	6 ♋	25	38	4 ♌	39	5 ♍	10
5	9	51	9	59	8	24	10	5	46	5	28
10	10	19	11	18	10	23	18	6	52	5	46
15	10	48	12	40	12	24	36	7	58	6	4
20	11	20	14	8	14	29	44	9	5	6	22
21	11	26	14	26	14	55	23	9	19	6	26
22	11	33	14	45	15	21	16	9	32	6	29
23	11	40	15	4	15	47	25	9	46	6	33
24	11	47	15	23	16	13	50	10	0	6	37
25	11	54	15	43	16	40	33	10	14	6	41
26	12	1	16	3	17	7	34	10	29	6	45
27	12	9	16	24	17	34	56	10	43	6	49
28	12	16	16	45	18	2	38	10	58	6	53
29	12	24	17	6	18	30	43	11	13	6	57
30	12	32	17	28	18	59	11	11	27	7	1
31	12	41	17	51	19	28	4	11	43	7	5
32	12	49	18	14	19	57	23	11	58	7	9
33	12	58	18	38	20	27	10	12	14	7	14
34	13	7	19	3	20	57	25	12	29	7	18
35	13	16	19	28	21	28	12	12	45	7	23
36	13	26	19	54	21	59	31	13	2	7	27
37	13	36	20	21	22	31	23	13	18	7	32
38	13	46	20	48	23	3	52	13	35	7	36
39	13	57	21	17	23	36	58	13	53	7	41
40	14	8	21	46	24	10	44	14	10	7	46
41	14	19	22	17	24	45	12	14	28	7	51
42	14	31	22	49	25	20	23	14	46	7	56
43	14	43	23	21	25	56	21	15	5	8	2
44	14	56	23	56	26	33	7	15	24	8	7
45	15	10	24	31	27	10	44	15	44	8	13
46	15	24	25	8	27	49	15	16	4	8	19
47	15	39	25	47	28	28	43	16	24	8	24
48	15	55	26	28	29	9	10	16	46	8	31
49	16	11	27	10	29	50	40	17	7	8	37
50	16	29	27	55	0 ♌	33	16	17	30	8	43
51	16	47	28	42	1	17	1	17	53	8	50
52	17	7	29	31	2	1	59	18	16	8	57
53	17	28	0 ♋	23	2	48	14	18	41	9	4
54	17	51	1	18	3	35	50	19	6	9	11
55	18	15	2	17	4	24	51	19	32	9	19
56	18	41	3	19	5	15	21	19	59	9	27
57	19	9	4	25	6	7	26	20	27	9	35
58	19	39	5	35	7	1	11	20	56	9	44
59	20	13	6	51	7	56	39	21	25	9	53
60	20	49	8	12	8	53	58	21	57	10	3
61	21	30	9	40	9	53	13	22	29	10	13
62	22	16	11	15	10	54	29	23	3	10	23
63	23	8	12	58	11	57	54	23	38	10	34
64	24	8	14	50	13	3	33	24	15	10	46
65	25	19	16	54	14	11	33	24	53	10	58
66	26	47	19	10	15	22	2	25	33	11	11

Lat.	11		12		ASC			2		3	
0	10 ♉	25	9 ♊	40	7 ♋	20	50	5 ♌	37	6 ♍	14
5	10	53	10	56	9	19	7	6	43	6	31
10	11	21	12	15	11	17	52	7	49	6	48
15	11	51	13	37	13	18	38	8	54	7	5
20	12	23	15	5	15	23	5	10	0	7	23
21	12	30	15	24	15	48	35	10	14	7	26
22	12	37	15	42	16	14	18	10	27	7	30
23	12	44	16	1	16	40	17	10	41	7	33
24	12	51	16	21	17	6	31	10	55	7	37
25	12	58	16	41	17	33	3	11	9	7	41
26	13	5	17	1	17	59	53	11	23	7	45
27	13	13	17	21	18	27	2	11	37	7	48
28	13	21	17	43	18	54	32	11	52	7	52
29	13	29	18	4	19	22	23	12	6	7	56
30	13	37	18	26	19	50	37	12	21	8	0
31	13	46	18	49	20	19	16	12	36	8	4
32	13	54	19	12	20	48	20	12	51	8	8
33	14	3	19	36	21	17	51	13	6	8	12
34	14	12	20	0	21	47	50	13	22	8	17
35	14	22	20	26	22	18	20	13	38	8	21
36	14	31	20	52	22	49	21	13	54	8	25
37	14	42	21	18	23	20	55	14	10	8	30
38	14	52	21	46	23	53	4	14	27	8	34
39	15	3	22	14	24	25	50	14	44	8	39
40	15	14	22	44	24	59	15	15	1	8	44
41	15	26	23	14	25	33	20	15	19	8	48
42	15	38	23	46	26	8	9	15	37	8	53
43	15	50	24	19	26	43	42	15	55	8	59
44	16	4	24	53	27	20	3	16	14	9	4
45	16	17	25	28	27	57	14	16	33	9	9
46	16	32	26	5	28	35	18	16	53	9	15
47	16	47	26	44	29	14	17	17	13	9	20
48	17	3	27	24	29	54	14	17	34	9	26
49	17	20	28	6	0 ♌	35	13	17	55	9	32
50	17	38	28	51	1	17	16	18	17	9	38
51	17	57	29	37	2	0	26	18	40	9	45
52	18	17	0 ♋	26	2	44	48	19	3	9	51
53	18	38	1	18	3	30	26	19	27	9	58
54	19	1	2	12	4	17	22	19	51	10	5
55	19	25	3	10	5	5	42	20	17	10	13
56	19	52	4	12	5	55	30	20	43	10	20
57	20	20	5	17	6	46	50	21	11	10	28
58	20	52	6	27	7	39	47	21	39	10	37
59	21	26	7	41	8	34	26	22	8	10	45
60	22	3	9	2	9	30	54	22	39	10	54
61	22	45	10	28	10	29	14	23	11	11	4
62	23	32	12	1	11	29	34	23	44	11	14
63	24	25	13	42	12	31	59	24	18	11	24
64	25	27	15	33	13	36	37	24	54	11	35
65	26	40	17	33	14	43	33	25	32	11	47
66	28	11	19	46	15	52	54	26	11	11	59

Lat.	11		12		ASC			2		3	
0	11 ♉	26	10 ♊	36	8 ♋	16	4	6 ♌	36	7 ♍	18
5	11	54	11	53	10	14	4	7	41	7	34
10	12	23	13	12	12	12	25	8	46	7	50
15	12	53	14	34	14	12	39	9	50	8	7
20	13	26	16	3	16	16	24	10	56	8	24
21	13	33	16	21	16	41	43	11	9	8	27
22	13	40	16	40	17	7	17	11	22	8	30
23	13	47	16	59	17	33	5	11	36	8	34
24	13	54	17	18	17	59	9	11	50	8	37
25	14	2	17	38	18	25	29	12	3	8	41
26	14	9	17	58	18	52	7	12	17	8	45
27	14	17	18	19	19	19	4	12	31	8	48
28	14	25	18	40	19	46	21	12	45	8	52
29	14	33	19	2	20	13	58	13	0	8	56
30	14	42	19	24	20	41	59	13	14	8	59
31	14	50	19	46	21	10	23	13	29	9	3
32	14	59	20	10	21	39	11	13	44	9	7
33	15	8	20	33	22	8	26	13	59	9	11
34	15	17	20	58	22	38	9	14	14	9	15
35	15	27	21	23	23	8	21	14	30	9	19
36	15	37	21	49	23	39	4	14	46	9	24
37	15	47	22	16	24	10	20	15	2	9	28
38	15	58	22	43	24	42	9	15	18	9	32
39	16	9	23	11	25	14	35	15	35	9	37
40	16	20	23	41	25	47	39	15	52	9	41
41	16	32	24	11	26	21	22	16	9	9	46
42	16	44	24	43	26	55	47	16	27	9	50
43	16	57	25	15	27	30	57	16	45	9	55
44	17	11	25	49	28	6	53	17	3	10	0
45	17	25	26	25	28	43	38	17	22	10	5
46	17	39	27	1	29	21	14	17	42	10	11
47	17	55	27	40	29	59	44	18	2	10	16
48	18	11	28	20	0 ♌	39	12	18	22	10	22
49	18	28	29	2	1	19	39	18	43	10	27
50	18	46	29	46	2	1	9	19	4	10	33
51	19	6	0 ♋	32	2	43	46	19	27	10	39
52	19	26	1	21	3	27	32	19	49	10	46
53	19	48	2	12	4	12	32	20	13	10	52
54	20	11	3	6	4	58	50	20	37	10	59
55	20	36	4	3	5	46	29	21	2	11	6
56	21	3	5	4	6	35	34	21	28	11	14
57	21	32	6	9	7	26	9	21	55	11	21
58	22	3	7	18	8	18	20	22	23	11	29
59	22	38	8	31	9	12	10	22	51	11	37
60	23	16	9	50	10	7	46	23	21	11	46
61	23	59	11	15	11	5	14	23	52	11	55
62	24	47	12	47	12	4	38	24	25	12	5
63	25	41	14	27	13	6	5	24	58	12	15
64	26	45	16	15	14	9	41	25	34	12	25
65	28	0	18	12	15	15	34	26	10	12	36
66	29	34	20	22	16	23	49	26	49	12	48

Lat.	11		12		ASC			2		3	
0	12 ♉	27	11 ♊	32	9 ♋	11	21	7 ♌	35	8 ♍	22
5	12	55	12	49	11	9	3	8	39	8	37
10	13	25	14	8	13	6	58	9	43	8	53
15	13	56	15	31	15	6	37	10	47	9	9
20	14	29	17	0	17	9	39	11	51	9	25
21	14	36	17	18	17	34	49	12	4	9	28
22	14	43	17	37	18	0	12	12	17	9	31
23	14	50	17	56	18	25	50	12	31	9	35
24	14	58	18	16	18	51	42	12	44	9	38
25	15	5	18	35	19	17	51	12	58	9	41
26	15	13	18	56	19	44	17	13	11	9	45
27	15	21	19	16	20	11	1	13	25	9	48
28	15	29	19	37	20	38	5	13	39	9	52
29	15	37	19	59	21	5	29	13	53	9	55
30	15	46	20	21	21	33	15	14	8	9	59
31	15	54	20	44	22	1	24	14	22	10	3
32	16	3	21	7	22	29	57	14	37	10	6
33	16	13	21	31	22	58	57	14	52	10	10
34	16	22	21	55	23	28	23	15	7	10	14
35	16	32	22	20	23	58	17	15	22	10	18
36	16	42	22	46	24	28	42	15	38	10	22
37	16	52	23	13	24	59	39	15	53	10	26
38	17	3	23	40	25	31	9	16	10	10	30
39	17	14	24	8	26	3	14	16	26	10	34
40	17	26	24	38	26	35	56	16	43	10	39
41	17	38	25	8	27	9	18	17	0	10	43
42	17	50	25	39	27	43	20	17	17	10	48
43	18	4	26	12	28	18	5	17	35	10	52
44	18	17	26	46	28	53	36	17	53	10	57
45	18	31	27	21	29	29	55	18	12	11	2
46	18	46	27	57	0 ♌	7	4	18	31	11	7
47	19	2	28	36	0	45	6	18	50	11	12
48	19	19	29	15	1	24	3	19	10	11	17
49	19	36	29	57	2	3	59	19	31	11	23
50	19	54	0 ♋	41	2	44	57	19	52	11	28
51	20	14	1	27	3	27	0	20	14	11	34
52	20	35	2	15	4	10	11	20	36	11	40
53	20	57	3	6	4	54	34	20	59	11	47
54	21	20	3	59	5	40	13	21	23	11	53
55	21	46	4	56	6	27	11	21	47	12	0
56	22	13	5	56	7	15	34	22	13	12	7
57	22	43	7	0	8	5	25	22	39	12	14
58	23	15	8	8	8	56	49	23	6	12	22
59	23	50	9	21	9	49	52	23	34	12	29
60	24	29	10	39	10	44	37	24	4	12	38
61	25	12	12	3	11	41	12	24	34	12	46
62	26	1	13	33	12	39	41	25	6	12	55
63	26	57	15	10	13	40	10	25	39	13	5
64	28	2	16	56	14	42	46	26	13	13	15
65	29	19	18	51	15	47	36	26	49	13	26
66	0 ♊	57	20	58	16	54	45	27	27	13	37

Lat.	11		12		ASC			2		3	
0	13 ♉	27	12 ♊	28	10 ♋	6	42	8 ♌	34	9 ♍	26
5	13	56	13	45	12	4	4	9	38	9	41
10	14	26	15	5	14	1	31	10	40	9	55
15	14	58	16	28	16	0	35	11	43	10	10
20	15	32	17	57	18	2	52	12	47	10	26
21	15	39	18	15	18	27	52	13	0	10	29
22	15	46	18	34	18	53	5	13	13	10	32
23	15	53	18	53	19	18	31	13	26	10	35
24	16	1	19	13	19	44	12	13	39	10	38
25	16	9	19	32	20	10	9	13	52	10	42
26	16	16	19	53	20	36	23	14	6	10	45
27	16	24	20	13	21	2	54	14	19	10	48
28	16	33	20	34	21	29	45	14	33	10	52
29	16	41	20	56	21	56	55	14	47	10	55
30	16	50	21	18	22	24	27	15	1	10	58
31	16	58	21	41	22	52	21	15	15	11	2
32	17	8	22	4	23	20	39	15	30	11	5
33	17	17	22	28	23	49	22	15	44	11	9
34	17	27	22	52	24	18	31	15	59	11	13
35	17	36	23	17	24	48	8	16	14	11	16
36	17	47	23	43	25	18	15	16	30	11	20
37	17	57	24	9	25	48	52	16	45	11	24
38	18	8	24	37	26	20	3	17	1	11	28
39	18	20	25	5	26	51	47	17	17	11	32
40	18	31	25	34	27	24	8	17	34	11	36
41	18	44	26	4	27	57	7	17	50	11	40
42	18	56	26	36	28	30	46	18	7	11	45
43	19	10	27	8	29	5	8	18	25	11	49
44	19	23	27	42	29	40	13	18	43	11	54
45	19	38	28	17	0 ♌	16	6	19	1	11	58
46	19	53	28	53	0	52	48	19	20	12	3
47	20	9	29	31	1	30	21	19	39	12	8
48	20	26	0 ♋	11	2	8	49	19	59	12	13
49	20	43	0	52	2	48	14	20	19	12	18
50	21	2	1	35	3	28	39	20	39	12	24
51	21	22	2	21	4	10	8	21	1	12	29
52	21	43	3	9	4	52	44	21	23	12	35
53	22	5	3	59	5	36	31	21	45	12	41
54	22	29	4	52	6	21	31	22	9	12	47
55	22	55	5	48	7	7	50	22	33	12	53
56	23	23	6	48	7	55	30	22	57	13	0
57	23	53	7	51	8	44	37	23	23	13	7
58	24	26	8	58	9	35	16	23	50	13	14
59	25	1	10	10	10	27	30	24	17	13	22
60	25	41	11	27	11	21	26	24	46	13	29
61	26	25	12	49	12	17	8	25	16	13	38
62	27	15	14	18	13	14	43	25	47	13	46
63	28	12	15	54	14	14	15	26	19	13	55
64	29	18	17	38	15	15	52	26	53	14	5
65	0 ♊	38	19	30	16	19	40	27	28	14	15
66	2	19	21	33	17	25	45	28	5	14	25

Lat.	11		12		ASC			2		3	
0	14 ♉	28	13 ♊	24	11 ♋	2	6	9 ♌	33	10 ♍	30
5	14	57	14	42	12	59	7	10	36	10	44
10	15	28	16	1	14	56	5	11	38	10	58
15	16	0	17	25	16	54	32	12	40	11	12
20	16	34	18	53	18	56	3	13	42	11	27
21	16	41	19	12	19	20	53	13	55	11	30
22	16	49	19	31	19	45	55	14	8	11	33
23	16	56	19	50	20	11	10	14	21	11	36
24	17	4	20	9	20	36	40	14	34	11	39
25	17	12	20	29	21	2	24	14	47	11	42
26	17	20	20	49	21	28	25	15	0	11	45
27	17	28	21	10	21	54	44	15	14	11	48
28	17	36	21	31	22	21	21	15	27	11	51
29	17	44	21	53	22	48	17	15	41	11	55
30	17	53	22	15	23	15	34	15	55	11	58
31	18	2	22	37	23	43	13	16	9	12	1
32	18	11	23	0	24	11	15	16	23	12	5
33	18	21	23	24	24	39	42	16	37	12	8
34	18	31	23	49	25	8	34	16	52	12	12
35	18	41	24	14	25	37	54	17	7	12	15
36	18	51	24	39	26	7	42	17	22	12	19
37	19	2	25	6	26	38	1	17	37	12	22
38	19	13	25	33	27	8	51	17	53	12	26
39	19	25	26	1	27	40	15	18	8	12	30
40	19	36	26	30	28	12	15	18	25	12	34
41	19	49	27	0	28	44	52	18	41	12	38
42	20	2	27	32	29	18	7	18	58	12	42
43	20	15	28	4	29	52	5	19	15	12	46
44	20	29	28	37	0 ♌	26	45	19	32	12	51
45	20	44	29	12	1	2	12	19	50	12	55
46	20	59	29	48	1	38	26	20	9	12	59
47	21	16	0 ♋	26	2	15	31	20	28	13	4
48	21	33	1	5	2	53	29	20	47	13	9
49	21	50	1	47	3	32	23	21	7	13	14
50	22	9	2	30	4	12	17	21	27	13	19
51	22	29	3	15	4	53	12	21	48	13	24
52	22	51	4	2	5	35	13	22	9	13	30
53	23	14	4	52	6	18	23	22	31	13	35
54	23	38	5	45	7	2	45	22	54	13	41
55	24	4	6	40	7	48	24	23	18	13	47
56	24	32	7	39	8	35	23	23	42	13	53
57	25	3	8	42	9	23	47	24	7	14	0
58	25	36	9	48	10	13	40	24	33	14	7
59	26	12	10	59	11	5	7	25	0	14	14
60	26	53	12	15	11	58	13	25	29	14	21
61	27	37	13	36	12	53	4	25	58	14	29
62	28	28	15	3	13	49	44	26	28	14	37
63	29	26	16	37	14	48	20	27	0	14	46
64	0 ♊	34	18	19	15	48	58	27	33	14	55
65	1	56	20	9	16	51	45	28	7	15	4
66	3	41	22	9	17	56	46	28	43	15	14

Lat.	11		12		ASC			2		3	
0	15 ♉	28	14 ♊	20	11 ♋	57	33	10 ♌	32	11 ♍	34
5	15	58	15	38	13	54	11	11	34	11	48
10	16	29	16	58	15	50	39	12	35	12	1
15	17	1	18	21	17	48	28	13	36	12	14
20	17	36	19	50	19	49	12	14	38	12	28
21	17	44	20	9	20	13	51	14	51	12	31
22	17	51	20	27	20	38	42	15	3	12	34
23	17	59	20	47	21	3	46	15	16	12	37
24	18	6	21	6	21	29	4	15	29	12	40
25	18	14	21	26	21	54	36	15	42	12	43
26	18	22	21	46	22	20	25	15	55	12	46
27	18	31	22	7	22	46	30	16	8	12	48
28	18	39	22	28	23	12	53	16	21	12	52
29	18	48	22	49	23	39	35	16	35	12	55
30	18	57	23	11	24	6	38	16	48	12	58
31	19	6	23	34	24	34	1	17	2	13	1
32	19	15	23	57	25	1	48	17	16	13	4
33	19	25	24	21	25	29	58	17	30	13	7
34	19	35	24	45	25	58	33	17	45	13	11
35	19	45	25	10	26	27	35	17	59	13	14
36	19	55	25	36	26	57	5	18	14	13	17
37	20	6	26	2	27	27	4	18	29	13	21
38	20	17	26	29	27	57	35	18	44	13	24
39	20	29	26	57	28	28	38	19	0	13	28
40	20	41	27	26	29	0	16	19	16	13	32
41	20	54	27	56	29	32	31	19	32	13	35
42	21	7	28	27	0 ♌	5	23	19	48	13	39
43	21	21	28	59	0	38	56	20	5	13	43
44	21	35	29	33	1	13	12	20	22	13	47
45	21	50	0 ♋	7	1	48	12	20	40	13	52
46	22	5	0	43	2	23	59	20	58	13	56
47	22	22	1	21	3	0	36	21	16	14	0
48	22	39	2	0	3	38	4	21	35	14	5
49	22	57	2	41	4	16	28	21	55	14	9
50	23	16	3	23	4	55	49	22	14	14	14
51	23	37	4	8	5	36	11	22	35	14	19
52	23	58	4	55	6	17	37	22	56	14	24
53	24	21	5	45	7	0	11	23	18	14	30
54	24	46	6	37	7	43	55	23	40	14	35
55	25	12	7	32	8	28	54	24	3	14	41
56	25	41	8	30	9	15	12	24	27	14	47
57	26	12	9	32	10	2	53	24	52	14	53
58	26	46	10	37	10	52	1	25	17	14	59
59	27	23	11	47	11	42	41	25	44	15	6
60	28	3	13	2	12	34	59	26	11	15	13
61	28	49	14	22	13	28	58	26	40	15	21
62	29	41	15	48	14	24	45	27	9	15	28
63	0 ♊	40	17	20	15	22	26	27	40	15	36
64	1	49	19	0	16	22	6	28	12	15	45
65	3	13	20	48	17	23	51	28	46	15	54
66	5	2	22	45	18	27	50	29	21	16	3

0 h 56 m MC 15 ♈ 12 13 RAMC 14°

Lat.	11		12		ASC			2		3	
0	16 ♉	28	15 ♊	16	12 ♋	53	5	11 ♌	32	12 ♍	39
5	16	58	16	34	14	49	19	12	33	12	51
10	17	30	17	54	16	45	15	13	33	13	4
15	18	3	19	18	18	42	24	14	33	13	17
20	18	38	20	46	20	42	20	15	34	13	30
21	18	46	21	5	21	6	48	15	46	13	32
22	18	53	21	24	21	31	28	15	59	13	35
23	19	1	21	43	21	56	20	16	11	13	38
24	19	9	22	2	22	21	26	16	24	13	40
25	19	17	22	22	22	46	46	16	37	13	43
26	19	25	22	43	23	12	21	16	49	13	46
27	19	33	23	3	23	38	13	17	2	13	49
28	19	42	23	24	24	4	22	17	16	13	52
29	19	51	23	46	24	30	50	17	29	13	54
30	20	0	24	8	24	57	37	17	42	13	57
31	20	9	24	30	25	24	46	17	56	14	0
32	20	18	24	53	25	52	16	18	9	14	3
33	20	28	25	17	26	20	9	18	23	14	6
34	20	38	25	41	26	48	27	18	37	14	10
35	20	48	26	6	27	17	11	18	52	14	13
36	20	59	26	32	27	46	23	19	6	14	16
37	21	10	26	58	28	16	3	19	21	14	19
38	21	22	27	25	28	46	13	19	36	14	23
39	21	33	27	53	29	16	56	19	51	14	26
40	21	46	28	22	29	48	13	20	7	14	29
41	21	58	28	52	0 ♌	20	5	20	22	14	33
42	22	12	29	23	0	52	34	20	39	14	37
43	22	26	29	55	1	25	43	20	55	14	40
44	22	40	0 ♋	28	1	59	33	21	12	14	44
45	22	55	1	2	2	34	7	21	29	14	48
46	23	11	1	38	3	9	27	21	47	14	52
47	23	27	2	15	3	45	36	22	5	14	56
48	23	45	2	54	4	22	35	22	23	15	1
49	24	3	3	35	5	0	28	22	42	15	5
50	24	23	4	17	5	39	17	23	2	15	10
51	24	43	5	1	6	19	6	23	22	15	14
52	25	5	5	48	6	59	57	23	43	15	19
53	25	29	6	37	7	41	55	24	4	15	24
54	25	53	7	29	8	25	2	24	26	15	29
55	26	20	8	23	9	9	21	24	48	15	35
56	26	49	9	21	9	54	58	25	12	15	40
57	27	21	10	22	10	41	56	25	36	15	46
58	27	55	11	26	11	30	20	26	1	15	52
59	28	32	12	35	12	20	14	26	27	15	59
60	29	14	13	49	13	11	43	26	54	16	5
61	0 ♊	0	15	8	14	4	51	27	21	16	12
62	0	53	16	32	14	59	46	27	50	16	19
63	1	53	18	3	15	56	31	28	21	16	27
64	3	4	19	40	16	55	14	28	52	16	35
65	4	30	21	26	17	56	0	29	25	16	43
66	6	23	23	21	18	58	55	29	59	16	52

1h 0m MC 16 ♈ 16 51 **RAMC 15°**

Lat.	11	12	ASC	2	3
0	17 ♉ 28	16 ♊ 11	13 ♋ 48 41	12 ♌ 32	13 ♍ 43
5	17 59	17 30	15 44 29	13 32	13 55
10	18 31	18 50	17 39 52	14 31	14 7
15	19 4	20 14	19 36 20	15 30	14 19
20	19 40	21 43	21 35 26	16 30	14 31
21	19 48	22 1	21 59 43	16 42	14 34
22	19 55	22 20	22 24 12	16 54	14 36
23	20 3	22 39	22 48 52	17 7	14 39
24	20 11	22 59	23 13 45	17 19	14 41
25	20 19	23 19	23 38 53	17 32	14 44
26	20 27	23 39	24 4 15	17 44	14 46
27	20 36	23 59	24 29 53	17 57	14 49
28	20 44	24 20	24 55 48	18 10	14 52
29	20 53	24 42	25 22 2	18 23	14 54
30	21 2	25 4	25 48 34	18 36	14 57
31	21 12	25 26	26 15 26	18 49	15 0
32	21 21	25 49	26 42 40	19 3	15 3
33	21 31	26 13	27 10 17	19 16	15 6
34	21 41	26 37	27 38 18	19 30	15 9
35	21 52	27 2	28 6 44	19 44	15 12
36	22 3	27 27	28 35 36	19 58	15 15
37	22 14	27 54	29 4 57	20 13	15 18
38	22 25	28 21	29 34 48	20 28	15 21
39	22 37	28 48	0 ♌ 5 9	20 42	15 24
40	22 50	29 17	0 36 4	20 58	15 27
41	23 3	29 47	1 7 34	21 13	15 31
42	23 16	0 ♋ 18	1 39 40	21 29	15 34
43	23 30	0 49	2 12 25	21 45	15 38
44	23 45	1 22	2 45 50	22 2	15 41
45	24 0	1 57	3 19 58	22 19	15 45
46	24 16	2 32	3 54 51	22 36	15 49
47	24 33	3 9	4 30 31	22 54	15 53
48	24 50	3 48	5 7 1	23 12	15 57
49	25 9	4 28	5 44 23	23 30	16 1
50	25 29	5 10	6 22 41	23 50	16 5
51	25 50	5 54	7 1 57	24 9	16 9
52	26 12	6 41	7 42 14	24 29	16 14
53	26 35	7 29	8 23 35	24 50	16 19
54	27 1	8 20	9 6 4	25 12	16 24
55	27 28	9 14	9 49 45	25 34	16 29
56	27 57	10 11	10 34 42	25 56	16 34
57	28 29	11 11	11 20 57	26 20	16 39
58	29 3	12 15	12 8 37	26 44	16 45
59	29 41	13 23	12 57 44	27 10	16 51
60	0 ♊ 24	14 36	13 48 25	27 36	16 57
61	1 11	15 53	14 40 44	28 3	17 4
62	2 4	17 16	15 34 46	28 32	17 10
63	3 5	18 45	16 30 37	29 1	17 17
64	4 17	20 21	17 28 23	29 32	17 25
65	5 46	22 4	18 28 10	0 ♍ 4	17 33
66	7 43	23 57	19 30 4	0 37	17 41

Lat.	11	12	ASC	2	3
0	18 ♉ 28	17 ♊ 7	14 ♋ 44 21	13 ♌ 31	14 ♍ 48
5	18 59	18 25	16 39 42	14 31	14 59
10	19 31	19 46	18 34 30	15 29	15 10
15	20 5	21 10	20 30 16	16 27	15 21
20	20 41	22 39	22 28 31	17 26	15 33
21	20 49	22 57	22 52 37	17 38	15 35
22	20 57	23 16	23 16 54	17 50	15 37
23	21 5	23 35	23 41 22	18 2	15 40
24	21 13	23 55	24 6 3	18 14	15 42
25	21 21	24 15	24 30 58	18 27	15 45
26	21 29	24 35	24 56 7	18 39	15 47
27	21 38	24 55	25 21 31	18 51	15 49
28	21 47	25 16	25 47 12	19 4	15 52
29	21 56	25 38	26 13 10	19 17	15 55
30	22 5	26 0	26 39 27	19 30	15 57
31	22 14	26 22	27 6 4	19 43	16 0
32	22 24	26 45	27 33 2	19 56	16 2
33	22 34	27 9	28 0 21	20 9	16 5
34	22 44	27 33	28 28 4	20 23	16 8
35	22 55	27 57	28 56 12	20 37	16 11
36	23 6	28 23	29 24 46	20 51	16 13
37	23 17	28 49	29 53 47	21 5	16 16
38	23 29	29 16	0 ♌ 23 18	21 19	16 19
39	23 41	29 44	0 53 19	21 34	16 22
40	23 54	0 ♋ 12	1 23 52	21 49	16 25
41	24 7	0 42	1 54 59	22 4	16 28
42	24 20	1 12	2 26 42	22 20	16 32
43	24 34	1 44	2 59 2	22 35	16 35
44	24 49	2 17	3 32 2	22 52	16 38
45	25 5	2 51	4 5 44	23 8	16 42
46	25 21	3 26	4 40 10	23 25	16 45
47	25 38	4 3	5 15 22	23 42	16 49
48	25 56	4 41	5 51 23	24 0	16 53
49	26 14	5 21	6 28 15	24 18	16 56
50	26 34	6 3	7 6 1	24 37	17 0
51	26 55	6 47	7 44 43	24 56	17 5
52	27 18	7 33	8 24 26	25 16	17 9
53	27 42	8 21	9 5 12	25 36	17 13
54	28 7	9 11	9 47 4	25 57	17 18
55	28 35	10 5	10 30 6	26 19	17 22
56	29 4	11 1	11 14 22	26 41	17 27
57	29 37	12 0	11 59 56	27 4	17 32
58	0 ♊ 12	13 4	12 46 52	27 28	17 38
59	0 50	14 11	13 35 14	27 53	17 43
60	1 33	15 22	14 25 7	28 19	17 49
61	2 20	16 38	15 16 36	28 45	17 55
62	3 14	18 0	16 9 46	29 13	18 1
63	4 17	19 27	17 4 43	29 42	18 8
64	5 30	21 1	18 1 33	0 ♍ 12	18 15
65	7 1	22 43	19 0 21	0 43	18 22
66	9 2	24 32	20 1 14	1 16	18 30

Lat.	11	12	ASC	2	3
0	19 ♉ 27	18 ♊ 2	15 ♋ 40 7	14 ♌ 32	15 ♍ 53
5	19 59	19 21	17 34 59	15 30	16 3
10	20 32	20 42	19 29 11	16 27	16 13
15	21 6	22 6	21 24 12	17 24	16 24
20	21 43	23 35	23 21 36	18 22	16 34
21	21 50	23 53	23 45 30	18 34	16 37
22	21 58	24 12	24 9 35	18 46	16 39
23	22 6	24 31	24 33 51	18 58	16 41
24	22 14	24 51	24 58 19	19 10	16 43
25	22 23	25 11	25 23 1	19 22	16 45
26	22 31	25 31	25 47 56	19 34	16 48
27	22 40	25 51	26 13 6	19 46	16 50
28	22 49	26 12	26 38 33	19 58	16 52
29	22 58	26 34	27 4 16	20 11	16 55
30	23 7	26 55	27 30 18	20 24	16 57
31	23 17	27 18	27 56 39	20 36	16 59
32	23 27	27 41	28 23 20	20 49	17 2
33	23 37	28 4	28 50 22	21 2	17 4
34	23 47	28 28	29 17 48	21 16	17 7
35	23 58	28 53	29 45 37	21 29	17 10
36	24 9	29 18	0 ♌ 13 52	21 43	17 12
37	24 20	29 44	0 42 34	21 57	17 15
38	24 32	0 ♋ 11	1 11 44	22 11	17 18
39	24 44	0 39	1 41 24	22 25	17 20
40	24 57	1 7	2 11 35	22 40	17 23
41	25 10	1 37	2 42 20	22 55	17 26
42	25 24	2 7	3 13 39	23 10	17 29
43	25 38	2 39	3 45 36	23 26	17 32
44	25 53	3 11	4 18 11	23 42	17 35
45	26 9	3 45	4 51 26	23 58	17 39
46	26 25	4 20	5 25 25	24 14	17 42
47	26 42	4 57	6 0 9	24 31	17 45
48	27 0	5 35	6 35 40	24 49	17 49
49	27 20	6 14	7 12 2	25 6	17 52
50	27 40	6 56	7 49 16	25 25	17 56
51	28 1	7 39	8 27 26	25 44	18 0
52	28 24	8 24	9 6 35	26 3	18 4
53	28 48	9 12	9 46 45	26 23	18 8
54	29 14	10 2	10 28 1	26 43	18 12
55	29 41	10 55	11 10 24	27 4	18 16
56	0 ♊ 11	11 50	11 54 0	27 26	18 21
57	0 44	12 49	12 38 52	27 49	18 26
58	1 19	13 52	13 25 4	28 12	18 31
59	1 58	14 58	14 12 41	28 36	18 36
60	2 41	16 8	15 1 47	29 1	18 41
61	3 30	17 23	15 52 27	29 27	18 47
62	4 24	18 43	16 44 46	29 54	18 53
63	5 28	20 9	17 38 50	0 ♍ 22	18 59
64	6 43	21 41	18 34 44	0 52	19 5
65	8 15	23 21	19 32 34	1 22	19 12
66	10 20	25 8	20 32 27	1 54	19 19

Lat.	11		12		ASC			2		3	
0	20 ♉	26	18 ♊	58	16 ♋	35	58	15 ♌	32	16 ♍	57
5	20	59	20	17	18	30	19	16	29	17	7
10	21	32	21	38	20	23	53	17	26	17	17
15	22	7	23	2	22	18	10	18	22	17	26
20	22	44	24	31	24	14	40	19	19	17	36
21	22	52	24	49	24	38	23	19	30	17	38
22	22	59	25	8	25	2	15	19	42	17	40
23	23	8	25	27	25	26	19	19	53	17	42
24	23	16	25	47	25	50	34	20	5	17	44
25	23	24	26	6	26	15	2	20	17	17	46
26	23	33	26	26	26	39	44	20	29	17	48
27	23	42	26	47	27	4	40	20	41	17	50
28	23	51	27	8	27	29	52	20	53	17	53
29	24	0	27	29	27	55	20	21	5	17	55
30	24	9	27	51	28	21	6	21	18	17	57
31	24	19	28	13	28	47	10	21	30	17	59
32	24	29	28	36	29	13	35	21	43	18	2
33	24	39	29	0	29	40	20	21	56	18	4
34	24	50	29	23	0 ♌	7	28	22	9	18	6
35	25	0	29	48	0	34	59	22	22	18	9
36	25	12	0 ♋	13	1	2	55	22	35	18	11
37	25	23	0	39	1	31	17	22	49	18	14
38	25	35	1	6	2	0	7	23	3	18	16
39	25	47	1	33	2	29	26	23	17	18	19
40	26	0	2	2	2	59	15	23	31	18	21
41	26	14	2	31	3	29	37	23	46	18	24
42	26	28	3	1	4	0	33	24	1	18	27
43	26	42	3	33	4	32	5	24	16	18	30
44	26	57	4	5	5	4	15	24	31	18	32
45	27	13	4	39	5	37	5	24	47	18	35
46	27	29	5	14	6	10	36	25	3	18	38
47	27	47	5	50	6	44	52	25	20	18	42
48	28	5	6	28	7	19	54	25	37	18	45
49	28	24	7	7	7	55	46	25	55	18	48
50	28	44	7	48	8	32	29	26	12	18	51
51	29	6	8	31	9	10	6	26	31	18	55
52	29	29	9	16	9	48	41	26	50	18	59
53	29	53	10	3	10	28	16	27	9	19	2
54	0 ♊	19	10	53	11	8	54	27	29	19	6
55	0	47	11	45	11	50	40	27	50	19	10
56	1	18	12	40	12	33	36	28	11	19	15
57	1	51	13	38	13	17	47	28	33	19	19
58	2	26	14	39	14	3	16	28	56	19	24
59	3	6	15	44	14	50	8	29	19	19	28
60	3	49	16	54	15	38	27	29	44	19	33
61	4	38	18	8	16	28	18	0 ♍	9	19	38
62	5	34	19	26	17	19	46	0	35	19	44
63	6	38	20	51	18	12	57	1	3	19	49
64	7	54	22	21	19	7	56	1	31	19	55
65	9	29	23	59	20	4	49	2	1	20	2
66	11	38	25	44	21	3	42	2	32	20	8

1 h 16 m MC 20 ♈ 34 17 RAMC 19°

Lat.	11	12	ASC	2	3
0	21 ♉ 26	19 ♊ 53	17 ♋ 31 54	16 ♌ 32	18 ♍ 2
5	21 58	21 12	19 25 43	17 29	18 11
10	22 32	22 33	21 18 38	18 24	18 20
15	23 7	23 57	23 12 8	19 19	18 29
20	23 45	25 26	25 7 44	20 15	18 38
21	23 52	25 45	25 31 14	20 26	18 40
22	24 0	26 4	25 54 55	20 38	18 42
23	24 9	26 23	26 18 46	20 49	18 43
24	24 17	26 42	26 42 48	21 1	18 45
25	24 25	27 2	27 7 2	21 12	18 47
26	24 34	27 22	27 31 30	21 24	18 49
27	24 43	27 42	27 56 12	21 36	18 51
28	24 52	28 3	28 21 9	21 47	18 53
29	25 1	28 25	28 46 22	21 59	18 55
30	25 11	28 46	29 11 52	22 12	18 57
31	25 21	29 9	29 37 40	22 24	18 59
32	25 31	29 31	0 ♌ 3 48	22 36	19 1
33	25 41	29 55	0 30 16	22 49	19 3
34	25 52	0 ♋ 19	0 57 5	23 2	19 6
35	26 3	0 43	1 24 18	23 15	19 8
36	26 14	1 8	1 51 54	23 28	19 10
37	26 26	1 34	2 19 57	23 41	19 12
38	26 38	2 1	2 48 26	23 55	19 15
39	26 50	2 28	3 17 24	24 8	19 17
40	27 3	2 56	3 46 51	24 22	19 19
41	27 17	3 25	4 16 51	24 37	19 22
42	27 31	3 55	4 47 23	24 51	19 24
43	27 45	4 27	5 18 31	25 6	19 27
44	28 0	4 59	5 50 16	25 21	19 30
45	28 16	5 32	6 22 39	25 37	19 32
46	28 33	6 7	6 55 44	25 53	19 35
47	28 51	6 43	7 29 32	26 9	19 38
48	29 9	7 20	8 4 5	26 26	19 41
49	29 28	7 59	8 39 26	26 43	19 44
50	29 49	8 40	9 15 38	27 0	19 47
51	0 ♊ 11	9 23	9 52 43	27 18	19 50
52	0 34	10 7	10 30 43	27 36	19 54
53	0 58	10 54	11 9 43	27 55	19 57
54	1 25	11 43	11 49 45	28 15	20 1
55	1 53	12 34	12 30 53	28 35	20 4
56	2 24	13 29	13 13 10	28 56	20 8
57	2 57	14 26	13 56 39	29 17	20 12
58	3 33	15 27	14 41 25	29 40	20 16
59	4 13	16 31	15 27 33	0 ♍ 3	20 21
60	4 57	17 39	16 15 6	0 26	20 25
61	5 46	18 52	17 4 9	0 51	20 30
62	6 42	20 10	17 54 47	1 17	20 35
63	7 48	21 32	18 47 5	1 44	20 40
64	9 5	23 1	19 41 10	2 11	20 46
65	10 42	24 37	20 37 6	2 40	20 52
66	12 55	26 19	21 35 0	3 11	20 58

Lat.	11		12		ASC			2		3	
0	22 ♉	25	20 ♊	49	18 ♋	27	56	17 ♌	33	19 ♍	7
5	22	58	22	8	20	21	12	18	28	19	15
10	23	31	23	29	22	13	26	19	23	19	23
15	24	7	24	53	24	6	8	20	17	19	31
20	24	45	26	22	26	0	48	21	11	19	40
21	24	53	26	40	26	24	6	21	22	19	41
22	25	1	26	59	26	47	34	21	34	19	43
23	25	9	27	18	27	11	12	21	45	19	45
24	25	18	27	38	27	35	1	21	56	19	46
25	25	26	27	57	27	59	1	22	7	19	48
26	25	35	28	17	28	23	15	22	19	19	50
27	25	44	28	38	28	47	42	22	30	19	52
28	25	53	28	59	29	12	24	22	42	19	54
29	26	3	29	20	29	37	21	22	54	19	55
30	26	12	29	42	0 ♌	2	35	23	6	19	57
31	26	22	0 ♋	4	0	28	7	23	18	19	59
32	26	32	0	26	0	53	58	23	30	20	1
33	26	43	0	50	1	20	8	23	42	20	3
34	26	54	1	13	1	46	40	23	55	20	5
35	27	5	1	38	2	13	34	24	7	20	7
36	27	16	2	3	2	40	51	24	20	20	9
37	27	28	2	29	3	8	34	24	33	20	11
38	27	40	2	55	3	36	42	24	47	20	13
39	27	53	3	22	4	5	19	25	0	20	15
40	28	6	3	50	4	34	24	25	14	20	17
41	28	19	4	19	5	4	1	25	28	20	20
42	28	33	4	49	5	34	10	25	42	20	22
43	28	48	5	20	6	4	53	25	57	20	24
44	29	4	5	52	6	36	13	26	11	20	27
45	29	20	6	25	7	8	10	26	27	20	29
46	29	36	7	0	7	40	48	26	42	20	32
47	29	54	7	35	8	14	8	26	58	20	34
48	0 ♊	13	8	13	8	48	12	27	14	20	37
49	0	32	8	51	9	23	3	27	31	20	40
50	0	53	9	32	9	58	44	27	48	20	43
51	1	15	10	14	10	35	16	28	5	20	46
52	1	38	10	58	11	12	43	28	23	20	49
53	2	3	11	44	11	51	8	28	42	20	52
54	2	30	12	33	12	30	34	29	1	20	55
55	2	58	13	24	13	11	4	29	21	20	58
56	3	29	14	17	13	52	41	29	41	21	2
57	4	2	15	14	14	35	30	0 ♍	2	21	6
58	4	39	16	14	15	19	34	0	23	21	9
59	5	19	17	17	16	4	57	0	46	21	13
60	6	4	18	25	16	51	44	1	9	21	17
61	6	54	19	36	17	39	59	1	33	21	22
62	7	50	20	52	18	29	47	1	58	21	26
63	8	56	22	14	19	21	14	2	24	21	31
64	10	15	23	41	20	14	24	2	51	21	36
65	11	54	25	15	21	9	24	3	20	21	41
66	14	11	26	55	22	6	20	3	49	21	47

Lat.	11		12		ASC			2		3	
0	23 ♉	23	21 ♊	44	19 ♋	24	4	18 ♌	34	20 ♍	12
5	23	57	23	3	21	16	44	19	28	20	20
10	24	31	24	24	23	8	16	20	21	20	27
15	25	7	25	49	25	0	9	21	14	20	34
20	25	45	27	17	26	53	52	22	8	20	42
21	25	53	27	36	27	16	58	22	19	20	43
22	26	2	27	55	27	40	13	22	30	20	45
23	26	10	28	14	28	3	37	22	41	20	46
24	26	19	28	33	28	27	13	22	52	20	48
25	26	27	28	53	28	51	0	23	3	20	49
26	26	36	29	13	29	14	59	23	14	20	51
27	26	45	29	33	29	39	11	23	25	20	52
28	26	54	29	54	0 ♌	3	38	23	37	20	54
29	27	4	0 ♋	15	0	28	19	23	48	20	56
30	27	14	0	37	0	53	17	24	0	20	57
31	27	24	0	59	1	18	33	24	12	20	59
32	27	34	1	21	1	44	6	24	24	21	1
33	27	44	1	44	2	9	59	24	36	21	2
34	27	55	2	8	2	36	12	24	48	21	4
35	28	6	2	32	3	2	47	25	0	21	6
36	28	18	2	57	3	29	45	25	13	21	8
37	28	30	3	23	3	57	8	25	26	21	10
38	28	42	3	49	4	24	56	25	39	21	12
39	28	55	4	16	4	53	11	25	52	21	14
40	29	8	4	44	5	21	54	26	5	21	16
41	29	22	5	13	5	51	8	26	19	21	18
42	29	36	5	43	6	20	54	26	33	21	20
43	29	51	6	14	6	51	13	26	47	21	22
44	0 ♊	6	6	45	7	22	7	27	1	21	24
45	0	23	7	18	7	53	39	27	16	21	26
46	0	39	7	52	8	25	49	27	31	21	28
47	0	57	8	28	8	58	41	27	47	21	31
48	1	16	9	5	9	32	16	28	3	21	33
49	1	36	9	43	10	6	38	28	19	21	36
50	1	57	10	23	10	41	47	28	36	21	38
51	2	19	11	5	11	17	47	28	53	21	41
52	2	42	11	49	11	54	41	29	10	21	44
53	3	7	12	34	12	32	31	29	28	21	47
54	3	34	13	22	13	11	20	29	47	21	49
55	4	3	14	13	13	51	13	0 ♍	6	21	52
56	4	34	15	6	14	32	11	0	26	21	56
57	5	8	16	2	15	14	19	0	46	21	59
58	5	45	17	1	15	57	41	1	7	22	2
59	6	25	18	3	16	42	20	1	29	22	6
60	7	10	19	10	17	28	22	1	52	22	10
61	8	0	20	20	18	15	49	2	15	22	14
62	8	58	21	35	19	4	48	2	40	22	18
63	10	5	22	55	19	55	23	3	5	22	22
64	11	24	24	21	20	47	40	3	32	22	26
65	13	5	25	52	21	41	45	3	59	22	31
66	15	26	27	31	22	37	42	4	28	22	36

Lat.	11	12	ASC	2	3
0	24 ♉ 22	22 ♊ 39	20 ♋ 20 19	19 ♌ 34	21 ♍ 17
5	24 56	23 59	22 12 22	20 28	21 24
10	25 30	25 20	24 3 10	21 20	21 30
15	26 7	26 44	25 54 12	22 12	21 37
20	26 46	28 13	27 46 57	23 5	21 43
21	26 54	28 31	28 9 50	23 15	21 45
22	27 2	28 50	28 32 52	23 26	21 46
23	27 10	29 9	28 56 3	23 37	21 48
24	27 19	29 28	29 19 25	23 47	21 49
25	27 28	29 48	29 42 57	23 58	21 50
26	27 37	0 ♋ 8	0 ♌ 6 42	24 9	21 52
27	27 46	0 28	0 30 39	24 20	21 53
28	27 55	0 49	0 54 50	24 32	21 55
29	28 5	1 10	1 19 16	24 43	21 56
30	28 15	1 31	1 43 58	24 54	21 58
31	28 25	1 53	2 8 56	25 6	21 59
32	28 35	2 16	2 34 12	25 17	22 1
33	28 46	2 39	2 59 47	25 29	22 2
34	28 56	3 3	3 25 42	25 41	22 4
35	29 8	3 27	3 51 59	25 53	22 5
36	29 19	3 52	4 18 37	26 5	22 7
37	29 31	4 17	4 45 39	26 18	22 9
38	29 44	4 43	5 13 7	26 31	22 10
39	29 57	5 10	5 41 0	26 43	22 12
40	0 ♊ 10	5 38	6 9 22	26 57	22 14
41	0 24	6 7	6 38 13	27 10	22 16
42	0 38	6 36	7 7 35	27 23	22 17
43	0 53	7 7	7 37 29	27 37	22 19
44	1 9	7 38	8 7 58	27 51	22 21
45	1 25	8 11	8 39 4	28 6	22 23
46	1 42	8 45	9 10 48	28 21	22 25
47	2 0	9 20	9 43 11	28 36	22 27
48	2 19	9 57	10 16 18	28 51	22 29
49	2 39	10 35	10 50 9	29 7	22 32
50	3 0	11 14	11 24 47	29 23	22 34
51	3 22	11 56	12 0 15	29 40	22 36
52	3 46	12 39	12 36 36	29 57	22 39
53	4 11	13 24	13 13 51	0 ♍ 15	22 41
54	4 38	14 12	13 52 5	0 33	22 44
55	5 7	15 2	14 31 20	0 52	22 47
56	5 38	15 54	15 11 39	1 11	22 49
57	6 13	16 49	15 53 7	1 31	22 52
58	6 50	17 48	16 35 47	1 51	22 55
59	7 30	18 49	17 19 43	2 13	22 59
60	8 16	19 55	18 4 59	2 35	23 2
61	9 7	21 4	18 51 39	2 58	23 5
62	10 5	22 18	19 39 49	3 21	23 9
63	11 12	23 36	20 29 34	3 46	23 13
64	12 33	25 0	21 20 57	4 12	23 17
65	14 15	26 30	22 14 7	4 38	23 21
66	16 40	28 7	23 9 7	5 6	23 25

Lat.	11		12		ASC			2		3	
0	25 ♉	21	23 ♊	34	21 ♋	16	40	20 ♌	36	22 ♍	23
5	25	55	24	54	23	8	5	21	28	22	28
10	26	30	26	15	24	58	8	22	19	22	34
15	27	6	27	39	26	48	17	23	10	22	40
20	27	45	29	8	28	40	2	24	1	22	45
21	27	54	29	26	29	2	42	24	12	22	47
22	28	2	29	45	29	25	31	24	22	22	48
23	28	11	0 ♋	4	29	48	29	24	33	22	49
24	28	19	0	23	0 ♌	11	36	24	43	22	50
25	28	28	0	43	0	34	55	24	54	22	51
26	28	37	1	3	0	58	24	25	5	22	53
27	28	46	1	23	1	22	7	25	15	22	54
28	28	56	1	44	1	46	2	25	26	22	55
29	29	5	2	5	2	10	12	25	37	22	56
30	29	15	2	26	2	34	37	25	48	22	58
31	29	25	2	48	2	59	19	26	0	22	59
32	29	36	3	11	3	24	17	26	11	23	0
33	29	47	3	34	3	49	34	26	23	23	2
34	29	58	3	57	4	15	11	26	34	23	3
35	0 ♊	9	4	21	4	41	8	26	46	23	5
36	0	21	4	46	5	7	27	26	58	23	6
37	0	33	5	11	5	34	9	27	10	23	7
38	0	45	5	37	6	1	15	27	23	23	9
39	0	58	6	4	6	28	47	27	35	23	10
40	1	12	6	32	6	56	47	27	48	23	12
41	1	25	7	0	7	25	15	28	1	23	14
42	1	40	7	30	7	54	13	28	14	23	15
43	1	55	8	0	8	23	43	28	28	23	17
44	2	11	8	31	8	53	47	28	42	23	18
45	2	27	9	4	9	24	26	28	56	23	20
46	2	45	9	37	9	55	43	29	10	23	22
47	3	3	10	12	10	27	39	29	25	23	24
48	3	22	10	48	11	0	17	29	40	23	26
49	3	42	11	26	11	33	38	29	55	23	28
50	4	3	12	5	12	7	45	0 ♍	11	23	30
51	4	25	12	46	12	42	41	0	27	23	32
52	4	49	13	29	13	18	28	0	44	23	34
53	5	15	14	14	13	55	9	1	1	23	36
54	5	42	15	1	14	32	47	1	19	23	38
55	6	11	15	50	15	11	25	1	37	23	41
56	6	43	16	42	15	51	6	1	56	23	43
57	7	17	17	37	16	31	54	2	15	23	46
58	7	54	18	34	17	13	52	2	35	23	48
59	8	35	19	35	17	57	5	2	56	23	51
60	9	21	20	39	18	41	36	3	17	23	54
61	10	12	21	47	19	27	30	3	40	23	57
62	11	11	23	0	20	14	51	4	3	24	0
63	12	19	24	17	21	3	45	4	27	24	4
64	13	40	25	40	21	54	16	4	52	24	7
65	15	24	27	8	22	46	30	5	18	24	11
66	17	53	28	42	23	40	34	5	45	24	15

Lat.	11	12	ASC	2	3
0	26 ♉ 19	24 ♊ 30	22 ♋ 13 8	21 ♌ 37	23 ♍ 28
5	26 53	25 49	24 3 52	22 28	23 33
10	27 29	27 10	25 53 9	23 18	23 38
15	28 6	28 34	27 42 25	24 8	23 42
20	28 45	0 ♋ 3	29 33 9	24 58	23 47
21	28 53	0 21	29 55 36	25 8	23 48
22	29 2	0 40	0 ♌ 18 11	25 19	23 49
23	29 10	0 59	0 40 55	25 29	23 50
24	29 19	1 18	1 3 48	25 39	23 52
25	29 28	1 38	1 26 52	25 50	23 53
26	29 37	1 57	1 50 7	26 0	23 54
27	29 46	2 18	2 13 33	26 11	23 55
28	29 56	2 38	2 37 13	26 21	23 56
29	0 ♊ 6	2 59	3 1 7	26 32	23 57
30	0 16	3 21	3 25 15	26 43	23 58
31	0 26	3 43	3 49 40	26 54	23 59
32	0 36	4 5	4 14 21	27 5	24 0
33	0 47	4 28	4 39 19	27 16	24 1
34	0 58	4 51	5 4 37	27 28	24 3
35	1 10	5 15	5 30 15	27 39	24 4
36	1 22	5 40	5 56 14	27 51	24 5
37	1 34	6 5	6 22 36	28 3	24 6
38	1 46	6 31	6 49 22	28 15	24 8
39	1 59	6 58	7 16 32	28 27	24 9
40	2 13	7 25	7 44 9	28 39	24 10
41	2 27	7 53	8 12 14	28 52	24 12
42	2 42	8 23	8 40 49	29 5	24 13
43	2 57	8 53	9 9 55	29 18	24 14
44	3 13	9 24	9 39 33	29 32	24 16
45	3 29	9 56	10 9 47	29 45	24 17
46	3 47	10 29	10 40 36	29 59	24 19
47	4 5	11 4	11 12 5	0 ♍ 14	24 20
48	4 24	11 40	11 44 13	0 28	24 22
49	4 44	12 17	12 17 5	0 43	24 24
50	5 5	12 56	12 50 41	0 59	24 25
51	5 28	13 37	13 25 5	1 15	24 27
52	5 52	14 19	14 0 19	1 31	24 29
53	6 18	15 4	14 36 26	1 48	24 31
54	6 45	15 50	15 13 28	2 5	24 33
55	7 14	16 39	15 51 29	2 23	24 35
56	7 46	17 30	16 30 31	2 41	24 37
57	8 21	18 24	17 10 40	3 0	24 39
58	8 58	19 20	17 51 56	3 19	24 41
59	9 40	20 20	18 34 26	3 39	24 44
60	10 26	21 24	19 18 12	4 0	24 46
61	11 17	22 31	20 3 20	4 22	24 49
62	12 16	23 42	20 49 53	4 44	24 52
63	13 25	24 58	21 37 57	5 8	24 54
64	14 47	26 19	22 27 36	5 32	24 57
65	16 32	27 46	23 18 56	5 57	25 1
66	19 5	29 18	24 12 3	6 24	25 4

Lat.	11		12		ASC			2		3	
0	27 ♉	17	25 ♊	25	23 ♋	9	44	22 ♌	38	24 ♍	33
5	27	52	26	44	24	59	45	23	29	24	37
10	28	27	28	6	26	48	13	24	18	24	41
15	29	5	29	30	28	36	35	25	6	24	45
20	29	45	0 ♋	58	0 ♌	26	16	25	55	24	49
21	29	53	1	16	0	48	30	26	5	24	50
22	0 ♊	1	1	35	1	10	52	26	15	24	51
23	0	10	1	54	1	33	21	26	25	24	52
24	0	19	2	13	1	56	0	26	35	24	53
25	0	28	2	32	2	18	49	26	45	24	54
26	0	37	2	52	2	41	49	26	56	24	55
27	0	46	3	12	3	5	0	27	6	24	56
28	0	56	3	33	3	28	24	27	16	24	56
29	1	6	3	54	3	52	1	27	27	24	57
30	1	16	4	15	4	15	53	27	37	24	58
31	1	26	4	37	4	40	0	27	48	24	59
32	1	37	4	59	5	4	23	27	59	25	0
33	1	48	5	22	5	29	3	28	10	25	1
34	1	59	5	45	5	54	3	28	21	25	2
35	2	10	6	9	6	19	21	28	32	25	3
36	2	22	6	34	6	45	0	28	44	25	4
37	2	34	6	59	7	11	2	28	55	25	5
38	2	47	7	24	7	37	26	29	7	25	6
39	3	0	7	51	8	4	15	29	19	25	7
40	3	14	8	18	8	31	30	29	31	25	8
41	3	28	8	46	8	59	12	29	43	25	10
42	3	43	9	15	9	27	23	29	56	25	11
43	3	58	9	45	9	56	4	0 ♍	9	25	12
44	4	14	10	16	10	25	17	0	22	25	13
45	4	31	10	48	10	55	4	0	35	25	14
46	4	48	11	21	11	25	27	0	49	25	16
47	5	7	11	56	11	56	28	1	3	25	17
48	5	26	12	31	12	28	7	1	17	25	18
49	5	46	13	8	13	0	29	1	32	25	20
50	6	8	13	47	13	33	35	1	47	25	21
51	6	30	14	27	14	7	27	2	2	25	23
52	6	54	15	9	14	42	8	2	18	25	24
53	7	20	15	53	15	17	40	2	34	25	26
54	7	48	16	39	15	54	7	2	51	25	27
55	8	17	17	27	16	31	31	3	8	25	29
56	8	49	18	17	17	9	56	3	26	25	31
57	9	24	19	10	17	49	24	3	44	25	33
58	10	2	20	6	18	30	0	4	3	25	35
59	10	43	21	6	19	11	47	4	23	25	36
60	11	30	22	8	19	54	49	4	43	25	39
61	12	22	23	14	20	39	11	5	4	25	41
62	13	21	24	24	21	24	56	5	26	25	43
63	14	30	25	39	22	12	10	5	49	25	45
64	15	53	26	58	23	0	57	6	12	25	48
65	17	40	28	23	23	51	24	6	37	25	50
66	20	15	29	54	24	43	35	7	2	25	53

Lat.	11		12		ASC			2		3	
0	28 ♉	15	26 ♊	20	24 ♋	6	26	23 ♌	40	25 ♍	38
5	28	50	27	40	25	55	44	24	29	25	42
10	29	26	29	1	27	43	22	25	17	25	45
15	0 ♊	4	0 ♋	25	29	30	47	26	5	25	48
20	0	44	1	53	1 ♌	19	25	26	52	25	52
21	0	52	2	11	1	41	26	27	2	25	52
22	1	1	2	30	2	3	33	27	12	25	53
23	1	10	2	49	2	25	49	27	22	25	54
24	1	18	3	8	2	48	13	27	31	25	54
25	1	27	3	27	3	10	47	27	41	25	55
26	1	37	3	47	3	33	31	27	51	25	56
27	1	46	4	7	3	56	27	28	1	25	56
28	1	56	4	27	4	19	34	28	11	25	57
29	2	6	4	48	4	42	55	28	22	25	58
30	2	16	5	9	5	6	29	28	32	25	59
31	2	26	5	31	5	30	19	28	42	25	59
32	2	37	5	53	5	54	24	28	53	26	0
33	2	48	6	16	6	18	46	29	4	26	1
34	2	59	6	39	6	43	26	29	14	26	2
35	3	11	7	3	7	8	26	29	25	26	2
36	3	23	7	27	7	33	45	29	36	26	3
37	3	35	7	52	7	59	26	29	48	26	4
38	3	48	8	18	8	25	29	29	59	26	5
39	4	1	8	44	8	51	56	0 ♍	11	26	6
40	4	15	9	11	9	18	48	0	23	26	7
41	4	29	9	39	9	46	7	0	35	26	8
42	4	44	10	8	10	13	54	0	47	26	9
43	4	59	10	38	10	42	11	0	59	26	10
44	5	15	11	8	11	10	59	1	12	26	10
45	5	32	11	40	11	40	20	1	25	26	11
46	5	50	12	13	12	10	16	1	38	26	13
47	6	8	12	47	12	40	49	1	52	26	14
48	6	27	13	22	13	12	0	2	6	26	15
49	6	48	13	59	13	43	52	2	20	26	16
50	7	9	14	37	14	16	27	2	35	26	17
51	7	32	15	17	14	49	47	2	50	26	18
52	7	56	15	58	15	23	55	3	5	26	19
53	8	22	16	42	15	58	53	3	21	26	21
54	8	50	17	27	16	34	45	3	37	26	22
55	9	20	18	15	17	11	32	3	54	26	23
56	9	52	19	5	17	49	19	4	11	26	25
57	10	27	19	57	18	28	8	4	29	26	26
58	11	5	20	52	19	8	3	4	47	26	28
59	11	47	21	51	19	49	8	5	6	26	29
60	12	33	22	52	20	31	26	5	26	26	31
61	13	26	23	57	21	15	1	5	46	26	33
62	14	25	25	6	21	59	59	6	8	26	34
63	15	35	26	20	22	46	24	6	30	26	36
64	16	59	27	38	23	34	20	6	53	26	38
65	18	46	29	1	24	23	53	7	16	26	40
66	21	24	0 ♌	30	25	15	9	7	41	26	43

1 h 48 m MC 29 ♈ 2 47 RAMC 27°

Lat.	11	12	ASC	2	3
0	29 ♉ 13	27 ♊ 15	25 ♋ 3 17	24 ♌ 42	26 ♍ 44
5	29 48	28 35	26 51 49	25 30	26 46
10	0 ♊ 24	29 56	28 38 36	26 17	26 49
15	1 2	1 ♋ 20	0 ♌ 25 3	27 3	26 51
20	1 43	2 48	2 12 36	27 50	26 54
21	1 51	3 6	2 34 23	27 59	26 54
22	2 0	3 24	2 56 16	28 8	26 55
23	2 9	3 43	3 18 17	28 18	26 55
24	2 18	4 2	3 40 26	28 28	26 56
25	2 27	4 22	4 2 45	28 37	26 56
26	2 36	4 41	4 25 14	28 47	26 57
27	2 46	5 1	4 47 53	28 57	26 57
28	2 55	5 22	5 10 44	29 7	26 58
29	3 5	5 42	5 33 48	29 16	26 58
30	3 16	6 4	5 57 6	29 27	26 59
31	3 26	6 25	6 20 38	29 37	27 0
32	3 37	6 47	6 44 25	29 47	27 0
33	3 48	7 10	7 8 28	29 57	27 1
34	3 59	7 33	7 32 49	0 ♍ 8	27 1
35	4 11	7 56	7 57 29	0 19	27 2
36	4 23	8 21	8 22 28	0 29	27 2
37	4 35	8 46	8 47 48	0 40	27 3
38	4 48	9 11	9 13 30	0 51	27 4
39	5 1	9 37	9 39 35	1 3	27 4
40	5 15	10 4	10 6 5	1 14	27 5
41	5 29	10 32	10 33 1	1 26	27 6
42	5 44	11 0	11 0 24	1 38	27 6
43	6 0	11 30	11 28 17	1 50	27 7
44	6 16	12 0	11 56 39	2 2	27 8
45	6 33	12 32	12 25 34	2 15	27 9
46	6 51	13 4	12 55 3	2 28	27 9
47	7 9	13 38	13 25 8	2 41	27 10
48	7 29	14 13	13 55 50	2 55	27 11
49	7 49	14 49	14 27 12	3 8	27 12
50	8 11	15 27	14 59 17	3 23	27 13
51	8 34	16 7	15 32 5	3 37	27 14
52	8 58	16 48	16 5 40	3 52	27 14
53	9 24	17 31	16 40 5	4 7	27 15
54	9 52	18 16	17 15 21	4 23	27 16
55	10 22	19 2	17 51 32	4 39	27 17
56	10 54	19 52	18 28 41	4 56	27 18
57	11 29	20 44	19 6 51	5 13	27 20
58	12 7	21 38	19 46 6	5 31	27 21
59	12 50	22 35	20 26 28	5 50	27 22
60	13 36	23 36	21 8 2	6 9	27 23
61	14 29	24 40	21 50 53	6 29	27 24
62	15 29	25 48	22 35 3	6 49	27 26
63	16 39	27 0	23 20 39	7 11	27 27
64	18 3	28 17	24 7 44	7 33	27 29
65	19 51	29 38	24 56 25	7 56	27 30
66	22 32	1 ♌ 5	25 46 45	8 20	27 32

Lat.	11		12		ASC			2		3	
0	0 ♊	10	28 ♊	10	26 ♋	0	15	25 ♌	44	27 ♍	49
5	0	46	29	30	27	48	0	26	31	27	51
10	1	23	0 ♋	51	29	33	54	27	16	27	52
15	2	1	2	15	1 ♌	19	22	28	1	27	54
20	2	42	3	42	3	5	49	28	47	27	56
21	2	50	4	1	3	27	21	28	56	27	56
22	2	59	4	19	3	49	0	29	5	27	56
23	3	8	4	38	4	10	46	29	15	27	57
24	3	17	4	57	4	32	41	29	24	27	57
25	3	26	5	16	4	54	44	29	33	27	57
26	3	35	5	36	5	16	57	29	43	27	58
27	3	45	5	56	5	39	20	29	52	27	58
28	3	55	6	16	6	1	55	0 ♍	2	27	59
29	4	5	6	37	6	24	42	0	11	27	59
30	4	15	6	58	6	47	42	0	21	27	59
31	4	26	7	19	7	10	56	0	31	28	0
32	4	36	7	41	7	34	25	0	41	28	0
33	4	47	8	4	7	58	10	0	51	28	0
34	4	59	8	26	8	22	12	1	1	28	1
35	5	11	8	50	8	46	31	1	12	28	1
36	5	23	9	14	9	11	10	1	22	28	2
37	5	35	9	39	9	36	10	1	33	28	2
38	5	48	10	4	10	1	30	1	44	28	2
39	6	2	10	30	10	27	14	1	55	28	3
40	6	15	10	57	10	53	21	2	6	28	3
41	6	30	11	24	11	19	53	2	17	28	4
42	6	45	11	53	11	46	53	2	29	28	4
43	7	0	12	22	12	14	20	2	41	28	5
44	7	17	12	52	12	42	18	2	53	28	5
45	7	33	13	23	13	10	46	3	5	28	6
46	7	51	13	56	13	39	48	3	17	28	6
47	8	10	14	29	14	9	25	3	30	28	7
48	8	29	15	4	14	39	39	3	43	28	7
49	8	50	15	40	15	10	32	3	57	28	8
50	9	12	16	17	15	42	5	4	11	28	8
51	9	35	16	56	16	14	22	4	25	28	9
52	9	59	17	37	16	47	24	4	39	28	10
53	10	26	18	19	17	21	15	4	54	28	10
54	10	54	19	4	17	55	56	5	9	28	11
55	11	24	19	50	18	31	31	5	25	28	12
56	11	56	20	39	19	8	3	5	41	28	12
57	12	31	21	30	19	45	34	5	58	28	13
58	13	10	22	23	20	24	8	6	15	28	14
59	13	52	23	20	21	3	48	6	33	28	15
60	14	39	24	20	21	44	39	6	52	28	15
61	15	31	25	23	22	26	44	7	11	28	16
62	16	32	26	30	23	10	8	7	31	28	17
63	17	42	27	41	23	54	55	7	52	28	18
64	19	7	28	56	24	41	10	8	13	28	19
65	20	55	0 ♌	16	25	28	58	8	36	28	20
66	23	38	1	41	26	18	24	8	59	28	21

Lat.	11	12	ASC	2	3
0	1 ♊ 8	29 ♊ 5	26 ♋ 57 21	26 ♌ 46	28 ♍ 55
5	1 44	0 ♋ 25	28 44 18	27 32	28 55
10	2 21	1 46	0 ♌ 29 16	28 16	28 56
15	2 59	3 9	2 13 44	29 0	28 57
20	3 40	4 37	3 59 4	29 44	28 58
21	3 49	4 55	4 20 22	29 53	28 58
22	3 58	5 14	4 41 46	0 ♍ 2	28 58
23	4 7	5 32	5 3 17	0 11	28 58
24	4 16	5 51	5 24 56	0 20	28 59
25	4 25	6 10	5 46 44	0 29	28 59
26	4 34	6 30	6 8 41	0 38	28 59
27	4 44	6 50	6 30 48	0 48	28 59
28	4 54	7 10	6 53 6	0 57	28 59
29	5 4	7 31	7 15 35	1 6	28 59
30	5 14	7 52	7 38 18	1 16	29 0
31	5 25	8 13	8 1 14	1 26	29 0
32	5 36	8 35	8 24 25	1 35	29 0
33	5 47	8 57	8 47 51	1 45	29 0
34	5 58	9 20	9 11 33	1 55	29 0
35	6 10	9 43	9 35 33	2 5	29 1
36	6 22	10 7	9 59 52	2 15	29 1
37	6 35	10 32	10 24 30	2 26	29 1
38	6 48	10 57	10 49 29	2 36	29 1
39	7 1	11 23	11 14 50	2 47	29 1
40	7 15	11 49	11 40 35	2 58	29 2
41	7 30	12 17	12 6 44	3 9	29 2
42	7 45	12 45	12 33 20	3 20	29 2
43	8 0	13 14	13 0 23	3 31	29 2
44	8 17	13 44	13 27 54	3 43	29 3
45	8 34	14 15	13 55 57	3 55	29 3
46	8 52	14 47	14 24 32	4 7	29 3
47	9 10	15 20	14 53 41	4 20	29 3
48	9 30	15 54	15 23 26	4 32	29 4
49	9 51	16 30	15 53 49	4 45	29 4
50	10 13	17 7	16 24 52	4 59	29 4
51	10 36	17 46	16 56 38	5 12	29 5
52	11 0	18 26	17 29 7	5 26	29 5
53	11 27	19 8	18 2 24	5 41	29 5
54	11 55	19 52	18 36 31	5 56	29 5
55	12 25	20 37	19 11 29	6 11	29 6
56	12 57	21 25	19 47 23	6 27	29 6
57	13 33	22 16	20 24 16	6 43	29 7
58	14 11	23 9	21 2 9	7 0	29 7
59	14 54	24 5	21 41 8	7 17	29 7
60	15 41	25 3	22 21 16	7 35	29 8
61	16 34	26 6	23 2 37	7 53	29 8
62	17 34	27 11	23 45 14	8 13	29 9
63	18 44	28 21	24 29 13	8 33	29 9
64	20 9	29 35	25 14 37	8 54	29 10
65	21 59	0 ♌ 53	26 1 33	9 15	29 10
66	24 42	2 17	26 50 5	9 38	29 11

Lat.	11	12	ASC	2	3
0	2 ♊ 5	0 ♋ 0	27 ♋ 54 36	27 ♌ 49	0 ♎ 0
5	2 42	1 20	29 40 41	28 33	0 0
10	3 19	2 41	1 ♌ 24 44	29 16	0 0
15	3 58	4 4	3 8 9	29 59	0 0
20	4 39	5 32	4 52 21	0 ♍ 42	0 0
21	4 48	5 50	5 13 24	0 50	0 0
22	4 56	6 8	5 34 33	0 59	0 0
23	5 5	6 27	5 55 49	1 8	0 0
24	5 14	6 45	6 17 13	1 17	0 0
25	5 24	7 5	6 38 45	1 25	0 0
26	5 33	7 24	7 0 25	1 34	0 0
27	5 43	7 44	7 22 16	1 43	0 0
28	5 53	8 4	7 44 17	1 52	0 0
29	6 3	8 24	8 6 29	2 2	0 0
30	6 13	8 45	8 28 54	2 11	0 0
31	6 24	9 7	8 51 32	2 20	0 0
32	6 35	9 28	9 14 24	2 29	0 0
33	6 46	9 51	9 37 31	2 39	0 0
34	6 58	10 13	10 0 54	2 49	0 0
35	7 9	10 36	10 24 34	2 58	0 0
36	7 22	11 0	10 48 32	3 8	0 0
37	7 34	11 25	11 12 50	3 18	0 0
38	7 47	11 50	11 37 27	3 29	0 0
39	8 1	12 15	12 2 26	3 39	0 0
40	8 15	12 42	12 27 48	3 49	0 0
41	8 29	13 9	12 53 34	4 0	0 0
42	8 45	13 37	13 19 45	4 11	0 0
43	9 0	14 6	13 46 24	4 22	0 0
44	9 17	14 35	14 13 30	4 33	0 0
45	9 34	15 6	14 41 6	4 45	0 0
46	9 52	15 38	15 9 14	4 57	0 0
47	10 11	16 11	15 37 56	5 9	0 0
48	10 30	16 45	16 7 12	5 21	0 0
49	10 51	17 20	16 37 6	5 34	0 0
50	11 13	17 57	17 7 38	5 47	0 0
51	11 36	18 35	17 38 52	6 0	0 0
52	12 1	19 15	18 10 49	6 13	0 0
53	12 27	19 56	18 43 32	6 27	0 0
54	12 55	20 39	19 17 4	6 42	0 0
55	13 26	21 25	19 51 27	6 57	0 0
56	13 58	22 12	20 26 43	7 12	0 0
57	14 34	23 2	21 2 57	7 28	0 0
58	15 12	23 54	21 40 11	7 44	0 0
59	15 55	24 49	22 18 29	8 1	0 0
60	16 42	25 47	22 57 54	8 18	0 0
61	17 35	26 48	23 38 29	8 36	0 0
62	18 36	27 53	24 20 21	8 54	0 0
63	19 46	29 1	25 3 31	9 14	0 0
64	21 11	0 ♌ 14	25 48 6	9 34	0 0
65	23 1	1 31	26 34 10	9 55	0 0
66	25 45	2 53	27 21 49	10 17	0 0

Lat.	11	12	ASC	2	3
0	3 ♊ 3	0 ♋ 55	28 ♋ 51 59	28 ♌ 51	1 ♎ 5
5	3 39	2 15	0 ♌ 37 12	29 34	1 5
10	4 17	3 36	2 20 17	0 ♍ 16	1 4
15	4 56	4 59	4 2 38	0 58	1 3
20	5 37	6 26	5 45 40	1 39	1 2
21	5 46	6 44	6 6 29	1 48	1 2
22	5 55	7 2	6 27 23	1 56	1 2
23	6 4	7 21	6 48 23	2 5	1 2
24	6 13	7 40	7 9 31	2 13	1 1
25	6 22	7 59	7 30 47	2 22	1 1
26	6 32	8 18	7 52 11	2 30	1 1
27	6 42	8 38	8 13 45	2 39	1 1
28	6 51	8 58	8 35 29	2 48	1 1
29	7 2	9 18	8 57 24	2 57	1 1
30	7 12	9 39	9 19 31	3 6	1 0
31	7 23	10 0	9 41 50	3 15	1 0
32	7 34	10 22	10 4 24	3 24	1 0
33	7 45	10 44	10 27 11	3 33	1 0
34	7 57	11 6	10 50 15	3 42	1 0
35	8 9	11 30	11 13 35	3 52	0 59
36	8 21	11 53	11 37 12	4 1	0 59
37	8 34	12 17	12 1 8	4 11	0 59
38	8 47	12 42	12 25 24	4 21	0 59
39	9 0	13 8	12 50 1	4 31	0 59
40	9 14	13 34	13 15 0	4 41	0 58
41	9 29	14 1	13 40 23	4 52	0 58
42	9 44	14 29	14 6 10	5 2	0 58
43	10 0	14 57	14 32 23	5 13	0 58
44	10 16	15 27	14 59 4	5 24	0 57
45	10 34	15 57	15 26 15	5 35	0 57
46	10 52	16 29	15 53 56	5 46	0 57
47	11 10	17 1	16 22 9	5 58	0 57
48	11 30	17 35	16 50 57	6 10	0 56
49	11 51	18 10	17 20 21	6 22	0 56
50	12 13	18 46	17 50 23	6 35	0 56
51	12 36	19 24	18 21 5	6 47	0 55
52	13 1	20 3	18 52 30	7 1	0 55
53	13 28	20 44	19 24 40	7 14	0 55
54	13 56	21 27	19 57 37	7 28	0 55
55	14 26	22 12	20 31 24	7 42	0 54
56	14 59	22 58	21 6 3	7 57	0 54
57	15 34	23 48	21 41 39	8 12	0 53
58	16 13	24 39	22 18 13	8 28	0 53
59	16 56	25 33	22 55 49	8 44	0 53
60	17 43	26 30	23 34 31	9 1	0 52
61	18 36	27 30	24 14 23	9 18	0 52
62	19 37	28 34	24 55 28	9 36	0 51
63	20 47	29 41	25 37 51	9 55	0 51
64	22 13	0 ♌ 53	26 21 37	10 14	0 50
65	24 2	2 8	27 6 49	10 35	0 50
66	26 46	3 29	27 53 34	10 56	0 49

Lat.	11		12		ASC			2		3	
0	4 ♊	0	1 ♋	50	29 ♋	49	31	29 ♌	54	2 ♎	11
5	4	36	3	10	1 ♌	33	50	0 ♍	36	2	9
10	5	14	4	31	3	15	55	1	16	2	8
15	5	53	5	54	4	57	11	1	57	2	6
20	6	35	7	21	6	39	2	2	37	2	4
21	6	44	7	38	6	59	35	2	45	2	4
22	6	53	7	57	7	20	14	2	53	2	4
23	7	2	8	15	7	40	59	3	2	2	3
24	7	11	8	34	8	1	51	3	10	2	3
25	7	21	8	53	8	22	51	3	18	2	3
26	7	30	9	12	8	43	58	3	26	2	2
27	7	40	9	32	9	5	15	3	35	2	2
28	7	50	9	52	9	26	42	3	43	2	1
29	8	0	10	12	9	48	19	3	52	2	1
30	8	11	10	33	10	10	8	4	1	2	1
31	8	21	10	54	10	32	9	4	9	2	0
32	8	32	11	15	10	54	23	4	18	2	0
33	8	44	11	37	11	16	52	4	27	2	0
34	8	55	12	0	11	39	36	4	36	1	59
35	9	7	12	23	12	2	35	4	45	1	59
36	9	20	12	46	12	25	52	4	55	1	58
37	9	33	13	10	12	49	27	5	4	1	58
38	9	46	13	35	13	13	21	5	14	1	58
39	9	59	14	0	13	37	36	5	23	1	57
40	10	13	14	26	14	2	12	5	33	1	57
41	10	28	14	53	14	27	11	5	43	1	56
42	10	43	15	20	14	52	34	5	53	1	56
43	10	59	15	49	15	18	22	6	4	1	55
44	11	16	16	18	15	44	38	6	14	1	55
45	11	33	16	48	16	11	22	6	25	1	54
46	11	51	17	19	16	38	36	6	36	1	54
47	12	10	17	51	17	6	21	6	47	1	53
48	12	30	18	25	17	34	41	6	59	1	53
49	12	51	18	59	18	3	35	7	11	1	52
50	13	13	19	35	18	33	7	7	23	1	52
51	13	36	20	13	19	3	18	7	35	1	51
52	14	1	20	52	19	34	10	7	48	1	50
53	14	28	21	32	20	5	46	8	1	1	50
54	14	56	22	14	20	38	9	8	14	1	49
55	15	26	22	59	21	11	20	8	28	1	48
56	15	59	23	45	21	45	22	8	42	1	48
57	16	35	24	33	22	20	20	8	57	1	47
58	17	13	25	24	22	56	14	9	12	1	46
59	17	56	26	17	23	33	10	9	28	1	45
60	18	43	27	14	24	11	9	9	44	1	45
61	19	37	28	13	24	50	17	10	1	1	44
62	20	37	29	15	25	30	37	10	18	1	43
63	21	48	0 ♌	22	26	12	12	10	36	1	42
64	23	13	1	32	26	55	9	10	55	1	41
65	25	2	2	46	27	39	30	11	15	1	40
66	27	45	4	5	28	25	22	11	35	1	39

Lat.	11		12		ASC			2		3	
0	4 ♊	57	2 ♋	45	0 ♌	47	12	0 ♍	57	3 ♎	16
5	5	34	4	5	2	30	35	1	37	3	14
10	6	12	5	25	4	11	39	2	17	3	11
15	6	51	6	48	5	51	49	2	56	3	9
20	7	33	8	15	7	32	27	3	35	3	6
21	7	42	8	33	7	52	45	3	43	3	6
22	7	51	8	51	8	13	8	3	51	3	5
23	8	0	9	9	8	33	37	3	58	3	5
24	8	9	9	28	8	54	13	4	6	3	4
25	8	19	9	47	9	14	56	4	14	3	4
26	8	28	10	6	9	35	47	4	23	3	3
27	8	38	10	26	9	56	46	4	31	3	3
28	8	48	10	45	10	17	56	4	39	3	2
29	8	59	11	6	10	39	15	4	47	3	2
30	9	9	11	26	11	0	46	4	56	3	1
31	9	20	11	47	11	22	28	5	4	3	0
32	9	31	12	8	11	44	23	5	13	3	0
33	9	42	12	30	12	6	33	5	21	2	59
34	9	54	12	53	12	28	56	5	30	2	59
35	10	6	13	15	12	51	36	5	39	2	58
36	10	18	13	39	13	14	31	5	48	2	58
37	10	31	14	3	13	37	45	5	57	2	57
38	10	44	14	27	14	1	17	6	6	2	56
39	10	58	14	52	14	25	9	6	15	2	56
40	11	12	15	18	14	49	23	6	25	2	55
41	11	27	15	45	15	13	58	6	35	2	54
42	11	42	16	12	15	38	57	6	45	2	54
43	11	58	16	40	16	4	20	6	55	2	53
44	12	15	17	9	16	30	10	7	5	2	52
45	12	32	17	39	16	56	28	7	15	2	51
46	12	50	18	10	17	23	15	7	26	2	51
47	13	9	18	42	17	50	33	7	37	2	50
48	13	29	19	15	18	18	23	7	48	2	49
49	13	50	19	49	18	46	48	7	59	2	48
50	14	12	20	25	19	15	50	8	11	2	47
51	14	36	21	1	19	45	29	8	23	2	46
52	15	1	21	40	20	15	49	8	35	2	46
53	15	27	22	20	20	46	52	8	48	2	45
54	15	56	23	2	21	18	40	9	1	2	44
55	16	26	23	45	21	51	16	9	14	2	43
56	16	59	24	31	22	24	42	9	28	2	42
57	17	34	25	19	22	59	1	9	42	2	40
58	18	13	26	9	23	34	16	9	56	2	39
59	18	56	27	1	24	10	31	10	12	2	38
60	19	43	27	57	24	47	48	10	27	2	37
61	20	36	28	55	25	26	12	10	43	2	36
62	21	37	29	57	26	5	46	11	0	2	34
63	22	48	1 ♌	2	26	46	35	11	17	2	33
64	24	13	2	10	27	28	42	11	36	2	31
65	26	2	3	23	28	12	13	11	54	2	30
66	28	43	4	41	28	57	13	12	14	2	28

Lat.	11		12		ASC			2		3	
0	5 ♊	54	3 ♋	40	1 ♌	45	2	2 ♍	0	4 ♎	22
5	6	31	5	0	3	27	27	2	39	4	18
10	7	9	6	20	5	7	28	3	17	4	15
15	7	49	7	43	6	46	30	3	55	4	12
20	8	31	9	9	8	25	54	4	33	4	8
21	8	40	9	27	8	45	57	4	40	4	8
22	8	49	9	45	9	6	4	4	48	4	7
23	8	58	10	3	9	26	18	4	56	4	6
24	9	7	10	22	9	46	37	5	3	4	6
25	9	17	10	41	10	7	3	5	11	4	5
26	9	26	11	0	10	27	37	5	19	4	4
27	9	36	11	19	10	48	19	5	27	4	4
28	9	46	11	39	11	9	11	5	35	4	3
29	9	57	11	59	11	30	12	5	43	4	2
30	10	7	12	20	11	51	24	5	51	4	1
31	10	18	12	40	12	12	48	5	59	4	1
32	10	29	13	2	12	34	24	6	7	4	0
33	10	41	13	23	12	56	14	6	15	3	59
34	10	52	13	46	13	18	17	6	24	3	58
35	11	4	14	8	13	40	36	6	32	3	58
36	11	17	14	31	14	3	11	6	41	3	57
37	11	30	14	55	14	26	3	6	50	3	56
38	11	43	15	19	14	49	13	6	59	3	55
39	11	57	15	44	15	12	43	7	8	3	54
40	12	11	16	10	15	36	33	7	17	3	53
41	12	26	16	36	16	0	45	7	26	3	52
42	12	41	17	3	16	25	19	7	36	3	51
43	12	57	17	31	16	50	18	7	45	3	50
44	13	14	18	0	17	15	42	7	55	3	50
45	13	31	18	29	17	41	34	8	5	3	49
46	13	49	19	0	18	7	53	8	16	3	47
47	14	8	19	32	18	34	44	8	26	3	46
48	14	28	20	4	19	2	5	8	37	3	45
49	14	49	20	38	19	30	1	8	48	3	44
50	15	11	21	14	19	58	32	8	59	3	43
51	15	35	21	50	20	27	40	9	11	3	42
52	16	0	22	28	20	57	28	9	22	3	41
53	16	26	23	8	21	27	58	9	35	3	39
54	16	55	23	49	21	59	11	9	47	3	38
55	17	25	24	32	22	31	11	10	0	3	37
56	17	58	25	17	23	4	0	10	13	3	35
57	18	34	26	4	23	37	42	10	27	3	34
58	19	13	26	53	24	12	18	10	41	3	32
59	19	55	27	45	24	47	52	10	55	3	31
60	20	43	28	40	25	24	27	11	10	3	29
61	21	36	29	37	26	2	8	11	26	3	27
62	22	36	0 ♌	38	26	40	57	11	42	3	26
63	23	47	1	42	27	20	59	11	59	3	24
64	25	12	2	49	28	2	17	12	16	3	22
65	27	0	4	1	28	44	58	12	34	3	20
66	29	39	5	17	29	29	5	12	53	3	17

Lat.	11		12		ASC			2		3	
0	6 ♊	50	4 ♋	35	2 ♌	43	2	3 ♍	3	5 ♎	27
5	7	28	5	55	4	24	26	3	41	5	23
10	8	6	7	15	6	3	23	4	18	5	19
15	8	46	8	38	7	41	16	4	54	5	15
20	9	28	10	4	9	19	25	5	31	5	11
21	9	37	10	21	9	39	12	5	38	5	10
22	9	46	10	39	9	59	3	5	45	5	9
23	9	56	10	57	10	19	0	5	53	5	8
24	10	5	11	16	10	39	3	6	0	5	7
25	10	14	11	35	10	59	12	6	8	5	6
26	10	24	11	54	11	19	29	6	15	5	5
27	10	34	12	13	11	39	54	6	23	5	4
28	10	44	12	33	12	0	27	6	30	5	4
29	10	55	12	53	12	21	10	6	38	5	3
30	11	5	13	13	12	42	4	6	46	5	2
31	11	16	13	34	13	3	9	6	54	5	1
32	11	27	13	55	13	24	25	7	2	5	0
33	11	39	14	16	13	45	55	7	10	4	59
34	11	51	14	38	14	7	38	7	18	4	58
35	12	3	15	1	14	29	37	7	26	4	57
36	12	15	15	24	14	51	50	7	34	4	56
37	12	28	15	47	15	14	21	7	43	4	55
38	12	41	16	12	15	37	9	7	51	4	54
39	12	55	16	36	16	0	16	8	0	4	53
40	13	9	17	2	16	23	43	8	9	4	52
41	13	24	17	28	16	47	31	8	18	4	50
42	13	40	17	55	17	11	41	8	27	4	49
43	13	56	18	22	17	36	15	8	36	4	48
44	14	12	18	51	18	1	13	8	46	4	47
45	14	30	19	20	18	26	38	8	56	4	46
46	14	48	19	50	18	52	31	9	5	4	44
47	15	7	20	22	19	18	54	9	16	4	43
48	15	27	20	54	19	45	47	9	26	4	42
49	15	48	21	28	20	13	13	9	36	4	40
50	16	10	22	2	20	41	13	9	47	4	39
51	16	34	22	39	21	9	51	9	58	4	37
52	16	59	23	16	21	39	6	10	10	4	36
53	17	25	23	55	22	9	3	10	21	4	34
54	17	54	24	36	22	39	42	10	33	4	33
55	18	24	25	18	23	11	7	10	46	4	31
56	18	57	26	3	23	43	19	10	58	4	29
57	19	33	26	49	24	16	23	11	12	4	27
58	20	12	27	38	24	50	20	11	25	4	25
59	20	54	28	29	25	25	13	11	39	4	24
60	21	42	29	23	26	1	7	11	53	4	21
61	22	35	0 ♌	19	26	38	4	12	8	4	19
62	23	35	1	19	27	16	8	12	24	4	17
63	24	45	2	22	27	55	24	12	40	4	15
64	26	10	3	28	28	35	54	12	57	4	12
65	27	57	4	38	29	17	45	13	14	4	10
66	0 ♋	34	5	53	0 ♍	1	0	13	32	4	7

Lat.	11		12		ASC			2		3	
0	7 ♊	47	5 ♋	30	3 ♌	41	11	4 ♍	6	6 ♎	32
5	8	24	6	50	5	21	34	4	43	6	27
10	9	3	8	10	6	59	24	5	18	6	22
15	9	43	9	32	8	36	6	5	53	6	18
20	10	26	10	58	10	12	59	6	29	6	13
21	10	35	11	15	10	32	30	6	36	6	12
22	10	44	11	33	10	52	5	6	43	6	11
23	10	53	11	51	11	11	45	6	50	6	10
24	11	2	12	10	11	31	31	6	57	6	8
25	11	12	12	28	11	51	23	7	4	6	7
26	11	22	12	47	12	11	22	7	11	6	6
27	11	32	13	7	12	31	29	7	19	6	5
28	11	42	13	26	12	51	45	7	26	6	4
29	11	52	13	46	13	12	10	7	34	6	3
30	12	3	14	6	13	32	45	7	41	6	2
31	12	14	14	27	13	53	30	7	49	6	1
32	12	25	14	48	14	14	27	7	56	6	0
33	12	37	15	9	14	35	37	8	4	5	59
34	12	48	15	31	14	57	0	8	12	5	57
35	13	1	15	53	15	18	38	8	20	5	56
36	13	13	16	16	15	40	30	8	28	5	55
37	13	26	16	40	16	2	39	8	36	5	54
38	13	39	17	4	16	25	5	8	44	5	52
39	13	53	17	28	16	47	49	8	53	5	51
40	14	8	17	53	17	10	53	9	1	5	50
41	14	22	18	19	17	34	17	9	10	5	48
42	14	38	18	46	17	58	3	9	18	5	47
43	14	54	19	13	18	22	11	9	27	5	46
44	15	11	19	41	18	46	44	9	37	5	44
45	15	28	20	10	19	11	43	9	46	5	43
46	15	46	20	40	19	37	9	9	55	5	41
47	16	5	21	11	20	3	3	10	5	5	40
48	16	25	21	44	20	29	28	10	15	5	38
49	16	46	22	17	20	56	24	10	25	5	36
50	17	9	22	51	21	23	55	10	35	5	35
51	17	32	23	27	21	52	0	10	46	5	33
52	17	57	24	4	22	20	44	10	57	5	31
53	18	24	24	43	22	50	7	11	8	5	29
54	18	52	25	23	23	20	12	11	20	5	27
55	19	23	26	5	23	51	2	11	32	5	25
56	19	56	26	49	24	22	38	11	44	5	23
57	20	31	27	34	24	55	4	11	56	5	21
58	21	10	28	22	25	28	22	12	9	5	19
59	21	53	29	13	26	2	35	12	23	5	16
60	22	40	0 ♌	6	26	37	47	12	37	5	14
61	23	33	1	1	27	14	1	12	51	5	11
62	24	33	2	0	27	51	21	13	6	5	8
63	25	43	3	2	28	29	50	13	21	5	6
64	27	7	4	7	29	9	33	13	37	5	3
65	28	54	5	16	29	50	34	13	54	4	59
66	1 ♋	28	6	29	0 ♍	32	57	14	11	4	56

Lat.	11	12	ASC	2	3
0	8 ♊ 43	6 ♋ 26	4 ♌ 39 30	5 ♍ 10	7 ♎ 37
5	9 21	7 45	6 18 49	5 45	7 32
10	10 0	9 5	7 55 31	6 19	7 26
15	10 40	10 27	9 31 1	6 53	7 20
20	11 23	11 52	11 6 36	7 27	7 15
21	11 32	12 10	11 25 51	7 33	7 13
22	11 41	12 27	11 45 9	7 40	7 12
23	11 50	12 45	12 4 33	7 47	7 11
24	12 0	13 4	12 24 2	7 54	7 10
25	12 9	13 22	12 43 36	8 1	7 9
26	12 19	13 41	13 3 18	8 8	7 7
27	12 29	14 0	13 23 7	8 15	7 6
28	12 39	14 20	13 43 4	8 22	7 5
29	12 50	14 39	14 3 11	8 29	7 4
30	13 1	14 59	14 23 27	8 36	7 2
31	13 12	15 20	14 43 53	8 44	7 1
32	13 23	15 41	15 4 30	8 51	7 0
33	13 34	16 2	15 25 20	8 58	6 58
34	13 46	16 24	15 46 23	9 6	6 57
35	13 58	16 46	16 7 39	9 14	6 55
36	14 11	17 9	16 29 10	9 21	6 54
37	14 24	17 32	16 50 57	9 29	6 53
38	14 37	17 56	17 13 1	9 37	6 51
39	14 51	18 20	17 35 22	9 45	6 50
40	15 5	18 45	17 58 3	9 53	6 48
41	15 20	19 11	18 21 3	10 1	6 46
42	15 36	19 37	18 44 24	10 10	6 45
43	15 52	20 4	19 8 8	10 18	6 43
44	16 9	20 32	19 32 15	10 27	6 42
45	16 26	21 1	19 56 47	10 36	6 40
46	16 44	21 30	20 21 46	10 45	6 38
47	17 3	22 1	20 47 12	10 55	6 36
48	17 24	22 33	21 13 8	11 4	6 34
49	17 45	23 6	21 39 35	11 14	6 32
50	18 7	23 40	22 6 35	11 24	6 30
51	18 31	24 15	22 34 10	11 34	6 28
52	18 56	24 52	23 2 21	11 44	6 26
53	19 22	25 30	23 31 12	11 55	6 24
54	19 51	26 10	24 0 43	12 6	6 22
55	20 21	26 51	24 30 57	12 18	6 19
56	20 54	27 34	25 1 57	12 29	6 17
57	21 30	28 19	25 33 45	12 41	6 14
58	22 8	29 7	26 6 25	12 54	6 12
59	22 51	29 56	26 39 58	13 7	6 9
60	23 38	0 ♌ 48	27 14 28	13 20	6 6
61	24 31	1 43	27 50 0	13 34	6 3
62	25 31	2 41	28 26 35	13 48	6 0
63	26 41	3 41	29 4 18	14 3	5 56
64	28 4	4 46	29 43 13	14 18	5 53
65	29 49	5 53	0 ♍ 23 24	14 34	5 49
66	2 ♋ 20	7 5	1 4 57	14 51	5 45

2 h 32 m MC 10 ♉ 25 1 RAMC 38°

Lat.	11		12		ASC			2		3	
0	9 ♊	40	7 ♋	21	5 ♌	37	58	6 ♍	13	8 ♎	43
5	10	18	8	40	7	16	12	6	47	8	36
10	10	57	10	0	8	51	45	7	20	8	30
15	11	37	11	21	10	26	0	7	52	8	23
20	12	20	12	46	12	0	17	8	25	8	17
21	12	29	13	4	12	19	15	8	31	8	15
22	12	38	13	21	12	38	17	8	38	8	14
23	12	48	13	39	12	57	23	8	44	8	12
24	12	57	13	58	13	16	35	8	51	8	11
25	13	7	14	16	13	35	52	8	58	8	10
26	13	16	14	35	13	55	16	9	4	8	8
27	13	27	14	54	14	14	47	9	11	8	7
28	13	37	15	13	14	34	26	9	18	8	5
29	13	47	15	33	14	54	13	9	25	8	4
30	13	58	15	53	15	14	10	9	32	8	2
31	14	9	16	13	15	34	17	9	39	8	1
32	14	20	16	34	15	54	34	9	46	7	59
33	14	32	16	55	16	15	4	9	53	7	58
34	14	44	17	16	16	35	46	10	0	7	56
35	14	56	17	38	16	56	41	10	7	7	55
36	15	9	18	1	17	17	51	10	15	7	53
37	15	22	18	24	17	39	16	10	22	7	51
38	15	35	18	47	18	0	57	10	30	7	50
39	15	49	19	12	18	22	56	10	37	7	48
40	16	3	19	36	18	45	12	10	45	7	46
41	16	18	20	2	19	7	48	10	53	7	44
42	16	34	20	28	19	30	45	11	1	7	43
43	16	50	20	55	19	54	4	11	10	7	41
44	17	6	21	22	20	17	45	11	18	7	39
45	17	24	21	51	20	41	51	11	26	7	37
46	17	42	22	20	21	6	22	11	35	7	35
47	18	1	22	51	21	31	21	11	44	7	33
48	18	21	23	22	21	56	48	11	53	7	31
49	18	43	23	55	22	22	46	12	2	7	28
50	19	5	24	28	22	49	16	12	12	7	26
51	19	29	25	3	23	16	19	12	22	7	24
52	19	54	25	39	23	43	59	12	32	7	21
53	20	20	26	17	24	12	16	12	42	7	19
54	20	49	26	56	24	41	13	12	53	7	16
55	21	19	27	37	25	10	52	13	4	7	13
56	21	52	28	20	25	41	16	13	15	7	11
57	22	28	29	4	26	12	27	13	26	7	8
58	23	6	29	51	26	44	28	13	38	7	5
59	23	49	0 ♌	40	27	17	21	13	50	7	1
60	24	36	1	31	27	51	10	14	3	6	58
61	25	28	2	25	28	25	59	14	16	6	55
62	26	28	3	22	29	1	50	14	30	6	51
63	27	37	4	21	29	38	47	14	44	6	47
64	29	0	5	24	0 ♍	16	55	14	59	6	43
65	0 ♋	44	6	31	0	56	17	15	14	6	39
66	3	12	7	41	1	36	58	15	30	6	35

Lat.	11		12		ASC			2		3	
0	10 ♊	36	8 ♋	16	6 ♌	36	37	7 ♍	17	9 ♎	48
5	11	14	9	35	8	13	43	7	50	9	40
10	11	53	10	54	9	48	5	8	21	9	33
15	12	34	12	16	11	21	5	8	52	9	26
20	13	17	13	40	12	54	1	9	23	9	18
21	13	26	13	58	13	12	42	9	29	9	17
22	13	35	14	15	13	31	27	9	36	9	15
23	13	45	14	33	13	50	17	9	42	9	14
24	13	54	14	51	14	9	11	9	48	9	12
25	14	4	15	10	14	28	10	9	55	9	11
26	14	14	15	28	14	47	16	10	1	9	9
27	14	24	15	47	15	6	29	10	7	9	8
28	14	34	16	6	15	25	49	10	14	9	6
29	14	44	16	26	15	45	17	10	20	9	4
30	14	55	16	46	16	4	55	10	27	9	3
31	15	6	17	6	16	24	42	10	34	9	1
32	15	18	17	26	16	44	40	10	40	8	59
33	15	29	17	47	17	4	49	10	47	8	58
34	15	41	18	9	17	25	10	10	54	8	56
35	15	53	18	31	17	45	44	11	1	8	54
36	16	6	18	53	18	6	32	11	8	8	52
37	16	19	19	16	18	27	35	11	15	8	50
38	16	32	19	39	18	48	54	11	23	8	48
39	16	46	20	3	19	10	29	11	30	8	46
40	17	1	20	28	19	32	22	11	37	8	44
41	17	16	20	53	19	54	34	11	45	8	42
42	17	31	21	19	20	17	6	11	53	8	40
43	17	47	21	45	20	40	0	12	1	8	38
44	18	4	22	13	21	3	15	12	9	8	36
45	18	21	22	41	21	26	55	12	17	8	34
46	18	40	23	10	21	50	59	12	25	8	32
47	18	59	23	40	22	15	30	12	34	8	29
48	19	19	24	11	22	40	28	12	42	8	27
49	19	40	24	43	23	5	57	12	51	8	24
50	20	3	25	17	23	31	56	13	0	8	22
51	20	26	25	51	23	58	29	13	10	8	19
52	20	51	26	27	24	25	36	13	19	8	16
53	21	18	27	4	24	53	20	13	29	8	13
54	21	46	27	43	25	21	43	13	39	8	11
55	22	17	28	23	25	50	47	13	49	8	8
56	22	49	29	5	26	20	35	14	0	8	4
57	23	25	29	49	26	51	9	14	11	8	1
58	24	4	0 ♌	35	27	22	31	14	23	7	58
59	24	46	1	23	27	54	45	14	34	7	54
60	25	33	2	14	28	27	53	14	46	7	50
61	26	25	3	7	29	1	59	14	59	7	46
62	27	25	4	2	29	37	6	15	12	7	42
63	28	34	5	1	0 ♍	13	18	15	25	7	38
64	29	55	6	3	0	50	38	15	39	7	34
65	1 ♋	38	7	9	1	29	12	15	54	7	29
66	4	2	8	18	2	9	2	16	9	7	24

Lat.	11		12		ASC			2		3	
0	11 ♊	32	9 ♋	11	7 ♌	35	26	8 ♍	21	10 ♎	53
5	12	10	10	30	9	11	22	8	52	10	45
10	12	50	11	49	10	44	31	9	22	10	37
15	13	31	13	10	12	16	14	9	52	10	29
20	14	14	14	34	13	47	49	10	21	10	20
21	14	23	14	52	14	6	13	10	27	10	19
22	14	32	15	9	14	24	41	10	33	10	17
23	14	41	15	27	14	43	13	10	39	10	15
24	14	51	15	45	15	1	49	10	45	10	14
25	15	1	16	3	15	20	31	10	52	10	12
26	15	11	16	22	15	39	18	10	58	10	10
27	15	21	16	41	15	58	13	11	4	10	8
28	15	31	17	0	16	17	14	11	10	10	6
29	15	41	17	19	16	36	23	11	16	10	5
30	15	52	17	39	16	55	41	11	23	10	3
31	16	3	17	59	17	15	9	11	29	10	1
32	16	15	18	19	17	34	46	11	35	9	59
33	16	26	18	40	17	54	35	11	42	9	57
34	16	38	19	1	18	14	35	11	48	9	55
35	16	50	19	23	18	34	48	11	55	9	53
36	17	3	19	45	18	55	14	12	2	9	51
37	17	16	20	8	19	15	55	12	9	9	49
38	17	30	20	31	19	36	51	12	15	9	47
39	17	44	20	55	19	58	3	12	23	9	45
40	17	58	21	19	20	19	33	12	30	9	43
41	18	13	21	44	20	41	21	12	37	9	40
42	18	28	22	10	21	3	28	12	44	9	38
43	18	45	22	36	21	25	56	12	52	9	36
44	19	1	23	3	21	48	45	12	59	9	33
45	19	19	23	31	22	11	58	13	7	9	31
46	19	37	24	0	22	35	35	13	15	9	28
47	19	56	24	30	22	59	38	13	23	9	26
48	20	16	25	0	23	24	8	13	32	9	23
49	20	38	25	32	23	49	7	13	40	9	20
50	21	0	26	5	24	14	36	13	49	9	17
51	21	24	26	39	24	40	38	13	58	9	14
52	21	49	27	14	25	7	13	14	7	9	11
53	22	15	27	51	25	34	24	14	16	9	8
54	22	44	28	29	26	2	14	14	26	9	5
55	23	14	29	9	26	30	43	14	36	9	2
56	23	47	29	51	26	59	55	14	46	8	58
57	24	22	0 ♌	34	27	29	51	14	56	8	54
58	25	1	1	19	28	0	35	15	7	8	51
59	25	43	2	7	28	32	9	15	18	8	47
60	26	30	2	56	29	4	36	15	30	8	43
61	27	22	3	48	29	38	0	15	42	8	38
62	28	21	4	43	0 ♍	12	23	15	54	8	34
63	29	29	5	41	0	47	50	16	7	8	29
64	0 ♋	50	6	42	1	24	23	16	20	8	24
65	2	31	7	46	2	2	8	16	34	8	19
66	4	51	8	54	2	41	8	16	49	8	13

Lat.	11		12		ASC			2		3	
0	12 ♊	28	10 ♋	7	8 ♌	34	25	9 ♍	25	11 ♎	58
5	13	7	11	25	10	9	10	9	55	11	49
10	13	46	12	44	11	41	4	10	23	11	40
15	14	27	14	5	13	11	29	10	52	11	31
20	15	10	15	29	14	41	40	11	20	11	22
21	15	20	15	46	14	59	48	11	26	11	20
22	15	29	16	3	15	17	58	11	31	11	18
23	15	38	16	21	15	36	12	11	37	11	17
24	15	48	16	39	15	54	31	11	43	11	15
25	15	57	16	57	16	12	54	11	49	11	13
26	16	7	17	15	16	31	23	11	54	11	11
27	16	17	17	34	16	49	59	12	0	11	9
28	16	28	17	53	17	8	41	12	6	11	7
29	16	38	18	12	17	27	31	12	12	11	5
30	16	49	18	32	17	46	29	12	18	11	3
31	17	0	18	52	18	5	37	12	24	11	1
32	17	12	19	12	18	24	54	12	30	10	59
33	17	23	19	33	18	44	22	12	36	10	57
34	17	35	19	54	19	4	1	12	43	10	54
35	17	47	20	15	19	23	53	12	49	10	52
36	18	0	20	37	19	43	57	12	55	10	50
37	18	13	21	0	20	4	15	13	2	10	48
38	18	27	21	23	20	24	49	13	8	10	45
39	18	41	21	46	20	45	38	13	15	10	43
40	18	55	22	10	21	6	44	13	22	10	41
41	19	10	22	35	21	28	7	13	29	10	38
42	19	26	23	0	21	49	50	13	36	10	36
43	19	42	23	26	22	11	52	13	43	10	33
44	19	58	23	53	22	34	16	13	50	10	30
45	20	16	24	21	22	57	2	13	58	10	28
46	20	34	24	50	23	20	12	14	5	10	25
47	20	53	25	19	23	43	47	14	13	10	22
48	21	14	25	49	24	7	48	14	21	10	19
49	21	35	26	21	24	32	18	14	29	10	16
50	21	57	26	53	24	57	17	14	37	10	13
51	22	21	27	27	25	22	47	14	45	10	10
52	22	46	28	2	25	48	50	14	54	10	6
53	23	12	28	38	26	15	29	15	3	10	3
54	23	41	29	16	26	42	44	15	12	9	59
55	24	11	29	55	27	10	39	15	22	9	56
56	24	44	0 ♌	36	27	39	14	15	31	9	52
57	25	19	1	19	28	8	34	15	41	9	48
58	25	57	2	3	28	38	40	15	51	9	44
59	26	39	2	50	29	9	34	16	2	9	39
60	27	26	3	39	29	41	21	16	13	9	35
61	28	18	4	30	0 ♍	14	2	16	24	9	30
62	29	17	5	24	0	47	42	16	36	9	25
63	0 ♋	24	6	21	1	22	23	16	48	9	20
64	1	44	7	21	1	58	10	17	1	9	14
65	3	24	8	24	2	35	6	17	14	9	8
66	5	40	9	30	3	13	16	17	28	9	2

Lat.	11		12		ASC			2		3	
0	13 ♊	24	11 ♋	2	9 ♌	33	34	10 ♍	29	13 ♎	3
5	14	3	12	20	11	7	6	10	58	12	53
10	14	42	13	39	12	37	44	11	25	12	43
15	15	23	14	59	14	6	49	11	52	12	34
20	16	7	16	23	15	35	36	12	18	12	24
21	16	16	16	40	15	53	26	12	24	12	22
22	16	25	16	57	16	11	19	12	29	12	20
23	16	35	17	15	16	29	15	12	35	12	18
24	16	44	17	33	16	47	15	12	40	12	16
25	16	54	17	51	17	5	20	12	46	12	14
26	17	4	18	9	17	23	31	12	51	12	12
27	17	14	18	27	17	41	47	12	57	12	10
28	17	24	18	46	18	0	10	13	2	12	7
29	17	35	19	5	18	18	41	13	8	12	5
30	17	46	19	25	18	37	19	13	14	12	3
31	17	57	19	44	18	56	7	13	19	12	1
32	18	8	20	5	19	15	3	13	25	11	58
33	18	20	20	25	19	34	10	13	31	11	56
34	18	32	20	46	19	53	28	13	37	11	54
35	18	44	21	7	20	12	58	13	43	11	51
36	18	57	21	29	20	32	41	13	49	11	49
37	19	10	21	51	20	52	37	13	55	11	46
38	19	24	22	14	21	12	47	14	1	11	44
39	19	37	22	37	21	33	13	14	8	11	41
40	19	52	23	1	21	53	55	14	14	11	39
41	20	7	23	26	22	14	54	14	21	11	36
42	20	22	23	51	22	36	12	14	27	11	33
43	20	39	24	17	22	57	49	14	34	11	30
44	20	55	24	43	23	19	46	14	41	11	28
45	21	13	25	11	23	42	6	14	48	11	25
46	21	31	25	39	24	4	48	14	55	11	22
47	21	50	26	8	24	27	55	15	3	11	18
48	22	10	26	38	24	51	28	15	10	11	15
49	22	32	27	9	25	15	28	15	18	11	12
50	22	54	27	41	25	39	57	15	25	11	9
51	23	17	28	15	26	4	56	15	33	11	5
52	23	42	28	49	26	30	28	15	42	11	1
53	24	9	29	25	26	56	33	15	50	10	58
54	24	37	0 ♌	2	27	23	15	15	59	10	54
55	25	8	0	41	27	50	35	16	8	10	50
56	25	40	1	21	28	18	35	16	17	10	45
57	26	15	2	3	28	47	17	16	26	10	41
58	26	54	2	47	29	16	45	16	36	10	36
59	27	36	3	33	29	47	0	16	46	10	32
60	28	22	4	21	0 ♍	18	6	16	56	10	27
61	29	13	5	12	0	50	6	17	7	10	22
62	0 ♋	12	6	5	1	23	2	17	18	10	16
63	1	19	7	1	1	56	58	17	30	10	11
64	2	38	7	59	2	31	58	17	42	10	5
65	4	16	9	1	3	8	6	17	54	9	58
66	6	28	10	7	3	45	27	18	7	9	52

Lat.	11	12	ASC	2	3
0	14 ♊ 20	11 ♋ 58	10 ♌ 32 55	11 ♍ 34	14 ♎ 7
5	14 59	13 16	12 5 11	12 0	13 57
10	15 38	14 34	13 34 31	12 26	13 47
15	16 20	15 54	15 2 14	12 52	13 36
20	17 3	17 17	16 29 36	13 17	13 26
21	17 12	17 34	16 47 8	13 22	13 23
22	17 22	17 51	17 4 43	13 27	13 21
23	17 31	18 9	17 22 21	13 32	13 19
24	17 41	18 26	17 40 3	13 37	13 17
25	17 50	18 44	17 57 49	13 43	13 15
26	18 0	19 2	18 15 41	13 48	13 12
27	18 11	19 21	18 33 38	13 53	13 10
28	18 21	19 39	18 51 42	13 58	13 8
29	18 32	19 58	19 9 53	14 4	13 5
30	18 42	20 18	19 28 11	14 9	13 3
31	18 53	20 37	19 46 38	14 15	13 1
32	19 5	20 57	20 5 14	14 20	12 58
33	19 17	21 17	20 24 1	14 26	12 56
34	19 29	21 38	20 42 57	14 31	12 53
35	19 41	21 59	21 2 5	14 37	12 50
36	19 54	22 21	21 21 26	14 43	12 48
37	20 7	22 43	21 40 59	14 49	12 45
38	20 20	23 6	22 0 46	14 54	12 42
39	20 34	23 29	22 20 49	15 0	12 40
40	20 49	23 52	22 41 7	15 6	12 37
41	21 4	24 17	23 1 41	15 13	12 34
42	21 19	24 42	23 22 34	15 19	12 31
43	21 35	25 7	23 43 46	15 25	12 28
44	21 52	25 34	24 5 17	15 32	12 25
45	22 10	26 1	24 27 10	15 38	12 21
46	22 28	26 29	24 49 25	15 45	12 18
47	22 47	26 57	25 12 4	15 52	12 15
48	23 7	27 27	25 35 8	15 59	12 11
49	23 28	27 58	25 58 39	16 6	12 8
50	23 51	28 29	26 22 37	16 14	12 4
51	24 14	29 2	26 47 6	16 21	12 0
52	24 39	29 36	27 12 5	16 29	11 56
53	25 5	0 ♌ 12	27 37 38	16 37	11 52
54	25 34	0 48	28 3 46	16 45	11 48
55	26 4	1 27	28 30 31	16 54	11 44
56	26 36	2 6	28 57 55	17 2	11 39
57	27 11	2 48	29 26 1	17 11	11 34
58	27 50	3 31	29 54 51	17 20	11 29
59	28 31	4 16	0 ♍ 24 27	17 30	11 24
60	29 17	5 4	0 54 52	17 40	11 19
61	0 ♋ 9	5 53	1 26 10	17 50	11 13
62	1 6	6 46	1 58 23	18 0	11 7
63	2 13	7 40	2 31 34	18 11	11 1
64	3 31	8 38	3 5 48	18 23	10 55
65	5 7	9 39	3 41 9	18 34	10 48
66	7 16	10 43	4 17 39	18 47	10 41

Lat.	11	12	ASC	2	3
0	15 ♊ 16	12 ♋ 53	11 ♌ 32 25	12 ♍ 38	15 ♎ 12
5	15 55	14 11	13 3 24	13 3	15 1
10	16 34	15 29	14 31 24	13 28	14 50
15	17 16	16 48	15 57 44	13 52	14 39
20	18 0	18 11	17 23 39	14 16	14 27
21	18 9	18 28	17 40 54	14 20	14 25
22	18 18	18 45	17 58 10	14 25	14 23
23	18 27	19 2	18 15 30	14 30	14 20
24	18 37	19 20	18 32 54	14 35	14 18
25	18 47	19 38	18 50 21	14 40	14 15
26	18 57	19 56	19 7 54	14 45	14 13
27	19 7	20 14	19 25 32	14 50	14 11
28	19 17	20 32	19 43 16	14 55	14 8
29	19 28	20 51	20 1 7	15 0	14 5
30	19 39	21 10	20 19 5	15 5	14 3
31	19 50	21 30	20 37 12	15 10	14 0
32	20 1	21 50	20 55 27	15 15	13 58
33	20 13	22 10	21 13 52	15 20	13 55
34	20 25	22 30	21 32 27	15 26	13 52
35	20 37	22 51	21 51 13	15 31	13 49
36	20 50	23 13	22 10 11	15 36	13 47
37	21 3	23 35	22 29 22	15 42	13 44
38	21 17	23 57	22 48 47	15 47	13 41
39	21 31	24 20	23 8 25	15 53	13 38
40	21 45	24 43	23 28 19	15 59	13 35
41	22 0	25 7	23 48 30	16 5	13 32
42	22 16	25 32	24 8 57	16 11	13 28
43	22 32	25 57	24 29 43	16 17	13 25
44	22 49	26 24	24 50 49	16 23	13 22
45	23 6	26 50	25 12 15	16 29	13 18
46	23 24	27 18	25 34 2	16 35	13 15
47	23 43	27 46	25 56 13	16 42	13 11
48	24 4	28 16	26 18 49	16 49	13 7
49	24 25	28 46	26 41 50	16 55	13 4
50	24 47	29 17	27 5 18	17 2	13 0
51	25 10	29 50	27 29 15	17 9	12 55
52	25 35	0 ♌ 23	27 53 43	17 17	12 51
53	26 2	0 58	28 18 43	17 24	12 47
54	26 30	1 34	28 44 18	17 32	12 42
55	27 0	2 12	29 10 28	17 40	12 38
56	27 32	2 51	29 37 16	17 48	12 33
57	28 7	3 32	0 ♍ 4 45	17 56	12 28
58	28 45	4 15	0 32 57	18 5	12 22
59	29 27	4 59	1 1 54	18 14	12 17
60	0 ♋ 12	5 46	1 31 39	18 23	12 11
61	1 3	6 35	2 2 15	18 33	12 5
62	2 1	7 26	2 33 45	18 43	11 59
63	3 6	8 20	3 6 12	18 53	11 52
64	4 24	9 17	3 39 40	19 4	11 45
65	5 58	10 17	4 14 12	19 15	11 38
66	8 3	11 20	4 49 53	19 26	11 30

Lat.	11		12		ASC			2		3	
0	16 ♊	11	13 ♋	49	12 ♌	32	6	13 ♍	43	16 ♎	17
5	16	50	15	6	14	1	46	14	6	16	5
10	17	30	16	24	15	28	24	14	29	15	53
15	18	12	17	43	16	53	20	14	52	15	41
20	18	56	19	5	18	17	47	15	14	15	29
21	19	5	19	22	18	34	43	15	19	15	26
22	19	14	19	39	18	51	42	15	23	15	24
23	19	24	19	56	19	8	43	15	28	15	21
24	19	33	20	14	19	25	48	15	32	15	19
25	19	43	20	31	19	42	56	15	37	15	16
26	19	53	20	49	20	0	10	15	42	15	14
27	20	3	21	7	20	17	28	15	46	15	11
28	20	14	21	26	20	34	52	15	51	15	8
29	20	24	21	44	20	52	23	15	56	15	6
30	20	35	22	3	21	10	1	16	1	15	3
31	20	46	22	23	21	27	47	16	5	15	0
32	20	58	22	42	21	45	42	16	10	14	57
33	21	9	23	2	22	3	45	16	15	14	54
34	21	21	23	23	22	21	59	16	20	14	51
35	21	34	23	43	22	40	23	16	25	14	48
36	21	46	24	5	22	58	59	16	30	14	45
37	21	59	24	26	23	17	47	16	35	14	42
38	22	13	24	49	23	36	48	16	41	14	39
39	22	27	25	11	23	56	3	16	46	14	36
40	22	41	25	34	24	15	33	16	51	14	33
41	22	56	25	58	24	35	18	16	57	14	29
42	23	12	26	23	24	55	21	17	2	14	26
43	23	28	26	48	25	15	41	17	8	14	22
44	23	45	27	13	25	36	20	17	14	14	19
45	24	2	27	40	25	57	19	17	20	14	15
46	24	21	28	7	26	18	40	17	26	14	11
47	24	40	28	35	26	40	23	17	32	14	7
48	25	0	29	4	27	2	29	17	38	14	3
49	25	21	29	34	27	25	1	17	44	13	59
50	25	43	0 ♌	5	27	47	59	17	51	13	55
51	26	6	0	37	28	11	25	17	57	13	51
52	26	31	1	10	28	35	21	18	4	13	46
53	26	58	1	45	28	59	49	18	11	13	41
54	27	26	2	21	29	24	49	18	19	13	36
55	27	56	2	58	29	50	25	18	26	13	31
56	28	28	3	36	0 ♍	16	38	18	34	13	26
57	29	3	4	17	0	43	30	18	41	13	21
58	29	41	4	59	1	11	4	18	50	13	15
59	0 ♋	22	5	43	1	39	22	18	58	13	9
60	1	7	6	28	2	8	27	19	7	13	3
61	1	58	7	17	2	38	22	19	16	12	56
62	2	55	8	7	3	9	9	19	25	12	50
63	4	0	9	0	3	40	51	19	34	12	43
64	5	16	9	56	4	13	33	19	44	12	35
65	6	48	10	54	4	47	18	19	55	12	27
66	8	49	11	56	5	22	10	20	6	12	19

3 h 4 m MC 18 ♉ 27 35 **RAMC 46°**

Lat.	11	12	ASC	2	3
0	17 ♊ 7	14 ♋ 44	13 ♌ 31 59	14 ♍ 47	17 ♎ 21
5	17 46	16 2	15 0 17	15 9	17 9
10	18 26	17 19	16 25 32	15 31	16 56
15	19 8	18 38	17 49 2	15 52	16 43
20	19 52	19 59	19 11 59	16 13	16 30
21	20 1	20 16	19 28 37	16 17	16 28
22	20 10	20 33	19 45 17	16 21	16 25
23	20 20	20 50	20 1 59	16 26	16 22
24	20 29	21 7	20 18 45	16 30	16 20
25	20 39	21 25	20 35 34	16 34	16 17
26	20 49	21 43	20 52 28	16 39	16 14
27	20 59	22 1	21 9 27	16 43	16 11
28	21 10	22 19	21 26 31	16 47	16 8
29	21 20	22 37	21 43 42	16 52	16 6
30	21 31	22 56	22 1 0	16 56	16 3
31	21 42	23 15	22 18 25	17 1	16 0
32	21 54	23 35	22 35 58	17 5	15 57
33	22 5	23 55	22 53 40	17 10	15 54
34	22 17	24 15	23 11 32	17 15	15 50
35	22 30	24 35	23 29 34	17 19	15 47
36	22 43	24 56	23 47 47	17 24	15 44
37	22 56	25 18	24 6 12	17 29	15 41
38	23 9	25 40	24 24 50	17 34	15 37
39	23 23	26 2	24 43 41	17 39	15 34
40	23 38	26 25	25 2 47	17 44	15 31
41	23 53	26 49	25 22 8	17 49	15 27
42	24 8	27 13	25 41 45	17 54	15 23
43	24 24	27 38	26 1 40	17 59	15 20
44	24 41	28 3	26 21 53	18 5	15 16
45	24 58	28 30	26 42 25	18 10	15 12
46	25 17	28 56	27 3 18	18 16	15 8
47	25 36	29 24	27 24 33	18 21	15 4
48	25 56	29 53	27 46 10	18 27	14 59
49	26 17	0 ♌ 22	28 8 13	18 33	14 55
50	26 39	0 53	28 30 41	18 39	14 50
51	27 2	1 25	28 53 36	18 45	14 46
52	27 27	1 57	29 17 0	18 52	14 41
53	27 53	2 31	29 40 55	18 58	14 36
54	28 21	3 7	0 ♍ 5 22	19 5	14 31
55	28 51	3 43	0 30 23	19 12	14 25
56	29 23	4 21	0 56 0	19 19	14 20
57	29 58	5 1	1 22 16	19 27	14 14
58	0 ♋ 36	5 42	1 49 12	19 34	14 8
59	1 17	6 26	2 16 52	19 42	14 1
60	2 2	7 11	2 45 16	19 50	13 55
61	2 52	7 58	3 14 29	19 58	13 48
62	3 48	8 48	3 44 34	20 7	13 41
63	4 52	9 40	4 15 32	20 16	13 33
64	6 7	10 34	4 47 28	20 25	13 25
65	7 38	11 32	5 20 26	20 35	13 17
66	9 35	12 33	5 54 29	20 45	13 8

Lat.	11		12		ASC			2		3	
0	18 ♊	2	15 ♋	40	14 ♌	32	1	15 ♍	52	18 ♎	26
5	18	42	16	57	15	58	56	16	13	18	12
10	19	22	18	14	17	22	46	16	33	17	59
15	20	4	19	32	18	44	49	16	52	17	46
20	20	48	20	53	20	6	15	17	12	17	32
21	20	57	21	10	20	22	35	17	16	17	29
22	21	6	21	27	20	38	56	17	20	17	26
23	21	16	21	44	20	55	19	17	24	17	23
24	21	25	22	1	21	11	45	17	28	17	20
25	21	35	22	18	21	28	15	17	32	17	17
26	21	45	22	36	21	44	50	17	36	17	14
27	21	55	22	54	22	1	29	17	40	17	12
28	22	6	23	12	22	18	13	17	44	17	8
29	22	16	23	30	22	35	3	17	48	17	5
30	22	27	23	49	22	52	0	17	52	17	2
31	22	38	24	8	23	9	4	17	56	16	59
32	22	50	24	27	23	26	16	18	0	16	56
33	23	1	24	47	23	43	37	18	5	16	53
34	23	13	25	7	24	1	6	18	9	16	49
35	23	26	25	27	24	18	46	18	13	16	46
36	23	38	25	48	24	36	37	18	18	16	43
37	23	52	26	9	24	54	39	18	22	16	39
38	24	5	26	31	25	12	53	18	27	16	36
39	24	19	26	53	25	31	20	18	31	16	32
40	24	34	27	16	25	50	2	18	36	16	28
41	24	48	27	40	26	8	58	18	41	16	25
42	25	4	28	3	26	28	10	18	46	16	21
43	25	20	28	28	26	47	39	18	51	16	17
44	25	37	28	53	27	7	25	18	56	16	13
45	25	54	29	19	27	27	31	19	1	16	8
46	26	13	29	46	27	47	56	19	6	16	4
47	26	32	0 ♌	13	28	8	43	19	11	16	0
48	26	52	0	41	28	29	52	19	17	15	55
49	27	13	1	11	28	51	25	19	22	15	51
50	27	35	1	41	29	13	22	19	28	15	46
51	27	58	2	12	29	35	47	19	34	15	41
52	28	23	2	44	29	58	39	19	39	15	36
53	28	49	3	18	0 ♍	22	1	19	46	15	30
54	29	17	3	53	0	45	55	19	52	15	25
55	29	46	4	29	1	10	21	19	58	15	19
56	0 ♋	18	5	6	1	35	23	20	5	15	13
57	0	53	5	45	2	1	2	20	12	15	7
58	1	30	6	26	2	27	21	20	19	15	1
59	2	11	7	9	2	54	22	20	26	14	54
60	2	56	7	53	3	22	6	20	33	14	47
61	3	45	8	40	3	50	38	20	41	14	39
62	4	41	9	28	4	20	0	20	49	14	32
63	5	45	10	19	4	50	14	20	58	14	24
64	6	59	11	13	5	21	25	21	6	14	15
65	8	28	12	10	5	53	35	21	15	14	6
66	10	21	13	9	6	26	49	21	25	13	57

Lat.	11		12		ASC			2		3	
0	18 ♊	58	16 ♋	36	15 ♌	32	15	16 ♍	57	19 ♎	30
5	19	37	17	52	16	57	45	17	16	19	16
10	20	17	19	9	18	20	8	17	34	19	2
15	20	59	20	27	19	40	42	17	53	18	48
20	21	43	21	47	21	0	36	18	11	18	33
21	21	53	22	4	21	16	36	18	14	18	30
22	22	2	22	21	21	32	38	18	18	18	27
23	22	11	22	38	21	48	42	18	22	18	24
24	22	21	22	55	22	4	49	18	25	18	21
25	22	31	23	12	22	21	0	18	29	18	18
26	22	41	23	29	22	37	14	18	33	18	15
27	22	51	23	47	22	53	33	18	36	18	12
28	23	1	24	5	23	9	57	18	40	18	9
29	23	12	24	23	23	26	27	18	44	18	5
30	23	23	24	42	23	43	3	18	48	18	2
31	23	34	25	1	23	59	46	18	52	17	59
32	23	46	25	20	24	16	36	18	56	17	55
33	23	57	25	39	24	33	35	19	0	17	52
34	24	9	25	59	24	50	43	19	4	17	48
35	24	22	26	19	25	8	0	19	8	17	45
36	24	34	26	40	25	25	28	19	12	17	41
37	24	47	27	1	25	43	7	19	16	17	38
38	25	1	27	23	26	0	57	19	20	17	34
39	25	15	27	45	26	19	1	19	24	17	30
40	25	29	28	7	26	37	18	19	29	17	26
41	25	44	28	30	26	55	49	19	33	17	22
42	26	0	28	54	27	14	36	19	37	17	18
43	26	16	29	18	27	33	39	19	42	17	14
44	26	33	29	43	27	52	59	19	47	17	9
45	26	50	0 ♌	9	28	12	37	19	51	17	5
46	27	8	0	35	28	32	35	19	56	17	1
47	27	27	1	2	28	52	54	20	1	16	56
48	27	47	1	30	29	13	34	20	6	16	51
49	28	8	1	59	29	34	37	20	11	16	46
50	28	30	2	29	29	56	5	20	16	16	41
51	28	53	2	59	0 ♍	17	58	20	22	16	36
52	29	18	3	31	0	40	19	20	27	16	30
53	29	44	4	4	1	3	8	20	33	16	25
54	0 ♋	12	4	38	1	26	28	20	39	16	19
55	0	41	5	14	1	50	20	20	44	16	13
56	1	13	5	51	2	14	47	20	51	16	7
57	1	48	6	30	2	39	50	20	57	16	0
58	2	25	7	10	3	5	31	21	3	15	53
59	3	5	7	51	3	31	53	21	10	15	46
60	3	50	8	35	3	58	57	21	17	15	39
61	4	39	9	21	4	26	48	21	24	15	31
62	5	34	10	9	4	55	27	21	32	15	23
63	6	37	10	59	5	24	58	21	39	15	14
64	7	49	11	52	5	55	23	21	47	15	5
65	9	16	12	48	6	26	46	21	56	14	56
66	11	7	13	46	6	59	12	22	4	14	46

3 h 16 m MC 21 ♉ 25 35 RAMC 49°

Lat.	11	12	ASC	2	3
0	19 ♊ 53	17 ♋ 32	16 ♌ 32 40	18 ♍ 2	20 ♎ 34
5	20 33	18 48	17 56 42	18 19	20 19
10	21 13	20 4	19 17 37	18 36	20 5
15	21 55	21 22	20 36 40	18 53	19 50
20	22 39	22 42	21 55 1	19 10	19 34
21	22 48	22 58	22 10 42	19 13	19 31
22	22 58	23 15	22 26 25	19 16	19 28
23	23 7	23 31	22 42 10	19 20	19 25
24	23 17	23 48	22 57 57	19 23	19 22
25	23 27	24 5	23 13 48	19 26	19 18
26	23 37	24 23	23 29 42	19 30	19 15
27	23 47	24 40	23 45 40	19 33	19 12
28	23 57	24 58	24 1 44	19 37	19 8
29	24 8	25 16	24 17 53	19 40	19 5
30	24 19	25 35	24 34 8	19 44	19 2
31	24 30	25 53	24 50 29	19 47	18 58
32	24 41	26 12	25 6 58	19 51	18 55
33	24 53	26 31	25 23 35	19 54	18 51
34	25 5	26 51	25 40 21	19 58	18 47
35	25 17	27 11	25 57 16	20 2	18 44
36	25 30	27 32	26 14 21	20 6	18 40
37	25 43	27 52	26 31 36	20 9	18 36
38	25 57	28 14	26 49 3	20 13	18 32
39	26 11	28 36	27 6 42	20 17	18 28
40	26 25	28 58	27 24 35	20 21	18 24
41	26 40	29 21	27 42 41	20 25	18 20
42	26 55	29 44	28 1 3	20 29	18 15
43	27 11	0 ♌ 8	28 19 39	20 33	18 11
44	27 28	0 33	28 38 33	20 38	18 6
45	27 46	0 58	28 57 45	20 42	18 2
46	28 4	1 24	29 17 15	20 46	17 57
47	28 23	1 51	29 37 5	20 51	17 52
48	28 43	2 18	29 57 16	20 55	17 47
49	29 3	2 47	0 ♍ 17 50	21 0	17 42
50	29 25	3 16	0 38 47	21 5	17 36
51	29 49	3 47	1 0 10	21 10	17 31
52	0 ♋ 13	4 18	1 21 59	21 15	17 25
53	0 39	4 51	1 44 15	21 20	17 19
54	1 7	5 24	2 7 2	21 25	17 13
55	1 36	5 59	2 30 20	21 31	17 7
56	2 8	6 36	2 54 11	21 36	17 0
57	2 42	7 14	3 18 37	21 42	16 53
58	3 19	7 53	3 43 41	21 48	16 46
59	3 59	8 34	4 9 24	21 54	16 38
60	4 43	9 17	4 35 50	22 0	16 31
61	5 32	10 2	5 2 59	22 7	16 22
62	6 26	10 50	5 30 56	22 14	16 14
63	7 28	11 39	5 59 43	22 21	16 5
64	8 40	12 31	6 29 23	22 28	15 55
65	10 5	13 25	6 59 59	22 36	15 45
66	11 52	14 23	7 31 36	22 44	15 35

3 h 20 m MC 22 ♉ 24 34 RAMC 50°

Lat.	11		12		ASC			2		3	
0	20 ♊	49	18 ♋	28	17 ♌	33	15	19 ♍	7	21 ♎	38
5	21	28	19	44	18	55	48	19	23	21	23
10	22	9	21	0	20	15	12	19	38	21	7
15	22	50	22	17	21	32	44	19	53	20	51
20	23	35	23	36	22	49	30	20	8	20	35
21	23	44	23	52	23	4	52	20	12	20	32
22	23	53	24	9	23	20	15	20	15	20	29
23	24	3	24	25	23	35	40	20	18	20	25
24	24	12	24	42	23	51	8	20	21	20	22
25	24	22	24	59	24	6	39	20	24	20	19
26	24	32	25	16	24	22	13	20	27	20	15
27	24	42	25	34	24	37	51	20	30	20	12
28	24	53	25	51	24	53	33	20	33	20	8
29	25	3	26	9	25	9	21	20	36	20	5
30	25	14	26	27	25	25	15	20	40	20	1
31	25	25	26	46	25	41	15	20	43	19	57
32	25	37	27	5	25	57	23	20	46	19	54
33	25	49	27	24	26	13	38	20	49	19	50
34	26	1	27	43	26	30	1	20	53	19	46
35	26	13	28	3	26	46	33	20	56	19	42
36	26	26	28	23	27	3	15	20	59	19	38
37	26	39	28	44	27	20	7	21	3	19	34
38	26	52	29	5	27	37	10	21	6	19	30
39	27	6	29	27	27	54	25	21	10	19	26
40	27	20	29	49	28	11	53	21	14	19	21
41	27	35	0 ♌	11	28	29	34	21	17	19	17
42	27	51	0	34	28	47	30	21	21	19	12
43	28	7	0	58	29	5	41	21	25	19	8
44	28	24	1	22	29	24	8	21	29	19	3
45	28	41	1	47	29	42	53	21	32	18	58
46	28	59	2	13	0 ♍	1	55	21	36	18	53
47	29	18	2	39	0	21	17	21	41	18	48
48	29	38	3	7	0	41	0	21	45	18	43
49	29	59	3	35	1	1	4	21	49	18	37
50	0 ♋	20	4	4	1	21	31	21	53	18	32
51	0	44	4	34	1	42	22	21	58	18	26
52	1	8	5	5	2	3	39	22	2	18	20
53	1	34	5	37	2	25	23	22	7	18	13
54	2	1	6	10	2	47	37	22	12	18	7
55	2	31	6	45	3	10	20	22	17	18	0
56	3	2	7	21	3	33	36	22	22	17	53
57	3	36	7	58	3	57	26	22	27	17	46
58	4	13	8	37	4	21	52	22	33	17	38
59	4	53	9	17	4	46	57	22	38	17	31
60	5	36	10	0	5	12	43	22	44	17	22
61	6	25	10	44	5	39	11	22	50	17	14
62	7	18	11	30	6	6	26	22	56	17	5
63	8	19	12	19	6	34	29	23	2	16	55
64	9	30	13	10	7	3	24	23	9	16	45
65	10	53	14	3	7	33	14	23	16	16	34
66	12	37	15	0	8	4	2	23	23	16	23

Lat.	11		12		ASC			2		3	
0	21 ♊	44	19 ♋	24	18 ♌	34	2	20 ♍	12	22 ♎	42
5	22	24	20	39	19	55	3	20	26	22	26
10	23	4	21	55	21	12	55	20	40	22	10
15	23	46	23	11	22	28	53	20	54	21	53
20	24	30	24	30	23	44	4	21	7	21	36
21	24	39	24	46	23	59	6	21	10	21	33
22	24	49	25	3	24	14	10	21	13	21	30
23	24	58	25	19	24	29	15	21	16	21	26
24	25	8	25	36	24	44	23	21	18	21	23
25	25	18	25	53	24	59	33	21	21	21	19
26	25	28	26	10	25	14	46	21	24	21	15
27	25	38	26	27	25	30	4	21	27	21	12
28	25	48	26	44	25	45	26	21	30	21	8
29	25	59	27	2	26	0	53	21	33	21	4
30	26	10	27	20	26	16	25	21	35	21	1
31	26	21	27	38	26	32	4	21	38	20	57
32	26	32	27	57	26	47	49	21	41	20	53
33	26	44	28	16	27	3	42	21	44	20	49
34	26	56	28	35	27	19	42	21	47	20	45
35	27	8	28	55	27	35	52	21	50	20	41
36	27	21	29	15	27	52	10	21	53	20	36
37	27	34	29	35	28	8	39	21	56	20	32
38	27	48	29	56	28	25	18	22	0	20	28
39	28	1	0 ♌	18	28	42	9	22	3	20	23
40	28	16	0	39	28	59	12	22	6	20	19
41	28	31	1	2	29	16	29	22	9	20	14
42	28	46	1	24	29	33	59	22	13	20	10
43	29	2	1	48	29	51	44	22	16	20	5
44	29	19	2	12	0 ♍	9	44	22	20	20	0
45	29	36	2	37	0	28	1	22	23	19	55
46	29	54	3	2	0	46	36	22	27	19	49
47	0 ♋	13	3	28	1	5	30	22	30	19	44
48	0	33	3	55	1	24	43	22	34	19	38
49	0	54	4	23	1	44	18	22	38	19	33
50	1	15	4	51	2	4	15	22	42	19	27
51	1	38	5	21	2	24	35	22	46	19	21
52	2	3	5	52	2	45	20	22	50	19	14
53	2	28	6	23	3	6	32	22	54	19	8
54	2	56	6	56	3	28	12	22	59	19	1
55	3	25	7	30	3	50	21	23	3	18	54
56	3	56	8	5	4	13	2	23	8	18	46
57	4	30	8	42	4	36	16	23	12	18	39
58	5	6	9	20	5	0	5	23	17	18	31
59	5	46	10	0	5	24	31	23	22	18	23
60	6	29	10	42	5	49	37	23	27	18	14
61	7	17	11	25	6	15	25	23	33	18	5
62	8	10	12	11	6	41	57	23	38	17	55
63	9	10	12	59	7	9	17	23	44	17	45
64	10	20	13	49	7	37	27	23	50	17	35
65	11	41	14	41	8	6	30	23	56	17	24
66	13	22	15	36	8	36	31	24	3	17	12

Lat.	11		12		ASC			2		3	
0	22 ♊	39	20 ♋	20	19 ♌	34	59	21 ♍	17	23 ♎	46
5	23	19	21	35	20	54	27	21	30	23	29
10	23	59	22	50	22	10	46	21	42	23	12
15	24	41	24	6	23	25	9	21	54	22	55
20	25	25	25	24	24	38	42	22	6	22	37
21	25	35	25	40	24	53	25	22	9	22	34
22	25	44	25	57	25	8	8	22	11	22	30
23	25	54	26	13	25	22	53	22	14	22	27
24	26	3	26	29	25	37	41	22	16	22	23
25	26	13	26	46	25	52	30	22	19	22	19
26	26	23	27	3	26	7	23	22	21	22	15
27	26	33	27	20	26	22	20	22	24	22	12
28	26	44	27	38	26	37	21	22	26	22	8
29	26	54	27	55	26	52	27	22	29	22	4
30	27	5	28	13	27	7	37	22	31	22	0
31	27	16	28	31	27	22	54	22	34	21	56
32	27	28	28	50	27	38	18	22	37	21	52
33	27	39	29	8	27	53	48	22	39	21	48
34	27	51	29	27	28	9	26	22	42	21	43
35	28	4	29	47	28	25	12	22	45	21	39
36	28	16	0 ♌	7	28	41	8	22	47	21	35
37	28	29	0	27	28	57	13	22	50	21	30
38	28	43	0	47	29	13	28	22	53	21	26
39	28	57	1	8	29	29	55	22	56	21	21
40	29	11	1	30	29	46	33	22	59	21	16
41	29	26	1	52	0 ♍	3	24	23	2	21	12
42	29	41	2	15	0	20	28	23	5	21	7
43	29	57	2	38	0	37	47	23	8	21	1
44	0 ♋	14	3	2	0	55	21	23	11	20	56
45	0	31	3	26	1	13	11	23	14	20	51
46	0	49	3	51	1	31	18	23	17	20	45
47	1	8	4	17	1	49	43	23	20	20	40
48	1	28	4	43	2	8	28	23	24	20	34
49	1	48	5	11	2	27	33	23	27	20	28
50	2	10	5	39	2	46	59	23	31	20	22
51	2	33	6	8	3	6	49	23	34	20	15
52	2	57	6	38	3	27	2	23	38	20	9
53	3	23	7	9	3	47	41	23	41	20	2
54	3	50	7	42	4	8	48	23	45	19	55
55	4	19	8	15	4	30	23	23	49	19	47
56	4	50	8	50	4	52	28	23	53	19	40
57	5	24	9	26	5	15	6	23	58	19	32
58	6	0	10	4	5	38	18	24	2	19	23
59	6	39	10	43	6	2	6	24	6	19	15
60	7	22	11	24	6	26	32	24	11	19	6
61	8	9	12	7	6	51	39	24	16	18	56
62	9	2	12	52	7	17	30	24	21	18	46
63	10	1	13	38	7	44	6	24	26	18	36
64	11	9	14	27	8	11	31	24	31	18	25
65	12	29	15	19	8	39	48	24	37	18	13
66	14	6	16	13	9	9	1	24	42	18	1

3 h 32 m MC 25 ♉ 20 30 **RAMC 53°**

Lat.	11	12	ASC	2	3
0	23 ♊ 34	21 ♋ 17	20 ♌ 36 7	22 ♍ 22	24 ♎ 50
5	24 14	22 31	21 54 0	22 33	24 32
10	24 55	23 46	23 8 43	22 44	24 14
15	25 37	25 1	24 21 30	22 55	23 56
20	26 21	26 19	25 33 25	23 6	23 38
21	26 30	26 35	25 47 47	23 8	23 34
22	26 39	26 51	26 2 11	23 10	23 31
23	26 49	27 7	26 16 36	23 12	23 27
24	26 59	27 23	26 31 2	23 14	23 23
25	27 8	27 40	26 45 32	23 16	23 19
26	27 18	27 57	27 0 4	23 18	23 15
27	27 29	28 13	27 14 39	23 21	23 11
28	27 39	28 31	27 29 19	23 23	23 7
29	27 50	28 48	27 44 3	23 25	23 3
30	28 0	29 6	27 58 52	23 27	22 59
31	28 12	29 24	28 13 47	23 30	22 55
32	28 23	29 42	28 28 48	23 32	22 51
33	28 35	0 ♌ 1	28 43 56	23 34	22 46
34	28 47	0 19	28 59 11	23 37	22 42
35	28 59	0 39	29 14 35	23 39	22 37
36	29 12	0 58	29 30 7	23 41	22 33
37	29 25	1 18	29 45 48	23 44	22 28
38	29 38	1 39	0 ♍ 1 39	23 46	22 24
39	29 52	1 59	0 17 41	23 49	22 19
40	0 ♋ 6	2 21	0 33 55	23 51	22 14
41	0 21	2 43	0 50 20	23 54	22 9
42	0 36	3 5	1 6 59	23 56	22 4
43	0 52	3 28	1 23 51	23 59	21 58
44	1 9	3 51	1 40 59	24 2	21 53
45	1 26	4 15	1 58 21	24 4	21 47
46	1 44	4 40	2 16 1	24 7	21 41
47	2 3	5 5	2 33 58	24 10	21 36
48	2 22	5 32	2 52 13	24 13	21 29
49	2 43	5 59	3 10 49	24 16	21 23
50	3 5	6 26	3 29 45	24 19	21 17
51	3 27	6 55	3 49 3	24 22	21 10
52	3 51	7 25	4 8 45	24 25	21 3
53	4 17	7 56	4 28 51	24 29	20 56
54	4 44	8 27	4 49 24	24 32	20 49
55	5 13	9 0	5 10 25	24 36	20 41
56	5 44	9 35	5 31 55	24 39	20 33
57	6 17	10 10	5 53 57	24 43	20 25
58	6 53	10 47	6 16 31	24 47	20 16
59	7 32	11 26	6 39 41	24 51	20 7
60	8 14	12 6	7 3 28	24 55	19 57
61	9 1	12 48	7 27 55	24 59	19 47
62	9 53	13 32	7 53 3	25 3	19 37
63	10 51	14 18	8 18 56	25 8	19 26
64	11 58	15 6	8 45 37	25 12	19 14
65	13 16	15 57	9 13 8	25 17	19 2
66	14 51	16 50	9 41 33	25 22	18 49

Lat.	11		12		ASC			2		3	
0	24 ♊	30	22 ♋	13	21 ♌	37	27	23 ♍	27	25 ♌	53
5	25	9	23	27	22	53	41	23	37	25	35
10	25	50	24	41	24	6	48	23	46	25	16
15	26	32	25	56	25	17	56	23	56	24	58
20	27	16	27	13	26	28	12	24	5	24	39
21	27	25	27	29	26	42	14	24	6	24	35
22	27	35	27	45	26	56	17	24	8	24	31
23	27	44	28	1	27	10	22	24	10	24	27
24	27	54	28	17	27	24	28	24	12	24	23
25	28	4	28	33	27	38	36	24	14	24	19
26	28	14	28	50	27	52	47	24	16	24	15
27	28	24	29	7	28	7	1	24	18	24	11
28	28	34	29	24	28	21	20	24	20	24	7
29	28	45	29	41	28	35	42	24	21	24	3
30	28	56	29	59	28	50	10	24	23	23	58
31	29	7	0 ♌	16	29	4	42	24	25	23	54
32	29	18	0	34	29	19	21	24	27	23	49
33	29	30	0	53	29	34	6	24	29	23	45
34	29	42	1	11	29	48	59	24	31	23	40
35	29	54	1	30	0 ♍	3	59	24	33	23	36
36	0 ♋	7	1	50	0	19	7	24	35	23	31
37	0	20	2	10	0	34	25	24	37	23	26
38	0	33	2	30	0	49	52	24	39	23	21
39	0	47	2	50	1	5	29	24	42	23	16
40	1	1	3	11	1	21	18	24	44	23	11
41	1	16	3	33	1	37	18	24	46	23	6
42	1	31	3	55	1	53	31	24	48	23	0
43	1	47	4	18	2	9	57	24	51	22	55
44	2	4	4	41	2	26	37	24	53	22	49
45	2	21	5	4	2	43	33	24	55	22	43
46	2	39	5	29	3	0	44	24	58	22	37
47	2	57	5	54	3	18	13	25	0	22	31
48	3	17	6	20	3	35	59	25	3	22	25
49	3	37	6	46	3	54	5	25	5	22	18
50	3	59	7	14	4	12	31	25	8	22	12
51	4	22	7	42	4	31	18	25	10	22	5
52	4	46	8	12	4	50	28	25	13	21	57
53	5	11	8	42	5	10	2	25	16	21	50
54	5	38	9	13	5	30	2	25	19	21	42
55	6	6	9	46	5	50	28	25	22	21	34
56	6	37	10	19	6	11	23	25	25	21	26
57	7	10	10	54	6	32	49	25	28	21	17
58	7	46	11	31	6	54	46	25	31	21	8
59	8	24	12	9	7	17	18	25	35	20	59
60	9	6	12	48	7	40	26	25	38	20	49
61	9	52	13	30	8	4	12	25	42	20	38
62	10	44	14	13	8	28	38	25	45	20	28
63	11	41	14	58	8	53	48	25	49	20	16
64	12	47	15	45	9	19	44	25	53	20	4
65	14	3	16	35	9	46	29	25	57	19	51
66	15	35	17	27	10	14	6	26	2	19	38

Lat.	11		12		ASC			2		3	
0	25 ♊	25	23 ♋	10	22 ♌	38	57	24 ♍	33	26 ♎	57
5	26	4	24	23	23	53	32	24	41	26	37
10	26	45	25	37	25	4	59	24	48	26	18
15	27	27	26	51	26	14	29	24	56	25	59
20	28	11	28	8	27	23	4	25	4	25	39
21	28	20	28	23	27	36	45	25	5	25	35
22	28	30	28	39	27	50	28	25	7	25	31
23	28	39	28	55	28	4	11	25	8	25	27
24	28	49	29	11	28	17	56	25	10	25	23
25	28	59	29	27	28	31	44	25	11	25	19
26	29	9	29	44	28	45	34	25	13	25	15
27	29	19	0 ♌	0	28	59	27	25	15	25	10
28	29	29	0	17	29	13	23	25	16	25	6
29	29	40	0	34	29	27	24	25	18	25	2
30	29	51	0	51	29	41	30	25	19	24	57
31	0 ♋	2	1	9	29	55	40	25	21	24	53
32	0	13	1	27	0 ♍	9	56	25	23	24	48
33	0	25	1	45	0	24	19	25	24	24	44
34	0	37	2	4	0	38	48	25	26	24	39
35	0	49	2	22	0	53	25	25	28	24	34
36	1	2	2	41	1	8	10	25	29	24	29
37	1	15	3	1	1	23	3	25	31	24	24
38	1	28	3	21	1	38	6	25	33	24	19
39	1	42	3	41	1	53	19	25	35	24	14
40	1	56	4	2	2	8	42	25	36	24	8
41	2	11	4	23	2	24	17	25	38	24	3
42	2	26	4	45	2	40	4	25	40	23	57
43	2	42	5	7	2	56	3	25	42	23	51
44	2	58	5	30	3	12	17	25	44	23	46
45	3	15	5	54	3	28	45	25	46	23	40
46	3	33	6	18	3	45	28	25	48	23	33
47	3	52	6	43	4	2	29	25	50	23	27
48	4	11	7	8	4	19	46	25	52	23	20
49	4	32	7	34	4	37	22	25	54	23	14
50	4	53	8	1	4	55	17	25	56	23	7
51	5	16	8	29	5	13	34	25	59	22	59
52	5	39	8	58	5	32	12	26	1	22	52
53	6	5	9	28	5	51	14	26	3	22	44
54	6	31	9	59	6	10	40	26	6	22	36
55	7	0	10	31	6	30	32	26	8	22	28
56	7	30	11	4	6	50	52	26	11	22	19
57	8	3	11	38	7	11	41	26	13	22	10
58	8	38	12	14	7	33	2	26	16	22	0
59	9	16	12	52	7	54	55	26	19	21	51
60	9	58	13	31	8	17	24	26	22	21	40
61	10	44	14	11	8	40	29	26	25	21	30
62	11	34	14	54	9	4	15	26	28	21	18
63	12	31	15	38	9	28	42	26	31	21	6
64	13	35	16	24	9	53	53	26	34	20	54
65	14	50	17	13	10	19	52	26	38	20	40
66	16	19	18	4	10	46	42	26	41	20	26

Lat.	11		12		ASC			2		3	
0	26 ♊	20	24 ♋	6	23 ♌	40	37	25 ♍	38	28 ♌	0
5	27	0	25	20	24	53	31	25	44	27	40
10	27	40	26	33	26	3	18	25	51	27	20
15	28	22	27	46	27	11	7	25	57	27	0
20	29	6	29	2	28	18	0	26	3	26	40
21	29	16	29	17	28	31	21	26	4	26	36
22	29	25	29	33	28	44	42	26	5	26	32
23	29	34	29	49	28	58	5	26	7	26	27
24	29	44	0 ♌	5	29	11	29	26	8	26	23
25	29	54	0	21	29	24	55	26	9	26	19
26	0 ♋	4	0	37	29	38	24	26	10	26	14
27	0	14	0	54	29	51	55	26	12	26	10
28	0	24	1	10	0 ♍	5	30	26	13	26	5
29	0	35	1	27	0	19	9	26	14	26	1
30	0	46	1	44	0	32	52	26	15	25	56
31	0	57	2	2	0	46	40	26	17	25	52
32	1	8	2	19	1	0	34	26	18	25	47
33	1	20	2	37	1	14	33	26	19	25	42
34	1	32	2	56	1	28	40	26	21	25	37
35	1	44	3	14	1	42	53	26	22	25	32
36	1	57	3	33	1	57	14	26	23	25	27
37	2	9	3	52	2	11	43	26	25	25	22
38	2	23	4	12	2	26	21	26	26	25	16
39	2	37	4	32	2	41	9	26	28	25	11
40	2	51	4	53	2	56	8	26	29	25	5
41	3	5	5	14	3	11	17	26	30	25	0
42	3	21	5	35	3	26	37	26	32	24	54
43	3	36	5	57	3	42	11	26	33	24	48
44	3	53	6	20	3	57	57	26	35	24	42
45	4	10	6	43	4	13	58	26	37	24	36
46	4	28	7	7	4	30	14	26	38	24	29
47	4	46	7	31	4	46	45	26	40	24	23
48	5	6	7	56	5	3	34	26	42	24	16
49	5	26	8	22	5	20	40	26	43	24	9
50	5	47	8	49	5	38	5	26	45	24	1
51	6	10	9	16	5	55	50	26	47	23	54
52	6	33	9	45	6	13	57	26	49	23	46
53	6	58	10	14	6	32	26	26	50	23	38
54	7	25	10	44	6	51	19	26	52	23	30
55	7	53	11	16	7	10	37	26	54	23	21
56	8	23	11	49	7	30	22	26	56	23	12
57	8	56	12	23	7	50	35	26	59	23	3
58	9	31	12	58	8	11	19	27	1	22	53
59	10	9	13	34	8	32	34	27	3	22	42
60	10	50	14	13	8	54	23	27	5	22	32
61	11	35	14	53	9	16	49	27	8	22	21
62	12	25	15	34	9	39	52	27	10	22	9
63	13	21	16	18	10	3	36	27	13	21	56
64	14	24	17	3	10	28	3	27	15	21	43
65	15	37	17	51	10	53	17	27	18	21	29
66	17	3	18	41	11	19	19	27	21	21	15

Lat.	11		12		ASC			2		3	
0	27 ♊	15	25 ♋	3	24 ♌	42	28	26 ♍	43	29 ♎	3
5	27	55	26	16	25	53	39	26	48	28	42
10	28	35	27	28	27	1	44	26	53	28	22
15	29	17	28	42	28	7	50	26	57	28	1
20	0 ♋	1	29	56	29	13	0	27	2	27	40
21	0	11	0 ♌	12	29	26	0	27	3	27	36
22	0	20	0	27	29	39	1	27	4	27	32
23	0	29	0	43	29	52	2	27	5	27	27
24	0	39	0	59	0 ♍	5	5	27	6	27	23
25	0	49	1	15	0	18	10	27	7	27	18
26	0	59	1	31	0	31	17	27	8	27	14
27	1	9	1	47	0	44	26	27	9	27	9
28	1	19	2	3	0	57	39	27	9	27	5
29	1	30	2	20	1	10	56	27	10	27	0
30	1	41	2	37	1	24	17	27	11	26	55
31	1	52	2	54	1	37	42	27	12	26	50
32	2	3	3	12	1	51	13	27	13	26	45
33	2	15	3	30	2	4	50	27	14	26	40
34	2	27	3	48	2	18	33	27	15	26	35
35	2	39	4	6	2	32	23	27	16	26	30
36	2	51	4	25	2	46	20	27	17	26	25
37	3	4	4	44	3	0	25	27	18	26	19
38	3	18	5	3	3	14	39	27	19	26	14
39	3	31	5	23	3	29	2	27	21	26	8
40	3	45	5	43	3	43	34	27	22	26	2
41	4	0	6	4	3	58	18	27	23	25	57
42	4	15	6	25	4	13	13	27	24	25	51
43	4	31	6	47	4	28	19	27	25	25	44
44	4	47	7	9	4	43	39	27	26	25	38
45	5	4	7	32	4	59	12	27	27	25	32
46	5	22	7	56	5	15	0	27	29	25	25
47	5	40	8	20	5	31	3	27	30	25	18
48	6	0	8	44	5	47	22	27	31	25	11
49	6	20	9	10	6	3	59	27	32	25	4
50	6	41	9	36	6	20	53	27	34	24	56
51	7	3	10	3	6	38	8	27	35	24	48
52	7	27	10	31	6	55	42	27	36	24	40
53	7	52	11	0	7	13	39	27	38	24	32
54	8	18	11	30	7	31	58	27	39	24	23
55	8	46	12	1	7	50	42	27	41	24	14
56	9	16	12	33	8	9	52	27	42	24	5
57	9	48	13	7	8	29	30	27	44	23	55
58	10	23	13	41	8	49	36	27	45	23	45
59	11	0	14	17	9	10	13	27	47	23	34
60	11	41	14	55	9	31	24	27	49	23	23
61	12	26	15	34	9	53	9	27	51	23	11
62	13	15	16	15	10	15	31	27	52	22	59
63	14	10	16	58	10	38	32	27	54	22	46
64	15	12	17	42	11	2	15	27	56	22	33
65	16	23	18	29	11	26	43	27	58	22	18
66	17	47	19	19	11	51	58	28	1	22	3

Lat.	11		12		ASC			2		3	
0	28 ♊	10	26 ♋	0	25 ♌	44	30	27 ♍	49	0 ♏	6
5	28	50	27	12	26	53	55	27	52	29 ♎	45
10	29	30	28	24	28	0	16	27	55	29	24
15	0 ♋	12	29	37	29	4	40	27	58	29	2
20	0	57	0 ♌	51	0 ♍	8	5	28	1	28	41
21	1	6	1	6	0	20	44	28	2	28	36
22	1	15	1	22	0	33	23	28	2	28	32
23	1	24	1	37	0	46	3	28	3	28	27
24	1	34	1	53	0	58	44	28	4	28	23
25	1	44	2	8	1	11	28	28	4	28	18
26	1	54	2	24	1	24	13	28	5	28	13
27	2	4	2	40	1	37	1	28	6	28	8
28	2	14	2	57	1	49	51	28	6	28	4
29	2	25	3	13	2	2	46	28	7	27	59
30	2	36	3	30	2	15	44	28	7	27	54
31	2	47	3	47	2	28	47	28	8	27	49
32	2	58	4	4	2	41	55	28	9	27	44
33	3	9	4	22	2	55	9	28	9	27	39
34	3	21	4	40	3	8	28	28	10	27	33
35	3	34	4	58	3	21	54	28	11	27	28
36	3	46	5	16	3	35	27	28	11	27	22
37	3	59	5	35	3	49	8	28	12	27	17
38	4	12	5	54	4	2	57	28	13	27	11
39	4	26	6	14	4	16	55	28	14	27	5
40	4	40	6	34	4	31	3	28	14	26	59
41	4	55	6	55	4	45	20	28	15	26	53
42	5	10	7	15	4	59	49	28	16	26	47
43	5	25	7	37	5	14	29	28	16	26	41
44	5	42	7	59	5	29	22	28	17	26	34
45	5	58	8	21	5	44	27	28	18	26	28
46	6	16	8	44	5	59	47	28	19	26	21
47	6	34	9	8	6	15	21	28	20	26	13
48	6	54	9	33	6	31	11	28	20	26	6
49	7	14	9	58	6	47	18	28	21	25	59
50	7	35	10	24	7	3	42	28	22	25	51
51	7	57	10	50	7	20	26	28	23	25	43
52	8	20	11	18	7	37	29	28	24	25	34
53	8	45	11	46	7	54	52	28	25	25	26
54	9	11	12	16	8	12	39	28	26	25	17
55	9	39	12	46	8	30	49	28	27	25	7
56	10	9	13	18	8	49	24	28	28	24	58
57	10	41	13	51	9	8	25	28	29	24	48
58	11	15	14	25	9	27	55	28	30	24	37
59	11	52	15	0	9	47	54	28	31	24	26
60	12	32	15	37	10	8	25	28	32	24	14
61	13	16	16	15	10	29	30	28	34	24	2
62	14	5	16	56	10	51	10	28	35	23	50
63	14	59	17	38	11	13	29	28	36	23	36
64	16	0	18	22	11	36	28	28	37	23	22
65	17	10	19	8	12	0	10	28	39	23	7
66	18	31	19	56	12	24	38	28	40	22	51

Lat.	11	12	ASC	2	3
0	29 ♊ 5	26 ♋ 57	26 ♌ 46 43	28 ♍ 54	1 ♏ 8
5	29 45	28 9	27 54 20	28 56	0 47
10	0 ♋ 25	29 20	28 58 56	28 57	0 25
15	1 7	0 ♌ 32	0 ♍ 1 34	28 59	0 3
20	1 51	1 46	1 3 14	29 0	29 ♎ 41
21	2 1	2 1	1 15 31	29 1	29 36
22	2 10	2 16	1 27 49	29 1	29 31
23	2 19	2 31	1 40 8	29 1	29 27
24	2 29	2 47	1 52 28	29 2	29 22
25	2 39	3 2	2 4 49	29 2	29 17
26	2 49	3 18	2 17 12	29 2	29 12
27	2 59	3 34	2 29 38	29 3	29 8
28	3 9	3 50	2 42 7	29 3	29 3
29	3 20	4 6	2 54 39	29 3	28 58
30	3 30	4 23	3 7 14	29 3	28 53
31	3 41	4 40	3 19 54	29 4	28 47
32	3 53	4 57	3 32 39	29 4	28 42
33	4 4	5 14	3 45 29	29 4	28 37
34	4 16	5 32	3 58 25	29 5	28 31
35	4 28	5 50	4 11 28	29 5	28 26
36	4 41	6 8	4 24 37	29 5	28 20
37	4 53	6 27	4 37 53	29 6	28 14
38	5 7	6 46	4 51 17	29 6	28 8
39	5 20	7 5	5 4 50	29 7	28 2
40	5 34	7 25	5 18 32	29 7	27 56
41	5 49	7 45	5 32 24	29 7	27 50
42	6 4	8 6	5 46 26	29 8	27 44
43	6 20	8 27	6 0 40	29 8	27 37
44	6 36	8 48	6 15 5	29 8	27 30
45	6 53	9 11	6 29 43	29 9	27 23
46	7 10	9 33	6 44 35	29 9	27 16
47	7 28	9 57	6 59 41	29 10	27 9
48	7 47	10 21	7 15 1	29 10	27 1
49	8 7	10 46	7 30 38	29 10	26 53
50	8 28	11 11	7 46 32	29 11	26 45
51	8 50	11 37	8 2 44	29 11	26 37
52	9 14	12 4	8 19 16	29 12	26 28
53	9 38	12 32	8 36 7	29 12	26 19
54	10 4	13 1	8 53 20	29 13	26 10
55	10 32	13 31	9 10 56	29 13	26 0
56	11 1	14 2	9 28 56	29 14	25 50
57	11 33	14 35	9 47 21	29 14	25 40
58	12 7	15 8	10 6 14	29 15	25 29
59	12 44	15 43	10 25 35	29 15	25 18
60	13 23	16 19	10 45 28	29 16	25 6
61	14 7	16 57	11 5 52	29 17	24 53
62	14 55	17 36	11 26 51	29 17	24 40
63	15 48	18 18	11 48 27	29 18	24 26
64	16 48	19 1	12 10 42	29 18	24 11
65	17 56	19 46	12 33 39	29 19	23 56
66	19 15	20 33	12 57 20	29 20	23 40

Lat.	11		12		ASC			2		3	
0	0 ♋	0	27 ♋	55	27 ♌	49	5	0 ♎	0	2 ♏	11
5	0	40	29	6	28	54	54	0	0	1	49
10	1	20	0 ♌	16	29	57	42	0	0	1	26
15	2	2	1	28	0 ♍	58	34	0	0	1	4
20	2	46	2	40	1	58	27	0	0	0	41
21	2	56	2	55	2	10	23	0	0	0	36
22	3	5	3	10	2	22	19	0	0	0	31
23	3	14	3	25	2	34	16	0	0	0	26
24	3	24	3	41	2	46	14	0	0	0	21
25	3	34	3	56	2	58	14	0	0	0	17
26	3	44	4	12	3	10	15	0	0	0	12
27	3	54	4	27	3	22	18	0	0	0	7
28	4	4	4	43	3	34	24	0	0	0	1
29	4	14	5	0	3	46	34	0	0	29 ♎	56
30	4	25	5	16	3	58	47	0	0	29	51
31	4	36	5	33	4	11	4	0	0	29	46
32	4	47	5	49	4	23	26	0	0	29	40
33	4	59	6	7	4	35	52	0	0	29	35
34	5	11	6	24	4	48	25	0	0	29	29
35	5	23	6	42	5	1	3	0	0	29	23
36	5	35	7	0	5	13	48	0	0	29	18
37	5	48	7	18	5	26	39	0	0	29	12
38	6	1	7	37	5	39	39	0	0	29	6
39	6	15	7	56	5	52	47	0	0	28	59
40	6	29	8	15	6	6	3	0	0	28	53
41	6	43	8	35	6	19	29	0	0	28	47
42	6	58	8	56	6	33	5	0	0	28	40
43	7	14	9	17	6	46	52	0	0	28	33
44	7	30	9	38	7	0	50	0	0	28	26
45	7	47	10	0	7	15	0	0	0	28	19
46	8	4	10	22	7	29	24	0	0	28	12
47	8	22	10	45	7	44	1	0	0	28	4
48	8	41	11	9	7	58	52	0	0	27	56
49	9	1	11	33	8	14	0	0	0	27	48
50	9	22	11	58	8	29	23	0	0	27	40
51	9	44	12	24	8	45	4	0	0	27	31
52	10	7	12	51	9	1	3	0	0	27	22
53	10	31	13	18	9	17	22	0	0	27	13
54	10	57	13	47	9	34	2	0	0	27	3
55	11	25	14	16	9	51	4	0	0	26	54
56	11	54	14	47	10	8	29	0	0	26	43
57	12	25	15	19	10	26	18	0	0	26	32
58	12	59	15	52	10	44	34	0	0	26	21
59	13	35	16	26	11	3	18	0	0	26	9
60	14	14	17	1	11	22	31	0	0	25	57
61	14	57	17	38	11	42	16	0	0	25	44
62	15	44	18	17	12	2	34	0	0	25	30
63	16	37	18	58	12	23	27	0	0	25	16
64	17	35	19	40	12	44	58	0	0	25	1
65	18	42	20	24	13	7	10	0	0	24	45
66	19	59	21	11	13	30	4	0	0	24	28

4 h 4 m MC 3 ♊ 2 39 **RAMC 61°**

Lat.	11		12		ASC			2		3	
0	0 ♋	55	28 ♋	52	28 ♌	51	38	1 ♎	5	3 ♏	13
5	1	35	0 ♌	3	29	55	36	1	3	2	50
10	2	15	1	13	0 ♍	56	35	1	2	2	27
15	2	57	2	23	1	55	40	1	0	2	4
20	3	41	3	35	2	53	45	0	59	1	41
21	3	50	3	50	3	5	19	0	58	1	36
22	4	0	4	5	3	16	53	0	58	1	31
23	4	9	4	20	3	28	28	0	58	1	26
24	4	19	4	35	3	40	4	0	57	1	21
25	4	28	4	50	3	51	41	0	57	1	16
26	4	38	5	5	4	3	20	0	57	1	11
27	4	48	5	21	4	15	1	0	57	1	5
28	4	59	5	37	4	26	45	0	56	1	0
29	5	9	5	53	4	38	32	0	56	0	55
30	5	20	6	9	4	50	22	0	56	0	49
31	5	31	6	25	5	2	16	0	55	0	44
32	5	42	6	42	5	14	14	0	55	0	38
33	5	53	6	59	5	26	17	0	55	0	33
34	6	5	7	16	5	38	26	0	54	0	27
35	6	17	7	34	5	50	40	0	54	0	21
36	6	30	7	51	6	3	0	0	54	0	15
37	6	42	8	10	6	15	28	0	53	0	9
38	6	56	8	28	6	28	2	0	53	0	3
39	7	9	8	47	6	40	45	0	53	29 ♎	56
40	7	23	9	6	6	53	36	0	52	29	50
41	7	37	9	26	7	6	35	0	52	29	43
42	7	52	9	46	7	19	45	0	51	29	36
43	8	8	10	6	7	33	5	0	51	29	29
44	8	24	10	27	7	46	36	0	51	29	22
45	8	40	10	49	8	0	19	0	50	29	15
46	8	58	11	11	8	14	14	0	50	29	7
47	9	16	11	34	8	28	22	0	49	28	59
48	9	35	11	57	8	42	44	0	49	28	51
49	9	55	12	21	8	57	22	0	49	28	43
50	10	15	12	46	9	12	15	0	48	28	34
51	10	37	13	11	9	27	24	0	48	28	25
52	11	0	13	37	9	42	52	0	47	28	16
53	11	24	14	5	9	58	38	0	47	28	7
54	11	50	14	33	10	14	45	0	46	27	57
55	12	17	15	2	10	31	12	0	46	27	46
56	12	46	15	32	10	48	2	0	45	27	36
57	13	17	16	3	11	5	16	0	45	27	25
58	13	50	16	35	11	22	55	0	44	27	13
59	14	26	17	9	11	41	1	0	44	27	1
60	15	5	17	44	11	59	36	0	43	26	48
61	15	47	18	20	12	18	40	0	42	26	35
62	16	34	18	58	12	38	17	0	42	26	20
63	17	25	19	38	12	58	28	0	41	26	6
64	18	23	20	19	13	19	15	0	41	25	50
65	19	28	21	2	13	40	41	0	40	25	33
66	20	43	21	48	14	2	49	0	39	25	16

Lat.	11	12	ASC	2	3
0	1 ♋ 50	29 ♋ 50	29 ♌ 54 21	2 ♎ 10	4 ♏ 15
5	2 30	0 ♌ 59	0 ♍ 56 25	2 7	3 52
10	3 10	2 9	1 55 35	2 4	3 28
15	3 52	3 19	2 52 51	2 1	3 5
20	4 36	4 30	3 49 6	1 58	2 40
21	4 45	4 45	4 0 19	1 57	2 35
22	4 55	4 59	4 11 31	1 57	2 30
23	5 4	5 14	4 22 44	1 56	2 25
24	5 13	5 29	4 33 58	1 55	2 20
25	5 23	5 44	4 45 13	1 55	2 15
26	5 33	5 59	4 56 29	1 54	2 10
27	5 43	6 15	5 7 48	1 54	2 4
28	5 53	6 30	5 19 9	1 53	1 59
29	6 4	6 46	5 30 32	1 52	1 53
30	6 14	7 2	5 41 59	1 52	1 48
31	6 25	7 18	5 53 30	1 51	1 42
32	6 37	7 35	6 5 5	1 50	1 36
33	6 48	7 51	6 16 44	1 50	1 31
34	7 0	8 8	6 28 29	1 49	1 25
35	7 12	8 26	6 40 19	1 48	1 19
36	7 24	8 43	6 52 15	1 48	1 12
37	7 37	9 1	7 4 17	1 47	1 6
38	7 50	9 19	7 16 27	1 46	1 0
39	8 3	9 38	7 28 44	1 45	0 53
40	8 17	9 57	7 41 9	1 45	0 46
41	8 32	10 16	7 53 43	1 44	0 40
42	8 46	10 36	8 6 26	1 43	0 33
43	9 2	10 56	8 19 19	1 43	0 25
44	9 18	11 17	8 32 23	1 42	0 18
45	9 34	11 38	8 45 38	1 41	0 10
46	9 52	12 0	8 59 5	1 40	0 3
47	10 10	12 22	9 12 44	1 39	29 ♎ 54
48	10 28	12 45	9 26 37	1 39	29 46
49	10 48	13 9	9 40 44	1 38	29 38
50	11 9	13 33	9 55 7	1 37	29 29
51	11 30	13 58	10 9 46	1 36	29 20
52	11 53	14 24	10 24 41	1 35	29 10
53	12 17	14 51	10 39 55	1 34	29 0
54	12 42	15 18	10 55 28	1 33	28 50
55	13 9	15 47	11 11 22	1 32	28 39
56	13 38	16 16	11 27 37	1 31	28 28
57	14 9	16 47	11 44 15	1 30	28 17
58	14 42	17 19	12 1 17	1 29	28 5
59	15 17	17 51	12 18 45	1 28	27 52
60	15 55	18 26	12 36 41	1 27	27 39
61	16 37	19 1	12 55 6	1 25	27 25
62	17 23	19 39	13 14 1	1 24	27 11
63	18 13	20 18	13 33 30	1 23	26 55
64	19 10	20 58	13 53 34	1 22	26 39
65	20 14	21 41	14 14 14	1 20	26 22
66	21 27	22 25	14 35 35	1 19	26 4

Lat.	11		12		ASC			2		3	
0	2 ♋	45	0 ♌	47	0 ♍	57	13	3 ♎	16	5 ♏	18
5	3	25	1	57	1	57	23	3	11	4	53
10	4	5	3	5	2	54	41	3	6	4	29
15	4	47	4	14	3	50	6	3	2	4	5
20	5	31	5	25	4	44	32	2	57	3	40
21	5	40	5	39	4	55	22	2	56	3	35
22	5	49	5	54	5	6	13	2	55	3	30
23	5	59	6	8	5	17	3	2	54	3	24
24	6	8	6	23	5	27	55	2	53	3	19
25	6	18	6	38	5	38	47	2	52	3	14
26	6	28	6	53	5	49	41	2	51	3	8
27	6	38	7	8	6	0	37	2	50	3	3
28	6	48	7	24	6	11	35	2	50	2	57
29	6	58	7	39	6	22	35	2	49	2	52
30	7	9	7	55	6	33	39	2	48	2	46
31	7	20	8	11	6	44	47	2	47	2	40
32	7	31	8	27	6	55	58	2	46	2	34
33	7	42	8	44	7	7	14	2	45	2	28
34	7	54	9	1	7	18	34	2	44	2	22
35	8	6	9	18	7	30	0	2	43	2	16
36	8	18	9	35	7	41	31	2	42	2	10
37	8	31	9	53	7	53	9	2	41	2	3
38	8	44	10	11	8	4	53	2	40	1	57
39	8	57	10	29	8	16	45	2	38	1	50
40	9	11	10	48	8	28	44	2	37	1	43
41	9	26	11	7	8	40	52	2	36	1	36
42	9	40	11	26	8	53	8	2	35	1	29
43	9	56	11	46	9	5	35	2	34	1	21
44	10	12	12	6	9	18	11	2	33	1	14
45	10	28	12	27	9	30	58	2	32	1	6
46	10	45	12	49	9	43	56	2	30	0	58
47	11	3	13	11	9	57	7	2	29	0	50
48	11	22	13	33	10	10	31	2	28	0	41
49	11	41	13	57	10	24	8	2	27	0	32
50	12	2	14	21	10	38	0	2	25	0	23
51	12	23	14	45	10	52	8	2	24	0	14
52	12	46	15	11	11	6	32	2	23	0	4
53	13	10	15	37	11	21	13	2	21	29 ♎	54
54	13	35	16	4	11	36	13	2	20	29	43
55	14	2	16	32	11	51	32	2	18	29	32
56	14	30	17	1	12	7	12	2	17	29	21
57	15	0	17	31	12	23	15	2	15	29	9
58	15	33	18	2	12	39	40	2	14	28	57
59	16	8	18	34	12	56	31	2	12	28	44
60	16	46	19	8	13	13	47	2	10	28	30
61	17	27	19	43	13	31	32	2	8	28	16
62	18	12	20	20	13	49	47	2	7	28	1
63	19	2	20	58	14	8	33	2	5	27	45
64	19	57	21	38	14	27	53	2	3	27	28
65	20	59	22	19	14	47	49	2	1	27	10
66	22	11	23	3	15	8	23	1	58	26	52

Lat.	11		12		ASC			2		3	
0	3 ♋	40	1 ♌	45	2 ♍	0	16	4 ♎	21	6 ♏	19
5	4	20	2	54	2	58	29	4	15	5	55
10	5	0	4	2	3	53	53	4	8	5	30
15	5	42	5	10	4	47	27	4	2	5	5
20	6	26	6	20	5	40	2	3	56	4	39
21	6	35	6	34	5	50	30	3	55	4	34
22	6	44	6	48	6	0	58	3	54	4	29
23	6	53	7	3	6	11	26	3	52	4	23
24	7	3	7	17	6	21	55	3	51	4	18
25	7	13	7	32	6	32	24	3	50	4	13
26	7	22	7	47	6	42	56	3	49	4	7
27	7	32	8	2	6	53	28	3	47	4	1
28	7	43	8	17	7	4	3	3	46	3	56
29	7	53	8	33	7	14	41	3	45	3	50
30	8	4	8	48	7	25	22	3	44	3	44
31	8	14	9	4	7	36	5	3	42	3	38
32	8	26	9	20	7	46	53	3	41	3	32
33	8	37	9	36	7	57	45	3	40	3	26
34	8	49	9	53	8	8	41	3	38	3	20
35	9	0	10	10	8	19	42	3	37	3	13
36	9	13	10	27	8	30	49	3	36	3	7
37	9	25	10	44	8	42	2	3	34	3	0
38	9	38	11	2	8	53	21	3	33	2	53
39	9	52	11	20	9	4	47	3	31	2	47
40	10	5	11	38	9	16	21	3	30	2	39
41	10	20	11	57	9	28	2	3	29	2	32
42	10	34	12	16	9	39	52	3	27	2	25
43	10	50	12	36	9	51	51	3	26	2	17
44	11	5	12	56	10	4	0	3	24	2	9
45	11	22	13	17	10	16	19	3	22	2	1
46	11	39	13	38	10	28	49	3	21	1	53
47	11	57	13	59	10	41	31	3	19	1	44
48	12	15	14	22	10	54	25	3	18	1	36
49	12	34	14	44	11	7	33	3	16	1	27
50	12	55	15	8	11	20	54	3	14	1	17
51	13	16	15	32	11	34	30	3	12	1	8
52	13	38	15	57	11	48	23	3	10	0	57
53	14	2	16	23	12	2	31	3	9	0	47
54	14	27	16	49	12	16	58	3	7	0	36
55	14	54	17	17	12	31	43	3	5	0	25
56	15	22	17	45	12	46	49	3	3	0	13
57	15	52	18	15	13	2	15	3	0	0	1
58	16	24	18	45	13	18	4	2	58	29 ♎	48
59	16	59	19	17	13	34	17	2	56	29	35
60	17	36	19	50	13	50	55	2	54	29	21
61	18	17	20	25	14	8	0	2	51	29	6
62	19	1	21	0	14	25	33	2	49	28	51
63	19	50	21	38	14	43	37	2	46	28	34
64	20	44	22	17	15	2	14	2	44	28	17
65	21	45	22	58	15	21	25	2	41	27	59
66	22	55	23	41	15	41	13	2	38	27	39

Lat.	11		12		ASC			2		3	
0	4 ♋	35	2 ♌	43	3 ♍	3	27	5 ♎	26	7 ♏	21
5	5	15	3	51	3	59	42	5	18	6	56
10	5	55	4	58	4	53	12	5	11	6	30
15	6	37	6	6	5	44	53	5	3	6	5
20	7	21	7	15	6	35	36	4	55	5	39
21	7	30	7	29	6	45	41	4	54	5	33
22	7	39	7	43	6	55	47	4	52	5	28
23	7	48	7	57	7	5	52	4	51	5	22
24	7	58	8	12	7	15	58	4	49	5	17
25	8	7	8	26	7	26	5	4	48	5	11
26	8	17	8	41	7	36	13	4	46	5	6
27	8	27	8	56	7	46	23	4	44	5	0
28	8	37	9	11	7	56	35	4	43	4	54
29	8	48	9	26	8	6	49	4	41	4	48
30	8	58	9	41	8	17	6	4	40	4	42
31	9	9	9	57	8	27	26	4	38	4	36
32	9	20	10	13	8	37	50	4	36	4	30
33	9	31	10	29	8	48	18	4	35	4	24
34	9	43	10	45	8	58	50	4	33	4	17
35	9	55	11	2	9	9	27	4	31	4	11
36	10	7	11	19	9	20	9	4	30	4	4
37	10	19	11	36	9	30	56	4	28	3	57
38	10	32	11	53	9	41	50	4	26	3	50
39	10	46	12	11	9	52	51	4	24	3	43
40	10	59	12	29	10	3	58	4	23	3	36
41	11	14	12	48	10	15	13	4	21	3	28
42	11	28	13	6	10	26	37	4	19	3	21
43	11	43	13	26	10	38	9	4	17	3	13
44	11	59	13	46	10	49	50	4	15	3	5
45	12	15	14	6	11	1	41	4	13	2	57
46	12	32	14	27	11	13	43	4	11	2	48
47	12	50	14	48	11	25	56	4	9	2	39
48	13	8	15	10	11	38	21	4	7	2	30
49	13	28	15	32	11	50	58	4	5	2	21
50	13	48	15	55	12	3	49	4	3	2	11
51	14	9	16	19	12	16	54	4	0	2	1
52	14	31	16	44	12	30	14	3	58	1	51
53	14	55	17	9	12	43	51	3	56	1	40
54	15	19	17	35	12	57	44	3	53	1	29
55	15	46	18	2	13	11	55	3	51	1	18
56	16	13	18	30	13	26	26	3	48	1	6
57	16	43	18	59	13	41	16	3	46	0	53
58	17	15	19	29	13	56	28	3	43	0	40
59	17	49	20	0	14	12	4	3	40	0	26
60	18	26	20	33	14	28	3	3	37	0	12
61	19	6	21	6	14	44	28	3	34	29 ♎	56
62	19	50	21	41	15	1	21	3	31	29	41
63	20	38	22	18	15	18	43	3	28	29	24
64	21	31	22	56	15	36	36	3	25	29	6
65	22	31	23	36	15	55	2	3	21	28	47
66	23	38	24	18	16	14	3	3	18	28	27

Lat.	11	12	ASC	2	3
0	5 ♋ 30	3 ♌ 41	4 ♍ 6 48	6 ♎ 32	8 ♏ 23
5	6 10	4 49	5 1 3	6 22	7 57
10	6 50	5 55	5 52 37	6 13	7 31
15	7 32	7 2	6 42 24	6 4	7 5
20	8 15	8 10	7 31 13	5 54	6 38
21	8 25	8 24	7 40 56	5 53	6 32
22	8 34	8 38	7 50 39	5 51	6 27
23	8 43	8 52	8 0 21	5 49	6 21
24	8 52	9 6	8 10 5	5 47	6 16
25	9 2	9 21	8 19 49	5 45	6 10
26	9 12	9 35	8 29 34	5 43	6 4
27	9 22	9 50	8 39 20	5 41	5 58
28	9 32	10 5	8 49 9	5 39	5 52
29	9 42	10 20	8 59 0	5 38	5 46
30	9 53	10 35	9 8 53	5 36	5 40
31	10 3	10 50	9 18 50	5 34	5 34
32	10 14	11 6	9 28 49	5 32	5 27
33	10 26	11 21	9 38 53	5 30	5 21
34	10 37	11 37	9 49 1	5 28	5 14
35	10 49	11 54	9 59 13	5 26	5 8
36	11 1	12 10	10 9 30	5 24	5 1
37	11 14	12 27	10 19 53	5 22	4 54
38	11 26	12 44	10 30 21	5 20	4 47
39	11 40	13 2	10 40 56	5 17	4 39
40	11 53	13 20	10 51 37	5 15	4 32
41	12 7	13 38	11 2 26	5 13	4 24
42	12 22	13 57	11 13 22	5 11	4 17
43	12 37	14 16	11 24 27	5 9	4 9
44	12 53	14 35	11 35 41	5 6	4 0
45	13 9	14 55	11 47 4	5 4	3 52
46	13 26	15 15	11 58 38	5 1	3 43
47	13 43	15 36	12 10 21	4 59	3 34
48	14 1	15 58	12 22 17	4 56	3 25
49	14 21	16 20	12 34 24	4 54	3 15
50	14 41	16 43	12 46 45	4 51	3 5
51	15 2	17 6	12 59 18	4 49	2 55
52	15 24	17 30	13 12 7	4 46	2 45
53	15 47	17 55	13 25 11	4 43	2 34
54	16 11	18 21	13 38 31	4 40	2 22
55	16 37	18 47	13 52 8	4 37	2 10
56	17 5	19 15	14 6 3	4 34	1 58
57	17 34	19 43	14 20 18	4 31	1 45
58	18 6	20 12	14 34 54	4 28	1 31
59	18 40	20 43	14 49 51	4 24	1 17
60	19 16	21 15	15 5 12	4 21	1 2
61	19 56	21 48	15 20 58	4 17	0 47
62	20 39	22 22	15 37 9	4 14	0 30
63	21 26	22 58	15 53 49	4 10	0 13
64	22 18	23 36	16 10 59	4 6	29 ♎ 55
65	23 16	24 15	16 28 40	4 2	29 35
66	24 22	24 56	16 46 55	3 57	29 15

Lat.	11		12		ASC			2		3	
0	6 ♋	26	4 ♌	39	5 ♍	10	18	7 ♎	37	9 ♏	24
5	7	5	5	46	6	2	31	7	26	8	57
10	7	45	6	52	6	52	8	7	15	8	31
15	8	27	7	58	7	40	0	7	4	8	4
20	9	10	9	5	8	26	55	6	53	7	37
21	9	19	9	19	8	36	15	6	51	7	31
22	9	28	9	33	8	45	34	6	49	7	26
23	9	38	9	47	8	54	54	6	47	7	20
24	9	47	10	1	9	4	14	6	45	7	14
25	9	57	10	15	9	13	35	6	43	7	8
26	10	6	10	29	9	22	57	6	41	7	2
27	10	16	10	44	9	32	20	6	38	6	56
28	10	26	10	58	9	41	46	6	36	6	50
29	10	37	11	13	9	51	13	6	34	6	44
30	10	47	11	28	10	0	42	6	32	6	38
31	10	58	11	43	10	10	15	6	29	6	31
32	11	9	11	58	10	19	51	6	27	6	25
33	11	20	12	14	10	29	30	6	25	6	18
34	11	31	12	30	10	39	13	6	22	6	12
35	11	43	12	46	10	49	1	6	20	6	5
36	11	55	13	2	10	58	53	6	18	5	58
37	12	8	13	19	11	8	50	6	15	5	51
38	12	21	13	36	11	18	53	6	13	5	43
39	12	34	13	53	11	29	2	6	10	5	36
40	12	47	14	11	11	39	17	6	8	5	28
41	13	1	14	29	11	49	40	6	5	5	20
42	13	16	14	47	12	0	9	6	3	5	12
43	13	31	15	6	12	10	47	6	0	5	4
44	13	46	15	25	12	21	33	5	57	4	56
45	14	2	15	44	12	32	28	5	55	4	47
46	14	19	16	4	12	43	33	5	52	4	38
47	14	36	16	25	12	54	48	5	49	4	29
48	14	55	16	46	13	6	14	5	46	4	19
49	15	14	17	8	13	17	51	5	43	4	10
50	15	33	17	30	13	29	41	5	40	3	59
51	15	54	17	53	13	41	44	5	37	3	49
52	16	16	18	17	13	54	0	5	34	3	38
53	16	39	18	41	14	6	31	5	30	3	27
54	17	3	19	6	14	19	18	5	27	3	15
55	17	29	19	32	14	32	21	5	23	3	3
56	17	56	19	59	14	45	42	5	20	2	50
57	18	26	20	27	14	59	21	5	16	2	37
58	18	57	20	56	15	13	20	5	12	2	23
59	19	30	21	26	15	27	40	5	9	2	8
60	20	6	21	57	15	42	22	5	4	1	53
61	20	45	22	29	15	57	28	5	0	1	37
62	21	27	23	3	16	12	59	4	56	1	20
63	22	14	23	38	16	28	57	4	51	1	2
64	23	5	24	15	16	45	23	4	47	0	43
65	24	2	24	54	17	2	19	4	42	0	24
66	25	6	25	34	17	19	48	4	37	0	2

Lat.	11		12		ASC			2		3	
0	7 ♋	21	5 ♌	38	6 ♍	13	57	8 ♎	42	10 ♏	25
5	8	0	6	44	7	4	7	8	29	9	58
10	8	40	7	49	7	51	44	8	17	9	31
15	9	22	8	54	8	37	40	8	5	9	4
20	10	5	10	1	9	22	40	7	53	8	36
21	10	14	10	14	9	31	37	7	50	8	30
22	10	23	10	28	9	40	33	7	48	8	24
23	10	32	10	42	9	49	30	7	45	8	18
24	10	42	10	55	9	58	27	7	43	8	13
25	10	51	11	9	10	7	24	7	40	8	7
26	11	1	11	23	10	16	23	7	38	8	0
27	11	11	11	38	10	25	23	7	35	7	54
28	11	21	11	52	10	34	25	7	33	7	48
29	11	31	12	7	10	43	28	7	30	7	42
30	11	42	12	21	10	52	34	7	28	7	35
31	11	52	12	36	11	1	42	7	25	7	29
32	12	3	12	51	11	10	54	7	22	7	22
33	12	14	13	7	11	20	9	7	20	7	15
34	12	26	13	22	11	29	27	7	17	7	9
35	12	37	13	38	11	38	50	7	14	7	2
36	12	49	13	54	11	48	17	7	12	6	54
37	13	2	14	11	11	57	49	7	9	6	47
38	13	15	14	27	12	7	27	7	6	6	40
39	13	28	14	44	12	17	10	7	3	6	32
40	13	41	15	1	12	26	59	7	0	6	24
41	13	55	15	19	12	36	55	6	57	6	16
42	14	9	15	37	12	46	57	6	54	6	8
43	14	24	15	55	12	57	8	6	51	6	0
44	14	40	16	14	13	7	26	6	48	5	51
45	14	56	16	34	13	17	53	6	45	5	42
46	15	12	16	53	13	28	30	6	42	5	33
47	15	30	17	14	13	39	16	6	39	5	24
48	15	48	17	34	13	50	12	6	35	5	14
49	16	6	17	56	14	1	19	6	32	5	4
50	16	26	18	18	14	12	38	6	28	4	53
51	16	47	18	40	14	24	10	6	25	4	43
52	17	8	19	3	14	35	54	6	21	4	31
53	17	31	19	27	14	47	53	6	18	4	20
54	17	55	19	52	15	0	6	6	14	4	8
55	18	21	20	17	15	12	35	6	10	3	55
56	18	48	20	44	15	25	21	6	6	3	42
57	19	17	21	11	15	38	25	6	1	3	29
58	19	47	21	40	15	51	47	5	57	3	14
59	20	20	22	9	16	5	29	5	53	2	59
60	20	56	22	39	16	19	33	5	48	2	44
61	21	34	23	11	16	33	59	5	43	2	27
62	22	16	23	44	16	48	49	5	38	2	10
63	23	1	24	19	17	4	5	5	33	1	52
64	23	52	24	55	17	19	48	5	28	1	32
65	24	47	25	32	17	36	0	5	22	1	12
66	25	50	26	12	17	52	43	5	17	0	50

Lat.	11		12		ASC			2		3	
0	8 ♋	16	6 ♌	37	7 ♍	17	44	9 ♎	47	11 ♏	26
5	8	56	7	42	8	5	49	9	33	10	58
10	9	36	8	46	8	51	26	9	19	10	31
15	10	17	9	51	9	35	25	9	5	10	3
20	11	0	10	56	10	18	29	8	52	9	35
21	11	9	11	9	10	27	2	8	49	9	29
22	11	18	11	23	10	35	36	8	46	9	23
23	11	27	11	36	10	44	9	8	43	9	17
24	11	36	11	50	10	52	42	8	41	9	11
25	11	46	12	4	11	1	17	8	38	9	5
26	11	56	12	18	11	9	52	8	35	8	59
27	12	5	12	32	11	18	28	8	32	8	52
28	12	15	12	46	11	27	6	8	29	8	46
29	12	26	13	0	11	35	46	8	26	8	39
30	12	36	13	15	11	44	27	8	24	8	33
31	12	47	13	29	11	53	12	8	21	8	26
32	12	57	13	44	12	1	59	8	18	8	19
33	13	9	13	59	12	10	49	8	15	8	13
34	13	20	14	15	12	19	43	8	12	8	6
35	13	32	14	30	12	28	41	8	9	7	58
36	13	44	14	46	12	37	43	8	6	7	51
37	13	56	15	2	12	46	50	8	3	7	44
38	14	8	15	19	12	56	2	7	59	7	36
39	14	21	15	35	13	5	19	7	56	7	28
40	14	35	15	52	13	14	42	7	53	7	20
41	14	49	16	10	13	24	11	7	50	7	12
42	15	3	16	27	13	33	47	7	46	7	4
43	15	18	16	45	13	43	30	7	43	6	55
44	15	33	17	4	13	53	20	7	39	6	46
45	15	49	17	23	14	3	19	7	36	6	37
46	16	5	17	42	14	13	27	7	32	6	28
47	16	23	18	2	14	23	44	7	29	6	18
48	16	41	18	23	14	34	11	7	25	6	8
49	16	59	18	43	14	44	48	7	21	5	58
50	17	19	19	5	14	55	36	7	17	5	47
51	17	39	19	27	15	6	36	7	13	5	36
52	18	1	19	50	15	17	49	7	9	5	25
53	18	23	20	13	15	29	15	7	5	5	13
54	18	47	20	38	15	40	55	7	0	5	1
55	19	12	21	3	15	52	50	6	56	4	48
56	19	39	21	29	16	5	1	6	51	4	34
57	20	8	21	55	16	17	29	6	47	4	20
58	20	38	22	23	16	30	15	6	42	4	6
59	21	10	22	52	16	43	20	6	37	3	50
60	21	45	23	22	16	56	45	6	32	3	34
61	22	23	23	53	17	10	31	6	26	3	17
62	23	4	24	25	17	24	41	6	21	2	59
63	23	49	24	59	17	39	14	6	15	2	41
64	24	38	25	34	17	54	14	6	9	2	21
65	25	33	26	11	18	9	41	6	3	2	0
66	26	34	26	49	18	25	38	5	56	1	37

4 h 40 m MC 11 ♊ 32 4 **RAMC 70°**

Lat.	11		12		ASC			2		3	
0	9 ♋	11	7 ♌	35	8 ♍	21	40	10 ♎	52	12 ♏	27
5	9	51	8	40	9	7	38	10	36	11	59
10	10	31	9	43	9	51	13	10	21	11	31
15	11	12	10	47	10	33	14	10	6	11	2
20	11	55	11	52	11	14	21	9	51	10	33
21	12	4	12	5	11	22	31	9	47	10	27
22	12	13	12	18	11	30	41	9	44	10	21
23	12	22	12	31	11	38	51	9	41	10	15
24	12	31	12	45	11	47	1	9	38	10	9
25	12	41	12	58	11	55	11	9	35	10	3
26	12	50	13	12	12	3	23	9	32	9	56
27	13	0	13	26	12	11	36	9	29	9	50
28	13	10	13	40	12	19	50	9	26	9	44
29	13	20	13	54	12	28	5	9	23	9	37
30	13	30	14	8	12	36	23	9	19	9	30
31	13	41	14	23	12	44	43	9	16	9	23
32	13	52	14	37	12	53	6	9	13	9	17
33	14	3	14	52	13	1	32	9	10	9	10
34	14	14	15	7	13	10	1	9	6	9	2
35	14	26	15	23	13	18	34	9	3	8	55
36	14	38	15	38	13	27	11	9	0	8	48
37	14	50	15	54	13	35	52	8	56	8	40
38	15	2	16	10	13	44	38	8	53	8	32
39	15	15	16	26	13	53	29	8	49	8	24
40	15	29	16	43	14	2	25	8	45	8	16
41	15	42	17	0	14	11	28	8	42	8	8
42	15	57	17	18	14	20	37	8	38	7	59
43	16	11	17	35	14	29	53	8	34	7	50
44	16	27	17	54	14	39	16	8	30	7	41
45	16	42	18	12	14	48	46	8	27	7	32
46	16	59	18	31	14	58	25	8	23	7	22
47	17	16	18	51	15	8	13	8	18	7	13
48	17	33	19	11	15	18	10	8	14	7	2
49	17	52	19	31	15	28	17	8	10	6	52
50	18	11	19	52	15	38	35	8	6	6	41
51	18	32	20	14	15	49	4	8	1	6	30
52	18	53	20	37	15	59	44	7	57	6	18
53	19	15	21	0	16	10	38	7	52	6	6
54	19	39	21	23	16	21	45	7	47	5	53
55	20	4	21	48	16	33	6	7	42	5	40
56	20	30	22	13	16	44	42	7	37	5	26
57	20	58	22	40	16	56	34	7	32	5	12
58	21	28	23	7	17	8	43	7	26	4	57
59	22	1	23	35	17	21	11	7	21	4	41
60	22	35	24	4	17	33	57	7	15	4	25
61	23	12	24	35	17	47	4	7	9	4	7
62	23	53	25	6	18	0	33	7	3	3	49
63	24	37	25	39	18	14	25	6	57	3	30
64	25	25	26	14	18	28	41	6	50	3	9
65	26	18	26	50	18	43	24	6	43	2	48
66	27	18	27	27	18	58	35	6	36	2	24

4 h 44 m   MC 12 ♊ 28 6   RAMC 71°

Lat.	11		12		ASC			2		3	
0	10 ♋	7	8 ♌	34	9 ♍	25	43	11 ♎	57	13 ♏	27
5	10	46	9	38	10	9	33	11	40	12	59
10	11	26	10	41	10	51	6	11	23	12	30
15	12	7	11	44	11	31	7	11	6	12	2
20	12	50	12	47	12	10	16	10	49	11	32
21	12	58	13	0	12	18	3	10	46	11	26
22	13	7	13	13	12	25	49	10	43	11	20
23	13	17	13	26	12	33	35	10	39	11	13
24	13	26	13	40	12	41	22	10	36	11	7
25	13	35	13	53	12	49	9	10	33	11	1
26	13	45	14	6	12	56	57	10	29	10	54
27	13	55	14	20	13	4	45	10	26	10	48
28	14	4	14	34	13	12	35	10	22	10	41
29	14	15	14	48	13	20	27	10	19	10	34
30	14	25	15	2	13	28	21	10	15	10	28
31	14	35	15	16	13	36	17	10	12	10	21
32	14	46	15	30	13	44	15	10	8	10	14
33	14	57	15	45	13	52	16	10	5	10	6
34	15	8	16	0	14	0	20	10	1	9	59
35	15	20	16	15	14	8	28	9	57	9	52
36	15	32	16	30	14	16	40	9	53	9	44
37	15	44	16	46	14	24	55	9	50	9	36
38	15	56	17	2	14	33	15	9	46	9	28
39	16	9	17	18	14	41	40	9	42	9	20
40	16	22	17	34	14	50	11	9	38	9	12
41	16	36	17	51	14	58	46	9	34	9	3
42	16	50	18	8	15	7	28	9	30	8	55
43	17	5	18	25	15	16	16	9	26	8	46
44	17	20	18	43	15	25	12	9	21	8	36
45	17	36	19	2	15	34	14	9	17	8	27
46	17	52	19	20	15	43	24	9	13	8	17
47	18	9	19	39	15	52	43	9	8	8	7
48	18	26	19	59	16	2	10	9	4	7	57
49	18	45	20	19	16	11	47	8	59	7	46
50	19	4	20	40	16	21	34	8	54	7	35
51	19	24	21	1	16	31	32	8	49	7	23
52	19	45	21	23	16	41	41	8	44	7	11
53	20	7	21	46	16	52	1	8	39	6	59
54	20	31	22	9	17	2	35	8	34	6	46
55	20	55	22	33	17	13	22	8	28	6	32
56	21	21	22	58	17	24	23	8	23	6	18
57	21	49	23	24	17	35	40	8	17	6	3
58	22	19	23	50	17	47	12	8	11	5	48
59	22	51	24	18	17	59	2	8	5	5	32
60	23	25	24	47	18	11	10	7	59	5	15
61	24	1	25	16	18	23	38	7	52	4	57
62	24	41	25	47	18	36	26	7	45	4	38
63	25	24	26	20	18	49	36	7	38	4	19
64	26	11	26	53	19	3	9	7	31	3	58
65	27	4	27	29	19	17	8	7	23	3	35
66	28	2	28	5	19	31	32	7	15	3	12

Lat.	11		12		ASC			2		3	
0	11 ♋	2	9 ♌	34	10 ♍	29	54	13 ♎	2	14 ♏	28
5	11	41	10	36	11	11	34	12	43	13	59
10	12	21	11	38	11	51	3	12	25	13	30
15	13	2	12	40	12	29	4	12	6	13	0
20	13	44	13	43	13	6	15	11	48	12	30
21	13	53	13	56	13	13	38	11	45	12	24
22	14	2	14	8	13	21	0	11	41	12	18
23	14	11	14	21	13	28	23	11	37	12	11
24	14	21	14	34	13	35	46	11	34	12	5
25	14	30	14	48	13	43	9	11	30	11	59
26	14	39	15	1	13	50	33	11	26	11	52
27	14	49	15	14	13	57	58	11	23	11	45
28	14	59	15	28	14	5	24	11	19	11	39
29	15	9	15	41	14	12	51	11	15	11	32
30	15	19	15	55	14	20	20	11	11	11	25
31	15	30	16	9	14	27	52	11	7	11	18
32	15	40	16	23	14	35	26	11	3	11	10
33	15	51	16	38	14	43	2	10	59	11	3
34	16	3	16	52	14	50	41	10	55	10	56
35	16	14	17	7	14	58	24	10	51	10	48
36	16	26	17	22	15	6	10	10	47	10	40
37	16	38	17	38	15	14	0	10	43	10	32
38	16	50	17	53	15	21	54	10	39	10	24
39	17	3	18	9	15	29	53	10	35	10	16
40	17	16	18	25	15	37	57	10	30	10	8
41	17	30	18	42	15	46	6	10	26	9	59
42	17	44	18	58	15	54	20	10	22	9	50
43	17	58	19	15	16	2	41	10	17	9	41
44	18	13	19	33	16	11	8	10	12	9	31
45	18	29	19	51	16	19	43	10	8	9	22
46	18	45	20	9	16	28	24	10	3	9	12
47	19	2	20	28	16	37	14	9	58	9	1
48	19	19	20	47	16	46	11	9	53	8	51
49	19	37	21	7	16	55	18	9	48	8	40
50	19	56	21	27	17	4	34	9	43	8	28
51	20	16	21	48	17	14	1	9	37	8	16
52	20	37	22	10	17	23	37	9	32	8	4
53	20	59	22	32	17	33	26	9	26	7	51
54	21	22	22	55	17	43	26	9	21	7	38
55	21	47	23	18	17	53	39	9	15	7	24
56	22	13	23	43	18	4	5	9	8	7	10
57	22	40	24	8	18	14	46	9	2	6	55
58	23	9	24	34	18	25	42	8	56	6	39
59	23	40	25	1	18	36	55	8	49	6	23
60	24	14	25	29	18	48	24	8	42	6	5
61	24	50	25	58	19	0	12	8	35	5	47
62	25	29	26	29	19	12	20	8	27	5	28
63	26	12	27	0	19	24	48	8	20	5	8
64	26	58	27	33	19	37	38	8	12	4	46
65	27	49	28	7	19	50	52	8	4	4	23
66	28	46	28	43	20	4	31	7	55	3	59

Lat.	11		12		ASC			2		3	
0	11 ♋	58	10 ♌	33	11 ♍	34	12	14 ♎	7	15 ♏	28
5	12	37	11	35	12	13	42	13	46	14	59
10	13	16	12	36	12	51	6	13	26	14	29
15	13	57	13	37	13	27	5	13	7	13	59
20	14	39	14	39	14	2	16	12	47	13	28
21	14	48	14	51	14	9	15	12	43	13	22
22	14	57	15	4	14	16	14	12	39	13	16
23	15	6	15	17	14	23	13	12	35	13	9
24	15	15	15	29	14	30	12	12	31	13	3
25	15	25	15	42	14	37	11	12	27	12	56
26	15	34	15	55	14	44	11	12	23	12	50
27	15	44	16	9	14	51	12	12	19	12	43
28	15	54	16	22	14	58	14	12	15	12	36
29	16	4	16	35	15	5	17	12	11	12	29
30	16	14	16	49	15	12	22	12	7	12	22
31	16	24	17	3	15	19	29	12	3	12	15
32	16	35	17	17	15	26	38	11	59	12	7
33	16	46	17	31	15	33	49	11	54	12	0
34	16	57	17	45	15	41	4	11	50	11	52
35	17	8	18	0	15	48	21	11	46	11	44
36	17	20	18	14	15	55	42	11	41	11	37
37	17	32	18	29	16	3	6	11	37	11	28
38	17	44	18	45	16	10	34	11	32	11	20
39	17	57	19	0	16	18	7	11	28	11	12
40	18	10	19	16	16	25	44	11	23	11	3
41	18	23	19	32	16	33	26	11	18	10	54
42	18	37	19	49	16	41	14	11	13	10	45
43	18	52	20	6	16	49	7	11	8	10	36
44	19	7	20	23	16	57	6	11	3	10	26
45	19	22	20	40	17	5	12	10	58	10	16
46	19	38	20	58	17	13	25	10	53	10	6
47	19	55	21	17	17	21	45	10	48	9	55
48	20	12	21	36	17	30	13	10	42	9	45
49	20	30	21	55	17	38	50	10	37	9	33
50	20	49	22	15	17	47	35	10	31	9	22
51	21	9	22	35	17	56	30	10	25	9	10
52	21	29	22	56	18	5	35	10	20	8	57
53	21	51	23	18	18	14	51	10	13	8	44
54	22	14	23	41	18	24	17	10	7	8	31
55	22	38	24	4	18	33	56	10	1	8	17
56	23	4	24	27	18	43	48	9	54	8	2
57	23	31	24	52	18	53	53	9	47	7	46
58	24	0	25	18	19	4	13	9	40	7	30
59	24	30	25	44	19	14	48	9	33	7	13
60	25	3	26	11	19	25	39	9	26	6	56
61	25	39	26	40	19	36	47	9	18	6	37
62	26	17	27	10	19	48	14	9	10	6	17
63	26	59	27	41	20	0	1	9	1	5	56
64	27	45	28	13	20	12	8	8	53	5	34
65	28	35	28	46	20	24	38	8	44	5	11
66	29	30	29	21	20	37	31	8	34	4	46

Lat.	11		12		ASC			2		3	
0	12 ♋	53	11 ♌	32	12 ♍	38	37	15 ♎	12	16 ♏	28
5	13	32	12	34	13	15	55	14	50	15	58
10	14	11	13	34	13	51	13	14	28	15	28
15	14	52	14	34	14	25	10	14	7	14	58
20	15	34	15	35	14	58	21	13	46	14	27
21	15	43	15	47	15	4	56	13	42	14	20
22	15	52	15	59	15	11	31	13	38	14	14
23	16	1	16	12	15	18	6	13	33	14	7
24	16	10	16	24	15	24	41	13	29	14	0
25	16	19	16	37	15	31	16	13	25	13	54
26	16	29	16	50	15	37	52	13	20	13	47
27	16	38	17	3	15	44	28	13	16	13	40
28	16	48	17	16	15	51	6	13	12	13	33
29	16	58	17	29	15	57	45	13	7	13	26
30	17	8	17	43	16	4	25	13	3	13	19
31	17	19	17	56	16	11	7	12	58	13	11
32	17	29	18	10	16	17	52	12	54	13	4
33	17	40	18	24	16	24	38	12	49	12	56
34	17	51	18	38	16	31	27	12	44	12	49
35	18	2	18	52	16	38	19	12	40	12	41
36	18	14	19	7	16	45	14	12	35	12	33
37	18	26	19	21	16	52	13	12	30	12	24
38	18	38	19	36	16	59	15	12	25	12	16
39	18	51	19	52	17	6	22	12	20	12	7
40	19	4	20	7	17	13	32	12	15	11	59
41	19	17	20	23	17	20	47	12	10	11	50
42	19	31	20	39	17	28	8	12	5	11	40
43	19	45	20	56	17	35	33	12	0	11	31
44	20	0	21	12	17	43	5	11	54	11	21
45	20	15	21	30	17	50	42	11	49	11	11
46	20	31	21	47	17	58	26	11	43	11	0
47	20	47	22	5	18	6	17	11	38	10	50
48	21	5	22	24	18	14	16	11	32	10	39
49	21	23	22	43	18	22	22	11	26	10	27
50	21	41	23	2	18	30	37	11	20	10	15
51	22	1	23	23	18	39	0	11	14	10	3
52	22	21	23	43	18	47	33	11	7	9	50
53	22	43	24	4	18	56	16	11	1	9	37
54	23	5	24	26	19	5	10	10	54	9	23
55	23	29	24	49	19	14	14	10	47	9	9
56	23	54	25	12	19	23	31	10	40	8	54
57	24	21	25	36	19	33	1	10	32	8	38
58	24	50	26	1	19	42	44	10	25	8	21
59	25	20	26	27	19	52	42	10	17	8	4
60	25	53	26	54	20	2	54	10	9	7	46
61	26	28	27	22	20	13	23	10	1	7	27
62	27	5	27	51	20	24	10	9	52	7	6
63	27	46	28	21	20	35	14	9	43	6	45
64	28	31	28	53	20	46	39	9	34	6	22
65	29	20	29	25	20	58	24	9	24	5	58
66	0 ♌	14	0 ♍	0	21	10	31	9	14	5	33

5 h 0 m MC 16 ♊ 11 19 RAMC 75°

Lat.	11		12		ASC			2		3	
0	13 ♋	49	12 ♌	32	13 ♍	43	9	16 ♎	16	17 ♏	28
5	14	28	13	32	14	18	13	15	53	16	58
10	15	7	14	32	14	51	24	15	30	16	27
15	15	47	15	31	15	23	18	15	7	15	56
20	16	29	16	31	15	54	28	14	45	15	25
21	16	38	16	43	16	0	39	14	40	15	18
22	16	47	16	55	16	6	50	14	36	15	11
23	16	56	17	7	16	13	1	14	31	15	5
24	17	5	17	20	16	19	12	14	27	14	58
25	17	14	17	32	16	25	23	14	22	14	51
26	17	23	17	45	16	31	34	14	17	14	44
27	17	33	17	57	16	37	46	14	13	14	37
28	17	43	18	10	16	44	0	14	8	14	30
29	17	53	18	23	16	50	14	14	3	14	23
30	18	3	18	36	16	56	30	13	59	14	16
31	18	13	18	50	17	2	48	13	54	14	8
32	18	23	19	3	17	9	7	13	49	14	1
33	18	34	19	17	17	15	29	13	44	13	53
34	18	45	19	31	17	21	52	13	39	13	45
35	18	56	19	45	17	28	19	13	34	13	37
36	19	8	19	59	17	34	49	13	29	13	29
37	19	20	20	13	17	41	21	13	24	13	20
38	19	32	20	28	17	47	58	13	18	13	12
39	19	44	20	43	17	54	37	13	13	13	3
40	19	57	20	58	18	1	21	13	8	12	54
41	20	11	21	14	18	8	10	13	2	12	45
42	20	24	21	30	18	15	3	12	57	12	35
43	20	38	21	46	18	22	1	12	51	12	26
44	20	53	22	2	18	29	4	12	45	12	16
45	21	8	22	19	18	36	13	12	39	12	5
46	21	24	22	36	18	43	29	12	34	11	55
47	21	40	22	54	18	50	50	12	27	11	44
48	21	57	23	12	18	58	19	12	21	11	32
49	22	15	23	31	19	5	55	12	15	11	21
50	22	34	23	50	19	13	39	12	8	11	9
51	22	53	24	10	19	21	31	12	2	10	56
52	23	13	24	30	19	29	32	11	55	10	43
53	23	34	24	51	19	37	42	11	48	10	29
54	23	57	25	12	19	46	2	11	40	10	15
55	24	20	25	34	19	54	33	11	33	10	1
56	24	45	25	57	20	3	15	11	25	9	45
57	25	12	26	21	20	12	9	11	18	9	29
58	25	40	26	45	20	21	16	11	9	9	12
59	26	10	27	10	20	30	36	11	1	8	55
60	26	42	27	37	20	40	10	10	52	8	36
61	27	16	28	4	20	50	0	10	43	8	16
62	27	54	28	32	21	0	6	10	34	7	56
63	28	34	29	2	21	10	29	10	25	7	34
64	29	18	29	32	21	21	10	10	15	7	10
65	0 ♌	6	0 ♍	4	21	32	11	10	4	6	46
66	0	58	0	38	21	43	33	9	53	6	19

Lat.	11		12		ASC			2		3	
0	14 ♋	44	13 ♌	32	14 ♍	47	47	17 ♎	21	18 ♏	28
5	15	23	14	31	15	20	37	16	56	17	57
10	16	2	15	30	15	51	39	16	31	17	26
15	16	42	16	28	16	21	30	16	7	16	55
20	17	24	17	27	16	50	38	15	43	16	22
21	17	33	17	39	16	56	25	15	39	16	16
22	17	42	17	51	17	2	12	15	34	16	9
23	17	51	18	3	17	7	58	15	29	16	2
24	18	0	18	15	17	13	45	15	24	15	55
25	18	9	18	27	17	19	32	15	19	15	48
26	18	18	18	39	17	25	19	15	14	15	41
27	18	28	18	52	17	31	7	15	9	15	34
28	18	37	19	5	17	36	55	15	4	15	27
29	18	47	19	17	17	42	45	14	59	15	20
30	18	57	19	30	17	48	37	14	54	15	12
31	19	7	19	43	17	54	29	14	49	15	5
32	19	18	19	56	18	0	24	14	44	14	57
33	19	28	20	10	18	6	20	14	39	14	49
34	19	39	20	23	18	12	19	14	33	14	41
35	19	51	20	37	18	18	20	14	28	14	33
36	20	2	20	51	18	24	24	14	23	14	25
37	20	14	21	5	18	30	31	14	17	14	16
38	20	26	21	20	18	36	41	14	12	14	7
39	20	38	21	34	18	42	54	14	6	13	58
40	20	51	21	49	18	49	12	14	0	13	49
41	21	4	22	5	18	55	33	13	54	13	40
42	21	18	22	20	19	1	59	13	48	13	30
43	21	32	22	36	19	8	29	13	42	13	20
44	21	46	22	52	19	15	4	13	36	13	10
45	22	1	23	9	19	21	45	13	30	13	0
46	22	17	23	26	19	28	31	13	24	12	49
47	22	33	23	43	19	35	24	13	17	12	38
48	22	50	24	1	19	42	23	13	10	12	26
49	23	8	24	19	19	49	28	13	4	12	14
50	23	26	24	38	19	56	41	12	57	12	2
51	23	45	24	57	20	4	2	12	50	11	49
52	24	5	25	17	20	11	31	12	42	11	36
53	24	26	25	37	20	19	9	12	35	11	22
54	24	48	25	58	20	26	56	12	27	11	8
55	25	12	26	19	20	34	52	12	19	10	52
56	25	36	26	42	20	43	0	12	11	10	37
57	26	2	27	5	20	51	18	12	3	10	20
58	26	30	27	29	20	59	48	11	54	10	3
59	27	0	27	53	21	8	31	11	45	9	45
60	27	31	28	19	21	17	27	11	36	9	26
61	28	5	28	46	21	26	37	11	26	9	6
62	28	42	29	13	21	36	2	11	16	8	45
63	29	21	29	42	21	45	44	11	6	8	22
64	0 ♌	4	0 ♍	12	21	55	42	10	56	7	58
65	0	51	0	43	22	5	59	10	44	7	33
66	1	43	1	16	22	16	35	10	33	7	6

Lat.	11		12		ASC			2		3	
0	15 ♋	40	14 ♌	32	15 ♍	52	32	18 ♎	25	19 ♏	27
5	16	19	15	30	16	23	5	17	59	18	56
10	16	58	16	28	16	51	58	17	33	18	25
15	17	38	17	25	17	19	44	17	7	17	53
20	18	19	18	23	17	46	50	16	42	17	20
21	18	28	18	35	17	52	13	16	37	17	13
22	18	37	18	46	17	57	36	16	32	17	7
23	18	46	18	58	18	2	58	16	27	17	0
24	18	54	19	10	18	8	20	16	22	16	53
25	19	4	19	22	18	13	42	16	16	16	46
26	19	13	19	34	18	19	5	16	11	16	39
27	19	22	19	47	18	24	29	16	6	16	31
28	19	32	19	59	18	29	53	16	1	16	24
29	19	42	20	11	18	35	18	15	55	16	16
30	19	52	20	24	18	40	45	15	50	16	9
31	20	2	20	37	18	46	12	15	44	16	1
32	20	12	20	50	18	51	42	15	39	15	53
33	20	23	21	3	18	57	13	15	33	15	45
34	20	34	21	16	19	2	47	15	28	15	37
35	20	45	21	30	19	8	22	15	22	15	29
36	20	56	21	43	19	14	0	15	16	15	20
37	21	8	21	57	19	19	41	15	11	15	12
38	21	20	22	11	19	25	25	15	5	15	3
39	21	32	22	26	19	31	12	14	59	14	54
40	21	45	22	41	19	37	3	14	53	14	44
41	21	58	22	55	19	42	57	14	46	14	35
42	22	11	23	11	19	48	55	14	40	14	25
43	22	25	23	26	19	54	58	14	34	14	15
44	22	40	23	42	20	1	5	14	27	14	5
45	22	55	23	58	20	7	17	14	21	13	54
46	23	10	24	15	20	13	35	14	14	13	43
47	23	26	24	32	20	19	58	14	7	13	32
48	23	43	24	49	20	26	27	14	0	13	20
49	24	0	25	7	20	33	2	13	53	13	8
50	24	18	25	25	20	39	45	13	45	12	55
51	24	37	25	44	20	46	34	13	38	12	42
52	24	57	26	3	20	53	31	13	30	12	28
53	25	18	26	23	21	0	36	13	22	12	14
54	25	40	26	44	21	7	49	13	14	12	0
55	26	3	27	5	21	15	12	13	5	11	44
56	26	27	27	27	21	22	45	12	57	11	28
57	26	53	27	49	21	30	27	12	48	11	12
58	27	20	28	12	21	38	21	12	39	10	54
59	27	49	28	37	21	46	26	12	29	10	35
60	28	20	29	2	21	54	44	12	19	10	16
61	28	54	29	28	22	3	15	12	9	9	55
62	29	30	29	55	22	12	0	11	59	9	34
63	0 ♌	8	0 ♍	23	22	20	59	11	48	9	11
64	0	51	0	52	22	30	15	11	36	8	46
65	1	36	1	23	22	39	47	11	25	8	20
66	2	27	1	54	22	49	38	11	12	7	53

Lat.	11		12		ASC			2		3	
0	16 ♋	36	15 ♌	32	16 ♍	57	21	19 ♎	30	20 ♏	26
5	17	14	16	30	17	25	38	19	2	19	55
10	17	53	17	26	17	52	21	18	34	19	23
15	18	33	18	22	18	18	2	18	7	18	51
20	19	14	19	19	18	43	5	17	41	18	18
21	19	23	19	31	18	48	3	17	35	18	11
22	19	32	19	42	18	53	1	17	30	18	4
23	19	40	19	54	18	57	59	17	24	17	57
24	19	49	20	6	19	2	57	17	19	17	50
25	19	58	20	17	19	7	55	17	13	17	43
26	20	8	20	29	19	12	53	17	8	17	35
27	20	17	20	41	19	17	52	17	2	17	28
28	20	27	20	53	19	22	52	16	57	17	21
29	20	36	21	6	19	27	52	16	51	17	13
30	20	46	21	18	19	32	54	16	45	17	5
31	20	56	21	31	19	37	57	16	40	16	58
32	21	7	21	43	19	43	1	16	34	16	50
33	21	17	21	56	19	48	7	16	28	16	41
34	21	28	22	9	19	53	15	16	22	16	33
35	21	39	22	22	19	58	25	16	16	16	25
36	21	50	22	36	20	3	38	16	10	16	16
37	22	2	22	49	20	8	53	16	4	16	7
38	22	14	23	3	20	14	10	15	58	15	58
39	22	26	23	17	20	19	31	15	51	15	49
40	22	38	23	32	20	24	55	15	45	15	40
41	22	51	23	46	20	30	22	15	38	15	30
42	23	5	24	1	20	35	53	15	32	15	20
43	23	19	24	16	20	41	28	15	25	15	10
44	23	33	24	32	20	47	7	15	18	14	59
45	23	48	24	48	20	52	50	15	11	14	48
46	24	3	25	4	20	58	39	15	4	14	37
47	24	19	25	21	21	4	33	14	57	14	25
48	24	35	25	38	21	10	32	14	49	14	13
49	24	53	25	55	21	16	37	14	41	14	1
50	25	11	26	13	21	22	48	14	34	13	48
51	25	29	26	31	21	29	6	14	26	13	35
52	25	49	26	50	21	35	31	14	17	13	21
53	26	9	27	10	21	42	3	14	9	13	7
54	26	31	27	30	21	48	44	14	0	12	52
55	26	54	27	50	21	55	32	13	51	12	36
56	27	18	28	12	22	2	30	13	42	12	20
57	27	43	28	34	22	9	37	13	33	12	3
58	28	10	28	56	22	16	54	13	23	11	45
59	28	39	29	20	22	24	22	13	13	11	26
60	29	10	29	44	22	32	2	13	3	11	6
61	29	42	0 ♍	10	22	39	53	12	52	10	45
62	0 ♌	18	0	36	22	47	57	12	41	10	23
63	0	56	1	3	22	56	15	12	29	9	59
64	1	37	1	32	23	4	48	12	17	9	34
65	2	22	2	2	23	13	36	12	5	9	8
66	3	11	2	33	23	22	41	11	52	8	39

Lat.	11		12		ASC			2		3	
0	17 ♋	32	16 ♌	33	18 ♍	2	16	20 ♎	34	21 ♏	26
5	18	10	17	29	18	28	15	20	4	20	54
10	18	49	18	25	18	52	47	19	36	20	21
15	19	28	19	20	19	16	22	19	7	19	49
20	20	10	20	15	19	39	22	18	39	19	15
21	20	18	20	27	19	43	56	18	33	19	8
22	20	27	20	38	19	48	29	18	28	19	1
23	20	35	20	49	19	53	3	18	22	18	54
24	20	44	21	1	19	57	36	18	16	18	47
25	20	53	21	13	20	2	9	18	11	18	40
26	21	3	21	24	20	6	43	18	5	18	32
27	21	12	21	36	20	11	17	17	59	18	25
28	21	21	21	48	20	15	52	17	53	18	17
29	21	31	22	0	20	20	28	17	47	18	10
30	21	41	22	12	20	25	5	17	41	18	2
31	21	51	22	24	20	29	43	17	35	17	54
32	22	1	22	37	20	34	22	17	29	17	46
33	22	11	22	49	20	39	3	17	23	17	37
34	22	22	23	2	20	43	45	17	16	17	29
35	22	33	23	15	20	48	30	17	10	17	21
36	22	44	23	28	20	53	16	17	4	17	12
37	22	56	23	42	20	58	5	16	57	17	3
38	23	8	23	55	21	2	56	16	51	16	54
39	23	20	24	9	21	7	50	16	44	16	44
40	23	32	24	23	21	12	47	16	37	16	35
41	23	45	24	37	21	17	47	16	30	16	25
42	23	58	24	52	21	22	51	16	23	16	15
43	24	12	25	7	21	27	58	16	16	16	4
44	24	26	25	22	21	33	9	16	9	15	53
45	24	41	25	37	21	38	24	16	1	15	42
46	24	56	25	53	21	43	44	15	54	15	31
47	25	12	26	9	21	49	8	15	46	15	19
48	25	28	26	26	21	54	37	15	38	15	7
49	25	45	26	43	22	0	12	15	30	14	54
50	26	3	27	1	22	5	52	15	22	14	41
51	26	21	27	18	22	11	39	15	14	14	28
52	26	41	27	37	22	17	32	15	5	14	14
53	27	1	27	56	22	23	31	14	56	13	59
54	27	22	28	15	22	29	38	14	47	13	44
55	27	45	28	36	22	35	53	14	37	13	28
56	28	9	28	56	22	42	16	14	28	13	11
57	28	34	29	18	22	48	47	14	18	12	54
58	29	0	29	40	22	55	28	14	8	12	35
59	29	29	0 ♍	3	23	2	19	13	57	12	16
60	29	59	0	27	23	9	20	13	46	11	56
61	0 ♌	31	0	52	23	16	32	13	35	11	34
62	1	6	1	17	23	23	56	13	23	11	12
63	1	43	1	44	23	31	32	13	11	10	48
64	2	24	2	12	23	39	22	12	58	10	22
65	3	8	2	41	23	47	26	12	45	9	55
66	3	56	3	11	23	55	46	12	31	9	26

Lat.	11		12		ASC			2		3	
0	18 ♋	28	17 ♌	33	19 ♍	7	15	21 ♎	38	22 ♏	25
5	19	6	18	29	19	30	55	21	7	21	52
10	19	44	19	23	19	53	17	20	37	21	20
15	20	24	20	17	20	14	45	20	7	20	47
20	21	5	21	12	20	35	41	19	38	20	12
21	21	13	21	23	20	39	50	19	32	20	5
22	21	22	21	34	20	43	59	19	26	19	58
23	21	31	21	45	20	48	8	19	20	19	51
24	21	39	21	57	20	52	16	19	14	19	44
25	21	48	22	8	20	56	25	19	8	19	36
26	21	57	22	19	21	0	34	19	1	19	29
27	22	7	22	31	21	4	44	18	55	19	21
28	22	16	22	43	21	8	54	18	49	19	14
29	22	26	22	54	21	13	5	18	43	19	6
30	22	35	23	6	21	17	17	18	36	18	58
31	22	45	23	18	21	21	30	18	30	18	50
32	22	55	23	30	21	25	44	18	24	18	42
33	23	6	23	43	21	29	59	18	17	18	33
34	23	16	23	55	21	34	16	18	11	18	25
35	23	27	24	8	21	38	35	18	4	18	16
36	23	38	24	21	21	42	55	17	57	18	7
37	23	50	24	34	21	47	18	17	50	17	58
38	24	2	24	47	21	51	43	17	44	17	49
39	24	14	25	1	21	56	11	17	37	17	39
40	24	26	25	14	22	0	41	17	29	17	30
41	24	39	25	28	22	5	14	17	22	17	20
42	24	52	25	42	22	9	50	17	15	17	9
43	25	5	25	57	22	14	29	17	7	16	59
44	25	19	26	12	22	19	12	17	0	16	48
45	25	34	26	27	22	23	58	16	52	16	36
46	25	49	26	42	22	28	49	16	44	16	25
47	26	4	26	58	22	33	44	16	36	16	13
48	26	21	27	15	22	38	43	16	27	16	1
49	26	38	27	31	22	43	48	16	19	15	48
50	26	55	27	48	22	48	57	16	10	15	34
51	27	13	28	6	22	54	12	16	1	15	21
52	27	33	28	24	22	59	33	15	52	15	6
53	27	53	28	42	23	5	0	15	43	14	51
54	28	14	29	1	23	10	34	15	33	14	36
55	28	36	29	21	23	16	14	15	24	14	19
56	28	59	29	41	23	22	2	15	13	14	2
57	29	24	0 ♍	2	23	27	58	15	3	13	45
58	29	50	0	24	23	34	2	14	52	13	26
59	0 ♌	18	0	46	23	40	16	14	41	13	6
60	0	48	1	10	23	46	38	14	29	12	46
61	1	20	1	34	23	53	11	14	17	12	24
62	1	54	1	59	23	59	54	14	5	12	0
63	2	30	2	25	24	6	49	13	52	11	36
64	3	10	2	52	24	13	56	13	39	11	10
65	3	53	3	20	24	21	17	13	25	10	42
66	4	40	3	50	24	28	51	13	10	10	12

Lat.	11		12		ASC			2		3	
0	19 ♋	24	18 ♌	34	20 ♍	12	19	22 ♎	42	23 ♏	23
5	20	2	19	29	20	33	40	22	9	22	51
10	20	40	20	22	20	53	49	21	38	22	18
15	21	19	21	15	21	13	9	21	7	21	44
20	22	0	22	8	21	32	2	20	36	21	10
21	22	8	22	19	21	35	46	20	30	21	2
22	22	17	22	30	21	39	30	20	23	20	55
23	22	26	22	41	21	43	14	20	17	20	48
24	22	34	22	52	21	46	58	20	11	20	41
25	22	43	23	3	21	50	43	20	4	20	33
26	22	52	23	15	21	54	27	19	58	20	26
27	23	2	23	26	21	58	12	19	52	20	18
28	23	11	23	37	22	1	57	19	45	20	10
29	23	20	23	49	22	5	43	19	39	20	2
30	23	30	24	0	22	9	30	19	32	19	54
31	23	40	24	12	22	13	18	19	25	19	46
32	23	50	24	24	22	17	6	19	19	19	38
33	24	0	24	36	22	20	56	19	12	19	29
34	24	11	24	48	22	24	48	19	5	19	21
35	24	22	25	1	22	28	41	18	58	19	12
36	24	33	25	13	22	32	36	18	51	19	3
37	24	44	25	26	22	36	32	18	44	18	53
38	24	56	25	39	22	40	31	18	36	18	44
39	25	7	25	52	22	44	31	18	29	18	34
40	25	20	26	6	22	48	35	18	22	18	24
41	25	32	26	19	22	52	40	18	14	18	14
42	25	45	26	33	22	56	49	18	6	18	4
43	25	59	26	47	23	1	0	17	58	17	53
44	26	13	27	2	23	5	15	17	50	17	42
45	26	27	27	17	23	9	33	17	42	17	30
46	26	42	27	32	23	13	55	17	34	17	19
47	26	57	27	47	23	18	20	17	25	17	7
48	27	13	28	3	23	22	50	17	17	16	54
49	27	30	28	19	23	27	24	17	8	16	41
50	27	47	28	36	23	32	2	16	59	16	27
51	28	6	28	53	23	36	46	16	49	16	13
52	28	24	29	11	23	41	35	16	40	15	59
53	28	44	29	29	23	46	29	16	30	15	44
54	29	5	29	47	23	51	29	16	20	15	28
55	29	27	0 ♍	7	23	56	36	16	10	15	11
56	29	50	0	26	24	1	49	15	59	14	54
57	0 ♌	15	0	47	24	7	9	15	48	14	36
58	0	40	1	8	24	12	37	15	36	14	17
59	1	8	1	30	24	18	13	15	25	13	56
60	1	37	1	52	24	23	57	15	13	13	35
61	2	8	2	16	24	29	51	15	0	13	13
62	2	42	2	40	24	35	54	14	47	12	49
63	3	18	3	6	24	42	7	14	34	12	24
64	3	57	3	32	24	48	31	14	20	11	57
65	4	39	4	0	24	55	7	14	5	11	29
66	5	25	4	28	25	1	56	13	50	10	58

Lat.	11		12		ASC			2		3	
0	20 ♋	20	19 ♌	35	21 ♍	17	27	23 ♎	46	24 ♏	22
5	20	58	20	28	21	36	27	23	12	23	49
10	21	36	21	21	21	54	23	22	39	23	16
15	22	15	22	13	22	11	37	22	7	22	42
20	22	55	23	5	22	28	24	21	34	22	7
21	23	4	23	16	22	31	44	21	28	21	59
22	23	12	23	26	22	35	3	21	21	21	52
23	23	21	23	37	22	38	22	21	15	21	45
24	23	30	23	48	22	41	42	21	8	21	37
25	23	38	23	59	22	45	1	21	1	21	30
26	23	47	24	10	22	48	21	20	55	21	22
27	23	56	24	21	22	51	41	20	48	21	14
28	24	6	24	32	22	55	1	20	41	21	6
29	24	15	24	43	22	58	22	20	34	20	58
30	24	25	24	55	23	1	44	20	27	20	50
31	24	35	25	6	23	5	7	20	20	20	42
32	24	45	25	18	23	8	30	20	13	20	34
33	24	55	25	30	23	11	55	20	6	20	25
34	25	5	25	42	23	15	21	19	59	20	16
35	25	16	25	54	23	18	48	19	52	20	7
36	25	27	26	6	23	22	16	19	44	19	58
37	25	38	26	18	23	25	47	19	37	19	49
38	25	50	26	31	23	29	19	19	29	19	39
39	26	1	26	44	23	32	53	19	22	19	29
40	26	14	26	57	23	36	29	19	14	19	19
41	26	26	27	10	23	40	8	19	6	19	9
42	26	39	27	24	23	43	49	18	58	18	58
43	26	52	27	38	23	47	32	18	50	18	47
44	27	6	27	52	23	51	19	18	41	18	36
45	27	20	28	6	23	55	8	18	33	18	24
46	27	35	28	21	23	59	1	18	24	18	12
47	27	50	28	36	24	2	57	18	15	18	0
48	28	6	28	52	24	6	56	18	6	17	47
49	28	22	29	8	24	11	0	17	57	17	34
50	28	40	29	24	24	15	8	17	47	17	20
51	28	58	29	40	24	19	20	17	37	17	6
52	29	16	29	58	24	23	36	17	27	16	51
53	29	36	0 ♍	15	24	27	58	17	17	16	36
54	29	56	0	33	24	32	25	17	6	16	19
55	0 ♌	18	0	52	24	36	57	16	56	16	3
56	0	41	1	11	24	41	36	16	44	15	45
57	1	5	1	31	24	46	21	16	33	15	26
58	1	30	1	52	24	51	12	16	21	15	7
59	1	57	2	13	24	56	11	16	9	14	47
60	2	26	2	35	25	1	17	15	56	14	25
61	2	57	2	58	25	6	31	15	43	14	2
62	3	30	3	22	25	11	53	15	29	13	38
63	4	5	3	46	25	17	25	15	15	13	12
64	4	43	4	12	25	23	7	15	0	12	45
65	5	25	4	39	25	28	59	14	45	12	16
66	6	10	5	7	25	35	2	14	29	11	44

Lat.	11		12		ASC			2		3	
0	21 ♋	17	20 ♌	36	22 ♍	22	38	24 ♎	49	25 ♏	21
5	21	54	21	29	22	39	17	24	14	24	47
10	22	32	22	20	22	55	0	23	40	24	13
15	23	11	23	11	23	10	5	23	6	23	39
20	23	51	24	2	23	24	48	22	32	23	4
21	23	59	24	12	23	27	43	22	26	22	56
22	24	8	24	23	23	30	37	22	19	22	49
23	24	16	24	33	23	33	32	22	12	22	41
24	24	25	24	44	23	36	26	22	5	22	34
25	24	33	24	54	23	39	21	21	58	22	26
26	24	42	25	5	23	42	16	21	51	22	18
27	24	51	25	16	23	45	11	21	44	22	11
28	25	1	25	27	23	48	6	21	37	22	3
29	25	10	25	38	23	51	2	21	30	21	55
30	25	20	25	49	23	53	59	21	23	21	46
31	25	29	26	0	23	56	56	21	15	21	38
32	25	39	26	12	23	59	55	21	8	21	29
33	25	49	26	23	24	2	54	21	1	21	21
34	26	0	26	35	24	5	54	20	53	21	12
35	26	10	26	47	24	8	55	20	46	21	3
36	26	21	26	59	24	11	58	20	38	20	53
37	26	32	27	11	24	15	2	20	30	20	44
38	26	44	27	23	24	18	8	20	22	20	34
39	26	55	27	36	24	21	15	20	14	20	24
40	27	7	27	48	24	24	24	20	6	20	14
41	27	20	28	1	24	27	36	19	58	20	3
42	27	32	28	15	24	30	49	19	49	19	53
43	27	46	28	28	24	34	5	19	41	19	42
44	27	59	28	42	24	37	23	19	32	19	30
45	28	13	28	56	24	40	44	19	23	19	18
46	28	28	29	11	24	44	7	19	14	19	6
47	28	43	29	25	24	47	34	19	4	18	54
48	28	59	29	40	24	51	4	18	55	18	41
49	29	15	29	56	24	54	37	18	45	18	27
50	29	32	0 ♍	12	24	58	13	18	35	18	13
51	29	50	0	28	25	1	54	18	25	17	59
52	0 ♌	8	0	45	25	5	39	18	15	17	43
53	0	28	1	2	25	9	28	18	4	17	28
54	0	48	1	19	25	13	21	17	53	17	11
55	1	9	1	38	25	17	20	17	41	16	54
56	1	32	1	56	25	21	23	17	30	16	36
57	1	55	2	16	25	25	32	17	18	16	17
58	2	20	2	36	25	29	47	17	5	15	57
59	2	47	2	56	25	34	9	16	52	15	37
60	3	15	3	18	25	38	36	16	39	15	15
61	3	45	3	40	25	43	11	16	25	14	51
62	4	18	4	3	25	47	54	16	11	14	27
63	4	52	4	27	25	52	44	15	56	14	0
64	5	30	4	52	25	57	43	15	41	13	32
65	6	10	5	18	26	2	51	15	25	13	3
66	6	54	5	46	26	8	8	15	8	12	30

Lat.	11		12		ASC			2		3	
0	22 ♋	13	21 ♌	37	23 ♍	27	53	25 ♎	53	26 ♏	19
5	22	50	22	29	23	42	10	25	16	25	45
10	23	28	23	19	23	55	39	24	41	25	11
15	24	6	24	9	24	8	36	24	6	24	36
20	24	46	24	59	24	21	13	23	30	24	0
21	24	55	25	9	24	23	43	23	23	23	53
22	25	3	25	19	24	26	13	23	16	23	46
23	25	11	25	29	24	28	42	23	9	23	38
24	25	20	25	40	24	31	12	23	2	23	30
25	25	29	25	50	24	33	42	22	55	23	23
26	25	37	26	1	24	36	12	22	48	23	15
27	25	46	26	11	24	38	42	22	40	23	7
28	25	56	26	22	24	41	12	22	33	22	59
29	26	5	26	33	24	43	43	22	25	22	50
30	26	14	26	43	24	46	15	22	18	22	42
31	26	24	26	54	24	48	47	22	10	22	34
32	26	34	27	5	24	51	20	22	3	22	25
33	26	44	27	17	24	53	53	21	55	22	16
34	26	54	27	28	24	56	28	21	47	22	7
35	27	5	27	40	24	59	3	21	39	21	58
36	27	15	27	51	25	1	40	21	31	21	48
37	27	26	28	3	25	4	18	21	23	21	39
38	27	38	28	15	25	6	57	21	15	21	29
39	27	49	28	27	25	9	38	21	6	21	19
40	28	1	28	40	25	12	20	20	58	21	9
41	28	13	28	53	25	15	4	20	49	20	58
42	28	26	29	6	25	17	50	20	41	20	47
43	28	39	29	19	25	20	38	20	32	20	36
44	28	53	29	32	25	23	28	20	22	20	24
45	29	7	29	46	25	26	20	20	13	20	12
46	29	21	0 ♍	0	25	29	14	20	4	20	0
47	29	36	0	14	25	32	11	19	54	19	47
48	29	51	0	29	25	35	11	19	44	19	34
49	0 ♌	7	0	44	25	38	14	19	34	19	20
50	0	24	0	59	25	41	20	19	24	19	6
51	0	42	1	15	25	44	29	19	13	18	51
52	1	0	1	31	25	47	41	19	2	18	36
53	1	19	1	48	25	50	57	18	51	18	20
54	1	39	2	5	25	54	18	18	39	18	3
55	2	0	2	23	25	57	42	18	27	17	46
56	2	22	2	41	26	1	11	18	15	17	27
57	2	46	3	0	26	4	44	18	3	17	8
58	3	10	3	20	26	8	23	17	50	16	48
59	3	37	3	40	26	12	7	17	36	16	27
60	4	4	4	1	26	15	56	17	22	16	4
61	4	34	4	22	26	19	52	17	8	15	40
62	5	6	4	45	26	23	54	16	53	15	15
63	5	40	5	8	26	28	3	16	38	14	48
64	6	16	5	32	26	32	19	16	22	14	20
65	6	56	5	58	26	36	43	16	5	13	49
66	7	39	6	24	26	41	15	15	48	13	16

Lat.	11	12	ASC	2	3
0	23 ♋ 10	22 ♌ 39	24 ♍ 33 10	26 ♎ 56	27 ♏ 17
5	23 47	23 29	24 45 5	26 18	26 43
10	24 24	24 18	24 56 20	25 41	26 8
15	25 2	25 7	25 7 8	25 5	25 33
20	25 42	25 56	25 17 39	24 29	24 57
21	25 50	26 6	25 19 44	24 21	24 50
22	25 58	26 16	25 21 49	24 14	24 42
23	26 7	26 26	25 23 54	24 6	24 34
24	26 15	26 36	25 25 59	23 59	24 27
25	26 24	26 46	25 28 4	23 51	24 19
26	26 33	26 56	25 30 9	23 44	24 11
27	26 42	27 6	25 32 14	23 36	24 3
28	26 51	27 17	25 34 19	23 29	23 55
29	27 0	27 27	25 36 25	23 21	23 46
30	27 9	27 38	25 38 31	23 13	23 38
31	27 19	27 49	25 40 38	23 5	23 29
32	27 29	27 59	25 42 45	22 57	23 20
33	27 38	28 10	25 44 53	22 49	23 12
34	27 49	28 21	25 47 2	22 41	23 2
35	27 59	28 33	25 49 12	22 33	22 53
36	28 10	28 44	25 51 23	22 25	22 44
37	28 21	28 56	25 53 34	22 16	22 34
38	28 32	29 7	25 55 47	22 8	22 24
39	28 43	29 19	25 58 1	21 59	22 14
40	28 55	29 31	26 0 16	21 50	22 3
41	29 7	29 44	26 2 33	21 41	21 52
42	29 20	29 56	26 4 51	21 32	21 41
43	29 33	0 ♍ 9	26 7 11	21 23	21 30
44	29 46	0 22	26 9 32	21 13	21 18
45	0 ♌ 0	0 36	26 11 56	21 3	21 6
46	0 14	0 49	26 14 21	20 54	20 53
47	0 29	1 3	26 16 49	20 43	20 40
48	0 44	1 18	26 19 19	20 33	20 27
49	1 0	1 32	26 21 51	20 23	20 13
50	1 17	1 47	26 24 26	20 12	19 59
51	1 34	2 3	26 27 3	20 1	19 44
52	1 52	2 18	26 29 44	19 49	19 28
53	2 11	2 35	26 32 28	19 38	19 12
54	2 30	2 51	26 35 14	19 26	18 55
55	2 51	3 9	26 38 5	19 13	18 37
56	3 13	3 26	26 40 59	19 1	18 18
57	3 36	3 45	26 43 57	18 48	17 59
58	4 0	4 4	26 46 59	18 34	17 38
59	4 26	4 23	26 50 5	18 20	17 17
60	4 54	4 44	26 53 17	18 6	16 54
61	5 23	5 5	26 56 33	17 51	16 29
62	5 54	5 26	26 59 54	17 35	16 4
63	6 27	5 49	27 3 22	17 19	15 36
64	7 3	6 13	27 6 55	17 2	15 7
65	7 42	6 37	27 10 35	16 45	14 36
66	8 24	7 3	27 14 22	16 27	14 2

Lat.	11		12		ASC			2		3	
0	24 ♋	6	23 ♌	41	25 ♍	38	29	27 ♎	59	28 ♏	15
5	24	43	24	30	25	48	2	27	20	27	40
10	25	20	25	18	25	57	2	26	42	27	6
15	25	58	26	5	26	5	41	26	4	26	30
20	26	38	26	53	26	14	6	25	26	25	54
21	26	46	27	3	26	15	46	25	19	25	46
22	26	54	27	12	26	17	26	25	11	25	38
23	27	2	27	22	26	19	6	25	4	25	31
24	27	11	27	32	26	20	46	24	56	25	23
25	27	19	27	42	26	22	26	24	48	25	15
26	27	28	27	52	26	24	6	24	40	25	7
27	27	37	28	2	26	25	46	24	32	24	59
28	27	46	28	12	26	27	27	24	24	24	51
29	27	55	28	22	26	29	7	24	16	24	42
30	28	4	28	32	26	30	48	24	8	24	34
31	28	14	28	43	26	32	30	24	0	24	25
32	28	23	28	53	26	34	12	23	52	24	16
33	28	33	29	4	26	35	54	23	44	24	7
34	28	43	29	15	26	37	37	23	35	23	58
35	28	54	29	26	26	39	21	23	27	23	48
36	29	4	29	37	26	41	6	23	18	23	39
37	29	15	29	48	26	42	51	23	9	23	29
38	29	26	0 ♍	0	26	44	37	23	0	23	19
39	29	37	0	11	26	46	24	22	51	23	8
40	29	49	0	23	26	48	12	22	42	22	58
41	0 ♌	1	0	35	26	50	2	22	33	22	47
42	0	13	0	47	26	51	52	22	23	22	35
43	0	26	1	0	26	53	44	22	14	22	24
44	0	39	1	13	26	55	38	22	4	22	12
45	0	53	1	26	26	57	32	21	54	22	0
46	1	7	1	39	26	59	29	21	43	21	47
47	1	22	1	52	27	1	27	21	33	21	34
48	1	37	2	6	27	3	27	21	22	21	20
49	1	53	2	21	27	5	29	21	11	21	6
50	2	9	2	35	27	7	32	21	0	20	51
51	2	26	2	50	27	9	39	20	48	20	36
52	2	44	3	6	27	11	47	20	37	20	20
53	3	2	3	21	27	13	58	20	24	20	4
54	3	22	3	38	27	16	11	20	12	19	46
55	3	42	3	54	27	18	27	19	59	19	28
56	4	4	4	12	27	20	47	19	46	19	9
57	4	26	4	29	27	23	9	19	32	18	49
58	4	50	4	48	27	25	35	19	18	18	28
59	5	16	5	7	27	28	4	19	4	18	6
60	5	43	5	26	27	30	37	18	49	17	43
61	6	11	5	47	27	33	14	18	33	17	18
62	6	42	6	8	27	35	55	18	17	16	52
63	7	15	6	30	27	38	41	18	0	16	24
64	7	50	6	53	27	41	32	17	43	15	54
65	8	28	7	17	27	44	28	17	25	15	22
66	9	9	7	42	27	47	29	17	6	14	48

Lat.	11		12		ASC			2		3	
0	25 ♋	3	24 ♌	42	26 ♍	43	50	29 ♎	2	29 ♏	13
5	25	40	25	30	26	51	0	28	22	28	38
10	26	17	26	17	26	57	46	27	42	28	3
15	26	54	27	3	27	4	15	27	3	27	27
20	27	33	27	50	27	10	34	26	24	26	50
21	27	41	27	59	27	11	49	26	16	26	43
22	27	50	28	9	27	13	4	26	9	26	35
23	27	58	28	18	27	14	19	26	1	26	27
24	28	6	28	28	27	15	34	25	53	26	19
25	28	15	28	38	27	16	49	25	45	26	11
26	28	23	28	47	27	18	4	25	36	26	3
27	28	32	28	57	27	19	19	25	28	25	55
28	28	41	29	7	27	20	34	25	20	25	46
29	28	50	29	17	27	21	50	25	12	25	38
30	28	59	29	27	27	23	6	25	3	25	29
31	29	9	29	37	27	24	22	24	55	25	20
32	29	18	29	47	27	25	38	24	46	25	11
33	29	28	29	58	27	26	55	24	38	25	2
34	29	38	0 ♍	8	27	28	13	24	29	24	53
35	29	48	0	19	27	29	30	24	20	24	43
36	29	59	0	30	27	30	49	24	11	24	33
37	0 ♌	9	0	41	27	32	8	24	2	24	23
38	0	20	0	52	27	33	28	23	53	24	13
39	0	31	1	3	27	34	48	23	44	24	3
40	0	43	1	15	27	36	9	23	34	23	52
41	0	55	1	26	27	37	31	23	24	23	41
42	1	7	1	38	27	38	54	23	14	23	29
43	1	20	1	50	27	40	18	23	4	23	18
44	1	33	2	3	27	41	43	22	54	23	6
45	1	46	2	15	27	43	9	22	44	22	53
46	2	0	2	28	27	44	36	22	33	22	40
47	2	15	2	42	27	46	5	22	22	22	27
48	2	30	2	55	27	47	35	22	11	22	13
49	2	45	3	9	27	49	6	22	0	21	59
50	3	1	3	23	27	50	39	21	48	21	44
51	3	18	3	38	27	52	14	21	36	21	28
52	3	36	3	53	27	53	50	21	24	21	12
53	3	54	4	8	27	55	28	21	11	20	56
54	4	13	4	24	27	57	8	20	58	20	38
55	4	33	4	40	27	58	50	20	45	20	20
56	4	55	4	57	28	0	35	20	31	20	0
57	5	17	5	14	28	2	22	20	17	19	40
58	5	40	5	32	28	4	11	20	3	19	19
59	6	5	5	50	28	6	3	19	48	18	56
60	6	32	6	9	28	7	58	19	32	18	32
61	7	0	6	29	28	9	55	19	16	18	7
62	7	30	6	50	28	11	56	18	59	17	41
63	8	2	7	11	28	14	1	18	42	17	12
64	8	37	7	33	28	16	9	18	24	16	42
65	9	14	7	56	28	18	21	18	5	16	9
66	9	54	8	21	28	20	37	17	45	15	34

Lat.	11	12	ASC	2	3
0	26 ♋ 0	25 ♌ 45	27 ♍ 49 13	0 ♏ 5	0 ♐ 10
5	26 37	26 31	27 54 0	29 ♎ 23	29 ♏ 35
10	27 13	27 17	27 58 30	28 43	29 0
15	27 50	28 2	28 2 49	28 2	28 24
20	28 29	28 47	28 7 2	27 22	27 46
21	28 37	28 57	28 7 52	27 14	27 39
22	28 45	29 6	28 8 42	27 6	27 31
23	28 53	29 15	28 9 32	26 58	27 23
24	29 2	29 24	28 10 22	26 49	27 15
25	29 10	29 34	28 11 12	26 41	27 7
26	29 19	29 43	28 12 2	26 33	26 59
27	29 27	29 53	28 12 53	26 24	26 50
28	29 36	0 ♍ 2	28 13 43	26 16	26 42
29	29 45	0 12	28 14 33	26 7	26 33
30	29 54	0 22	28 15 24	25 58	26 25
31	0 ♌ 4	0 32	28 16 14	25 50	26 16
32	0 13	0 42	28 17 5	25 41	26 7
33	0 23	0 52	28 17 57	25 32	25 57
34	0 33	1 2	28 18 48	25 23	25 48
35	0 43	1 12	28 19 40	25 14	25 38
36	0 53	1 23	28 20 32	25 4	25 28
37	1 4	1 33	28 21 25	24 55	25 18
38	1 14	1 44	28 22 18	24 45	25 8
39	1 26	1 55	28 23 12	24 36	24 57
40	1 37	2 6	28 24 6	24 26	24 46
41	1 49	2 18	28 25 1	24 16	24 35
42	2 1	2 29	28 25 56	24 6	24 23
43	2 13	2 41	28 26 52	23 55	24 12
44	2 26	2 53	28 27 49	23 45	23 59
45	2 40	3 5	28 28 46	23 34	23 47
46	2 53	3 18	28 29 44	23 23	23 34
47	3 8	3 31	28 30 43	23 12	23 20
48	3 22	3 44	28 31 43	23 0	23 6
49	3 38	3 57	28 32 44	22 48	22 52
50	3 54	4 11	28 33 46	22 36	22 36
51	4 10	4 25	28 34 49	22 24	22 21
52	4 28	4 40	28 35 53	22 11	22 4
53	4 46	4 55	28 36 59	21 58	21 47
54	5 5	5 10	28 38 5	21 45	21 30
55	5 24	5 26	28 39 14	21 31	21 11
56	5 45	5 42	28 40 23	21 17	20 51
57	6 7	5 59	28 41 34	21 2	20 31
58	6 31	6 16	28 42 47	20 47	20 9
59	6 55	6 34	28 44 2	20 31	19 46
60	7 21	6 52	28 45 18	20 15	19 22
61	7 49	7 12	28 46 37	19 58	18 56
62	8 18	7 31	28 47 57	19 41	18 29
63	8 50	7 52	28 49 20	19 23	18 0
64	9 23	8 14	28 50 46	19 4	17 29
65	10 0	8 36	28 52 14	18 45	16 55
66	10 39	8 59	28 53 44	18 24	16 19

Lat.	11	12	ASC	2	3
0	26 ♋ 57	26 ♌ 47	28 ♍ 54 36	1 ♏ 8	1 ♐ 8
5	27 33	27 32	28 57 0	0 25	0 33
10	28 10	28 17	28 59 15	29 ♎ 43	29 ♏ 57
15	28 47	29 1	29 1 25	29 1	29 20
20	29 25	29 45	29 3 31	28 20	28 43
21	29 33	29 54	29 3 56	28 11	28 35
22	29 41	0 ♍ 3	29 4 21	28 3	28 27
23	29 49	0 12	29 4 46	27 54	28 19
24	29 57	0 21	29 5 11	27 46	28 11
25	0 ♌ 6	0 30	29 5 36	27 37	28 3
26	0 14	0 39	29 6 1	27 29	27 55
27	0 23	0 48	29 6 26	27 20	27 46
28	0 31	0 58	29 6 51	27 11	27 38
29	0 40	1 7	29 7 17	27 2	27 29
30	0 49	1 16	29 7 42	26 53	27 20
31	0 59	1 26	29 8 7	26 44	27 11
32	1 8	1 36	29 8 33	26 35	27 2
33	1 18	1 46	29 8 58	26 26	26 52
34	1 27	1 55	29 9 24	26 17	26 43
35	1 37	2 6	29 9 50	26 7	26 33
36	1 48	2 16	29 10 16	25 58	26 23
37	1 58	2 26	29 10 43	25 48	26 13
38	2 9	2 37	29 11 9	25 38	26 2
39	2 20	2 47	29 11 36	25 28	25 52
40	2 31	2 58	29 12 3	25 18	25 41
41	2 43	3 9	29 12 30	25 7	25 29
42	2 55	3 20	29 12 58	24 57	25 17
43	3 7	3 32	29 13 26	24 46	25 5
44	3 20	3 44	29 13 54	24 35	24 53
45	3 33	3 55	29 14 23	24 24	24 40
46	3 47	4 8	29 14 52	24 13	24 27
47	4 1	4 20	29 15 22	24 1	24 13
48	4 15	4 33	29 15 52	23 49	23 59
49	4 30	4 46	29 16 22	23 37	23 44
50	4 46	4 59	29 16 53	23 24	23 29
51	5 2	5 13	29 17 25	23 12	23 13
52	5 20	5 27	29 17 57	22 58	22 56
53	5 37	5 41	29 18 29	22 45	22 39
54	5 56	5 56	29 19 3	22 31	22 21
55	6 16	6 11	29 19 37	22 17	22 2
56	6 36	6 27	29 20 12	22 2	21 42
57	6 58	6 43	29 20 47	21 47	21 21
58	7 21	7 0	29 21 24	21 31	20 59
59	7 45	7 17	29 22 1	21 15	20 36
60	8 10	7 35	29 22 39	20 58	20 11
61	8 37	7 54	29 23 18	20 41	19 45
62	9 6	8 13	29 23 59	20 23	19 17
63	9 37	8 33	29 24 40	20 4	18 47
64	10 10	8 54	29 25 23	19 45	18 16
65	10 46	9 16	29 26 7	19 24	17 42
66	11 24	9 38	29 26 52	19 3	17 5

Lat.	11		12		ASC			2		3	
0	27 ♋	55	27 ♌	49	0 ♎	0	0	2 ♏	10	2 ♐	5
5	28	30	28	33	0	0	0	1	26	1	30
10	29	6	29	17	0	0	0	0	43	0	54
15	29	43	29	59	0	0	0	0	0	0	17
20	0 ♌	21	0 ♍	42	0	0	0	29 ♎	17	29 ♏	39
21	0	29	0	51	0	0	0	29	9	29	31
22	0	37	1	0	0	0	0	29	0	29	23
23	0	45	1	8	0	0	0	28	51	29	15
24	0	53	1	17	0	0	0	28	42	29	7
25	1	1	1	26	0	0	0	28	34	28	59
26	1	10	1	35	0	0	0	28	25	28	50
27	1	18	1	44	0	0	0	28	16	28	42
28	1	27	1	53	0	0	0	28	7	28	33
29	1	36	2	2	0	0	0	27	57	28	24
30	1	45	2	11	0	0	0	27	48	28	15
31	1	54	2	21	0	0	0	27	39	28	6
32	2	3	2	30	0	0	0	27	30	27	57
33	2	13	2	40	0	0	0	27	20	27	47
34	2	22	2	49	0	0	0	27	10	27	38
35	2	32	2	59	0	0	0	27	1	27	28
36	2	42	3	9	0	0	0	26	51	27	18
37	2	53	3	19	0	0	0	26	41	27	7
38	3	3	3	29	0	0	0	26	30	26	57
39	3	14	3	39	0	0	0	26	20	26	46
40	3	25	3	50	0	0	0	26	10	26	35
41	3	37	4	1	0	0	0	25	59	26	23
42	3	49	4	11	0	0	0	25	48	26	11
43	4	1	4	23	0	0	0	25	37	25	59
44	4	13	4	34	0	0	0	25	26	25	47
45	4	26	4	45	0	0	0	25	14	25	34
46	4	40	4	57	0	0	0	25	2	25	20
47	4	54	5	9	0	0	0	24	50	25	6
48	5	8	5	22	0	0	0	24	38	24	52
49	5	23	5	34	0	0	0	24	25	24	37
50	5	39	5	47	0	0	0	24	12	24	21
51	5	55	6	0	0	0	0	23	59	24	5
52	6	12	6	14	0	0	0	23	46	23	48
53	6	29	6	28	0	0	0	23	32	23	31
54	6	47	6	42	0	0	0	23	17	23	13
55	7	7	6	57	0	0	0	23	2	22	53
56	7	27	7	12	0	0	0	22	47	22	33
57	7	48	7	28	0	0	0	22	31	22	12
58	8	11	7	44	0	0	0	22	15	21	49
59	8	34	8	1	0	0	0	21	59	21	26
60	9	0	8	18	0	0	0	21	41	21	0
61	9	26	8	36	0	0	0	21	23	20	34
62	9	55	8	55	0	0	0	21	5	20	5
63	10	25	9	14	0	0	0	20	45	19	35
64	10	57	9	34	0	0	0	20	25	19	3
65	11	32	9	55	0	0	0	20	4	18	28
66	12	10	10	17	0	0	0	19	42	17	50

Lat.	11		12		ASC			2		3	
0	28 ♋	52	28 ♌	52	1 ♎	5	24	3 ♏	13	3 ♐	3
5	29	27	29	35	1	3	0	2	27	2	27
10	0 ♌	3	0 ♍	17	1	0	45	1	43	1	50
15	0	40	0	58	0	58	35	0	59	1	13
20	1	17	1	40	0	56	29	0	15	0	35
21	1	25	1	48	0	56	4	0	6	0	27
22	1	33	1	57	0	55	39	29 ♎	57	0	19
23	1	41	2	5	0	55	14	29	48	0	11
24	1	49	2	14	0	54	49	29	39	0	3
25	1	57	2	22	0	54	24	29	30	29 ♏	54
26	2	5	2	31	0	53	59	29	21	29	46
27	2	14	2	40	0	53	34	29	11	29	37
28	2	22	2	48	0	53	9	29	2	29	29
29	2	31	2	57	0	52	43	28	53	29	20
30	2	40	3	6	0	52	18	28	43	29	11
31	2	49	3	15	0	51	53	28	33	29	1
32	2	58	3	24	0	51	27	28	24	28	52
33	3	8	3	34	0	51	2	28	14	28	42
34	3	17	3	43	0	50	36	28	4	28	33
35	3	27	3	52	0	50	10	27	54	28	23
36	3	37	4	2	0	49	44	27	44	28	12
37	3	47	4	12	0	49	17	27	33	28	2
38	3	58	4	22	0	48	51	27	23	27	51
39	4	8	4	32	0	48	24	27	12	27	40
40	4	19	4	42	0	47	57	27	1	27	29
41	4	31	4	52	0	47	30	26	50	27	17
42	4	43	5	3	0	47	2	26	39	27	5
43	4	55	5	13	0	46	34	26	28	26	53
44	5	7	5	24	0	46	6	26	16	26	40
45	5	20	5	35	0	45	37	26	4	26	27
46	5	33	5	47	0	45	8	25	52	26	13
47	5	47	5	59	0	44	38	25	39	25	59
48	6	1	6	10	0	44	8	25	27	25	45
49	6	16	6	23	0	43	38	25	14	25	30
50	6	31	6	35	0	43	7	25	0	25	14
51	6	47	6	48	0	42	35	24	47	24	58
52	7	4	7	1	0	42	3	24	33	24	40
53	7	21	7	15	0	41	31	24	18	24	23
54	7	39	7	29	0	40	57	24	3	24	4
55	7	58	7	43	0	40	23	23	48	23	44
56	8	18	7	58	0	39	48	23	32	23	24
57	8	39	8	13	0	39	13	23	16	23	2
58	9	1	8	28	0	38	36	22	59	22	39
59	9	24	8	45	0	37	59	22	42	22	15
60	9	49	9	1	0	37	21	22	24	21	50
61	10	15	9	19	0	36	42	22	6	21	23
62	10	43	9	37	0	36	1	21	46	20	54
63	11	13	9	56	0	35	20	21	26	20	23
64	11	44	10	15	0	34	37	21	5	19	50
65	12	18	10	35	0	33	53	20	44	19	14
66	12	55	10	56	0	33	8	20	21	18	36

Lat.	11		12		ASC			2		3	
0	29 ♋	50	29 ♌	54	2 ♎	10	47	4 ♏	15	4 ♐	0
5	0 ♌	25	0 ♍	36	2	6	0	3	28	3	23
10	1	0	1	17	2	1	30	2	43	2	47
15	1	36	1	57	1	57	11	1	58	2	10
20	2	14	2	37	1	52	58	1	12	1	31
21	2	21	2	46	1	52	8	1	3	1	23
22	2	29	2	54	1	51	18	0	54	1	15
23	2	37	3	2	1	50	28	0	45	1	7
24	2	45	3	10	1	49	38	0	35	0	58
25	2	53	3	19	1	48	48	0	26	0	50
26	3	1	3	27	1	47	58	0	16	0	41
27	3	10	3	35	1	47	7	0	7	0	33
28	3	18	3	44	1	46	17	29 ♎	57	0	24
29	3	27	3	52	1	45	27	29	48	0	15
30	3	35	4	1	1	44	36	29	38	0	6
31	3	44	4	10	1	43	46	29	28	29 ♏	56
32	3	53	4	19	1	42	55	29	18	29	47
33	4	3	4	28	1	42	3	29	8	29	37
34	4	12	4	37	1	41	12	28	58	29	27
35	4	22	4	46	1	40	20	28	47	29	17
36	4	32	4	55	1	39	28	28	37	29	7
37	4	42	5	4	1	38	35	28	26	28	56
38	4	52	5	14	1	37	42	28	15	28	46
39	5	3	5	24	1	36	48	28	4	28	34
40	5	14	5	34	1	35	54	27	53	28	23
41	5	25	5	44	1	34	59	27	42	28	11
42	5	37	5	54	1	34	4	27	30	27	59
43	5	48	6	4	1	33	8	27	18	27	47
44	6	1	6	15	1	32	11	27	6	27	34
45	6	13	6	26	1	31	14	26	54	27	20
46	6	26	6	37	1	30	16	26	42	27	7
47	6	40	6	48	1	29	17	26	29	26	52
48	6	54	6	59	1	28	17	26	16	26	38
49	7	8	7	11	1	27	16	26	2	26	22
50	7	24	7	23	1	26	14	25	48	26	6
51	7	39	7	36	1	25	11	25	34	25	50
52	7	56	7	48	1	24	7	25	20	25	32
53	8	13	8	1	1	23	1	25	5	25	14
54	8	30	8	15	1	21	55	24	50	24	55
55	8	49	8	29	1	20	46	24	34	24	36
56	9	9	8	43	1	19	37	24	18	24	15
57	9	29	8	58	1	18	26	24	1	23	53
58	9	51	9	13	1	17	13	23	44	23	29
59	10	14	9	28	1	15	58	23	26	23	5
60	10	38	9	44	1	14	42	23	7	22	39
61	11	4	10	1	1	13	23	22	48	22	11
62	11	31	10	19	1	12	3	22	28	21	42
63	12	0	10	37	1	10	40	22	7	21	10
64	12	31	10	55	1	9	14	21	46	20	37
65	13	5	11	15	1	7	46	21	23	20	0
66	13	41	11	35	1	6	16	21	0	19	21

Lat.	11		12		ASC			2		3	
0	0 ♌	47	0 ♍	57	3 ♎	16	10	5 ♏	17	4 ♐	57
5	1	22	1	38	3	9	0	4	29	4	20
10	1	57	2	17	3	2	14	3	42	3	43
15	2	33	2	56	2	55	45	2	56	3	6
20	3	10	3	35	2	49	26	2	9	2	27
21	3	17	3	43	2	48	11	2	0	2	19
22	3	25	3	51	2	46	56	1	51	2	10
23	3	33	3	59	2	45	41	1	41	2	2
24	3	41	4	7	2	44	26	1	31	1	54
25	3	49	4	15	2	43	11	1	22	1	45
26	3	57	4	23	2	41	56	1	12	1	37
27	4	5	4	31	2	40	41	1	2	1	28
28	4	14	4	39	2	39	26	0	53	1	19
29	4	22	4	48	2	38	10	0	43	1	10
30	4	31	4	56	2	36	54	0	33	1	1
31	4	40	5	5	2	35	38	0	22	0	51
32	4	49	5	13	2	34	22	0	12	0	42
33	4	58	5	22	2	33	5	0	2	0	32
34	5	7	5	30	2	31	47	29 ♎	51	0	22
35	5	17	5	39	2	30	30	29	41	0	12
36	5	27	5	48	2	29	11	29	30	0	1
37	5	37	5	57	2	27	52	29	19	29 ♏	51
38	5	47	6	7	2	26	32	29	8	29	40
39	5	57	6	16	2	25	12	28	56	29	29
40	6	8	6	26	2	23	51	28	45	29	17
41	6	19	6	35	2	22	29	28	33	29	5
42	6	31	6	45	2	21	6	28	21	28	53
43	6	42	6	55	2	19	42	28	9	28	40
44	6	54	7	5	2	18	17	27	57	28	27
45	7	7	7	16	2	16	51	27	44	28	14
46	7	20	7	26	2	15	24	27	31	28	0
47	7	33	7	37	2	13	55	27	18	27	45
48	7	47	7	48	2	12	25	27	4	27	30
49	8	1	8	0	2	10	54	26	51	27	15
50	8	16	8	11	2	9	21	26	36	26	59
51	8	32	8	23	2	7	46	26	22	26	42
52	8	48	8	36	2	6	10	26	7	26	24
53	9	4	8	48	2	4	32	25	52	26	6
54	9	22	9	1	2	2	52	25	36	25	47
55	9	40	9	14	2	1	10	25	20	25	27
56	10	0	9	28	1	59	25	25	3	25	5
57	10	20	9	42	1	57	38	24	46	24	43
58	10	41	9	57	1	55	49	24	28	24	20
59	11	4	10	12	1	53	57	24	9	23	55
60	11	28	10	28	1	52	2	23	50	23	28
61	11	53	10	44	1	50	5	23	30	23	0
62	12	19	11	1	1	48	4	23	10	22	30
63	12	48	11	18	1	45	59	22	48	21	58
64	13	18	11	36	1	43	51	22	26	21	23
65	13	51	11	55	1	41	39	22	3	20	46
66	14	26	12	14	1	39	23	21	39	20	6

6 h 16 m MC 3 ♋ 40 15 RAMC 94°

Lat.	11		12		ASC			2		3	
0	1 ♌	45	2 ♍	0	4 ♎	21	31	6 ♏	19	5 ♐	54
5	2	20	2	39	4	11	58	5	30	5	17
10	2	54	3	18	4	2	58	4	42	4	40
15	3	30	3	55	3	54	19	3	54	4	2
20	4	6	4	33	3	45	54	3	7	3	22
21	4	14	4	41	3	44	14	2	57	3	14
22	4	22	4	48	3	42	34	2	47	3	6
23	4	29	4	56	3	40	54	2	37	2	58
24	4	37	5	4	3	39	14	2	28	2	49
25	4	45	5	11	3	37	34	2	18	2	41
26	4	53	5	19	3	35	54	2	8	2	32
27	5	1	5	27	3	34	14	1	58	2	23
28	5	9	5	35	3	32	33	1	48	2	14
29	5	18	5	43	3	30	53	1	37	2	5
30	5	26	5	51	3	29	12	1	27	1	56
31	5	35	5	59	3	27	30	1	17	1	46
32	5	44	6	8	3	25	48	1	6	1	37
33	5	53	6	16	3	24	6	0	55	1	27
34	6	2	6	24	3	22	23	0	45	1	17
35	6	12	6	33	3	20	39	0	34	1	6
36	6	21	6	42	3	18	54	0	23	0	56
37	6	31	6	50	3	17	9	0	11	0	45
38	6	41	6	59	3	15	23	0	0	0	34
39	6	52	7	8	3	13	36	29 ♎	48	0	23
40	7	2	7	17	3	11	48	29	36	0	11
41	7	13	7	27	3	9	58	29	24	29 ♏	59
42	7	25	7	36	3	8	8	29	12	29	47
43	7	36	7	46	3	6	16	29	0	29	34
44	7	48	7	56	3	4	22	28	47	29	21
45	8	0	8	6	3	2	28	28	34	29	7
46	8	13	8	16	3	0	31	28	21	28	53
47	8	26	8	27	2	58	33	28	7	28	38
48	8	40	8	37	2	56	33	27	53	28	23
49	8	54	8	48	2	54	31	27	39	28	7
50	9	9	9	0	2	52	28	27	24	27	51
51	9	24	9	11	2	50	21	27	9	27	34
52	9	40	9	23	2	48	13	26	54	27	16
53	9	56	9	35	2	46	2	26	38	26	58
54	10	14	9	47	2	43	49	26	22	26	38
55	10	32	10	0	2	41	33	26	5	26	18
56	10	51	10	14	2	39	13	25	48	25	56
57	11	11	10	27	2	36	51	25	30	25	34
58	11	32	10	41	2	34	25	25	12	25	10
59	11	54	10	56	2	31	56	24	53	24	44
60	12	17	11	11	2	29	23	24	33	24	17
61	12	42	11	26	2	26	46	24	13	23	49
62	13	8	11	42	2	24	5	23	51	23	18
63	13	36	11	59	2	21	19	23	29	22	45
64	14	6	12	17	2	18	28	23	7	22	10
65	14	38	12	35	2	15	32	22	43	21	32
66	15	12	12	54	2	12	31	22	18	20	51

6 h 20 m MC 4 ♋ 35 21 **RAMC 95°**

Lat.	11		12		ASC			2		3	
0	2 ♌	43	3 ♍	3	5 ♎	26	50	7 ♏	21	6 ♐	50
5	3	17	3	41	5	14	55	6	30	6	13
10	3	52	4	18	5	3	40	5	41	5	36
15	4	27	4	55	4	52	52	4	53	4	58
20	5	3	5	31	4	42	21	4	4	4	18
21	5	10	5	38	4	40	16	3	54	4	10
22	5	18	5	46	4	38	11	3	44	4	2
23	5	26	5	53	4	36	6	3	34	3	53
24	5	33	6	1	4	34	1	3	24	3	45
25	5	41	6	8	4	31	56	3	14	3	36
26	5	49	6	16	4	29	51	3	3	3	27
27	5	57	6	23	4	27	46	2	53	3	18
28	6	5	6	31	4	25	41	2	43	3	9
29	6	14	6	39	4	23	35	2	32	3	0
30	6	22	6	46	4	21	29	2	22	2	51
31	6	31	6	54	4	19	22	2	11	2	41
32	6	40	7	2	4	17	15	2	0	2	31
33	6	48	7	10	4	15	7	1	49	2	22
34	6	58	7	18	4	12	58	1	38	2	11
35	7	7	7	27	4	10	48	1	27	2	1
36	7	16	7	35	4	8	37	1	15	1	50
37	7	26	7	43	4	6	26	1	4	1	39
38	7	36	7	52	4	4	13	0	52	1	28
39	7	46	8	1	4	1	59	0	40	1	17
40	7	57	8	9	3	59	44	0	28	1	5
41	8	8	8	18	3	57	27	0	16	0	53
42	8	19	8	28	3	55	9	0	3	0	40
43	8	30	8	37	3	52	49	29 ♎	50	0	27
44	8	42	8	46	3	50	28	29	37	0	14
45	8	54	8	56	3	48	4	29	24	0	0
46	9	7	9	6	3	45	39	29	10	29 ♏	46
47	9	20	9	16	3	43	11	28	56	29	31
48	9	33	9	26	3	40	41	28	42	29	16
49	9	47	9	37	3	38	9	28	27	29	0
50	10	1	9	48	3	35	34	28	12	28	43
51	10	16	9	59	3	32	57	27	57	28	26
52	10	32	10	10	3	30	16	27	41	28	8
53	10	48	10	22	3	27	32	27	25	27	49
54	11	5	10	34	3	24	46	27	8	27	30
55	11	23	10	46	3	21	55	26	51	27	9
56	11	42	10	59	3	19	1	26	33	26	47
57	12	1	11	12	3	16	3	26	15	26	24
58	12	22	11	26	3	13	1	25	56	26	0
59	12	43	11	39	3	9	55	25	36	25	34
60	13	6	11	54	3	6	43	25	16	25	6
61	13	31	12	9	3	3	27	24	55	24	37
62	13	56	12	24	3	0	6	24	33	24	6
63	14	24	12	40	2	56	38	24	10	23	33
64	14	53	12	57	2	53	5	23	47	22	57
65	15	24	13	15	2	49	25	23	22	22	18
66	15	58	13	33	2	45	38	22	57	21	36

Lat.	11	12	ASC	2	3
0	3 ♌ 41	4 ♍ 7	6 ♎ 32 7	8 ♏ 22	7 ♐ 47
5	4 15	4 43	6 17 50	7 31	7 10
10	4 49	5 19	6 4 21	6 41	6 32
15	5 24	5 54	5 51 24	5 51	5 54
20	6 0	6 29	5 38 47	5 1	5 14
21	6 7	6 36	5 36 17	4 51	5 5
22	6 14	6 43	5 33 47	4 40	4 57
23	6 22	6 50	5 31 18	4 30	4 49
24	6 30	6 58	5 28 48	4 20	4 40
25	6 37	7 5	5 26 18	4 9	4 31
26	6 45	7 12	5 23 48	3 59	4 23
27	6 53	7 19	5 21 18	3 48	4 14
28	7 1	7 27	5 18 48	3 38	4 4
29	7 10	7 34	5 16 17	3 27	3 55
30	7 18	7 42	5 13 45	3 16	3 46
31	7 26	7 49	5 11 13	3 5	3 36
32	7 35	7 57	5 8 40	2 54	3 26
33	7 44	8 5	5 6 7	2 43	3 16
34	7 53	8 12	5 3 32	2 31	3 6
35	8 2	8 20	5 0 57	2 20	2 55
36	8 12	8 28	4 58 20	2 8	2 45
37	8 21	8 36	4 55 42	1 56	2 34
38	8 31	8 45	4 53 3	1 44	2 22
39	8 41	8 53	4 50 22	1 32	2 11
40	8 51	9 2	4 47 40	1 20	1 59
41	9 2	9 10	4 44 56	1 7	1 47
42	9 13	9 19	4 42 10	0 54	1 34
43	9 24	9 28	4 39 22	0 41	1 21
44	9 36	9 37	4 36 32	0 27	1 7
45	9 48	9 46	4 33 40	0 14	0 53
46	10 0	9 56	4 30 46	0 0	0 39
47	10 13	10 6	4 27 49	29 ♎ 45	0 24
48	10 26	10 15	4 24 49	29 31	0 9
49	10 40	10 26	4 21 46	29 16	29 ♏ 53
50	10 54	10 36	4 18 40	29 0	29 36
51	11 9	10 47	4 15 31	28 44	29 18
52	11 24	10 58	4 12 19	28 28	29 0
53	11 40	11 9	4 9 3	28 11	28 41
54	11 57	11 20	4 5 42	27 54	28 21
55	12 14	11 32	4 2 18	27 36	28 0
56	12 33	11 44	3 58 49	27 18	27 38
57	12 52	11 57	3 55 16	26 59	27 14
58	13 12	12 10	3 51 37	26 40	26 50
59	13 33	12 23	3 47 53	26 20	26 23
60	13 56	12 37	3 44 4	25 59	25 56
61	14 20	12 51	3 40 8	25 37	25 26
62	14 45	13 6	3 36 6	25 15	24 54
63	15 12	13 22	3 31 57	24 51	24 20
64	15 40	13 38	3 27 41	24 27	23 44
65	16 11	13 55	3 23 17	24 2	23 4
66	16 44	14 12	3 18 45	23 35	22 21

Lat.	11		12		ASC			2		3	
0	4 ♌	39	5 ♍	10	7 ♎	37	22	9 ♏	23	8 ♐	43
5	5	13	5	46	7	20	43	8	31	8	6
10	5	47	6	20	7	5	0	7	40	7	28
15	6	21	6	53	6	49	55	6	49	6	49
20	6	56	7	27	6	35	12	5	58	6	9
21	7	4	7	34	6	32	17	5	47	6	1
22	7	11	7	41	6	29	23	5	37	5	52
23	7	19	7	48	6	26	28	5	26	5	44
24	7	26	7	55	6	23	34	5	16	5	35
25	7	34	8	1	6	20	39	5	5	5	27
26	7	42	8	8	6	17	44	4	54	5	18
27	7	49	8	15	6	14	49	4	44	5	9
28	7	57	8	23	6	11	54	4	33	4	59
29	8	5	8	30	6	8	58	4	22	4	50
30	8	14	8	37	6	6	1	4	11	4	40
31	8	22	8	44	6	3	4	3	59	4	31
32	8	31	8	51	6	0	5	3	48	4	21
33	8	39	8	59	5	57	6	3	36	4	11
34	8	48	9	6	5	54	6	3	25	4	0
35	8	57	9	14	5	51	5	3	13	3	50
36	9	7	9	22	5	48	2	3	1	3	39
37	9	16	9	30	5	44	58	2	49	3	28
38	9	26	9	37	5	41	52	2	36	3	16
39	9	36	9	45	5	38	45	2	24	3	5
40	9	46	9	54	5	35	36	2	11	2	53
41	9	57	10	2	5	32	24	1	58	2	40
42	10	7	10	10	5	29	11	1	45	2	28
43	10	18	10	19	5	25	55	1	31	2	14
44	10	30	10	28	5	22	37	1	17	2	1
45	10	42	10	37	5	19	16	1	3	1	47
46	10	54	10	46	5	15	53	0	49	1	32
47	11	6	10	55	5	12	26	0	34	1	17
48	11	19	11	5	5	8	56	0	19	1	1
49	11	33	11	14	5	5	23	0	4	0	45
50	11	47	11	24	5	1	47	29 ♎	48	0	28
51	12	1	11	34	4	58	6	29	32	0	10
52	12	17	11	45	4	54	21	29	15	29 ♏	52
53	12	32	11	56	4	50	32	28	58	29	32
54	12	49	12	7	4	46	39	28	40	29	12
55	13	6	12	18	4	42	40	28	22	28	51
56	13	24	12	30	4	38	37	28	3	28	28
57	13	43	12	42	4	34	28	27	44	28	5
58	14	3	12	54	4	30	13	27	24	27	40
59	14	23	13	7	4	25	51	27	3	27	13
60	14	45	13	20	4	21	24	26	42	26	45
61	15	9	13	34	4	16	49	26	19	26	15
62	15	33	13	48	4	12	6	25	56	25	42
63	16	0	14	3	4	7	16	25	32	25	8
64	16	28	14	18	4	2	17	25	7	24	30
65	16	57	14	34	3	57	9	24	41	23	50
66	17	30	14	51	3	51	52	24	14	23	6

Lat.	11	12	ASC	2	3
0	5 ♌ 38	6 ♍ 14	8 ♎ 42 33	10 ♏ 25	9 ♐ 40
5	6 11	6 48	8 23 33	9 31	9 2
10	6 44	7 21	8 5 37	8 39	8 24
15	7 18	7 53	7 48 23	7 47	7 45
20	7 53	8 25	7 31 36	6 54	7 5
21	8 1	8 32	7 28 16	6 44	6 56
22	8 8	8 38	7 24 57	6 33	6 48
23	8 15	8 45	7 21 38	6 22	6 39
24	8 23	8 52	7 18 18	6 12	6 30
25	8 30	8 58	7 14 59	6 1	6 22
26	8 38	9 5	7 11 39	5 50	6 13
27	8 46	9 12	7 8 19	5 39	6 4
28	8 54	9 18	7 4 59	5 27	5 54
29	9 2	9 25	7 1 38	5 16	5 45
30	9 10	9 32	6 58 16	5 5	5 35
31	9 18	9 39	6 54 53	4 53	5 25
32	9 26	9 46	6 51 30	4 42	5 15
33	9 35	9 53	6 48 5	4 30	5 5
34	9 44	10 1	6 44 39	4 18	4 55
35	9 53	10 8	6 41 12	4 6	4 44
36	10 2	10 15	6 37 44	3 54	4 33
37	10 11	10 23	6 34 13	3 41	4 22
38	10 21	10 30	6 30 41	3 28	4 10
39	10 31	10 38	6 27 7	3 16	3 59
40	10 41	10 46	6 23 31	3 2	3 46
41	10 51	10 54	6 19 52	2 49	3 34
42	11 2	11 2	6 16 11	2 36	3 21
43	11 13	11 10	6 12 28	2 22	3 8
44	11 24	11 18	6 8 41	2 8	2 54
45	11 36	11 27	6 4 52	1 53	2 40
46	11 48	11 36	6 0 59	1 38	2 25
47	12 0	11 45	5 57 3	1 23	2 10
48	12 13	11 54	5 53 4	1 8	1 54
49	12 26	12 3	5 49 0	0 52	1 38
50	12 40	12 13	5 44 52	0 36	1 20
51	12 54	12 22	5 40 40	0 19	1 2
52	13 9	12 32	5 36 24	0 2	0 44
53	13 24	12 43	5 32 2	29 ♎ 44	0 24
54	13 41	12 53	5 27 35	29 26	0 4
55	13 57	13 4	5 23 3	29 7	29 ♏ 42
56	14 15	13 15	5 18 24	28 48	29 19
57	14 34	13 27	5 13 39	28 28	28 55
58	14 53	13 39	5 8 48	28 8	28 30
59	15 13	13 51	5 3 49	27 46	28 3
60	15 35	14 4	4 58 43	27 24	27 34
61	15 58	14 17	4 53 29	27 2	27 3
62	16 22	14 30	4 48 7	26 38	26 30
63	16 48	14 45	4 42 35	26 13	25 55
64	17 15	14 59	4 36 53	25 47	25 17
65	17 44	15 14	4 31 1	25 21	24 35
66	18 16	15 30	4 24 58	24 53	23 50

Lat.	11	12	ASC	2	3
0	6 ♌ 37	7 ♍ 18	9 ♎ 47 41	11 ♏ 25	10 ♐ 36
5	7 9	7 50	9 26 20	10 31	9 58
10	7 42	8 22	9 6 11	9 38	9 20
15	8 16	8 53	8 46 51	8 45	8 41
20	8 50	9 24	8 27 58	7 51	8 0
21	8 58	9 30	8 24 14	7 40	7 52
22	9 5	9 36	8 20 30	7 29	7 43
23	9 12	9 42	8 16 46	7 18	7 34
24	9 19	9 49	8 13 2	7 7	7 26
25	9 27	9 55	8 9 17	6 56	7 17
26	9 34	10 1	8 5 33	6 45	7 8
27	9 42	10 8	8 1 48	6 34	6 58
28	9 50	10 14	7 58 3	6 22	6 49
29	9 58	10 21	7 54 17	6 11	6 40
30	10 6	10 28	7 50 30	5 59	6 30
31	10 14	10 34	7 46 42	5 47	6 20
32	10 22	10 41	7 42 54	5 35	6 10
33	10 31	10 48	7 39 4	5 23	6 0
34	10 39	10 55	7 35 12	5 11	5 49
35	10 48	11 2	7 31 19	4 59	5 38
36	10 57	11 9	7 27 24	4 46	5 27
37	11 7	11 16	7 23 28	4 33	5 16
38	11 16	11 23	7 19 29	4 20	5 4
39	11 26	11 30	7 15 29	4 7	4 53
40	11 36	11 38	7 11 25	3 54	4 40
41	11 46	11 46	7 7 20	3 40	4 28
42	11 56	11 53	7 3 11	3 26	4 15
43	12 7	12 1	6 59 0	3 12	4 1
44	12 18	12 9	6 54 45	2 58	3 47
45	12 30	12 17	6 50 27	2 43	3 33
46	12 41	12 26	6 46 5	2 28	3 18
47	12 53	12 34	6 41 40	2 12	3 3
48	13 6	12 43	6 37 10	1 56	2 47
49	13 19	12 52	6 32 36	1 40	2 30
50	13 33	13 1	6 27 58	1 24	2 13
51	13 47	13 10	6 23 14	1 6	1 54
52	14 1	13 20	6 18 25	0 49	1 36
53	14 16	13 30	6 13 31	0 31	1 16
54	14 32	13 40	6 8 31	0 12	0 55
55	14 49	13 50	6 3 24	29 ♎ 53	0 33
56	15 6	14 1	5 58 11	29 33	0 10
57	15 24	14 12	5 52 51	29 13	29 ♏ 45
58	15 43	14 23	5 47 23	28 52	29 20
59	16 4	14 35	5 41 47	28 30	28 52
60	16 25	14 47	5 36 3	28 7	28 23
61	16 47	14 59	5 30 9	27 44	27 52
62	17 11	15 12	5 24 6	27 19	27 18
63	17 36	15 26	5 17 53	26 54	26 42
64	18 3	15 40	5 11 29	26 27	26 3
65	18 31	15 55	5 4 53	26 0	25 21
66	19 2	16 10	4 58 4	25 31	24 35

6 h 40 m MC 9 ♋ 11 21 RAMC 100°

Lat.	11		12		ASC			2		3	
0	7 ♌	35	8 ♍	22	10 ♎	52	45	12 ♏	26	11 ♐	32
5	8	8	8	53	10	29	5	11	31	10	54
10	8	40	9	23	10	6	43	10	36	10	16
15	9	13	9	52	9	45	15	9	42	9	36
20	9	48	10	22	9	24	19	8	48	8	55
21	9	55	10	28	9	20	10	8	37	8	47
22	10	2	10	34	9	16	1	8	25	8	38
23	10	9	10	40	9	11	52	8	14	8	29
24	10	16	10	46	9	7	44	8	3	8	21
25	10	24	10	52	9	3	35	7	52	8	12
26	10	31	10	58	8	59	26	7	40	8	3
27	10	39	11	4	8	55	16	7	29	7	53
28	10	46	11	10	8	51	6	7	17	7	44
29	10	54	11	17	8	46	55	7	5	7	34
30	11	2	11	23	8	42	43	6	53	7	25
31	11	10	11	29	8	38	30	6	41	7	15
32	11	18	11	36	8	34	16	6	29	7	5
33	11	27	11	42	8	30	1	6	17	6	54
34	11	35	11	49	8	25	44	6	4	6	44
35	11	44	11	56	8	21	25	5	52	6	33
36	11	53	12	2	8	17	5	5	39	6	22
37	12	2	12	9	8	12	42	5	26	6	10
38	12	11	12	16	8	8	17	5	12	5	58
39	12	21	12	23	8	3	49	4	59	5	46
40	12	30	12	30	7	59	19	4	45	5	34
41	12	40	12	37	7	54	46	4	31	5	21
42	12	51	12	45	7	50	10	4	17	5	8
43	13	1	12	52	7	45	31	4	2	4	55
44	13	12	13	0	7	40	48	3	48	4	41
45	13	24	13	8	7	36	2	3	33	4	26
46	13	35	13	16	7	31	11	3	17	4	11
47	13	47	13	24	7	26	16	3	1	3	56
48	13	59	13	32	7	21	17	2	45	3	39
49	14	12	13	40	7	16	12	2	28	3	22
50	14	26	13	49	7	11	3	2	11	3	5
51	14	39	13	58	7	5	48	1	54	2	47
52	14	54	14	7	7	0	27	1	36	2	27
53	15	9	14	17	6	55	0	1	17	2	7
54	15	24	14	26	6	49	26	0	58	1	46
55	15	41	14	36	6	43	46	0	38	1	24
56	15	58	14	46	6	37	58	0	18	1	1
57	16	15	14	57	6	32	2	29 ♎	57	0	36
58	16	34	15	7	6	25	58	29	36	0	10
59	16	54	15	19	6	19	44	29	13	29 ♏	42
60	17	14	15	30	6	13	22	28	50	29	12
61	17	36	15	42	6	6	49	28	26	28	40
62	18	0	15	55	6	0	6	28	1	28	6
63	18	24	16	7	5	53	11	27	35	27	30
64	18	50	16	21	5	46	4	27	8	26	50
65	19	18	16	35	5	38	43	26	39	26	7
66	19	48	16	49	5	31	9	26	10	25	20

Lat.	11		12		ASC			2		3	
0	8 ♌	34	9 ♍	26	11 ♎	57	44	13 ♏	27	12 ♐	28
5	9	6	9	55	11	31	45	12	30	11	50
10	9	39	10	24	11	7	13	11	35	11	11
15	10	11	10	52	10	43	38	10	40	10	32
20	10	45	11	20	10	20	38	9	44	9	50
21	10	52	11	26	10	16	4	9	33	9	42
22	10	59	11	32	10	11	31	9	21	9	33
23	11	6	11	37	10	6	57	9	10	9	25
24	11	13	11	43	10	2	24	8	59	9	16
25	11	20	11	49	9	57	51	8	47	9	7
26	11	28	11	55	9	53	17	8	35	8	57
27	11	35	12	1	9	48	43	8	23	8	48
28	11	43	12	7	9	44	8	8	12	8	39
29	11	50	12	13	9	39	32	8	0	8	29
30	11	58	12	19	9	34	55	7	47	8	19
31	12	6	12	25	9	30	17	7	35	8	9
32	12	14	12	31	9	25	38	7	23	7	59
33	12	23	12	37	9	20	57	7	10	7	49
34	12	31	12	43	9	16	15	6	57	7	38
35	12	39	12	49	9	11	30	6	44	7	27
36	12	48	12	56	9	6	44	6	31	7	16
37	12	57	13	2	9	1	55	6	18	7	4
38	13	6	13	9	8	57	4	6	4	6	52
39	13	16	13	16	8	52	10	5	51	6	40
40	13	25	13	22	8	47	13	5	37	6	28
41	13	35	13	29	8	42	13	5	22	6	15
42	13	45	13	36	8	37	9	5	8	6	2
43	13	56	13	43	8	32	2	4	53	5	48
44	14	7	13	51	8	26	51	4	38	5	34
45	14	18	13	58	8	21	36	4	22	5	19
46	14	29	14	6	8	16	16	4	6	5	4
47	14	41	14	13	8	10	52	3	50	4	48
48	14	53	14	21	8	5	23	3	33	4	32
49	15	6	14	29	7	59	48	3	16	4	15
50	15	19	14	38	7	54	8	2	59	3	57
51	15	32	14	46	7	48	21	2	41	3	39
52	15	46	14	55	7	42	28	2	23	3	19
53	16	1	15	4	7	36	29	2	4	2	59
54	16	16	15	13	7	30	22	1	44	2	38
55	16	32	15	22	7	24	7	1	24	2	15
56	16	49	15	32	7	17	44	1	3	1	51
57	17	6	15	42	7	11	13	0	42	1	26
58	17	25	15	52	7	4	32	0	19	1	0
59	17	44	16	3	6	57	41	29 ♎	56	0	31
60	18	4	16	14	6	50	40	29	33	0	1
61	18	26	16	25	6	43	28	29	8	29 ♏	29
62	18	48	16	37	6	36	4	28	42	28	54
63	19	12	16	49	6	28	28	28	15	28	17
64	19	38	17	1	6	20	38	27	48	27	36
65	20	5	17	15	6	12	34	27	19	26	52
66	20	34	17	28	6	4	14	26	48	26	4

Lat.	11		12		ASC			2		3	
0	9 ♌	34	10 ♍	30	13 ♎	2	39	14 ♏	27	13 ♐	24
5	10	5	10	58	12	34	22	13	30	12	46
10	10	37	11	25	12	7	39	12	33	12	7
15	11	9	11	52	11	41	58	11	37	11	27
20	11	42	12	19	11	16	55	10	40	10	46
21	11	49	12	24	11	11	57	10	29	10	37
22	11	56	12	30	11	6	59	10	17	10	28
23	12	3	12	35	11	2	1	10	6	10	20
24	12	10	12	41	10	57	3	9	54	10	11
25	12	17	12	46	10	52	5	9	42	10	2
26	12	25	12	52	10	47	7	9	30	9	52
27	12	32	12	57	10	42	8	9	18	9	43
28	12	39	13	3	10	37	8	9	6	9	33
29	12	47	13	8	10	32	8	8	54	9	24
30	12	55	13	14	10	27	6	8	41	9	14
31	13	2	13	20	10	22	3	8	29	9	4
32	13	10	13	26	10	16	59	8	16	8	53
33	13	19	13	31	10	11	53	8	3	8	43
34	13	27	13	37	10	6	45	7	50	8	32
35	13	35	13	43	10	1	35	7	37	8	21
36	13	44	13	49	9	56	22	7	24	8	10
37	13	53	13	56	9	51	7	7	10	7	58
38	14	2	14	2	9	45	50	6	56	7	46
39	14	11	14	8	9	40	29	6	42	7	34
40	14	20	14	15	9	35	5	6	28	7	22
41	14	30	14	21	9	29	38	6	13	7	9
42	14	40	14	28	9	24	7	5	58	6	55
43	14	50	14	35	9	18	32	5	43	6	41
44	15	1	14	41	9	12	53	5	28	6	27
45	15	12	14	49	9	7	10	5	12	6	12
46	15	23	14	56	9	1	21	4	56	5	57
47	15	35	15	3	8	55	27	4	39	5	41
48	15	47	15	10	8	49	28	4	22	5	25
49	15	59	15	18	8	43	23	4	5	5	7
50	16	12	15	26	8	37	12	3	47	4	49
51	16	25	15	34	8	30	54	3	28	4	31
52	16	39	15	42	8	24	29	3	9	4	11
53	16	53	15	51	8	17	57	2	50	3	51
54	17	8	15	59	8	11	16	2	30	3	29
55	17	24	16	8	8	4	28	2	9	3	6
56	17	40	16	17	7	57	30	1	48	2	42
57	17	57	16	27	7	50	23	1	26	2	17
58	18	15	16	36	7	43	6	1	3	1	50
59	18	34	16	46	7	35	38	0	40	1	21
60	18	54	16	57	7	27	58	0	15	0	50
61	19	15	17	8	7	20	7	29 ♎	50	0	18
62	19	37	17	19	7	12	3	29	24	29 ♏	42
63	20	1	17	30	7	3	45	28	56	29	4
64	20	26	17	42	6	55	12	28	28	28	23
65	20	52	17	55	6	46	24	27	58	27	38
66	21	21	18	8	6	37	19	27	27	26	49

6 h 52 m MC 11 ♋ 57 33 RAMC 103°

Lat.	11		12		ASC			2		3	
0	10 ♌	33	11 ♍	34	14 ♎	7	28	15 ♏	27	14 ♐	20
5	11	4	12	1	13	36	55	14	29	13	41
10	11	35	12	27	13	8	2	13	32	13	2
15	12	7	12	52	12	40	16	12	35	12	22
20	12	40	13	17	12	13	10	11	37	11	41
21	12	47	13	23	12	7	47	11	25	11	32
22	12	53	13	28	12	2	24	11	13	11	23
23	13	0	13	33	11	57	2	11	1	11	14
24	13	7	13	38	11	51	40	10	49	11	6
25	13	14	13	43	11	46	18	10	37	10	56
26	13	21	13	48	11	40	55	10	25	10	47
27	13	29	13	54	11	35	31	10	13	10	38
28	13	36	13	59	11	30	7	10	1	10	28
29	13	44	14	4	11	24	42	9	48	10	18
30	13	51	14	10	11	19	15	9	35	10	8
31	13	59	14	15	11	13	48	9	23	9	58
32	14	7	14	21	11	8	18	9	10	9	48
33	14	15	14	26	11	2	47	8	57	9	37
34	14	23	14	32	10	57	13	8	43	9	26
35	14	31	14	37	10	51	38	8	30	9	15
36	14	40	14	43	10	46	0	8	16	9	4
37	14	48	14	49	10	40	19	8	2	8	52
38	14	57	14	55	10	34	35	7	48	8	40
39	15	6	15	1	10	28	48	7	34	8	28
40	15	16	15	7	10	22	57	7	19	8	15
41	15	25	15	13	10	17	3	7	4	8	2
42	15	35	15	19	10	11	5	6	49	7	49
43	15	45	15	26	10	5	2	6	33	7	35
44	15	55	15	32	9	58	55	6	17	7	20
45	16	6	15	39	9	52	43	6	1	7	5
46	16	17	15	46	9	46	25	5	45	6	50
47	16	28	15	53	9	40	2	5	28	6	34
48	16	40	16	0	9	33	33	5	10	6	17
49	16	52	16	7	9	26	58	4	53	6	0
50	17	5	16	14	9	20	15	4	34	5	42
51	17	18	16	22	9	13	26	4	15	5	23
52	17	32	16	30	9	6	29	3	56	5	3
53	17	46	16	38	8	59	24	3	36	4	42
54	18	0	16	46	8	52	11	3	16	4	20
55	18	16	16	54	8	44	48	2	55	3	57
56	18	32	17	3	8	37	15	2	33	3	33
57	18	48	17	12	8	29	33	2	10	3	7
58	19	6	17	21	8	21	39	1	47	2	40
59	19	25	17	30	8	13	34	1	23	2	11
60	19	44	17	40	8	5	16	0	58	1	40
61	20	5	17	50	7	56	45	0	32	1	6
62	20	26	18	1	7	48	0	0	5	0	30
63	20	49	18	12	7	39	1	29 ♎	37	29 ♏	52
64	21	14	18	23	7	29	45	29	7	29	9
65	21	40	18	35	7	20	13	28	37	28	24
66	22	7	18	47	7	10	22	28	5	27	33

Lat.	11	12	ASC	2	3
0	11 ♌ 32	12 ♍ 39	15 ♎ 12 13	16 ♏ 28	15 ♐ 16
5	12 3	13 4	14 39 23	15 28	14 37
10	12 34	13 28	14 8 21	14 30	13 58
15	13 5	13 52	13 38 30	13 32	13 18
20	13 38	14 16	13 9 22	12 33	12 36
21	13 44	14 21	13 3 35	12 21	12 27
22	13 51	14 26	12 57 48	12 9	12 18
23	13 58	14 31	12 52 2	11 57	12 9
24	14 5	14 35	12 46 15	11 45	12 0
25	14 12	14 40	12 40 28	11 32	11 51
26	14 19	14 45	12 34 41	11 20	11 42
27	14 26	14 50	12 28 53	11 8	11 32
28	14 33	14 55	12 23 5	10 55	11 23
29	14 40	15 0	12 17 15	10 42	11 13
30	14 48	15 5	12 11 23	10 29	11 3
31	14 55	15 10	12 5 31	10 16	10 53
32	15 3	15 16	11 59 36	10 3	10 42
33	15 11	15 21	11 53 40	9 50	10 32
34	15 19	15 26	11 47 41	9 36	10 21
35	15 27	15 31	11 41 40	9 22	10 9
36	15 35	15 37	11 35 36	9 8	9 58
37	15 44	15 42	11 29 29	8 54	9 46
38	15 53	15 48	11 23 19	8 40	9 34
39	16 2	15 54	11 17 6	8 25	9 22
40	16 11	15 59	11 10 48	8 10	9 9
41	16 20	16 5	11 4 27	7 55	8 56
42	16 30	16 11	10 58 1	7 39	8 42
43	16 40	16 17	10 51 31	7 24	8 28
44	16 50	16 23	10 44 56	7 7	8 14
45	17 0	16 29	10 38 15	6 51	7 59
46	17 11	16 36	10 31 29	6 34	7 43
47	17 22	16 42	10 24 36	6 17	7 27
48	17 34	16 49	10 17 37	5 59	7 10
49	17 46	16 56	10 10 32	5 41	6 52
50	17 58	17 3	10 3 19	5 22	6 34
51	18 11	17 10	9 55 58	5 3	6 15
52	18 24	17 17	9 48 29	4 43	5 55
53	18 38	17 25	9 40 51	4 23	5 34
54	18 52	17 32	9 33 4	4 2	5 12
55	19 8	17 40	9 25 8	3 40	4 48
56	19 23	17 48	9 17 0	3 18	4 24
57	19 40	17 57	9 8 42	2 55	3 58
58	19 57	18 5	9 0 12	2 31	3 30
59	20 15	18 14	8 51 29	2 6	3 0
60	20 34	18 24	8 42 33	1 40	2 29
61	20 54	18 33	8 33 23	1 14	1 55
62	21 15	18 43	8 23 58	0 46	1 18
63	21 38	18 53	8 14 16	0 17	0 39
64	22 2	19 4	8 4 18	29 ♎ 47	29 ♏ 56
65	22 27	19 15	7 54 1	29 16	29 9
66	22 54	19 27	7 43 25	28 43	28 17

Lat.	11		12		ASC			2		3	
0	12 ♌	32	13 ♍	43	16 ♎	16	51	17 ♏	27	16 ♐	11
5	13	2	14	7	15	41	47	16	27	15	32
10	13	33	14	30	15	8	36	15	28	14	53
15	14	4	14	52	14	36	42	14	29	14	13
20	14	35	15	15	14	5	32	13	29	13	31
21	14	42	15	19	13	59	21	13	17	13	22
22	14	49	15	24	13	53	10	13	5	13	13
23	14	55	15	28	13	46	59	12	52	13	4
24	15	2	15	33	13	40	48	12	40	12	55
25	15	9	15	38	13	34	37	12	27	12	46
26	15	16	15	42	13	28	26	12	15	12	37
27	15	23	15	47	13	22	14	12	2	12	27
28	15	30	15	52	13	16	0	11	49	12	17
29	15	37	15	56	13	9	46	11	36	12	7
30	15	44	16	1	13	3	30	11	23	11	57
31	15	52	16	6	12	57	12	11	10	11	47
32	15	59	16	11	12	50	53	10	56	11	37
33	16	7	16	16	12	44	31	10	43	11	26
34	16	15	16	21	12	38	8	10	29	11	15
35	16	23	16	26	12	31	41	10	15	11	4
36	16	31	16	31	12	25	11	10	1	10	52
37	16	40	16	36	12	18	39	9	46	10	40
38	16	48	16	41	12	12	2	9	32	10	28
39	16	57	16	46	12	5	23	9	17	10	16
40	17	6	16	52	11	58	39	9	1	10	3
41	17	15	16	57	11	51	50	8	46	9	49
42	17	25	17	3	11	44	57	8	30	9	36
43	17	34	17	8	11	37	59	8	14	9	22
44	17	44	17	14	11	30	56	7	57	9	7
45	17	55	17	20	11	23	47	7	40	8	52
46	18	5	17	26	11	16	31	7	23	8	36
47	18	16	17	32	11	9	10	7	5	8	20
48	18	28	17	38	11	1	41	6	47	8	3
49	18	39	17	45	10	54	5	6	29	7	45
50	18	51	17	51	10	46	21	6	9	7	26
51	19	4	17	58	10	38	29	5	50	7	7
52	19	17	18	5	10	30	28	5	30	6	47
53	19	31	18	12	10	22	18	5	9	6	26
54	19	45	18	19	10	13	58	4	47	6	3
55	19	59	18	26	10	5	27	4	25	5	40
56	20	15	18	34	9	56	45	4	3	5	15
57	20	31	18	42	9	47	51	3	39	4	48
58	20	48	18	50	9	38	44	3	15	4	20
59	21	5	18	58	9	29	24	2	49	3	50
60	21	24	19	7	9	19	50	2	23	3	18
61	21	44	19	16	9	10	0	1	56	2	44
62	22	4	19	25	8	59	54	1	27	2	6
63	22	26	19	35	8	49	31	0	58	1	26
64	22	50	19	45	8	38	50	0	27	0	42
65	23	14	19	55	8	27	49	29 ♎	55	29 ♏	54
66	23	41	20	6	8	16	27	29	22	29	2

Lat.	11		12		ASC			2		3	
0	13 ♌	32	14 ♍	48	17 ♎	21	23	18 ♏	27	17 ♐	7
5	14	2	15	10	16	44	5	17	26	16	28
10	14	32	15	31	16	8	47	16	26	15	49
15	15	2	15	52	15	34	50	15	26	15	8
20	15	33	16	13	15	1	39	14	25	14	26
21	15	40	16	18	14	55	4	14	13	14	17
22	15	46	16	22	14	48	29	14	0	14	8
23	15	53	16	26	14	41	54	13	48	13	59
24	16	0	16	30	14	35	19	13	35	13	50
25	16	6	16	35	14	28	44	13	22	13	41
26	16	13	16	39	14	22	8	13	10	13	31
27	16	20	16	43	14	15	32	12	57	13	22
28	16	27	16	48	14	8	54	12	44	13	12
29	16	34	16	52	14	2	15	12	30	13	2
30	16	41	16	57	13	55	35	12	17	12	52
31	16	49	17	1	13	48	53	12	3	12	41
32	16	56	17	6	13	42	8	11	50	12	31
33	17	4	17	10	13	35	22	11	36	12	20
34	17	11	17	15	13	28	33	11	22	12	9
35	17	19	17	20	13	21	41	11	7	11	58
36	17	27	17	24	13	14	46	10	53	11	46
37	17	36	17	29	13	7	47	10	38	11	34
38	17	44	17	34	13	0	45	10	23	11	22
39	17	53	17	39	12	53	38	10	8	11	9
40	18	1	17	44	12	46	28	9	52	10	56
41	18	10	17	49	12	39	13	9	37	10	43
42	18	20	17	54	12	31	52	9	20	10	29
43	18	29	18	0	12	24	27	9	4	10	15
44	18	39	18	5	12	16	55	8	47	10	0
45	18	49	18	11	12	9	18	8	30	9	45
46	19	0	18	16	12	1	34	8	12	9	29
47	19	10	18	22	11	53	43	7	54	9	13
48	19	21	18	28	11	45	44	7	36	8	55
49	19	33	18	34	11	37	38	7	17	8	37
50	19	45	18	40	11	29	23	6	57	8	19
51	19	57	18	46	11	21	0	6	37	7	59
52	20	10	18	52	11	12	27	6	16	7	39
53	20	23	18	59	11	3	44	5	55	7	17
54	20	37	19	6	10	54	50	5	33	6	55
55	20	51	19	13	10	45	46	5	11	6	31
56	21	6	19	20	10	36	29	4	47	6	6
57	21	22	19	27	10	26	59	4	23	5	39
58	21	39	19	35	10	17	16	3	58	5	10
59	21	56	19	42	10	7	18	3	32	4	40
60	22	14	19	51	9	57	6	3	6	4	7
61	22	33	19	59	9	46	37	2	38	3	32
62	22	54	20	8	9	35	50	2	9	2	55
63	23	15	20	16	9	24	46	1	38	2	14
64	23	38	20	26	9	13	21	1	7	1	29
65	24	2	20	35	9	1	36	0	34	0	40
66	24	27	20	46	8	49	29	0	0	29 ♏	46

7 h 8 m MC 15 ♋ 40 7 RAMC 107°

Lat.	11		12		ASC			2		3	
0	14 ♌	32	15 ♍	53	18 ♎	25	48	19 ♏	27	18 ♐	2
5	15	1	16	13	17	46	18	18	25	17	23
10	15	31	16	33	17	8	54	17	24	16	44
15	16	1	16	53	16	32	55	16	23	16	3
20	16	32	17	12	15	57	44	15	21	15	21
21	16	38	17	16	15	50	45	15	8	15	12
22	16	44	17	20	15	43	46	14	56	15	3
23	16	51	17	24	15	36	47	14	43	14	54
24	16	57	17	28	15	29	48	14	30	14	45
25	17	4	17	32	15	22	49	14	17	14	35
26	17	10	17	36	15	15	49	14	4	14	26
27	17	17	17	40	15	8	48	13	51	14	16
28	17	24	17	44	15	1	46	13	38	14	6
29	17	31	17	48	14	54	43	13	24	13	56
30	17	38	17	53	14	47	38	13	11	13	46
31	17	45	17	57	14	40	31	12	57	13	36
32	17	53	18	1	14	33	22	12	43	13	25
33	18	0	18	5	14	26	11	12	29	13	14
34	18	8	18	10	14	18	56	12	14	13	3
35	18	16	18	14	14	11	39	12	0	12	52
36	18	23	18	18	14	4	18	11	45	12	40
37	18	32	18	23	13	56	54	11	30	12	28
38	18	40	18	27	13	49	26	11	15	12	16
39	18	48	18	32	13	41	53	10	59	12	3
40	18	57	18	37	13	34	16	10	43	11	50
41	19	6	18	41	13	26	34	10	27	11	37
42	19	15	18	46	13	18	46	10	11	11	23
43	19	24	18	51	13	10	53	9	54	11	8
44	19	34	18	56	13	2	54	9	37	10	53
45	19	44	19	1	12	54	48	9	19	10	38
46	19	54	19	6	12	46	35	9	1	10	22
47	20	5	19	12	12	38	15	8	43	10	5
48	20	15	19	17	12	29	47	8	24	9	48
49	20	27	19	23	12	21	10	8	4	9	30
50	20	38	19	28	12	12	25	7	45	9	11
51	20	50	19	34	12	3	30	7	24	8	51
52	21	3	19	40	11	54	25	7	3	8	31
53	21	16	19	46	11	45	9	6	41	8	9
54	21	29	19	52	11	35	43	6	19	7	46
55	21	43	19	59	11	26	4	5	56	7	22
56	21	58	20	5	11	16	12	5	32	6	56
57	22	14	20	12	11	6	7	5	7	6	29
58	22	30	20	19	10	55	47	4	42	6	0
59	22	47	20	26	10	45	12	4	15	5	30
60	23	4	20	34	10	34	21	3	48	4	57
61	23	23	20	42	10	23	13	3	20	4	21
62	23	43	20	50	10	11	46	2	50	3	43
63	24	4	20	58	9	59	59	2	19	3	1
64	24	26	21	7	9	47	52	1	47	2	15
65	24	49	21	16	9	35	22	1	13	1	25
66	25	14	21	25	9	22	29	0	38	0	30

Lat.	11		12		ASC			2		3	
0	15 ♌	32	16 ♍	57	19 ♎	30	6	20 ♏	26	18 ♐	58
5	16	1	17	16	18	48	26	19	23	18	19
10	16	30	17	35	18	8	57	18	21	17	39
15	17	0	17	53	17	30	56	17	19	16	58
20	17	30	18	11	16	53	45	16	17	16	16
21	17	36	18	15	16	46	22	16	4	16	7
22	17	42	18	18	16	39	0	15	51	15	58
23	17	49	18	22	16	31	37	15	38	15	49
24	17	55	18	26	16	24	14	15	25	15	39
25	18	1	18	29	16	16	51	15	12	15	30
26	18	8	18	33	16	9	27	14	59	15	21
27	18	15	18	37	16	2	2	14	45	15	11
28	18	21	18	41	15	54	36	14	32	15	1
29	18	28	18	44	15	47	9	14	18	14	51
30	18	35	18	48	15	39	40	14	4	14	41
31	18	42	18	52	15	32	8	13	50	14	30
32	18	50	18	56	15	24	34	13	36	14	20
33	18	57	19	0	15	16	58	13	22	14	9
34	19	4	19	4	15	9	19	13	7	13	57
35	19	12	19	8	15	1	36	12	52	13	46
36	19	20	19	12	14	53	50	12	37	13	34
37	19	28	19	16	14	46	0	12	22	13	22
38	19	36	19	20	14	38	6	12	6	13	10
39	19	44	19	25	14	30	7	11	51	12	57
40	19	52	19	29	14	22	3	11	34	12	44
41	20	1	19	33	14	13	54	11	18	12	30
42	20	10	19	38	14	5	40	11	1	12	16
43	20	19	19	42	13	57	19	10	44	12	2
44	20	29	19	47	13	48	52	10	27	11	47
45	20	38	19	52	13	40	17	10	9	11	31
46	20	48	19	57	13	31	36	9	50	11	15
47	20	59	20	1	13	22	46	9	31	10	58
48	21	9	20	6	13	13	49	9	12	10	41
49	21	20	20	12	13	4	42	8	52	10	23
50	21	32	20	17	12	55	26	8	32	10	4
51	21	44	20	22	12	45	59	8	11	9	44
52	21	56	20	28	12	36	23	7	50	9	23
53	22	9	20	33	12	26	34	7	28	9	1
54	22	22	20	39	12	16	34	7	5	8	38
55	22	36	20	45	12	6	21	6	41	8	13
56	22	50	20	51	11	55	55	6	17	7	47
57	23	5	20	57	11	45	14	5	52	7	20
58	23	21	21	4	11	34	18	5	26	6	51
59	23	37	21	11	11	23	5	4	59	6	20
60	23	55	21	17	11	11	36	4	30	5	46
61	24	13	21	25	10	59	48	4	1	5	10
62	24	32	21	32	10	47	40	3	31	4	31
63	24	52	21	40	10	35	12	2	59	3	48
64	25	14	21	48	10	22	22	2	26	3	2
65	25	37	21	56	10	9	8	1	52	2	11
66	26	1	22	5	9	55	29	1	16	1	14

Lat.	11		12		ASC			2		3	
0	16 ♌	33	18 ♍	2	20 ♎	34	17	21 ♏	25	19 ♐	53
5	17	1	18	20	19	50	27	20	21	19	14
10	17	30	18	37	19	8	54	19	19	18	34
15	17	58	18	53	18	28	53	18	16	17	53
20	18	28	19	10	17	49	44	17	12	17	10
21	18	34	19	13	17	41	57	16	59	17	2
22	18	40	19	17	17	34	11	16	46	16	53
23	18	47	19	20	17	26	25	16	33	16	43
24	18	53	19	23	17	18	38	16	20	16	34
25	18	59	19	27	17	10	51	16	7	16	25
26	19	6	19	30	17	3	3	15	53	16	15
27	19	12	19	34	16	55	15	15	40	16	5
28	19	19	19	37	16	47	25	15	26	15	56
29	19	26	19	41	16	39	33	15	12	15	45
30	19	32	19	44	16	31	39	14	58	15	35
31	19	39	19	48	16	23	43	14	44	15	25
32	19	46	19	51	16	15	45	14	29	15	14
33	19	54	19	55	16	7	44	14	15	15	3
34	20	1	19	59	15	59	40	14	0	14	52
35	20	8	20	2	15	51	32	13	45	14	40
36	20	16	20	6	15	43	20	13	29	14	28
37	20	24	20	10	15	35	5	13	14	14	16
38	20	32	20	14	15	26	45	12	58	14	4
39	20	40	20	18	15	18	20	12	42	13	51
40	20	48	20	22	15	9	49	12	25	13	38
41	20	57	20	26	15	1	14	12	9	13	24
42	21	5	20	30	14	52	32	11	52	13	10
43	21	14	20	34	14	43	44	11	34	12	55
44	21	24	20	38	14	34	48	11	16	12	40
45	21	33	20	42	14	25	46	10	58	12	24
46	21	43	20	47	14	16	36	10	39	12	8
47	21	53	20	51	14	7	17	10	20	11	51
48	22	3	20	56	13	57	50	10	0	11	34
49	22	14	21	1	13	48	13	9	40	11	15
50	22	25	21	5	13	38	26	9	20	10	56
51	22	37	21	10	13	28	28	8	58	10	36
52	22	49	21	15	13	18	19	8	36	10	15
53	23	1	21	20	13	7	59	8	14	9	53
54	23	14	21	26	12	57	25	7	50	9	29
55	23	28	21	31	12	46	38	7	26	9	5
56	23	42	21	37	12	35	37	7	2	8	39
57	23	57	21	43	12	24	20	6	36	8	11
58	24	12	21	48	12	12	48	6	9	7	41
59	24	28	21	55	12	0	58	5	42	7	9
60	24	45	22	1	11	48	50	5	13	6	35
61	25	3	22	7	11	36	22	4	43	5	59
62	25	22	22	14	11	23	34	4	12	5	19
63	25	41	22	21	11	10	24	3	40	4	36
64	26	2	22	29	10	56	51	3	6	3	49
65	26	25	22	36	10	42	52	2	31	2	56
66	26	48	22	44	10	28	28	1	54	1	58

Lat.	11		12		ASC			2		3	
0	17 ♌	33	19 ♍	7	21 ♎	38	20	22 ♏	24	20 ♐	49
5	18	1	19	23	20	52	22	21	20	20	9
10	18	29	19	39	20	8	47	20	16	19	29
15	18	58	19	54	19	26	46	19	13	18	48
20	19	27	20	9	18	45	39	18	8	18	5
21	19	33	20	12	18	37	29	17	55	17	56
22	19	39	20	15	18	29	19	17	42	17	47
23	19	45	20	18	18	21	9	17	28	17	38
24	19	51	20	21	18	12	59	17	15	17	29
25	19	57	20	24	18	4	49	17	1	17	19
26	20	4	20	27	17	56	37	16	48	17	10
27	20	10	20	31	17	48	24	16	34	17	0
28	20	16	20	34	17	40	10	16	20	16	50
29	20	23	20	37	17	31	55	16	6	16	40
30	20	30	20	40	17	23	37	15	51	16	30
31	20	37	20	43	17	15	17	15	37	16	19
32	20	43	20	47	17	6	54	15	22	16	8
33	20	50	20	50	16	58	28	15	7	15	57
34	20	58	20	53	16	49	59	14	52	15	46
35	21	5	20	57	16	41	26	14	37	15	34
36	21	12	21	0	16	32	49	14	21	15	22
37	21	20	21	3	16	24	8	14	6	15	10
38	21	28	21	7	16	15	22	13	49	14	58
39	21	36	21	10	16	6	31	13	33	14	45
40	21	44	21	14	15	57	35	13	16	14	31
41	21	52	21	18	15	48	32	12	59	14	18
42	22	1	21	21	15	39	23	12	42	14	3
43	22	10	21	25	15	30	7	12	24	13	49
44	22	19	21	29	15	20	44	12	6	13	33
45	22	28	21	33	15	11	14	11	47	13	18
46	22	38	21	37	15	1	35	11	28	13	1
47	22	47	21	41	14	51	47	11	9	12	44
48	22	58	21	45	14	41	50	10	49	12	27
49	23	8	21	49	14	31	43	10	28	12	8
50	23	19	21	54	14	21	25	10	7	11	49
51	23	30	21	58	14	10	56	9	45	11	28
52	23	42	22	3	14	0	16	9	23	11	7
53	23	54	22	8	13	49	22	9	0	10	45
54	24	7	22	12	13	38	15	8	36	10	21
55	24	20	22	17	13	26	54	8	12	9	56
56	24	34	22	22	13	15	18	7	46	9	30
57	24	48	22	28	13	3	26	7	20	9	2
58	25	3	22	33	12	51	17	6	53	8	32
59	25	19	22	39	12	38	49	6	25	7	59
60	25	35	22	44	12	26	3	5	55	7	25
61	25	53	22	50	12	12	56	5	25	6	48
62	26	11	22	57	11	59	27	4	53	6	7
63	26	30	23	3	11	45	35	4	20	5	23
64	26	51	23	10	11	31	19	3	46	4	35
65	27	12	23	17	11	16	36	3	10	3	42
66	27	36	23	24	11	1	25	2	32	2	42

Lat.	11		12		ASC			2		3	
0	18 ♌	34	20 ♍	12	22 ♎	42	16	23 ♏	23	21 ♐	44
5	19	2	20	27	21	54	11	22	18	21	4
10	19	29	20	41	21	8	34	21	13	20	24
15	19	57	20	54	20	24	35	20	9	19	43
20	20	25	21	8	19	41	31	19	3	19	0
21	20	31	21	11	19	32	58	18	50	18	51
22	20	37	21	13	19	24	24	18	37	18	42
23	20	43	21	16	19	15	51	18	23	18	33
24	20	49	21	19	19	7	18	18	9	18	24
25	20	55	21	22	18	58	43	17	56	18	14
26	21	1	21	25	18	50	8	17	42	18	4
27	21	8	21	27	18	41	32	17	28	17	55
28	21	14	21	30	18	32	54	17	14	17	45
29	21	21	21	33	18	24	14	16	59	17	34
30	21	27	21	36	18	15	33	16	45	17	24
31	21	34	21	39	18	6	48	16	30	17	13
32	21	41	21	42	17	58	1	16	15	17	3
33	21	47	21	45	17	49	11	16	0	16	51
34	21	54	21	48	17	40	17	15	45	16	40
35	22	2	21	51	17	31	19	15	29	16	28
36	22	9	21	54	17	22	17	15	13	16	16
37	22	16	21	57	17	13	10	14	57	16	4
38	22	24	22	0	17	3	58	14	41	15	52
39	22	32	22	3	16	54	41	14	24	15	39
40	22	40	22	7	16	45	18	14	7	15	25
41	22	48	22	10	16	35	49	13	50	15	11
42	22	56	22	13	16	26	13	13	32	14	57
43	23	5	22	17	16	16	30	13	14	14	42
44	23	14	22	20	16	6	40	12	56	14	27
45	23	23	22	24	15	56	41	12	37	14	11
46	23	32	22	27	15	46	33	12	17	13	55
47	23	42	22	31	15	36	16	11	57	13	37
48	23	52	22	35	15	25	49	11	37	13	19
49	24	2	22	39	15	15	12	11	16	13	1
50	24	13	22	42	15	4	24	10	55	12	41
51	24	24	22	46	14	53	24	10	32	12	21
52	24	35	22	51	14	42	11	10	10	11	59
53	24	47	22	55	14	30	45	9	46	11	37
54	24	59	22	59	14	19	5	9	22	11	13
55	25	12	23	4	14	7	10	8	57	10	48
56	25	26	23	8	13	54	59	8	31	10	21
57	25	40	23	13	13	42	31	8	4	9	52
58	25	54	23	18	13	29	45	7	36	9	22
59	26	10	23	23	13	16	40	7	8	8	50
60	26	26	23	28	13	3	15	6	38	8	15
61	26	43	23	33	12	49	29	6	7	7	37
62	27	1	23	39	12	35	19	5	34	6	56
63	27	19	23	45	12	20	46	5	1	6	11
64	27	39	23	51	12	5	46	4	25	5	22
65	28	0	23	57	11	50	19	3	49	4	27
66	28	23	24	3	11	34	22	3	10	3	26

Lat.	11		12		ASC			2		3	
0	19 ♌	35	21 ♍	17	23 ♎	46	3	24 ♏	22	22 ♐	39
5	20	2	21	30	22	55	53	23	16	22	0
10	20	29	21	43	22	8	16	22	10	21	20
15	20	56	21	55	21	22	20	21	5	20	38
20	21	24	22	7	20	37	20	19	59	19	55
21	21	30	22	9	20	28	23	19	45	19	46
22	21	36	22	12	20	19	27	19	32	19	37
23	21	42	22	14	20	10	30	19	18	19	28
24	21	47	22	17	20	1	33	19	4	19	18
25	21	53	22	19	19	52	36	18	50	19	9
26	22	0	22	22	19	43	37	18	36	18	59
27	22	6	22	24	19	34	37	18	22	18	49
28	22	12	22	27	19	25	35	18	7	18	39
29	22	18	22	29	19	16	32	17	53	18	29
30	22	25	22	32	19	7	26	17	38	18	18
31	22	31	22	34	18	58	18	17	23	18	8
32	22	38	22	37	18	49	6	17	8	17	57
33	22	45	22	40	18	39	51	16	53	17	46
34	22	51	22	42	18	30	33	16	37	17	34
35	22	58	22	45	18	21	10	16	21	17	23
36	23	6	22	48	18	11	43	16	5	17	11
37	23	13	22	51	18	2	11	15	49	16	58
38	23	20	22	53	17	52	33	15	32	16	45
39	23	28	22	56	17	42	50	15	15	16	32
40	23	36	22	59	17	33	1	14	58	16	19
41	23	44	23	2	17	23	5	14	40	16	5
42	23	52	23	5	17	13	3	14	22	15	51
43	24	0	23	8	17	2	52	14	4	15	36
44	24	9	23	11	16	52	34	13	45	15	20
45	24	18	23	14	16	42	7	13	26	15	4
46	24	27	23	17	16	31	30	13	6	14	48
47	24	36	23	21	16	20	44	12	46	14	30
48	24	46	23	24	16	9	48	12	25	14	12
49	24	56	23	28	15	58	41	12	4	13	54
50	25	7	23	31	15	47	22	11	42	13	34
51	25	17	23	35	15	35	50	11	19	13	13
52	25	29	23	38	15	24	6	10	56	12	52
53	25	40	23	42	15	12	7	10	32	12	29
54	25	52	23	46	14	59	54	10	8	12	5
55	26	5	23	50	14	47	25	9	42	11	39
56	26	18	23	54	14	34	39	9	16	11	12
57	26	31	23	58	14	21	35	8	48	10	43
58	26	46	24	2	14	8	13	8	20	10	13
59	27	1	24	7	13	54	31	7	51	9	40
60	27	16	24	11	13	40	27	7	20	9	4
61	27	33	24	16	13	26	1	6	48	8	26
62	27	50	24	21	13	11	11	6	15	7	44
63	28	8	24	26	12	55	55	5	41	6	59
64	28	28	24	32	12	40	12	5	5	6	8
65	28	48	24	37	12	24	0	4	27	5	13
66	29	10	24	43	12	7	17	3	48	4	10

7 h 32 m MC 21 ♋ 16 40 **RAMC 113°**

Lat.	11	12	ASC	2	3
0	20 ♌ 36	22 ♍ 23	24 ♎ 49 42	25 ♏ 20	23 ♐ 34
5	21 3	22 34	23 57 29	24 13	22 55
10	21 29	22 45	23 7 52	23 7	22 15
15	21 56	22 55	22 20 0	22 1	21 33
20	22 23	23 6	21 33 5	20 54	20 50
21	22 29	23 8	21 23 45	20 40	20 41
22	22 34	23 10	21 14 26	20 27	20 32
23	22 40	23 12	21 5 6	20 13	20 22
24	22 46	23 15	20 55 46	19 59	20 13
25	22 52	23 17	20 46 25	19 45	20 3
26	22 58	23 19	20 37 3	19 30	19 54
27	23 4	23 21	20 27 40	19 16	19 44
28	23 10	23 23	20 18 14	19 1	19 34
29	23 16	23 26	20 8 47	18 46	19 23
30	23 22	23 28	19 59 18	18 32	19 13
31	23 29	23 30	19 49 45	18 16	19 2
32	23 35	23 32	19 40 9	18 1	18 51
33	23 42	23 35	19 30 30	17 45	18 40
34	23 48	23 37	19 20 47	17 30	18 29
35	23 55	23 39	19 10 59	17 14	18 17
36	24 2	23 42	19 1 7	16 57	18 5
37	24 9	23 44	18 51 10	16 41	17 52
38	24 17	23 47	18 41 7	16 24	17 39
39	24 24	23 49	18 30 58	16 6	17 26
40	24 32	23 52	18 20 43	15 49	17 13
41	24 40	23 54	18 10 20	15 31	16 59
42	24 48	23 57	17 59 51	15 13	16 44
43	24 56	24 0	17 49 13	14 54	16 29
44	25 4	24 2	17 38 27	14 35	16 14
45	25 13	24 5	17 27 32	14 15	15 58
46	25 22	24 8	17 16 27	13 55	15 41
47	25 31	24 11	17 5 12	13 35	15 24
48	25 41	24 14	16 53 46	13 13	15 5
49	25 50	24 17	16 42 9	12 52	14 46
50	26 1	24 20	16 30 19	12 29	14 27
51	26 11	24 23	16 18 16	12 6	14 6
52	26 22	24 26	16 6 0	11 43	13 44
53	26 33	24 29	15 53 29	11 18	13 21
54	26 45	24 33	15 40 42	10 53	12 57
55	26 57	24 36	15 27 39	10 27	12 31
56	27 10	24 40	15 14 18	10 0	12 4
57	27 23	24 43	15 0 39	9 32	11 34
58	27 37	24 47	14 46 40	9 4	11 3
59	27 52	24 51	14 32 20	8 34	10 30
60	28 7	24 55	14 17 38	8 2	9 54
61	28 23	24 59	14 2 32	7 30	9 15
62	28 40	25 4	13 47 1	6 56	8 33
63	28 58	25 8	13 31 3	6 21	7 46
64	29 17	25 13	13 14 37	5 44	6 55
65	29 36	25 17	12 57 41	5 6	5 58
66	29 58	25 23	12 40 12	4 26	4 54

Lat.	11		12		ASC			2		3	
0	21 ♌	37	23 ♍	28	25 ♎	53	12	26 ♏	18	24 ♐	30
5	22	3	23	38	24	58	57	25	11	23	50
10	22	29	23	47	24	7	23	24	4	23	10
15	22	55	23	56	23	17	36	22	57	22	28
20	23	22	24	5	22	28	47	21	49	21	45
21	23	28	24	7	22	19	4	21	35	21	35
22	23	33	24	9	22	9	21	21	22	21	26
23	23	39	24	11	21	59	39	21	7	21	17
24	23	44	24	12	21	49	55	20	53	21	8
25	23	50	24	14	21	40	11	20	39	20	58
26	23	56	24	16	21	30	26	20	24	20	48
27	24	2	24	18	21	20	40	20	10	20	38
28	24	8	24	20	21	10	51	19	55	20	28
29	24	14	24	22	21	1	0	19	40	20	18
30	24	20	24	24	20	51	7	19	25	20	7
31	24	26	24	26	20	41	10	19	9	19	57
32	24	33	24	28	20	31	11	18	54	19	46
33	24	39	24	30	20	21	7	18	38	19	34
34	24	46	24	32	20	10	59	18	22	19	23
35	24	52	24	34	20	0	47	18	6	19	11
36	24	59	24	36	19	50	30	17	49	18	59
37	25	6	24	38	19	40	7	17	32	18	46
38	25	13	24	40	19	29	39	17	15	18	34
39	25	21	24	42	19	19	4	16	58	18	20
40	25	28	24	44	19	8	23	16	40	18	7
41	25	36	24	46	18	57	34	16	21	17	53
42	25	43	24	49	18	46	38	16	3	17	38
43	25	51	24	51	18	35	33	15	44	17	23
44	26	0	24	53	18	24	19	15	24	17	7
45	26	8	24	56	18	12	56	15	4	16	51
46	26	17	24	58	18	1	22	14	44	16	34
47	26	26	25	1	17	49	39	14	23	16	17
48	26	35	25	3	17	37	43	14	2	15	59
49	26	45	25	6	17	25	36	13	40	15	39
50	26	55	25	8	17	13	15	13	17	15	19
51	27	5	25	11	17	0	42	12	53	14	58
52	27	15	25	14	16	47	53	12	29	14	36
53	27	26	25	16	16	34	49	12	4	14	13
54	27	38	25	19	16	21	29	11	39	13	49
55	27	50	25	22	16	7	52	11	12	13	23
56	28	2	25	25	15	53	57	10	45	12	55
57	28	15	25	29	15	39	42	10	16	12	26
58	28	29	25	32	15	25	6	9	47	11	54
59	28	43	25	35	15	10	9	9	16	11	20
60	28	58	25	39	14	54	48	8	45	10	44
61	29	13	25	42	14	39	2	8	12	10	4
62	29	30	25	46	14	22	51	7	37	9	21
63	29	47	25	50	14	6	11	7	1	8	34
64	0 ♍	5	25	54	13	49	1	6	24	7	42
65	0	25	25	58	13	31	20	5	45	6	44
66	0	45	26	2	13	13	5	5	4	5	38

Lat.	11	12	ASC	2	3
0	22 ♌ 39	24 ♍ 33	26 ♎ 56 33	27 ♏ 16	25 ♐ 25
5	23 4	24 41	26 0 18	26 8	24 45
10	23 30	24 49	25 6 48	25 1	24 5
15	23 55	24 57	24 15 7	23 53	23 23
20	24 21	25 4	23 24 24	22 45	22 39
21	24 27	25 6	23 14 19	22 30	22 30
22	24 32	25 7	23 4 13	22 16	22 21
23	24 38	25 9	22 54 8	22 2	22 12
24	24 43	25 10	22 44 2	21 48	22 2
25	24 49	25 12	22 33 55	21 33	21 53
26	24 54	25 13	22 23 47	21 18	21 43
27	25 0	25 15	22 13 37	21 4	21 33
28	25 6	25 17	22 3 25	20 49	21 23
29	25 12	25 18	21 53 11	20 33	21 12
30	25 18	25 20	21 42 54	20 18	21 2
31	25 24	25 21	21 32 34	20 2	20 51
32	25 30	25 23	21 22 10	19 47	20 40
33	25 36	25 25	21 11 42	19 31	20 29
34	25 43	25 26	21 1 10	19 14	20 17
35	25 49	25 28	20 50 33	18 58	20 5
36	25 56	25 30	20 39 51	18 41	19 53
37	26 3	25 32	20 29 4	18 24	19 41
38	26 10	25 33	20 18 10	18 6	19 28
39	26 17	25 35	20 7 9	17 49	19 14
40	26 24	25 37	19 56 2	17 30	19 1
41	26 32	25 39	19 44 47	17 12	18 46
42	26 39	25 41	19 33 23	16 53	18 32
43	26 47	25 42	19 21 51	16 34	18 17
44	26 55	25 44	19 10 10	16 14	18 1
45	27 3	25 46	18 58 19	15 54	17 45
46	27 12	25 48	18 46 17	15 33	17 28
47	27 21	25 50	18 34 4	15 12	17 10
48	27 30	25 53	18 21 39	14 50	16 52
49	27 39	25 55	18 9 2	14 27	16 32
50	27 49	25 57	17 56 11	14 4	16 12
51	27 59	25 59	17 43 6	13 40	15 51
52	28 9	26 1	17 29 46	13 16	15 29
53	28 20	26 4	17 16 9	12 51	15 5
54	28 31	26 6	17 2 16	12 24	14 41
55	28 42	26 9	16 48 5	11 57	14 14
56	28 54	26 11	16 33 34	11 30	13 47
57	29 7	26 14	16 18 44	11 1	13 17
58	29 20	26 16	16 3 32	10 31	12 45
59	29 34	26 19	15 47 56	9 59	12 11
60	29 48	26 22	15 31 57	9 27	11 34
61	0 ♍ 4	26 25	15 15 32	8 53	10 54
62	0 19	26 28	14 58 39	8 18	10 10
63	0 36	26 31	14 41 17	7 42	9 22
64	0 54	26 35	14 23 24	7 3	8 29
65	1 13	26 38	14 4 58	6 23	7 29
66	1 33	26 42	13 45 57	5 41	6 22

Lat.	11		12		ASC			2		3	
0	23 ♌	41	25 ♍	38	27 ♎	59	44	28 ♏	14	26 ♐	20
5	24	5	25	45	27	1	31	27	6	25	40
10	24	30	25	51	26	6	7	25	58	25	0
15	24	55	25	57	25	12	33	24	49	24	18
20	25	21	26	3	24	19	58	23	40	23	34
21	25	26	26	5	24	9	30	23	25	23	25
22	25	31	26	6	23	59	2	23	11	23	16
23	25	37	26	7	23	48	34	22	57	23	7
24	25	42	26	8	23	38	5	22	42	22	57
25	25	47	26	10	23	27	36	22	27	22	47
26	25	53	26	11	23	17	4	22	12	22	38
27	25	59	26	12	23	6	32	21	57	22	28
28	26	4	26	13	22	55	57	21	42	22	17
29	26	10	26	15	22	45	19	21	27	22	7
30	26	16	26	16	22	34	38	21	11	21	56
31	26	22	26	17	22	23	55	20	55	21	46
32	26	28	26	18	22	13	7	20	39	21	34
33	26	34	26	20	22	2	15	20	23	21	23
34	26	40	26	21	21	51	19	20	7	21	11
35	26	47	26	22	21	40	18	19	50	21	0
36	26	53	26	24	21	29	11	19	33	20	47
37	27	0	26	25	21	17	58	19	15	20	35
38	27	7	26	27	21	6	39	18	58	20	22
39	27	13	26	28	20	55	13	18	40	20	8
40	27	21	26	29	20	43	39	18	21	19	55
41	27	28	26	31	20	31	58	18	2	19	40
42	27	35	26	32	20	20	8	17	43	19	26
43	27	43	26	34	20	8	9	17	24	19	10
44	27	51	26	36	19	56	0	17	4	18	55
45	27	59	26	37	19	43	41	16	43	18	38
46	28	7	26	39	19	31	11	16	22	18	21
47	28	16	26	40	19	18	29	16	0	18	3
48	28	24	26	42	19	5	35	15	38	17	45
49	28	33	26	44	18	52	27	15	15	17	26
50	28	43	26	45	18	39	6	14	52	17	5
51	28	52	26	47	18	25	30	14	27	16	44
52	29	3	26	49	18	11	37	14	2	16	22
53	29	13	26	51	17	57	29	13	37	15	58
54	29	24	26	53	17	43	2	13	10	15	33
55	29	35	26	55	17	28	17	12	43	15	6
56	29	47	26	57	17	13	11	12	14	14	38
57	29	59	26	59	16	57	45	11	45	14	8
58	0 ♍	12	27	1	16	41	56	11	14	13	36
59	0	25	27	3	16	25	43	10	42	13	1
60	0	39	27	6	16	9	5	10	9	12	24
61	0	54	27	8	15	52	0	9	35	11	43
62	1	9	27	11	15	34	27	8	59	10	59
63	1	26	27	13	15	16	23	8	22	10	10
64	1	43	27	16	14	57	46	7	43	9	16
65	2	1	27	19	14	38	35	7	2	8	15
66	2	21	27	21	14	18	47	6	19	7	5

Lat.	11		12		ASC			2		3	
0	24 ♌	42	26 ♍	44	29 ♎	2	47	29 ♏	12	27 ♐	15
5	25	7	26	49	28	2	37	28	3	26	35
10	25	31	26	53	27	5	19	26	54	25	55
15	25	55	26	58	26	9	54	25	45	25	13
20	26	20	27	3	25	15	28	24	35	24	29
21	26	25	27	3	25	4	38	24	20	24	20
22	26	30	27	4	24	53	47	24	6	24	11
23	26	36	27	5	24	42	57	23	51	24	1
24	26	41	27	6	24	32	5	23	36	23	52
25	26	46	27	7	24	21	13	23	21	23	42
26	26	52	27	8	24	10	19	23	6	23	32
27	26	57	27	9	23	59	23	22	51	23	22
28	27	3	27	10	23	48	25	22	36	23	12
29	27	8	27	11	23	37	25	22	20	23	2
30	27	14	27	12	23	26	21	22	4	22	51
31	27	20	27	13	23	15	13	21	48	22	40
32	27	26	27	14	23	4	2	21	32	22	29
33	27	32	27	15	22	52	46	21	16	22	18
34	27	38	27	16	22	41	26	20	59	22	6
35	27	44	27	17	22	30	0	20	42	21	54
36	27	50	27	18	22	18	29	20	25	21	42
37	27	57	27	19	22	6	51	20	7	21	29
38	28	3	27	20	21	55	7	19	49	21	16
39	28	10	27	21	21	43	15	19	31	21	3
40	28	17	27	22	21	31	16	19	12	20	49
41	28	24	27	23	21	19	8	18	53	20	34
42	28	31	27	24	21	6	52	18	33	20	20
43	28	39	27	25	20	54	25	18	13	20	4
44	28	46	27	27	20	41	49	17	53	19	48
45	28	54	27	28	20	29	2	17	32	19	32
46	29	2	27	29	20	16	4	17	11	19	15
47	29	10	27	30	20	2	53	16	49	18	57
48	29	19	27	31	19	49	29	16	26	18	38
49	29	28	27	33	19	35	52	16	3	18	19
50	29	37	27	34	19	22	0	15	39	17	58
51	29	46	27	35	19	7	52	15	14	17	37
52	29	56	27	37	18	53	28	14	49	17	14
53	0 ♍	6	27	38	18	38	47	14	23	16	50
54	0	17	27	40	18	23	47	13	56	16	25
55	0	28	27	41	18	8	28	13	28	15	58
56	0	39	27	43	17	52	48	12	59	15	30
57	0	51	27	44	17	36	45	12	29	15	0
58	1	3	27	46	17	20	20	11	58	14	27
59	1	16	27	48	17	3	29	11	25	13	52
60	1	30	27	49	16	46	13	10	52	13	14
61	1	44	27	51	16	28	28	10	16	12	33
62	1	59	27	53	16	10	13	9	40	11	48
63	2	15	27	55	15	51	27	9	2	10	58
64	2	32	27	57	15	32	7	8	22	10	3
65	2	50	27	59	15	12	11	7	40	9	1
66	3	8	28	1	14	51	37	6	57	7	49

Lat.	11		12		ASC			2		3	
0	25 ♌	45	27 ♍	49	0 ♏	5	39	0 ♐	10	28 ♐	10
5	26	8	27	52	29 ♎	3	35	29 ♏	0	27	30
10	26	32	27	56	28	4	25	27	51	26	50
15	26	55	27	59	27	7	9	26	41	26	8
20	27	20	28	2	26	10	54	25	29	25	24
21	27	25	28	2	25	59	41	25	15	25	15
22	27	30	28	3	25	48	29	25	0	25	5
23	27	35	28	4	25	37	16	24	45	24	56
24	27	40	28	4	25	26	2	24	31	24	47
25	27	45	28	5	25	14	47	24	15	24	37
26	27	50	28	5	25	3	31	24	0	24	27
27	27	56	28	6	24	52	12	23	45	24	17
28	28	1	28	7	24	40	51	23	29	24	7
29	28	7	28	7	24	29	28	23	13	23	56
30	28	12	28	8	24	18	1	22	57	23	46
31	28	18	28	9	24	6	30	22	41	23	35
32	28	24	28	9	23	54	55	22	25	23	23
33	28	29	28	10	23	43	16	22	8	23	12
34	28	35	28	11	23	31	31	21	51	23	0
35	28	41	28	11	23	19	41	21	34	22	48
36	28	48	28	12	23	7	45	21	16	22	36
37	28	54	28	13	22	55	43	20	58	22	23
38	29	0	28	13	22	43	33	20	40	22	10
39	29	7	28	14	22	31	16	20	22	21	57
40	29	14	28	15	22	18	51	20	3	21	43
41	29	20	28	15	22	6	17	19	43	21	28
42	29	27	28	16	21	53	34	19	24	21	14
43	29	35	28	17	21	40	41	19	3	20	58
44	29	42	28	18	21	27	37	18	43	20	42
45	29	50	28	19	21	14	22	18	21	20	26
46	29	57	28	19	21	0	55	18	0	20	8
47	0 ♍	6	28	20	20	47	16	17	37	19	50
48	0	14	28	21	20	33	23	17	14	19	32
49	0	22	28	22	20	19	16	16	51	19	12
50	0	31	28	23	20	4	53	16	26	18	51
51	0	40	28	24	19	50	14	16	1	18	30
52	0	50	28	25	19	35	19	15	36	18	7
53	1	0	28	25	19	20	5	15	9	17	43
54	1	10	28	26	19	4	32	14	41	17	18
55	1	21	28	27	18	48	38	14	13	16	51
56	1	32	28	28	18	32	23	13	43	16	22
57	1	43	28	30	18	15	45	13	13	15	51
58	1	55	28	31	17	58	43	12	41	15	18
59	2	8	28	32	17	41	15	12	8	14	43
60	2	21	28	33	17	23	19	11	34	14	5
61	2	35	28	34	17	4	54	10	58	13	23
62	2	49	28	35	16	45	59	10	21	12	37
63	3	5	28	37	16	26	30	9	42	11	47
64	3	21	28	38	16	6	26	9	1	10	50
65	3	38	28	39	15	45	46	8	19	9	46
66	3	56	28	41	15	24	25	7	34	8	33

7 h 56 m   MC 26 ♋ 57 21   RAMC 119°

Lat.	11		12		ASC			2		3	
0	26 ♌	47	28 ♍	55	1 ♏	8	22	1 ♐	8	29 ♐	5
5	27	10	28	56	0	4	24	29 ♏	57	28	25
10	27	33	28	58	29 ♎	3	25	28	47	27	45
15	27	56	28	59	28	4	20	27	36	27	3
20	28	19	29	1	27	6	15	26	24	26	19
21	28	24	29	1	26	54	41	26	10	26	10
22	28	29	29	1	26	43	7	25	55	26	0
23	28	34	29	2	26	31	32	25	40	25	51
24	28	39	29	2	26	19	56	25	25	25	41
25	28	44	29	2	26	8	19	25	9	25	32
26	28	49	29	3	25	56	40	24	54	25	22
27	28	55	29	3	25	44	59	24	38	25	12
28	29	0	29	3	25	33	15	24	23	25	1
29	29	5	29	4	25	21	28	24	7	24	51
30	29	11	29	4	25	9	38	23	51	24	40
31	29	16	29	4	24	57	44	23	34	24	29
32	29	22	29	5	24	45	46	23	17	24	18
33	29	27	29	5	24	33	43	23	1	24	7
34	29	33	29	5	24	21	34	22	43	23	55
35	29	39	29	6	24	9	20	22	26	23	43
36	29	45	29	6	23	57	0	22	8	23	30
37	29	51	29	6	23	44	32	21	50	23	18
38	29	57	29	7	23	31	58	21	31	23	4
39	0 ♍	4	29	7	23	19	15	21	13	22	51
40	0	10	29	7	23	6	24	20	53	22	37
41	0	17	29	8	22	53	25	20	34	22	23
42	0	24	29	8	22	40	15	20	14	22	8
43	0	31	29	8	22	26	55	19	53	21	52
44	0	38	29	9	22	13	24	19	32	21	36
45	0	45	29	9	21	59	41	19	11	21	20
46	0	53	29	10	21	45	46	18	48	21	2
47	1	1	29	10	21	31	38	18	26	20	44
48	1	9	29	11	21	17	16	18	2	20	25
49	1	17	29	11	21	2	38	17	38	20	5
50	1	26	29	11	20	47	45	17	14	19	45
51	1	35	29	12	20	32	36	16	48	19	23
52	1	44	29	12	20	17	8	16	22	19	0
53	1	53	29	13	20	1	22	15	55	18	36
54	2	3	29	13	19	45	15	15	27	18	10
55	2	14	29	14	19	28	48	14	58	17	43
56	2	24	29	14	19	11	58	14	28	17	14
57	2	35	29	15	18	54	44	13	57	16	43
58	2	47	29	15	18	37	5	13	24	16	10
59	2	59	29	16	18	18	59	12	51	15	34
60	3	12	29	16	18	0	24	12	16	14	55
61	3	25	29	17	17	41	20	11	40	14	13
62	3	40	29	18	17	21	43	11	2	13	26
63	3	54	29	18	17	1	32	10	22	12	35
64	4	10	29	19	16	40	45	9	40	11	37
65	4	27	29	20	16	19	19	8	57	10	32
66	4	44	29	20	15	57	11	8	12	9	17

Lat.	11		12		ASC			2		3	
0	27 ♌	49	0 ♎	0	2 ♏	10	55	2 ♐	5	0 ♑	0
5	28	11	0	0	1	5	6	0	54	29 ♐	20
10	28	34	0	0	0	2	18	29 ♏	43	28	40
15	28	56	0	0	29 ♎	1	26	28	32	27	58
20	29	19	0	0	28	1	33	27	19	27	14
21	29	24	0	0	27	49	37	27	4	27	4
22	29	29	0	0	27	37	41	26	49	26	55
23	29	34	0	0	27	25	44	26	34	26	46
24	29	39	0	0	27	13	46	26	19	26	36
25	29	43	0	0	27	1	46	26	3	26	26
26	29	48	0	0	26	49	45	25	48	26	16
27	29	53	0	0	26	37	42	25	32	26	6
28	29	59	0	0	26	25	36	25	16	25	56
29	0 ♍	4	0	0	26	13	26	25	0	25	46
30	0	9	0	0	26	1	13	24	44	25	35
31	0	14	0	0	25	48	56	24	27	25	24
32	0	20	0	0	25	36	34	24	10	25	13
33	0	25	0	0	25	24	8	23	53	25	1
34	0	31	0	0	25	11	35	23	35	24	49
35	0	37	0	0	24	58	57	23	18	24	37
36	0	42	0	0	24	46	12	23	0	24	25
37	0	48	0	0	24	33	21	22	41	24	12
38	0	54	0	0	24	20	21	22	23	23	59
39	1	1	0	0	24	7	13	22	4	23	45
40	1	7	0	0	23	53	57	21	44	23	31
41	1	13	0	0	23	40	31	21	24	23	17
42	1	20	0	0	23	26	55	21	4	23	2
43	1	27	0	0	23	13	8	20	43	22	46
44	1	34	0	0	22	59	10	20	22	22	30
45	1	41	0	0	22	45	0	20	0	22	13
46	1	48	0	0	22	30	36	19	37	21	56
47	1	56	0	0	22	15	59	19	14	21	38
48	2	4	0	0	22	1	8	18	51	21	19
49	2	12	0	0	21	46	0	18	26	20	59
50	2	20	0	0	21	30	37	18	1	20	38
51	2	29	0	0	21	14	56	17	35	20	16
52	2	38	0	0	20	58	57	17	9	19	53
53	2	47	0	0	20	42	38	16	41	19	29
54	2	57	0	0	20	25	58	16	13	19	3
55	3	6	0	0	20	8	56	15	43	18	35
56	3	17	0	0	19	51	31	15	12	18	6
57	3	28	0	0	19	33	42	14	41	17	35
58	3	39	0	0	19	15	26	14	8	17	1
59	3	51	0	0	18	56	42	13	34	16	25
60	4	3	0	0	18	37	29	12	58	15	46
61	4	16	0	0	18	17	44	12	21	15	3
62	4	30	0	0	17	57	26	11	42	14	16
63	4	44	0	0	17	36	33	11	2	13	23
64	4	59	0	0	17	15	2	10	20	12	25
65	5	15	0	0	16	52	50	9	35	11	18
66	5	32	0	0	16	29	56	8	49	10	1

Lat.	11	12	ASC	2	3
0	28 ♌ 52	1 ♎ 5	3 ♏ 13 17	3 ♐ 2	0 ♑ 55
5	29 13	1 4	2 5 40	1 50	0 15
10	29 35	1 2	1 1 4	0 39	29 ♐ 35
15	29 57	1 1	29 ♎ 58 26	29 ♏ 27	28 53
20	0 ♍ 19	0 59	28 56 46	28 14	28 9
21	0 24	0 59	28 44 29	27 59	27 59
22	0 29	0 59	28 32 11	27 44	27 50
23	0 33	0 58	28 19 52	27 28	27 41
24	0 38	0 58	28 7 32	27 13	27 31
25	0 43	0 58	27 55 11	26 57	27 21
26	0 48	0 57	27 42 48	26 42	27 11
27	0 52	0 57	27 30 22	26 26	27 1
28	0 57	0 57	27 17 53	26 9	26 51
29	1 2	0 56	27 5 21	25 53	26 40
30	1 7	0 56	26 52 46	25 36	26 30
31	1 13	0 56	26 40 6	25 20	26 19
32	1 18	0 55	26 27 21	25 3	26 7
33	1 23	0 55	26 14 31	24 45	25 56
34	1 29	0 55	26 1 35	24 28	25 44
35	1 34	0 54	25 48 32	24 10	25 32
36	1 40	0 54	25 35 23	23 51	25 19
37	1 46	0 54	25 22 7	23 33	25 7
38	1 52	0 53	25 8 43	23 14	24 53
39	1 58	0 53	24 55 10	22 55	24 40
40	2 4	0 53	24 41 28	22 35	24 26
41	2 10	0 52	24 27 36	22 15	24 11
42	2 16	0 52	24 13 34	21 54	23 56
43	2 23	0 52	23 59 20	21 33	23 40
44	2 30	0 51	23 44 55	21 11	23 24
45	2 37	0 51	23 30 17	20 49	23 7
46	2 44	0 50	23 15 25	20 26	22 50
47	2 51	0 50	23 0 19	20 3	22 32
48	2 59	0 49	22 44 59	19 39	22 13
49	3 7	0 49	22 29 22	19 14	21 53
50	3 15	0 49	22 13 28	18 48	21 32
51	3 23	0 48	21 57 16	18 22	21 10
52	3 32	0 48	21 40 44	17 55	20 46
53	3 41	0 47	21 23 53	17 27	20 22
54	3 50	0 47	21 6 40	16 58	19 56
55	4 0	0 46	20 49 4	16 28	19 28
56	4 10	0 46	20 31 4	15 57	18 59
57	4 20	0 45	20 12 39	15 25	18 27
58	4 31	0 45	19 53 46	14 51	17 53
59	4 42	0 44	19 34 25	14 17	17 16
60	4 54	0 44	19 14 32	13 40	16 37
61	5 7	0 43	18 54 8	13 3	15 53
62	5 20	0 42	18 33 9	12 23	15 5
63	5 34	0 42	18 11 33	11 42	14 12
64	5 49	0 41	17 49 18	10 59	13 12
65	6 4	0 40	17 26 21	10 14	12 4
66	6 20	0 40	17 2 40	9 26	10 45

Lat.	11		12		ASC			2		3	
0	29 ♌	54	2 ♌	11	4 ♏	15	30	3 ♐	59	1 ♑	50
5	0 ♍	15	2	8	3	6	5	2	47	1	10
10	0	36	2	4	1	59	44	1	35	0	30
15	0	58	2	1	0	55	20	0	23	29 ♐	48
20	1	19	1	58	29 ♎	51	55	29 ♏	8	29	3
21	1	24	1	58	29	39	16	28	53	28	54
22	1	28	1	57	29	26	37	28	38	28	45
23	1	33	1	56	29	13	57	28	23	28	36
24	1	37	1	56	29	1	16	28	7	28	26
25	1	42	1	55	28	48	32	27	51	28	16
26	1	47	1	55	28	35	47	27	35	28	6
27	1	52	1	54	28	22	59	27	19	27	56
28	1	56	1	53	28	10	9	27	3	27	46
29	2	1	1	53	27	57	14	26	46	27	35
30	2	6	1	52	27	44	16	26	29	27	24
31	2	11	1	51	27	31	13	26	12	27	13
32	2	16	1	51	27	18	5	25	55	27	2
33	2	21	1	50	27	4	51	25	38	26	51
34	2	27	1	49	26	51	32	25	20	26	39
35	2	32	1	49	26	38	6	25	2	26	26
36	2	38	1	48	26	24	33	24	43	26	14
37	2	43	1	47	26	10	52	24	24	26	1
38	2	49	1	47	25	57	3	24	5	25	48
39	2	55	1	46	25	43	5	23	45	25	34
40	3	1	1	45	25	28	57	23	25	25	20
41	3	7	1	45	25	14	40	23	5	25	5
42	3	13	1	44	25	0	11	22	44	24	50
43	3	19	1	43	24	45	31	22	23	24	35
44	3	26	1	42	24	30	38	22	1	24	18
45	3	32	1	41	24	15	33	21	38	24	2
46	3	39	1	41	24	0	13	21	15	23	44
47	3	47	1	40	23	44	39	20	51	23	26
48	3	54	1	39	23	28	49	20	27	23	6
49	4	1	1	38	23	12	42	20	2	22	46
50	4	9	1	37	22	56	18	19	36	22	25
51	4	17	1	36	22	39	34	19	9	22	3
52	4	26	1	35	22	22	31	18	42	21	40
53	4	34	1	35	22	5	8	18	13	21	15
54	4	43	1	34	21	47	21	17	44	20	49
55	4	53	1	33	21	29	11	17	13	20	21
56	5	2	1	32	21	10	36	16	42	19	51
57	5	12	1	30	20	51	35	16	9	19	19
58	5	23	1	29	20	32	5	15	35	18	45
59	5	34	1	28	20	12	6	14	59	18	8
60	5	46	1	27	19	51	35	14	23	17	28
61	5	58	1	26	19	30	30	13	44	16	44
62	6	10	1	25	19	8	50	13	4	15	55
63	6	24	1	23	18	46	31	12	22	15	1
64	6	38	1	22	18	23	32	11	38	14	0
65	6	53	1	21	17	59	50	10	52	12	50
66	7	9	1	19	17	35	22	10	4	11	29

8 h 12 m MC 0 ♌ 47 12 RAMC 123°

Lat.	11	12	ASC	2	3
0	0 ♍ 57	3 ♎ 16	5 ♏ 17 32	4 ♐ 56	2 ♑ 45
5	1 18	3 11	4 6 21	3 43	2 5
10	1 38	3 7	2 58 16	2 31	1 25
15	1 59	3 2	1 52 10	1 18	0 43
20	2 20	2 57	0 47 0	0 3	29 ♐ 59
21	2 24	2 57	0 34 0	29 ♏ 48	29 49
22	2 28	2 56	0 20 59	29 32	29 40
23	2 33	2 55	0 7 58	29 17	29 31
24	2 37	2 54	29 ♎ 54 55	29 1	29 21
25	2 42	2 53	29 41 50	28 45	29 11
26	2 46	2 52	29 28 43	28 29	29 1
27	2 51	2 51	29 15 34	28 13	28 51
28	2 55	2 50	29 2 21	27 56	28 41
29	3 0	2 49	28 49 4	27 39	28 30
30	3 5	2 48	28 35 43	27 22	28 19
31	3 10	2 47	28 22 18	27 5	28 8
32	3 15	2 46	28 8 47	26 48	27 57
33	3 20	2 45	27 55 10	26 30	27 45
34	3 25	2 44	27 41 27	26 12	27 33
35	3 30	2 43	27 27 37	25 53	27 21
36	3 35	2 42	27 13 40	25 35	27 9
37	3 41	2 41	26 59 35	25 16	26 56
38	3 46	2 40	26 45 21	24 56	26 42
39	3 52	2 39	26 30 58	24 36	26 29
40	3 58	2 38	26 16 26	24 16	26 15
41	4 3	2 37	26 1 42	23 55	26 0
42	4 9	2 36	25 46 47	23 34	25 45
43	4 16	2 35	25 31 41	23 12	25 29
44	4 22	2 33	25 16 21	22 50	25 13
45	4 28	2 32	25 0 48	22 27	24 56
46	4 35	2 31	24 45 0	22 4	24 38
47	4 42	2 30	24 28 57	21 40	24 20
48	4 49	2 29	24 12 38	21 15	24 0
49	4 56	2 27	23 56 1	20 50	23 40
50	5 4	2 26	23 39 7	20 23	23 19
51	5 12	2 25	23 21 52	19 56	22 57
52	5 20	2 23	23 4 18	19 28	22 33
53	5 28	2 22	22 46 21	18 59	22 8
54	5 37	2 20	22 28 2	18 29	21 42
55	5 46	2 19	22 9 18	17 58	21 14
56	5 55	2 17	21 50 8	17 26	20 44
57	6 5	2 16	21 30 30	16 53	20 12
58	6 15	2 14	21 10 24	16 18	19 37
59	6 26	2 12	20 49 47	15 42	19 0
60	6 37	2 11	20 28 36	15 5	18 19
61	6 49	2 9	20 6 51	14 25	17 34
62	7 1	2 7	19 44 29	13 45	16 45
63	7 14	2 5	19 21 28	13 2	15 50
64	7 27	2 3	18 57 45	12 17	14 48
65	7 42	2 1	18 33 17	11 30	13 37
66	7 57	1 59	18 8 2	10 41	12 13

Lat.	11		12		ASC			2		3	
0	2 ♍	0	4 ♎	22	6 ♏	19	23	5 ♐	53	3 ♑	40
5	2	20	4	15	5	6	29	4	40	3	0
10	2	40	4	9	3	56	42	3	27	2	20
15	3	0	4	3	2	48	53	2	13	1	38
20	3	20	3	57	1	42	0	0	58	0	54
21	3	24	3	55	1	28	39	0	42	0	44
22	3	28	3	54	1	15	18	0	26	0	35
23	3	33	3	53	1	1	55	0	11	0	26
24	3	37	3	52	0	48	31	29 ♏	55	0	16
25	3	41	3	50	0	35	5	29	39	0	6
26	3	46	3	49	0	21	36	29	22	29 ♐	56
27	3	50	3	48	0	8	5	29	6	29	46
28	3	55	3	47	29 ♎	54	30	28	49	29	36
29	3	59	3	45	29	40	51	28	32	29	25
30	4	4	3	44	29	27	8	28	15	29	14
31	4	8	3	43	29	13	20	27	58	29	3
32	4	13	3	42	28	59	26	27	40	28	52
33	4	18	3	40	28	45	27	27	22	28	40
34	4	23	3	39	28	31	20	27	4	28	28
35	4	28	3	38	28	17	7	26	45	28	16
36	4	33	3	36	28	2	46	26	26	28	3
37	4	38	3	35	27	48	17	26	7	27	51
38	4	44	3	33	27	33	39	25	47	27	37
39	4	49	3	32	27	18	51	25	27	27	23
40	4	55	3	31	27	3	52	25	7	27	9
41	5	0	3	29	26	48	43	24	46	26	55
42	5	6	3	28	26	33	23	24	24	26	39
43	5	12	3	26	26	17	49	24	2	26	24
44	5	18	3	24	26	2	3	23	40	26	7
45	5	24	3	23	25	46	2	23	17	25	50
46	5	31	3	21	25	29	46	22	53	25	32
47	5	37	3	20	25	13	15	22	28	25	14
48	5	44	3	18	24	56	26	22	3	24	54
49	5	51	3	16	24	39	20	21	37	24	34
50	5	59	3	15	24	21	55	21	11	24	13
51	6	6	3	13	24	4	10	20	43	23	50
52	6	14	3	11	23	46	3	20	15	23	27
53	6	22	3	9	23	27	34	19	45	23	2
54	6	30	3	7	23	8	41	19	15	22	35
55	6	39	3	5	22	49	23	18	44	22	7
56	6	48	3	3	22	29	38	18	11	21	37
57	6	57	3	1	22	9	25	17	37	21	4
58	7	7	2	59	21	48	41	17	2	20	29
59	7	18	2	57	21	27	26	16	25	19	51
60	7	28	2	54	21	5	37	15	47	19	10
61	7	39	2	52	20	43	11	15	7	18	25
62	7	51	2	49	20	20	8	14	25	17	35
63	8	4	2	47	19	56	24	13	42	16	39
64	8	17	2	44	19	31	57	12	56	15	36
65	8	31	2	41	19	6	43	12	8	14	23
66	8	45	2	39	18	40	41	11	18	12	57

Lat.	11		12		ASC			2		3	
0	3 ♍	3	5 ♌	27	7 ♏	21	3	6 ♐	50	4 ♑	35
5	3	23	5	19	6	6	28	5	36	3	56
10	3	42	5	11	4	55	1	4	23	3	15
15	4	1	5	3	3	45	31	3	8	2	33
20	4	21	4	56	2	36	56	1	52	1	49
21	4	25	4	54	2	23	15	1	36	1	40
22	4	29	4	53	2	9	32	1	21	1	30
23	4	33	4	51	1	55	49	1	5	1	21
24	4	37	4	50	1	42	4	0	49	1	11
25	4	41	4	48	1	28	16	0	32	1	1
26	4	45	4	47	1	14	26	0	16	0	51
27	4	50	4	45	1	0	33	29 ♏	59	0	41
28	4	54	4	43	0	46	37	29	42	0	31
29	4	58	4	42	0	32	36	29	25	0	20
30	5	3	4	40	0	18	30	29	8	0	9
31	5	7	4	39	0	4	20	28	50	29 ♐	58
32	5	12	4	37	29 ♌	50	4	28	33	29	47
33	5	16	4	35	29	35	41	28	14	29	35
34	5	21	4	34	29	21	12	27	56	29	23
35	5	26	4	32	29	6	35	27	37	29	11
36	5	31	4	30	28	51	50	27	18	28	58
37	5	36	4	28	28	36	57	26	58	28	45
38	5	41	4	27	28	21	54	26	39	28	32
39	5	46	4	25	28	6	41	26	18	28	18
40	5	52	4	23	27	51	18	25	57	28	4
41	5	57	4	21	27	35	43	25	36	27	49
42	6	3	4	19	27	19	56	25	14	27	34
43	6	9	4	18	27	3	57	24	52	27	18
44	6	14	4	16	26	47	43	24	29	27	2
45	6	20	4	14	26	31	15	24	6	26	45
46	6	27	4	12	26	14	32	23	42	26	27
47	6	33	4	10	25	57	31	23	17	26	8
48	6	40	4	7	25	40	14	22	51	25	49
49	6	46	4	5	25	22	38	22	25	25	28
50	6	53	4	3	25	4	43	21	58	25	7
51	7	1	4	1	24	46	26	21	30	24	44
52	7	8	3	59	24	27	48	21	1	24	21
53	7	16	3	56	24	8	46	20	32	23	55
54	7	24	3	54	23	49	20	20	1	23	29
55	7	32	3	51	23	29	28	19	29	23	0
56	7	41	3	49	23	9	8	18	56	22	30
57	7	50	3	46	22	48	19	18	21	21	57
58	8	0	3	44	22	26	58	17	45	21	22
59	8	9	3	41	22	5	5	17	8	20	44
60	8	20	3	38	21	42	36	16	29	20	2
61	8	30	3	35	21	19	31	15	48	19	16
62	8	42	3	32	20	55	45	15	6	18	26
63	8	54	3	29	20	31	18	14	22	17	29
64	9	6	3	25	20	6	7	13	35	16	25
65	9	20	3	22	19	40	8	12	46	15	10
66	9	34	3	18	19	13	18	11	55	13	41

Lat.	11		12		ASC			2		3	
0	4 ♍	7	6 ♎	32	8 ♏	22	33	7 ♐	46	5 ♑	30
5	4	25	6	22	7	6	19	6	32	4	51
10	4	44	6	13	5	53	12	5	18	4	10
15	5	2	6	4	4	42	4	4	3	3	28
20	5	21	5	55	3	31	48	2	46	2	44
21	5	25	5	53	3	17	46	2	31	2	35
22	5	29	5	51	3	3	43	2	15	2	25
23	5	33	5	49	2	49	38	1	59	2	16
24	5	37	5	48	2	35	32	1	42	2	6
25	5	41	5	46	2	21	24	1	26	1	56
26	5	45	5	44	2	7	13	1	10	1	46
27	5	49	5	42	1	52	59	0	53	1	36
28	5	53	5	40	1	38	40	0	36	1	26
29	5	57	5	38	1	24	18	0	18	1	15
30	6	2	5	36	1	9	50	0	1	1	4
31	6	6	5	34	0	55	18	29 ♏	43	0	53
32	6	11	5	32	0	40	39	29	25	0	42
33	6	15	5	30	0	25	54	29	7	0	30
34	6	20	5	28	0	11	1	28	48	0	18
35	6	24	5	26	29 ♎	56	1	28	29	0	6
36	6	29	5	24	29	40	53	28	10	29 ♐	53
37	6	34	5	22	29	25	35	27	50	29	40
38	6	39	5	20	29	10	8	27	30	29	27
39	6	44	5	18	28	54	31	27	9	29	13
40	6	49	5	16	28	38	42	26	48	28	59
41	6	54	5	14	28	22	42	26	27	28	44
42	7	0	5	11	28	6	29	26	5	28	29
43	7	5	5	9	27	50	3	25	42	28	13
44	7	11	5	7	27	33	23	25	19	27	56
45	7	17	5	4	27	16	27	24	55	27	39
46	7	23	5	2	26	59	16	24	31	27	21
47	7	29	4	59	26	41	47	24	5	27	3
48	7	35	4	57	26	24	1	23	40	26	43
49	7	42	4	54	26	5	55	23	13	26	23
50	7	48	4	52	25	47	29	22	46	26	1
51	7	55	4	49	25	28	42	22	17	25	38
52	8	3	4	46	25	9	32	21	48	25	14
53	8	10	4	44	24	49	58	21	18	24	49
54	8	18	4	41	24	29	58	20	46	24	22
55	8	26	4	38	24	9	32	20	14	23	54
56	8	34	4	35	23	48	37	19	40	23	23
57	8	43	4	31	23	27	11	19	5	22	50
58	8	52	4	28	23	5	14	18	29	22	14
59	9	1	4	25	22	42	42	17	51	21	36
60	9	11	4	21	22	19	34	17	11	20	54
61	9	22	4	18	21	55	48	16	30	20	8
62	9	32	4	14	21	31	22	15	47	19	16
63	9	44	4	10	21	6	12	15	1	18	19
64	9	56	4	6	20	40	16	14	14	17	13
65	10	9	4	2	20	13	31	13	24	15	57
66	10	22	3	58	19	45	54	12	32	14	25

8 h 28 m MC 4 ♌ 39 30 **RAMC 127°**

Lat.	11	12	ASC	2	3
0	5 ♍ 10	7 ♌ 37	9 ♏ 23 53	8 ♐ 43	6 ♑ 26
5	5 28	7 26	8 6 0	7 28	5 46
10	5 46	7 15	6 51 17	6 14	5 5
15	6 4	7 5	5 38 30	4 58	4 23
20	6 22	6 54	4 26 35	3 41	3 39
21	6 26	6 52	4 12 13	3 25	3 30
22	6 29	6 50	3 57 49	3 9	3 21
23	6 33	6 48	3 43 24	2 53	3 11
24	6 37	6 45	3 28 58	2 36	3 1
25	6 41	6 43	3 14 28	2 20	2 52
26	6 45	6 41	2 59 56	2 3	2 42
27	6 49	6 39	2 45 21	1 46	2 31
28	6 53	6 37	2 30 41	1 29	2 21
29	6 57	6 34	2 15 57	1 11	2 10
30	7 1	6 32	2 1 8	0 54	2 0
31	7 5	6 30	1 46 13	0 36	1 48
32	7 9	6 28	1 31 12	0 18	1 37
33	7 14	6 25	1 16 4	29 ♏ 59	1 25
34	7 18	6 23	1 0 49	29 40	1 13
35	7 23	6 21	0 45 25	29 21	1 1
36	7 27	6 18	0 29 53	29 1	0 48
37	7 32	6 16	0 14 12	28 41	0 35
38	7 36	6 13	29 ♎ 58 21	28 21	0 22
39	7 41	6 11	29 42 19	28 0	0 8
40	7 46	6 8	29 26 5	27 39	29 ♐ 54
41	7 51	6 6	29 9 40	27 17	29 39
42	7 56	6 3	28 53 1	26 55	29 24
43	8 2	6 0	28 36 9	26 32	29 8
44	8 7	5 58	28 19 1	26 8	28 51
45	8 13	5 55	28 1 39	25 44	28 34
46	8 19	5 52	27 43 59	25 20	28 16
47	8 24	5 49	27 26 2	24 54	27 57
48	8 31	5 46	27 7 47	24 28	27 38
49	8 37	5 43	26 49 11	24 1	27 17
50	8 43	5 40	26 30 15	23 33	26 55
51	8 50	5 37	26 10 57	23 4	26 33
52	8 57	5 34	25 51 15	22 35	26 9
53	9 4	5 31	25 31 9	22 4	25 43
54	9 11	5 27	25 10 36	21 32	25 16
55	9 19	5 24	24 49 35	20 59	24 47
56	9 27	5 20	24 28 5	20 25	24 16
57	9 35	5 17	24 6 3	19 49	23 43
58	9 44	5 13	23 43 29	19 12	23 7
59	9 53	5 9	23 20 19	18 34	22 28
60	10 3	5 5	22 56 32	17 53	21 46
61	10 13	5 1	22 32 5	17 11	20 59
62	10 23	4 56	22 6 57	16 27	20 7
63	10 34	4 52	21 41 4	15 41	19 9
64	10 46	4 47	21 14 23	14 53	18 2
65	10 58	4 43	20 46 52	14 2	16 44
66	11 11	4 37	20 18 27	13 9	15 9

Lat.	11	12	ASC	2	3
0	6 ♍ 14	8 ♎ 43	10 ♏ 25 1	9 ♐ 39	7 ♑ 21
5	6 31	8 30	9 5 33	8 24	6 41
10	6 48	8 17	7 49 14	7 9	6 1
15	7 5	8 5	6 34 51	5 53	5 19
20	7 23	7 53	5 21 18	4 35	4 35
21	7 26	7 51	5 6 35	4 19	4 25
22	7 30	7 48	4 51 52	4 3	4 16
23	7 33	7 46	4 37 7	3 47	4 6
24	7 37	7 43	4 22 19	3 30	3 57
25	7 41	7 41	4 7 30	3 13	3 47
26	7 45	7 38	3 52 37	2 56	3 37
27	7 48	7 36	3 37 40	2 39	3 27
28	7 52	7 33	3 22 39	2 22	3 16
29	7 56	7 31	3 7 33	2 4	3 6
30	8 0	7 28	2 52 23	1 47	2 55
31	8 4	7 26	2 37 6	1 28	2 44
32	8 8	7 23	2 21 42	1 10	2 32
33	8 12	7 20	2 6 12	0 51	2 21
34	8 17	7 18	1 50 34	0 32	2 9
35	8 21	7 15	1 34 48	0 13	1 56
36	8 25	7 12	1 18 52	29 ♏ 53	1 44
37	8 30	7 9	1 2 47	29 33	1 31
38	8 34	7 7	0 46 32	29 12	1 17
39	8 39	7 4	0 30 5	28 51	1 3
40	8 44	7 1	0 13 27	28 29	0 49
41	8 48	6 58	29 ♎ 56 36	28 7	0 34
42	8 53	6 55	29 39 32	27 45	0 19
43	8 59	6 52	29 22 13	27 22	0 3
44	9 4	6 49	29 4 39	26 58	29 ♐ 46
45	9 9	6 46	28 46 49	26 34	29 29
46	9 15	6 43	28 28 42	26 8	29 11
47	9 20	6 39	28 10 17	25 43	28 52
48	9 26	6 36	27 51 32	25 16	28 32
49	9 32	6 32	27 32 27	24 49	28 12
50	9 38	6 29	27 13 1	24 21	27 50
51	9 45	6 25	26 53 11	23 51	27 27
52	9 51	6 22	26 32 58	23 21	27 3
53	9 58	6 18	26 12 19	22 50	26 37
54	10 5	6 14	25 51 12	22 18	26 10
55	10 13	6 10	25 29 37	21 44	25 41
56	10 20	6 6	25 7 32	21 9	25 10
57	10 28	6 2	24 44 54	20 33	24 36
58	10 37	5 58	24 21 42	19 56	24 0
59	10 45	5 53	23 57 54	19 16	23 21
60	10 54	5 49	23 33 28	18 35	22 38
61	11 4	5 44	23 8 21	17 53	21 51
62	11 14	5 39	22 42 30	17 8	20 58
63	11 24	5 34	22 15 54	16 21	19 59
64	11 35	5 28	21 48 29	15 32	18 51
65	11 47	5 23	21 20 12	14 40	17 31
66	11 59	5 17	20 50 59	13 46	15 54

Lat.	11	12	ASC	2	3
0	7 ♍ 18	9 ♎ 48	11 ♏ 25 58	10 ♐ 35	8 ♑ 16
5	7 34	9 33	10 4 57	9 20	7 36
10	7 50	9 19	8 47 5	8 5	6 56
15	8 7	9 6	7 31 7	6 48	6 14
20	8 24	8 52	6 15 56	5 29	5 30
21	8 27	8 49	6 0 54	5 13	5 21
22	8 30	8 47	5 45 50	4 57	5 11
23	8 34	8 44	5 30 45	4 40	5 2
24	8 37	8 41	5 15 37	4 24	4 52
25	8 41	8 38	5 0 27	4 7	4 42
26	8 45	8 35	4 45 14	3 50	4 32
27	8 48	8 33	4 29 56	3 33	4 22
28	8 52	8 30	4 14 34	3 15	4 12
29	8 56	8 27	3 59 7	2 57	4 1
30	8 59	8 24	3 43 35	2 39	3 50
31	9 3	8 21	3 27 56	2 21	3 39
32	9 7	8 18	3 12 11	2 2	3 28
33	9 11	8 15	2 56 18	1 43	3 16
34	9 15	8 12	2 40 18	1 24	3 4
35	9 19	8 9	2 24 8	1 5	2 52
36	9 24	8 6	2 7 50	0 45	2 39
37	9 28	8 3	1 51 21	0 24	2 26
38	9 32	8 0	1 34 42	0 3	2 12
39	9 37	7 57	1 17 51	29 ♏ 42	1 59
40	9 41	7 53	1 0 48	29 20	1 44
41	9 46	7 50	0 43 31	28 58	1 29
42	9 50	7 47	0 26 1	28 35	1 14
43	9 55	7 43	0 8 16	28 12	0 58
44	10 0	7 40	29 ♎ 50 16	27 48	0 41
45	10 5	7 36	29 31 59	27 23	0 24
46	10 11	7 33	29 13 24	26 57	0 6
47	10 16	7 29	28 54 30	26 31	29 ♐ 47
48	10 22	7 25	28 35 17	26 4	29 27
49	10 27	7 21	28 15 42	25 37	29 6
50	10 33	7 18	27 55 45	25 8	28 45
51	10 39	7 14	27 35 25	24 39	28 22
52	10 46	7 9	27 14 40	24 8	27 57
53	10 52	7 5	26 53 28	23 36	27 32
54	10 59	7 1	26 31 48	23 4	27 4
55	11 6	6 56	26 9 39	22 30	26 35
56	11 14	6 52	25 46 58	21 54	26 4
57	11 21	6 47	25 23 44	21 17	25 30
58	11 29	6 42	24 59 55	20 39	24 54
59	11 37	6 37	24 35 29	19 59	24 14
60	11 46	6 32	24 10 23	19 18	23 31
61	11 55	6 27	23 44 35	18 34	22 43
62	12 5	6 21	23 18 3	17 49	21 50
63	12 15	6 15	22 50 43	17 1	20 50
64	12 25	6 9	22 22 33	16 11	19 40
65	12 36	6 3	21 53 30	15 18	18 19
66	12 48	5 57	21 23 29	14 23	16 38

Lat.	11		12		ASC			2		3	
0	8 ♍	22	10 ♌	53	12 ♏	26	45	11 ♐	32	9 ♑	11
5	8	37	10	37	11	4	12	10	16	8	32
10	8	53	10	21	9	44	48	9	0	7	51
15	9	9	10	6	8	27	16	7	43	7	10
20	9	25	9	51	7	10	30	6	24	6	25
21	9	28	9	48	6	55	8	6	7	6	16
22	9	31	9	45	6	39	45	5	51	6	7
23	9	35	9	42	6	24	20	5	34	5	57
24	9	38	9	39	6	8	52	5	18	5	48
25	9	41	9	36	5	53	21	5	1	5	38
26	9	45	9	33	5	37	47	4	43	5	28
27	9	48	9	29	5	22	9	4	26	5	18
28	9	52	9	26	5	6	27	4	8	5	7
29	9	55	9	23	4	50	39	3	50	4	57
30	9	59	9	20	4	34	45	3	32	4	46
31	10	3	9	17	4	18	45	3	14	4	35
32	10	6	9	13	4	2	37	2	55	4	23
33	10	10	9	10	3	46	22	2	36	4	11
34	10	14	9	7	3	29	59	2	16	3	59
35	10	18	9	3	3	13	27	1	56	3	47
36	10	22	9	0	2	56	45	1	36	3	34
37	10	26	8	57	2	39	53	1	16	3	21
38	10	30	8	53	2	22	50	0	54	3	8
39	10	34	8	50	2	5	35	0	33	2	54
40	10	39	8	46	1	48	7	0	11	2	40
41	10	43	8	42	1	30	26	29 ♏	48	2	25
42	10	48	8	39	1	12	30	29	25	2	9
43	10	52	8	35	0	54	19	29	2	1	53
44	10	57	8	31	0	35	52	28	37	1	36
45	11	2	8	27	0	17	7	28	12	1	19
46	11	7	8	23	29 ♌	58	5	27	47	1	1
47	11	12	8	19	29	38	43	27	20	0	42
48	11	17	8	15	29	19	0	26	53	0	22
49	11	23	8	11	28	58	56	26	25	0	1
50	11	28	8	6	28	38	29	25	56	29 ♐	40
51	11	34	8	2	28	17	38	25	26	29	16
52	11	40	7	57	27	56	21	24	55	28	52
53	11	47	7	52	27	34	37	24	23	28	26
54	11	53	7	48	27	12	23	23	49	27	59
55	12	0	7	43	26	49	40	23	15	27	29
56	12	7	7	38	26	26	24	22	39	26	58
57	12	14	7	32	26	2	34	22	2	26	24
58	12	22	7	27	25	38	8	21	23	25	47
59	12	29	7	21	25	13	3	20	42	25	7
60	12	38	7	16	24	47	17	20	0	24	24
61	12	46	7	10	24	20	49	19	16	23	35
62	12	55	7	3	23	53	34	18	29	22	42
63	13	5	6	57	23	25	31	17	41	21	41
64	13	15	6	50	22	56	36	16	50	20	30
65	13	26	6	43	22	26	46	15	56	19	7
66	13	37	6	36	21	55	58	15	0	17	23

Lat.	11		12		ASC			2		3	
0	9 ♍	26	11 ♎	58	13 ♏	27	20	12 ♐	28	10 ♑	7
5	9	41	11	40	12	3	18	11	11	9	27
10	9	55	11	23	10	42	23	9	55	8	47
15	10	10	11	7	9	23	20	8	38	8	5
20	10	26	10	50	8	4	59	7	18	7	21
21	10	29	10	47	7	49	18	7	1	7	12
22	10	32	10	43	7	33	35	6	45	7	2
23	10	35	10	40	7	17	50	6	28	6	53
24	10	38	10	37	7	2	3	6	11	6	43
25	10	42	10	33	6	46	12	5	54	6	33
26	10	45	10	30	6	30	18	5	37	6	23
27	10	48	10	26	6	14	20	5	19	6	13
28	10	52	10	23	5	58	16	5	1	6	3
29	10	55	10	19	5	42	7	4	43	5	52
30	10	58	10	16	5	25	52	4	25	5	41
31	11	2	10	12	5	9	31	4	6	5	30
32	11	5	10	9	4	53	2	3	47	5	19
33	11	9	10	5	4	36	25	3	28	5	7
34	11	13	10	1	4	19	39	3	8	4	55
35	11	16	9	58	4	2	44	2	48	4	43
36	11	20	9	54	3	45	39	2	28	4	30
37	11	24	9	50	3	28	24	2	7	4	17
38	11	28	9	46	3	10	57	1	46	4	3
39	11	32	9	42	2	53	18	1	24	3	49
40	11	36	9	38	2	35	25	1	2	3	35
41	11	40	9	34	2	17	19	0	39	3	20
42	11	45	9	30	1	58	57	0	15	3	5
43	11	49	9	26	1	40	21	29 ♏	52	2	49
44	11	54	9	22	1	21	27	29	27	2	32
45	11	58	9	18	1	2	15	29	2	2	14
46	12	3	9	13	0	42	45	28	36	1	56
47	12	8	9	9	0	22	55	28	9	1	37
48	12	13	9	4	0	2	44	27	41	1	17
49	12	18	8	59	29 ♎	42	10	27	13	0	57
50	12	24	8	55	29	21	13	26	43	0	35
51	12	29	8	50	28	59	50	26	13	0	11
52	12	35	8	45	28	38	1	25	41	29 ♐	47
53	12	41	8	40	28	15	45	25	9	29	21
54	12	47	8	34	27	52	58	24	35	28	53
55	12	53	8	29	27	29	40	24	0	28	24
56	13	0	8	23	27	5	49	23	24	27	52
57	13	7	8	17	26	41	23	22	46	27	18
58	13	14	8	12	26	16	19	22	6	26	41
59	13	22	8	5	25	50	36	21	25	26	1
60	13	29	7	59	25	24	10	20	42	25	17
61	13	38	7	53	24	57	1	19	57	24	28
62	13	46	7	46	24	29	4	19	10	23	34
63	13	55	7	39	24	0	17	18	21	22	32
64	14	5	7	31	23	30	37	17	29	21	20
65	14	15	7	24	23	0	1	16	34	19	55
66	14	25	7	16	22	28	24	15	37	18	8

Lat.	11		12		ASC			2		3	
0	10 ♍	30	13 ♌	3	14 ♏	27	45	13 ♐	24	11 ♑	2
5	10	44	12	44	13	2	15	12	7	10	23
10	10	58	12	25	11	39	52	10	50	9	43
15	11	12	12	7	10	19	18	9	32	9	1
20	11	27	11	49	8	59	24	8	12	8	17
21	11	30	11	45	8	43	24	7	56	8	7
22	11	33	11	42	8	27	22	7	39	7	58
23	11	36	11	38	8	11	18	7	22	7	49
24	11	39	11	34	7	55	11	7	5	7	39
25	11	42	11	31	7	39	0	6	48	7	29
26	11	45	11	27	7	22	46	6	30	7	19
27	11	48	11	23	7	6	27	6	12	7	9
28	11	51	11	19	6	50	3	5	54	6	59
29	11	55	11	16	6	33	33	5	36	6	48
30	11	58	11	12	6	16	57	5	18	6	37
31	12	1	11	8	6	0	14	4	59	6	26
32	12	5	11	4	5	43	24	4	40	6	14
33	12	8	11	0	5	26	25	4	20	6	3
34	12	12	10	56	5	9	17	4	0	5	51
35	12	15	10	52	4	52	0	3	40	5	38
36	12	19	10	48	4	34	32	3	20	5	26
37	12	22	10	44	4	16	53	2	59	5	13
38	12	26	10	40	3	59	3	2	37	4	59
39	12	30	10	35	3	40	59	2	15	4	45
40	12	34	10	31	3	22	42	1	52	4	31
41	12	38	10	27	3	4	11	1	29	4	16
42	12	42	10	22	2	45	24	1	6	4	0
43	12	46	10	18	2	26	21	0	42	3	44
44	12	51	10	13	2	7	1	0	17	3	27
45	12	55	10	8	1	47	23	29 ♏	51	3	10
46	12	59	10	3	1	27	25	29	25	2	52
47	13	4	9	59	1	7	6	28	58	2	33
48	13	9	9	54	0	46	26	28	30	2	13
49	13	14	9	48	0	25	23	28	1	1	52
50	13	19	9	43	0	3	55	27	31	1	30
51	13	24	9	38	29 ♎	42	2	27	0	1	7
52	13	30	9	32	29	19	41	26	28	0	42
53	13	35	9	27	28	56	52	25	55	0	16
54	13	41	9	21	28	33	32	25	21	29 ♐	48
55	13	47	9	15	28	9	40	24	45	29	19
56	13	53	9	9	27	45	13	24	8	28	47
57	14	0	9	3	27	20	10	23	30	28	12
58	14	7	8	56	26	54	29	22	50	27	35
59	14	14	8	49	26	28	7	22	8	26	55
60	14	21	8	43	26	1	3	21	24	26	10
61	14	29	8	35	25	33	12	20	39	25	21
62	14	37	8	28	25	4	33	19	51	24	26
63	14	46	8	20	24	35	2	19	0	23	23
64	14	55	8	12	24	4	37	18	7	22	11
65	15	4	8	4	23	33	14	17	12	20	44
66	15	14	7	55	23	0	48	16	13	18	53

Lat.	11		12		ASC			2		3	
0	11 ♍	34	14 ♎	7	15 ♏	27	59	14 ♐	19	11 ♑	58
5	11	48	13	47	14	1	4	13	3	11	18
10	12	1	13	27	12	37	14	11	46	10	38
15	12	14	13	7	11	15	11	10	27	9	56
20	12	28	12	48	9	53	45	9	6	9	12
21	12	31	12	44	9	37	25	8	50	9	3
22	12	34	12	40	9	21	4	8	33	8	54
23	12	37	12	36	9	4	41	8	16	8	44
24	12	40	12	32	8	48	15	7	59	8	35
25	12	43	12	28	8	31	45	7	41	8	25
26	12	46	12	24	8	15	10	7	24	8	15
27	12	48	12	20	7	58	31	7	6	8	5
28	12	52	12	16	7	41	47	6	48	7	54
29	12	55	12	12	7	24	57	6	29	7	44
30	12	58	12	7	7	8	0	6	11	7	33
31	13	1	12	3	6	50	56	5	52	7	22
32	13	4	11	59	6	33	44	5	32	7	10
33	13	7	11	55	6	16	23	5	13	6	59
34	13	11	11	50	5	58	54	4	53	6	47
35	13	14	11	46	5	41	14	4	32	6	34
36	13	17	11	42	5	23	23	4	11	6	22
37	13	21	11	37	5	5	21	3	50	6	8
38	13	24	11	33	4	47	7	3	28	5	55
39	13	28	11	28	4	28	40	3	6	5	41
40	13	32	11	23	4	9	58	2	43	5	26
41	13	35	11	19	3	51	2	2	20	5	12
42	13	39	11	14	3	31	50	1	56	4	56
43	13	43	11	9	3	12	21	1	32	4	40
44	13	47	11	4	2	52	35	1	6	4	23
45	13	52	10	59	2	32	29	0	40	4	6
46	13	56	10	54	2	12	4	0	14	3	47
47	14	0	10	48	1	51	17	29 ♏	46	3	28
48	14	5	10	43	1	30	8	29	18	3	8
49	14	9	10	37	1	8	35	28	49	2	47
50	14	14	10	32	0	46	38	28	19	2	25
51	14	19	10	26	0	24	13	27	47	2	2
52	14	24	10	20	0	1	21	27	15	1	37
53	14	30	10	14	29 ♎	37	59	26	42	1	11
54	14	35	10	8	29	14	5	26	7	0	43
55	14	41	10	1	28	49	39	25	31	0	14
56	14	47	9	55	28	24	37	24	53	29 ♐	42
57	14	53	9	48	27	58	58	24	14	29	7
58	14	59	9	41	27	32	39	23	33	28	30
59	15	6	9	34	27	5	38	22	51	27	49
60	15	13	9	26	26	37	54	22	7	27	4
61	15	21	9	18	26	9	22	21	20	26	15
62	15	28	9	10	25	40	0	20	31	25	19
63	15	36	9	2	25	9	46	19	40	24	15
64	15	45	8	53	24	38	35	18	46	23	1
65	15	54	8	44	24	6	25	17	50	21	32
66	16	3	8	35	23	33	11	16	50	19	39

Lat.	11		12		ASC			2		3	
0	12 ♍	39	15 ♌	12	16 ♏	28	1	15 ♐	15	12 ♑	53
5	12	51	14	50	14	59	43	13	58	12	14
10	13	4	14	29	13	34	28	12	41	11	34
15	13	17	14	8	12	10	58	11	22	10	52
20	13	30	13	47	10	48	1	10	0	10	8
21	13	32	13	42	10	31	23	9	44	9	59
22	13	35	13	38	10	14	43	9	27	9	50
23	13	38	13	34	9	58	1	9	10	9	40
24	13	40	13	30	9	41	15	8	52	9	31
25	13	43	13	25	9	24	26	8	35	9	21
26	13	46	13	21	9	7	32	8	17	9	11
27	13	49	13	17	8	50	33	7	59	9	1
28	13	52	13	12	8	33	29	7	41	8	50
29	13	54	13	8	8	16	18	7	22	8	40
30	13	57	13	3	7	59	0	7	3	8	29
31	14	0	12	59	7	41	35	6	44	8	18
32	14	3	12	54	7	24	2	6	25	8	6
33	14	6	12	50	7	6	20	6	5	7	55
34	14	10	12	45	6	48	28	5	45	7	43
35	14	13	12	40	6	30	26	5	24	7	30
36	14	16	12	36	6	12	13	5	3	7	17
37	14	19	12	31	5	53	48	4	42	7	4
38	14	23	12	26	5	35	10	4	20	6	51
39	14	26	12	21	5	16	19	3	57	6	37
40	14	29	12	16	4	57	13	3	34	6	22
41	14	33	12	11	4	37	52	3	11	6	7
42	14	37	12	6	4	18	15	2	46	5	52
43	14	40	12	0	3	58	20	2	22	5	36
44	14	44	11	55	3	38	7	1	56	5	19
45	14	48	11	49	3	17	35	1	30	5	2
46	14	52	11	44	2	56	42	1	3	4	43
47	14	56	11	38	2	35	27	0	35	4	24
48	15	1	11	32	2	13	50	0	7	4	4
49	15	5	11	26	1	51	47	29 ♏	37	3	43
50	15	10	11	20	1	29	19	29	6	3	21
51	15	14	11	14	1	6	24	28	35	2	58
52	15	19	11	8	0	43	0	28	2	2	33
53	15	24	11	1	0	19	5	27	28	2	7
54	15	29	10	54	29 ♌	54	38	26	53	1	39
55	15	35	10	47	29	29	37	26	16	1	9
56	15	40	10	40	29	4	0	25	38	0	37
57	15	46	10	33	28	37	44	24	59	0	2
58	15	52	10	25	28	10	48	24	17	29 ♐	24
59	15	59	10	18	27	43	8	23	34	28	43
60	16	5	10	9	27	14	44	22	49	27	58
61	16	12	10	1	26	45	31	22	1	27	8
62	16	19	9	52	26	15	26	21	12	26	12
63	16	27	9	44	25	44	28	20	20	25	8
64	16	35	9	34	25	12	32	19	25	23	53
65	16	43	9	25	24	39	34	18	28	22	22
66	16	52	9	14	24	5	31	17	27	20	25

Lat.	11		12		ASC			2		3	
0	13 ♍	43	16 ♎	17	17 ♏	27	54	16 ♐	11	13 ♑	49
5	13	55	15	53	15	58	14	14	53	13	10
10	14	7	15	30	14	31	36	13	36	12	30
15	14	19	15	8	13	6	40	12	16	11	48
20	14	31	14	45	11	42	13	10	54	11	4
21	14	34	14	41	11	25	17	10	38	10	55
22	14	36	14	36	11	8	18	10	21	10	46
23	14	39	14	32	10	51	17	10	3	10	36
24	14	41	14	27	10	34	12	9	46	10	27
25	14	44	14	22	10	17	4	9	28	10	17
26	14	46	14	18	9	59	50	9	10	10	7
27	14	49	14	13	9	42	32	8	52	9	57
28	14	52	14	8	9	25	8	8	34	9	46
29	14	54	14	4	9	7	37	8	15	9	36
30	14	57	13	59	8	49	59	7	56	9	25
31	15	0	13	54	8	32	13	7	37	9	14
32	15	3	13	49	8	14	18	7	17	9	2
33	15	6	13	44	7	56	15	6	57	8	51
34	15	9	13	39	7	38	1	6	37	8	39
35	15	12	13	34	7	19	37	6	16	8	26
36	15	15	13	29	7	1	1	5	55	8	14
37	15	18	13	24	6	42	13	5	33	8	1
38	15	21	13	19	6	23	12	5	11	7	47
39	15	24	13	14	6	3	57	4	48	7	33
40	15	27	13	8	5	44	27	4	25	7	19
41	15	31	13	3	5	24	42	4	1	7	4
42	15	34	12	57	5	4	39	3	37	6	48
43	15	38	12	52	4	44	19	3	12	6	32
44	15	41	12	46	4	23	40	2	46	6	15
45	15	45	12	40	4	2	41	2	20	5	58
46	15	49	12	34	3	41	20	1	52	5	39
47	15	53	12	28	3	19	37	1	24	5	20
48	15	57	12	22	2	57	31	0	55	5	0
49	16	1	12	15	2	34	59	0	25	4	39
50	16	5	12	9	2	12	1	29 ♏	54	4	17
51	16	9	12	2	1	48	35	29	22	3	54
52	16	14	11	55	1	24	39	28	49	3	29
53	16	19	11	48	1	0	11	28	15	3	2
54	16	24	11	41	0	35	11	27	39	2	34
55	16	29	11	34	0	9	35	27	2	2	4
56	16	34	11	26	29 ♎	43	22	26	23	1	32
57	16	39	11	18	29	16	30	25	43	0	57
58	16	45	11	10	28	48	56	25	1	0	19
59	16	51	11	2	28	20	38	24	17	29 ♐	38
60	16	57	10	53	27	51	33	23	31	28	53
61	17	4	10	44	27	21	38	22	43	28	2
62	17	10	10	35	26	50	51	21	53	27	5
63	17	17	10	25	26	19	9	21	0	26	0
64	17	25	10	15	25	46	27	20	4	24	44
65	17	33	10	5	25	12	42	19	5	23	12
66	17	41	9	54	24	37	50	18	3	21	11

Lat.	11	12	ASC	2	3
0	14 ♍ 48	17 ♎ 21	18 ♏ 27 35	17 ♐ 6	14 ♑ 44
5	14 59	16 56	16 56 36	15 49	14 5
10	15 10	16 32	15 28 36	14 31	13 26
15	15 21	16 8	14 2 16	13 11	12 44
20	15 33	15 44	12 36 21	11 49	12 0
21	15 35	15 39	12 19 6	11 32	11 51
22	15 37	15 34	12 1 50	11 14	11 42
23	15 40	15 29	11 44 30	10 57	11 33
24	15 42	15 25	11 27 6	10 40	11 23
25	15 45	15 20	11 9 39	10 22	11 13
26	15 47	15 15	10 52 6	10 4	11 3
27	15 49	15 10	10 34 28	9 46	10 53
28	15 52	15 5	10 16 44	9 27	10 43
29	15 55	15 0	9 58 53	9 8	10 32
30	15 57	14 55	9 40 55	8 49	10 21
31	16 0	14 50	9 22 48	8 30	10 10
32	16 2	14 44	9 4 33	8 10	9 59
33	16 5	14 39	8 46 8	7 50	9 47
34	16 8	14 34	8 27 33	7 29	9 35
35	16 11	14 29	8 8 47	7 8	9 23
36	16 13	14 23	7 49 49	6 47	9 10
37	16 16	14 18	7 30 38	6 25	8 57
38	16 19	14 12	7 11 13	6 2	8 43
39	16 22	14 6	6 51 35	5 40	8 29
40	16 25	14 1	6 31 41	5 16	8 15
41	16 28	13 55	6 11 30	4 52	8 0
42	16 32	13 49	5 51 3	4 27	7 44
43	16 35	13 43	5 30 17	4 2	7 28
44	16 38	13 37	5 9 11	3 36	7 11
45	16 42	13 31	4 47 45	3 9	6 54
46	16 45	13 24	4 25 58	2 42	6 36
47	16 49	13 18	4 3 47	2 13	6 17
48	16 53	13 11	3 41 11	1 44	5 56
49	16 56	13 4	3 18 10	1 14	5 35
50	17 0	12 57	2 54 42	0 42	5 13
51	17 5	12 50	2 30 45	0 10	4 50
52	17 9	12 43	2 6 17	29 ♏ 36	4 25
53	17 13	12 35	1 41 17	29 1	3 58
54	17 18	12 28	1 15 42	28 25	3 30
55	17 22	12 20	0 49 32	27 47	3 0
56	17 27	12 12	0 22 44	27 8	2 28
57	17 32	12 3	29 ♎ 55 15	26 27	1 53
58	17 38	11 55	29 27 3	25 45	1 15
59	17 43	11 46	28 58 6	25 0	0 33
60	17 49	11 36	28 28 21	24 13	29 ♐ 48
61	17 55	11 27	27 57 45	23 25	28 57
62	18 1	11 17	27 26 15	22 33	27 59
63	18 8	11 7	26 53 48	21 39	26 54
64	18 15	10 56	26 20 20	20 43	25 36
65	18 22	10 45	25 45 48	19 43	24 2
66	18 30	10 33	25 10 7	18 40	21 57

Lat.	11	12	ASC	2	3
0	15 ♍ 53	18 ♎ 26	19 ♏ 27 5	18 ♐ 2	15 ♑ 40
5	16 3	17 59	17 54 49	16 44	15 1
10	16 13	17 33	16 25 29	15 26	14 22
15	16 24	17 8	14 57 46	14 6	13 40
20	16 34	16 43	13 30 24	12 43	12 57
21	16 37	16 37	13 12 52	12 26	12 48
22	16 39	16 32	12 55 17	12 8	12 38
23	16 41	16 27	12 37 39	11 51	12 29
24	16 43	16 22	12 19 57	11 33	12 19
25	16 45	16 17	12 2 11	11 15	12 10
26	16 48	16 12	11 44 19	10 57	12 0
27	16 50	16 6	11 26 22	10 39	11 49
28	16 52	16 1	11 8 18	10 20	11 39
29	16 55	15 56	10 50 7	10 1	11 28
30	16 57	15 50	10 31 49	9 42	11 18
31	16 59	15 45	10 13 22	9 22	11 7
32	17 2	15 39	9 54 46	9 2	10 55
33	17 4	15 34	9 35 59	8 42	10 43
34	17 7	15 28	9 17 3	8 21	10 31
35	17 10	15 23	8 57 55	8 0	10 19
36	17 12	15 17	8 38 34	7 39	10 6
37	17 15	15 11	8 19 1	7 16	9 53
38	17 18	15 5	7 59 14	6 54	9 40
39	17 20	14 59	7 39 11	6 31	9 26
40	17 23	14 53	7 18 53	6 7	9 11
41	17 26	14 47	6 58 19	5 43	8 56
42	17 29	14 41	6 37 26	5 18	8 41
43	17 32	14 34	6 16 14	4 52	8 25
44	17 35	14 28	5 54 43	4 26	8 8
45	17 39	14 21	5 32 50	3 59	7 50
46	17 42	14 14	5 10 35	3 31	7 32
47	17 45	14 7	4 47 56	3 2	7 13
48	17 49	14 0	4 24 52	2 33	6 53
49	17 52	13 53	4 1 21	2 2	6 32
50	17 56	13 46	3 37 23	1 30	6 9
51	18 0	13 38	3 12 54	0 57	5 46
52	18 4	13 30	2 47 55	0 23	5 21
53	18 8	13 22	2 22 22	29 ♏ 48	4 55
54	18 12	13 14	1 56 14	29 11	4 26
55	18 16	13 6	1 29 29	28 33	3 56
56	18 21	12 57	1 2 5	27 53	3 24
57	18 26	12 48	0 33 59	27 12	2 49
58	18 31	12 39	0 5 9	26 28	2 10
59	18 36	12 30	29 ♎ 35 33	25 43	1 29
60	18 41	12 20	29 5 8	24 56	0 43
61	18 47	12 10	28 33 50	24 6	29 ♐ 51
62	18 53	11 59	28 1 37	23 14	28 54
63	18 59	11 48	27 28 26	22 19	27 47
64	19 5	11 37	26 54 12	21 21	26 29
65	19 12	11 25	26 18 51	20 21	24 53
66	19 19	11 13	25 42 21	19 16	22 44

Lat.	11	12	ASC	2	3
0	16 ♍ 57	19 ♌ 30	20 ♏ 26 26	18 ♐ 57	16 ♑ 36
5	17 7	19 2	18 52 54	17 39	15 57
10	17 17	18 35	17 22 16	16 21	15 18
15	17 26	18 8	15 53 11	15 0	14 37
20	17 36	17 41	14 24 24	13 37	13 53
21	17 38	17 36	14 6 34	13 20	13 44
22	17 40	17 30	13 48 41	13 2	13 35
23	17 42	17 25	13 30 45	12 45	13 25
24	17 44	17 19	13 12 45	12 27	13 16
25	17 46	17 14	12 54 40	12 9	13 6
26	17 48	17 8	12 36 29	11 51	12 56
27	17 50	17 3	12 18 13	11 32	12 46
28	17 53	16 57	11 59 50	11 13	12 36
29	17 55	16 52	11 41 19	10 54	12 25
30	17 57	16 46	11 22 41	10 35	12 14
31	17 59	16 40	11 3 53	10 15	12 3
32	18 2	16 34	10 44 57	9 55	11 52
33	18 4	16 29	10 25 50	9 34	11 40
34	18 6	16 23	10 6 32	9 14	11 28
35	18 9	16 17	9 47 2	8 52	11 16
36	18 11	16 11	9 27 19	8 30	11 3
37	18 14	16 4	9 7 23	8 8	10 50
38	18 16	15 58	8 47 13	7 45	10 36
39	18 19	15 52	8 26 47	7 22	10 23
40	18 21	15 45	8 6 5	6 58	10 8
41	18 24	15 39	7 45 6	6 34	9 53
42	18 27	15 32	7 23 48	6 8	9 38
43	18 30	15 25	7 2 11	5 43	9 21
44	18 32	15 19	6 40 14	5 16	9 5
45	18 35	15 11	6 17 54	4 49	8 47
46	18 38	15 4	5 55 12	4 20	8 29
47	18 42	14 57	5 32 5	3 51	8 10
48	18 45	14 50	5 8 32	3 21	7 50
49	18 48	14 42	4 44 32	2 50	7 28
50	18 51	14 34	4 20 3	2 18	7 6
51	18 55	14 26	3 55 4	1 45	6 43
52	18 59	14 18	3 29 32	1 10	6 18
53	19 2	14 9	3 3 27	0 35	5 51
54	19 6	14 1	2 36 45	29 ♏ 57	5 23
55	19 10	13 52	2 9 25	29 19	4 52
56	19 15	13 43	1 41 25	28 38	4 20
57	19 19	13 33	1 12 43	27 56	3 45
58	19 24	13 24	0 43 15	27 12	3 6
59	19 28	13 14	0 13 0	26 26	2 24
60	19 33	13 3	29 ♌ 41 54	25 38	1 38
61	19 38	12 52	29 9 54	24 48	0 47
62	19 44	12 41	28 36 58	23 55	29 ♐ 48
63	19 49	12 30	28 3 2	22 59	28 41
64	19 55	12 18	27 28 2	22 0	27 22
65	20 2	12 5	26 51 54	20 58	25 44
66	20 8	11 52	26 14 33	19 53	23 32

Lat.	11		12		ASC			2		3	
0	18 ♍	2	20 ♎	34	21 ♏	25	35	19 ♐	53	17 ♑	32
5	18	11	20	5	19	50	50	18	34	16	53
10	18	20	19	36	18	18	56	17	15	16	14
15	18	29	19	8	16	48	31	15	55	15	33
20	18	38	18	40	15	18	20	14	31	14	50
21	18	40	18	34	15	0	12	14	14	14	40
22	18	42	18	28	14	42	2	13	56	14	31
23	18	43	18	23	14	23	48	13	39	14	22
24	18	45	18	17	14	5	29	13	21	14	12
25	18	47	18	11	13	47	6	13	3	14	3
26	18	49	18	5	13	28	37	12	44	13	53
27	18	51	17	59	13	10	1	12	26	13	43
28	18	53	17	53	12	51	19	12	7	13	32
29	18	55	17	47	12	32	29	11	47	13	22
30	18	57	17	41	12	13	31	11	28	13	11
31	18	59	17	35	11	54	23	11	8	13	0
32	19	1	17	29	11	35	6	10	48	12	48
33	19	3	17	23	11	15	38	10	27	12	37
34	19	6	17	17	10	55	59	10	6	12	25
35	19	8	17	11	10	36	7	9	44	12	13
36	19	10	17	4	10	16	3	9	22	12	0
37	19	12	16	58	9	55	45	9	0	11	47
38	19	15	16	51	9	35	11	8	37	11	33
39	19	17	16	44	9	14	22	8	13	11	19
40	19	19	16	38	8	53	16	7	49	11	5
41	19	22	16	31	8	31	53	7	25	10	50
42	19	24	16	24	8	10	10	6	59	10	34
43	19	27	16	17	7	48	8	6	33	10	18
44	19	30	16	9	7	25	44	6	6	10	2
45	19	32	16	2	7	2	58	5	38	9	44
46	19	35	15	54	6	39	48	5	10	9	26
47	19	38	15	47	6	16	13	4	41	9	7
48	19	41	15	39	5	52	12	4	10	8	46
49	19	44	15	31	5	27	42	3	39	8	25
50	19	47	15	22	5	2	43	3	6	8	3
51	19	50	15	14	4	37	13	2	33	7	39
52	19	54	15	5	4	11	10	1	58	7	14
53	19	57	14	56	3	44	31	1	21	6	48
54	20	1	14	47	3	17	16	0	44	6	19
55	20	4	14	38	2	49	21	0	4	5	49
56	20	8	14	28	2	20	46	29 ♏	24	5	16
57	20	12	14	18	1	51	26	28	41	4	41
58	20	16	14	8	1	21	20	27	56	4	3
59	20	21	13	57	0	50	26	27	10	3	21
60	20	25	13	46	0	18	39	26	21	2	34
61	20	30	13	35	29 ♎	45	58	25	29	1	42
62	20	35	13	23	29	12	18	24	35	0	43
63	20	40	13	11	28	37	37	23	39	29 ♐	36
64	20	46	12	59	28	1	50	22	39	28	16
65	20	52	12	45	27	24	54	21	36	26	36
66	20	58	12	32	26	46	44	20	29	24	20

Lat.	11		12		ASC			2		3	
0	19 ♍	7	21 ♌	38	22 ♏	24	34	20 ♐	48	18 ♑	28
5	19	15	21	7	20	48	38	19	30	17	50
10	19	23	20	37	19	15	29	18	10	17	10
15	19	31	20	8	17	43	46	16	49	16	29
20	19	40	19	38	16	12	11	15	25	15	46
21	19	41	19	32	15	53	47	15	8	15	37
22	19	43	19	26	15	35	19	14	50	15	28
23	19	45	19	20	15	16	47	14	32	15	19
24	19	46	19	14	14	58	11	14	14	15	9
25	19	48	19	8	14	39	29	13	56	14	59
26	19	50	19	2	14	20	42	13	38	14	49
27	19	52	18	56	14	1	47	13	19	14	39
28	19	54	18	50	13	42	46	13	0	14	29
29	19	55	18	43	13	23	37	12	41	14	19
30	19	57	18	37	13	4	19	12	21	14	8
31	19	59	18	31	12	44	51	12	1	13	57
32	20	1	18	24	12	25	14	11	40	13	45
33	20	3	18	18	12	5	25	11	20	13	34
34	20	5	18	11	11	45	25	10	58	13	22
35	20	7	18	4	11	25	12	10	37	13	10
36	20	9	17	58	11	4	46	10	14	12	57
37	20	11	17	51	10	44	5	9	52	12	44
38	20	13	17	44	10	23	9	9	29	12	30
39	20	15	17	37	10	1	57	9	5	12	16
40	20	17	17	30	9	40	27	8	41	12	2
41	20	20	17	23	9	18	39	8	16	11	47
42	20	22	17	15	8	56	32	7	50	11	32
43	20	24	17	8	8	34	4	7	24	11	15
44	20	27	17	0	8	11	15	6	56	10	59
45	20	29	16	52	7	48	2	6	28	10	41
46	20	32	16	44	7	24	25	6	0	10	23
47	20	34	16	36	7	0	22	5	30	10	4
48	20	37	16	28	6	35	52	4	59	9	44
49	20	40	16	20	6	10	53	4	27	9	22
50	20	43	16	11	5	45	24	3	55	9	0
51	20	46	16	2	5	19	22	3	20	8	36
52	20	49	15	53	4	52	47	2	45	8	11
53	20	52	15	43	4	25	36	2	8	7	45
54	20	55	15	34	3	57	46	1	30	7	16
55	20	58	15	24	3	29	17	0	50	6	46
56	21	2	15	14	3	0	5	0	9	6	13
57	21	6	15	3	2	30	9	29 ♏	26	5	38
58	21	9	14	53	1	59	25	28	40	4	59
59	21	13	14	41	1	27	51	27	53	4	17
60	21	17	14	30	0	55	24	27	3	3	30
61	21	22	14	18	0	22	0	26	11	2	38
62	21	26	14	5	29 ♌	47	37	25	16	1	39
63	21	31	13	53	29	12	10	24	18	0	31
64	21	36	13	39	28	35	37	23	18	29 ♐	10
65	21	41	13	25	27	57	52	22	13	27	29
66	21	47	13	11	27	18	52	21	6	25	9

Lat.	11		12		ASC			2		3	
0	20 ♍	12	22 ♌	42	23 ♏	23	23	21 ♐	43	19 ♑	24
5	20	20	22	10	21	46	17	20	25	18	46
10	20	27	21	38	20	11	55	19	5	18	7
15	20	34	21	7	18	38	55	17	44	17	26
20	20	42	20	36	17	5	59	16	19	16	43
21	20	43	20	30	16	47	18	16	2	16	34
22	20	45	20	24	16	28	33	15	44	16	25
23	20	46	20	18	16	9	43	15	26	16	15
24	20	48	20	11	15	50	49	15	8	16	6
25	20	49	20	5	15	31	50	14	50	15	56
26	20	51	19	59	15	12	44	14	31	15	46
27	20	52	19	52	14	53	31	14	12	15	36
28	20	54	19	46	14	34	11	13	53	15	26
29	20	56	19	39	14	14	43	13	34	15	16
30	20	57	19	32	13	55	5	13	14	15	5
31	20	59	19	26	13	35	18	12	54	14	54
32	21	1	19	19	13	15	20	12	33	14	42
33	21	2	19	12	12	55	11	12	12	14	31
34	21	4	19	5	12	34	50	11	51	14	19
35	21	6	18	58	12	14	16	11	29	14	7
36	21	8	18	51	11	53	28	11	7	13	54
37	21	10	18	44	11	32	25	10	44	13	41
38	21	12	18	37	11	11	6	10	20	13	28
39	21	14	18	30	10	49	31	9	56	13	14
40	21	16	18	22	10	27	38	9	32	12	59
41	21	18	18	14	10	5	26	9	7	12	44
42	21	20	18	7	9	42	54	8	41	12	29
43	21	22	17	59	9	20	0	8	14	12	13
44	21	24	17	51	8	56	45	7	47	11	56
45	21	26	17	43	8	33	5	7	18	11	39
46	21	28	17	34	8	9	1	6	49	11	20
47	21	31	17	26	7	44	30	6	19	11	1
48	21	33	17	17	7	19	32	5	48	10	41
49	21	36	17	8	6	54	3	5	16	10	20
50	21	38	16	59	6	28	4	4	43	9	57
51	21	41	16	50	6	1	31	4	8	9	34
52	21	44	16	40	5	34	24	3	33	9	9
53	21	47	16	30	5	6	40	2	55	8	42
54	21	49	16	20	4	38	17	2	17	8	14
55	21	52	16	10	4	9	13	1	36	7	43
56	21	56	15	59	3	39	25	0	54	7	11
57	21	59	15	48	3	8	51	0	10	6	35
58	22	2	15	37	2	37	29	29 ♏	24	5	56
59	22	6	15	25	2	5	15	28	36	5	14
60	22	10	15	13	1	32	7	27	46	4	27
61	22	14	15	1	0	58	1	26	53	3	35
62	22	18	14	48	0	22	54	25	57	2	35
63	22	22	14	34	29 ♌	46	42	24	58	1	26
64	22	26	14	20	29	9	22	23	56	0	5
65	22	31	14	5	28	30	48	22	51	28 ♐	22
66	22	36	13	50	27	50	58	21	42	25	58

Lat.	11		12		ASC			2		3	
0	21 ♍	17	23 ♌	46	24 ♏	22	2	22 ♐	39	20 ♑	20
5	21	24	23	12	22	43	48	21	20	19	42
10	21	30	22	39	21	8	15	20	0	19	3
15	21	37	22	7	19	34	0	18	38	18	23
20	21	43	21	35	17	59	43	17	13	17	40
21	21	45	21	28	17	40	45	16	56	17	31
22	21	46	21	22	17	21	43	16	38	17	22
23	21	48	21	15	17	2	37	16	20	17	12
24	21	49	21	8	16	43	25	16	2	17	3
25	21	50	21	2	16	24	8	15	44	16	53
26	21	52	20	55	16	4	44	15	25	16	44
27	21	53	20	48	15	45	13	15	6	16	33
28	21	55	20	42	15	25	34	14	47	16	23
29	21	56	20	35	15	5	47	14	27	16	13
30	21	58	20	28	14	45	50	14	7	16	2
31	21	59	20	21	14	25	43	13	47	15	51
32	22	1	20	14	14	5	26	13	26	15	40
33	22	2	20	7	13	44	56	13	5	15	28
34	22	4	19	59	13	24	14	12	43	15	16
35	22	5	19	52	13	3	19	12	21	15	4
36	22	7	19	45	12	42	9	11	59	14	51
37	22	9	19	37	12	20	44	11	36	14	38
38	22	10	19	30	11	59	3	11	12	14	25
39	22	12	19	22	11	37	4	10	48	14	11
40	22	14	19	14	11	14	48	10	23	13	57
41	22	16	19	6	10	52	12	9	58	13	42
42	22	17	18	58	10	29	15	9	32	13	26
43	22	19	18	50	10	5	56	9	5	13	10
44	22	21	18	42	9	42	15	8	37	12	54
45	22	23	18	33	9	18	9	8	9	12	36
46	22	25	18	24	8	53	38	7	39	12	18
47	22	27	18	15	8	28	39	7	9	11	59
48	22	29	18	6	8	3	12	6	37	11	39
49	22	32	17	57	7	37	14	6	5	11	17
50	22	34	17	47	7	10	44	5	31	10	55
51	22	36	17	38	6	43	41	4	56	10	31
52	22	39	17	28	6	16	1	4	20	10	6
53	22	41	17	17	5	47	44	3	42	9	40
54	22	44	17	7	5	18	47	3	3	9	11
55	22	47	16	56	4	49	8	2	22	8	41
56	22	49	16	45	4	18	44	1	40	8	8
57	22	52	16	33	3	47	33	0	55	7	32
58	22	55	16	21	3	15	32	0	9	6	54
59	22	59	16	9	2	42	39	29 ♏	20	6	11
60	23	2	15	56	2	8	50	28	28	5	24
61	23	5	15	43	1	34	1	27	35	4	32
62	23	9	15	30	0	58	10	26	38	3	32
63	23	13	15	15	0	21	13	25	38	2	23
64	23	17	15	1	29 ♌	43	5	24	35	1	0
65	23	21	14	46	29	3	43	23	29	29 ♐	16
66	23	25	14	30	28	23	2	22	18	26	48

Lat.	11		12		ASC			2		3	
0	22 ♍	23	24 ♎	50	25 ♏	20	30	23 ♐	34	21 ♑	17
5	22	28	24	14	23	41	11	22	15	20	39
10	22	34	23	40	22	4	29	20	55	20	0
15	22	40	23	7	20	28	59	19	33	19	20
20	22	45	22	33	18	53	24	18	8	18	37
21	22	47	22	26	18	34	9	17	50	18	28
22	22	48	22	19	18	14	51	17	32	18	19
23	22	49	22	12	17	55	27	17	14	18	10
24	22	50	22	5	17	35	58	16	56	18	0
25	22	51	21	59	17	16	24	16	37	17	51
26	22	53	21	52	16	56	42	16	18	17	41
27	22	54	21	45	16	36	53	15	59	17	31
28	22	55	21	37	16	16	56	15	40	17	21
29	22	56	21	30	15	56	49	15	20	17	10
30	22	58	21	23	15	36	33	15	0	16	59
31	22	59	21	16	15	16	7	14	40	16	48
32	23	0	21	9	14	55	30	14	19	16	37
33	23	2	21	1	14	34	40	13	58	16	26
34	23	3	20	54	14	13	37	13	36	16	14
35	23	5	20	46	13	52	21	13	14	16	2
36	23	6	20	38	13	30	50	12	51	15	49
37	23	7	20	30	13	9	3	12	28	15	36
38	23	9	20	23	12	46	59	12	4	15	23
39	23	10	20	15	12	24	38	11	40	15	9
40	23	12	20	6	12	1	57	11	15	14	55
41	23	14	19	58	11	38	57	10	49	14	40
42	23	15	19	50	11	15	36	10	23	14	24
43	23	17	19	41	10	51	52	9	55	14	8
44	23	18	19	32	10	27	45	9	28	13	51
45	23	20	19	23	10	3	13	8	59	13	34
46	23	22	19	14	9	38	14	8	29	13	16
47	23	24	19	5	9	12	48	7	58	12	57
48	23	26	18	55	8	46	52	7	27	12	36
49	23	28	18	46	8	20	25	6	54	12	15
50	23	30	18	36	7	53	25	6	20	11	53
51	23	32	18	26	7	25	50	5	44	11	29
52	23	34	18	15	6	57	39	5	8	11	4
53	23	36	18	4	6	28	48	4	30	10	38
54	23	38	17	53	5	59	17	3	50	10	9
55	23	41	17	42	5	29	3	3	8	9	39
56	23	43	17	30	4	58	3	2	25	9	6
57	23	46	17	18	4	26	15	1	40	8	30
58	23	48	17	6	3	53	35	0	53	7	52
59	23	51	16	53	3	20	2	0	3	7	9
60	23	54	16	40	2	45	32	29 ♏	11	6	22
61	23	57	16	26	2	10	0	28	16	5	29
62	24	0	16	12	1	33	25	27	19	4	29
63	24	4	15	57	0	55	42	26	18	3	19
64	24	7	15	42	0	16	47	25	14	1	56
65	24	11	15	26	29 ♎	36	36	24	6	0	11
66	24	15	15	9	28	55	3	22	54	27 ♐	40

Lat.	11		12		ASC			2		3	
0	23 ♍	28	25 ♎	53	26 ♏	18	49	24 ♐	29	22 ♑	13
5	23	33	25	17	24	38	26	23	10	21	36
10	23	38	24	41	23	0	36	21	50	20	57
15	23	42	24	6	21	23	54	20	27	20	17
20	23	47	23	31	19	47	1	19	2	19	34
21	23	48	23	24	19	27	30	18	44	19	25
22	23	49	23	17	19	7	55	18	26	19	16
23	23	50	23	10	18	48	15	18	8	19	7
24	23	52	23	2	18	28	29	17	50	18	58
25	23	53	22	55	18	8	37	17	31	18	48
26	23	54	22	48	17	48	38	17	12	18	38
27	23	55	22	41	17	28	31	16	53	18	28
28	23	56	22	33	17	8	15	16	33	18	18
29	23	57	22	26	16	47	50	16	14	18	8
30	23	58	22	18	16	27	15	15	53	17	57
31	23	59	22	11	16	6	30	15	33	17	46
32	24	0	22	3	15	45	33	15	12	17	35
33	24	1	21	55	15	24	23	14	50	17	23
34	24	3	21	48	15	3	0	14	28	17	12
35	24	4	21	40	14	41	22	14	6	16	59
36	24	5	21	32	14	19	30	13	43	16	47
37	24	6	21	24	13	57	21	13	20	16	34
38	24	8	21	15	13	34	55	12	56	16	21
39	24	9	21	7	13	12	11	12	31	16	7
40	24	10	20	58	12	49	7	12	6	15	52
41	24	12	20	50	12	25	43	11	40	15	38
42	24	13	20	41	12	1	57	11	14	15	22
43	24	14	20	32	11	37	49	10	46	15	6
44	24	16	20	23	11	13	16	10	18	14	49
45	24	17	20	14	10	48	17	9	49	14	32
46	24	19	20	4	10	22	51	9	19	14	14
47	24	20	19	54	9	56	57	8	48	13	55
48	24	22	19	45	9	30	32	8	16	13	35
49	24	24	19	34	9	3	36	7	43	13	14
50	24	25	19	24	8	36	5	7	8	12	51
51	24	27	19	13	8	8	0	6	33	12	28
52	24	29	19	2	7	39	16	5	56	12	3
53	24	31	18	51	7	9	53	5	17	11	36
54	24	33	18	40	6	39	48	4	37	11	8
55	24	35	18	28	6	8	58	3	55	10	37
56	24	37	18	16	5	37	22	3	11	10	4
57	24	39	18	3	5	4	56	2	25	9	29
58	24	41	17	50	4	31	38	1	37	8	50
59	24	44	17	37	3	57	25	0	47	8	7
60	24	46	17	23	3	22	13	29 ♏	54	7	20
61	24	49	17	9	2	45	59	28	58	6	27
62	24	52	16	54	2	8	39	28	0	5	27
63	24	54	16	38	1	30	10	26	58	4	17
64	24	57	16	22	0	50	27	25	53	2	53
65	25	1	16	5	0	9	26	24	44	1	6
66	25	4	15	48	29 ♎	27	3	23	30	28 ♐	32

9 h 40 m MC 22 ♌ 38 57 **RAMC 145°**

Lat.	11		12		ASC			2		3	
0	24 ♍	33	26 ♌	57	27 ♏	16	58	25 ♐	24	23 ♑	10
5	24	37	26	19	25	35	34	24	5	22	32
10	24	41	25	42	23	56	37	22	44	21	54
15	24	45	25	5	22	18	44	21	22	21	14
20	24	49	24	29	20	40	35	19	56	20	32
21	24	50	24	22	20	20	48	19	38	20	23
22	24	51	24	14	20	0	57	19	20	20	14
23	24	52	24	7	19	41	0	19	2	20	4
24	24	53	23	59	19	20	57	18	44	19	55
25	24	54	23	52	19	0	48	18	25	19	46
26	24	55	23	44	18	40	31	18	6	19	36
27	24	56	23	37	18	20	6	17	47	19	26
28	24	56	23	29	17	59	33	17	27	19	16
29	24	57	23	21	17	38	50	17	7	19	5
30	24	58	23	14	17	17	56	16	47	18	55
31	24	59	23	6	16	56	51	16	26	18	44
32	25	0	22	58	16	35	35	16	5	18	33
33	25	1	22	50	16	14	5	15	43	18	21
34	25	2	22	42	15	52	22	15	21	18	9
35	25	3	22	33	15	30	23	14	59	17	57
36	25	4	22	25	15	8	10	14	36	17	45
37	25	5	22	17	14	45	39	14	12	17	32
38	25	6	22	8	14	22	51	13	48	17	19
39	25	7	21	59	13	59	44	13	23	17	5
40	25	8	21	51	13	36	17	12	58	16	51
41	25	10	21	42	13	12	29	12	32	16	36
42	25	11	21	32	12	48	19	12	5	16	20
43	25	12	21	23	12	23	45	11	37	16	4
44	25	13	21	14	11	58	47	11	9	15	48
45	25	14	21	4	11	33	22	10	39	15	30
46	25	16	20	54	11	7	29	10	9	15	12
47	25	17	20	44	10	41	6	9	38	14	53
48	25	18	20	34	10	14	13	9	5	14	33
49	25	20	20	23	9	46	47	8	32	14	12
50	25	21	20	12	9	18	47	7	57	13	50
51	25	23	20	1	8	50	9	7	21	13	26
52	25	24	19	50	8	20	54	6	43	13	1
53	25	26	19	38	7	50	57	6	4	12	35
54	25	27	19	26	7	20	18	5	24	12	6
55	25	29	19	14	6	48	53	4	41	11	36
56	25	31	19	1	6	16	41	3	57	11	3
57	25	33	18	48	5	43	37	3	10	10	27
58	25	35	18	34	5	9	40	2	22	9	48
59	25	36	18	21	4	34	47	1	30	9	6
60	25	39	18	6	3	58	53	0	37	8	18
61	25	41	17	51	3	21	56	29 ♏	40	7	25
62	25	43	17	36	2	43	52	28	41	6	25
63	25	45	17	20	2	4	36	27	38	5	15
64	25	48	17	3	1	24	6	26	31	3	50
65	25	50	16	45	0	42	15	25	21	2	3
66	25	53	16	27	29 ♌	59	0	24	6	29 ♐	26

9 h 44 m MC 23 ♌ 40 37 RAMC 146°

Lat.	11		12		ASC			2		3	
0	25 ♍	38	28 ♎	0	28 ♏	14	58	26 ♐	19	24 ♑	6
5	25	42	27	21	26	32	33	25	0	23	29
10	25	45	26	42	24	52	32	23	39	22	51
15	25	48	26	5	23	13	30	22	17	22	11
20	25	52	25	27	21	34	6	20	50	21	29
21	25	52	25	19	21	14	3	20	32	21	20
22	25	53	25	12	20	53	56	20	14	21	11
23	25	54	25	4	20	33	42	19	56	21	2
24	25	54	24	56	20	13	23	19	38	20	53
25	25	55	24	49	19	52	57	19	19	20	43
26	25	56	24	41	19	32	23	19	0	20	34
27	25	56	24	33	19	11	41	18	40	20	24
28	25	57	24	25	18	50	49	18	20	20	14
29	25	58	24	17	18	29	48	18	0	20	3
30	25	59	24	9	18	8	36	17	40	19	53
31	25	59	24	1	17	47	12	17	19	19	42
32	26	0	23	52	17	25	36	16	58	19	31
33	26	1	23	44	17	3	46	16	36	19	19
34	26	2	23	36	16	41	43	16	14	19	8
35	26	2	23	27	16	19	24	15	51	18	56
36	26	3	23	18	15	56	49	15	28	18	43
37	26	4	23	10	15	33	57	15	4	18	30
38	26	5	23	1	15	10	47	14	40	18	17
39	26	6	22	52	14	47	17	14	15	18	3
40	26	7	22	43	14	23	27	13	50	17	49
41	26	8	22	33	13	59	15	13	23	17	34
42	26	9	22	24	13	34	41	12	56	17	19
43	26	10	22	14	13	9	42	12	28	17	3
44	26	10	22	4	12	44	18	12	0	16	46
45	26	11	21	54	12	18	26	11	30	16	29
46	26	13	21	44	11	52	7	10	59	16	11
47	26	14	21	33	11	25	16	10	28	15	52
48	26	15	21	23	10	57	55	9	55	15	32
49	26	16	21	12	10	29	59	9	21	15	11
50	26	17	21	0	10	1	28	8	46	14	49
51	26	18	20	49	9	32	20	8	9	14	25
52	26	19	20	37	9	2	32	7	31	14	0
53	26	21	20	25	8	32	2	6	52	13	34
54	26	22	20	13	8	0	49	6	11	13	5
55	26	23	20	0	7	28	49	5	28	12	35
56	26	25	19	46	6	56	0	4	43	12	2
57	26	26	19	33	6	22	18	3	55	11	26
58	26	28	19	19	5	47	42	3	6	10	47
59	26	29	19	4	5	12	8	2	14	10	5
60	26	31	18	49	4	35	33	1	20	9	17
61	26	33	18	34	3	57	52	0	22	8	24
62	26	34	18	18	3	19	3	29 ♏	22	7	24
63	26	36	18	1	2	39	1	28	18	6	13
64	26	38	17	43	1	57	43	27	10	4	48
65	26	40	17	25	1	15	2	25	59	3	0
66	26	43	17	6	0	30	55	24	43	0	21

Lat.	11		12		ASC			2		3	
0	26 ♍	44	29 ♎	3	29 ♏	12	48	27 ♐	14	25 ♑	3
5	26	46	28	22	27	29	25	25	55	24	26
10	26	49	27	43	25	48	21	24	34	23	48
15	26	51	27	4	24	8	11	23	11	23	9
20	26	54	26	25	22	27	33	21	45	22	27
21	26	54	26	17	22	7	15	21	27	22	18
22	26	55	26	9	21	46	52	21	9	22	9
23	26	55	26	1	21	26	23	20	50	22	0
24	26	56	25	53	21	5	47	20	32	21	51
25	26	56	25	45	20	45	4	20	13	21	41
26	26	57	25	37	20	24	13	19	53	21	32
27	26	57	25	29	20	3	14	19	34	21	22
28	26	58	25	21	19	42	4	19	14	21	12
29	26	58	25	12	19	20	45	18	54	21	1
30	26	59	25	4	18	59	14	18	33	20	51
31	27	0	24	55	18	37	32	18	12	20	40
32	27	0	24	47	18	15	37	17	51	20	29
33	27	1	24	38	17	53	27	17	29	20	18
34	27	1	24	30	17	31	4	17	7	20	6
35	27	2	24	21	17	8	24	16	44	19	54
36	27	2	24	12	16	45	29	16	21	19	42
37	27	3	24	3	16	22	15	15	57	19	29
38	27	4	23	53	15	58	43	15	32	19	16
39	27	4	23	44	15	34	51	15	7	19	2
40	27	5	23	34	15	10	37	14	41	18	48
41	27	6	23	25	14	46	2	14	15	18	33
42	27	6	23	15	14	21	3	13	48	18	18
43	27	7	23	5	13	55	40	13	20	18	2
44	27	8	22	55	13	29	50	12	51	17	45
45	27	9	22	44	13	3	32	12	21	17	28
46	27	9	22	34	12	36	45	11	50	17	10
47	27	10	22	23	12	9	27	11	18	16	51
48	27	11	22	12	11	41	37	10	45	16	31
49	27	12	22	0	11	13	12	10	11	16	10
50	27	13	21	49	10	44	10	9	35	15	48
51	27	14	21	37	10	14	31	8	58	15	24
52	27	14	21	24	9	44	11	8	20	14	59
53	27	15	21	12	9	13	8	7	40	14	33
54	27	16	20	59	8	41	20	6	58	14	4
55	27	17	20	46	8	8	44	6	14	13	34
56	27	18	20	32	7	35	18	5	29	13	1
57	27	20	20	18	7	0	59	4	41	12	26
58	27	21	20	3	6	25	44	3	51	11	47
59	27	22	19	48	5	49	29	2	58	11	4
60	27	23	19	32	5	12	12	2	3	10	17
61	27	24	19	16	4	33	48	1	4	9	24
62	27	26	18	59	3	54	14	0	3	8	23
63	27	27	18	42	3	13	25	28 ♏	58	7	12
64	27	29	18	24	2	31	18	27	49	5	47
65	27	30	18	5	1	47	47	26	36	3	58
66	27	32	17	46	1	2	47	25	19	1	17

9 h 52 m MC 25 ♌ 44 30 **RAMC 148°**

Lat.	11		12		ASC			2		3	
0	27 ♍	49	0 ♏	6	0 ♐	10	29	28 ♐	9	26 ♑	0
5	27	51	29 ♎	24	28 ♏	26	10	26	50	25	24
10	27	52	28	43	26	44	5	25	29	24	46
15	27	54	28	3	25	2	49	24	6	24	7
20	27	56	27	23	23	20	58	22	39	23	25
21	27	56	27	14	23	0	25	22	21	23	16
22	27	56	27	6	22	39	46	22	3	23	7
23	27	57	26	58	22	19	1	21	44	22	58
24	27	57	26	50	21	58	9	21	26	22	49
25	27	57	26	41	21	37	9	21	7	22	39
26	27	58	26	33	21	16	2	20	47	22	30
27	27	58	26	25	20	54	45	20	28	22	20
28	27	59	26	16	20	33	18	20	8	22	10
29	27	59	26	8	20	11	41	19	48	22	0
30	27	59	25	59	19	49	52	19	27	21	49
31	28	0	25	50	19	27	51	19	6	21	39
32	28	0	25	41	19	5	37	18	44	21	28
33	28	0	25	32	18	43	8	18	22	21	16
34	28	1	25	23	18	20	24	18	0	21	5
35	28	1	25	14	17	57	25	17	37	20	53
36	28	2	25	5	17	34	8	17	13	20	40
37	28	2	24	56	17	10	33	16	49	20	27
38	28	2	24	46	16	46	39	16	25	20	14
39	28	3	24	36	16	22	24	15	59	20	1
40	28	3	24	26	15	57	48	15	33	19	47
41	28	4	24	16	15	32	49	15	7	19	32
42	28	4	24	6	15	7	26	14	39	19	17
43	28	5	23	56	14	41	38	14	11	19	1
44	28	5	23	45	14	15	22	13	42	18	44
45	28	6	23	34	13	48	38	13	11	18	27
46	28	6	23	23	13	21	24	12	40	18	9
47	28	7	23	12	12	53	39	12	8	17	50
48	28	7	23	1	12	25	19	11	35	17	30
49	28	8	22	49	11	56	25	11	0	17	9
50	28	8	22	37	11	26	53	10	24	16	47
51	28	9	22	24	10	56	42	9	47	16	24
52	28	10	22	12	10	25	50	9	8	15	59
53	28	10	21	59	9	54	14	8	27	15	32
54	28	11	21	45	9	21	51	7	45	15	4
55	28	12	21	31	8	48	40	7	1	14	34
56	28	12	21	17	8	14	38	6	15	14	1
57	28	13	21	2	7	39	40	5	26	13	25
58	28	14	20	47	7	3	46	4	36	12	47
59	28	15	20	32	6	26	50	3	42	12	4
60	28	15	20	16	5	48	51	2	46	11	17
61	28	16	19	59	5	9	43	1	47	10	23
62	28	17	19	41	4	29	23	0	44	9	23
63	28	18	19	23	3	47	48	29 ♏	38	8	12
64	28	19	19	5	3	4	51	28	28	6	47
65	28	20	18	45	2	20	30	27	14	4	58
66	28	21	18	25	1	34	38	25	55	2	15

Lat.	11		12		ASC			2		3	
0	28 ♍	55	1 ♏	8	1 ♐	8	1	29 ♐	4	26 ♑	57
5	28	55	0	25	29 ♏	22	48	27	45	26	21
10	28	56	29 ♎	43	27	39	43	26	24	25	43
15	28	57	29	2	25	57	22	25	1	25	4
20	28	58	28	20	24	14	20	23	33	24	23
21	28	58	28	12	23	53	31	23	15	24	14
22	28	58	28	3	23	32	37	22	57	24	5
23	28	58	27	55	23	11	37	22	39	23	56
24	28	59	27	46	22	50	29	22	20	23	47
25	28	59	27	38	22	29	13	22	1	23	38
26	28	59	27	29	22	7	49	21	41	23	28
27	28	59	27	20	21	46	15	21	22	23	18
28	28	59	27	12	21	24	31	21	2	23	9
29	28	59	27	3	21	2	36	20	41	22	58
30	29	0	26	54	20	40	29	20	20	22	48
31	29	0	26	45	20	18	10	19	59	22	37
32	29	0	26	36	19	55	36	19	38	22	26
33	29	0	26	26	19	32	49	19	16	22	15
34	29	0	26	17	19	9	45	18	53	22	3
35	29	1	26	8	18	46	25	18	30	21	51
36	29	1	25	58	18	22	48	18	6	21	39
37	29	1	25	48	17	58	52	17	42	21	26
38	29	1	25	38	17	34	36	17	17	21	13
39	29	1	25	28	17	9	59	16	52	21	0
40	29	2	25	18	16	45	0	16	26	20	46
41	29	2	25	8	16	19	37	15	59	20	31
42	29	2	24	57	15	53	50	15	31	20	16
43	29	2	24	47	15	27	37	15	2	20	0
44	29	3	24	36	15	0	56	14	33	19	44
45	29	3	24	25	14	33	45	14	2	19	26
46	29	3	24	13	14	6	4	13	31	19	8
47	29	3	24	1	13	37	51	12	58	18	50
48	29	4	23	50	13	9	3	12	25	18	30
49	29	4	23	37	12	39	39	11	50	18	9
50	29	4	23	25	12	9	37	11	13	17	47
51	29	5	23	12	11	38	55	10	36	17	24
52	29	5	22	59	11	7	30	9	56	16	59
53	29	5	22	45	10	35	20	9	15	16	32
54	29	5	22	31	10	2	23	8	33	16	4
55	29	6	22	17	9	28	36	7	48	15	34
56	29	6	22	2	8	53	57	7	1	15	1
57	29	7	21	47	8	18	21	6	12	14	26
58	29	7	21	32	7	41	47	5	20	13	47
59	29	7	21	15	7	4	11	4	26	13	4
60	29	8	20	59	6	25	29	3	29	12	17
61	29	8	20	41	5	45	37	2	29	11	24
62	29	9	20	23	5	4	32	1	25	10	23
63	29	9	20	4	4	22	9	0	18	9	13
64	29	10	19	45	3	38	23	29 ♏	7	7	47
65	29	10	19	25	2	53	11	27	51	5	58
66	29	11	19	4	2	6	26	26	30	3	14

Lat.	11		12		ASC			2		3	
0	0 ♎	0	2 ♏	11	2 ♐	5	24	0 ♑	0	27 ♑	55
5	0	0	1	27	0	19	19	28 ♐	40	27	18
10	0	0	0	43	28 ♏	35	16	27	19	26	41
15	0	0	0	1	26	51	51	25	55	26	2
20	0	0	29 ♎	18	25	7	39	24	28	25	21
21	0	0	29	9	24	46	36	24	10	25	12
22	0	0	29	0	24	25	27	23	52	25	4
23	0	0	28	52	24	4	11	23	33	24	55
24	0	0	28	43	23	42	47	23	14	24	46
25	0	0	28	34	23	21	15	22	55	24	36
26	0	0	28	25	22	59	35	22	35	24	27
27	0	0	28	16	22	37	44	22	16	24	17
28	0	0	28	7	22	15	43	21	56	24	7
29	0	0	27	58	21	53	31	21	35	23	57
30	0	0	27	49	21	31	6	21	14	23	47
31	0	0	27	39	21	8	28	20	53	23	36
32	0	0	27	30	20	45	36	20	31	23	25
33	0	0	27	20	20	22	29	20	9	23	14
34	0	0	27	11	19	59	6	19	46	23	2
35	0	0	27	1	19	35	26	19	23	22	51
36	0	0	26	51	19	11	28	18	59	22	38
37	0	0	26	41	18	47	10	18	35	22	26
38	0	0	26	31	18	22	33	18	10	22	13
39	0	0	26	21	17	57	34	17	44	21	59
40	0	0	26	10	17	32	12	17	18	21	45
41	0	0	25	59	17	6	26	16	51	21	31
42	0	0	25	49	16	40	15	16	23	21	15
43	0	0	25	37	16	13	36	15	54	21	0
44	0	0	25	26	15	46	30	15	24	20	43
45	0	0	25	15	15	18	54	14	54	20	26
46	0	0	25	3	14	50	46	14	22	20	8
47	0	0	24	51	14	22	4	13	49	19	49
48	0	0	24	38	13	52	48	13	15	19	30
49	0	0	24	26	13	22	54	12	40	19	9
50	0	0	24	13	12	52	22	12	3	18	47
51	0	0	24	0	12	21	8	11	25	18	24
52	0	0	23	46	11	49	11	10	45	17	59
53	0	0	23	32	11	16	28	10	3	17	33
54	0	0	23	18	10	42	56	9	20	17	5
55	0	0	23	3	10	8	33	8	35	16	34
56	0	0	22	48	9	33	17	7	47	16	2
57	0	0	22	32	8	57	3	6	58	15	26
58	0	0	22	16	8	19	49	6	5	14	48
59	0	0	21	59	7	41	31	5	11	14	5
60	0	0	21	42	7	2	6	4	13	13	18
61	0	0	21	24	6	21	31	3	11	12	25
62	0	0	21	5	5	39	39	2	7	11	24
63	0	0	20	46	4	56	29	0	58	10	14
64	0	0	20	26	4	11	54	29 ♏	46	8	49
65	0	0	20	5	3	25	50	28	29	6	59
66	0	0	19	43	2	38	11	27	6	4	15

10 h 4 m MC 28 ♌ 51 38 **RAMC 151°**

Lat.	11		12		ASC			2		3	
0	1 ♎	5	3 ♏	13	3 ♐	2	39	0 ♑	55	28 ♑	52
5	1	5	2	28	1	15	42	29 ♐	35	28	16
10	1	4	1	43	29 ♏	30	44	28	14	27	39
15	1	3	0	59	27	46	16	26	50	27	1
20	1	2	0	15	26	0	56	25	22	26	20
21	1	2	0	6	25	39	38	25	4	26	11
22	1	2	29 ♎	57	25	18	14	24	46	26	2
23	1	2	29	48	24	56	43	24	27	25	53
24	1	1	29	39	24	35	4	24	8	25	44
25	1	1	29	30	24	13	16	23	49	25	35
26	1	1	29	21	23	51	19	23	30	25	26
27	1	1	29	12	23	29	12	23	10	25	16
28	1	1	29	2	23	6	54	22	50	25	6
29	1	1	28	53	22	44	25	22	29	24	56
30	1	0	28	44	22	21	42	22	8	24	46
31	1	0	28	34	21	58	46	21	47	24	35
32	1	0	28	24	21	35	35	21	25	24	24
33	1	0	28	14	21	12	9	21	2	24	13
34	1	0	28	5	20	48	27	20	40	24	2
35	0	59	27	54	20	24	27	20	16	23	50
36	0	59	27	44	20	0	8	19	52	23	38
37	0	59	27	34	19	35	30	19	28	23	25
38	0	59	27	23	19	10	31	19	3	23	12
39	0	59	27	13	18	45	10	18	37	22	59
40	0	58	27	2	18	19	25	18	10	22	45
41	0	58	26	51	17	53	16	17	43	22	30
42	0	58	26	40	17	26	40	17	15	22	15
43	0	58	26	28	16	59	37	16	46	22	0
44	0	57	26	16	16	32	6	16	16	21	43
45	0	57	26	5	16	4	3	15	45	21	26
46	0	57	25	52	15	35	28	15	13	21	8
47	0	57	25	40	15	6	19	14	40	20	50
48	0	56	25	27	14	36	34	14	5	20	30
49	0	56	25	14	14	6	11	13	30	20	9
50	0	56	25	1	13	35	8	12	52	19	47
51	0	55	24	47	13	3	22	12	14	19	24
52	0	55	24	33	12	30	53	11	34	19	0
53	0	55	24	19	11	57	36	10	52	18	33
54	0	55	24	4	11	23	29	10	8	18	5
55	0	54	23	49	10	48	31	9	22	17	35
56	0	54	23	33	10	12	37	8	34	17	3
57	0	53	23	17	9	35	44	7	44	16	27
58	0	53	23	0	8	57	51	6	51	15	49
59	0	53	22	43	8	18	52	5	55	15	6
60	0	52	22	25	7	38	44	4	56	14	19
61	0	52	22	6	6	57	23	3	54	13	26
62	0	51	21	47	6	14	46	2	48	12	26
63	0	51	21	27	5	30	47	1	39	11	16
64	0	50	21	6	4	45	23	0	25	9	51
65	0	50	20	44	3	58	27	29 ♏	6	8	1
66	0	49	20	22	3	9	55	27	42	5	18

Lat.	11		12		ASC			2		3	
0	2 ♎	11	4 ♏	15	3 ♐	59	45	1 ♑	50	29 ♑	50
5	2	9	3	29	2	12	0	0	30	29	14
10	2	8	2	43	0	26	6	29 ♐	9	28	37
15	2	6	1	58	28 ♏	40	38	27	45	27	59
20	2	4	1	13	26	54	11	26	17	27	18
21	2	4	1	3	26	32	39	25	59	27	10
22	2	4	0	54	26	11	0	25	40	27	1
23	2	3	0	45	25	49	14	25	22	26	52
24	2	3	0	36	25	27	19	25	3	26	43
25	2	3	0	26	25	5	16	24	43	26	34
26	2	2	0	17	24	43	3	24	24	26	25
27	2	2	0	7	24	20	40	24	4	26	15
28	2	1	29 ♎	58	23	58	5	23	44	26	5
29	2	1	29	48	23	35	18	23	23	25	55
30	2	1	29	38	23	12	18	23	2	25	45
31	2	0	29	28	22	49	4	22	40	25	34
32	2	0	29	18	22	25	35	22	18	25	24
33	2	0	29	8	22	1	50	21	56	25	13
34	1	59	28	58	21	37	48	21	33	25	1
35	1	59	28	48	21	13	29	21	10	24	49
36	1	58	28	37	20	48	50	20	45	24	37
37	1	58	28	27	20	23	50	20	21	24	25
38	1	58	28	16	19	58	30	19	55	24	12
39	1	57	28	5	19	32	46	19	29	23	58
40	1	57	27	54	19	6	39	19	3	23	45
41	1	56	27	42	18	40	7	18	35	23	30
42	1	56	27	31	18	13	7	18	7	23	15
43	1	55	27	19	17	45	40	17	38	23	0
44	1	55	27	7	17	17	42	17	7	22	43
45	1	54	26	55	16	49	14	16	36	22	27
46	1	54	26	42	16	20	12	16	4	22	9
47	1	53	26	29	15	50	35	15	30	21	50
48	1	53	26	16	15	20	21	14	56	21	31
49	1	52	26	3	14	49	28	14	20	21	10
50	1	52	25	49	14	17	55	13	42	20	48
51	1	51	25	35	13	45	38	13	3	20	25
52	1	50	25	20	13	12	36	12	23	20	1
53	1	50	25	5	12	38	45	11	40	19	34
54	1	49	24	50	12	4	4	10	56	19	6
55	1	48	24	34	11	28	29	10	9	18	36
56	1	48	24	18	10	51	57	9	21	18	4
57	1	47	24	1	10	14	26	8	30	17	29
58	1	46	23	44	9	35	52	7	36	16	50
59	1	45	23	26	8	56	12	6	39	16	8
60	1	45	23	8	8	15	21	5	40	15	21
61	1	44	22	48	7	33	16	4	37	14	29
62	1	43	22	29	6	49	52	3	30	13	28
63	1	42	22	8	6	5	5	2	19	12	18
64	1	41	21	46	5	18	50	1	4	10	53
65	1	40	21	24	4	31	2	29 ♏	44	9	5
66	1	39	21	1	3	41	36	28	18	6	22

Lat.	11		12		ASC			2		3	
0	3 ♌	16	5 ♏	18	4 ♐	56	43	2 ♑	45	0 ♒	47
5	3	14	4	30	3	8	11	1	25	0	12
10	3	11	3	43	1	21	24	0	4	29 ♑	36
15	3	9	2	57	29 ♏	34	57	28 ♐	40	28	58
20	3	6	2	10	27	47	24	27	12	28	17
21	3	6	2	1	27	25	37	26	54	28	9
22	3	5	1	51	27	3	44	26	35	28	0
23	3	5	1	42	26	41	43	26	16	27	51
24	3	4	1	32	26	19	34	25	57	27	42
25	3	4	1	22	25	57	15	25	38	27	33
26	3	3	1	13	25	34	46	25	18	27	24
27	3	3	1	3	25	12	7	24	58	27	14
28	3	2	0	53	24	49	16	24	38	27	5
29	3	2	0	43	24	26	12	24	17	26	55
30	3	1	0	33	24	2	54	23	56	26	44
31	3	0	0	23	23	39	22	23	34	26	34
32	3	0	0	13	23	15	35	23	12	26	23
33	2	59	0	2	22	51	32	22	50	26	12
34	2	59	29 ♌	52	22	27	11	22	27	26	1
35	2	58	29	41	22	2	31	22	3	25	49
36	2	58	29	30	21	37	32	21	39	25	37
37	2	57	29	19	21	12	12	21	14	25	25
38	2	56	29	8	20	46	30	20	49	25	12
39	2	56	28	57	20	20	25	20	22	24	59
40	2	55	28	45	19	53	55	19	55	24	45
41	2	54	28	34	19	26	59	19	28	24	31
42	2	54	28	22	18	59	36	18	59	24	16
43	2	53	28	10	18	31	43	18	30	24	0
44	2	52	27	57	18	3	21	17	59	23	44
45	2	51	27	45	17	34	26	17	28	23	27
46	2	51	27	32	17	4	57	16	55	23	9
47	2	50	27	18	16	34	52	16	21	22	51
48	2	49	27	5	16	4	10	15	46	22	31
49	2	48	26	51	15	32	48	15	10	22	11
50	2	47	26	37	15	0	43	14	32	21	49
51	2	46	26	22	14	27	55	13	53	21	26
52	2	46	26	7	13	54	20	13	12	21	2
53	2	45	25	52	13	19	55	12	29	20	36
54	2	44	25	36	12	44	39	11	44	20	8
55	2	43	25	20	12	8	28	10	57	19	38
56	2	42	25	3	11	31	19	10	8	19	6
57	2	40	24	46	10	53	9	9	16	18	31
58	2	39	24	28	10	13	54	8	22	17	53
59	2	38	24	10	9	33	32	7	24	17	10
60	2	37	23	51	8	51	58	6	24	16	24
61	2	36	23	31	8	9	7	5	19	15	31
62	2	34	23	10	7	24	57	4	12	14	31
63	2	33	22	49	6	39	21	2	59	13	21
64	2	31	22	27	5	52	16	1	43	11	57
65	2	30	22	4	5	3	35	0	21	10	9
66	2	28	21	39	4	13	15	28 ♏	54	7	28

Lat.	11		12		ASC			2		3	
0	4 ♌	22	6 ♏	19	5 ♐	53	34	3 ♑	40	1 ♒	45
5	4	18	5	30	4	4	16	2	20	1	10
10	4	15	4	42	2	16	38	0	59	0	34
15	4	12	3	55	0	29	13	29 ♐	35	29 ♑	56
20	4	8	3	7	28 ♏	40	35	28	7	29	16
21	4	8	2	57	28	18	34	27	48	29	8
22	4	7	2	48	27	56	27	27	30	28	59
23	4	6	2	38	27	34	11	27	11	28	50
24	4	6	2	28	27	11	47	26	52	28	42
25	4	5	2	18	26	49	13	26	32	28	33
26	4	4	2	8	26	26	29	26	13	28	23
27	4	4	1	58	26	3	33	25	53	28	14
28	4	3	1	48	25	40	26	25	32	28	4
29	4	2	1	38	25	17	5	25	11	27	54
30	4	1	1	28	24	53	31	24	50	27	44
31	4	1	1	17	24	29	41	24	28	27	34
32	4	0	1	7	24	5	36	24	6	27	23
33	3	59	0	56	23	41	14	23	44	27	12
34	3	58	0	45	23	16	34	23	20	27	1
35	3	58	0	34	22	51	34	22	57	26	49
36	3	57	0	23	22	26	15	22	32	26	37
37	3	56	0	12	22	0	34	22	7	26	25
38	3	55	0	0	21	34	31	21	42	26	12
39	3	54	29 ♌	49	21	8	4	21	15	25	59
40	3	53	29	37	20	41	12	20	48	25	45
41	3	52	29	25	20	13	53	20	20	25	31
42	3	51	29	13	19	46	6	19	52	25	16
43	3	50	29	0	19	17	49	19	22	25	1
44	3	50	28	47	18	49	1	18	51	24	45
45	3	49	28	34	18	19	40	18	19	24	28
46	3	47	28	21	17	49	44	17	47	24	10
47	3	46	28	8	17	19	11	17	13	23	52
48	3	45	27	54	16	48	0	16	37	23	33
49	3	44	27	39	16	16	8	16	1	23	12
50	3	43	27	25	15	43	33	15	22	22	51
51	3	42	27	10	15	10	13	14	43	22	28
52	3	41	26	54	14	36	5	14	1	22	4
53	3	39	26	39	14	1	7	13	18	21	38
54	3	38	26	22	13	25	15	12	32	21	10
55	3	37	26	6	12	48	28	11	45	20	40
56	3	35	25	48	12	10	41	10	55	20	8
57	3	34	25	31	11	31	52	10	2	19	33
58	3	32	25	12	10	51	57	9	7	18	55
59	3	31	24	53	10	10	52	8	9	18	13
60	3	29	24	34	9	28	34	7	7	17	27
61	3	27	24	13	8	44	59	6	2	16	34
62	3	26	23	52	8	0	1	4	53	15	35
63	3	24	23	30	7	13	36	3	40	14	25
64	3	22	23	7	6	25	40	2	22	13	1
65	3	20	22	43	5	36	7	0	59	11	14
66	3	17	22	18	4	44	51	29 ♏	30	8	36

Lat.	11		12		ASC			2		3	
0	5 ♌	27	7 ♏	21	6 ♐	50	16	4 ♑	35	2 ♒	43
5	5	23	6	31	5	0	15	3	15	2	8
10	5	19	5	42	3	11	47	1	54	1	33
15	5	15	4	53	1	23	25	0	30	0	55
20	5	11	4	4	29 ♏	33	44	29 ♐	2	0	15
21	5	10	3	54	29	11	30	28	43	0	7
22	5	9	3	44	28	49	8	28	25	29 ♑	59
23	5	8	3	34	28	26	39	28	6	29	50
24	5	7	3	24	28	4	0	27	47	29	41
25	5	6	3	14	27	41	11	27	27	29	32
26	5	5	3	4	27	18	11	27	7	29	23
27	5	4	2	54	26	55	0	26	47	29	14
28	5	4	2	43	26	31	36	26	27	29	4
29	5	3	2	33	26	7	59	26	6	28	54
30	5	2	2	22	25	44	7	25	44	28	44
31	5	1	2	11	25	20	0	25	23	28	34
32	5	0	2	1	24	55	37	25	0	28	23
33	4	59	1	50	24	30	57	24	38	28	12
34	4	58	1	39	24	5	57	24	14	28	1
35	4	57	1	27	23	40	39	23	50	27	50
36	4	56	1	16	23	15	0	23	26	27	38
37	4	55	1	4	22	48	58	23	1	27	26
38	4	54	0	53	22	22	34	22	35	27	13
39	4	53	0	41	21	55	45	22	9	27	0
40	4	52	0	29	21	28	30	21	41	26	46
41	4	50	0	16	21	0	48	21	13	26	32
42	4	49	0	4	20	32	37	20	44	26	17
43	4	48	29 ♌	51	20	3	56	20	14	26	2
44	4	47	29	38	19	34	43	19	43	25	46
45	4	46	29	24	19	4	56	19	11	25	29
46	4	44	29	11	18	34	33	18	38	25	12
47	4	43	28	57	18	3	32	18	4	24	53
48	4	42	28	42	17	31	53	17	28	24	34
49	4	40	28	28	16	59	31	16	51	24	14
50	4	39	28	13	16	26	25	16	13	23	52
51	4	37	27	57	15	52	33	15	33	23	30
52	4	36	27	42	15	17	52	14	51	23	6
53	4	34	27	25	14	42	20	14	7	22	40
54	4	33	27	9	14	5	53	13	21	22	12
55	4	31	26	51	13	28	29	12	33	21	43
56	4	29	26	34	12	50	4	11	42	21	11
57	4	27	26	15	12	10	36	10	49	20	36
58	4	25	25	56	11	30	0	9	53	19	58
59	4	24	25	37	10	48	13	8	54	19	17
60	4	21	25	16	10	5	11	7	52	18	30
61	4	19	24	55	9	20	49	6	45	17	38
62	4	17	24	34	8	35	4	5	35	16	39
63	4	15	24	11	7	47	50	4	21	15	30
64	4	12	23	47	6	59	3	3	1	14	7
65	4	10	23	23	6	8	36	1	36	12	20
66	4	7	22	57	5	16	25	0	6	9	45

Lat.	11	12	ASC	2	3
0	6 ♌ 32	8 ♏ 23	7 ♐ 46 52	5 ♑ 30	3 ♒ 41
5	6 27	7 31	5 56 8	4 10	3 7
10	6 22	6 41	4 6 51	2 49	2 31
15	6 18	5 51	2 17 35	1 25	1 54
20	6 13	5 1	0 26 51	29 ♐ 57	1 15
21	6 12	4 51	0 4 24	29 38	1 7
22	6 11	4 41	29 ♏ 41 49	29 20	0 58
23	6 10	4 31	29 19 5	29 1	0 50
24	6 8	4 20	28 56 12	28 41	0 41
25	6 7	4 10	28 33 8	28 22	0 32
26	6 6	3 59	28 9 53	28 2	0 23
27	6 5	3 49	27 46 27	27 42	0 14
28	6 4	3 38	27 22 47	27 21	0 4
29	6 3	3 27	26 58 53	27 0	29 ♑ 54
30	6 2	3 17	26 34 45	26 39	29 44
31	6 1	3 6	26 10 20	26 17	29 34
32	6 0	2 55	25 45 39	25 55	29 24
33	5 59	2 43	25 20 41	25 32	29 13
34	5 57	2 32	24 55 23	25 8	29 2
35	5 56	2 20	24 29 45	24 44	28 50
36	5 55	2 9	24 3 46	24 20	28 38
37	5 54	1 57	23 37 24	23 54	28 26
38	5 52	1 45	23 10 38	23 29	28 14
39	5 51	1 33	22 43 28	23 2	28 1
40	5 50	1 20	22 15 51	22 34	27 47
41	5 48	1 7	21 47 46	22 6	27 33
42	5 47	0 54	21 19 11	21 37	27 18
43	5 46	0 41	20 50 5	21 7	27 3
44	5 44	0 28	20 20 27	20 36	26 47
45	5 43	0 14	19 50 13	20 4	26 31
46	5 41	0 0	19 19 24	19 30	26 13
47	5 40	29 ♌ 46	18 47 55	18 56	25 55
48	5 38	29 31	18 15 47	18 20	25 36
49	5 36	29 16	17 42 55	17 42	25 16
50	5 35	29 1	17 9 19	17 3	24 55
51	5 33	28 45	16 34 55	16 23	24 32
52	5 31	28 29	15 59 41	15 40	24 8
53	5 29	28 12	15 23 34	14 56	23 42
54	5 27	27 55	14 46 32	14 10	23 15
55	5 25	27 37	14 8 31	13 21	22 46
56	5 23	27 19	13 29 29	12 30	22 14
57	5 21	27 0	12 49 20	11 36	21 39
58	5 19	26 40	12 8 4	10 39	21 2
59	5 16	26 20	11 25 34	9 39	20 20
60	5 14	25 59	10 41 48	8 36	19 34
61	5 11	25 38	9 56 40	7 29	18 43
62	5 8	25 15	9 10 7	6 17	17 44
63	5 6	24 52	8 22 3	5 1	16 35
64	5 3	24 28	7 32 24	3 40	15 13
65	4 59	24 2	6 41 4	2 14	13 28
66	4 56	23 36	5 47 57	0 41	10 55

Lat.	11		12		ASC			2		3	
0	7 ♌	37	9 ♏	24	8 ♐	43	20	6 ♑	25	4 ♒	39
5	7	32	8	31	6	51	55	5	6	4	5
10	7	26	7	40	5	1	52	3	44	3	30
15	7	20	6	49	3	11	43	2	20	2	54
20	7	15	5	58	1	19	58	0	52	2	15
21	7	13	5	48	0	57	18	0	33	2	6
22	7	12	5	37	0	34	29	0	15	1	58
23	7	11	5	27	0	11	31	29 ♐	56	1	49
24	7	10	5	16	29 ♏	48	24	29	36	1	41
25	7	9	5	6	29	25	5	29	17	1	32
26	7	7	4	55	29	1	36	28	57	1	23
27	7	6	4	44	28	37	53	28	37	1	14
28	7	5	4	33	28	13	58	28	16	1	4
29	7	4	4	22	27	49	48	27	55	0	55
30	7	2	4	11	27	25	23	27	33	0	45
31	7	1	4	0	27	0	41	27	11	0	35
32	7	0	3	48	26	35	43	26	49	0	24
33	6	58	3	37	26	10	26	26	26	0	13
34	6	57	3	25	25	44	49	26	2	0	2
35	6	55	3	13	25	18	52	25	38	29 ♑	51
36	6	54	3	1	24	52	33	25	14	29	39
37	6	53	2	49	24	25	51	24	48	29	27
38	6	51	2	37	23	58	45	24	22	29	15
39	6	50	2	24	23	31	13	23	55	29	2
40	6	48	2	12	23	3	13	23	28	28	48
41	6	46	1	59	22	34	45	22	59	28	35
42	6	45	1	45	22	5	47	22	30	28	20
43	6	43	1	32	21	36	17	22	0	28	5
44	6	42	1	18	21	6	13	21	28	27	49
45	6	40	1	4	20	35	34	20	56	27	33
46	6	38	0	49	20	4	17	20	22	27	15
47	6	36	0	35	19	32	21	19	47	26	57
48	6	34	0	20	18	59	43	19	11	26	38
49	6	32	0	4	18	26	22	18	33	26	18
50	6	30	29 ♌	48	17	52	15	17	54	25	57
51	6	28	29	32	17	17	19	17	13	25	35
52	6	26	29	15	16	41	32	16	30	25	11
53	6	24	28	58	16	4	51	15	45	24	45
54	6	22	28	41	15	27	13	14	58	24	18
55	6	19	28	22	14	48	35	14	9	23	49
56	6	17	28	4	14	8	54	13	17	23	17
57	6	14	27	44	13	28	6	12	23	22	43
58	6	12	27	24	12	46	8	11	25	22	6
59	6	9	27	4	12	2	55	10	25	21	25
60	6	6	26	42	11	18	24	9	20	20	39
61	6	3	26	20	10	32	30	8	12	19	48
62	6	0	25	57	9	45	9	6	59	18	49
63	5	56	25	33	8	56	15	5	42	17	41
64	5	53	25	8	8	5	44	4	20	16	20
65	5	49	24	42	7	13	30	2	52	14	36
66	5	45	24	14	6	19	26	1	17	12	7

10 h 32 m MC 6 ♍ 13 57 RAMC 158°

Lat.	11		12		ASC			2		3	
0	8 ♌	43	10 ♏	25	9 ♐	39	41	7 ♑	20	5 ♒	38
5	8	36	9	32	7	47	38	6	1	5	4
10	8	30	8	39	5	56	50	4	40	4	30
15	8	23	7	47	4	5	48	3	16	3	53
20	8	17	6	55	2	13	3	1	47	3	14
21	8	15	6	44	1	50	10	1	28	3	6
22	8	14	6	34	1	27	8	1	10	2	58
23	8	12	6	23	1	3	57	0	51	2	50
24	8	11	6	12	0	40	35	0	31	2	41
25	8	10	6	1	0	17	3	0	12	2	32
26	8	8	5	50	29 ♏	53	18	29 ♐	52	2	23
27	8	7	5	39	29	29	21	29	31	2	14
28	8	5	5	28	29	5	10	29	11	2	5
29	8	4	5	17	28	40	44	28	50	1	55
30	8	2	5	5	28	16	2	28	28	1	45
31	8	1	4	54	27	51	4	28	6	1	35
32	7	59	4	42	27	25	48	27	43	1	25
33	7	58	4	30	27	0	13	27	20	1	14
34	7	56	4	18	26	34	18	26	57	1	4
35	7	55	4	6	26	8	1	26	33	0	52
36	7	53	3	54	25	41	23	26	8	0	41
37	7	51	3	42	25	14	21	25	42	0	29
38	7	50	3	29	24	46	53	25	16	0	16
39	7	48	3	16	24	19	0	24	49	0	3
40	7	46	3	3	23	50	38	24	21	29 ♑	50
41	7	44	2	50	23	21	47	23	53	29	36
42	7	43	2	36	22	52	25	23	23	29	22
43	7	41	2	22	22	22	31	22	53	29	7
44	7	39	2	8	21	52	2	22	21	28	51
45	7	37	1	54	21	20	56	21	48	28	35
46	7	35	1	39	20	49	12	21	15	28	18
47	7	33	1	24	20	16	49	20	39	28	0
48	7	31	1	8	19	43	42	20	3	27	41
49	7	28	0	52	19	9	51	19	25	27	21
50	7	26	0	36	18	35	13	18	45	27	0
51	7	24	0	20	17	59	45	18	4	26	38
52	7	21	0	2	17	23	24	17	20	26	14
53	7	19	29 ♌	45	16	46	9	16	35	25	49
54	7	16	29	27	16	7	55	15	48	25	22
55	7	13	29	8	15	28	40	14	58	24	53
56	7	11	28	49	14	48	21	14	5	24	22
57	7	8	28	29	14	6	53	13	10	23	47
58	7	5	28	8	13	24	13	12	12	23	10
59	7	1	27	47	12	40	17	11	10	22	30
60	6	58	27	25	11	55	1	10	5	21	44
61	6	55	27	2	11	8	21	8	56	20	53
62	6	51	26	38	10	20	11	7	42	19	55
63	6	47	26	14	9	30	26	6	23	18	48
64	6	43	25	48	8	39	3	4	59	17	27
65	6	39	25	21	7	45	53	3	29	15	45
66	6	35	24	53	6	50	53	1	53	13	20

Lat.	11		12		ASC			2		3	
0	9 ♌	48	11 ♏	26	10 ♐	35	56	8 ♑	16	6 ♒	37
5	9	40	10	31	8	43	16	6	56	6	3
10	9	33	9	38	6	51	44	5	35	5	29
15	9	26	8	45	4	59	51	4	11	4	53
20	9	18	7	52	3	6	8	2	42	4	15
21	9	17	7	41	2	43	2	2	24	4	7
22	9	15	7	30	2	19	47	2	5	3	58
23	9	14	7	19	1	56	23	1	46	3	50
24	9	12	7	8	1	32	47	1	27	3	41
25	9	11	6	57	1	9	0	1	7	3	33
26	9	9	6	45	0	45	1	0	47	3	24
27	9	8	6	34	0	20	49	0	27	3	15
28	9	6	6	23	29 ♏	56	22	0	6	3	6
29	9	4	6	11	29	31	41	29 ♐	45	2	56
30	9	3	6	0	29	6	43	29	23	2	46
31	9	1	5	48	28	41	27	29	1	2	36
32	8	59	5	36	28	15	54	28	38	2	26
33	8	58	5	24	27	50	1	28	15	2	16
34	8	56	5	12	27	23	48	27	51	2	5
35	8	54	4	59	26	57	13	27	27	1	54
36	8	52	4	47	26	30	15	27	2	1	42
37	8	50	4	34	26	2	52	26	36	1	30
38	8	48	4	21	25	35	4	26	10	1	18
39	8	46	4	8	25	6	49	25	43	1	5
40	8	44	3	54	24	38	6	25	15	0	52
41	8	42	3	41	24	8	52	24	46	0	38
42	8	40	3	27	23	39	6	24	17	0	24
43	8	38	3	13	23	8	47	23	46	0	9
44	8	36	2	58	22	37	53	23	14	29 ♑	54
45	8	34	2	43	22	6	21	22	41	29	37
46	8	32	2	28	21	34	11	22	7	29	21
47	8	29	2	13	21	1	19	21	32	29	3
48	8	27	1	57	20	27	44	20	55	28	44
49	8	24	1	41	19	53	22	20	16	28	24
50	8	22	1	24	19	18	13	19	36	28	3
51	8	19	1	7	18	42	13	18	54	27	41
52	8	16	0	49	18	5	19	18	11	27	18
53	8	13	0	31	17	27	29	17	25	26	53
54	8	11	0	13	16	48	40	16	37	26	26
55	8	8	29 ♌	53	16	8	47	15	47	25	57
56	8	4	29	34	15	27	49	14	54	25	26
57	8	1	29	13	14	45	41	13	58	24	52
58	7	58	28	52	14	2	19	12	59	24	15
59	7	54	28	30	13	17	40	11	56	23	35
60	7	50	28	8	12	31	38	10	50	22	50
61	7	46	27	44	11	44	11	9	39	22	0
62	7	42	27	20	10	55	12	8	24	21	2
63	7	38	26	54	10	4	37	7	4	19	55
64	7	34	26	28	9	12	20	5	39	18	36
65	7	29	26	0	8	18	15	4	7	16	55
66	7	24	25	32	7	22	18	2	29	14	34

Lat.	11		12		ASC			2		3	
0	10 ♌	53	12 ♏	27	11 ♐	32	4	9 ♑	11	7 ♒	35
5	10	45	11	31	9	38	48	7	52	7	2
10	10	37	10	37	7	46	34	6	31	6	29
15	10	29	9	43	5	53	52	5	6	5	53
20	10	20	8	48	3	59	12	3	38	5	15
21	10	19	8	37	3	35	54	3	19	5	7
22	10	17	8	26	3	12	26	3	0	4	59
23	10	15	8	15	2	48	48	2	41	4	51
24	10	14	8	3	2	24	59	2	22	4	42
25	10	12	7	52	2	0	59	2	2	4	34
26	10	10	7	41	1	36	45	1	42	4	25
27	10	8	7	29	1	12	18	1	22	4	16
28	10	6	7	17	0	47	36	1	1	4	7
29	10	5	7	6	0	22	39	0	40	3	57
30	10	3	6	54	29 ♏	57	25	0	18	3	48
31	10	1	6	42	29	31	53	29 ♐	56	3	38
32	9	59	6	30	29	6	2	29	33	3	28
33	9	57	6	17	28	39	52	29	10	3	17
34	9	55	6	5	28	13	20	28	46	3	6
35	9	53	5	52	27	46	26	28	22	2	55
36	9	51	5	39	27	19	9	27	57	2	44
37	9	49	5	26	26	51	26	27	31	2	32
38	9	47	5	13	26	23	18	27	4	2	20
39	9	45	4	59	25	54	41	26	37	2	7
40	9	43	4	46	25	25	36	26	9	1	54
41	9	40	4	32	24	55	59	25	40	1	41
42	9	38	4	18	24	25	50	25	10	1	27
43	9	36	4	3	23	55	7	24	39	1	12
44	9	33	3	48	23	23	47	24	7	0	56
45	9	31	3	33	22	51	50	23	34	0	40
46	9	28	3	18	22	19	12	23	0	0	24
47	9	26	3	2	21	45	52	22	24	0	6
48	9	23	2	45	21	11	48	21	47	29 ♑	47
49	9	20	2	29	20	36	57	21	8	29	28
50	9	17	2	12	20	1	16	20	28	29	7
51	9	14	1	54	19	24	44	19	46	28	45
52	9	11	1	36	18	47	17	19	1	28	22
53	9	8	1	18	18	8	52	18	15	27	57
54	9	5	0	59	17	29	26	17	27	27	30
55	9	2	0	39	16	48	56	16	36	27	2
56	8	58	0	19	16	7	19	15	42	26	31
57	8	54	29 ♌	58	15	24	30	14	45	25	58
58	8	51	29	36	14	40	26	13	46	25	21
59	8	47	29	14	13	55	3	12	42	24	41
60	8	43	28	50	13	8	16	11	35	23	56
61	8	38	28	26	12	20	1	10	23	23	6
62	8	34	28	1	11	30	13	9	7	22	10
63	8	29	27	35	10	38	46	7	46	21	4
64	8	24	27	8	9	45	36	6	18	19	45
65	8	19	26	40	8	50	36	4	45	18	6
66	8	13	26	10	7	53	40	3	4	15	49

Lat.	11	12	ASC	2	3
0	11 ♌ 58	13 ♏ 27	12 ♐ 28 6	10 ♑ 6	8 ♒ 34
5	11 49	12 31	10 34 17	8 47	8 2
10	11 40	11 35	8 41 22	7 26	7 28
15	11 31	10 40	6 47 52	6 2	6 53
20	11 22	9 45	4 52 16	4 33	6 15
21	11 20	9 33	4 28 46	4 15	6 8
22	11 18	9 22	4 5 5	3 56	6 0
23	11 17	9 11	3 41 14	3 37	5 51
24	11 15	8 59	3 17 12	3 17	5 43
25	11 13	8 47	2 52 58	2 58	5 35
26	11 11	8 36	2 28 30	2 38	5 26
27	11 9	8 24	2 3 48	2 17	5 17
28	11 7	8 12	1 38 51	1 56	5 8
29	11 5	8 0	1 13 38	1 35	4 59
30	11 3	7 48	0 48 8	1 13	4 49
31	11 1	7 36	0 22 20	0 51	4 39
32	10 59	7 23	29 ♏ 56 12	0 28	4 29
33	10 57	7 11	29 29 44	0 5	4 19
34	10 54	6 58	29 2 55	29 ♐ 41	4 8
35	10 52	6 45	28 35 42	29 16	3 57
36	10 50	6 32	28 8 6	28 51	3 46
37	10 48	6 18	27 40 3	28 25	3 34
38	10 45	6 5	27 11 34	27 59	3 22
39	10 43	5 51	26 42 36	27 31	3 10
40	10 41	5 37	26 13 9	27 3	2 57
41	10 38	5 23	25 43 9	26 34	2 43
42	10 36	5 8	25 12 37	26 4	2 29
43	10 33	4 53	24 41 29	25 33	2 15
44	10 30	4 38	24 9 44	25 1	2 0
45	10 28	4 23	23 37 21	24 27	1 44
46	10 25	4 7	23 4 16	23 53	1 27
47	10 22	3 51	22 30 28	23 17	1 9
48	10 19	3 34	21 55 55	22 39	0 51
49	10 16	3 17	21 20 34	22 0	0 32
50	10 13	2 59	20 44 22	21 20	0 11
51	10 10	2 42	20 7 17	20 37	29 ♑ 49
52	10 6	2 23	19 29 17	19 52	29 26
53	10 3	2 4	18 50 17	19 6	29 2
54	9 59	1 45	18 10 15	18 17	28 35
55	9 56	1 24	17 29 7	17 25	28 7
56	9 52	1 4	16 46 50	16 31	27 36
57	9 48	0 42	16 3 21	15 33	27 3
58	9 44	0 20	15 18 35	14 33	26 27
59	9 39	29 ♌ 57	14 32 27	13 28	25 47
60	9 35	29 33	13 44 54	12 20	25 3
61	9 30	29 8	12 55 51	11 7	24 14
62	9 25	28 43	12 5 13	9 50	23 18
63	9 20	28 16	11 12 55	8 27	22 12
64	9 14	27 48	10 18 50	6 58	20 55
65	9 8	27 19	9 22 54	5 23	19 18
66	9 2	26 49	8 25 0	3 40	17 5

Lat.	11	12	ASC	2	3
0	13 ♌ 3	14 ♏ 28	13 ♐ 24 2	11 ♑ 2	9 ♒ 34
5	12 53	13 30	11 29 41	9 43	9 1
10	12 43	12 34	9 36 7	8 22	8 28
15	12 34	11 38	7 41 50	6 58	7 53
20	12 24	10 41	5 45 20	5 29	7 16
21	12 22	10 29	5 21 37	5 10	7 8
22	12 20	10 18	4 57 45	4 52	7 1
23	12 18	10 6	4 33 41	4 32	6 52
24	12 16	9 54	4 9 26	4 13	6 44
25	12 14	9 43	3 44 58	3 53	6 36
26	12 12	9 31	3 20 16	3 33	6 27
27	12 10	9 19	2 55 20	3 13	6 18
28	12 7	9 7	2 30 8	2 52	6 9
29	12 5	8 54	2 4 40	2 30	6 0
30	12 3	8 42	1 38 54	2 8	5 51
31	12 1	8 29	1 12 50	1 46	5 41
32	11 58	8 17	0 46 25	1 23	5 31
33	11 56	8 4	0 19 40	1 0	5 21
34	11 54	7 51	29 ♏ 52 32	0 36	5 10
35	11 51	7 38	29 25 1	0 11	5 0
36	11 49	7 24	28 57 5	29 ♐ 46	4 48
37	11 46	7 11	28 28 43	29 20	4 37
38	11 44	6 57	27 59 53	28 54	4 25
39	11 41	6 43	27 30 34	28 26	4 13
40	11 39	6 28	27 0 45	27 58	4 0
41	11 36	6 14	26 30 23	27 28	3 46
42	11 33	5 59	25 59 27	26 58	3 32
43	11 30	5 44	25 27 55	26 27	3 18
44	11 28	5 28	24 55 45	25 54	3 3
45	11 25	5 12	24 22 55	25 21	2 47
46	11 22	4 56	23 49 24	24 46	2 31
47	11 18	4 39	23 15 8	24 10	2 13
48	11 15	4 22	22 40 6	23 32	1 55
49	11 12	4 5	22 4 14	22 53	1 36
50	11 9	3 47	21 27 31	22 12	1 16
51	11 5	3 29	20 49 54	21 29	0 54
52	11 1	3 10	20 11 19	20 44	0 31
53	10 58	2 50	19 31 44	19 56	0 7
54	10 54	2 30	18 51 6	19 7	29 ♑ 41
55	10 50	2 10	18 9 20	18 15	29 13
56	10 45	1 48	17 26 24	17 20	28 42
57	10 41	1 26	16 42 13	16 22	28 9
58	10 36	1 4	15 56 44	15 20	27 34
59	10 32	0 40	15 9 52	14 15	26 54
60	10 27	0 16	14 21 33	13 6	26 11
61	10 22	29 ♌ 50	13 31 42	11 52	25 22
62	10 16	29 24	12 40 14	10 33	24 26
63	10 11	28 57	11 47 3	9 9	23 22
64	10 5	28 28	10 52 4	7 38	22 6
65	9 58	27 58	9 55 11	6 1	20 31
66	9 52	27 27	8 56 18	4 16	18 22

Lat.	11		12		ASC			2		3	
0	14 ♌	7	15 ♏	28	14 ♐	19	53	11 ♑	57	10 ♒	33
5	13	57	14	30	12	25	1	10	38	10	1
10	13	47	13	32	10	30	49	9	18	9	28
15	13	36	12	35	8	35	48	7	54	8	54
20	13	26	11	37	6	38	24	6	25	8	17
21	13	23	11	25	6	14	30	6	6	8	10
22	13	21	11	14	5	50	25	5	47	8	2
23	13	19	11	2	5	26	9	5	28	7	54
24	13	17	10	50	5	1	41	5	9	7	46
25	13	15	10	38	4	36	59	4	49	7	37
26	13	12	10	26	4	12	4	4	29	7	29
27	13	10	10	13	3	46	54	4	8	7	20
28	13	8	10	1	3	21	27	3	47	7	11
29	13	5	9	49	2	55	44	3	26	7	2
30	13	3	9	36	2	29	42	3	4	6	53
31	13	1	9	23	2	3	21	2	42	6	43
32	12	58	9	10	1	36	40	2	19	6	33
33	12	56	8	57	1	9	38	1	55	6	23
34	12	53	8	44	0	42	12	1	31	6	13
35	12	50	8	30	0	14	23	1	7	6	2
36	12	48	8	17	29 ♏	46	8	0	41	5	51
37	12	45	8	3	29	17	26	0	15	5	40
38	12	42	7	49	28	48	16	29 ♐	48	5	28
39	12	40	7	34	28	18	36	29	21	5	16
40	12	37	7	19	27	48	25	28	52	5	3
41	12	34	7	5	27	17	40	28	23	4	50
42	12	31	6	49	26	46	21	27	52	4	36
43	12	28	6	34	26	14	24	27	21	4	22
44	12	25	6	18	25	41	49	26	48	4	7
45	12	21	6	2	25	8	34	26	15	3	51
46	12	18	5	45	24	34	35	25	39	3	35
47	12	15	5	28	23	59	51	25	3	3	18
48	12	11	5	11	23	24	20	24	25	3	0
49	12	8	4	53	22	47	58	23	45	2	40
50	12	4	4	35	22	10	44	23	4	2	20
51	12	0	4	16	21	32	34	22	20	1	59
52	11	56	3	57	20	53	25	21	35	1	36
53	11	52	3	37	20	13	15	20	47	1	12
54	11	48	3	16	19	31	59	19	57	0	46
55	11	44	2	55	18	49	36	19	5	0	19
56	11	39	2	33	18	6	0	18	9	29 ♑	49
57	11	34	2	11	17	21	8	17	10	29	16
58	11	29	1	48	16	34	56	16	8	28	41
59	11	24	1	23	15	47	19	15	2	28	2
60	11	19	0	58	14	58	13	13	52	27	19
61	11	13	0	32	14	7	33	12	37	26	30
62	11	7	0	5	13	15	14	11	16	25	36
63	11	1	29 ♌	37	12	21	10	9	50	24	32
64	10	55	29	8	11	25	16	8	18	23	17
65	10	48	28	37	10	27	26	6	39	21	45
66	10	41	28	6	9	27	33	4	51	19	40

10 h 56 m MC 12 ♍ 38 37 RAMC 164°

Lat.	11		12		ASC			2		3	
0	15 ♌	12	16 ♏	28	15 ♐	15	39	12 ♑	53	11 ♒	32
5	15	1	15	29	13	20	18	11	34	11	1
10	14	50	14	30	11	25	30	10	13	10	29
15	14	39	13	32	9	29	44	8	50	9	55
20	14	27	12	33	7	31	29	7	21	9	19
21	14	25	12	21	7	7	23	7	2	9	11
22	14	23	12	9	6	43	6	6	43	9	3
23	14	20	11	57	6	18	38	6	24	8	55
24	14	18	11	45	5	53	57	6	5	8	47
25	14	15	11	33	5	29	2	5	45	8	39
26	14	13	11	21	5	3	53	5	25	8	31
27	14	11	11	8	4	38	29	5	4	8	22
28	14	8	10	55	4	12	48	4	43	8	13
29	14	5	10	43	3	46	50	4	22	8	4
30	14	3	10	30	3	20	33	4	0	7	55
31	14	0	10	17	2	53	56	3	37	7	46
32	13	58	10	4	2	26	58	3	14	7	36
33	13	55	9	50	1	59	39	2	51	7	26
34	13	52	9	37	1	31	56	2	27	7	16
35	13	49	9	23	1	3	48	2	2	7	5
36	13	47	9	9	0	35	14	1	37	6	54
37	13	44	8	55	0	6	13	1	10	6	43
38	13	41	8	40	29 ♏	36	42	0	44	6	31
39	13	38	8	26	29	6	41	0	16	6	19
40	13	35	8	11	28	36	8	29 ♐	47	6	6
41	13	32	7	55	28	5	1	29	18	5	53
42	13	28	7	40	27	33	18	28	47	5	40
43	13	25	7	24	27	0	58	28	15	5	26
44	13	22	7	8	26	27	58	27	43	5	11
45	13	18	6	51	25	54	16	27	9	4	55
46	13	15	6	34	25	19	50	26	33	4	39
47	13	11	6	17	24	44	38	25	56	4	22
48	13	7	5	59	24	8	37	25	18	4	4
49	13	4	5	41	23	31	45	24	38	3	46
50	13	0	5	22	22	53	59	23	56	3	26
51	12	55	5	3	22	15	17	23	13	3	5
52	12	51	4	43	21	35	34	22	27	2	42
53	12	47	4	23	20	54	48	21	39	2	18
54	12	42	4	2	20	12	56	20	48	1	53
55	12	38	3	41	19	29	54	19	55	1	25
56	12	33	3	18	18	45	38	18	59	0	56
57	12	28	2	55	18	0	4	17	59	0	23
58	12	22	2	31	17	13	8	16	56	29 ♑	48
59	12	17	2	7	16	24	46	15	49	29	10
60	12	11	1	41	15	34	53	14	38	28	27
61	12	5	1	14	14	43	24	13	21	27	40
62	11	59	0	47	13	50	14	12	0	26	46
63	11	52	0	18	12	55	17	10	32	25	43
64	11	45	29 ♌	48	11	58	27	8	58	24	30
65	11	38	29	17	10	59	39	7	17	22	59
66	11	30	28	44	9	58	46	5	27	20	58

Lat.	11	12	ASC	2	3
0	16 ♌ 17	17 ♏ 28	16 ♐ 11 19	13 ♑ 48	12 ♒ 32
5	16 5	16 28	14 15 31	12 30	12 1
10	15 53	15 28	12 20 8	11 9	11 29
15	15 41	14 29	10 23 40	9 46	10 56
20	15 29	13 29	8 24 34	8 17	10 20
21	15 26	13 17	8 0 17	7 58	10 12
22	15 24	13 5	7 35 48	7 39	10 5
23	15 21	12 53	7 11 8	7 20	9 57
24	15 19	12 40	6 46 15	7 1	9 49
25	15 16	12 28	6 21 7	6 41	9 41
26	15 14	12 15	5 55 45	6 21	9 33
27	15 11	12 3	5 30 7	6 0	9 24
28	15 8	11 50	5 4 12	5 39	9 16
29	15 6	11 37	4 37 58	5 18	9 7
30	15 3	11 24	4 11 26	4 56	8 58
31	15 0	11 10	3 44 34	4 33	8 48
32	14 57	10 57	3 17 20	4 10	8 39
33	14 54	10 43	2 49 43	3 47	8 29
34	14 51	10 29	2 21 42	3 22	8 19
35	14 48	10 15	1 53 16	2 58	8 8
36	14 45	10 1	1 24 24	2 32	7 57
37	14 42	9 47	0 55 3	2 6	7 46
38	14 39	9 32	0 25 12	1 39	7 35
39	14 36	9 17	29 ♏ 54 51	1 11	7 23
40	14 33	9 2	29 23 56	0 42	7 10
41	14 29	8 46	28 52 26	0 13	6 57
42	14 26	8 30	28 20 20	29 ♐ 42	6 44
43	14 22	8 14	27 47 35	29 10	6 30
44	14 19	7 58	27 14 10	28 37	6 15
45	14 15	7 41	26 40 2	28 3	6 0
46	14 11	7 24	26 5 9	27 27	5 44
47	14 7	7 6	25 29 29	26 50	5 27
48	14 3	6 48	24 52 59	26 12	5 10
49	13 59	6 29	24 15 37	25 31	4 51
50	13 55	6 10	23 37 19	24 49	4 31
51	13 51	5 50	22 58 3	24 5	4 10
52	13 46	5 30	22 17 46	23 19	3 48
53	13 41	5 9	21 36 25	22 30	3 25
54	13 36	4 48	20 53 56	21 39	2 59
55	13 31	4 26	20 10 15	20 45	2 32
56	13 26	4 3	19 25 18	19 49	2 3
57	13 21	3 39	18 39 3	18 48	1 31
58	13 15	3 15	17 51 23	17 44	0 57
59	13 9	2 50	17 2 16	16 36	0 19
60	13 3	2 23	16 11 35	15 24	29 ♑ 36
61	12 56	1 56	15 19 16	14 7	28 49
62	12 50	1 28	14 25 14	12 44	27 56
63	12 43	0 58	13 29 23	11 15	26 55
64	12 35	0 28	12 31 37	9 39	25 43
65	12 27	29 ♌ 56	11 31 50	7 55	24 14
66	12 19	29 22	10 29 56	6 3	22 17

Lat.	11		12		ASC			2		3	
0	17 ♌	21	18 ♏	28	17 ♐	6	55	14 ♑	44	13 ♒	32
5	17	9	17	26	15	10	41	13	26	13	2
10	16	56	16	26	13	14	45	12	6	12	30
15	16	43	15	26	11	17	36	10	42	11	57
20	16	30	14	25	9	17	40	9	13	11	22
21	16	28	14	13	8	53	12	8	55	11	14
22	16	25	14	1	8	28	32	8	36	11	7
23	16	22	13	48	8	3	40	8	17	10	59
24	16	20	13	36	7	38	34	7	57	10	51
25	16	17	13	23	7	13	14	7	37	10	43
26	16	14	13	10	6	47	39	7	17	10	35
27	16	11	12	57	6	21	47	6	56	10	27
28	16	8	12	44	5	55	38	6	35	10	18
29	16	6	12	31	5	29	10	6	14	10	9
30	16	3	12	17	5	2	23	5	52	10	0
31	16	0	12	4	4	35	14	5	29	9	51
32	15	57	11	50	4	7	44	5	6	9	42
33	15	54	11	36	3	39	51	4	43	9	32
34	15	50	11	22	3	11	33	4	18	9	22
35	15	47	11	8	2	42	49	3	54	9	12
36	15	44	10	53	2	13	37	3	28	9	1
37	15	41	10	39	1	43	57	3	2	8	50
38	15	37	10	24	1	13	47	2	34	8	38
39	15	34	10	8	0	43	4	2	7	8	27
40	15	31	9	53	0	11	47	1	38	8	14
41	15	27	9	37	29 ♏	39	55	1	8	8	2
42	15	23	9	21	29	7	26	0	37	7	48
43	15	20	9	4	28	34	17	0	5	7	34
44	15	16	8	48	28	0	27	29 ♐	32	7	20
45	15	12	8	30	27	25	53	28	57	7	5
46	15	8	8	13	26	50	33	28	22	6	49
47	15	4	7	55	26	14	24	27	44	6	33
48	14	59	7	36	25	37	25	27	5	6	15
49	14	55	7	17	24	59	32	26	25	5	57
50	14	50	6	58	24	20	43	25	42	5	37
51	14	46	6	37	23	40	54	24	58	5	17
52	14	41	6	17	23	0	3	24	11	4	55
53	14	36	5	56	22	18	5	23	22	4	31
54	14	31	5	34	21	34	58	22	31	4	7
55	14	25	5	11	20	50	39	21	36	3	40
56	14	20	4	48	20	5	2	20	39	3	11
57	14	14	4	24	19	18	4	19	38	2	39
58	14	8	3	59	18	29	40	18	33	2	5
59	14	1	3	33	17	39	46	17	24	1	28
60	13	55	3	6	16	48	17	16	11	0	46
61	13	48	2	38	15	55	9	14	52	0	0
62	13	41	2	9	15	0	14	13	28	29 ♑	7
63	13	33	1	39	14	3	29	11	57	28	7
64	13	25	1	7	13	4	46	10	19	26	56
65	13	17	0	35	12	4	0	8	33	25	30
66	13	8	0	0	11	1	5	6	39	23	37

Lat.	11		12		ASC			2		3	
0	18 ♌	26	19 ♏	27	18 ♐	2	27	15 ♑	40	14 ♒	32
5	18	12	18	25	16	5	49	14	22	14	2
10	17	59	17	24	14	9	21	13	2	13	31
15	17	46	16	23	12	11	32	11	38	12	59
20	17	32	15	21	10	10	48	10	10	12	24
21	17	29	15	9	9	46	9	9	51	12	16
22	17	26	14	56	9	21	18	9	32	12	9
23	17	23	14	43	8	56	14	9	13	12	1
24	17	20	14	31	8	30	56	8	54	11	54
25	17	17	14	18	8	5	24	8	34	11	46
26	17	14	14	5	7	39	35	8	13	11	38
27	17	12	13	51	7	13	30	7	53	11	29
28	17	8	13	38	6	47	7	7	32	11	21
29	17	5	13	25	6	20	25	7	10	11	12
30	17	2	13	11	5	53	22	6	48	11	3
31	16	59	12	57	5	25	59	6	26	10	54
32	16	56	12	43	4	58	12	6	3	10	45
33	16	53	12	29	4	30	2	5	39	10	35
34	16	49	12	15	4	1	27	5	15	10	25
35	16	46	12	0	3	32	25	4	50	10	15
36	16	43	11	46	3	2	55	4	24	10	5
37	16	39	11	31	2	32	56	3	58	9	54
38	16	36	11	15	2	2	25	3	30	9	43
39	16	32	11	0	1	31	22	3	2	9	31
40	16	28	10	44	0	59	44	2	33	9	19
41	16	25	10	28	0	27	29	2	3	9	6
42	16	21	10	11	29 ♏	54	37	1	32	8	53
43	16	17	9	54	29	21	4	1	0	8	39
44	16	13	9	37	28	46	48	0	27	8	25
45	16	8	9	20	28	11	48	29 ♐	52	8	10
46	16	4	9	2	27	36	1	29	16	7	55
47	16	0	8	43	26	59	24	28	39	7	38
48	15	55	8	24	26	21	56	28	0	7	21
49	15	51	8	5	25	43	32	27	19	7	3
50	15	46	7	45	25	4	11	26	36	6	44
51	15	41	7	25	24	23	49	25	51	6	23
52	15	36	7	4	23	42	23	25	4	6	2
53	15	30	6	42	22	59	49	24	15	5	39
54	15	25	6	19	22	16	5	23	23	5	14
55	15	19	5	56	21	31	6	22	28	4	48
56	15	13	5	33	20	44	48	21	29	4	19
57	15	7	5	8	19	57	7	20	28	3	48
58	15	1	4	42	19	7	59	19	22	3	14
59	14	54	4	16	18	17	19	18	12	2	37
60	14	47	3	49	17	25	1	16	58	1	57
61	14	39	3	20	16	31	2	15	38	1	11
62	14	32	2	50	15	35	15	14	12	0	19
63	14	24	2	19	14	37	34	12	40	29 ♑	20
64	14	15	1	47	13	37	54	11	0	28	11
65	14	6	1	14	12	36	9	9	12	26	47
66	13	57	0	39	11	32	10	7	14	24	58

Lat.	11		12		ASC			2		3	
0	19 ♌	30	20 ♏	26	18 ♐	57	54	16 ♑	35	15 ♒	32
5	19	16	19	24	17	0	53	15	18	15	3
10	19	2	18	22	15	3	55	13	58	14	32
15	18	48	17	20	13	5	28	12	35	14	0
20	18	33	16	17	11	3	57	11	6	13	26
21	18	30	16	4	10	39	7	10	48	13	19
22	18	27	15	52	10	14	5	10	29	13	11
23	18	24	15	39	9	48	50	10	10	13	4
24	18	21	15	26	9	23	20	9	50	12	56
25	18	18	15	12	8	57	36	9	30	12	48
26	18	15	14	59	8	31	35	9	10	12	40
27	18	12	14	46	8	5	16	8	49	12	32
28	18	9	14	32	7	38	39	8	28	12	24
29	18	5	14	19	7	11	43	8	7	12	16
30	18	2	14	5	6	44	26	7	45	12	7
31	17	59	13	51	6	16	47	7	22	11	58
32	17	55	13	37	5	48	45	6	59	11	49
33	17	52	13	22	5	20	18	6	35	11	39
34	17	48	13	8	4	51	26	6	11	11	29
35	17	45	12	53	4	22	6	5	46	11	19
36	17	41	12	38	3	52	18	5	20	11	9
37	17	38	12	22	3	21	59	4	54	10	58
38	17	34	12	7	2	51	9	4	26	10	47
39	17	30	11	51	2	19	45	3	58	10	35
40	17	26	11	35	1	47	45	3	29	10	24
41	17	22	11	18	1	15	8	2	59	10	11
42	17	18	11	2	0	41	53	2	28	9	58
43	17	14	10	45	0	7	55	1	56	9	45
44	17	9	10	27	29 ♏	33	15	1	22	9	31
45	17	5	10	9	28	57	48	0	47	9	16
46	17	1	9	51	28	21	34	0	11	9	1
47	16	56	9	32	27	44	29	29 ♐	33	8	44
48	16	51	9	13	27	6	31	28	54	8	27
49	16	46	8	53	26	27	37	28	13	8	10
50	16	41	8	33	25	47	43	27	30	7	51
51	16	36	8	12	25	6	48	26	45	7	31
52	16	30	7	50	24	24	47	25	57	7	9
53	16	25	7	28	23	41	37	25	7	6	46
54	16	19	7	5	22	57	15	24	15	6	22
55	16	13	6	42	22	11	36	23	19	5	56
56	16	7	6	17	21	24	37	22	20	5	28
57	16	0	5	52	20	36	13	21	18	4	57
58	15	53	5	26	19	46	20	20	11	4	24
59	15	46	4	59	18	54	53	19	1	3	48
60	15	39	4	31	18	1	47	17	45	3	7
61	15	31	4	2	17	6	56	16	24	2	23
62	15	23	3	31	16	10	16	14	57	1	32
63	15	14	3	0	15	11	40	13	23	0	34
64	15	5	2	27	14	11	2	11	41	29 ♑	26
65	14	56	1	53	13	8	15	9	50	28	4
66	14	46	1	17	12	3	14	7	50	26	19

Lat.	11	12	ASC	2	3
0	20 ♌ 34	21 ♏ 26	19 ♐ 53 18	17 ♑ 31	16 ♒ 33
5	20 19	20 22	17 55 56	16 14	16 4
10	20 5	19 19	15 58 29	14 55	15 34
15	19 50	18 16	13 59 25	13 31	15 2
20	19 34	17 13	11 57 8	12 3	14 28
21	19 31	17 0	11 32 8	11 44	14 21
22	19 28	16 47	11 6 55	11 26	14 14
23	19 25	16 34	10 41 29	11 6	14 7
24	19 22	16 20	10 15 48	10 47	13 59
25	19 18	16 7	9 49 51	10 27	13 51
26	19 15	15 54	9 23 37	10 7	13 44
27	19 12	15 40	8 57 6	9 46	13 36
28	19 8	15 26	8 30 15	9 25	13 27
29	19 5	15 12	8 3 5	9 4	13 19
30	19 2	14 58	7 35 33	8 42	13 10
31	18 58	14 44	7 7 39	8 19	13 2
32	18 55	14 30	6 39 21	7 56	12 52
33	18 51	14 15	6 10 38	7 32	12 43
34	18 47	14 0	5 41 29	7 8	12 33
35	18 44	13 45	5 11 52	6 43	12 24
36	18 40	13 30	4 41 45	6 17	12 13
37	18 36	13 14	4 11 8	5 50	12 3
38	18 32	12 58	3 39 57	5 23	11 52
39	18 28	12 42	3 8 13	4 55	11 40
40	18 24	12 26	2 35 52	4 25	11 29
41	18 20	12 9	2 2 53	3 55	11 16
42	18 15	11 52	1 29 14	3 24	11 4
43	18 11	11 35	0 54 52	2 52	10 50
44	18 6	11 17	0 19 47	2 18	10 37
45	18 2	10 58	29 ♏ 43 54	1 43	10 22
46	17 57	10 40	29 7 12	1 6	10 7
47	17 52	10 21	28 29 39	0 29	9 51
48	17 47	10 1	27 51 11	29 ♐ 49	9 34
49	17 42	9 41	27 11 46	29 7	9 17
50	17 36	9 20	26 31 21	28 24	8 58
51	17 31	8 59	25 49 52	27 39	8 38
52	17 25	8 37	25 7 16	26 51	8 17
53	17 19	8 14	24 23 29	26 0	7 55
54	17 13	7 51	23 38 29	25 7	7 31
55	17 7	7 27	22 52 10	24 11	7 5
56	17 0	7 2	22 4 30	23 12	6 37
57	16 53	6 36	21 15 23	22 8	6 7
58	16 46	6 10	20 24 44	21 1	5 34
59	16 38	5 42	19 32 30	19 49	4 59
60	16 31	5 13	18 38 34	18 33	4 19
61	16 22	4 44	17 42 52	17 10	3 35
62	16 14	4 13	16 45 17	15 41	2 45
63	16 5	3 40	15 45 45	14 6	1 48
64	15 55	3 7	14 44 8	12 22	0 42
65	15 45	2 31	13 40 20	10 29	29 ♑ 22
66	15 35	1 55	12 34 15	8 26	27 41

Lat.	11		12		ASC			2		3	
0	21 ♎	38	22 ♏	25	20 ♐	48	39	18 ♑	27	17 ♒	33
5	21	23	21	20	18	50	57	17	11	17	5
10	21	7	20	17	16	53	2	15	51	16	35
15	20	51	19	13	14	53	23	14	28	16	4
20	20	35	18	8	12	50	21	13	0	15	31
21	20	32	17	55	12	25	11	12	41	15	24
22	20	29	17	42	11	59	48	12	23	15	17
23	20	25	17	29	11	34	10	12	3	15	10
24	20	22	17	15	11	8	18	11	44	15	2
25	20	19	17	2	10	42	9	11	24	14	55
26	20	15	16	48	10	15	43	11	4	14	47
27	20	12	16	34	9	48	59	10	43	14	39
28	20	8	16	20	9	21	55	10	22	14	31
29	20	5	16	6	8	54	31	10	1	14	23
30	20	1	15	52	8	26	45	9	39	14	14
31	19	57	15	37	7	58	36	9	16	14	6
32	19	54	15	23	7	30	3	8	53	13	57
33	19	50	15	8	7	1	3	8	29	13	47
34	19	46	14	53	6	31	37	8	5	13	38
35	19	42	14	37	6	1	43	7	39	13	28
36	19	38	14	22	5	31	18	7	14	13	18
37	19	34	14	6	5	0	21	6	47	13	8
38	19	30	13	50	4	28	51	6	20	12	57
39	19	26	13	34	3	56	46	5	51	12	46
40	19	21	13	17	3	24	4	5	22	12	34
41	19	17	13	0	2	50	42	4	52	12	22
42	19	12	12	42	2	16	40	4	20	12	10
43	19	8	12	25	1	41	55	3	48	11	56
44	19	3	12	6	1	6	24	3	14	11	43
45	18	58	11	48	0	30	5	2	39	11	29
46	18	53	11	29	29 ♏	52	56	2	2	11	14
47	18	48	11	9	29	14	54	1	24	10	58
48	18	43	10	49	28	35	57	0	44	10	41
49	18	37	10	29	27	56	1	0	2	10	24
50	18	32	10	8	27	15	3	29 ♐	19	10	6
51	18	26	9	46	26	33	0	28	33	9	46
52	18	20	9	23	25	49	49	27	45	9	25
53	18	13	9	0	25	5	26	26	54	9	3
54	18	7	8	37	24	19	47	26	0	8	40
55	18	0	8	12	23	32	49	25	3	8	14
56	17	53	7	47	22	44	26	24	3	7	47
57	17	46	7	20	21	54	35	22	59	7	17
58	17	38	6	53	21	3	11	21	51	6	45
59	17	31	6	25	20	10	8	20	39	6	10
60	17	22	5	56	19	15	23	19	21	5	31
61	17	14	5	25	18	18	48	17	57	4	48
62	17	5	4	54	17	20	19	16	27	3	59
63	16	55	4	21	16	19	50	14	49	3	3
64	16	45	3	46	15	17	14	13	3	1	58
65	16	34	3	10	14	12	24	11	8	0	41
66	16	23	2	33	13	5	15	9	2	29 ♑	3

Lat.	11		12		ASC			2		3	
0	22 ♌	42	23 ♏	23	21 ♐	43	56	19 ♑	24	18 ♒	34
5	22	26	22	18	19	45	56	18	7	18	6
10	22	10	21	14	17	47	35	16	48	17	37
15	21	53	20	9	15	47	21	15	25	17	7
20	21	36	19	4	13	43	36	13	57	16	34
21	21	33	18	51	13	18	17	13	39	16	27
22	21	30	18	37	12	52	43	13	20	16	20
23	21	26	18	24	12	26	55	13	1	16	13
24	21	23	18	10	12	0	51	12	41	16	6
25	21	19	17	56	11	34	31	12	21	15	58
26	21	15	17	42	11	7	53	12	1	15	51
27	21	12	17	28	10	40	56	11	41	15	43
28	21	8	17	14	10	13	39	11	19	15	35
29	21	4	17	0	9	46	2	10	58	15	27
30	21	1	16	45	9	18	1	10	36	15	18
31	20	57	16	31	8	49	37	10	13	15	10
32	20	53	16	16	8	20	49	9	50	15	1
33	20	49	16	1	7	51	34	9	26	14	52
34	20	45	15	45	7	21	51	9	2	14	43
35	20	41	15	30	6	51	39	8	37	14	33
36	20	36	15	14	6	20	56	8	11	14	23
37	20	32	14	58	5	49	40	7	44	14	13
38	20	28	14	41	5	17	51	7	16	14	2
39	20	23	14	25	4	45	25	6	48	13	51
40	20	19	14	8	4	12	21	6	19	13	40
41	20	14	13	50	3	38	38	5	48	13	28
42	20	10	13	33	3	4	13	5	17	13	16
43	20	5	13	15	2	29	3	4	44	13	3
44	20	0	12	56	1	53	7	4	10	12	49
45	19	55	12	37	1	16	22	3	35	12	35
46	19	49	12	18	0	38	46	2	58	12	21
47	19	44	11	58	0	0	16	2	20	12	5
48	19	38	11	37	29 ♏	20	48	1	40	11	49
49	19	33	11	17	28	40	21	0	58	11	32
50	19	27	10	55	27	58	51	0	14	11	14
51	19	21	10	33	27	16	14	29 ♐	27	10	54
52	19	14	10	10	26	32	28	28	39	10	34
53	19	8	9	47	25	47	28	27	48	10	12
54	19	1	9	22	25	1	10	26	53	9	49
55	18	54	8	57	24	13	31	25	56	9	24
56	18	46	8	31	23	24	26	24	55	8	57
57	18	39	8	5	22	33	51	23	51	8	28
58	18	31	7	37	21	41	40	22	42	7	57
59	18	23	7	8	20	47	50	21	28	7	22
60	18	14	6	38	19	52	14	20	9	6	44
61	18	5	6	7	18	54	46	18	44	6	1
62	17	55	5	35	17	55	22	17	12	5	13
63	17	45	5	1	16	53	55	15	33	4	19
64	17	35	4	26	15	50	19	13	45	3	15
65	17	24	3	49	14	44	26	11	47	2	0
66	17	12	3	11	13	36	11	9	38	0	26

Lat.	11		12		ASC			2		3	
0	23 ♌	46	24 ♏	22	22 ♐	39	10	20 ♑	20	19 ♒	35
5	23	29	23	16	20	40	53	19	4	19	7
10	23	12	22	11	18	42	8	17	45	18	39
15	22	55	21	6	16	41	22	16	22	18	9
20	22	37	19	59	14	36	55	14	54	17	37
21	22	34	19	46	14	11	25	14	36	17	30
22	22	30	19	32	13	45	42	14	17	17	23
23	22	27	19	18	13	19	43	13	58	17	16
24	22	23	19	5	12	53	29	13	39	17	9
25	22	19	18	51	12	26	57	13	19	17	2
26	22	15	18	37	12	0	7	12	59	16	55
27	22	12	18	22	11	32	58	12	38	16	47
28	22	8	18	8	11	5	28	12	17	16	39
29	22	4	17	53	10	37	37	11	55	16	31
30	22	0	17	39	10	9	23	11	33	16	23
31	21	56	17	24	9	40	44	11	11	16	14
32	21	52	17	9	9	11	40	10	47	16	6
33	21	48	16	53	8	42	9	10	24	15	57
34	21	43	16	38	8	12	10	9	59	15	48
35	21	39	16	22	7	41	40	9	34	15	38
36	21	35	16	6	7	10	39	9	8	15	29
37	21	30	15	49	6	39	5	8	41	15	18
38	21	26	15	33	6	6	56	8	14	15	8
39	21	21	15	16	5	34	10	7	45	14	57
40	21	16	14	59	5	0	45	7	16	14	46
41	21	12	14	41	4	26	40	6	45	14	34
42	21	7	14	23	3	51	51	6	14	14	22
43	21	1	14	5	3	16	18	5	41	14	10
44	20	56	13	46	2	39	57	5	7	13	56
45	20	51	13	26	2	2	46	4	31	13	43
46	20	45	13	7	1	24	42	3	54	13	28
47	20	40	12	46	0	45	43	3	16	13	13
48	20	34	12	26	0	5	46	2	35	12	57
49	20	28	12	4	29 ♏	24	47	1	53	12	40
50	20	22	11	42	28	42	44	1	9	12	22
51	20	15	11	20	27	59	34	0	22	12	3
52	20	9	10	57	27	15	12	29 ♐	33	11	43
53	20	2	10	33	26	29	34	28	42	11	22
54	19	55	10	8	25	42	38	27	47	10	59
55	19	47	9	43	24	54	18	26	49	10	35
56	19	40	9	16	24	4	30	25	48	10	8
57	19	32	8	49	23	13	10	24	43	9	40
58	19	23	8	20	22	20	13	23	33	9	8
59	19	15	7	51	21	25	34	22	18	8	34
60	19	6	7	21	20	29	6	20	58	7	57
61	18	56	6	49	19	30	46	19	32	7	15
62	18	46	6	16	18	30	26	17	58	6	28
63	18	36	5	41	17	28	1	16	17	5	35
64	18	25	5	5	16	23	23	14	27	4	33
65	18	13	4	28	15	16	27	12	26	3	20
66	18	1	3	48	14	7	6	10	14	1	49

Lat.	11		12		ASC			2		3	
0	24 ♌	50	25 ♏	21	23 ♐	34	22	21 ♑	16	20 ♒	36
5	24	32	24	14	21	35	50	20	0	20	9
10	24	14	23	8	19	36	42	18	42	19	41
15	23	56	22	2	17	35	24	17	20	19	12
20	23	38	20	55	15	30	16	15	52	18	40
21	23	34	20	41	15	4	37	15	34	18	34
22	23	31	20	27	14	38	44	15	15	18	27
23	23	27	20	13	14	12	35	14	56	18	20
24	23	23	19	59	13	46	10	14	36	18	13
25	23	19	19	45	13	19	27	14	17	18	6
26	23	15	19	31	12	52	26	13	56	17	59
27	23	11	19	16	12	25	4	13	36	17	51
28	23	7	19	2	11	57	22	13	15	17	44
29	23	3	18	47	11	29	17	12	53	17	36
30	22	59	18	32	11	0	49	12	31	17	28
31	22	55	18	17	10	31	56	12	8	17	19
32	22	51	18	2	10	2	37	11	45	17	11
33	22	46	17	46	9	32	50	11	21	17	2
34	22	42	17	30	9	2	35	10	57	16	53
35	22	37	17	14	8	31	48	10	32	16	44
36	22	33	16	58	8	0	29	10	6	16	34
37	22	28	16	41	7	28	37	9	39	16	24
38	22	24	16	24	6	56	8	9	11	16	14
39	22	19	16	7	6	23	2	8	43	16	3
40	22	14	15	49	5	49	16	8	13	15	52
41	22	9	15	31	5	14	48	7	43	15	41
42	22	4	15	13	4	39	37	7	11	15	29
43	21	58	14	54	4	3	39	6	38	15	17
44	21	53	14	35	3	26	53	6	4	15	4
45	21	47	14	16	2	49	16	5	28	14	50
46	21	41	13	56	2	10	45	4	51	14	36
47	21	36	13	35	1	31	17	4	12	14	21
48	21	29	13	14	0	50	50	3	32	14	5
49	21	23	12	52	0	9	20	2	49	13	49
50	21	17	12	30	29 ♏	26	44	2	5	13	31
51	21	10	12	7	28	42	59	1	18	13	13
52	21	3	11	43	27	58	1	0	29	12	53
53	20	56	11	19	27	11	46	29 ♐	36	12	32
54	20	49	10	54	26	24	10	28	41	12	9
55	20	41	10	28	25	35	9	27	43	11	45
56	20	33	10	1	24	44	39	26	41	11	19
57	20	25	9	33	23	52	34	25	35	10	51
58	20	16	9	4	22	58	49	24	24	10	21
59	20	7	8	34	22	3	21	23	9	9	47
60	19	57	8	3	21	6	2	21	47	9	11
61	19	47	7	31	20	6	47	20	20	8	30
62	19	37	6	57	19	5	31	18	45	7	44
63	19	26	6	22	18	2	6	17	2	6	52
64	19	14	5	45	16	56	27	15	9	5	52
65	19	2	5	6	15	48	27	13	6	4	41
66	18	49	4	26	14	37	58	10	50	3	13

Lat.	11	12	ASC	2	3
0	25 ♌ 53	26 ♏ 19	24 ♐ 29 31	22 ♑ 13	21 ♒ 37
5	25 35	25 11	22 30 46	20 57	21 11
10	25 16	24 5	20 31 16	19 39	20 44
15	24 58	22 58	18 29 28	18 17	20 15
20	24 39	21 50	16 23 41	16 50	19 44
21	24 35	21 36	15 57 53	16 31	19 38
22	24 31	21 22	15 31 50	16 13	19 31
23	24 27	21 8	15 5 31	15 54	19 24
24	24 23	20 54	14 38 56	15 34	19 17
25	24 19	20 39	14 12 2	15 14	19 10
26	24 15	20 25	13 44 49	14 54	19 3
27	24 11	20 10	13 17 16	14 34	18 56
28	24 7	19 55	12 49 21	14 13	18 48
29	24 3	19 40	12 21 3	13 51	18 41
30	23 58	19 25	11 52 21	13 29	18 33
31	23 54	19 10	11 23 14	13 6	18 25
32	23 49	18 54	10 53 40	12 43	18 16
33	23 45	18 39	10 23 38	12 19	18 8
34	23 40	18 23	9 53 6	11 55	17 59
35	23 36	18 6	9 22 2	11 30	17 50
36	23 31	17 50	8 50 26	11 4	17 40
37	23 26	17 33	8 18 15	10 37	17 31
38	23 21	17 16	7 45 27	10 9	17 20
39	23 16	16 58	7 12 0	9 41	17 10
40	23 11	16 40	6 37 53	9 11	16 59
41	23 6	16 22	6 3 4	8 40	16 48
42	23 0	16 3	5 27 29	8 9	16 36
43	22 55	15 44	4 51 8	7 36	16 24
44	22 49	15 25	4 13 56	7 1	16 11
45	22 43	15 5	3 35 53	6 25	15 58
46	22 37	14 45	2 56 54	5 48	15 44
47	22 31	14 24	2 16 58	5 9	15 29
48	22 25	14 2	1 36 0	4 28	15 14
49	22 18	13 40	0 53 59	3 46	14 58
50	22 12	13 17	0 10 50	3 1	14 40
51	22 5	12 54	29 ♏ 26 31	2 14	14 22
52	21 57	12 30	28 40 56	1 24	14 3
53	21 50	12 5	27 54 4	0 32	13 42
54	21 42	11 39	27 5 48	29 ♐ 36	13 20
55	21 34	11 13	26 16 6	28 37	12 57
56	21 26	10 45	25 24 52	27 34	12 31
57	21 17	10 17	24 32 1	26 28	12 4
58	21 8	9 48	23 37 29	25 16	11 34
59	20 59	9 17	22 41 11	23 59	11 1
60	20 49	8 45	21 42 59	22 37	10 25
61	20 38	8 12	20 42 50	21 8	9 45
62	20 28	7 38	19 40 37	19 31	9 0
63	20 16	7 2	18 36 12	17 46	8 9
64	20 4	6 24	17 29 31	15 52	7 11
65	19 51	5 45	16 20 25	13 45	6 2
66	19 38	5 4	15 8 48	11 26	4 38

Lat.	11		12		ASC			2		3	
0	26 ♌	57	27 ♏	17	25 ♐	24	39	23 ♑	9	22 ♒	39
5	26	37	26	9	23	25	41	21	54	22	13
10	26	18	25	2	21	25	51	20	36	21	46
15	25	59	23	54	19	23	35	19	15	21	18
20	25	39	22	45	17	17	9	17	48	20	48
21	25	35	22	31	16	51	13	17	29	20	41
22	25	31	22	17	16	25	1	17	11	20	35
23	25	27	22	3	15	58	32	16	52	20	28
24	25	23	21	48	15	31	46	16	32	20	22
25	25	19	21	34	15	4	42	16	13	20	15
26	25	15	21	19	14	37	17	15	53	20	8
27	25	10	21	4	14	9	32	15	32	20	1
28	25	6	20	49	13	41	25	15	11	19	53
29	25	2	20	34	13	12	54	14	49	19	46
30	24	57	20	19	12	43	59	14	27	19	38
31	24	53	20	3	12	14	38	14	5	19	30
32	24	48	19	47	11	44	49	13	41	19	22
33	24	44	19	31	11	14	32	13	18	19	13
34	24	39	19	15	10	43	44	12	53	19	5
35	24	34	18	58	10	12	23	12	28	18	56
36	24	29	18	41	9	40	29	12	2	18	47
37	24	24	18	24	9	8	0	11	35	18	37
38	24	19	18	7	8	34	53	11	7	18	27
39	24	14	17	49	8	1	6	10	39	18	17
40	24	8	17	31	7	26	38	10	9	18	6
41	24	3	17	12	6	51	27	9	38	17	55
42	23	57	16	54	6	15	29	9	6	17	44
43	23	51	16	34	5	38	43	8	33	17	32
44	23	46	16	14	5	1	7	7	59	17	19
45	23	40	15	54	4	22	37	7	23	17	6
46	23	33	15	33	3	43	11	6	46	16	53
47	23	27	15	12	3	2	45	6	6	16	38
48	23	20	14	50	2	21	18	5	26	16	23
49	23	14	14	28	1	38	45	4	43	16	7
50	23	7	14	5	0	55	3	3	57	15	50
51	22	59	13	41	0	10	9	3	10	15	32
52	22	52	13	16	29 ♏	23	58	2	20	15	13
53	22	44	12	51	28	36	27	1	27	14	53
54	22	36	12	25	27	47	32	0	31	14	32
55	22	28	11	58	26	57	8	29 ♐	32	14	8
56	22	19	11	30	26	5	10	28	28	13	43
57	22	10	11	1	25	11	33	27	21	13	17
58	22	0	10	31	24	16	13	26	8	12	47
59	21	51	10	0	23	19	4	24	51	12	15
60	21	40	9	27	22	20	0	23	27	11	40
61	21	30	8	54	21	18	55	21	57	11	1
62	21	18	8	19	20	15	44	20	19	10	17
63	21	6	7	42	19	10	19	18	32	9	28
64	20	54	7	4	18	2	34	16	34	8	31
65	20	40	6	24	16	52	22	14	25	7	24
66	20	26	5	42	15	39	36	12	2	6	3

Lat.	11		12		ASC			2		3	
0	28 ♌	0	28 ♏	15	26 ♐	19	45	24 ♑	6	23 ♒	41
5	27	40	27	6	24	20	37	22	51	23	15
10	27	20	25	58	22	20	28	21	34	22	49
15	27	0	24	50	20	17	44	20	13	22	22
20	26	40	23	40	18	10	42	18	46	21	52
21	26	36	23	26	17	44	37	18	27	21	46
22	26	32	23	12	17	18	15	18	9	21	39
23	26	27	22	57	16	51	37	17	50	21	33
24	26	23	22	43	16	24	42	17	31	21	26
25	26	19	22	28	15	57	26	17	11	21	20
26	26	14	22	13	15	29	51	16	51	21	13
27	26	10	21	58	15	1	55	16	30	21	6
28	26	5	21	43	14	33	35	16	9	20	58
29	26	1	21	27	14	4	52	15	48	20	51
30	25	56	21	12	13	35	44	15	26	20	43
31	25	52	20	56	13	6	8	15	3	20	36
32	25	47	20	40	12	36	5	14	40	20	28
33	25	42	20	24	12	5	32	14	16	20	19
34	25	37	20	7	11	34	28	13	52	20	11
35	25	32	19	50	11	2	51	13	26	20	2
36	25	27	19	33	10	30	40	13	0	19	53
37	25	22	19	16	9	57	52	12	34	19	44
38	25	16	18	58	9	24	26	12	6	19	34
39	25	11	18	40	8	50	19	11	37	19	24
40	25	5	18	22	8	15	30	11	8	19	14
41	25	0	18	3	7	39	57	10	37	19	3
42	24	54	17	44	7	3	36	10	5	18	52
43	24	48	17	24	6	26	27	9	32	18	40
44	24	42	17	4	5	48	25	8	57	18	28
45	24	36	16	43	5	9	29	8	21	18	15
46	24	29	16	22	4	29	35	7	43	18	1
47	24	23	16	1	3	48	41	7	4	17	47
48	24	16	15	38	3	6	43	6	23	17	33
49	24	9	15	16	2	23	38	5	40	17	17
50	24	1	14	52	1	39	23	4	55	17	0
51	23	54	14	28	0	53	54	4	7	16	43
52	23	46	14	3	0	7	7	3	16	16	24
53	23	38	13	37	29 ♏	18	57	2	23	16	4
54	23	30	13	11	28	29	22	1	27	15	43
55	23	21	12	43	27	38	15	0	27	15	21
56	23	12	12	15	26	45	33	29 ♐	23	14	56
57	23	3	11	45	25	51	10	28	14	14	30
58	22	53	11	15	24	55	1	27	1	14	1
59	22	42	10	43	23	57	1	25	43	13	30
60	22	32	10	10	22	57	3	24	18	12	55
61	22	21	9	35	21	55	3	22	46	12	17
62	22	9	9	0	20	50	52	21	6	11	35
63	21	56	8	22	19	44	26	19	17	10	46
64	21	43	7	43	18	35	37	17	18	9	51
65	21	29	7	2	17	24	18	15	5	8	46
66	21	15	6	19	16	10	22	12	38	7	28

Lat.	11		12		ASC			2		3	
0	29 ♌	3	29 ♏	13	27 ♐	14	50	25 ♑	3	24 ♒	42
5	28	42	28	3	25	15	32	23	49	24	18
10	28	22	26	55	23	15	6	22	32	23	52
15	28	1	25	46	21	11	56	21	11	23	25
20	27	40	24	35	19	4	19	19	44	22	56
21	27	36	24	21	18	38	5	19	26	22	50
22	27	32	24	6	18	11	35	19	7	22	44
23	27	27	23	52	17	44	48	18	49	22	38
24	27	23	23	37	17	17	42	18	29	22	31
25	27	18	23	22	16	50	17	18	10	22	25
26	27	14	23	7	16	22	31	17	50	22	18
27	27	9	22	52	15	54	23	17	29	22	11
28	27	5	22	36	15	25	52	17	8	22	4
29	27	0	22	21	14	56	56	16	47	21	57
30	26	55	22	5	14	27	35	16	25	21	49
31	26	50	21	49	13	57	46	16	2	21	42
32	26	45	21	33	13	27	28	15	39	21	34
33	26	40	21	16	12	56	40	15	15	21	26
34	26	35	20	59	12	25	20	14	51	21	17
35	26	30	20	42	11	53	27	14	25	21	9
36	26	25	20	25	11	20	58	13	59	21	0
37	26	19	20	7	10	47	52	13	32	20	51
38	26	14	19	49	10	14	7	13	5	20	41
39	26	8	19	31	9	39	41	12	36	20	32
40	26	2	19	12	9	4	31	12	6	20	21
41	25	57	18	53	8	28	35	11	36	20	11
42	25	51	18	34	7	51	52	11	4	20	0
43	25	44	18	14	7	14	18	10	30	19	48
44	25	38	17	54	6	35	51	9	56	19	36
45	25	32	17	33	5	56	29	9	19	19	24
46	25	25	17	11	5	16	7	8	42	19	11
47	25	18	16	49	4	34	44	8	2	18	57
48	25	11	16	27	3	52	16	7	21	18	42
49	25	4	16	3	3	8	39	6	38	18	27
50	24	56	15	39	2	23	50	5	52	18	11
51	24	48	15	15	1	37	46	5	4	17	54
52	24	40	14	49	0	50	22	4	13	17	36
53	24	32	14	23	0	1	34	3	20	17	16
54	24	23	13	56	29 ♏	11	18	2	23	16	56
55	24	14	13	28	28	19	28	1	22	16	33
56	24	5	12	59	27	26	1	0	18	16	9
57	23	55	12	29	26	30	52	29 ♐	9	15	44
58	23	45	11	58	25	33	54	27	55	15	16
59	23	34	11	26	24	35	2	26	35	14	45
60	23	23	10	52	23	34	10	25	9	14	11
61	23	11	10	17	22	31	12	23	36	13	34
62	22	59	9	40	21	26	3	21	55	12	53
63	22	46	9	2	20	18	34	20	3	12	6
64	22	33	8	22	19	8	40	18	1	11	12
65	22	18	7	41	17	56	13	15	46	10	9
66	22	3	6	57	16	41	6	13	15	8	54

Lat.	11	12	ASC	2	3
0	0 ♏ 6	0 ♐ 10	28 ♐ 9 54	26 ♑ 0	25 ♒ 45
5	29 ♎ 45	29 ♏ 1	26 10 29	24 46	25 20
10	29 24	27 51	24 9 47	23 30	24 55
15	29 2	26 41	22 6 12	22 9	24 29
20	28 41	25 30	19 58 0	20 43	24 1
21	28 36	25 15	19 31 39	20 25	23 55
22	28 32	25 1	19 5 0	20 6	23 49
23	28 27	24 46	18 38 4	19 47	23 43
24	28 23	24 31	18 10 49	19 28	23 36
25	28 18	24 16	17 43 13	19 9	23 30
26	28 13	24 1	17 15 17	18 49	23 23
27	28 8	23 45	16 46 58	18 28	23 17
28	28 4	23 30	16 18 15	18 7	23 10
29	27 59	23 14	15 49 7	17 46	23 3
30	27 54	22 58	15 19 33	17 24	22 55
31	27 49	22 42	14 49 30	17 1	22 48
32	27 44	22 25	14 18 59	16 38	22 40
33	27 39	22 9	13 47 56	16 14	22 32
34	27 33	21 52	13 16 20	15 50	22 24
35	27 28	21 34	12 44 11	15 25	22 16
36	27 22	21 17	12 11 25	14 59	22 7
37	27 17	20 59	11 38 1	14 32	21 58
38	27 11	20 41	11 3 56	14 4	21 49
39	27 5	20 22	10 29 10	13 35	21 39
40	26 59	20 3	9 53 40	13 5	21 30
41	26 53	19 44	9 17 22	12 35	21 19
42	26 47	19 24	8 40 16	12 3	21 8
43	26 41	19 4	8 2 18	11 29	20 57
44	26 34	18 43	7 23 26	10 55	20 45
45	26 28	18 22	6 43 37	10 18	20 33
46	26 21	18 0	6 2 48	9 40	20 20
47	26 13	17 38	5 20 56	9 1	20 7
48	26 6	17 15	4 37 57	8 19	19 53
49	25 59	16 51	3 53 48	7 36	19 38
50	25 51	16 27	3 8 26	6 50	19 22
51	25 43	16 2	2 21 46	6 2	19 5
52	25 34	15 36	1 33 45	5 11	18 47
53	25 26	15 9	0 44 18	4 17	18 28
54	25 17	14 42	29 ♏ 53 20	3 19	18 8
55	25 7	14 13	29 0 48	2 18	17 47
56	24 58	13 44	28 6 36	1 13	17 23
57	24 48	13 13	27 10 39	0 4	16 58
58	24 37	12 41	26 12 51	28 ♐ 49	16 31
59	24 26	12 9	25 13 6	27 28	16 1
60	24 14	11 34	24 11 20	26 1	15 28
61	24 2	10 59	23 7 25	24 26	14 52
62	23 50	10 21	22 1 15	22 43	14 11
63	23 36	9 42	20 52 43	20 50	13 26
64	23 22	9 2	19 41 43	18 45	12 33
65	23 7	8 19	18 28 7	16 26	11 33
66	22 51	7 35	17 11 48	13 51	10 21

11 h 56 m MC 28 ♍ 54 36 **RAMC 179°**

Lat.	11		12		ASC			2		3	
0	1 ♏	8	1 ♐	8	29 ♐	4	57	26 ♑	57	26 ♒	47
5	0	47	29 ♏	57	27	5	26	25	44	26	23
10	0	25	28	47	25	4	29	24	28	25	59
15	0	3	27	37	23	0	32	23	7	25	33
20	29 ♎	41	26	25	20	51	47	21	42	25	6
21	29	36	26	10	20	25	18	21	24	25	0
22	29	31	25	55	19	58	31	21	5	24	54
23	29	27	25	40	19	31	26	20	46	24	48
24	29	22	25	25	19	4	1	20	27	24	42
25	29	17	25	10	18	36	16	20	8	24	35
26	29	12	24	55	18	8	9	19	48	24	29
27	29	8	24	39	17	39	39	19	27	24	22
28	29	3	24	23	17	10	45	19	7	24	16
29	28	58	24	7	16	41	25	18	45	24	9
30	28	53	23	51	16	11	38	18	23	24	2
31	28	47	23	35	15	41	22	18	1	23	54
32	28	42	23	18	15	10	37	17	38	23	47
33	28	37	23	1	14	39	19	17	14	23	39
34	28	31	22	44	14	7	28	16	49	23	31
35	28	26	22	26	13	35	2	16	24	23	23
36	28	20	22	9	13	1	59	15	58	23	15
37	28	14	21	50	12	28	17	15	31	23	6
38	28	8	21	32	11	53	55	15	4	22	57
39	28	2	21	13	11	18	49	14	35	22	48
40	27	56	20	54	10	42	57	14	5	22	38
41	27	50	20	34	10	6	18	13	34	22	28
42	27	44	20	14	9	28	49	13	2	22	17
43	27	37	19	54	8	50	27	12	29	22	6
44	27	30	19	33	8	11	10	11	54	21	55
45	27	23	19	11	7	30	55	11	18	21	43
46	27	16	18	49	6	49	37	10	40	21	30
47	27	9	18	26	6	7	16	10	0	21	17
48	27	1	18	3	5	23	46	9	18	21	3
49	26	53	17	39	4	39	5	8	35	20	49
50	26	45	17	14	3	53	9	7	48	20	33
51	26	37	16	49	3	5	54	7	0	20	17
52	26	28	16	23	2	17	15	6	9	20	0
53	26	19	15	55	1	27	9	5	14	19	41
54	26	10	15	27	0	35	30	4	16	19	21
55	26	0	14	58	29 ♏	42	14	3	15	19	0
56	25	50	14	28	28	47	16	2	9	18	37
57	25	40	13	57	27	50	31	0	59	18	13
58	25	29	13	25	26	51	53	29 ♐	43	17	46
59	25	18	12	51	25	51	16	28	22	17	17
60	25	6	12	16	24	48	33	26	53	16	45
61	24	53	11	40	23	43	40	25	17	16	10
62	24	40	11	2	22	36	29	23	33	15	30
63	24	26	10	22	21	26	53	21	37	14	46
64	24	11	9	41	20	14	46	19	30	13	56
65	23	56	8	58	18	59	59	17	8	12	57
66	23	40	8	12	17	42	27	14	28	11	48

Lat.	11		12		ASC			2		3	
0	2 ♏	11	2 ♐	5	0 ♑	0	0	27 ♑	54	27 ♒	49
5	1	49	0	54	28 ♐	0	24	26	41	27	26
10	1	26	29 ♏	44	25	59	15	25	26	27	2
15	1	4	28	32	23	54	55	24	6	26	37
20	0	41	27	20	21	45	39	22	41	26	11
21	0	36	27	5	21	19	2	22	23	26	5
22	0	31	26	50	20	52	8	22	4	25	59
23	0	26	26	35	20	24	54	21	46	25	53
24	0	21	26	19	19	57	20	21	27	25	47
25	0	17	26	4	19	29	26	21	7	25	41
26	0	12	25	48	19	1	9	20	47	25	35
27	0	7	25	33	18	32	28	20	27	25	29
28	0	1	25	17	18	3	23	20	6	25	22
29	29 ♎	56	25	0	17	33	51	19	45	25	15
30	29	51	24	44	17	3	51	19	23	25	8
31	29	46	24	27	16	33	23	19	0	25	1
32	29	40	24	11	16	2	23	18	37	24	54
33	29	35	23	53	15	30	51	18	14	24	46
34	29	29	23	36	14	58	45	17	49	24	39
35	29	23	23	18	14	26	3	17	24	24	31
36	29	18	23	0	13	52	43	16	58	24	23
37	29	12	22	42	13	18	43	16	31	24	14
38	29	6	22	23	12	44	2	16	4	24	5
39	28	59	22	4	12	8	36	15	35	23	56
40	28	53	21	45	11	32	24	15	5	23	47
41	28	47	21	25	10	55	24	14	34	23	37
42	28	40	21	4	10	17	32	14	2	23	26
43	28	33	20	43	9	38	46	13	29	23	16
44	28	26	20	22	8	59	3	12	54	23	5
45	28	19	20	0	8	18	21	12	17	22	53
46	28	12	19	38	7	36	36	11	39	22	41
47	28	4	19	15	6	53	45	10	59	22	28
48	27	56	18	51	6	9	45	10	18	22	14
49	27	48	18	27	5	24	32	9	34	22	0
50	27	40	18	2	4	38	1	8	47	21	45
51	27	31	17	36	3	50	10	7	59	21	29
52	27	22	17	9	3	0	54	7	7	21	12
53	27	13	16	42	2	10	8	6	12	20	54
54	27	3	16	13	1	17	47	5	14	20	35
55	26	54	15	44	0	23	48	4	12	20	14
56	26	43	15	13	29 ♏	28	4	3	6	19	52
57	26	32	14	41	28	30	30	1	55	19	28
58	26	21	14	8	27	31	0	0	38	19	2
59	26	9	13	34	26	29	29	29 ♐	16	18	34
60	25	57	12	59	25	25	51	27	47	18	3
61	25	44	12	22	24	19	58	26	9	17	28
62	25	30	11	43	23	11	45	24	22	16	50
63	25	16	11	2	22	1	4	22	25	16	7
64	25	1	10	20	20	47	49	20	15	15	18
65	24	45	9	36	19	31	51	17	49	14	22
66	24	28	8	49	18	13	5	15	5	13	15

Lat.	11		12		ASC			2		3	
0	3 ♏	13	3 ♐	3	0 ♑	55	3	28 ♑	51	28 ♒	52
5	2	50	1	51	28 ♐	55	23	27	39	28	29
10	2	27	0	40	26	54	3	26	24	28	6
15	2	4	29 ♏	28	24	49	23	25	5	27	42
20	1	41	28	14	22	39	37	23	40	27	16
21	1	36	27	59	22	12	53	23	22	27	10
22	1	31	27	44	21	45	50	23	4	27	5
23	1	26	27	29	21	18	29	22	45	26	59
24	1	21	27	13	20	50	46	22	26	26	53
25	1	16	26	58	20	22	42	22	7	26	47
26	1	11	26	42	19	54	16	21	47	26	41
27	1	5	26	26	19	25	25	21	27	26	35
28	1	0	26	10	18	56	8	21	6	26	28
29	0	55	25	54	18	26	25	20	45	26	22
30	0	49	25	37	17	56	13	20	23	26	15
31	0	44	25	20	17	25	31	20	1	26	8
32	0	38	25	3	16	54	18	19	38	26	1
33	0	33	24	46	16	22	32	19	14	25	54
34	0	27	24	28	15	50	11	18	49	25	46
35	0	21	24	10	15	17	13	18	24	25	39
36	0	15	23	52	14	43	36	17	58	25	31
37	0	9	23	33	14	9	19	17	32	25	22
38	0	3	23	14	13	34	18	17	4	25	14
39	29 ♎	56	22	55	12	58	33	16	35	25	5
40	29	50	22	35	12	22	1	16	5	24	56
41	29	43	22	15	11	44	39	15	34	24	46
42	29	36	21	54	11	6	24	15	2	24	36
43	29	29	21	33	10	27	14	14	29	24	26
44	29	22	21	12	9	47	6	13	54	24	15
45	29	15	20	49	9	5	58	13	17	24	3
46	29	7	20	27	8	23	45	12	39	23	51
47	28	59	20	3	7	40	25	11	59	23	39
48	28	51	19	39	6	55	53	11	17	23	26
49	28	43	19	14	6	10	7	10	33	23	12
50	28	34	18	49	5	23	3	9	47	22	57
51	28	25	18	23	4	34	35	8	58	22	42
52	28	16	17	56	3	44	41	8	6	22	25
53	28	7	17	28	2	53	15	7	11	22	8
54	27	57	16	59	2	0	12	6	12	21	49
55	27	46	16	29	1	5	28	5	10	21	29
56	27	36	15	58	0	8	57	4	3	21	7
57	27	25	15	25	29 ♏	10	34	2	51	20	44
58	27	13	14	52	28	10	13	1	34	20	19
59	27	1	14	17	27	7	48	0	11	19	51
60	26	48	13	41	26	3	13	28 ♐	40	19	21
61	26	35	13	3	24	56	20	27	1	18	47
62	26	20	12	24	23	47	4	25	13	18	10
63	26	6	11	42	22	35	17	23	13	17	29
64	25	50	10	59	21	20	52	21	0	16	42
65	25	33	10	14	20	3	43	18	31	15	47
66	25	16	9	27	18	43	40	15	42	14	43

Lat.	11		12		ASC			2		3	
0	4 ♏	15	4 ♐	0	1 ♑	50	6	29 ♑	49	29 ♒	54
5	3	52	2	48	29 ♐	50	25	28	37	29	33
10	3	28	1	36	27	48	54	27	23	29	10
15	3	5	0	23	25	43	56	26	4	28	47
20	2	40	29 ♏	9	23	33	42	24	40	28	21
21	2	35	28	54	23	6	50	24	22	28	16
22	2	30	28	38	22	39	40	24	4	28	10
23	2	25	28	23	22	12	10	23	45	28	5
24	2	20	28	7	21	44	19	23	26	27	59
25	2	15	27	52	21	16	6	23	7	27	53
26	2	10	27	36	20	47	30	22	47	27	48
27	2	4	27	20	20	18	29	22	27	27	41
28	1	59	27	3	19	49	2	22	6	27	35
29	1	53	26	47	19	19	7	21	45	27	29
30	1	48	26	30	18	48	43	21	23	27	22
31	1	42	26	13	18	17	49	21	1	27	16
32	1	36	25	56	17	46	22	20	38	27	9
33	1	31	25	38	17	14	22	20	14	27	2
34	1	25	25	20	16	41	45	19	50	26	54
35	1	19	25	2	16	8	32	19	25	26	47
36	1	12	24	44	15	34	39	18	59	26	39
37	1	6	24	25	15	0	4	18	32	26	31
38	1	0	24	6	14	24	45	18	5	26	23
39	0	53	23	46	13	48	41	17	36	26	14
40	0	46	23	26	13	11	48	17	6	26	5
41	0	40	23	5	12	34	4	16	35	25	56
42	0	33	22	45	11	55	26	16	3	25	46
43	0	25	22	23	11	15	53	15	30	25	36
44	0	18	22	1	10	35	20	14	55	25	25
45	0	10	21	39	9	53	45	14	18	25	14
46	0	3	21	16	9	11	4	13	40	25	3
47	29 ♎	54	20	52	8	27	14	13	0	24	50
48	29	46	20	27	7	42	11	12	18	24	38
49	29	38	20	2	6	55	53	11	34	24	24
50	29	29	19	36	6	8	14	10	47	24	10
51	29	20	19	10	5	19	10	9	58	23	55
52	29	10	18	42	4	28	37	9	6	23	39
53	29	0	18	14	3	36	30	8	10	23	22
54	28	50	17	44	2	42	45	7	11	23	3
55	28	39	17	14	1	47	17	6	8	22	44
56	28	28	16	42	0	49	59	5	1	22	23
57	28	17	16	9	29 ♏	50	46	3	49	22	0
58	28	5	15	35	28	49	32	2	31	21	36
59	27	52	15	0	27	46	12	1	6	21	9
60	27	39	14	23	26	40	39	29 ♐	35	20	40
61	27	25	13	45	25	32	45	27	54	20	7
62	27	11	13	4	24	22	25	26	4	19	31
63	26	55	12	22	23	9	31	24	2	18	51
64	26	39	11	38	21	53	56	21	46	18	5
65	26	22	10	52	20	35	33	19	13	17	13
66	26	4	10	4	19	14	14	16	19	16	12

Lat.	11	12	ASC	2	3
0	5 ♏ 18	4 ♐ 57	2 ♑ 45 10	0 ♒ 47	0 ♓ 57
5	4 53	3 44	0 45 28	29 ♑ 36	0 36
10	4 29	2 32	28 ♐ 43 49	28 22	0 15
15	4 5	1 18	26 38 34	27 3	29 ♒ 52
20	3 40	0 4	24 27 52	25 39	29 27
21	3 35	29 ♏ 48	24 0 54	25 22	29 22
22	3 30	29 33	23 33 37	25 4	29 16
23	3 24	29 17	23 5 59	24 45	29 11
24	3 19	29 1	22 38 0	24 26	29 6
25	3 14	28 45	22 9 38	24 7	29 0
26	3 8	28 29	21 40 52	23 47	28 54
27	3 3	28 13	21 11 41	23 27	28 48
28	2 57	27 57	20 42 4	23 7	28 42
29	2 52	27 40	20 11 58	22 46	28 36
30	2 46	27 23	19 41 22	22 24	28 30
31	2 40	27 6	19 10 15	22 2	28 23
32	2 34	26 48	18 38 36	21 39	28 17
33	2 28	26 30	18 6 21	21 15	28 10
34	2 22	26 12	17 33 30	20 51	28 3
35	2 16	25 54	17 0 1	20 26	27 55
36	2 10	25 35	16 25 51	20 0	27 48
37	2 3	25 16	15 50 59	19 33	27 40
38	1 57	24 57	15 15 22	19 6	27 32
39	1 50	24 37	14 38 58	18 37	27 23
40	1 43	24 17	14 1 45	18 7	27 15
41	1 36	23 56	13 23 40	17 36	27 6
42	1 29	23 35	12 44 40	17 4	26 56
43	1 21	23 13	12 4 42	16 31	26 46
44	1 14	22 51	11 23 44	15 56	26 36
45	1 6	22 28	10 41 42	15 19	26 25
46	0 58	22 4	9 58 33	14 41	26 14
47	0 50	21 40	9 14 14	14 1	26 2
48	0 41	21 16	8 28 40	13 19	25 50
49	0 32	20 50	7 41 48	12 34	25 37
50	0 23	20 24	6 53 34	11 48	25 23
51	0 14	19 57	6 3 54	10 58	25 8
52	0 4	19 29	5 12 43	10 6	24 52
53	29 ♎ 54	19 0	4 19 55	9 10	24 36
54	29 43	18 30	3 25 27	8 11	24 18
55	29 32	17 59	2 29 13	7 7	23 59
56	29 21	17 27	1 31 7	6 0	23 39
57	29 9	16 53	0 31 4	4 47	23 17
58	28 57	16 19	29 ♏ 28 58	3 28	22 53
59	28 44	15 43	28 24 42	2 3	22 27
60	28 30	15 5	27 18 9	0 30	21 59
61	28 16	14 26	26 9 14	28 ♐ 48	21 27
62	28 1	13 45	24 57 49	26 56	20 53
63	27 45	13 2	23 43 47	24 52	20 14
64	27 28	12 18	22 27 1	22 33	19 30
65	27 10	11 31	21 7 23	19 56	18 39
66	26 52	10 41	19 44 46	16 56	17 40

Lat.	11	12	ASC	2	3
0	6 ♏ 19	5 ♐ 54	3 ♑ 40 15	1 ♒ 45	2 ♓ 0
5	5 55	4 40	1 40 35	0 34	1 40
10	5 30	3 27	29 ♐ 38 49	29 ♑ 21	1 19
15	5 5	2 14	27 33 17	28 3	0 57
20	4 39	0 58	25 22 10	26 39	0 33
21	4 34	0 43	24 55 5	26 22	0 28
22	4 29	0 27	24 27 41	26 4	0 23
23	4 23	0 11	23 59 56	25 46	0 17
24	4 18	29 ♏ 55	23 31 49	25 27	0 12
25	4 13	29 39	23 3 18	25 8	0 7
26	4 7	29 23	22 34 24	24 48	0 1
27	4 1	29 6	22 5 3	24 28	29 ♒ 55
28	3 56	28 50	21 35 15	24 8	29 50
29	3 50	28 33	21 4 58	23 47	29 44
30	3 44	28 16	20 34 11	23 25	29 37
31	3 38	27 58	20 2 52	23 3	29 31
32	3 32	27 41	19 30 59	22 40	29 25
33	3 26	27 23	18 58 31	22 16	29 18
34	3 20	27 4	18 25 25	21 52	29 11
35	3 13	26 46	17 51 41	21 27	29 4
36	3 7	26 27	17 17 15	21 1	28 57
37	3 0	26 8	16 42 5	20 35	28 49
38	2 53	25 48	16 6 10	20 7	28 41
39	2 47	25 28	15 29 27	19 39	28 33
40	2 39	25 7	14 51 54	19 9	28 25
41	2 32	24 46	14 13 27	18 38	28 16
42	2 25	24 25	13 34 4	18 6	28 7
43	2 17	24 3	12 53 43	17 32	27 57
44	2 9	23 40	12 12 19	16 57	27 47
45	2 1	23 17	11 29 51	16 21	27 37
46	1 53	22 53	10 46 14	15 43	27 26
47	1 44	22 29	10 1 25	15 2	27 14
48	1 36	22 4	9 15 20	14 20	27 2
49	1 27	21 38	8 27 55	13 36	26 49
50	1 17	21 11	7 39 6	12 49	26 36
51	1 8	20 44	6 48 48	11 59	26 22
52	0 57	20 15	5 56 58	11 6	26 7
53	0 47	19 46	5 3 30	10 11	25 51
54	0 36	19 16	4 8 18	9 11	25 33
55	0 25	18 44	3 11 18	8 7	25 15
56	0 13	18 11	2 12 24	6 59	24 55
57	0 1	17 37	1 11 30	5 45	24 34
58	29 ♎ 48	17 2	0 8 30	4 26	24 11
59	29 35	16 26	29 ♏ 3 17	3 0	23 46
60	29 21	15 47	27 55 45	1 25	23 18
61	29 6	15 7	26 45 47	29 ♐ 42	22 48
62	28 51	14 26	25 33 16	27 49	22 15
63	28 34	13 42	24 18 5	25 42	21 37
64	28 17	12 57	23 0 6	23 20	20 55
65	27 59	12 9	21 39 12	20 39	20 6
66	27 39	11 19	20 15 15	17 34	19 10

12h 20m MC 5 ♎ 26 50 RAMC 185°

Lat.	11	12	ASC	2	3
0	7 ♏ 21	6 ♐ 50	4 ♑ 35 21	2 ♒ 43	3 ♓ 3
5	6 56	5 37	2 35 43	1 33	2 44
10	6 30	4 23	0 33 52	0 20	2 24
15	6 5	3 9	28 ♐ 28 6	29 ♑ 3	2 2
20	5 39	1 52	26 16 34	27 40	1 39
21	5 33	1 37	25 49 24	27 22	1 34
22	5 28	1 21	25 21 53	27 4	1 29
23	5 22	1 5	24 54 0	26 46	1 24
24	5 17	0 49	24 25 46	26 28	1 19
25	5 11	0 33	23 57 7	26 9	1 14
26	5 6	0 16	23 28 3	25 49	1 8
27	5 0	0 0	22 58 33	25 29	1 3
28	4 54	29 ♏ 43	22 28 35	25 9	0 57
29	4 48	29 26	21 58 8	24 48	0 51
30	4 42	29 9	21 27 9	24 26	0 45
31	4 36	28 51	20 55 38	24 4	0 39
32	4 30	28 33	20 23 33	23 41	0 33
33	4 24	28 15	19 50 51	23 18	0 26
34	4 17	27 56	19 17 31	22 54	0 20
35	4 11	27 38	18 43 31	22 29	0 13
36	4 4	27 19	18 8 49	22 3	0 6
37	3 57	26 59	17 33 23	21 37	29 ♒ 58
38	3 50	26 39	16 57 10	21 9	29 51
39	3 43	26 19	16 20 8	20 41	29 43
40	3 36	25 58	15 42 14	20 11	29 35
41	3 28	25 37	15 3 26	19 40	29 26
42	3 21	25 15	14 23 40	19 8	29 17
43	3 13	24 53	13 42 55	18 34	29 8
44	3 5	24 30	13 1 6	17 59	28 58
45	2 57	24 6	12 18 11	17 23	28 48
46	2 48	23 42	11 34 6	16 45	28 38
47	2 39	23 17	10 48 47	16 4	28 27
48	2 30	22 52	10 2 10	15 22	28 15
49	2 21	22 26	9 14 12	14 38	28 3
50	2 11	21 59	8 24 48	13 50	27 50
51	2 1	21 31	7 33 54	13 1	27 36
52	1 51	21 2	6 41 24	12 8	27 21
53	1 40	20 32	5 47 14	11 12	27 6
54	1 29	20 1	4 51 19	10 12	26 49
55	1 18	19 29	3 53 32	9 8	26 31
56	1 6	18 56	2 53 49	7 59	26 12
57	0 53	18 22	1 52 4	6 45	25 52
58	0 40	17 46	0 48 9	5 24	25 29
59	0 26	17 8	29 ♏ 41 59	3 57	25 5
60	0 12	16 29	28 33 26	2 22	24 39
61	29 ♎ 56	15 49	27 22 25	0 38	24 9
62	29 41	15 6	26 8 47	28 ♐ 42	23 37
63	29 24	14 22	24 52 25	26 33	23 1
64	29 6	13 36	23 33 12	24 8	22 20
65	28 47	12 47	22 11 1	21 23	21 34
66	28 27	11 56	20 45 43	18 12	20 40

12 h 24 m MC 6 ♎ 32 7 RAMC 186°

Lat.	11		12		ASC			2		3	
0	8 ♏	23	7 ♐	47	5 ♑	30	29	3 ♒	41	4 ♓	7
5	7	57	6	33	3	30	55	2	32	3	48
10	7	31	5	19	1	29	0	1	19	3	28
15	7	5	4	4	29 ♐	23	1	0	3	3	8
20	6	38	2	47	27	11	7	28 ♑	40	2	45
21	6	32	2	31	26	43	50	28	23	2	41
22	6	27	2	15	26	16	13	28	5	2	36
23	6	21	1	59	25	48	13	27	47	2	31
24	6	16	1	43	25	19	51	27	29	2	26
25	6	10	1	27	24	51	5	27	10	2	21
26	6	4	1	10	24	21	53	26	50	2	16
27	5	58	0	53	23	52	13	26	31	2	10
28	5	52	0	36	23	22	6	26	10	2	5
29	5	46	0	19	22	51	28	25	49	1	59
30	5	40	0	1	22	20	18	25	28	1	53
31	5	34	29 ♏	44	21	48	35	25	6	1	48
32	5	27	29	26	21	16	17	24	43	1	41
33	5	21	29	7	20	43	22	24	20	1	35
34	5	14	28	49	20	9	48	23	56	1	29
35	5	8	28	30	19	35	33	23	31	1	22
36	5	1	28	10	19	0	35	23	5	1	15
37	4	54	27	50	18	24	52	22	39	1	8
38	4	47	27	30	17	48	21	22	11	1	1
39	4	39	27	10	17	11	0	21	43	0	53
40	4	32	26	49	16	32	46	21	13	0	45
41	4	24	26	27	15	53	37	20	43	0	37
42	4	17	26	5	15	13	29	20	10	0	28
43	4	9	25	42	14	32	20	19	37	0	20
44	4	0	25	19	13	50	6	19	2	0	10
45	3	52	24	56	13	6	44	18	26	0	0
46	3	43	24	31	12	22	10	17	47	29 ♒	50
47	3	34	24	6	11	36	21	17	7	29	40
48	3	25	23	40	10	49	13	16	25	29	28
49	3	15	23	14	10	0	42	15	40	29	16
50	3	5	22	46	9	10	42	14	53	29	4
51	2	55	22	18	8	19	10	14	3	28	50
52	2	45	21	48	7	26	1	13	10	28	36
53	2	34	21	18	6	31	9	12	13	28	21
54	2	22	20	47	5	34	29	11	13	28	5
55	2	10	20	14	4	35	56	10	9	27	48
56	1	58	19	41	3	35	23	8	59	27	30
57	1	45	19	6	2	32	45	7	45	27	10
58	1	31	18	29	1	27	55	6	24	26	48
59	1	17	17	51	0	20	47	4	56	26	25
60	1	2	17	12	29 ♏	11	13	3	20	25	59
61	0	47	16	30	27	59	7	1	34	25	31
62	0	30	15	47	26	44	21	29 ♐	36	25	0
63	0	13	15	2	25	26	48	27	25	24	25
64	29 ♎	55	14	15	24	6	20	24	57	23	46
65	29	35	13	25	22	42	49	22	7	23	1
66	29	15	12	33	21	16	9	18	50	22	10

Lat.	11		12		ASC			2		3	
0	9 ♏	24	8 ♐	43	6 ♑	25	38	4 ♒	39	5 ♓	10
5	8	57	7	29	4	26	11	3	30	4	52
10	8	31	6	14	2	24	13	2	19	4	33
15	8	4	4	59	0	18	3	1	3	4	13
20	7	37	3	41	28 ♐	5	47	29 ♑	41	3	52
21	7	31	3	25	27	38	25	29	24	3	47
22	7	26	3	9	27	10	41	29	6	3	43
23	7	20	2	53	26	42	36	28	48	3	38
24	7	14	2	37	26	14	6	28	30	3	33
25	7	8	2	20	25	45	12	28	11	3	28
26	7	2	2	3	25	15	52	27	52	3	23
27	6	56	1	47	24	46	4	27	32	3	18
28	6	50	1	29	24	15	46	27	12	3	13
29	6	44	1	12	23	44	58	26	51	3	7
30	6	38	0	54	23	13	38	26	30	3	2
31	6	31	0	36	22	41	43	26	8	2	56
32	6	25	0	18	22	9	13	25	46	2	50
33	6	18	29 ♏	59	21	36	5	25	22	2	44
34	6	12	29	41	21	2	17	24	58	2	38
35	6	5	29	21	20	27	47	24	34	2	32
36	5	58	29	2	19	52	33	24	8	2	25
37	5	51	28	42	19	16	33	23	42	2	18
38	5	43	28	21	18	39	45	23	14	2	11
39	5	36	28	1	18	2	5	22	46	2	4
40	5	28	27	39	17	23	31	22	16	1	56
41	5	20	27	17	16	44	0	21	46	1	48
42	5	12	26	55	16	3	30	21	14	1	40
43	5	4	26	32	15	21	57	20	40	1	31
44	4	56	26	9	14	39	18	20	5	1	22
45	4	47	25	45	13	55	29	19	29	1	13
46	4	38	25	20	13	10	27	18	50	1	3
47	4	29	24	55	12	24	8	18	10	0	53
48	4	19	24	28	11	36	29	17	28	0	42
49	4	10	24	1	10	47	23	16	43	0	30
50	3	59	23	34	9	56	48	15	56	0	18
51	3	49	23	5	9	4	38	15	6	0	5
52	3	38	22	35	8	10	49	14	13	29 ♒	52
53	3	27	22	4	7	15	15	13	16	29	37
54	3	15	21	33	6	17	50	12	15	29	22
55	3	3	21	0	5	18	29	11	11	29	5
56	2	50	20	25	4	17	7	10	1	28	47
57	2	37	19	50	3	13	36	8	46	28	28
58	2	23	19	13	2	7	50	7	24	28	8
59	2	8	18	34	0	59	42	5	55	27	45
60	1	53	17	54	29 ♏	49	6	4	18	27	20
61	1	37	17	12	28	35	54	2	30	26	53
62	1	20	16	28	27	19	59	0	31	26	23
63	1	2	15	42	26	1	13	28 ♐	18	25	50
64	0	43	14	54	24	39	28	25	46	25	12
65	0	24	14	3	23	14	38	22	52	24	30
66	0	2	13	10	21	46	34	19	28	23	41

12 h 32 m MC 8 ♎ 42 33 RAMC 188°

Lat.	11	12	ASC	2	3
0	10 ♏ 25	9 ♐ 40	7 ♑ 20 50	5 ♒ 37	6 ♓ 14
5	9 58	8 25	5 21 30	4 30	5 56
10	9 31	7 10	3 19 31	3 19	5 38
15	9 4	5 54	1 13 12	2 4	5 19
20	8 36	4 36	29 ♐ 0 36	0 42	4 58
21	8 30	4 20	28 33 8	0 25	4 54
22	8 24	4 3	28 5 19	0 8	4 50
23	8 18	3 47	27 37 7	29 ♑ 50	4 45
24	8 13	3 31	27 8 31	29 32	4 40
25	8 7	3 14	26 39 29	29 13	4 36
26	8 0	2 57	26 10 1	28 54	4 31
27	7 54	2 40	25 40 4	28 34	4 26
28	7 48	2 22	25 9 38	28 14	4 21
29	7 42	2 5	24 38 40	27 54	4 16
30	7 35	1 47	24 7 9	27 32	4 10
31	7 29	1 29	23 35 3	27 11	4 5
32	7 22	1 10	23 2 20	26 48	3 59
33	7 15	0 52	22 28 59	26 25	3 53
34	7 9	0 33	21 54 58	26 1	3 47
35	7 2	0 13	21 20 13	25 37	3 41
36	6 54	29 ♏ 53	20 44 44	25 11	3 35
37	6 47	29 33	20 8 27	24 45	3 28
38	6 40	29 13	19 31 21	24 17	3 22
39	6 32	28 52	18 53 22	23 49	3 14
40	6 24	28 30	18 14 29	23 20	3 7
41	6 16	28 8	17 34 37	22 49	2 59
42	6 8	27 45	16 53 44	22 17	2 52
43	6 0	27 22	16 11 48	21 44	2 43
44	5 51	26 58	15 28 43	21 9	2 35
45	5 42	26 34	14 44 28	20 32	2 26
46	5 33	26 9	13 58 58	19 54	2 16
47	5 24	25 43	13 12 9	19 14	2 6
48	5 14	25 17	12 23 57	18 31	1 56
49	5 4	24 49	11 34 18	17 47	1 45
50	4 53	24 21	10 43 7	16 59	1 33
51	4 43	23 52	9 50 19	16 9	1 21
52	4 31	23 22	8 55 49	15 16	1 7
53	4 20	22 51	7 59 32	14 19	0 54
54	4 8	22 18	7 1 22	13 18	0 39
55	3 55	21 45	6 1 13	12 13	0 23
56	3 42	21 10	4 59 0	11 3	0 6
57	3 29	20 34	3 54 35	9 47	29 ♒ 47
58	3 14	19 56	2 47 53	8 25	29 27
59	2 59	19 17	1 38 45	6 55	29 6
60	2 44	18 36	0 27 5	5 17	28 42
61	2 27	17 53	29 ♏ 12 46	3 28	28 16
62	2 10	17 8	27 55 40	1 27	27 47
63	1 52	16 22	26 35 40	29 ♐ 11	27 15
64	1 32	15 33	25 12 38	26 37	26 39
65	1 12	14 41	23 46 26	23 38	25 59
66	0 50	13 47	22 16 57	20 7	25 12

Lat.	11		12		ASC			2		3	
0	11 ♏	26	10 ♐	36	8 ♑	16	4	6 ♒	36	7 ♓	18
5	10	58	9	21	6	16	53	5	29	7	1
10	10	31	8	5	4	14	55	4	19	6	44
15	10	3	6	49	2	8	28	3	4	6	25
20	9	35	5	30	29 ♐	55	34	1	44	6	5
21	9	29	5	14	29	28	1	1	27	6	1
22	9	23	4	57	29	0	6	1	9	5	57
23	9	17	4	41	28	31	48	0	52	5	52
24	9	11	4	24	28	3	5	0	34	5	48
25	9	5	4	7	27	33	57	0	15	5	44
26	8	59	3	50	27	4	20	29 ♑	56	5	39
27	8	52	3	33	26	34	15	29	37	5	34
28	8	46	3	16	26	3	40	29	17	5	29
29	8	39	2	58	25	32	33	28	56	5	24
30	8	33	2	40	25	0	51	28	35	5	19
31	8	26	2	22	24	28	34	28	13	5	14
32	8	19	2	3	23	55	40	27	51	5	9
33	8	13	1	44	23	22	6	27	28	5	3
34	8	6	1	25	22	47	51	27	4	4	57
35	7	58	1	5	22	12	52	26	40	4	51
36	7	51	0	45	21	37	8	26	15	4	45
37	7	44	0	25	21	0	35	25	48	4	39
38	7	36	0	4	20	23	11	25	21	4	32
39	7	28	29 ♏	42	19	44	54	24	53	4	26
40	7	20	29	21	19	5	40	24	24	4	18
41	7	12	28	58	18	25	28	23	53	4	11
42	7	4	28	36	17	44	13	23	21	4	4
43	6	55	28	12	17	1	52	22	48	3	56
44	6	46	27	48	16	18	23	22	13	3	47
45	6	37	27	23	15	33	41	21	37	3	39
46	6	28	26	58	14	47	42	20	58	3	29
47	6	18	26	32	14	0	23	20	18	3	20
48	6	8	26	5	13	11	39	19	36	3	10
49	5	58	25	37	12	21	25	18	51	2	59
50	5	47	25	9	11	29	38	18	4	2	48
51	5	36	24	39	10	36	12	17	13	2	36
52	5	25	24	8	9	41	1	16	20	2	24
53	5	13	23	37	8	44	1	15	23	2	10
54	5	1	23	4	7	45	6	14	22	1	56
55	4	48	22	30	6	44	9	13	17	1	41
56	4	34	21	55	5	41	4	12	6	1	24
57	4	20	21	18	4	35	44	10	50	1	7
58	4	6	20	40	3	28	4	9	27	0	47
59	3	50	20	0	2	17	55	7	57	0	27
60	3	34	19	18	1	5	11	6	17	0	4
61	3	17	18	35	29 ♏	49	44	4	27	29 ♒	39
62	2	59	17	49	28	31	27	2	24	29	12
63	2	41	17	1	27	10	11	0	6	28	41
64	2	21	16	11	25	45	49	27 ♐	28	28	7
65	2	0	15	19	24	18	14	24	25	27	28
66	1	37	14	24	22	47	18	20	46	26	43

Lat.	11		12		ASC			2		3	
0	12 ♏	27	11 ♐	32	9 ♑	11	21	7 ♒	35	8 ♓	22
5	11	59	10	16	7	12	21	6	29	8	6
10	11	31	9	0	5	10	25	5	19	7	49
15	11	2	7	43	3	3	51	4	5	7	31
20	10	33	6	24	0	50	40	2	46	7	12
21	10	27	6	8	0	23	3	2	29	7	8
22	10	21	5	51	29 ♐	55	3	2	11	7	4
23	10	15	5	35	29	26	39	1	54	7	0
24	10	9	5	18	28	57	50	1	36	6	56
25	10	3	5	1	28	28	35	1	17	6	52
26	9	56	4	44	27	58	51	0	59	6	47
27	9	50	4	26	27	28	38	0	39	6	43
28	9	44	4	9	26	57	54	0	19	6	38
29	9	37	3	51	26	26	37	29 ♑	59	6	33
30	9	30	3	33	25	54	46	29	38	6	28
31	9	23	3	14	25	22	18	29	17	6	23
32	9	17	2	55	24	49	12	28	54	6	18
33	9	10	2	36	24	15	26	28	32	6	13
34	9	2	2	17	23	40	58	28	8	6	7
35	8	55	1	57	23	5	45	27	44	6	2
36	8	48	1	37	22	29	45	27	18	5	56
37	8	40	1	16	21	52	56	26	52	5	50
38	8	32	0	55	21	15	15	26	25	5	43
39	8	24	0	33	20	36	39	25	57	5	37
40	8	16	0	11	19	57	6	25	28	5	30
41	8	8	29 ♏	49	19	16	33	24	57	5	23
42	7	59	29	26	18	34	56	24	26	5	16
43	7	50	29	2	17	52	11	23	52	5	8
44	7	41	28	38	17	8	17	23	18	5	0
45	7	32	28	13	16	23	8	22	41	4	52
46	7	22	27	47	15	36	41	22	3	4	43
47	7	13	27	21	14	48	51	21	23	4	34
48	7	2	26	53	13	59	35	20	41	4	24
49	6	52	26	25	13	8	47	19	56	4	14
50	6	41	25	56	12	16	24	19	9	4	3
51	6	30	25	26	11	22	19	18	18	3	52
52	6	18	24	55	10	26	27	17	25	3	40
53	6	6	24	23	9	28	43	16	28	3	27
54	5	53	23	50	8	29	1	15	27	3	14
55	5	40	23	15	7	27	15	14	21	2	59
56	5	26	22	39	6	23	18	13	10	2	43
57	5	12	22	2	5	17	3	11	53	2	26
58	4	57	21	23	4	8	25	10	30	2	8
59	4	41	20	43	2	57	14	8	59	1	48
60	4	25	20	0	1	43	24	7	18	1	27
61	4	7	19	16	0	26	48	5	27	1	3
62	3	49	18	30	29 ♏	7	18	3	22	0	37
63	3	30	17	41	27	44	45	1	2	0	7
64	3	9	16	50	26	19	2	28 ♐	20	29 ♒	35
65	2	48	15	57	24	50	2	25	12	28	58
66	2	24	15	0	23	17	37	21	26	28	15

12 h 44 m MC 11 ♎ 57 44 **RAMC 191°**

Lat.	11	12	ASC	2	3
0	13 ♏ 27	12 ♐ 28	10 ♑ 6 42	8 ♒ 34	9 ♓ 26
5	12 59	11 12	8 7 53	7 28	9 10
10	12 30	9 56	6 6 1	6 20	8 54
15	12 2	8 38	3 59 22	5 7	8 38
20	11 32	7 18	1 45 57	3 47	8 20
21	11 26	7 2	1 18 15	3 31	8 16
22	11 20	6 45	0 50 10	3 14	8 12
23	11 13	6 29	0 21 41	2 56	8 8
24	11 7	6 12	29 ♐ 52 46	2 38	8 4
25	11 1	5 55	29 23 24	2 20	8 0
26	10 54	5 37	28 53 33	2 1	7 55
27	10 48	5 20	28 23 13	1 42	7 51
28	10 41	5 2	27 52 20	1 23	7 47
29	10 34	4 44	27 20 54	1 2	7 42
30	10 28	4 25	26 48 53	0 42	7 37
31	10 21	4 7	26 16 15	0 20	7 33
32	10 14	3 48	25 42 58	29 ♑ 58	7 28
33	10 6	3 29	25 9 0	29 36	7 23
34	9 59	3 9	24 34 18	29 12	7 17
35	9 52	2 49	23 58 51	28 48	7 12
36	9 44	2 28	23 22 37	28 23	7 6
37	9 36	2 8	22 45 32	27 57	7 1
38	9 28	1 46	22 7 33	27 30	6 55
39	9 20	1 24	21 28 40	27 2	6 48
40	9 12	1 2	20 48 47	26 33	6 42
41	9 3	0 39	20 7 53	26 2	6 35
42	8 55	0 16	19 25 54	25 31	6 28
43	8 46	29 ♏ 52	18 42 46	24 58	6 21
44	8 36	29 27	17 58 26	24 23	6 13
45	8 27	29 2	17 12 50	23 47	6 5
46	8 17	28 36	16 25 54	23 9	5 57
47	8 7	28 9	15 37 34	22 29	5 48
48	7 57	27 42	14 47 46	21 46	5 39
49	7 46	27 13	13 56 24	21 2	5 29
50	7 35	26 44	13 3 24	20 14	5 19
51	7 23	26 13	12 8 40	19 24	5 8
52	7 11	25 42	11 12 7	18 30	4 57
53	6 59	25 9	10 13 39	17 33	4 45
54	6 46	24 36	9 13 10	16 32	4 32
55	6 32	24 1	8 10 34	15 26	4 18
56	6 18	23 24	7 5 44	14 15	4 3
57	6 3	22 46	5 58 33	12 58	3 46
58	5 48	22 7	4 48 55	11 34	3 29
59	5 32	21 26	3 36 41	10 2	3 10
60	5 15	20 43	2 21 45	8 20	2 49
61	4 57	19 58	1 3 58	6 28	2 27
62	4 38	19 10	29 ♏ 43 13	4 22	2 2
63	4 19	18 21	28 19 22	1 59	1 34
64	3 58	17 29	26 52 17	29 ♐ 14	1 3
65	3 35	16 35	25 21 51	26 1	0 28
66	3 12	15 37	23 47 55	22 7	29 ♒ 48

Lat.	11	12	ASC	2	3
0	14 ♏ 28	13 ♐ 24	11 ♑ 2 6	9 ♒ 33	10 ♓ 30
5	13 59	12 8	9 3 30	8 28	10 15
10	13 30	10 51	7 1 44	7 20	10 0
15	13 0	9 33	4 55 2	6 8	9 44
20	12 30	8 13	2 41 23	4 50	9 27
21	12 24	7 56	2 13 37	4 33	9 23
22	12 18	7 39	1 45 28	4 16	9 20
23	12 11	7 22	1 16 54	3 59	9 16
24	12 5	7 5	0 47 53	3 41	9 12
25	11 59	6 48	0 18 25	3 23	9 8
26	11 52	6 31	29 ♐ 48 28	3 5	9 4
27	11 45	6 13	29 17 59	2 46	9 0
28	11 39	5 55	28 46 59	2 26	8 56
29	11 32	5 37	28 15 24	2 6	8 51
30	11 25	5 18	27 43 14	1 45	8 47
31	11 18	4 59	27 10 25	1 24	8 42
32	11 10	4 40	26 36 57	1 2	8 38
33	11 3	4 21	26 2 47	0 40	8 33
34	10 56	4 1	25 27 53	0 17	8 28
35	10 48	3 41	24 52 12	29 ♑ 52	8 23
36	10 40	3 20	24 15 43	29 28	8 17
37	10 32	2 59	23 38 22	29 2	8 12
38	10 24	2 37	23 0 7	28 35	8 6
39	10 16	2 15	22 20 55	28 7	8 0
40	10 8	1 53	21 40 43	27 38	7 54
41	9 59	1 30	20 59 28	27 8	7 48
42	9 50	1 6	20 17 7	26 36	7 41
43	9 41	0 42	19 33 36	26 3	7 34
44	9 31	0 17	18 48 51	25 29	7 27
45	9 22	29 ♏ 51	18 2 48	24 53	7 19
46	9 12	29 25	17 15 24	24 15	7 11
47	9 1	28 58	16 26 33	23 35	7 3
48	8 51	28 30	15 36 12	22 52	6 54
49	8 40	28 1	14 44 16	22 8	6 45
50	8 28	27 31	13 50 38	21 20	6 35
51	8 16	27 1	12 55 15	20 30	6 25
52	8 4	26 29	11 58 0	19 37	6 14
53	7 51	25 56	10 58 48	18 39	6 2
54	7 38	25 22	9 57 32	17 38	5 50
55	7 24	24 46	8 54 5	16 32	5 37
56	7 10	24 9	7 48 22	15 20	5 22
57	6 55	23 30	6 40 14	14 3	5 7
58	6 39	22 50	5 29 35	12 38	4 50
59	6 23	22 9	4 16 18	11 6	4 32
60	6 5	21 25	3 0 14	9 24	4 13
61	5 47	20 39	1 41 15	7 30	3 51
62	5 28	19 51	0 19 15	5 22	3 27
63	5 8	19 1	28 ♏ 54 4	2 57	3 1
64	4 46	18 8	27 25 35	0 9	2 32
65	4 23	17 12	25 53 40	26 ♐ 50	1 59
66	3 59	16 14	24 18 11	22 48	1 21

Lat.	11		12		ASC			2		3	
0	15 ♏	28	14 ♐	20	11 ♑	57	33	10 ♒	32	11 ♓	34
5	14	59	13	3	9	59	13	9	28	11	20
10	14	29	11	46	7	57	34	8	21	11	6
15	13	59	10	28	5	50	50	7	10	10	51
20	13	28	9	7	3	37	0	5	52	10	35
21	13	22	8	50	3	9	10	5	36	10	31
22	13	16	8	33	2	40	57	5	19	10	28
23	13	9	8	16	2	12	18	5	2	10	24
24	13	3	7	59	1	43	12	4	45	10	20
25	12	56	7	42	1	13	38	4	27	10	17
26	12	50	7	24	0	43	34	4	8	10	13
27	12	43	7	6	0	12	59	3	49	10	9
28	12	36	6	48	29 ♐	41	51	3	30	10	5
29	12	29	6	30	29	10	8	3	10	10	1
30	12	22	6	11	28	37	48	2	50	9	56
31	12	15	5	52	28	4	50	2	29	9	52
32	12	7	5	33	27	31	11	2	7	9	48
33	12	0	5	13	26	56	49	1	45	9	43
34	11	52	4	53	26	21	42	1	21	9	38
35	11	44	4	33	25	45	48	0	57	9	33
36	11	37	4	12	25	9	4	0	33	9	28
37	11	28	3	51	24	31	28	0	7	9	23
38	11	20	3	29	23	52	56	29 ♑	40	9	18
39	11	12	3	7	23	13	27	29	13	9	12
40	11	3	2	44	22	32	56	28	44	9	6
41	10	54	2	20	21	51	20	28	14	9	0
42	10	45	1	57	21	8	37	27	42	8	54
43	10	36	1	32	20	24	42	27	10	8	47
44	10	26	1	7	19	39	32	26	35	8	41
45	10	16	0	41	18	53	3	25	59	8	33
46	10	6	0	14	18	5	10	25	21	8	26
47	9	55	29 ♏	47	17	15	49	24	41	8	18
48	9	45	29	19	16	24	55	23	59	8	10
49	9	33	28	49	15	32	23	23	15	8	1
50	9	22	28	19	14	38	9	22	27	7	52
51	9	10	27	48	13	42	6	21	37	7	42
52	8	57	27	16	12	44	9	20	44	7	31
53	8	44	26	42	11	44	11	19	46	7	20
54	8	31	26	7	10	42	7	18	45	7	9
55	8	17	25	31	9	37	50	17	39	6	56
56	8	2	24	54	8	31	12	16	27	6	42
57	7	46	24	15	7	22	7	15	9	6	28
58	7	30	23	34	6	10	26	13	44	6	12
59	7	13	22	51	4	56	4	12	11	5	55
60	6	56	22	7	3	38	51	10	28	5	36
61	6	37	21	20	2	18	39	8	33	5	16
62	6	17	20	32	0	55	21	6	23	4	54
63	5	56	19	41	29 ♏	28	49	3	56	4	29
64	5	34	18	47	27	58	54	1	4	4	1
65	5	11	17	50	26	25	29	27 ♐	41	3	30
66	4	46	16	51	24	48	26	23	29	2	54

12 h 56 m MC 15 ♎ 12 13 RAMC 194°

Lat.	11	12	ASC	2	3
0	16 ♏ 28	15 ♐ 16	12 ♑ 53 5	11 ♒ 32	12 ♓ 39
5	15 58	13 58	10 55 1	10 29	12 26
10	15 28	12 41	8 53 31	9 23	12 12
15	14 58	11 22	6 46 48	8 12	11 58
20	14 27	10 1	4 32 47	6 55	11 42
21	14 20	9 44	4 4 54	6 39	11 39
22	14 14	9 27	3 36 37	6 22	11 36
23	14 7	9 10	3 7 54	6 5	11 32
24	14 0	8 53	2 38 43	5 48	11 29
25	13 54	8 35	2 9 3	5 30	11 25
26	13 47	8 17	1 38 53	5 12	11 22
27	13 40	7 59	1 8 12	4 53	11 18
28	13 33	7 41	0 36 56	4 34	11 14
29	13 26	7 23	0 5 5	4 15	11 10
30	13 19	7 4	29 ♐ 32 36	3 54	11 6
31	13 11	6 45	28 59 28	3 33	11 2
32	13 4	6 25	28 25 39	3 12	10 58
33	12 56	6 5	27 51 6	2 50	10 54
34	12 49	5 45	27 15 47	2 27	10 49
35	12 41	5 25	26 39 40	2 3	10 45
36	12 33	5 4	26 2 42	1 38	10 40
37	12 24	4 42	25 24 50	1 13	10 35
38	12 16	4 20	24 46 2	0 46	10 30
39	12 7	3 58	24 6 14	0 19	10 24
40	11 59	3 35	23 25 24	29 ♑ 50	10 19
41	11 50	3 11	22 43 29	29 20	10 13
42	11 40	2 47	22 0 24	28 49	10 7
43	11 31	2 22	21 16 5	28 17	10 1
44	11 21	1 57	20 30 30	27 42	9 54
45	11 11	1 30	19 43 34	27 6	9 48
46	11 0	1 4	18 55 12	26 29	9 41
47	10 50	0 36	18 5 21	25 49	9 33
48	10 39	0 7	17 13 54	25 7	9 25
49	10 27	29 ♏ 38	16 20 48	24 22	9 17
50	10 15	29 7	15 25 56	23 35	9 8
51	10 3	28 35	14 29 13	22 45	8 59
52	9 50	28 3	13 30 33	21 51	8 49
53	9 37	27 29	12 29 50	20 54	8 39
54	9 23	26 53	11 26 58	19 53	8 28
55	9 9	26 17	10 21 48	18 46	8 16
56	8 54	25 39	9 14 15	17 34	8 3
57	8 38	24 59	8 4 11	16 16	7 49
58	8 21	24 18	6 51 29	14 51	7 34
59	8 4	23 34	5 36 0	13 17	7 18
60	7 46	22 49	4 17 37	11 33	7 0
61	7 27	22 2	2 56 11	9 37	6 41
62	7 6	21 12	1 31 34	7 26	6 20
63	6 45	20 20	0 3 39	4 56	5 57
64	6 22	19 26	28 ♏ 32 16	2 2	5 30
65	5 58	18 28	26 57 19	28 ♐ 33	5 1
66	5 33	17 27	25 18 40	24 12	4 28

Lat.	11		12		ASC			2		3	
0	17 ♏	28	16 ♐	11	13 ♑	48	41	12 ♒	32	13 ♓	43
5	16	58	14	54	11	50	56	11	29	13	31
10	16	27	13	36	9	49	36	10	24	13	18
15	15	56	12	17	7	42	54	9	14	13	5
20	15	25	10	55	5	28	46	7	58	12	50
21	15	18	10	38	5	0	50	7	42	12	47
22	15	11	10	21	4	32	29	7	26	12	44
23	15	5	10	4	4	3	42	7	9	12	41
24	14	58	9	46	3	34	26	6	52	12	37
25	14	51	9	29	3	4	42	6	34	12	34
26	14	44	9	11	2	34	26	6	16	12	31
27	14	37	8	53	2	3	38	5	58	12	27
28	14	30	8	34	1	32	15	5	39	12	24
29	14	23	8	16	1	0	16	5	19	12	20
30	14	16	7	57	0	27	39	4	59	12	16
31	14	8	7	37	29 ♐	54	22	4	39	12	12
32	14	1	7	18	29	20	22	4	17	12	8
33	13	53	6	58	28	45	38	3	55	12	4
34	13	45	6	37	28	10	7	3	32	12	0
35	13	37	6	17	27	33	47	3	9	11	56
36	13	29	5	55	26	56	35	2	45	11	51
37	13	20	5	34	26	18	28	2	19	11	47
38	13	12	5	11	25	39	24	1	53	11	42
39	13	3	4	49	24	59	19	1	26	11	37
40	12	54	4	26	24	18	11	0	57	11	32
41	12	45	4	2	23	35	55	0	27	11	26
42	12	35	3	37	22	52	28	29 ♑	56	11	21
43	12	26	3	12	22	7	46	29	24	11	15
44	12	16	2	47	21	21	46	28	50	11	9
45	12	5	2	20	20	34	23	28	14	11	2
46	11	55	1	53	19	45	33	27	37	10	56
47	11	44	1	25	18	55	11	26	57	10	48
48	11	32	0	56	18	3	11	26	15	10	41
49	11	21	0	26	17	9	30	25	31	10	33
50	11	9	29 ♏	55	16	14	0	24	44	10	25
51	10	56	29	23	15	16	37	23	54	10	16
52	10	43	28	50	14	17	14	23	0	10	7
53	10	29	28	15	13	15	45	22	3	9	57
54	10	15	27	39	12	12	3	21	1	9	47
55	10	1	27	2	11	6	1	19	55	9	36
56	9	45	26	24	9	57	33	18	43	9	24
57	9	29	25	43	8	46	29	17	25	9	11
58	9	12	25	1	7	32	43	15	59	8	57
59	8	55	24	17	6	16	7	14	25	8	41
60	8	36	23	32	4	56	32	12	40	8	25
61	8	16	22	43	3	33	50	10	43	8	7
62	7	56	21	53	2	7	53	8	30	7	47
63	7	34	21	0	0	38	33	5	58	7	25
64	7	10	20	4	29 ♏	5	41	3	0	7	0
65	6	46	19	6	27	29	10	29 ♐	26	6	33
66	6	19	18	4	25	48	53	24	55	6	1

13 h 4 m MC 17 ♌ 21 23 RAMC 196°

Lat.	11	12	ASC	2	3
0	18 ♏ 28	17 ♐ 7	14 ♑ 44 21	13 ♒ 31	14 ♓ 48
5	17 57	15 49	12 46 56	12 30	14 36
10	17 26	14 31	10 45 49	11 26	14 24
15	16 55	13 12	8 39 11	10 17	14 12
20	16 22	11 49	6 24 56	9 2	13 58
21	16 16	11 32	5 56 58	8 46	13 55
22	16 9	11 15	5 28 34	8 30	13 52
23	16 2	10 58	4 59 43	8 13	13 49
24	15 55	10 40	4 30 23	7 56	13 46
25	15 48	10 22	4 0 34	7 39	13 43
26	15 41	10 4	3 30 13	7 21	13 40
27	15 34	9 46	2 59 18	7 3	13 37
28	15 27	9 28	2 27 49	6 44	13 33
29	15 20	9 9	1 55 42	6 25	13 30
30	15 12	8 50	1 22 57	6 5	13 26
31	15 5	8 30	0 49 31	5 44	13 23
32	14 57	8 10	0 15 22	5 23	13 19
33	14 49	7 50	29 ♐ 40 27	5 1	13 15
34	14 41	7 30	29 4 44	4 39	13 11
35	14 33	7 9	28 28 12	4 15	13 7
36	14 25	6 47	27 50 46	3 51	13 3
37	14 16	6 25	27 12 24	3 26	12 59
38	14 7	6 3	26 33 4	3 0	12 54
39	13 58	5 40	25 52 42	2 33	12 49
40	13 49	5 17	25 11 15	2 5	12 45
41	13 40	4 53	24 28 39	1 35	12 40
42	13 30	4 28	23 44 50	1 4	12 34
43	13 20	4 3	22 59 46	0 32	12 29
44	13 10	3 36	22 13 21	29 ♑ 58	12 23
45	13 0	3 10	21 25 31	29 23	12 17
46	12 49	2 42	20 36 12	28 45	12 11
47	12 38	2 14	19 45 19	28 6	12 4
48	12 26	1 44	18 52 46	27 24	11 57
49	12 14	1 14	17 58 29	26 40	11 50
50	12 2	0 43	17 2 22	25 53	11 42
51	11 49	0 10	16 4 18	25 3	11 34
52	11 36	29 ♏ 37	15 4 12	24 10	11 25
53	11 22	29 2	14 1 56	23 12	11 16
54	11 8	28 26	12 57 25	22 11	11 6
55	10 52	27 48	11 50 30	21 4	10 56
56	10 37	27 9	10 41 4	19 52	10 45
57	10 20	26 28	9 29 1	18 34	10 32
58	10 3	25 45	8 14 10	17 8	10 19
59	9 45	25 1	6 56 25	15 33	10 5
60	9 26	24 14	5 35 38	13 48	9 50
61	9 6	23 25	4 11 38	11 50	9 33
62	8 45	22 34	2 44 19	9 36	9 14
63	8 22	21 40	1 13 32	7 2	8 54
64	7 58	20 43	29 ♏ 39 9	4 1	8 31
65	7 33	19 43	28 1 2	0 21	8 5
66	7 6	18 40	26 19 4	25 ♐ 40	7 36

Lat.	11		12		ASC			2		3	
0	19 ♏	27	18 ♐	2	15 ♑	40	7	14 ♒	32	15 ♓	53
5	18	56	16	44	13	43	3	13	31	15	42
10	18	25	15	26	11	42	10	12	28	15	31
15	17	53	14	6	9	35	38	11	20	15	19
20	17	20	12	43	7	21	19	10	6	15	6
21	17	13	12	26	6	53	18	9	50	15	4
22	17	7	12	9	6	24	51	9	34	15	1
23	17	0	11	51	5	55	57	9	18	14	58
24	16	53	11	34	5	26	33	9	1	14	55
25	16	46	11	16	4	56	39	8	44	14	52
26	16	39	10	58	4	26	13	8	26	14	49
27	16	31	10	39	3	55	13	8	8	14	46
28	16	24	10	21	3	23	37	7	49	14	43
29	16	16	10	2	2	51	24	7	30	14	40
30	16	9	9	42	2	18	31	7	10	14	37
31	16	1	9	23	1	44	56	6	50	14	33
32	15	53	9	3	1	10	37	6	29	14	30
33	15	45	8	43	0	35	32	6	8	14	26
34	15	37	8	22	29 ♐	59	38	5	45	14	23
35	15	29	8	1	29	22	53	5	22	14	19
36	15	20	7	39	28	45	14	4	58	14	15
37	15	12	7	17	28	6	38	4	33	14	11
38	15	3	6	54	27	27	2	4	7	14	7
39	14	54	6	31	26	46	23	3	41	14	2
40	14	44	6	8	26	4	37	3	12	13	58
41	14	35	5	43	25	21	42	2	43	13	53
42	14	25	5	18	24	37	32	2	13	13	48
43	14	15	4	53	23	52	4	1	41	13	43
44	14	5	4	26	23	5	14	1	7	13	38
45	13	54	3	59	22	16	58	0	32	13	32
46	13	43	3	31	21	27	10	29 ♑	54	13	26
47	13	32	3	3	20	35	46	29	15	13	20
48	13	20	2	33	19	42	41	28	34	13	14
49	13	8	2	2	18	47	48	27	50	13	7
50	12	55	1	31	17	51	2	27	3	13	0
51	12	42	0	58	16	52	18	26	13	12	52
52	12	28	0	24	15	51	28	25	20	12	44
53	12	14	29 ♏	48	14	48	25	24	23	12	35
54	12	0	29	12	13	43	3	23	21	12	26
55	11	44	28	33	12	35	14	22	15	12	16
56	11	28	27	54	11	24	51	21	3	12	6
57	11	12	27	12	10	11	46	19	44	11	55
58	10	54	26	29	8	55	50	18	18	11	42
59	10	35	25	44	7	36	55	16	43	11	29
60	10	16	24	56	6	14	53	14	57	11	15
61	9	55	24	7	4	49	35	12	58	10	59
62	9	34	23	14	3	20	53	10	43	10	42
63	9	11	22	20	1	48	37	8	7	10	23
64	8	46	21	22	0	12	41	5	3	10	1
65	8	20	20	21	28 ♏	32	55	1	17	9	37
66	7	53	19	17	26	49	14	26 ♐	25	9	10

Lat.	11		12		ASC			2		3	
0	20 ♏	26	18 ♐	58	16 ♑	35	58	15 ♒	32	16 ♓	57
5	19	55	17	40	14	39	18	14	32	16	47
10	19	23	16	21	12	38	40	13	30	16	37
15	18	51	15	1	10	32	15	12	23	16	26
20	18	18	13	37	8	17	53	11	10	16	15
21	18	11	13	20	7	49	51	10	54	16	12
22	18	4	13	3	7	21	21	10	38	16	10
23	17	57	12	45	6	52	24	10	22	16	7
24	17	50	12	27	6	22	57	10	6	16	4
25	17	43	12	9	5	52	59	9	49	16	2
26	17	35	11	51	5	22	29	9	31	15	59
27	17	28	11	33	4	51	23	9	13	15	56
28	17	21	11	14	4	19	42	8	55	15	53
29	17	13	10	55	3	47	21	8	36	15	50
30	17	5	10	35	3	14	21	8	17	15	47
31	16	58	10	16	2	40	38	7	57	15	44
32	16	50	9	55	2	6	10	7	36	15	41
33	16	41	9	35	1	30	55	7	14	15	38
34	16	33	9	14	0	54	50	6	52	15	34
35	16	25	8	53	0	17	53	6	29	15	31
36	16	16	8	31	29 ♐	40	1	6	6	15	27
37	16	7	8	9	29	1	11	5	41	15	23
38	15	58	7	46	28	21	19	5	15	15	19
39	15	49	7	23	27	40	23	4	49	15	15
40	15	40	6	59	26	58	19	4	21	15	11
41	15	30	6	34	26	15	4	3	52	15	7
42	15	20	6	9	25	30	33	3	22	15	2
43	15	10	5	43	24	44	43	2	50	14	57
44	14	59	5	17	23	57	28	2	16	14	52
45	14	48	4	49	23	8	45	1	41	14	47
46	14	37	4	21	22	18	29	1	4	14	42
47	14	25	3	52	21	26	34	0	25	14	36
48	14	13	3	22	20	32	55	29 ♑	44	14	30
49	14	1	2	51	19	37	26	29	0	14	24
50	13	48	2	19	18	40	2	28	14	14	17
51	13	35	1	45	17	40	36	27	24	14	10
52	13	21	1	11	16	39	2	26	31	14	3
53	13	7	0	35	15	35	12	25	34	13	55
54	12	52	29 ♏	58	14	28	59	24	33	13	46
55	12	36	29	19	13	20	16	23	26	13	37
56	12	20	28	39	12	8	54	22	14	13	27
57	12	3	27	57	10	54	47	20	56	13	17
58	11	45	27	13	9	37	44	19	29	13	6
59	11	26	26	27	8	17	38	17	54	12	53
60	11	6	25	39	6	54	20	16	8	12	40
61	10	45	24	48	5	27	42	14	8	12	26
62	10	23	23	55	3	57	34	11	52	12	10
63	9	59	22	59	2	23	48	9	14	11	52
64	9	34	22	1	0	46	16	6	6	11	32
65	9	8	20	59	29 ♏	4	50	2	16	11	10
66	8	39	19	53	27	19	23	27 ♐	13	10	45

13 h 16 m MC 20 ♎ 34 17 RAMC 199°

Lat.	11		12		ASC			2		3	
0	21 ♏	26	19 ♐	53	17 ♑	31	54	16 ♒	32	18 ♓	2
5	20	54	18	35	15	35	39	15	34	17	53
10	20	21	17	16	13	35	19	14	32	17	44
15	19	49	15	55	11	29	3	13	26	17	34
20	19	15	14	31	9	14	41	12	14	17	23
21	19	8	14	14	8	46	37	11	59	17	21
22	19	1	13	57	8	18	6	11	43	17	18
23	18	54	13	39	7	49	6	11	27	17	16
24	18	47	13	21	7	19	36	11	11	17	14
25	18	40	13	3	6	49	34	10	54	17	11
26	18	32	12	45	6	18	59	10	37	17	8
27	18	25	12	26	5	47	49	10	19	17	6
28	18	17	12	7	5	16	2	10	1	17	3
29	18	10	11	48	4	43	35	9	42	17	1
30	18	2	11	28	4	10	28	9	23	16	58
31	17	54	11	8	3	36	37	9	3	16	55
32	17	46	10	48	3	2	0	8	43	16	52
33	17	37	10	27	2	26	35	8	22	16	49
34	17	29	10	6	1	50	20	8	0	16	46
35	17	21	9	45	1	13	11	7	37	16	42
36	17	12	9	23	0	35	6	7	14	16	39
37	17	3	9	0	29 ♐	56	2	6	49	16	36
38	16	54	8	37	29	15	56	6	24	16	32
39	16	44	8	14	28	34	43	5	58	16	28
40	16	35	7	50	27	52	22	5	30	16	25
41	16	25	7	25	27	8	47	5	1	16	21
42	16	15	7	0	26	23	55	4	31	16	16
43	16	4	6	34	25	37	41	4	0	16	12
44	15	53	6	7	24	50	2	3	27	16	7
45	15	42	5	39	24	0	53	2	52	16	3
46	15	31	5	10	23	10	8	2	15	15	58
47	15	19	4	41	22	17	42	1	36	15	52
48	15	7	4	11	21	23	30	0	55	15	47
49	14	54	3	39	20	27	25	0	12	15	41
50	14	41	3	7	19	29	23	29 ♑	25	15	35
51	14	28	2	33	18	29	15	28	36	15	28
52	14	14	1	58	17	26	56	27	43	15	22
53	13	59	1	22	16	22	18	26	46	15	14
54	13	44	0	44	15	15	13	25	45	15	7
55	13	28	0	5	14	5	35	24	39	14	58
56	13	11	29 ♏	24	12	53	14	23	27	14	49
57	12	54	28	41	11	38	3	22	8	14	40
58	12	35	27	57	10	19	52	20	42	14	29
59	12	16	27	10	8	58	34	19	6	14	18
60	11	56	26	21	7	33	59	17	19	14	6
61	11	34	25	30	6	5	58	15	19	13	52
62	11	12	24	36	4	34	23	13	2	13	38
63	10	48	23	39	2	59	4	10	22	13	21
64	10	22	22	39	1	19	54	7	12	13	3
65	9	55	21	36	29 ♏	36	46	3	16	12	43
66	9	26	20	30	27	49	31	28 ♐	1	12	20

13 h 20 m MC 21 ♌ 38 20 RAMC 200°

Lat.	11		12		ASC			2		3	
0	22 ♏	25	20 ♐	49	18 ♑	27	56	17 ♒	33	19 ♓	7
5	21	52	19	30	16	32	8	16	35	18	59
10	21	20	18	11	14	32	8	15	35	18	50
15	20	47	16	50	12	26	3	14	30	18	41
20	20	12	15	26	10	11	42	13	19	18	31
21	20	5	15	8	9	43	37	13	4	18	29
22	19	58	14	51	9	15	4	12	48	18	27
23	19	51	14	33	8	46	2	12	33	18	25
24	19	44	14	15	8	16	29	12	16	18	23
25	19	36	13	57	7	46	25	12	0	18	21
26	19	29	13	38	7	15	46	11	43	18	18
27	19	21	13	19	6	44	31	11	26	18	16
28	19	14	13	0	6	12	38	11	8	18	13
29	19	6	12	41	5	40	6	10	49	18	11
30	18	58	12	21	5	6	52	10	30	18	8
31	18	50	12	1	4	32	53	10	11	18	6
32	18	42	11	41	3	58	8	9	50	18	3
33	18	33	11	20	3	22	34	9	29	18	0
34	18	25	10	59	2	46	9	9	8	17	57
35	18	16	10	37	2	8	49	8	45	17	55
36	18	7	10	15	1	30	31	8	22	17	51
37	17	58	9	52	0	51	14	7	58	17	48
38	17	49	9	29	0	10	52	7	33	17	45
39	17	39	9	5	29 ♐	29	24	7	7	17	42
40	17	30	8	41	28	46	44	6	40	17	38
41	17	20	8	16	28	2	50	6	11	17	34
42	17	9	7	50	27	17	38	5	41	17	31
43	16	59	7	24	26	31	2	5	10	17	27
44	16	48	6	57	25	42	58	4	37	17	23
45	16	36	6	29	24	53	22	4	3	17	18
46	16	25	6	0	24	2	8	3	26	17	14
47	16	13	5	30	23	9	12	2	48	17	9
48	16	1	5	0	22	14	26	2	7	17	4
49	15	48	4	28	21	17	46	1	24	16	59
50	15	34	3	55	20	19	4	0	38	16	53
51	15	21	3	21	19	18	15	29 ♑	49	16	47
52	15	6	2	46	18	15	10	28	56	16	41
53	14	51	2	9	17	9	43	28	0	16	34
54	14	36	1	31	16	1	47	26	59	16	27
55	14	19	0	51	14	51	12	25	52	16	19
56	14	2	0	9	13	37	51	24	41	16	11
57	13	45	29 ♏	26	12	21	35	23	22	16	3
58	13	26	28	41	11	2	16	21	56	15	53
59	13	6	27	53	9	39	44	20	20	15	43
60	12	46	27	4	8	13	50	18	33	15	32
61	12	24	26	12	6	44	25	16	32	15	20
62	12	0	25	17	5	11	20	14	14	15	6
63	11	36	24	19	3	34	27	11	32	14	51
64	11	10	23	18	1	53	37	8	19	14	35
65	10	42	22	14	0	8	43	4	19	14	17
66	10	12	21	6	28 ♏	19	38	28 ♐	52	13	56

13 h 24 m MC 22 ♌ 42 16 RAMC 201°

Lat.	11	12	ASC	2	3
0	23 ♏ 23	21 ♐ 44	19 ♑ 24 4	18 ♒ 34	20 ♓ 12
5	22 51	20 25	17 28 45	17 37	20 5
10	22 18	19 6	15 29 6	16 37	19 57
15	21 44	17 44	13 23 14	15 34	19 49
20	21 10	16 20	11 8 56	14 24	19 40
21	21 2	16 2	10 40 50	14 9	19 38
22	20 55	15 45	10 12 16	13 54	19 36
23	20 48	15 27	9 43 13	13 38	19 34
24	20 41	15 9	9 13 38	13 22	19 32
25	20 33	14 50	8 43 31	13 6	19 30
26	20 26	14 32	8 12 48	12 49	19 28
27	20 18	14 13	7 41 29	12 32	19 26
28	20 10	13 54	7 9 32	12 14	19 24
29	20 2	13 34	6 36 54	11 56	19 22
30	19 54	13 14	6 3 34	11 38	19 19
31	19 46	12 54	5 29 28	11 18	19 17
32	19 38	12 34	4 54 35	10 58	19 14
33	19 29	12 13	4 18 52	10 38	19 12
34	19 21	11 51	3 42 17	10 16	19 9
35	19 12	11 29	3 4 46	9 54	19 7
36	19 3	11 7	2 26 17	9 31	19 4
37	18 53	10 44	1 46 46	9 7	19 1
38	18 44	10 21	1 6 10	8 43	18 58
39	18 34	9 57	0 24 25	8 17	18 55
40	18 24	9 32	29 ♐ 41 29	7 50	18 52
41	18 14	9 7	28 57 16	7 22	18 49
42	18 4	8 41	28 11 42	6 52	18 45
43	17 53	8 15	27 24 44	6 21	18 42
44	17 42	7 47	26 36 16	5 49	18 38
45	17 30	7 19	25 46 14	5 14	18 34
46	17 19	6 50	24 54 32	4 38	18 30
47	17 7	6 20	24 1 4	4 0	18 26
48	16 54	5 49	23 5 45	3 20	18 21
49	16 41	5 17	22 8 28	2 37	18 16
50	16 27	4 43	21 9 7	1 51	18 11
51	16 13	4 9	20 7 36	1 2	18 6
52	15 59	3 33	19 3 46	0 10	18 0
53	15 44	2 56	17 57 30	29 ♑ 14	17 54
54	15 28	2 17	16 48 40	28 13	17 48
55	15 11	1 37	15 37 9	27 7	17 41
56	14 54	0 55	14 22 47	25 56	17 34
57	14 36	0 11	13 5 25	24 37	17 26
58	14 17	29 ♏ 25	11 44 55	23 11	17 17
59	13 56	28 37	10 21 8	21 35	17 8
60	13 35	27 46	8 53 54	19 48	16 58
61	13 13	26 53	7 23 3	17 46	16 47
62	12 49	25 58	5 48 27	15 27	16 35
63	12 24	24 59	4 9 57	12 45	16 21
64	11 57	23 57	2 27 25	9 29	16 7
65	11 29	22 51	0 40 43	5 24	15 50
66	10 58	21 42	28 ♏ 49 44	29 ♐ 45	15 32

Lat.	11	12	ASC	2	3
0	24 ♏ 22	22 ♐ 39	20 ♑ 20 19	19 ♒ 34	21 ♓ 17
5	23 49	21 20	18 25 30	18 39	21 11
10	23 16	20 0	16 26 14	17 40	21 4
15	22 42	18 39	14 20 37	16 38	20 57
20	22 7	17 14	12 6 25	15 29	20 49
21	21 59	16 56	11 38 19	15 14	20 47
22	21 52	16 39	11 9 44	15 0	20 45
23	21 45	16 21	10 40 39	14 44	20 44
24	21 37	16 2	10 11 3	14 29	20 42
25	21 30	15 44	9 40 53	14 13	20 40
26	21 22	15 25	9 10 8	13 56	20 38
27	21 14	15 6	8 38 45	13 39	20 36
28	21 6	14 47	8 6 43	13 22	20 34
29	20 58	14 27	7 34 1	13 4	20 32
30	20 50	14 7	7 0 34	12 45	20 30
31	20 42	13 47	6 26 22	12 26	20 28
32	20 34	13 26	5 51 22	12 7	20 26
33	20 25	13 5	5 15 30	11 46	20 24
34	20 16	12 44	4 38 45	11 25	20 21
35	20 7	12 22	4 1 4	11 3	20 19
36	19 58	11 59	3 22 23	10 41	20 17
37	19 49	11 36	2 42 39	10 17	20 14
38	19 39	11 13	2 1 49	9 53	20 11
39	19 29	10 48	1 19 49	9 27	20 9
40	19 19	10 24	0 36 35	9 0	20 6
41	19 9	9 58	29 ♐ 52 4	8 33	20 3
42	18 58	9 32	29 6 10	8 3	20 0
43	18 47	9 5	28 18 50	7 33	19 57
44	18 36	8 38	27 29 58	7 1	19 53
45	18 24	8 9	26 39 29	6 27	19 50
46	18 12	7 40	25 47 18	5 51	19 46
47	18 0	7 9	24 53 19	5 13	19 42
48	17 47	6 38	23 57 27	4 33	19 38
49	17 34	6 5	22 59 34	3 51	19 34
50	17 20	5 32	21 59 34	3 5	19 30
51	17 6	4 57	20 57 19	2 17	19 25
52	16 51	4 21	19 52 43	1 25	19 20
53	16 36	3 43	18 45 38	0 29	19 14
54	16 19	3 4	17 35 55	29 ♑ 28	19 9
55	16 3	2 23	16 23 26	28 23	19 3
56	15 45	1 40	15 8 2	27 12	18 56
57	15 26	0 56	13 49 33	25 53	18 49
58	15 7	0 9	12 27 52	24 27	18 41
59	14 47	29 ♏ 20	11 2 48	22 51	18 33
60	14 25	28 29	9 34 11	21 4	18 24
61	14 2	27 35	8 1 53	19 2	18 14
62	13 38	26 38	6 25 44	16 43	18 4
63	13 12	25 39	4 45 35	13 59	17 52
64	12 45	24 36	3 1 18	10 41	17 39
65	12 16	23 29	1 12 45	6 31	17 24
66	11 44	22 19	29 ♏ 19 50	0 41	17 8

Lat.	11		12		ASC			2		3	
0	25 ♏	21	23 ♐	34	21 ♑	16	40	20 ♒	36	22 ♓	23
5	24	47	22	15	19	22	23	19	41	22	17
10	24	13	20	55	17	23	32	18	44	22	11
15	23	39	19	33	15	18	13	17	42	22	4
20	23	4	18	8	13	4	8	16	35	21	57
21	22	56	17	50	12	36	2	16	20	21	56
22	22	49	17	33	12	7	27	16	6	21	54
23	22	41	17	15	11	38	22	15	51	21	53
24	22	34	16	56	11	8	44	15	35	21	51
25	22	26	16	38	10	38	32	15	19	21	50
26	22	18	16	19	10	7	44	15	3	21	48
27	22	11	16	0	9	36	18	14	47	21	46
28	22	3	15	40	9	4	13	14	29	21	45
29	21	55	15	21	8	31	25	14	12	21	43
30	21	46	15	1	7	57	54	13	54	21	41
31	21	38	14	40	7	23	35	13	35	21	39
32	21	29	14	19	6	48	28	13	15	21	37
33	21	21	13	58	6	12	28	12	55	21	36
34	21	12	13	36	5	35	34	12	35	21	33
35	21	3	13	14	4	57	43	12	13	21	31
36	20	53	12	51	4	18	51	11	51	21	29
37	20	44	12	28	3	38	54	11	27	21	27
38	20	34	12	4	2	57	50	11	3	21	25
39	20	24	11	40	2	15	35	10	38	21	22
40	20	14	11	15	1	32	5	10	12	21	20
41	20	3	10	49	0	47	15	9	44	21	17
42	19	53	10	23	0	1	1	9	15	21	15
43	19	42	9	56	29 ♐	13	19	8	45	21	12
44	19	30	9	28	28	24	3	8	13	21	9
45	19	18	8	59	27	33	8	7	40	21	6
46	19	6	8	30	26	40	29	7	4	21	3
47	18	54	7	59	25	45	59	6	27	20	59
48	18	41	7	27	24	49	33	5	47	20	56
49	18	27	6	54	23	51	4	5	5	20	52
50	18	13	6	20	22	50	24	4	20	20	48
51	17	59	5	45	21	47	27	3	32	20	44
52	17	43	5	8	20	42	4	2	40	20	39
53	17	28	4	30	19	34	9	1	45	20	35
54	17	11	3	50	18	23	32	0	45	20	30
55	16	54	3	9	17	10	4	29 ♑	40	20	24
56	16	36	2	26	15	53	37	28	29	20	19
57	16	17	1	41	14	34	1	27	11	20	12
58	15	57	0	53	13	11	6	25	45	20	6
59	15	37	0	4	11	44	43	24	9	19	59
60	15	15	29 ♏	12	10	14	43	22	22	19	51
61	14	51	28	17	8	40	55	20	20	19	42
62	14	27	27	19	7	3	11	18	0	19	33
63	14	0	26	19	5	21	20	15	15	19	22
64	13	32	25	14	3	35	15	11	56	19	11
65	13	3	24	7	1	44	49	7	42	18	58
66	12	30	22	55	29 ♏	49	55	1	40	18	44

Lat.	11	12	ASC	2	3
0	26 ♏ 19	24 ♐ 30	22 ♑ 13 8	21 ♒ 37	23 ♓ 28
5	25 45	23 10	20 19 25	20 44	23 23
10	25 11	21 50	18 21 1	19 47	23 18
15	24 36	20 28	16 16 1	18 47	23 12
20	24 0	19 2	14 2 6	17 41	23 6
21	23 53	18 45	13 34 1	17 26	23 5
22	23 46	18 27	13 5 26	17 12	23 4
23	23 38	18 9	12 36 20	16 57	23 2
24	23 30	17 50	12 6 42	16 42	23 1
25	23 23	17 32	11 36 28	16 27	23 0
26	23 15	17 13	11 5 38	16 11	22 58
27	23 7	16 53	10 34 10	15 54	22 57
28	22 59	16 34	10 2 1	15 37	22 55
29	22 50	16 14	9 29 9	15 20	22 54
30	22 42	15 54	8 55 33	15 2	22 52
31	22 34	15 33	8 21 8	14 44	22 51
32	22 25	15 12	7 45 54	14 25	22 49
33	22 16	14 51	7 9 47	14 5	22 47
34	22 7	14 29	6 32 45	13 44	22 46
35	21 58	14 7	5 54 44	13 23	22 44
36	21 48	13 44	5 15 41	13 1	22 42
37	21 39	13 20	4 35 32	12 38	22 40
38	21 29	12 56	3 54 15	12 14	22 38
39	21 19	12 32	3 11 45	11 50	22 36
40	21 9	12 7	2 27 58	11 24	22 34
41	20 58	11 41	1 42 50	10 56	22 32
42	20 47	11 14	0 56 17	10 28	22 29
43	20 36	10 47	0 8 13	9 58	22 27
44	20 24	10 19	29 ♐ 18 33	9 27	22 25
45	20 12	9 50	28 27 12	8 54	22 22
46	20 0	9 20	27 34 5	8 19	22 19
47	19 47	8 49	26 39 4	7 42	22 16
48	19 34	8 16	25 42 5	7 2	22 13
49	19 20	7 43	24 42 59	6 21	22 10
50	19 6	7 9	23 41 39	5 36	22 7
51	18 51	6 33	22 37 59	4 48	22 3
52	18 36	5 56	21 31 50	3 57	21 59
53	18 20	5 17	20 23 3	3 2	21 55
54	18 3	4 37	19 11 31	2 2	21 51
55	17 46	3 55	17 57 4	0 58	21 46
56	17 27	3 11	16 39 33	29 ♑ 47	21 41
57	17 8	2 26	15 18 48	28 30	21 36
58	16 48	1 38	13 54 39	27 4	21 30
59	16 27	0 47	12 26 56	25 29	21 24
60	16 4	29 ♏ 54	10 55 30	23 41	21 17
61	15 40	28 59	9 20 11	21 40	21 10
62	15 15	28 0	7 40 48	19 19	21 2
63	14 48	26 58	5 57 14	16 34	20 53
64	14 20	25 53	4 9 19	13 13	20 43
65	13 49	24 44	2 16 56	8 55	20 32
66	13 16	23 31	0 20 0	2 42	20 20

13 h 40 m MC 26 ♎ 56 33 RAMC 205°

Lat.	11	12	ASC	2	3
0	27 ♏ 17	25 ♐ 25	23 ♑ 9 44	22 ♒ 38	24 ♓ 33
5	26 43	24 5	21 16 36	21 46	24 29
10	26 8	22 45	19 18 41	20 51	24 25
15	25 33	21 22	17 14 2	19 52	24 20
20	24 57	19 56	15 0 20	18 47	24 15
21	24 50	19 39	14 32 16	18 33	24 14
22	24 42	19 21	14 3 41	18 19	24 13
23	24 34	19 3	13 34 36	18 4	24 12
24	24 27	18 44	13 4 56	17 49	24 11
25	24 19	18 25	12 34 42	17 34	24 10
26	24 11	18 6	12 3 51	17 19	24 8
27	24 3	17 47	11 32 20	17 2	24 7
28	23 55	17 27	11 0 8	16 46	24 6
29	23 46	17 7	10 27 13	16 29	24 5
30	23 38	16 47	9 53 32	16 11	24 3
31	23 29	16 26	9 19 2	15 53	24 2
32	23 20	16 5	8 43 42	15 34	24 1
33	23 12	15 44	8 7 28	15 15	23 59
34	23 2	15 22	7 30 18	14 55	23 58
35	22 53	14 59	6 52 7	14 34	23 56
36	22 44	14 36	6 12 54	14 12	23 55
37	22 34	14 13	5 32 34	13 50	23 53
38	22 24	13 48	4 51 4	13 26	23 52
39	22 14	13 24	4 8 19	13 2	23 50
40	22 3	12 58	3 24 16	12 36	23 48
41	21 52	12 32	2 38 51	12 9	23 46
42	21 41	12 5	1 51 58	11 41	23 44
43	21 30	11 38	1 3 32	11 12	23 42
44	21 18	11 9	0 13 29	10 41	23 40
45	21 6	10 40	29 ♐ 21 43	10 8	23 38
46	20 53	10 10	28 28 7	9 33	23 36
47	20 40	9 38	27 32 36	8 57	23 33
48	20 27	9 6	26 35 2	8 18	23 31
49	20 13	8 32	25 35 20	7 37	23 28
50	19 59	7 58	24 33 20	6 53	23 25
51	19 44	7 21	23 28 57	6 5	23 22
52	19 28	6 44	22 22 0	5 15	23 19
53	19 12	6 5	21 12 23	4 20	23 16
54	18 55	5 24	19 59 55	3 21	23 12
55	18 37	4 42	18 44 28	2 17	23 8
56	18 18	3 57	17 25 51	1 7	23 4
57	17 59	3 11	16 3 56	29 ♑ 50	23 0
58	17 38	2 22	14 38 31	28 24	22 55
59	17 17	1 31	13 9 27	26 49	22 50
60	16 54	0 37	11 36 34	25 3	22 44
61	16 29	29 ♏ 41	9 59 40	23 1	22 38
62	16 4	28 41	8 18 38	20 40	22 31
63	15 36	27 38	6 33 16	17 54	22 24
64	15 7	26 32	4 43 28	14 32	22 16
65	14 36	25 22	2 49 6	10 12	22 7
66	14 2	24 7	0 50 4	3 49	21 56

Lat.	11		12		ASC			2		3	
0	28 ♏	15	26 ♐	20	24 ♑	6	26	23 ♒	40	25 ♓	38
5	27	40	25	0	22	13	56	22	49	25	35
10	27	6	23	40	20	16	32	21	55	25	32
15	26	30	22	17	18	12	17	20	57	25	28
20	25	54	20	51	15	58	49	19	53	25	24
21	25	46	20	33	15	30	46	19	40	25	23
22	25	38	20	15	15	2	13	19	26	25	22
23	25	31	19	57	14	33	8	19	12	25	21
24	25	23	19	38	14	3	29	18	57	25	21
25	25	15	19	19	13	33	14	18	42	25	20
26	25	7	19	0	13	2	22	18	27	25	19
27	24	59	18	41	12	30	49	18	11	25	18
28	24	51	18	21	11	58	35	17	55	25	17
29	24	42	18	1	11	25	37	17	38	25	16
30	24	34	17	40	10	51	52	17	21	25	15
31	24	25	17	20	10	17	18	17	3	25	14
32	24	16	16	58	9	41	52	16	44	25	13
33	24	7	16	37	9	5	31	16	25	25	11
34	23	58	16	14	8	28	13	16	6	25	10
35	23	48	15	52	7	49	54	15	45	25	9
36	23	39	15	29	7	10	31	15	24	25	8
37	23	29	15	5	6	29	59	15	1	25	7
38	23	19	14	41	5	48	17	14	38	25	5
39	23	8	14	16	5	5	18	14	14	25	4
40	22	58	13	50	4	21	0	13	49	25	2
41	22	47	13	24	3	35	17	13	23	25	1
42	22	35	12	57	2	48	5	12	55	24	59
43	22	24	12	29	1	59	19	12	26	24	58
44	22	12	12	0	1	8	52	11	55	24	56
45	22	0	11	31	0	16	40	11	23	24	54
46	21	47	11	0	29 ♐	22	37	10	49	24	53
47	21	34	10	28	28	26	35	10	13	24	51
48	21	20	9	56	27	28	27	9	35	24	49
49	21	6	9	22	26	28	8	8	54	24	46
50	20	51	8	46	25	25	29	8	10	24	44
51	20	36	8	10	24	20	21	7	24	24	42
52	20	20	7	32	23	12	37	6	33	24	39
53	20	4	6	52	22	2	8	5	39	24	37
54	19	46	6	11	20	48	44	4	41	24	34
55	19	28	5	28	19	32	15	3	37	24	31
56	19	9	4	43	18	12	33	2	28	24	27
57	18	49	3	56	16	49	26	1	11	24	24
58	18	28	3	7	15	22	44	29 ♑	46	24	20
59	18	6	2	15	13	52	17	28	12	24	16
60	17	43	1	20	12	17	54	26	25	24	11
61	17	18	0	23	10	39	24	24	24	24	6
62	16	52	29 ♏	22	8	56	39	22	4	24	1
63	16	24	28	18	7	9	28	19	17	23	55
64	15	54	27	11	5	17	44	15	54	23	49
65	15	22	25	59	3	21	19	11	31	23	41
66	14	48	24	43	1	20	8	5	0	23	33

Lat.	11	12	ASC	2	3
0	29 ♏ 13	27 ♐ 15	25 ♑ 3 17	24 ♒ 42	26 ♓ 44
5	28 38	25 55	23 11 26	23 52	26 41
10	28 3	24 35	21 14 35	22 59	26 39
15	27 27	23 12	19 10 45	22 2	26 36
20	26 50	21 45	16 57 34	21 0	26 33
21	26 43	21 27	16 29 34	20 47	26 32
22	26 35	21 9	16 1 3	20 33	26 32
23	26 27	20 51	15 31 59	20 19	26 31
24	26 19	20 32	15 2 20	20 5	26 30
25	26 11	20 13	14 32 5	19 50	26 30
26	26 3	19 54	14 1 12	19 35	26 29
27	25 55	19 34	13 29 39	19 20	26 28
28	25 46	19 15	12 57 22	19 4	26 28
29	25 38	18 54	12 24 21	18 47	26 27
30	25 29	18 34	11 50 33	18 31	26 26
31	25 20	18 13	11 15 55	18 13	26 25
32	25 11	17 52	10 40 24	17 55	26 24
33	25 2	17 30	10 3 57	17 36	26 24
34	24 53	17 7	9 26 32	17 17	26 23
35	24 43	16 45	8 48 5	16 57	26 22
36	24 33	16 21	8 8 32	16 36	26 21
37	24 23	15 57	7 27 50	16 14	26 20
38	24 13	15 33	6 45 55	15 51	26 19
39	24 3	15 8	6 2 43	15 27	26 18
40	23 52	14 42	5 18 10	15 3	26 17
41	23 41	14 15	4 32 10	14 37	26 16
42	23 29	13 48	3 44 40	14 9	26 15
43	23 18	13 20	2 55 32	13 41	26 13
44	23 6	12 51	2 4 43	13 11	26 12
45	22 53	12 21	1 12 6	12 39	26 11
46	22 40	11 50	0 17 34	12 5	26 9
47	22 27	11 18	29 ♐ 21 2	11 30	26 8
48	22 13	10 45	28 22 21	10 52	26 6
49	21 59	10 11	27 21 25	10 12	26 5
50	21 44	9 35	26 18 5	9 29	26 3
51	21 28	8 59	25 12 14	8 43	26 1
52	21 12	8 20	24 3 42	7 53	25 59
53	20 56	7 40	22 52 20	7 0	25 57
54	20 38	6 58	21 37 59	6 2	25 55
55	20 20	6 15	20 20 29	4 59	25 53
56	20 0	5 29	18 59 39	3 50	25 50
57	19 40	4 41	17 35 19	2 34	25 48
58	19 19	3 51	16 7 19	1 10	25 45
59	18 56	2 59	14 35 26	29 ♑ 36	25 42
60	18 32	2 3	12 59 32	27 50	25 38
61	18 7	1 5	11 19 24	25 49	25 35
62	17 41	0 3	9 34 53	23 29	25 31
63	17 12	28 ♏ 58	7 45 51	20 43	25 26
64	16 42	27 50	5 52 7	17 20	25 21
65	16 9	26 37	3 53 36	12 55	25 16
66	15 34	25 19	1 50 12	6 16	25 10

Lat.	11	12	ASC	2	3
0	0 ♐ 10	28 ♐ 10	26 ♑ 0 15	25 ♒ 44	27 ♓ 49
5	29 ♏ 35	26 50	24 9 6	24 55	27 48
10	29 0	25 29	22 12 50	24 4	27 46
15	28 24	24 6	20 9 28	23 8	27 44
20	27 46	22 39	17 56 36	22 7	27 42
21	27 39	22 22	17 28 39	21 54	27 42
22	27 31	22 3	17 0 9	21 41	27 41
23	27 23	21 45	16 31 7	21 27	27 41
24	27 15	21 26	16 1 30	21 13	27 40
25	27 7	21 7	15 31 15	20 59	27 40
26	26 59	20 48	15 0 22	20 44	27 39
27	26 50	20 28	14 28 48	20 29	27 39
28	26 42	20 8	13 56 31	20 13	27 38
29	26 33	19 48	13 23 28	19 57	27 38
30	26 25	19 27	12 49 36	19 41	27 37
31	26 16	19 6	12 14 54	19 24	27 37
32	26 7	18 45	11 39 19	19 6	27 36
33	25 57	18 23	11 2 47	18 47	27 36
34	25 48	18 0	10 25 15	18 28	27 35
35	25 38	17 37	9 46 40	18 9	27 34
36	25 28	17 14	9 6 58	17 48	27 34
37	25 18	16 50	8 26 6	17 27	27 33
38	25 8	16 25	7 44 0	17 4	27 33
39	24 57	16 0	7 0 35	16 41	27 32
40	24 46	15 34	6 15 47	16 17	27 31
41	24 35	15 7	5 29 31	15 51	27 30
42	24 23	14 40	4 41 42	15 25	27 30
43	24 12	14 11	3 52 14	14 56	27 29
44	23 59	13 42	3 1 3	14 27	27 28
45	23 47	13 12	2 8 0	13 56	27 27
46	23 34	12 41	1 13 1	13 22	27 26
47	23 20	12 9	0 15 58	12 47	27 25
48	23 6	11 35	29 ♐ 16 44	12 10	27 24
49	22 52	11 1	28 15 11	11 30	27 23
50	22 36	10 25	27 11 11	10 48	27 22
51	22 21	9 47	26 4 35	10 3	27 21
52	22 4	9 8	24 55 15	9 14	27 20
53	21 47	8 28	23 43 1	8 21	27 18
54	21 30	7 46	22 27 42	7 24	27 17
55	21 11	7 1	21 9 9	6 21	27 15
56	20 51	6 15	19 47 11	5 13	27 14
57	20 31	5 27	18 21 37	3 58	27 12
58	20 9	4 36	16 52 16	2 34	27 10
59	19 46	3 43	15 18 57	1 1	27 8
60	19 22	2 46	13 41 28	29 ♑ 16	27 6
61	18 56	1 47	11 59 40	27 16	27 3
62	18 29	0 45	10 13 22	24 57	27 0
63	18 0	29 ♏ 38	8 22 23	22 11	26 57
64	17 29	28 28	6 26 37	18 48	26 54
65	16 55	27 14	4 25 56	14 22	26 51
66	16 19	25 55	2 20 16	7 39	26 46

Lat.	11		12		ASC			2		3	
0	1 ♐	8	29 ♐	5	26 ♑	57	21	26 ♒	46	28 ♓	55
5	0	33	27	45	25	6	55	25	59	28	54
10	29 ♏	57	26	24	23	11	17	25	8	28	53
15	29	20	25	1	21	8	25	24	14	28	52
20	28	43	23	34	18	55	55	23	15	28	51
21	28	35	23	16	18	28	1	23	2	28	51
22	28	27	22	58	17	59	34	22	49	28	51
23	28	19	22	39	17	30	34	22	36	28	50
24	28	11	22	20	17	0	58	22	22	28	50
25	28	3	22	1	16	30	45	22	8	28	50
26	27	55	21	42	15	59	53	21	54	28	50
27	27	46	21	22	15	28	18	21	39	28	49
28	27	38	21	2	14	56	0	21	23	28	49
29	27	29	20	42	14	22	56	21	8	28	49
30	27	20	20	21	13	49	2	20	51	28	49
31	27	11	20	0	13	14	17	20	35	28	48
32	27	2	19	38	12	38	38	20	17	28	48
33	26	52	19	16	12	2	0	19	59	28	48
34	26	43	18	54	11	24	23	19	41	28	48
35	26	33	18	30	10	45	41	19	21	28	47
36	26	23	18	7	10	5	51	19	1	28	47
37	26	13	17	43	9	24	49	18	40	28	47
38	26	2	17	18	8	42	32	18	18	28	46
39	25	52	16	52	7	58	55	17	55	28	46
40	25	41	16	26	7	13	53	17	31	28	46
41	25	29	15	59	6	27	21	17	6	28	45
42	25	17	15	31	5	39	14	16	40	28	45
43	25	5	15	3	4	49	26	16	13	28	44
44	24	53	14	33	3	57	52	15	43	28	44
45	24	40	14	3	3	4	25	15	13	28	44
46	24	27	13	31	2	8	59	14	40	28	43
47	24	13	12	59	1	11	25	14	6	28	43
48	23	59	12	25	0	11	38	13	29	28	42
49	23	44	11	50	29 ♐	9	28	12	50	28	42
50	23	29	11	14	28	4	48	12	8	28	41
51	23	13	10	36	26	57	28	11	23	28	40
52	22	56	9	57	25	47	19	10	35	28	40
53	22	39	9	16	24	34	11	9	43	28	39
54	22	21	8	33	23	17	54	8	47	28	38
55	22	2	7	48	21	58	17	7	45	28	38
56	21	42	7	2	20	35	9	6	38	28	37
57	21	21	6	12	19	8	20	5	23	28	36
58	20	59	5	21	17	37	37	4	1	28	35
59	20	36	4	27	16	2	49	2	29	28	34
60	20	11	3	30	14	23	45	0	44	28	33
61	19	45	2	30	12	40	13	28 ♑	45	28	32
62	19	17	1	26	10	52	4	26	26	28	30
63	18	47	0	19	8	59	8	23	42	28	29
64	18	16	29 ♏	7	7	1	15	20	19	28	27
65	17	42	27	52	4	58	21	15	53	28	25
66	17	5	26	31	2	50	20	9	7	28	23

Lat.	11		12		ASC			2		3	
0	2 ♐	5	0 ♑	0	27 ♑	54	36	27 ♒	49	0 ♈	0
5	1	30	28 ♐	40	26	4	55	27	2	0	0
10	0	54	27	19	24	9	56	26	13	0	0
15	0	17	25	56	22	7	37	25	21	0	0
20	29 ♏	39	24	28	19	55	32	24	22	0	0
21	29	31	24	10	19	27	41	24	10	0	0
22	29	23	23	52	18	59	17	23	57	0	0
23	29	15	23	33	18	30	20	23	44	0	0
24	29	7	23	15	18	0	47	23	31	0	0
25	28	59	22	55	17	30	35	23	17	0	0
26	28	50	22	36	16	59	44	23	3	0	0
27	28	42	22	16	16	28	10	22	49	0	0
28	28	33	21	56	15	55	52	22	34	0	0
29	28	24	21	36	15	22	46	22	18	0	0
30	28	15	21	15	14	48	51	22	2	0	0
31	28	6	20	53	14	14	4	21	46	0	0
32	27	57	20	32	13	38	21	21	29	0	0
33	27	47	20	9	13	1	39	21	11	0	0
34	27	38	19	47	12	23	56	20	53	0	0
35	27	28	19	24	11	45	8	20	34	0	0
36	27	18	19	0	11	5	10	20	15	0	0
37	27	7	18	35	10	24	0	19	54	0	0
38	26	57	18	10	9	41	32	19	33	0	0
39	26	46	17	45	8	57	43	19	10	0	0
40	26	35	17	18	8	12	27	18	47	0	0
41	26	23	16	51	7	25	40	18	22	0	0
42	26	11	16	23	6	37	15	17	57	0	0
43	25	59	15	54	5	47	8	17	29	0	0
44	25	47	15	25	4	55	12	17	1	0	0
45	25	34	14	54	4	1	21	16	31	0	0
46	25	20	14	22	3	5	28	15	59	0	0
47	25	6	13	49	2	7	24	15	25	0	0
48	24	52	13	15	1	7	4	14	49	0	0
49	24	37	12	40	0	4	17	14	11	0	0
50	24	21	12	3	28 ♐	58	56	13	29	0	0
51	24	5	11	25	27	50	52	12	45	0	0
52	23	48	10	45	26	39	53	11	58	0	0
53	23	31	10	4	25	25	52	11	7	0	0
54	23	13	9	21	24	8	36	10	11	0	0
55	22	53	8	35	22	47	54	9	10	0	0
56	22	33	7	48	21	23	36	8	4	0	0
57	22	12	6	58	19	55	30	6	50	0	0
58	21	49	6	6	18	23	23	5	29	0	0
59	21	26	5	11	16	47	5	3	57	0	0
60	21	0	4	13	15	6	22	2	14	0	0
61	20	34	3	12	13	21	5	0	16	0	0
62	20	5	2	7	11	31	2	27 ♑	58	0	0
63	19	35	0	59	9	36	4	25	15	0	0
64	19	3	29 ♏	46	7	36	2	21	53	0	0
65	18	28	28	29	5	30	50	17	28	0	0
66	17	50	27	7	3	20	24	10	42	0	0

Lat.	11		12		ASC			2		3	
0	3 ♐	3	0 ♑	55	28 ♑	51	59	28 ♒	51	1 ♈	5
5	2	27	29 ♐	35	27	3	6	28	6	1	6
10	1	50	28	14	25	8	48	27	19	1	7
15	1	13	26	51	23	7	4	26	27	1	8
20	0	35	25	23	20	55	26	25	30	1	9
21	0	27	25	5	20	27	39	25	18	1	9
22	0	19	24	46	19	59	20	25	6	1	9
23	0	11	24	28	19	30	26	24	53	1	10
24	0	3	24	9	19	0	55	24	40	1	10
25	29 ♏	54	23	50	18	30	46	24	27	1	10
26	29	46	23	30	17	59	56	24	13	1	10
27	29	37	23	10	17	28	23	23	59	1	11
28	29	29	22	50	16	56	6	23	44	1	11
29	29	20	22	29	16	23	0	23	29	1	11
30	29	11	22	8	15	49	4	23	14	1	11
31	29	1	21	47	15	14	14	22	58	1	12
32	28	52	21	25	14	38	29	22	41	1	12
33	28	42	21	3	14	1	44	22	24	1	12
34	28	33	20	40	13	23	56	22	6	1	12
35	28	23	20	17	12	45	1	21	48	1	13
36	28	12	19	53	12	4	57	21	28	1	13
37	28	2	19	28	11	23	38	21	8	1	13
38	27	51	19	3	10	41	1	20	47	1	14
39	27	40	18	37	9	57	0	20	26	1	14
40	27	29	18	11	9	11	31	20	3	1	14
41	27	17	17	43	8	24	29	19	39	1	15
42	27	5	17	15	7	35	48	19	13	1	15
43	26	53	16	46	6	45	22	18	47	1	16
44	26	40	16	16	5	53	5	18	19	1	16
45	26	27	15	45	4	58	50	17	49	1	16
46	26	13	15	13	4	2	29	17	18	1	17
47	25	59	14	40	3	3	56	16	45	1	17
48	25	45	14	6	2	3	3	16	10	1	18
49	25	30	13	30	0	59	39	15	32	1	18
50	25	14	12	53	29 ♐	53	38	14	52	1	19
51	24	58	12	14	28	44	48	14	8	1	20
52	24	40	11	34	27	33	1	13	22	1	20
53	24	23	10	52	26	18	5	12	31	1	21
54	24	4	10	8	24	59	49	11	36	1	22
55	23	44	9	23	23	38	2	10	36	1	22
56	23	24	8	35	22	12	33	9	31	1	23
57	23	2	7	44	20	43	8	8	18	1	24
58	22	39	6	51	19	9	36	6	58	1	25
59	22	15	5	55	17	31	45	5	28	1	26
60	21	50	4	57	15	49	22	3	46	1	27
61	21	23	3	54	14	2	16	1	49	1	28
62	20	54	2	49	12	10	16	29 ♑	33	1	30
63	20	23	1	39	10	13	13	26	50	1	31
64	19	50	0	25	8	10	57	23	30	1	33
65	19	14	29 ♏	7	6	3	24	19	7	1	35
66	18	36	27	43	3	50	29	12	24	1	37

14 h 8 m MC 4 ♏ 15 30 RAMC 212°

Lat.	11	12	ASC	2	3
0	4 ♐ 0	1 ♑ 50	29 ♑ 49 31	29 ♒ 54	2 ♈ 11
5	3 23	0 30	28 1 27	29 10	2 12
10	2 47	29 ♐ 9	26 7 53	28 24	2 14
15	2 10	27 45	24 6 47	27 34	2 16
20	1 31	26 18	21 55 38	26 39	2 18
21	1 23	25 59	21 27 56	26 27	2 18
22	1 15	25 41	20 59 41	26 15	2 19
23	1 7	25 22	20 30 51	26 3	2 19
24	0 58	25 3	20 1 24	25 50	2 20
25	0 50	24 44	19 31 18	25 37	2 20
26	0 41	24 24	19 0 30	25 24	2 21
27	0 33	24 4	18 28 59	25 10	2 21
28	0 24	23 44	17 56 42	24 56	2 22
29	0 15	23 23	17 23 37	24 41	2 22
30	0 6	23 2	16 49 41	24 26	2 23
31	29 ♏ 56	22 41	16 14 50	24 10	2 23
32	29 47	22 19	15 39 2	23 54	2 24
33	29 37	21 56	15 2 14	23 37	2 24
34	29 27	21 34	14 24 23	23 20	2 25
35	29 17	21 10	13 45 23	23 2	2 26
36	29 7	20 46	13 5 12	22 43	2 26
37	28 56	20 21	12 23 46	22 23	2 27
38	28 46	19 56	11 40 59	22 3	2 27
39	28 34	19 30	10 56 48	21 41	2 28
40	28 23	19 3	10 11 7	21 19	2 29
41	28 11	18 36	9 23 50	20 56	2 30
42	27 59	18 7	8 34 53	20 31	2 30
43	27 47	17 38	7 44 8	20 5	2 31
44	27 34	17 8	6 51 30	19 38	2 32
45	27 20	16 37	5 56 52	19 9	2 33
46	27 7	16 4	5 0 5	18 38	2 34
47	26 52	15 31	4 1 3	18 6	2 35
48	26 38	14 56	2 59 36	17 31	2 36
49	26 22	14 20	1 55 36	16 54	2 37
50	26 6	13 43	0 48 54	16 14	2 38
51	25 50	13 4	29 ♐ 39 20	15 32	2 39
52	25 32	12 23	28 26 43	14 46	2 40
53	25 14	11 41	27 10 52	13 57	2 42
54	24 55	10 56	25 51 36	13 3	2 43
55	24 36	10 10	24 28 43	12 4	2 45
56	24 15	9 21	23 2 0	10 59	2 46
57	23 53	8 30	21 31 16	9 48	2 48
58	23 29	7 37	19 56 17	8 29	2 50
59	23 5	6 40	18 16 51	7 0	2 52
60	22 39	5 40	16 32 45	5 19	2 54
61	22 11	4 37	14 43 48	3 24	2 57
62	21 42	3 30	12 49 48	1 9	3 0
63	21 10	2 19	10 50 36	28 ♑ 29	3 3
64	20 37	1 4	8 46 3	25 10	3 6
65	20 0	29 ♏ 44	6 36 3	20 50	3 9
66	19 21	28 19	4 20 34	14 12	3 14

14 h 12 m MC 5 ♏ 17 32 **RAMC 213°**

Lat.	11		12		ASC			2		3	
0	4 ♐	57	2 ♑	45	0 ♒	47	12	0 ♓	57	3 ♈	16
5	4	20	1	25	28 ♑	59	59	0	14	3	19
10	3	43	0	4	27	7	11	29 ♒	29	3	21
15	3	6	28 ♐	40	25	6	45	28	41	3	24
20	2	27	27	12	22	56	9	27	47	3	27
21	2	19	26	54	22	28	33	27	36	3	28
22	2	10	26	36	22	0	22	27	24	3	28
23	2	2	26	17	21	31	37	27	12	3	29
24	1	54	25	58	21	2	14	27	0	3	30
25	1	45	25	38	20	32	11	26	47	3	30
26	1	37	25	19	20	1	27	26	34	3	31
27	1	28	24	59	19	29	58	26	21	3	32
28	1	19	24	38	18	57	43	26	7	3	32
29	1	10	24	18	18	24	39	25	53	3	33
30	1	1	23	56	17	50	43	25	38	3	34
31	0	51	23	35	17	15	52	25	23	3	35
32	0	42	23	13	16	40	3	25	7	3	36
33	0	32	22	50	16	3	12	24	51	3	36
34	0	22	22	27	15	25	17	24	34	3	37
35	0	12	22	4	14	46	13	24	16	3	38
36	0	1	21	39	14	5	57	23	58	3	39
37	29 ♏	51	21	14	13	24	23	23	39	3	40
38	29	40	20	49	12	41	28	23	19	3	41
39	29	29	20	23	11	57	7	22	58	3	42
40	29	17	19	56	11	11	14	22	36	3	43
41	29	5	19	28	10	23	44	22	13	3	44
42	28	53	19	0	9	34	31	21	49	3	45
43	28	40	18	30	8	43	28	21	24	3	47
44	28	27	18	0	7	50	30	20	57	3	48
45	28	14	17	28	6	55	28	20	29	3	49
46	28	0	16	56	5	58	16	19	59	3	51
47	27	45	16	22	4	58	44	19	27	3	52
48	27	30	15	47	3	56	45	18	53	3	54
49	27	15	15	11	2	52	9	18	17	3	55
50	26	59	14	33	1	44	47	17	38	3	57
51	26	42	13	53	0	34	27	16	57	3	59
52	26	24	13	12	29 ♐	21	0	16	12	4	1
53	26	6	12	29	28	4	14	15	23	4	3
54	25	47	11	44	26	43	57	14	30	4	5
55	25	27	10	58	25	19	56	13	33	4	7
56	25	5	10	8	23	52	0	12	29	4	10
57	24	43	9	16	22	19	54	11	19	4	12
58	24	20	8	22	20	43	27	10	1	4	15
59	23	55	7	25	19	2	24	8	34	4	18
60	23	28	6	24	17	16	33	6	55	4	22
61	23	0	5	20	15	25	41	5	1	4	25
62	22	30	4	12	13	29	38	2	48	4	29
63	21	58	3	0	11	28	13	0	10	4	34
64	21	23	1	43	9	21	18	26 ♑	54	4	39
65	20	46	0	22	7	8	48	22	37	4	44
66	20	6	28 ♏	55	4	50	40	16	7	4	50

Lat.	11		12		ASC			2		3	
0	5 ♐	54	3 ♑	40	1 ♒	45	2	2 ♓	0	4 ♈	22
5	5	17	2	20	29 ♑	58	43	1	19	4	25
10	4	40	0	59	28	6	43	0	35	4	28
15	4	2	29 ♐	35	26	7	0	29 ♒	48	4	32
20	3	22	28	7	23	56	59	28	56	4	36
21	3	14	27	49	23	29	28	28	45	4	37
22	3	6	27	30	23	1	24	28	34	4	38
23	2	58	27	11	22	32	43	28	22	4	39
24	2	49	26	52	22	3	25	28	10	4	39
25	2	41	26	33	21	33	27	27	58	4	40
26	2	32	26	13	21	2	46	27	45	4	41
27	2	23	25	53	20	31	20	27	32	4	42
28	2	14	25	33	19	59	8	27	19	4	43
29	2	5	25	12	19	26	5	27	5	4	44
30	1	56	24	51	18	52	10	26	51	4	45
31	1	46	24	29	18	17	19	26	36	4	46
32	1	37	24	7	17	41	30	26	21	4	47
33	1	27	23	44	17	4	38	26	5	4	49
34	1	17	23	21	16	26	40	25	48	4	50
35	1	6	22	57	15	47	32	25	31	4	51
36	0	56	22	33	15	7	11	25	13	4	52
37	0	45	22	8	14	25	31	24	55	4	53
38	0	34	21	42	13	42	28	24	35	4	55
39	0	23	21	16	12	57	58	24	15	4	56
40	0	11	20	49	12	11	54	23	54	4	58
41	29 ♏	59	20	21	11	24	11	23	31	4	59
42	29	47	19	52	10	34	43	23	8	5	1
43	29	34	19	22	9	43	23	22	43	5	2
44	29	21	18	52	8	50	5	22	17	5	4
45	29	7	18	20	7	54	41	21	50	5	6
46	28	53	17	47	6	57	3	21	20	5	7
47	28	38	17	13	5	57	3	20	49	5	9
48	28	23	16	38	4	54	32	20	16	5	11
49	28	7	16	1	3	49	20	19	41	5	14
50	27	51	15	23	2	41	17	19	3	5	16
51	27	34	14	43	1	30	12	18	22	5	18
52	27	16	14	2	0	15	55	17	39	5	21
53	26	58	13	18	28 ♐	58	13	16	51	5	23
54	26	38	12	33	27	36	54	15	59	5	26
55	26	18	11	45	26	11	46	15	3	5	29
56	25	56	10	55	24	42	34	14	1	5	33
57	25	34	10	3	23	9	6	12	52	5	36
58	25	10	9	8	21	31	8	11	35	5	40
59	24	44	8	9	19	48	25	10	9	5	44
60	24	17	7	8	18	0	46	8	32	5	49
61	23	49	6	3	16	7	57	6	40	5	54
62	23	18	4	54	14	9	47	4	29	5	59
63	22	45	3	40	12	6	6	1	53	6	5
64	22	10	2	22	9	56	45	28 ♑	41	6	11
65	21	32	0	59	7	41	39	24	29	6	19
66	20	51	29 ♏	30	5	20	47	18	8	6	27

Lat.	11	12	ASC	2	3
0	6 ♐ 50	4 ♑ 35	2 ♒ 43 2	3 ♓ 3	5 ♈ 27
5	6 13	3 16	0 57 38	2 23	5 31
10	5 36	1 54	29 ♑ 6 29	1 41	5 35
15	4 58	0 30	27 7 31	0 56	5 40
20	4 18	29 ♐ 2	24 58 8	0 5	5 45
21	4 10	28 44	24 30 44	29 ♒ 55	5 46
22	4 2	28 25	24 2 46	29 44	5 47
23	3 53	28 6	23 34 11	29 32	5 48
24	3 45	27 47	23 4 58	29 21	5 49
25	3 36	27 28	22 35 5	29 9	5 50
26	3 27	27 8	22 4 28	28 57	5 52
27	3 18	26 48	21 33 7	28 44	5 53
28	3 9	26 27	21 0 57	28 31	5 54
29	3 0	26 6	20 27 57	28 18	5 55
30	2 51	25 45	19 54 4	28 4	5 57
31	2 41	25 23	19 19 14	27 49	5 58
32	2 31	25 1	18 43 25	27 34	5 59
33	2 22	24 38	18 6 32	27 19	6 1
34	2 11	24 15	17 28 32	27 3	6 2
35	2 1	23 51	16 49 22	26 46	6 4
36	1 50	23 26	16 8 56	26 29	6 5
37	1 39	23 1	15 27 11	26 11	6 7
38	1 28	22 36	14 44 1	25 52	6 8
39	1 17	22 9	13 59 22	25 32	6 10
40	1 5	21 42	13 13 8	25 12	6 12
41	0 53	21 14	12 25 13	24 50	6 14
42	0 40	20 45	11 35 31	24 27	6 16
43	0 27	20 15	10 43 55	24 3	6 18
44	0 14	19 44	9 50 17	23 38	6 20
45	0 0	19 12	8 54 32	23 11	6 22
46	29 ♏ 46	18 39	7 56 29	22 43	6 24
47	29 31	18 4	6 56 0	22 12	6 27
48	29 16	17 29	5 52 57	21 40	6 29
49	29 0	16 52	4 47 9	21 6	6 32
50	28 43	16 13	3 38 26	20 29	6 35
51	28 26	15 33	2 26 36	19 49	6 38
52	28 8	14 51	1 11 29	19 6	6 41
53	27 49	14 7	29 ♐ 52 51	18 20	6 44
54	27 30	13 21	28 30 30	17 29	6 48
55	27 9	12 33	27 4 12	16 34	6 52
56	26 47	11 43	25 33 44	15 33	6 56
57	26 24	10 50	23 58 52	14 26	7 0
58	26 0	9 54	22 19 21	13 11	7 5
59	25 34	8 54	20 34 57	11 47	7 10
60	25 6	7 52	18 45 27	10 11	7 16
61	24 37	6 46	16 50 38	8 21	7 22
62	24 6	5 36	14 50 17	6 13	7 29
63	23 33	4 21	12 44 15	3 40	7 36
64	22 57	3 2	10 32 23	0 31	7 44
65	22 18	1 37	8 14 37	26 ♑ 24	7 53
66	21 36	0 6	5 50 55	20 15	8 4

Lat.	11	12	ASC	2	3
0	7 ♐ 47	5 ♑ 30	3 ♒ 41 11	4 ♓ 6	6 ♈ 32
5	7 10	4 11	1 56 44	3 28	6 37
10	6 32	2 50	0 6 29	2 47	6 42
15	5 54	1 26	28 ♑ 8 18	2 3	6 48
20	5 14	29 ♐ 57	25 59 37	1 15	6 54
21	5 5	29 39	25 32 20	1 4	6 55
22	4 57	29 20	25 4 29	0 54	6 56
23	4 49	29 1	24 36 1	0 43	6 58
24	4 40	28 42	24 6 54	0 32	6 59
25	4 31	28 22	23 37 6	0 20	7 0
26	4 23	28 3	23 6 35	0 8	7 2
27	4 14	27 42	22 35 17	29 ♒ 56	7 3
28	4 4	27 22	22 3 12	29 43	7 5
29	3 55	27 1	21 30 15	29 30	7 6
30	3 46	26 39	20 56 24	29 17	7 8
31	3 36	26 17	20 21 36	29 3	7 9
32	3 26	25 55	19 45 48	28 49	7 11
33	3 16	25 32	19 8 55	28 34	7 13
34	3 6	25 9	18 30 54	28 18	7 14
35	2 55	24 45	17 51 42	28 2	7 16
36	2 45	24 20	17 11 13	27 45	7 18
37	2 34	23 55	16 29 23	27 28	7 20
38	2 22	23 29	15 46 7	27 10	7 22
39	2 11	23 2	15 1 20	26 50	7 24
40	1 59	22 35	14 14 57	26 30	7 26
41	1 47	22 7	13 26 50	26 9	7 28
42	1 34	21 37	12 36 55	25 47	7 31
43	1 21	21 7	11 45 3	25 24	7 33
44	1 7	20 36	10 51 7	24 59	7 35
45	0 53	20 4	9 55 0	24 33	7 38
46	0 39	19 31	8 56 33	24 6	7 41
47	0 24	18 56	7 55 37	23 36	7 44
48	0 9	18 20	6 52 3	23 5	7 47
49	29 ♏ 53	17 43	5 45 39	22 31	7 50
50	29 36	17 4	4 36 16	21 55	7 53
51	29 18	16 23	3 23 41	21 17	7 57
52	29 0	15 41	2 7 43	20 35	8 1
53	28 41	14 56	0 48 9	19 50	8 5
54	28 21	14 10	29 ♐ 24 45	19 0	8 9
55	28 0	13 21	27 57 18	18 6	8 14
56	27 38	12 30	26 25 32	17 7	8 19
57	27 14	11 36	24 49 14	16 1	8 24
58	26 50	10 40	23 8 9	14 48	8 30
59	26 23	9 40	21 22 1	13 26	8 36
60	25 56	8 36	19 30 37	11 52	8 43
61	25 26	7 29	17 33 44	10 5	8 50
62	24 54	6 18	15 31 9	7 59	8 58
63	24 20	5 2	13 22 41	5 29	9 7
64	23 44	3 41	11 8 14	2 24	9 17
65	23 4	2 14	8 47 42	28 ♑ 23	9 28
66	22 21	0 42	6 21 5	22 27	9 40

Lat.	11	12	ASC	2	3
0	8 ♐ 43	6 ♑ 26	4 ♒ 39 30	5 ♓ 10	7 ♈ 37
5	8 6	5 6	2 56 3	4 33	7 43
10	7 28	3 45	1 6 43	3 54	7 49
15	6 49	2 21	29 ♑ 9 23	3 11	7 56
20	6 9	0 52	27 1 26	2 25	8 3
21	6 1	0 34	26 34 17	2 15	8 4
22	5 52	0 15	26 6 33	2 4	8 6
23	5 44	29 ♐ 56	25 38 12	1 54	8 7
24	5 35	29 37	25 9 12	1 43	8 9
25	5 27	29 17	24 39 30	1 32	8 10
26	5 18	28 57	24 9 5	1 20	8 12
27	5 9	28 37	23 37 53	1 8	8 14
28	4 59	28 16	23 5 52	0 56	8 15
29	4 50	27 55	22 33 0	0 44	8 17
30	4 40	27 34	21 59 12	0 31	8 19
31	4 31	27 12	21 24 27	0 17	8 21
32	4 21	26 49	20 48 40	0 3	8 23
33	4 11	26 26	20 11 48	29 ♒ 49	8 24
34	4 0	26 3	19 33 47	29 34	8 27
35	3 50	25 39	18 54 33	29 18	8 29
36	3 39	25 14	18 14 2	29 2	8 31
37	3 28	24 49	17 32 8	28 45	8 33
38	3 16	24 23	16 48 47	28 27	8 35
39	3 5	23 56	16 3 54	28 9	8 38
40	2 53	23 28	15 17 22	27 50	8 40
41	2 40	23 0	14 29 5	27 29	8 43
42	2 28	22 30	13 38 57	27 8	8 45
43	2 14	22 0	12 46 50	26 45	8 48
44	2 1	21 29	11 52 37	26 21	8 51
45	1 47	20 56	10 56 9	25 56	8 54
46	1 32	20 23	9 57 19	25 29	8 57
47	1 17	19 48	8 55 56	25 1	9 1
48	1 1	19 12	7 51 50	24 30	9 4
49	0 45	18 34	6 44 51	23 58	9 8
50	0 28	17 55	5 34 48	23 23	9 12
51	0 10	17 14	4 21 29	22 45	9 16
52	29 ♏ 52	16 31	3 4 40	22 5	9 21
53	29 32	15 46	1 44 9	21 21	9 25
54	29 12	14 59	0 19 42	20 33	9 30
55	28 51	14 10	28 ♐ 51 4	19 40	9 36
56	28 28	13 18	27 17 59	18 42	9 41
57	28 5	12 23	25 40 14	17 38	9 48
58	27 40	11 26	23 57 32	16 27	9 54
59	27 13	10 25	22 9 38	15 6	10 1
60	26 45	9 21	20 16 18	13 35	10 9
61	26 15	8 13	18 17 17	11 50	10 18
62	25 42	7 0	16 12 24	9 47	10 27
63	25 8	5 43	14 1 27	7 21	10 38
64	24 30	4 20	11 44 18	4 20	10 49
65	23 50	2 52	9 20 55	0 26	11 2
66	23 6	1 18	6 51 16	24 ♑ 44	11 16

Lat.	11		12		ASC			2		3	
0	9 ♐	40	7 ♑	21	5 ♒	37	58	6 ♓	13	8 ♈	43
5	9	2	6	1	3	55	33	5	38	8	49
10	8	24	4	40	2	7	11	5	0	8	56
15	7	45	3	16	0	10	44	4	20	9	3
20	7	5	1	47	28 ♑	3	35	3	34	9	11
21	6	56	1	29	27	36	35	3	25	9	13
22	6	48	1	10	27	8	59	3	15	9	15
23	6	39	0	51	26	40	46	3	5	9	16
24	6	30	0	32	26	11	54	2	54	9	18
25	6	22	0	12	25	42	19	2	44	9	20
26	6	13	29 ♐	52	25	12	0	2	33	9	22
27	6	4	29	32	24	40	54	2	21	9	24
28	5	54	29	11	24	8	59	2	10	9	26
29	5	45	28	50	23	36	11	1	57	9	28
30	5	35	28	29	23	2	28	1	45	9	30
31	5	25	28	7	22	27	46	1	32	9	32
32	5	15	27	44	21	52	2	1	18	9	34
33	5	5	27	21	21	15	12	1	5	9	36
34	4	55	26	57	20	37	11	0	50	9	39
35	4	44	26	33	19	57	57	0	35	9	41
36	4	33	26	8	19	17	24	0	19	9	43
37	4	22	25	43	18	35	28	0	3	9	46
38	4	10	25	17	17	52	3	29 ♒	46	9	49
39	3	59	24	50	17	7	3	29	28	9	51
40	3	46	24	22	16	20	24	29	9	9	54
41	3	34	23	53	15	31	57	28	50	9	57
42	3	21	23	24	14	41	37	28	29	10	0
43	3	8	22	53	13	49	16	28	7	10	3
44	2	54	22	22	12	54	46	27	44	10	7
45	2	40	21	49	11	57	59	27	19	10	10
46	2	25	21	15	10	58	46	26	53	10	14
47	2	10	20	40	9	56	57	26	26	10	18
48	1	54	20	3	8	52	21	25	56	10	22
49	1	38	19	25	7	44	47	25	25	10	26
50	1	20	18	46	6	34	5	24	51	10	30
51	1	2	18	4	5	20	1	24	15	10	35
52	0	44	17	21	4	2	22	23	35	10	40
53	0	24	16	36	2	40	54	22	53	10	46
54	0	4	15	48	1	15	22	22	6	10	51
55	29 ♏	42	14	58	29 ♐	45	32	21	15	10	57
56	29	19	14	6	28	11	8	20	19	11	4
57	28	55	13	11	26	31	54	19	16	11	11
58	28	30	12	12	24	47	34	18	7	11	19
59	28	3	11	11	22	57	51	16	49	11	27
60	27	34	10	5	21	2	31	15	20	11	36
61	27	3	8	56	19	1	20	13	38	11	46
62	26	30	7	42	16	54	3	11	38	11	56
63	25	55	6	24	14	40	31	9	15	12	8
64	25	17	5	0	12	20	37	6	20	12	21
65	24	35	3	30	9	54	16	2	33	12	36
66	23	50	1	53	7	21	29	27 ♑	6	12	52

Lat.	11	12	ASC	2	3
0	10 ♐ 36	8 ♑ 16	6 ♒ 36 37	7 ♓ 17	9 ♈ 48
5	9 58	6 57	4 55 16	6 43	9 55
10	9 20	5 36	3 7 54	6 7	10 3
15	8 41	4 11	1 12 24	5 28	10 11
20	8 0	2 43	29 ♑ 6 5	4 45	10 20
21	7 52	2 24	28 39 14	4 35	10 22
22	7 43	2 5	28 11 48	4 26	10 24
23	7 34	1 46	27 43 43	4 16	10 26
24	7 26	1 27	27 14 59	4 6	10 28
25	7 17	1 7	26 45 32	3 56	10 30
26	7 8	0 47	26 15 20	3 45	10 32
27	6 58	0 27	25 44 22	3 34	10 34
28	6 49	0 6	25 12 32	3 23	10 36
29	6 40	29 ♐ 45	24 39 50	3 11	10 38
30	6 30	29 23	24 6 12	2 59	10 41
31	6 20	29 1	23 31 35	2 47	10 43
32	6 10	28 39	22 55 54	2 34	10 46
33	6 0	28 16	22 19 6	2 21	10 48
34	5 49	27 52	21 41 8	2 7	10 51
35	5 38	27 28	21 1 54	1 52	10 53
36	5 27	27 3	20 21 21	1 37	10 56
37	5 16	26 37	19 39 23	1 21	10 59
38	5 4	26 11	18 55 54	1 5	11 2
39	4 53	25 44	18 10 50	0 48	11 5
40	4 40	25 16	17 24 4	0 29	11 8
41	4 28	24 47	16 35 29	0 10	11 11
42	4 15	24 17	15 44 58	29 ♒ 50	11 15
43	4 1	23 46	14 52 24	29 29	11 18
44	3 47	23 15	13 57 38	29 7	11 22
45	3 33	22 42	13 0 32	28 44	11 26
46	3 18	22 8	12 0 57	28 18	11 30
47	3 3	21 32	10 58 42	27 52	11 34
48	2 47	20 55	9 53 36	27 23	11 39
49	2 30	20 17	8 45 29	26 53	11 44
50	2 13	19 37	7 34 7	26 20	11 49
51	1 54	18 55	6 19 19	25 45	11 54
52	1 36	18 11	5 0 49	25 7	12 0
53	1 16	17 26	3 38 24	24 25	12 6
54	0 55	16 38	2 11 48	23 40	12 12
55	0 33	15 47	0 40 46	22 51	12 19
56	0 10	14 54	29 ♐ 5 1	21 57	12 26
57	29 ♏ 45	13 58	27 24 17	20 56	12 34
58	29 20	12 59	25 38 16	19 49	12 43
59	28 52	11 57	23 46 42	18 33	12 52
60	28 23	10 50	21 49 19	17 6	13 2
61	27 52	9 40	19 45 52	15 27	13 13
62	27 18	8 25	17 36 9	13 31	13 25
63	26 42	7 5	15 19 57	11 12	13 39
64	26 3	5 39	12 57 11	8 22	13 53
65	25 21	4 8	10 27 46	4 43	14 10
66	24 35	2 29	7 51 44	29 ♑ 31	14 28

Lat.	11		12		ASC			2		3	
0	11 ♐	32	9 ♑	11	7 ♒	35	26	8 ♓	21	10 ♈	53
5	10	54	7	52	5	55	11	7	49	11	1
10	10	16	6	31	4	8	52	7	14	11	10
15	9	36	5	7	2	14	21	6	37	11	19
20	8	55	3	38	0	8	56	5	55	11	29
21	8	47	3	20	29 ♑	42	15	5	46	11	31
22	8	38	3	1	29	14	59	5	37	11	33
23	8	29	2	42	28	47	3	5	28	11	35
24	8	21	2	22	28	18	28	5	18	11	37
25	8	12	2	3	27	49	10	5	8	11	39
26	8	3	1	43	27	19	6	4	58	11	42
27	7	53	1	22	26	48	15	4	48	11	44
28	7	44	1	1	26	16	33	4	37	11	47
29	7	34	0	40	25	43	58	4	26	11	49
30	7	25	0	18	25	10	26	4	14	11	52
31	7	15	29 ♐	56	24	35	53	4	2	11	54
32	7	5	29	34	24	0	17	3	50	11	57
33	6	54	29	10	23	23	33	3	37	12	0
34	6	44	28	47	22	45	37	3	23	12	3
35	6	33	28	22	22	6	26	3	10	12	5
36	6	22	27	57	21	25	53	2	55	12	9
37	6	10	27	31	20	43	54	2	40	12	12
38	5	58	27	5	20	0	23	2	24	12	15
39	5	46	26	38	19	15	15	2	8	12	18
40	5	34	26	10	18	28	23	1	50	12	22
41	5	21	25	41	17	39	40	1	32	12	26
42	5	8	25	11	16	49	0	1	13	12	29
43	4	55	24	40	15	56	14	0	52	12	33
44	4	41	24	8	15	1	13	0	31	12	37
45	4	26	23	35	14	3	50	0	8	12	42
46	4	11	23	0	13	3	53	29 ♒	44	12	46
47	3	56	22	25	12	1	13	29	18	12	51
48	3	39	21	47	10	55	39	28	51	12	56
49	3	22	21	9	9	46	58	28	22	13	1
50	3	5	20	28	8	34	58	27	50	13	7
51	2	47	19	46	7	19	25	27	16	13	13
52	2	27	19	2	6	0	5	26	39	13	19
53	2	7	18	16	4	36	43	26	0	13	26
54	1	46	17	27	3	9	2	25	16	13	33
55	1	24	16	36	1	36	47	24	28	13	41
56	1	1	15	43	29 ♐	59	40	23	36	13	49
57	0	36	14	46	28	17	23	22	37	13	57
58	0	10	13	46	26	29	40	21	32	14	7
59	29 ♏	42	12	43	24	36	12	20	18	14	17
60	29	12	11	35	22	36	43	18	55	14	28
61	28	40	10	24	20	30	58	17	19	14	40
62	28	6	9	8	18	18	42	15	26	14	54
63	27	30	7	46	15	59	46	13	12	15	9
64	26	50	6	19	13	34	1	10	28	15	25
65	26	7	4	45	11	1	25	6	56	15	43
66	25	20	3	5	8	22	2	2	0	16	4

Lat.	11		12		ASC			2		3	
0	12 ♐	28	10 ♑	7	8 ♒	34	25	9 ♓	25	11 ♈	58
5	11	50	8	48	6	55	19	8	54	12	7
10	11	11	7	27	5	10	5	8	21	12	16
15	10	32	6	3	3	16	36	7	45	12	26
20	9	50	4	34	1	12	8	7	6	12	37
21	9	42	4	15	0	45	38	6	57	12	39
22	9	33	3	56	0	18	32	6	49	12	42
23	9	25	3	37	29 ♑	50	47	6	40	12	44
24	9	16	3	18	29	22	22	6	30	12	46
25	9	7	2	58	28	53	13	6	21	12	49
26	8	57	2	38	28	23	18	6	11	12	52
27	8	48	2	18	27	52	36	6	1	12	54
28	8	39	1	57	27	21	2	5	51	12	57
29	8	29	1	35	26	48	34	5	40	12	59
30	8	19	1	14	26	15	9	5	29	13	2
31	8	9	0	51	25	40	42	5	18	13	5
32	7	59	0	29	25	5	12	5	6	13	8
33	7	49	0	5	24	28	33	4	54	13	11
34	7	38	29 ♐	41	23	50	41	4	41	13	14
35	7	27	29	17	23	11	31	4	27	13	18
36	7	16	28	52	22	31	0	4	14	13	21
37	7	4	28	26	21	49	1	3	59	13	24
38	6	52	27	59	21	5	29	3	44	13	28
39	6	40	27	32	20	20	19	3	28	13	32
40	6	28	27	4	19	33	22	3	11	13	35
41	6	15	26	35	18	44	33	2	54	13	39
42	6	2	26	5	17	53	44	2	35	13	44
43	5	48	25	33	17	0	47	2	16	13	48
44	5	34	25	1	16	5	33	1	55	13	53
45	5	19	24	28	15	7	53	1	34	13	57
46	5	4	23	53	14	7	36	1	10	14	2
47	4	48	23	17	13	4	32	0	46	14	8
48	4	32	22	40	11	58	30	0	19	14	13
49	4	15	22	1	10	49	16	29 ♒	51	14	19
50	3	57	21	20	9	36	38	29	21	14	25
51	3	39	20	37	8	20	22	28	48	14	32
52	3	19	19	53	7	0	12	28	13	14	38
53	2	59	19	6	5	35	52	27	35	14	46
54	2	38	18	17	4	7	7	26	53	14	53
55	2	15	17	26	2	33	38	26	7	15	2
56	1	51	16	31	0	55	7	25	16	15	11
57	1	26	15	34	29 ♐	11	17	24	20	15	20
58	1	0	14	33	27	21	49	23	17	15	31
59	0	31	13	29	25	26	24	22	6	15	42
60	0	1	12	21	23	24	46	20	45	15	54
61	29 ♏	29	11	8	21	16	38	19	12	16	8
62	28	54	9	50	19	1	46	17	24	16	22
63	28	17	8	28	16	39	58	15	14	16	39
64	27	36	6	59	14	11	9	12	36	16	57
65	26	52	5	23	11	35	15	9	13	17	17
66	26	4	3	41	8	52	22	4	33	17	40

14 h 48 m MC 14 ♏ 27 45 **RAMC 222°**

Lat.	11		12		ASC			2		3	
0	13 ♐	24	11 ♑	2	9 ♒	33	34	10 ♓	29	13 ♈	3
5	12	46	9	43	7	55	39	10	0	13	13
10	12	7	8	22	6	11	33	9	29	13	23
15	11	27	6	58	4	19	9	8	54	13	34
20	10	46	5	29	2	15	42	8	17	13	45
21	10	37	5	11	1	49	24	8	9	13	48
22	10	28	4	52	1	22	29	8	0	13	50
23	10	20	4	33	0	54	55	7	52	13	53
24	10	11	4	13	0	26	40	7	43	13	56
25	10	2	3	54	29 ♑	57	41	7	34	13	58
26	9	52	3	34	29	27	57	7	25	14	1
27	9	43	3	13	28	57	24	7	15	14	4
28	9	33	2	52	28	25	59	7	5	14	7
29	9	24	2	31	27	53	39	6	55	14	10
30	9	14	2	9	27	20	22	6	45	14	13
31	9	4	1	47	26	46	3	6	34	14	16
32	8	53	1	24	26	10	39	6	22	14	19
33	8	43	1	0	25	34	5	6	11	14	22
34	8	32	0	37	24	56	18	5	58	14	26
35	8	21	0	12	24	17	13	5	46	14	29
36	8	10	29 ♐	47	23	36	44	5	32	14	33
37	7	58	29	21	22	54	47	5	19	14	37
38	7	46	28	54	22	11	15	5	4	14	41
39	7	34	28	27	21	26	3	4	49	14	45
40	7	22	27	58	20	39	3	4	33	14	49
41	7	9	27	29	19	50	9	4	16	14	53
42	6	55	26	59	18	59	12	3	59	14	58
43	6	41	26	27	18	6	5	3	40	15	3
44	6	27	25	55	17	10	39	3	20	15	8
45	6	12	25	21	16	12	43	3	0	15	13
46	5	57	24	46	15	12	7	2	37	15	18
47	5	41	24	10	14	8	41	2	14	15	24
48	5	25	23	32	13	2	11	1	49	15	30
49	5	7	22	53	11	52	26	1	22	15	36
50	4	49	22	12	10	39	10	0	53	15	43
51	4	31	21	29	9	22	11	0	21	15	50
52	4	11	20	44	8	1	11	29 ♒	47	15	57
53	3	51	19	57	6	35	54	29	10	16	5
54	3	29	19	7	5	6	3	28	30	16	14
55	3	6	18	15	3	31	20	27	46	16	23
56	2	42	17	20	1	51	25	26	57	16	33
57	2	17	16	22	0	6	0	26	3	16	43
58	1	50	15	21	28 ♐	14	45	25	3	16	54
59	1	21	14	16	26	17	21	23	55	17	7
60	0	50	13	6	24	13	30	22	37	17	20
61	0	18	11	52	22	2	54	21	8	17	34
62	29 ♏	42	10	34	19	45	20	19	23	17	50
63	29	4	9	9	17	20	36	17	19	18	8
64	28	23	7	39	14	48	36	14	47	18	28
65	27	38	6	1	12	9	17	11	34	18	50
66	26	49	4	16	9	22	45	7	9	19	15

Lat.	11	12	ASC	2	3
0	14 ♐ 20	11 ♑ 58	10 ♒ 32 55	11 ♓ 34	14 ♈ 7
5	13 41	10 39	8 56 12	11 6	14 18
10	13 2	9 18	7 13 17	10 36	14 29
15	12 22	7 54	5 22 0	10 4	14 41
20	11 41	6 25	3 19 38	9 28	14 54
21	11 32	6 7	2 53 32	9 20	14 56
22	11 23	5 48	2 26 49	9 12	14 59
23	11 14	5 29	1 59 27	9 4	15 2
24	11 6	5 9	1 31 23	8 56	15 5
25	10 56	4 49	1 2 36	8 47	15 8
26	10 47	4 29	0 33 2	8 38	15 11
27	10 38	4 9	0 2 40	8 29	15 14
28	10 28	3 48	29 ♑ 31 25	8 20	15 17
29	10 18	3 26	28 59 15	8 10	15 20
30	10 8	3 5	28 26 6	8 0	15 23
31	9 58	2 42	27 51 55	7 50	15 27
32	9 48	2 19	27 16 39	7 39	15 30
33	9 37	1 56	26 40 12	7 28	15 34
34	9 26	1 32	26 2 31	7 16	15 37
35	9 15	1 7	25 23 30	7 4	15 41
36	9 4	0 42	24 43 5	6 52	15 45
37	8 52	0 16	24 1 11	6 38	15 49
38	8 40	29 ♐ 49	23 17 40	6 25	15 53
39	8 28	29 21	22 32 28	6 10	15 58
40	8 15	28 53	21 45 26	5 55	16 2
41	8 2	28 23	20 56 28	5 39	16 7
42	7 49	27 53	20 5 26	5 22	16 12
43	7 35	27 21	19 12 10	5 5	16 17
44	7 20	26 49	18 16 32	4 46	16 22
45	7 5	26 15	17 18 22	4 26	16 28
46	6 50	25 40	16 17 29	4 5	16 34
47	6 34	25 3	15 13 40	3 42	16 40
48	6 17	24 25	14 6 45	3 18	16 46
49	6 0	23 46	12 56 28	2 53	16 53
50	5 42	23 4	11 42 37	2 25	17 0
51	5 23	22 21	10 24 54	1 55	17 8
52	5 3	21 36	9 3 5	1 23	17 16
53	4 42	20 48	7 36 51	0 47	17 25
54	4 20	19 58	6 5 55	0 9	17 34
55	3 57	19 5	4 29 57	29 ♒ 27	17 44
56	3 33	18 10	2 48 37	28 40	17 54
57	3 7	17 11	1 1 35	27 48	18 5
58	2 40	16 8	29 ♐ 8 31	26 51	18 18
59	2 11	15 2	27 9 5	25 45	18 31
60	1 40	13 52	25 2 57	24 31	18 45
61	1 6	12 37	22 49 50	23 5	19 1
62	0 30	11 17	20 29 28	21 25	19 18
63	29 ♏ 52	9 51	18 1 42	19 26	19 37
64	29 9	8 19	15 26 22	17 1	19 59
65	28 24	6 39	12 43 30	13 57	20 23
66	27 33	4 52	9 53 11	9 47	20 50

Lat.	11		12		ASC			2		3	
0	15 ♐	16	12 ♑	53	11 ♒	32	25	12 ♓	38	15 ♈	12
5	14	37	11	35	9	56	58	12	12	15	24
10	13	58	10	14	8	15	16	11	44	15	36
15	13	18	8	50	6	25	11	11	13	15	48
20	12	36	7	21	4	23	56	10	39	16	2
21	12	27	7	3	3	58	3	10	32	16	5
22	12	18	6	44	3	31	33	10	24	16	8
23	12	9	6	25	3	4	24	10	17	16	11
24	12	0	6	5	2	36	32	10	9	16	14
25	11	51	5	45	2	7	57	10	1	16	17
26	11	42	5	25	1	38	35	9	52	16	20
27	11	32	5	5	1	8	24	9	44	16	23
28	11	23	4	44	0	37	20	9	35	16	27
29	11	13	4	22	0	5	20	9	26	16	30
30	11	3	4	0	29 ♑	32	21	9	16	16	34
31	10	53	3	38	28	58	20	9	7	16	37
32	10	42	3	15	28	23	12	8	56	16	41
33	10	32	2	51	27	46	53	8	46	16	45
34	10	21	2	27	27	9	19	8	35	16	49
35	10	9	2	3	26	30	25	8	23	16	53
36	9	58	1	37	25	50	5	8	11	16	57
37	9	46	1	11	25	8	14	7	59	17	1
38	9	34	0	44	24	24	47	7	46	17	6
39	9	22	0	16	23	39	35	7	32	17	11
40	9	9	29 ♐	48	22	52	33	7	18	17	15
41	8	56	29	18	22	3	32	7	3	17	20
42	8	42	28	48	21	12	25	6	47	17	26
43	8	28	28	16	20	19	2	6	30	17	31
44	8	14	27	43	19	23	15	6	12	17	37
45	7	59	27	9	18	24	51	5	53	17	43
46	7	43	26	34	17	23	42	5	33	17	49
47	7	27	25	57	16	19	33	5	12	17	56
48	7	10	25	19	15	12	12	4	49	18	3
49	6	52	24	39	14	1	26	4	24	18	10
50	6	34	23	57	12	46	59	3	58	18	18
51	6	15	23	13	11	28	35	3	30	18	26
52	5	55	22	27	10	5	57	2	59	18	35
53	5	34	21	39	8	38	47	2	25	18	44
54	5	12	20	49	7	6	45	1	49	18	54
55	4	48	19	55	5	29	31	1	8	19	4
56	4	24	18	59	3	46	45	0	24	19	15
57	3	58	18	0	1	58	5	29 ♒	35	19	28
58	3	30	16	56	0	3	10	28	39	19	41
59	3	0	15	49	28 ♐	1	38	27	37	19	55
60	2	29	14	38	25	53	10	26	26	20	10
61	1	55	13	22	23	37	26	25	5	20	27
62	1	18	12	0	21	14	12	23	29	20	46
63	0	39	10	33	18	43	16	21	36	21	6
64	29 ♏	56	8	59	16	4	31	19	17	21	29
65	29	9	7	17	13	17	56	16	23	21	55
66	28	17	5	28	10	23	42	12	29	22	24

15 h 0 m MC 17 ♏ 27 54 RAMC 225°

Lat.	11		12		ASC			2		3	
0	16 ♐	11	13 ♑	49	12 ♒	32	6	13 ♓	43	16 ♈	17
5	15	32	12	30	10	57	57	13	18	16	29
10	14	53	11	10	9	17	31	12	51	16	42
15	14	13	9	46	7	28	40	12	23	16	55
20	13	31	8	17	5	28	37	11	51	17	10
21	13	22	7	59	5	2	58	11	44	17	13
22	13	13	7	40	4	36	41	11	37	17	16
23	13	4	7	21	4	9	45	11	30	17	19
24	12	55	7	1	3	42	7	11	22	17	23
25	12	46	6	41	3	13	45	11	15	17	26
26	12	37	6	21	2	44	36	11	7	17	29
27	12	27	6	1	2	14	36	10	59	17	33
28	12	17	5	40	1	43	44	10	50	17	36
29	12	7	5	18	1	11	56	10	42	17	40
30	11	57	4	56	0	39	9	10	33	17	44
31	11	47	4	34	0	5	18	10	23	17	48
32	11	37	4	11	29 ♑	30	20	10	14	17	52
33	11	26	3	47	28	54	10	10	4	17	56
34	11	15	3	23	28	16	44	9	53	18	0
35	11	4	2	58	27	37	57	9	43	18	4
36	10	52	2	33	26	57	44	9	31	18	9
37	10	40	2	6	26	15	59	9	19	18	13
38	10	28	1	39	25	32	35	9	7	18	18
39	10	16	1	12	24	47	26	8	54	18	23
40	10	3	0	43	24	0	24	8	41	18	28
41	9	49	0	13	23	11	23	8	26	18	34
42	9	36	29 ♐	42	22	20	12	8	11	18	39
43	9	22	29	11	21	26	44	7	55	18	45
44	9	7	28	38	20	30	48	7	39	18	51
45	8	52	28	3	19	32	13	7	21	18	58
46	8	36	27	28	18	30	48	7	2	19	4
47	8	20	26	51	17	26	20	6	42	19	12
48	8	3	26	12	16	18	36	6	20	19	19
49	7	45	25	32	15	7	22	5	57	19	27
50	7	26	24	50	13	52	20	5	32	19	35
51	7	7	24	6	12	33	15	5	5	19	44
52	6	47	23	19	11	9	49	4	36	19	53
53	6	26	22	31	9	41	42	4	4	20	3
54	6	3	21	40	8	8	35	3	29	20	13
55	5	40	20	46	6	30	5	2	51	20	24
56	5	15	19	49	4	45	52	2	9	20	36
57	4	48	18	49	2	55	33	1	22	20	49
58	4	20	17	45	0	58	44	0	30	21	3
59	3	50	16	37	28 ♐	55	4	29 ♒	31	21	19
60	3	18	15	24	26	44	12	28	23	21	35
61	2	44	14	7	24	25	47	27	6	21	53
62	2	6	12	44	21	59	35	25	35	22	13
63	1	26	11	15	19	25	22	23	47	22	35
64	0	42	9	39	16	43	2	21	37	23	0
65	29 ♏	54	7	56	13	52	37	18	52	23	27
66	29	2	6	3	10	54	16	15	13	23	59

Lat.	11	12	ASC	2	3
0	17 ♐ 7	14 ♑ 44	13 ♒ 31 59	14 ♓ 47	17 ♈ 21
5	16 28	13 26	11 59 9	14 24	17 34
10	15 49	12 6	10 20 2	13 59	17 48
15	15 8	10 42	8 32 27	13 32	18 2
20	14 26	9 14	6 33 40	13 2	18 18
21	14 17	8 55	6 8 15	12 56	18 21
22	14 8	8 36	5 42 14	12 49	18 24
23	13 59	8 17	5 15 32	12 43	18 28
24	13 50	7 58	4 48 8	12 36	18 31
25	13 41	7 38	4 20 0	12 29	18 35
26	13 31	7 17	3 51 4	12 21	18 38
27	13 22	6 57	3 21 18	12 14	18 42
28	13 12	6 36	2 50 39	12 6	18 46
29	13 2	6 14	2 19 4	11 58	18 50
30	12 52	5 52	1 46 28	11 49	18 54
31	12 41	5 30	1 12 49	11 40	18 58
32	12 31	5 7	0 38 2	11 31	19 2
33	12 20	4 43	0 2 3	11 22	19 6
34	12 9	4 19	29 ♑ 24 46	11 12	19 11
35	11 58	3 54	28 46 8	11 2	19 15
36	11 46	3 28	28 6 3	10 52	19 20
37	11 34	3 2	27 24 24	10 40	19 25
38	11 22	2 35	26 41 6	10 29	19 30
39	11 9	2 7	25 56 0	10 17	19 36
40	10 56	1 38	25 9 1	10 4	19 41
41	10 43	1 8	24 20 0	9 51	19 47
42	10 29	0 37	23 28 48	9 36	19 53
43	10 15	0 5	22 35 16	9 22	19 59
44	10 0	29 ♐ 32	21 39 13	9 6	20 6
45	9 45	28 58	20 40 28	8 49	20 12
46	9 29	28 22	19 38 50	8 31	20 19
47	9 13	27 45	18 34 5	8 12	20 27
48	8 55	27 6	17 25 59	7 52	20 35
49	8 37	26 25	16 14 16	7 30	20 43
50	8 19	25 43	14 58 42	7 6	20 52
51	7 59	24 59	13 38 57	6 41	21 1
52	7 39	24 12	12 14 44	6 13	21 11
53	7 17	23 23	10 45 41	5 44	21 21
54	6 55	22 31	9 11 28	5 11	21 32
55	6 31	21 37	7 31 43	4 35	21 44
56	6 6	20 39	5 46 2	3 55	21 57
57	5 39	19 38	3 54 1	3 11	22 11
58	5 10	18 34	1 55 18	2 21	22 26
59	4 40	17 25	29 ♐ 49 26	1 26	22 42
60	4 7	16 11	27 36 6	0 22	23 0
61	3 32	14 52	25 14 55	29 ♒ 9	23 19
62	2 55	13 28	22 45 38	27 43	23 40
63	2 14	11 57	20 8 1	26 1	24 3
64	1 29	10 20	17 21 58	23 58	24 30
65	0 40	8 34	14 27 32	21 23	24 59
66	29 ♏ 46	6 39	11 24 55	18 0	25 32

15 h 8 m MC 19 ♏ 27 5 RAMC 227°

Lat.	11	12	ASC	2	3
0	18 ♐ 2	15 ♑ 40	14 ♒ 32 1	15 ♓ 52	18 ♈ 26
5	17 23	14 22	13 0 34	15 30	18 40
10	16 44	13 2	11 22 48	15 7	18 54
15	16 3	11 39	9 36 34	14 42	19 9
20	15 21	10 10	7 39 6	14 14	19 25
21	15 12	9 51	7 13 57	14 8	19 29
22	15 3	9 33	6 48 10	14 2	19 32
23	14 54	9 13	6 21 44	13 56	19 36
24	14 45	8 54	5 54 35	13 49	19 40
25	14 35	8 34	5 26 42	13 43	19 43
26	14 26	8 14	4 58 1	13 36	19 47
27	14 16	7 53	4 28 29	13 29	19 51
28	14 6	7 32	3 58 4	13 21	19 55
29	13 56	7 11	3 26 43	13 14	19 59
30	13 46	6 49	2 54 21	13 6	20 4
31	13 36	6 26	2 20 54	12 58	20 8
32	13 25	6 3	1 46 19	12 49	20 12
33	13 14	5 39	1 10 32	12 41	20 17
34	13 3	5 15	0 33 27	12 32	20 22
35	12 52	4 50	29 ♑ 54 59	12 22	20 27
36	12 40	4 24	29 15 2	12 12	20 32
37	12 28	3 58	28 33 32	12 2	20 37
38	12 16	3 31	27 50 20	11 51	20 42
39	12 3	3 3	27 5 21	11 40	20 48
40	11 50	2 34	26 18 25	11 28	20 54
41	11 37	2 4	25 29 26	11 15	21 0
42	11 23	1 33	24 38 14	11 2	21 6
43	11 8	1 1	23 44 40	10 48	21 13
44	10 53	0 27	22 48 32	10 33	21 19
45	10 38	29 ♐ 53	21 49 39	10 18	21 27
46	10 22	29 17	20 47 49	10 1	21 34
47	10 5	28 39	19 42 48	9 43	21 42
48	9 48	28 0	18 34 21	9 24	21 50
49	9 30	27 19	17 22 13	9 4	21 59
50	9 11	26 37	16 6 7	8 42	22 8
51	8 51	25 52	14 45 44	8 18	22 18
52	8 31	25 5	13 20 44	7 52	22 29
53	8 9	24 15	11 50 46	7 24	22 40
54	7 46	23 23	10 15 28	6 53	22 51
55	7 22	22 28	8 34 27	6 20	23 4
56	6 56	21 30	6 47 18	5 42	23 18
57	6 29	20 28	4 53 35	5 1	23 32
58	6 0	19 23	2 52 53	4 14	23 48
59	5 30	18 13	0 44 48	3 22	24 5
60	4 57	16 58	28 ♐ 28 55	2 22	24 24
61	4 21	15 38	26 4 53	1 13	24 44
62	3 43	14 12	23 32 24	29 ♒ 53	25 6
63	3 1	12 40	20 51 16	28 18	25 31
64	2 15	11 0	18 1 21	26 22	25 59
65	1 25	9 12	15 2 44	23 58	26 30
66	0 30	7 15	11 55 38	20 49	27 6

15 h 12 m MC 20 ♏ 26 26 RAMC 228°

Lat.	11		12		ASC			2		3	
0	18 ♐	58	16 ♑	36	15 ♒	32	15	16 ♓	57	19 ♈	30
5	18	19	15	18	14	2	12	16	37	19	45
10	17	39	13	59	12	25	50	16	15	20	0
15	16	58	12	35	10	41	0	15	52	20	16
20	16	16	11	7	8	44	55	15	26	20	33
21	16	7	10	48	8	20	2	15	21	20	37
22	15	58	10	29	7	54	32	15	15	20	40
23	15	49	10	10	7	28	22	15	9	20	44
24	15	39	9	51	7	1	29	15	3	20	48
25	15	30	9	31	6	33	52	14	57	20	52
26	15	21	9	11	6	5	26	14	51	20	56
27	15	11	8	50	5	36	10	14	44	21	0
28	15	1	8	29	5	6	1	14	37	21	4
29	14	51	8	7	4	34	54	14	30	21	9
30	14	41	7	45	4	2	46	14	23	21	13
31	14	30	7	23	3	29	34	14	15	21	18
32	14	20	7	0	2	55	13	14	8	21	22
33	14	9	6	36	2	19	38	14	0	21	27
34	13	57	6	11	1	42	45	13	51	21	32
35	13	46	5	46	1	4	29	13	42	21	37
36	13	34	5	21	0	24	43	13	33	21	43
37	13	22	4	54	29 ♑	43	22	13	23	21	48
38	13	10	4	27	29	0	19	13	13	21	54
39	12	57	3	59	28	15	27	13	3	22	0
40	12	44	3	30	27	28	37	12	52	22	6
41	12	30	3	0	26	39	42	12	40	22	12
42	12	16	2	28	25	48	32	12	28	22	19
43	12	2	1	56	24	54	57	12	15	22	26
44	11	47	1	23	23	58	45	12	1	22	33
45	11	31	0	48	22	59	46	11	47	22	41
46	11	15	0	12	21	57	46	11	31	22	49
47	10	58	29 ♐	34	20	52	31	11	15	22	57
48	10	41	28	55	19	43	46	10	57	23	6
49	10	23	28	13	18	31	14	10	38	23	15
50	10	4	27	30	17	14	38	10	17	23	25
51	9	44	26	45	15	53	37	9	55	23	35
52	9	23	25	58	14	27	52	9	31	23	46
53	9	1	25	8	12	57	1	9	5	23	58
54	8	38	24	15	11	20	39	8	36	24	10
55	8	13	23	20	9	38	21	8	5	24	23
56	7	47	22	21	7	49	43	7	30	24	38
57	7	20	21	18	5	54	17	6	52	24	53
58	6	51	20	12	3	51	35	6	8	25	10
59	6	20	19	1	1	41	13	5	19	25	28
60	5	46	17	45	29 ♐	22	44	4	24	25	47
61	5	10	16	24	26	55	45	3	19	26	9
62	4	31	14	57	24	19	58	2	4	26	33
63	3	48	13	23	21	35	9	0	36	26	59
64	3	2	11	41	18	41	13	28 ♒	48	27	28
65	2	11	9	51	15	38	14	26	34	28	1
66	1	14	7	51	12	26	28	23	40	28	39

Lat.	11		12		ASC			2		3	
0	19 ♐	53	17 ♑	32	16 ♒	32	40	18 ♓	2	20 ♈	34
5	19	14	16	15	15	4	4	17	43	20	50
10	18	34	14	55	13	29	9	17	24	21	6
15	17	53	13	32	11	45	46	17	2	21	22
20	17	10	12	3	9	51	7	16	39	21	40
21	17	2	11	45	9	26	32	16	33	21	44
22	16	53	11	26	9	1	19	16	28	21	48
23	16	43	11	7	8	35	26	16	23	21	52
24	16	34	10	47	8	8	50	16	17	21	56
25	16	25	10	28	7	41	29	16	12	22	0
26	16	15	10	7	7	13	21	16	6	22	5
27	16	5	9	47	6	44	21	16	0	22	9
28	15	56	9	26	6	14	28	15	53	22	13
29	15	45	9	4	5	43	37	15	47	22	18
30	15	35	8	42	5	11	45	15	40	22	23
31	15	25	8	19	4	38	48	15	33	22	27
32	15	14	7	56	4	4	42	15	26	22	32
33	15	3	7	32	3	29	22	15	19	22	37
34	14	52	7	8	2	52	43	15	11	22	43
35	14	40	6	43	2	14	40	15	3	22	48
36	14	28	6	17	1	35	7	14	54	22	54
37	14	16	5	51	0	53	57	14	45	22	59
38	14	4	5	23	0	11	4	14	36	23	5
39	13	51	4	55	29 ♑	26	21	14	26	23	12
40	13	38	4	26	28	39	39	14	16	23	18
41	13	24	3	56	27	50	49	14	6	23	25
42	13	10	3	24	26	59	42	13	54	23	32
43	12	55	2	52	26	6	9	13	42	23	39
44	12	40	2	18	25	9	56	13	30	23	47
45	12	24	1	43	24	10	52	13	16	23	55
46	12	8	1	7	23	8	44	13	2	24	3
47	11	51	0	29	22	3	18	12	47	24	12
48	11	34	29 ♐	49	20	54	16	12	30	24	21
49	11	15	29	8	19	41	22	12	13	24	31
50	10	56	28	25	18	24	17	11	54	24	41
51	10	36	27	39	17	2	41	11	33	24	52
52	10	15	26	51	15	36	12	11	11	25	3
53	9	53	26	1	14	4	28	10	47	25	15
54	9	29	25	8	12	27	2	10	21	25	28
55	9	5	24	12	10	43	29	9	51	25	42
56	8	39	23	12	8	53	21	9	19	25	57
57	8	11	22	9	6	56	10	8	44	26	14
58	7	41	21	2	4	51	28	8	3	26	31
59	7	9	19	50	2	38	45	7	18	26	50
60	6	35	18	33	0	17	35	6	27	27	11
61	5	59	17	11	27 ♐	47	34	5	27	27	33
62	5	19	15	42	25	8	21	4	18	27	58
63	4	36	14	6	22	19	43	2	56	28	26
64	3	49	12	22	19	21	35	1	16	28	57
65	2	56	10	30	16	14	2	29 ♒	13	29	32
66	1	58	8	27	12	57	23	26	34	0 ♉	12

15 h 20 m MC 22 ♏ 24 34 RAMC 230°

Lat.	11	12	ASC	2	3
0	20 ♐ 49	18 ♑ 28	17 ♒ 33 15	19 ♓ 7	21 ♈ 38
5	20 9	17 11	16 6 8	18 50	21 54
10	19 29	15 52	14 32 43	18 32	22 11
15	18 48	14 29	12 50 51	18 13	22 29
20	18 5	13 0	10 57 43	17 51	22 48
21	17 56	12 42	10 33 26	17 46	22 52
22	17 47	12 23	10 8 31	17 41	22 56
23	17 38	12 4	9 42 56	17 37	23 0
24	17 29	11 44	9 16 38	17 31	23 4
25	17 19	11 25	8 49 35	17 26	23 8
26	17 10	11 4	8 21 45	17 21	23 13
27	17 0	10 44	7 53 3	17 15	23 17
28	16 50	10 23	7 23 27	17 10	23 22
29	16 40	10 1	6 52 53	17 4	23 27
30	16 30	9 39	6 21 19	16 58	23 32
31	16 19	9 16	5 48 38	16 51	23 37
32	16 8	8 53	5 14 48	16 45	23 42
33	15 57	8 29	4 39 44	16 38	23 47
34	15 46	8 5	4 3 21	16 31	23 53
35	15 34	7 40	3 25 32	16 23	23 58
36	15 22	7 14	2 46 13	16 16	24 4
37	15 10	6 47	2 5 16	16 8	24 10
38	14 58	6 20	1 22 35	15 59	24 17
39	14 45	5 52	0 38 3	15 50	24 23
40	14 31	5 22	29 ♑ 51 30	15 41	24 30
41	14 18	4 52	29 2 48	15 31	24 37
42	14 3	4 21	28 11 47	15 21	24 44
43	13 49	3 48	27 18 17	15 10	24 52
44	13 33	3 14	26 22 5	14 58	25 0
45	13 18	2 39	25 22 59	14 46	25 8
46	13 1	2 3	24 20 45	14 33	25 17
47	12 44	1 24	23 15 9	14 19	25 26
48	12 27	0 45	22 5 52	14 4	25 36
49	12 8	0 3	20 52 38	13 48	25 46
50	11 49	29 ♐ 19	19 35 7	13 31	25 57
51	11 28	28 33	18 12 58	13 12	26 8
52	11 7	27 45	16 45 47	12 52	26 20
53	10 45	26 54	15 13 11	12 29	26 33
54	10 21	26 1	13 34 42	12 5	26 46
55	9 56	25 4	11 49 54	11 39	27 1
56	9 30	24 4	9 58 17	11 9	27 17
57	9 2	23 0	7 59 20	10 36	27 34
58	8 32	21 52	5 52 34	10 0	27 52
59	7 59	20 39	3 37 28	9 18	28 12
60	7 25	19 21	1 13 33	8 31	28 33
61	6 48	17 57	28 ♐ 40 23	7 36	28 57
62	6 7	16 27	25 57 38	6 33	29 23
63	5 23	14 50	23 5 2	5 17	29 53
64	4 35	13 4	20 2 31	3 46	0 ♉ 25
65	3 42	11 9	16 50 11	1 54	1 2
66	2 42	9 2	13 28 25	29 ♒ 29	1 45

15 h 24 m MC 23 ♏ 23 23 RAMC 231°

Lat.	11	12	ASC	2	3
0	21 ♐ 44	19 ♑ 24	18 ♒ 34 2	20 ♓ 12	22 ♈ 42
5	21 4	18 7	17 8 26	19 57	22 59
10	20 24	16 48	15 36 34	19 41	23 16
15	19 43	15 26	13 56 15	19 23	23 35
20	19 0	13 57	12 4 42	19 3	23 55
21	18 51	13 39	11 40 44	18 59	23 59
22	18 42	13 20	11 16 8	18 55	24 3
23	18 33	13 1	10 50 52	18 50	24 8
24	18 24	12 42	10 24 53	18 46	24 12
25	18 14	12 22	9 58 10	18 41	24 16
26	18 4	12 2	9 30 38	18 36	24 21
27	17 55	11 41	9 2 15	18 31	24 26
28	17 45	11 20	8 32 58	18 26	24 31
29	17 34	10 58	8 2 43	18 21	24 36
30	17 24	10 36	7 31 26	18 15	24 41
31	17 13	10 14	6 59 4	18 10	24 46
32	17 3	9 50	6 25 32	18 4	24 51
33	16 51	9 27	5 50 45	17 58	24 57
34	16 40	9 2	5 14 38	17 51	25 3
35	16 28	8 37	4 37 6	17 44	25 9
36	16 16	8 11	3 58 2	17 37	25 15
37	16 4	7 44	3 17 21	17 30	25 21
38	15 52	7 17	2 34 54	17 22	25 28
39	15 39	6 49	1 50 34	17 14	25 34
40	15 25	6 19	1 4 12	17 6	25 42
41	15 11	5 49	0 15 40	16 57	25 49
42	14 57	5 17	29 ♑ 24 47	16 48	25 56
43	14 42	4 45	28 31 22	16 38	26 4
44	14 27	4 11	27 35 14	16 27	26 13
45	14 11	3 35	26 36 8	16 16	26 21
46	13 55	2 59	25 33 51	16 4	26 31
47	13 37	2 20	24 28 7	15 52	26 40
48	13 19	1 40	23 18 38	15 38	26 50
49	13 1	0 58	22 5 6	15 24	27 1
50	12 41	0 14	20 47 11	15 8	27 12
51	12 21	29 ♐ 28	19 24 30	14 51	27 24
52	11 59	28 39	17 56 39	14 33	27 36
53	11 37	27 48	16 23 13	14 13	27 50
54	11 13	26 54	14 43 43	13 51	28 4
55	10 48	25 57	12 57 40	13 27	28 19
56	10 21	24 56	11 4 34	13 0	28 36
57	9 52	23 51	9 3 51	12 30	28 53
58	9 22	22 42	6 55 0	11 57	29 13
59	8 50	21 29	4 37 27	11 19	29 33
60	8 15	20 10	2 10 43	10 36	29 56
61	7 37	18 45	29 ♐ 34 19	9 47	0 ♉ 21
62	6 56	17 13	26 47 52	8 49	0 48
63	6 11	15 33	23 51 9	7 41	1 19
64	5 22	13 45	20 44 3	6 18	1 53
65	4 27	11 48	17 26 43	4 36	2 32
66	3 26	9 38	13 59 35	2 27	3 17

15 h 28 m MC 24 ♏ 22 2 **RAMC 232°**

Lat.	11	12	ASC	2	3
0	22 ♐ 39	20 ♑ 20	19 ♒ 34 59	21 ♓ 17	23 ♈ 46
5	22 0	19 4	18 10 58	21 3	24 4
10	21 20	17 45	16 40 41	20 49	24 22
15	20 38	16 23	15 1 59	20 33	24 41
20	19 55	14 55	13 12 5	20 16	25 2
21	19 46	14 36	12 48 27	20 12	25 6
22	19 37	14 18	12 24 11	20 8	25 10
23	19 28	13 59	11 59 15	20 4	25 15
24	19 18	13 39	11 33 36	20 0	25 20
25	19 9	13 19	11 7 13	19 56	25 24
26	18 59	12 59	10 40 1	19 52	25 29
27	18 49	12 39	10 11 58	19 47	25 34
28	18 39	12 17	9 43 1	19 43	25 39
29	18 29	11 56	9 13 6	19 38	25 44
30	18 18	11 34	8 42 9	19 33	25 50
31	18 8	11 11	8 10 6	19 28	25 55
32	17 57	10 48	7 36 53	19 23	26 1
33	17 46	10 24	7 2 25	19 17	26 7
34	17 34	10 0	6 26 37	19 12	26 13
35	17 23	9 34	5 49 23	19 6	26 19
36	17 11	9 8	5 10 37	18 59	26 25
37	16 58	8 42	4 30 11	18 53	26 32
38	16 45	8 14	3 48 0	18 46	26 38
39	16 32	7 46	3 3 55	18 39	26 46
40	16 19	7 16	2 17 47	18 31	26 53
41	16 5	6 46	1 29 27	18 23	27 1
42	15 51	6 14	0 38 44	18 15	27 8
43	15 36	5 41	29 ♑ 45 27	18 6	27 17
44	15 20	5 7	28 49 24	17 57	27 25
45	15 4	4 32	27 50 21	17 47	27 34
46	14 48	3 55	26 48 3	17 36	27 44
47	14 30	3 16	25 42 14	17 25	27 54
48	14 12	2 36	24 32 36	17 13	28 4
49	13 54	1 54	23 18 49	17 0	28 15
50	13 34	1 9	22 0 32	16 46	28 27
51	13 13	0 23	20 37 22	16 31	28 39
52	12 52	29 ♐ 34	19 8 53	16 14	28 53
53	12 29	28 42	17 34 38	15 56	29 6
54	12 5	27 48	15 54 9	15 37	29 21
55	11 39	26 50	14 6 52	15 15	29 37
56	11 12	25 48	12 12 16	14 51	29 54
57	10 43	24 43	10 9 47	14 25	0 ♉ 13
58	10 13	23 33	7 58 49	13 55	0 33
59	9 40	22 19	5 38 47	13 21	0 54
60	9 4	20 58	3 9 9	12 43	1 18
61	8 26	19 32	0 29 24	11 58	1 44
62	7 44	17 59	27 ♐ 39 9	11 7	2 13
63	6 59	16 18	24 38 7	10 5	2 45
64	6 8	14 27	21 26 14	8 52	3 21
65	5 13	12 27	18 3 39	7 21	4 1
66	4 10	10 14	14 30 52	5 26	4 48

15 h 32 m MC 25 ♏ 20 30 RAMC 233°

Lat.	11		12		ASC			2		3	
0	23 ♐	34	21 ♑	17	20 ♒	36	7	22 ♓	22	24 ♈	50
5	22	55	20	1	19	13	42	22	10	25	8
10	22	15	18	42	17	45	3	21	58	25	27
15	21	33	17	20	16	8	2	21	44	25	47
20	20	50	15	52	14	19	51	21	29	26	8
21	20	41	15	34	13	56	34	21	25	26	13
22	20	32	15	15	13	32	39	21	22	26	17
23	20	22	14	56	13	8	4	21	19	26	22
24	20	13	14	37	12	42	47	21	15	26	27
25	20	3	14	17	12	16	44	21	11	26	32
26	19	54	13	57	11	49	54	21	8	26	37
27	19	44	13	36	11	22	12	21	4	26	42
28	19	34	13	15	10	53	36	21	0	26	47
29	19	23	12	54	10	24	2	20	55	26	53
30	19	13	12	32	9	53	26	20	51	26	58
31	19	2	12	9	9	21	45	20	47	27	4
32	18	51	11	46	8	48	53	20	42	27	10
33	18	40	11	22	8	14	45	20	37	27	16
34	18	29	10	57	7	39	17	20	32	27	22
35	18	17	10	32	7	2	23	20	27	27	28
36	18	5	10	6	6	23	56	20	21	27	35
37	17	52	9	39	5	43	49	20	16	27	42
38	17	39	9	12	5	1	55	20	10	27	49
39	17	26	8	43	4	18	7	20	3	27	56
40	17	13	8	14	3	32	15	19	57	28	4
41	16	59	7	43	2	44	9	19	50	28	12
42	16	44	7	11	1	53	38	19	43	28	20
43	16	29	6	39	1	0	32	19	35	28	29
44	16	14	6	4	0	4	37	19	27	28	38
45	15	58	5	29	29 ♑	5	39	19	18	28	47
46	15	41	4	52	28	3	23	19	8	28	57
47	15	24	4	13	26	57	32	18	59	29	7
48	15	5	3	32	25	47	47	18	48	29	18
49	14	46	2	50	24	33	48	18	36	29	30
50	14	27	2	5	23	15	12	18	24	29	42
51	14	6	1	18	21	51	35	18	11	29	55
52	13	44	0	29	20	22	31	17	56	0 ♉	8
53	13	21	29 ♐	37	18	47	31	17	41	0	23
54	12	57	28	42	17	6	3	17	23	0	38
55	12	31	27	43	15	17	34	17	4	0	55
56	12	4	26	41	13	21	30	16	43	1	13
57	11	34	25	35	11	17	13	16	20	1	32
58	11	3	24	25	9	4	7	15	54	1	52
59	10	30	23	9	6	41	33	15	24	2	15
60	9	54	21	48	4	8	56	14	50	2	40
61	9	15	20	20	1	25	45	14	11	3	7
62	8	33	18	45	28 ♐	31	32	13	25	3	37
63	7	46	17	2	25	26	0	12	32	4	10
64	6	55	15	10	22	9	6	11	27	4	48
65	5	58	13	6	18	41	2	10	7	5	30
66	4	54	10	50	15	2	18	8	26	6	19

15 h 36 m MC 26 ♏ 18 49 RAMC 234°

Lat.	11		12		ASC			2		3	
0	24 ♐	30	22 ♑	13	21 ♒	37	27	23 ♓	27	25 ♈	53
5	23	50	20	58	20	16	40	23	17	26	12
10	23	10	19	40	18	49	42	23	6	26	32
15	22	28	18	18	17	14	24	22	55	26	52
20	21	45	16	50	15	28	1	22	41	27	15
21	21	35	16	32	15	5	5	22	39	27	19
22	21	26	16	13	14	41	33	22	36	27	24
23	21	17	15	54	14	17	20	22	33	27	29
24	21	8	15	35	13	52	25	22	30	27	34
25	20	58	15	15	13	26	45	22	27	27	39
26	20	48	14	55	13	0	16	22	23	27	44
27	20	38	14	34	12	32	57	22	20	27	50
28	20	28	14	13	12	4	44	22	17	27	55
29	20	18	13	52	11	35	33	22	13	28	1
30	20	7	13	30	11	5	19	22	9	28	7
31	19	57	13	7	10	34	0	22	5	28	12
32	19	46	12	44	10	1	30	22	1	28	19
33	19	34	12	20	9	27	45	21	57	28	25
34	19	23	11	55	8	52	39	21	53	28	31
35	19	11	11	30	8	16	6	21	48	28	38
36	18	59	11	4	7	38	0	21	44	28	45
37	18	46	10	37	6	58	14	21	39	28	52
38	18	34	10	10	6	16	40	21	34	28	59
39	18	20	9	41	5	33	11	21	28	29	7
40	18	7	9	11	4	47	37	21	23	29	15
41	17	53	8	41	3	59	47	21	17	29	23
42	17	38	8	9	3	9	32	21	10	29	32
43	17	23	7	36	2	16	39	21	4	29	40
44	17	7	7	2	1	20	55	20	56	29	50
45	16	51	6	26	0	22	5	20	49	0 ♉	0
46	16	34	5	49	29 ♑	19	54	20	41	0	10
47	16	17	5	10	28	14	3	20	32	0	20
48	15	59	4	29	27	4	15	20	23	0	32
49	15	39	3	46	25	50	6	20	13	0	44
50	15	19	3	1	24	31	15	20	3	0	56
51	14	58	2	14	23	7	14	19	51	1	10
52	14	36	1	24	21	37	38	19	39	1	24
53	14	13	0	32	20	1	54	19	25	1	39
54	13	49	29 ♐	36	18	19	30	19	10	1	55
55	13	23	28	38	16	29	51	18	54	2	12
56	12	55	27	35	14	32	19	18	36	2	30
57	12	26	26	28	12	26	15	18	16	2	50
58	11	54	25	17	10	10	59	17	53	3	12
59	11	20	24	0	7	45	51	17	27	3	35
60	10	44	22	37	5	10	11	16	58	4	1
61	10	4	21	8	2	23	26	16	25	4	29
62	9	21	19	32	29 ♐	25	6	15	45	5	0
63	8	34	17	47	26	14	54	14	59	5	35
64	7	42	15	52	22	52	45	14	3	6	14
65	6	44	13	46	19	18	53	12	55	6	59
66	5	38	11	26	15	33	55	11	28	7	50

Lat.	11		12		ASC			2		3	
0	25 ♐	25	23 ♑	10	22 ♒	38	57	24 ♓	33	26 ♈	57
5	24	45	21	55	21	19	51	24	24	27	16
10	24	5	20	37	19	54	37	24	15	27	36
15	23	23	19	15	18	21	6	24	5	27	58
20	22	39	17	48	16	36	34	23	54	28	21
21	22	30	17	30	16	14	2	23	52	28	26
22	22	21	17	11	15	50	52	23	50	28	31
23	22	12	16	52	15	27	2	23	47	28	36
24	22	2	16	33	15	2	30	23	45	28	41
25	21	53	16	13	14	37	14	23	42	28	46
26	21	43	15	53	14	11	9	23	39	28	52
27	21	33	15	32	13	44	14	23	36	28	57
28	21	23	15	11	13	16	24	23	34	29	3
29	21	12	14	50	12	47	37	23	31	29	9
30	21	2	14	28	12	17	48	23	27	29	15
31	20	51	14	5	11	46	53	23	24	29	21
32	20	40	13	42	11	14	47	23	21	29	27
33	20	29	13	18	10	41	25	23	17	29	34
34	20	17	12	54	10	6	43	23	14	29	40
35	20	5	12	28	9	30	33	23	10	29	47
36	19	53	12	2	8	52	51	23	6	29	54
37	19	41	11	36	8	13	27	23	2	0 ♉	2
38	19	28	11	8	7	32	16	22	58	0	9
39	19	14	10	39	6	49	8	22	53	0	17
40	19	1	10	10	6	3	54	22	48	0	25
41	18	46	9	39	5	16	23	22	43	0	34
42	18	32	9	7	4	26	26	22	38	0	43
43	18	17	8	34	3	33	49	22	33	0	52
44	18	1	7	59	2	38	18	22	27	1	2
45	17	45	7	24	1	39	40	22	20	1	12
46	17	28	6	46	0	37	37	22	14	1	22
47	17	10	6	7	29 ♑	31	50	22	7	1	33
48	16	52	5	26	28	22	1	21	59	1	45
49	16	32	4	43	27	7	47	21	51	1	57
50	16	12	3	58	25	48	43	21	42	2	10
51	15	51	3	10	24	24	22	21	32	2	24
52	15	29	2	20	22	54	16	21	22	2	39
53	15	5	1	28	21	17	52	21	10	2	54
54	14	41	0	32	19	34	35	20	58	3	11
55	14	14	29 ♐	32	17	43	47	20	44	3	29
56	13	47	28	29	15	44	49	20	29	3	48
57	13	17	27	21	13	36	59	20	12	4	8
58	12	45	26	9	11	19	32	19	53	4	31
59	12	11	24	51	8	51	47	19	32	4	55
60	11	34	23	28	6	13	0	19	7	5	21
61	10	54	21	57	3	22	34	18	39	5	51
62	10	10	20	19	0	19	58	18	6	6	23
63	9	22	18	32	27 ♐	4	52	17	28	6	59
64	8	29	16	35	23	37	13	16	41	7	40
65	7	29	14	26	19	57	16	15	44	8	26
66	6	22	12	3	16	5	42	14	32	9	20

15 h 44 m MC 28 ♏ 14 58 RAMC 236°

Lat.	11	12	ASC	2	3
0	26 ♐ 20	24 ♑ 6	23 ♒ 40 37	25 ♓ 38	28 ♈ 0
5	25 40	22 52	22 23 16	25 31	28 20
10	25 0	21 34	20 59 48	25 24	28 41
15	24 18	20 13	19 28 8	25 16	29 3
20	23 34	18 46	17 45 31	25 7	29 27
21	23 25	18 28	17 23 23	25 5	29 32
22	23 16	18 9	17 0 37	25 3	29 37
23	23 7	17 50	16 37 11	25 1	29 43
24	22 57	17 31	16 13 4	24 59	29 48
25	22 47	17 12	15 48 12	24 57	29 53
26	22 38	16 51	15 22 32	24 55	29 59
27	22 28	16 31	14 56 2	24 53	0 ♉ 5
28	22 17	16 10	14 28 38	24 51	0 10
29	22 7	15 48	14 0 16	24 48	0 16
30	21 56	15 26	13 30 52	24 46	0 23
31	21 46	15 4	13 0 22	24 43	0 29
32	21 34	14 41	12 28 42	24 40	0 35
33	21 23	14 17	11 55 46	24 38	0 42
34	21 11	13 52	11 21 29	24 35	0 49
35	21 0	13 27	10 45 45	24 32	0 56
36	20 47	13 1	10 8 28	24 29	1 3
37	20 35	12 34	9 29 29	24 25	1 11
38	20 22	12 6	8 48 42	24 22	1 19
39	20 8	11 38	8 5 58	24 18	1 27
40	19 55	11 8	7 21 6	24 14	1 35
41	19 40	10 37	6 33 58	24 10	1 44
42	19 26	10 5	5 44 21	24 6	1 53
43	19 10	9 32	4 52 3	24 2	2 3
44	18 55	8 58	3 56 49	23 57	2 13
45	18 38	8 22	2 58 25	23 52	2 23
46	18 21	7 44	1 56 33	23 47	2 34
47	18 3	7 5	0 50 55	23 41	2 46
48	17 45	6 24	29 ♑ 41 9	23 35	2 58
49	17 26	5 40	28 26 52	23 28	3 11
50	17 5	4 55	27 7 40	23 21	3 24
51	16 44	4 7	25 43 3	23 13	3 38
52	16 22	3 17	24 12 30	23 5	3 53
53	15 58	2 24	22 35 29	22 56	4 9
54	15 33	1 27	20 51 22	22 46	4 27
55	15 6	0 27	18 59 28	22 35	4 45
56	14 38	29 ♐ 23	16 59 6	22 23	5 5
57	14 8	28 15	14 49 30	22 9	5 26
58	13 36	27 2	12 29 53	21 54	5 49
59	13 1	25 43	9 59 27	21 37	6 14
60	12 24	24 18	7 17 29	21 17	6 42
61	11 43	22 47	4 23 15	20 54	7 12
62	10 59	21 7	1 16 13	20 28	7 45
63	10 10	19 18	27 ♐ 56 1	19 57	8 23
64	9 16	17 18	24 22 35	19 19	9 5
65	8 15	15 6	20 36 13	18 34	9 54
66	7 5	12 39	16 37 41	17 36	10 50

15 h 48 m MC 29 ♏ 12 48 RAMC 237°

Lat.	11	12	ASC	2	3
0	27 ♐ 15	25 ♑ 3	24 ♒ 42 28	26 ♓ 43	29 ♈ 3
5	26 35	23 49	23 26 53	26 38	29 24
10	25 55	22 32	22 5 14	26 33	29 45
15	25 13	21 11	20 35 29	26 27	0 ♉ 8
20	24 29	19 45	18 54 52	26 20	0 33
21	24 20	19 26	18 33 8	26 19	0 38
22	24 11	19 8	18 10 47	26 17	0 44
23	24 1	18 49	17 47 47	26 16	0 49
24	23 52	18 30	17 24 5	26 14	0 54
25	23 42	18 10	16 59 39	26 13	1 0
26	23 32	17 50	16 34 26	26 11	1 6
27	23 22	17 30	16 8 22	26 10	1 12
28	23 12	17 9	15 41 24	26 8	1 18
29	23 2	16 47	15 13 29	26 6	1 24
30	22 51	16 25	14 44 32	26 4	1 30
31	22 40	16 3	14 14 29	26 2	1 37
32	22 29	15 39	13 43 17	26 0	1 43
33	22 18	15 16	13 10 48	25 58	1 50
34	22 6	14 51	12 36 59	25 56	1 57
35	21 54	14 26	12 1 42	25 54	2 5
36	21 42	14 0	11 24 52	25 51	2 12
37	21 29	13 33	10 46 20	25 49	2 20
38	21 16	13 5	10 6 0	25 46	2 28
39	21 3	12 37	9 23 42	25 43	2 37
40	20 49	12 7	8 39 16	25 41	2 45
41	20 34	11 36	7 52 32	25 38	2 54
42	20 20	11 4	7 3 19	25 34	3 4
43	20 4	10 31	6 11 23	25 31	3 14
44	19 48	9 56	5 16 29	25 28	3 24
45	19 32	9 20	4 18 23	25 24	3 35
46	19 15	8 42	3 16 46	25 20	3 46
47	18 57	8 3	2 11 19	25 15	3 58
48	18 38	7 21	1 1 40	25 11	4 10
49	18 19	6 38	29 ♑ 47 25	25 6	4 23
50	17 58	5 53	28 28 8	25 0	4 37
51	17 37	5 4	27 3 19	24 55	4 52
52	17 14	4 14	25 32 25	24 48	5 8
53	16 50	3 20	23 54 50	24 42	5 24
54	16 25	2 23	22 9 56	24 34	5 42
55	15 58	1 23	20 17 0	24 26	6 1
56	15 30	0 18	18 15 16	24 17	6 21
57	15 0	29 ♐ 9	16 3 55	24 6	6 43
58	14 27	27 55	13 42 6	23 55	7 7
59	13 52	26 36	11 9 0	23 42	7 33
60	13 14	25 10	8 23 45	23 27	8 1
61	12 33	23 37	5 25 38	23 10	8 33
62	11 48	21 55	2 13 59	22 50	9 7
63	10 58	20 4	28 ♐ 48 27	22 27	9 46
64	10 3	18 2	25 8 56	21 59	10 30
65	9 1	15 46	21 15 47	21 24	11 21
66	7 49	13 15	17 9 53	20 41	12 20

Lat.	11	12	ASC	2	3
0	28 ♐ 10	26 ♑ 0	25 ♒ 44 30	27 ♓ 49	0 ♉ 6
5	27 30	24 47	24 30 43	27 45	0 27
10	26 50	23 30	23 10 56	27 42	0 50
15	26 8	22 10	21 43 8	27 38	1 13
20	25 24	20 43	20 4 36	27 33	1 39
21	25 15	20 25	19 43 18	27 32	1 44
22	25 5	20 7	19 21 23	27 31	1 50
23	24 56	19 48	18 58 49	27 30	1 55
24	24 47	19 29	18 35 34	27 29	2 1
25	24 37	19 9	18 11 35	27 28	2 7
26	24 27	18 49	17 46 49	27 27	2 12
27	24 17	18 29	17 21 13	27 26	2 19
28	24 7	18 8	16 54 43	27 25	2 25
29	23 56	17 46	16 27 16	27 24	2 31
30	23 46	17 24	15 58 48	27 23	2 38
31	23 35	17 2	15 29 14	27 21	2 44
32	23 23	16 39	14 58 30	27 20	2 51
33	23 12	16 15	14 26 31	27 19	2 58
34	23 0	15 50	13 53 11	27 17	3 6
35	22 48	15 25	13 18 24	27 16	3 13
36	22 36	14 59	12 42 3	27 14	3 21
37	22 23	14 32	12 4 1	27 12	3 29
38	22 10	14 4	11 24 10	27 11	3 37
39	21 57	13 36	10 42 21	27 9	3 46
40	21 43	13 6	9 58 23	27 7	3 55
41	21 28	12 35	9 12 7	27 5	4 4
42	21 14	12 3	8 23 20	27 3	4 14
43	20 58	11 30	7 31 49	27 0	4 24
44	20 42	10 55	6 37 20	26 58	4 35
45	20 26	10 19	5 39 35	26 56	4 46
46	20 8	9 41	4 38 17	26 53	4 57
47	19 50	9 1	3 33 5	26 50	5 10
48	19 32	8 20	2 23 37	26 47	5 22
49	19 12	7 36	1 9 29	26 44	5 36
50	18 51	6 51	29 ♑ 50 11	26 40	5 50
51	18 30	6 2	28 25 14	26 36	6 5
52	18 7	5 11	26 54 3	26 32	6 21
53	17 43	4 17	25 15 59	26 27	6 38
54	17 18	3 20	23 30 23	26 22	6 57
55	16 51	2 19	21 36 27	26 17	7 16
56	16 22	1 14	19 33 24	26 11	7 37
57	15 51	0 4	17 20 20	26 4	8 0
58	15 18	28 ♐ 49	14 56 22	25 56	8 24
59	14 43	27 29	12 20 32	25 48	8 51
60	14 5	26 2	9 31 58	25 38	9 20
61	13 23	24 27	6 29 49	25 26	9 53
62	12 37	22 44	3 13 23	25 13	10 29
63	11 47	20 51	29 ♐ 42 16	24 57	11 9
64	10 50	18 46	25 56 21	24 39	11 55
65	9 46	16 27	21 56 3	24 16	12 47
66	8 33	13 52	17 42 19	23 47	13 48

Lat.	11		12		ASC			2		3	
0	29 ♐	5	26 ♑	57	26 ♒	46	43	28 ♓	54	1 ♉	8
5	28	25	25	44	25	34	45	28	52	1	31
10	27	45	24	28	24	16	54	28	51	1	54
15	27	3	23	8	22	51	7	28	49	2	18
20	26	19	21	42	21	14	43	28	46	2	44
21	26	10	21	24	20	53	52	28	46	2	50
22	26	0	21	6	20	32	24	28	45	2	55
23	25	51	20	47	20	10	18	28	45	3	1
24	25	41	20	28	19	47	31	28	44	3	7
25	25	32	20	8	19	24	0	28	44	3	13
26	25	22	19	48	18	59	43	28	43	3	19
27	25	12	19	28	18	34	35	28	43	3	25
28	25	1	19	7	18	8	35	28	42	3	32
29	24	51	18	46	17	41	38	28	42	3	38
30	24	40	18	24	17	13	40	28	41	3	45
31	24	29	18	1	16	44	36	28	40	3	52
32	24	18	17	38	16	14	23	28	40	3	59
33	24	7	17	14	15	42	55	28	39	4	6
34	23	55	16	50	15	10	7	28	38	4	14
35	23	43	16	25	14	35	51	28	38	4	21
36	23	30	15	59	14	0	2	28	37	4	29
37	23	18	15	32	13	22	32	28	36	4	38
38	23	4	15	4	12	43	12	28	35	4	46
39	22	51	14	35	12	1	55	28	34	4	55
40	22	37	14	6	11	18	29	28	33	5	4
41	22	23	13	35	10	32	43	28	32	5	14
42	22	8	13	3	9	44	26	28	31	5	24
43	21	52	12	29	8	53	24	28	30	5	34
44	21	36	11	54	7	59	22	28	29	5	45
45	21	20	11	18	7	2	2	28	28	5	57
46	21	2	10	40	6	1	7	28	26	6	9
47	20	44	10	0	4	56	15	28	25	6	21
48	20	25	9	19	3	47	3	28	23	6	34
49	20	5	8	35	2	33	5	28	22	6	48
50	19	45	7	49	1	13	52	28	20	7	3
51	19	23	7	0	29 ♑	48	52	28	18	7	18
52	19	0	6	9	28	17	29	28	16	7	35
53	18	36	5	15	26	39	2	28	13	7	52
54	18	10	4	17	24	52	47	28	11	8	11
55	17	43	3	15	22	57	57	28	8	8	31
56	17	14	2	10	20	53	38	28	5	8	53
57	16	43	0	59	18	38	54	28	2	9	16
58	16	10	29 ♐	44	16	12	46	27	58	9	41
59	15	34	28	22	13	34	13	27	54	10	9
60	14	55	26	54	10	42	15	27	49	10	39
61	14	13	25	18	7	35	57	27	43	11	13
62	13	26	23	33	4	14	34	27	36	11	50
63	12	35	21	38	0	37	36	27	28	12	31
64	11	37	19	30	26 ♐	44	57	27	19	13	18
65	10	32	17	8	22	37	3	27	8	14	13
66	9	17	14	28	18	15	2	26	53	15	17

Lat.	11		12		ASC			2		3	
0	0 ♑	0	27 ♑	55	27 ♒	49	5	0 ♈	0	2 ♉	11
5	29 ♐	20	26	42	26	39	1	0	0	2	34
10	28	40	25	26	25	23	7	0	0	2	58
15	27	58	24	7	23	59	25	0	0	3	23
20	27	14	22	41	22	25	14	0	0	3	49
21	27	4	22	23	22	4	50	0	0	3	55
22	26	55	22	5	21	43	51	0	0	4	1
23	26	46	21	46	21	22	13	0	0	4	7
24	26	36	21	27	20	59	55	0	0	4	13
25	26	26	21	8	20	36	54	0	0	4	19
26	26	16	20	48	20	13	6	0	0	4	25
27	26	6	20	27	19	48	29	0	0	4	31
28	25	56	20	7	19	22	59	0	0	4	38
29	25	46	19	45	18	56	34	0	0	4	45
30	25	35	19	23	18	29	7	0	0	4	52
31	25	24	19	1	18	0	36	0	0	4	59
32	25	13	18	38	17	30	56	0	0	5	6
33	25	1	18	14	17	0	1	0	0	5	14
34	24	49	17	50	16	27	46	0	0	5	21
35	24	37	17	25	15	54	4	0	0	5	29
36	24	25	16	59	15	18	49	0	0	5	37
37	24	12	16	32	14	41	53	0	0	5	46
38	23	59	16	4	14	3	8	0	0	5	55
39	23	45	15	35	13	22	24	0	0	6	4
40	23	31	15	5	12	39	32	0	0	6	13
41	23	17	14	35	11	54	21	0	0	6	23
42	23	2	14	2	11	6	37	0	0	6	34
43	22	46	13	29	10	16	7	0	0	6	44
44	22	30	12	54	9	22	36	0	0	6	55
45	22	13	12	18	8	25	46	0	0	7	7
46	21	56	11	40	7	25	18	0	0	7	19
47	21	38	11	0	6	20	51	0	0	7	32
48	21	19	10	18	5	11	59	0	0	7	46
49	20	59	9	34	3	58	18	0	0	8	0
50	20	38	8	48	2	39	15	0	0	8	15
51	20	16	7	59	1	14	17	0	0	8	31
52	19	53	7	8	29 ♑	42	47	0	0	8	48
53	19	29	6	13	28	4	2	0	0	9	6
54	19	3	5	15	26	17	15	0	0	9	25
55	18	35	4	13	24	21	34	0	0	9	46
56	18	6	3	6	22	16	4	0	0	10	8
57	17	35	1	55	19	59	44	0	0	10	32
58	17	1	0	39	17	31	28	0	0	10	58
59	16	25	29 ♐	16	14	50	11	0	0	11	26
60	15	46	27	47	11	54	46	0	0	11	57
61	15	3	26	10	8	44	13	0	0	12	32
62	14	16	24	23	5	17	40	0	0	13	10
63	13	23	22	25	1	34	35	0	0	13	53
64	12	25	20	15	27 ♐	34	50	0	0	14	42
65	11	18	17	49	23	18	54	0	0	15	38
66	10	1	15	5	18	48	3	0	0	16	45

Lat.	11		12		ASC			2		3	
0	0 ♑	55	28 ♑	52	28 ♒	51	38	1 ♈	5	3 ♉	13
5	0	15	27	40	27	43	29	1	7	3	37
10	29 ♐	35	26	25	26	29	36	1	8	4	1
15	28	53	25	6	25	8	1	1	10	4	27
20	28	9	23	40	23	36	8	1	13	4	54
21	27	59	23	23	23	16	13	1	13	5	0
22	27	50	23	4	22	55	42	1	14	5	6
23	27	41	22	46	22	34	34	1	14	5	12
24	27	31	22	27	22	12	46	1	15	5	18
25	27	21	22	7	21	50	16	1	15	5	25
26	27	11	21	48	21	26	59	1	16	5	31
27	27	1	21	27	21	2	54	1	16	5	38
28	26	51	21	7	20	37	57	1	17	5	44
29	26	40	20	45	20	12	4	1	17	5	51
30	26	30	20	23	19	45	11	1	18	5	58
31	26	19	20	1	19	17	14	1	19	6	6
32	26	7	19	38	18	48	8	1	19	6	13
33	25	56	19	14	18	17	48	1	20	6	21
34	25	44	18	50	17	46	8	1	21	6	29
35	25	32	18	25	17	13	3	1	21	6	37
36	25	19	17	59	16	38	24	1	22	6	45
37	25	7	17	32	16	2	5	1	23	6	54
38	24	53	17	4	15	23	57	1	24	7	3
39	24	40	16	36	14	43	50	1	25	7	12
40	24	26	16	6	14	1	36	1	26	7	22
41	24	11	15	35	13	17	1	1	27	7	32
42	23	56	15	3	12	29	54	1	28	7	43
43	23	40	14	29	11	40	1	1	29	7	54
44	23	24	13	54	10	47	5	1	30	8	5
45	23	7	13	18	9	50	48	1	31	8	17
46	22	50	12	40	8	50	52	1	33	8	30
47	22	32	12	0	7	46	54	1	34	8	43
48	22	13	11	18	6	38	29	1	36	8	57
49	21	53	10	34	5	25	8	1	37	9	11
50	21	32	9	47	4	6	21	1	39	9	27
51	21	10	8	58	2	41	32	1	41	9	43
52	20	46	8	7	1	10	1	1	43	10	0
53	20	22	7	11	29 ♑	31	4	1	46	10	19
54	19	56	6	13	27	43	51	1	48	10	39
55	19	28	5	10	25	47	27	1	51	11	0
56	18	59	4	4	23	40	51	1	54	11	23
57	18	27	2	52	21	22	57	1	57	11	47
58	17	53	1	35	18	52	37	2	1	12	14
59	17	16	0	11	16	8	36	2	6	12	43
60	16	37	28 ♐	41	13	9	42	2	10	13	15
61	15	53	27	2	9	54	47	2	16	13	50
62	15	5	25	13	6	22	53	2	23	14	30
63	14	12	23	14	2	33	23	2	31	15	14
64	13	12	21	1	28 ♐	26	7	2	40	16	4
65	12	4	18	31	24	1	40	2	51	17	3
66	10	45	15	42	19	21	23	3	6	18	12

16 h 8 m   MC 3 ♐ 59 45   RAMC 242°

Lat.	11	12	ASC	2	3
0	1 ♑ 50	29 ♑ 50	29 ♒ 54 21	2 ♈ 10	4 ♉ 15
5	1 10	28 38	28 48 9	2 14	4 40
10	0 30	27 23	27 36 19	2 17	5 5
15	29 ♐ 48	26 5	26 16 56	2 21	5 31
20	29 3	24 40	24 47 24	2 26	5 59
21	28 54	24 22	24 27 59	2 27	6 5
22	28 45	24 4	24 7 59	2 28	6 11
23	28 36	23 46	23 47 21	2 29	6 17
24	28 26	23 27	23 26 5	2 30	6 24
25	28 16	23 7	23 4 6	2 31	6 30
26	28 6	22 48	22 41 22	2 32	6 37
27	27 56	22 27	22 17 50	2 33	6 43
28	27 46	22 7	21 53 27	2 34	6 50
29	27 35	21 46	21 28 8	2 35	6 57
30	27 24	21 24	21 1 50	2 36	7 5
31	27 13	21 1	20 34 29	2 38	7 12
32	27 2	20 38	20 5 59	2 39	7 20
33	26 51	20 15	19 36 16	2 40	7 28
34	26 39	19 51	19 5 14	2 42	7 36
35	26 26	19 25	18 32 47	2 43	7 44
36	26 14	19 0	17 58 47	2 45	7 53
37	26 1	18 33	17 23 7	2 47	8 2
38	25 48	18 5	16 45 39	2 48	8 11
39	25 34	17 36	16 6 13	2 50	8 21
40	25 20	17 7	15 24 38	2 52	8 30
41	25 5	16 36	14 40 45	2 54	8 41
42	24 50	16 3	13 54 18	2 56	8 52
43	24 35	15 30	13 5 5	2 59	9 3
44	24 18	14 55	12 12 48	3 1	9 15
45	24 2	14 19	11 17 10	3 3	9 27
46	23 44	13 40	10 17 51	3 6	9 40
47	23 26	13 0	9 14 27	3 9	9 53
48	23 6	12 18	8 6 33	3 12	10 7
49	22 46	11 34	6 53 40	3 15	10 22
50	22 25	10 47	5 35 15	3 19	10 38
51	22 3	9 58	4 10 41	3 23	10 55
52	21 40	9 6	2 39 17	3 27	11 13
53	21 15	8 11	1 0 14	3 32	11 32
54	20 49	7 12	29 ♑ 12 42	3 37	11 52
55	20 21	6 9	27 15 40	3 42	12 13
56	19 51	5 2	25 8 5	3 48	12 37
57	19 19	3 49	22 48 44	3 55	13 2
58	18 45	2 31	20 16 22	4 3	13 29
59	18 8	1 7	17 29 38	4 11	13 59
60	17 28	29 ♐ 35	14 27 13	4 21	14 32
61	16 44	27 55	11 7 50	4 33	15 8
62	15 55	26 5	7 30 23	4 46	15 49
63	15 1	24 3	3 34 10	5 2	16 34
64	14 0	21 47	29 ♐ 18 59	5 20	17 27
65	12 50	19 14	24 45 26	5 43	18 27
66	11 29	16 19	19 55 6	6 12	19 39

16 h 12 m MC 4 ♐ 56 43 **RAMC 243°**

Lat.	11		12		ASC			2		3	
0	2 ♑	45	0 ♒	47	0 ♓	57	13	3 ♈	16	5 ♉	18
5	2	5	29 ♑	36	29 ♒	53	1	3	21	5	42
10	1	25	28	22	28	43	17	3	26	6	8
15	0	43	27	4	27	26	9	3	32	6	35
20	29 ♐	59	25	40	25	59	3	3	39	7	4
21	29	49	25	22	25	40	8	3	40	7	10
22	29	40	25	4	25	20	39	3	42	7	16
23	29	31	24	46	25	0	34	3	43	7	22
24	29	21	24	27	24	39	50	3	45	7	29
25	29	11	24	8	24	18	24	3	46	7	35
26	29	1	23	48	23	56	14	3	48	7	42
27	28	51	23	28	23	33	17	3	50	7	49
28	28	41	23	7	23	9	28	3	51	7	56
29	28	30	22	46	22	44	46	3	53	8	3
30	28	19	22	24	22	19	5	3	55	8	11
31	28	8	22	2	21	52	21	3	57	8	18
32	27	57	21	39	21	24	30	3	59	8	26
33	27	45	21	16	20	55	26	4	1	8	34
34	27	33	20	51	20	25	3	4	3	8	43
35	27	21	20	26	19	53	16	4	5	8	51
36	27	9	20	1	19	19	58	4	8	9	0
37	26	56	19	34	18	45	0	4	10	9	9
38	26	42	19	6	18	8	14	4	13	9	19
39	26	29	18	37	17	29	32	4	16	9	28
40	26	15	18	8	16	48	41	4	18	9	39
41	26	0	17	37	16	5	31	4	21	9	49
42	25	45	17	5	15	19	49	4	25	10	0
43	25	29	16	31	14	31	20	4	28	10	12
44	25	13	15	56	13	39	47	4	32	10	24
45	24	56	15	20	12	44	52	4	35	10	36
46	24	38	14	41	11	46	15	4	39	10	49
47	24	20	14	1	10	43	31	4	44	11	3
48	24	0	13	19	9	36	15	4	48	11	18
49	23	40	12	35	8	23	56	4	53	11	33
50	23	19	11	48	7	5	59	4	59	11	49
51	22	57	10	59	5	41	48	5	4	12	6
52	22	33	10	6	4	10	37	5	11	12	24
53	22	8	9	11	2	31	37	5	17	12	44
54	21	42	8	11	0	43	53	5	25	13	4
55	21	14	7	8	28 ♑	46	22	5	33	13	27
56	20	44	6	0	26	37	54	5	42	13	51
57	20	12	4	47	24	17	13	5	53	14	16
58	19	37	3	28	21	42	54	6	4	14	44
59	19	0	2	3	18	53	31	6	17	15	15
60	18	19	0	30	15	47	33	6	32	15	49
61	17	34	28 ♐	48	12	23	36	6	49	16	26
62	16	45	26	56	8	40	24	7	9	17	7
63	15	50	24	52	4	37	8	7	32	17	54
64	14	48	22	33	0	13	34	8	0	18	48
65	13	37	19	56	25 ♐	30	20	8	35	19	51
66	12	13	16	57	20	29	14	9	18	21	6

Lat.	11		12		ASC			2		3	
0	3 ♑	40	1 ♒	45	2 ♓	0	16	4 ♈	21	6 ♉	19
5	3	0	0	35	0	58	5	4	28	6	45
10	2	20	29 ♑	21	29 ♒	50	30	4	35	7	11
15	1	38	28	4	28	35	40	4	43	7	38
20	0	54	26	40	27	11	3	4	52	8	8
21	0	44	26	22	26	52	41	4	54	8	14
22	0	35	26	4	26	33	44	4	56	8	21
23	0	26	25	46	26	14	12	4	58	8	27
24	0	16	25	27	25	54	2	5	0	8	34
25	0	6	25	8	25	33	10	5	2	8	40
26	29 ♐	56	24	49	25	11	35	5	4	8	47
27	29	46	24	29	24	49	14	5	6	8	54
28	29	36	24	8	24	26	2	5	8	9	2
29	29	25	23	47	24	1	57	5	11	9	9
30	29	14	23	25	23	36	54	5	13	9	17
31	29	3	23	3	23	10	50	5	16	9	24
32	28	52	22	40	22	43	39	5	19	9	32
33	28	40	22	17	22	15	16	5	21	9	41
34	28	28	21	53	21	45	36	5	24	9	49
35	28	16	21	28	21	14	31	5	27	9	58
36	28	3	21	2	20	41	57	5	30	10	7
37	27	51	20	35	20	7	44	5	34	10	16
38	27	37	20	8	19	31	44	5	37	10	26
39	27	23	19	39	18	53	47	5	41	10	36
40	27	9	19	9	18	13	44	5	45	10	46
41	26	55	18	38	17	31	22	5	49	10	57
42	26	39	18	6	16	46	28	5	53	11	8
43	26	24	17	33	15	58	47	5	57	11	20
44	26	7	16	58	15	8	3	6	2	11	32
45	25	50	16	21	14	13	56	6	7	11	45
46	25	32	15	43	13	16	6	6	12	11	59
47	25	14	15	3	12	14	8	6	18	12	13
48	24	54	14	21	11	7	36	6	24	12	27
49	24	34	13	36	9	55	57	6	31	12	43
50	24	13	12	49	8	38	37	6	38	13	0
51	23	50	12	0	7	14	55	6	46	13	17
52	23	27	11	7	5	44	6	6	54	13	36
53	23	2	10	11	4	5	18	7	3	13	56
54	22	35	9	11	2	17	32	7	13	14	17
55	22	7	8	8	0	19	40	7	24	14	39
56	21	37	6	59	28 ♑	10	28	7	36	15	4
57	21	4	5	46	25	48	33	7	50	15	30
58	20	29	4	26	23	12	24	8	5	15	59
59	19	51	3	0	20	20	25	8	22	16	30
60	19	10	1	26	17	10	55	8	42	17	5
61	18	25	29 ♐	43	13	42	18	9	5	17	43
62	17	35	27	49	9	53	10	9	31	18	25
63	16	39	25	42	5	42	32	10	2	19	14
64	15	36	23	20	1	10	4	10	40	20	9
65	14	23	20	39	26 ♐	16	30	11	25	21	14
66	12	57	17	34	21	3	49	12	23	22	32

16 h 20 m MC 6 ♐ 50 16 RAMC 245°

Lat.	11	12	ASC	2	3
0	4 ♑ 35	2 ♒ 43	3 ♓ 3 27	5 ♈ 26	7 ♉ 21
5	3 56	1 33	2 3 20	5 35	7 47
10	3 15	0 20	0 57 57	5 44	8 14
15	2 33	29 ♑ 3	29 ♒ 45 28	5 54	8 42
20	1 49	27 40	28 23 26	6 5	9 12
21	1 40	27 23	28 5 36	6 7	9 19
22	1 30	27 5	27 47 13	6 9	9 25
23	1 21	26 47	27 28 15	6 12	9 32
24	1 11	26 28	27 8 39	6 14	9 38
25	1 1	26 9	26 48 24	6 17	9 45
26	0 51	25 50	26 27 25	6 20	9 52
27	0 41	25 30	26 5 41	6 23	9 59
28	0 31	25 9	25 43 8	6 26	10 7
29	0 20	24 48	25 19 42	6 28	10 14
30	0 9	24 27	24 55 19	6 32	10 22
31	29 ♐ 58	24 5	24 29 55	6 35	10 30
32	29 47	23 42	24 3 26	6 38	10 38
33	29 35	23 19	23 35 47	6 42	10 47
34	29 23	22 54	23 6 50	6 45	10 55
35	29 11	22 29	22 36 32	6 49	11 4
36	28 58	22 4	22 4 43	6 53	11 13
37	28 45	21 37	21 31 18	6 57	11 23
38	28 32	21 10	20 56 6	7 1	11 33
39	28 18	20 41	20 19 0	7 6	11 43
40	28 4	20 11	19 39 47	7 11	11 54
41	27 49	19 41	18 58 16	7 16	12 5
42	27 34	19 8	18 14 15	7 21	12 16
43	27 18	18 35	17 27 27	7 26	12 28
44	27 2	18 0	16 37 36	7 32	12 41
45	26 45	17 23	15 44 22	7 39	12 54
46	26 27	16 45	14 47 25	7 45	13 7
47	26 8	16 5	13 46 20	7 52	13 22
48	25 49	15 23	12 40 37	8 0	13 37
49	25 28	14 38	11 29 46	8 8	13 53
50	25 7	13 51	10 13 10	8 17	14 10
51	24 44	13 1	8 50 7	8 27	14 28
52	24 21	12 8	7 19 49	8 37	14 47
53	23 55	11 12	5 41 22	8 49	15 7
54	23 29	10 12	3 53 43	9 1	15 28
55	23 0	9 8	1 55 40	9 15	15 52
56	22 30	7 59	29 ♑ 45 55	9 30	16 17
57	21 57	6 45	27 22 56	9 47	16 43
58	21 22	5 25	24 45 5	10 6	17 13
59	20 44	3 58	21 50 34	10 27	17 45
60	20 2	2 23	18 37 34	10 52	18 20
61	19 16	0 38	15 4 14	11 20	18 59
62	18 26	28 ♐ 42	11 8 58	11 53	19 43
63	17 29	26 34	6 50 35	12 32	20 32
64	16 25	24 8	2 8 43	13 18	21 29
65	15 10	21 23	27 ♐ 4 4	14 15	22 36
66	13 41	18 12	21 38 56	15 27	23 57

16 h 24 m MC 7 ♐ 46 52 RAMC 246°

Lat.	11	12	ASC	2	3
0	5 ♑ 30	3 ♒ 41	4 ♓ 6 48	6 ♈ 32	8 ♉ 23
5	4 51	2 32	3 8 47	6 42	8 49
10	4 10	1 20	2 5 38	6 53	9 16
15	3 28	0 3	0 55 34	7 4	9 45
20	2 44	28 ♑ 41	29 ♒ 36 10	7 18	10 16
21	2 35	28 23	29 18 54	7 20	10 22
22	2 25	28 6	29 1 5	7 23	10 29
23	2 16	27 48	28 42 42	7 26	10 36
24	2 6	27 29	28 23 43	7 29	10 43
25	1 56	27 10	28 4 4	7 32	10 50
26	1 46	26 51	27 43 43	7 36	10 57
27	1 36	26 31	27 22 38	7 39	11 4
28	1 26	26 11	27 0 44	7 43	11 12
29	1 15	25 50	26 37 59	7 46	11 19
30	1 4	25 28	26 14 18	7 50	11 27
31	0 53	25 6	25 49 37	7 54	11 35
32	0 42	24 44	25 23 52	7 58	11 44
33	0 30	24 20	24 56 58	8 2	11 52
34	0 18	23 56	24 28 48	8 6	12 1
35	0 6	23 32	23 59 17	8 11	12 10
36	29 ♐ 53	23 6	23 28 17	8 15	12 20
37	29 40	22 39	22 55 42	8 20	12 29
38	29 27	22 12	22 21 22	8 25	12 40
39	29 13	21 43	21 45 8	8 31	12 50
40	28 59	21 14	21 6 50	8 36	13 1
41	28 44	20 43	20 26 15	8 42	13 12
42	28 29	20 11	19 43 9	8 49	13 24
43	28 13	19 38	18 57 19	8 55	13 36
44	27 56	19 3	18 8 26	9 3	13 49
45	27 39	18 26	17 16 12	9 10	14 2
46	27 21	17 48	16 20 13	9 18	14 16
47	27 3	17 7	15 20 6	9 27	14 31
48	26 43	16 25	14 15 21	9 36	14 46
49	26 23	15 40	13 5 26	9 46	15 2
50	26 1	14 53	11 49 42	9 56	15 20
51	25 38	14 3	10 27 27	10 8	15 38
52	25 14	13 10	8 57 50	10 20	15 57
53	24 49	12 14	7 19 53	10 34	16 18
54	24 22	11 14	5 32 32	10 49	16 40
55	23 54	10 9	3 34 31	11 5	17 3
56	23 23	9 0	1 24 23	11 23	17 29
57	22 50	7 45	29 ♑ 0 31	11 43	17 56
58	22 14	6 24	26 21 7	12 6	18 26
59	21 36	4 56	23 24 14	12 32	18 59
60	20 54	3 20	20 7 46	13 1	19 35
61	20 8	1 34	16 29 40	13 34	20 15
62	19 16	29 ♐ 37	12 28 5	14 14	21 0
63	18 19	27 25	8 1 37	15 0	21 51
64	17 13	24 57	3 9 44	15 56	22 49
65	15 57	22 8	27 ♐ 53 13	17 4	23 58
66	14 25	18 50	22 14 38	18 31	25 22

Lat.	11		12		ASC			2		3	
0	6 ♑	26	4 ♒	39	5 ♓	10	18	7 ♈	37	9 ♉	24
5	5	46	3	31	4	14	25	7	49	9	51
10	5	5	2	19	3	13	32	8	1	10	19
15	4	23	1	4	2	5	56	8	15	10	48
20	3	39	29 ♑	42	0	49	15	8	30	11	20
21	3	30	29	24	0	32	33	8	34	11	26
22	3	21	29	7	0	15	20	8	37	11	33
23	3	11	28	49	29 ♒	57	34	8	40	11	40
24	3	1	28	30	29	39	11	8	44	11	47
25	2	52	28	12	29	20	10	8	48	11	54
26	2	42	27	52	29	0	29	8	51	12	1
27	2	31	27	33	28	40	3	8	55	12	9
28	2	21	27	12	28	18	51	8	59	12	16
29	2	10	26	52	27	56	48	9	4	12	24
30	2	0	26	30	27	33	50	9	8	12	32
31	1	48	26	9	27	9	54	9	12	12	41
32	1	37	25	46	26	44	55	9	17	12	49
33	1	25	25	23	26	18	48	9	22	12	58
34	1	13	24	59	25	51	27	9	27	13	7
35	1	1	24	34	25	22	46	9	32	13	16
36	0	48	24	9	24	52	38	9	38	13	26
37	0	35	23	42	24	20	56	9	43	13	36
38	0	22	23	15	23	47	31	9	49	13	46
39	0	8	22	46	23	12	13	9	56	13	57
40	29 ♐	54	22	17	22	34	52	10	2	14	8
41	29	39	21	46	21	55	16	10	9	14	19
42	29	24	21	14	21	13	12	10	16	14	31
43	29	8	20	41	20	28	24	10	24	14	43
44	28	51	20	6	19	40	34	10	32	14	56
45	28	34	19	29	18	49	24	10	41	15	10
46	28	16	18	51	17	54	31	10	51	15	24
47	27	57	18	11	16	55	29	11	0	15	39
48	27	38	17	28	15	51	49	11	11	15	55
49	27	17	16	44	14	42	57	11	23	16	11
50	26	55	15	56	13	28	15	11	35	16	29
51	26	33	15	6	12	6	57	11	48	16	47
52	26	9	14	13	10	38	11	12	3	17	7
53	25	43	13	16	9	0	58	12	18	17	28
54	25	16	12	16	7	14	7	12	36	17	51
55	24	47	11	11	5	16	19	12	55	18	15
56	24	16	10	1	3	6	2	13	16	18	41
57	23	43	8	46	0	41	30	13	39	19	9
58	23	7	7	25	28 ♑	0	46	14	5	19	39
59	22	28	5	56	25	1	38	14	35	20	13
60	21	46	4	18	21	41	49	15	9	20	49
61	20	59	2	31	17	58	57	15	48	21	30
62	20	7	0	32	13	50	52	16	34	22	16
63	19	9	28 ♐	18	9	15	55	17	27	23	8
64	18	2	25	47	4	13	25	18	32	24	8
65	16	44	22	53	28 ♐	44	10	19	52	25	19
66	15	9	19	29	22	51	1	21	33	26	47

16 h 32 m MC 9 ♐ 39 41 RAMC 248°

Lat.	11	12	ASC	2	3
0	7 ♑ 21	5 ♒ 38	6 ♓ 13 57	8 ♈ 42	10 ♉ 25
5	6 41	4 30	5 20 14	8 56	10 53
10	6 1	3 19	4 21 40	9 10	11 21
15	5 19	2 4	3 16 35	9 26	11 51
20	4 35	0 43	2 2 40	9 43	12 23
21	4 25	0 26	1 46 34	9 47	12 30
22	4 16	0 8	1 29 58	9 51	12 37
23	4 6	29 ♑ 50	1 12 48	9 55	12 44
24	3 57	29 32	0 55 4	9 59	12 51
25	3 47	29 13	0 36 43	10 3	12 58
26	3 37	28 54	0 17 42	10 7	13 5
27	3 27	28 35	29 ♒ 57 58	10 12	13 13
28	3 16	28 15	29 37 28	10 16	13 21
29	3 6	27 54	29 16 9	10 21	13 29
30	2 55	27 33	28 53 56	10 26	13 37
31	2 44	27 11	28 30 47	10 31	13 46
32	2 32	26 49	28 6 36	10 36	13 54
33	2 21	26 26	27 41 18	10 42	14 3
34	2 9	26 2	27 14 48	10 47	14 12
35	1 56	25 37	26 46 59	10 53	14 22
36	1 44	25 12	26 17 46	11 0	14 31
37	1 31	24 45	25 46 59	11 6	14 42
38	1 17	24 18	25 14 32	11 13	14 52
39	1 3	23 50	24 40 14	11 20	15 3
40	0 49	23 20	24 3 54	11 28	15 14
41	0 34	22 49	23 25 22	11 36	15 26
42	0 19	22 18	22 44 22	11 44	15 38
43	0 3	21 44	22 0 41	11 53	15 50
44	29 ♐ 46	21 9	21 14 1	12 2	16 4
45	29 29	20 33	20 24 1	12 12	16 17
46	29 11	19 55	19 30 19	12 23	16 32
47	28 52	19 14	18 32 29	12 34	16 47
48	28 32	18 32	17 30 2	12 46	17 3
49	28 12	17 47	16 22 23	12 59	17 20
50	27 50	17 0	15 8 51	13 13	17 38
51	27 27	16 10	13 48 40	13 28	17 57
52	27 3	15 16	12 20 58	13 45	18 17
53	26 37	14 20	10 44 39	14 3	18 38
54	26 10	13 19	8 58 33	14 22	19 1
55	25 41	12 14	7 1 13	14 44	19 25
56	25 10	11 4	4 51 2	15 8	19 52
57	24 36	9 48	2 26 5	15 34	20 20
58	24 0	8 26	29 ♑ 44 14	16 4	20 52
59	23 21	6 56	26 43 5	16 38	21 26
60	22 38	5 17	23 20 2	17 16	22 3
61	21 51	3 29	19 32 25	18 1	22 45
62	20 58	1 28	15 17 42	18 52	23 32
63	19 59	29 ♐ 12	10 33 55	19 54	24 25
64	18 51	26 37	5 20 7	21 7	25 27
65	17 31	23 39	29 ♐ 37 7	22 38	26 40
66	15 54	20 8	23 28 9	24 33	28 11

Lat.	11	12	ASC	2	3
0	8 ♑ 16	6 ♒ 37	7 ♓ 17 44	9 ♈ 47	11 ♉ 26
5	7 36	5 30	6 26 13	10 2	11 54
10	6 56	4 19	5 30 1	10 18	12 23
15	6 14	3 5	4 27 29	10 36	12 53
20	5 30	1 44	3 16 26	10 56	13 26
21	5 21	1 27	3 0 56	11 0	13 33
22	5 11	1 10	2 44 57	11 4	13 40
23	5 2	0 52	2 28 26	11 9	13 47
24	4 52	0 34	2 11 21	11 13	13 54
25	4 42	0 15	1 53 41	11 18	14 2
26	4 32	29 ♑ 56	1 35 21	11 23	14 9
27	4 22	29 37	1 16 20	11 28	14 17
28	4 12	29 17	0 56 34	11 33	14 25
29	4 1	28 57	0 36 0	11 38	14 33
30	3 50	28 36	0 14 35	11 44	14 42
31	3 39	28 14	29 ♒ 52 14	11 49	14 50
32	3 28	27 52	29 28 52	11 55	14 59
33	3 16	27 29	29 4 26	12 1	15 8
34	3 4	27 5	28 38 49	12 8	15 17
35	2 52	26 40	28 11 55	12 15	15 27
36	2 39	26 15	27 43 39	12 22	15 37
37	2 26	25 49	27 13 51	12 29	15 47
38	2 12	25 22	26 42 24	12 37	15 58
39	1 59	24 53	26 9 9	12 45	16 9
40	1 44	24 24	25 33 55	12 53	16 20
41	1 29	23 53	24 56 30	13 2	16 32
42	1 14	23 22	24 16 40	13 11	16 44
43	0 58	22 48	23 34 11	13 21	16 57
44	0 41	22 14	22 48 44	13 32	17 11
45	0 24	21 37	22 0 1	13 43	17 25
46	0 6	20 59	21 7 37	13 55	17 39
47	29 ♐ 47	20 19	20 11 7	14 7	17 55
48	29 27	19 36	19 10 1	14 21	18 11
49	29 6	18 51	18 3 42	14 35	18 28
50	28 45	18 4	16 51 31	14 51	18 46
51	28 22	17 14	15 32 40	15 8	19 6
52	27 57	16 20	14 6 12	15 26	19 26
53	27 32	15 24	12 31 3	15 46	19 48
54	27 4	14 23	10 45 55	16 8	20 11
55	26 35	13 17	8 49 20	16 32	20 36
56	26 4	12 7	6 39 31	16 59	21 3
57	25 30	10 50	4 14 27	17 29	21 32
58	24 54	9 28	1 31 46	18 2	22 3
59	24 14	7 57	28 ♑ 28 51	18 40	22 38
60	23 31	6 18	25 2 47	19 23	23 16
61	22 43	4 28	21 10 29	20 12	23 59
62	21 50	2 25	16 49 2	21 10	24 47
63	20 50	0 6	11 56 1	22 18	25 41
64	19 40	27 ♐ 29	6 30 12	23 41	26 45
65	18 19	24 25	0 32 23	25 23	28 0
66	16 38	20 47	24 ♐ 6 10	27 32	29 34

Lat.	11	12	ASC	2	3
0	9 ♑ 11	7 ♒ 35	8 ♓ 21 40	10 ♈ 52	12 ♉ 27
5	8 32	6 29	7 32 22	11 9	12 55
10	7 51	5 20	6 38 34	11 27	13 25
15	7 10	4 6	5 38 40	11 46	13 56
20	6 25	2 46	4 30 30	12 8	14 29
21	6 16	2 29	4 15 38	12 13	14 36
22	6 7	2 12	4 0 18	12 18	14 43
23	5 57	1 54	3 44 26	12 22	14 50
24	5 48	1 36	3 28 2	12 28	14 58
25	5 38	1 18	3 11 3	12 33	15 5
26	5 28	0 59	2 53 26	12 38	15 13
27	5 18	0 40	2 35 9	12 44	15 21
28	5 7	0 20	2 16 9	12 49	15 29
29	4 57	0 0	1 56 22	12 55	15 37
30	4 46	29 ♑ 39	1 35 45	13 1	15 46
31	4 35	29 17	1 14 14	13 8	15 54
32	4 23	28 55	0 51 44	13 14	16 3
33	4 11	28 32	0 28 11	13 21	16 13
34	3 59	28 9	0 3 30	13 28	16 22
35	3 47	27 44	29 ♒ 37 34	13 36	16 32
36	3 34	27 19	29 10 17	13 43	16 42
37	3 21	26 53	28 41 31	13 51	16 52
38	3 8	26 26	28 11 8	14 0	17 3
39	2 54	25 58	27 38 59	14 9	17 14
40	2 40	25 28	27 4 54	14 18	17 26
41	2 25	24 58	26 28 40	14 28	17 38
42	2 9	24 26	25 50 5	14 38	17 50
43	1 53	23 53	25 8 52	14 49	18 4
44	1 36	23 18	24 24 45	15 1	18 17
45	1 19	22 42	23 37 24	15 13	18 31
46	1 1	22 4	22 46 25	15 26	18 46
47	0 42	21 23	21 51 23	15 40	19 2
48	0 22	20 41	20 51 46	15 55	19 19
49	0 1	19 56	19 46 58	16 11	19 36
50	29 ♐ 40	19 9	18 36 18	16 28	19 54
51	29 16	18 19	17 18 58	16 47	20 14
52	28 52	17 25	15 53 58	17 7	20 35
53	28 26	16 28	14 20 13	17 30	20 57
54	27 59	15 27	12 36 20	17 54	21 20
55	27 29	14 21	10 40 46	18 20	21 46
56	26 58	13 11	8 31 39	18 50	22 13
57	26 24	11 54	6 6 48	19 23	22 43
58	25 47	10 30	3 23 39	19 59	23 15
59	25 7	8 59	0 19 17	20 41	23 50
60	24 24	7 19	26 ♑ 50 26	21 28	24 29
61	23 35	5 27	22 53 36	22 23	25 12
62	22 42	3 23	18 25 20	23 26	26 1
63	21 41	1 2	13 22 43	24 42	26 57
64	20 30	28 ♐ 21	7 44 8	26 13	28 2
65	19 7	25 13	1 30 16	28 5	29 19
66	17 23	21 27	24 ♐ 45 11	0 ♉ 30	0 ♊ 57

Lat.	11	12	ASC	2	3
0	10 ♑ 7	8 ♒ 34	9 ♓ 25 43	11 ♈ 57	13 ♉ 27
5	9 27	7 29	8 38 41	12 16	13 56
10	8 47	6 20	7 47 19	12 35	14 26
15	8 5	5 7	6 50 5	12 57	14 58
20	7 21	3 48	5 44 54	13 20	15 32
21	7 12	3 31	5 30 40	13 26	15 39
22	7 2	3 14	5 15 59	13 31	15 46
23	6 53	2 57	5 0 48	13 36	15 53
24	6 43	2 39	4 45 5	13 42	16 1
25	6 33	2 21	4 28 49	13 47	16 9
26	6 23	2 2	4 11 56	13 53	16 16
27	6 13	1 43	3 54 25	13 59	16 24
28	6 3	1 23	3 36 12	14 6	16 33
29	5 52	1 3	3 17 13	14 12	16 41
30	5 41	0 42	2 57 26	14 19	16 50
31	5 30	0 21	2 36 47	14 26	16 58
32	5 19	29 ♑ 59	2 15 11	14 33	17 8
33	5 7	29 36	1 52 34	14 40	17 17
34	4 55	29 13	1 28 50	14 48	17 27
35	4 43	28 48	1 3 54	14 56	17 36
36	4 30	28 23	0 37 38	15 5	17 47
37	4 17	27 57	0 9 57	15 14	17 57
38	4 3	27 30	29 ♒ 40 42	15 23	18 8
39	3 49	27 2	29 9 43	15 33	18 20
40	3 35	26 33	28 36 50	15 43	18 31
41	3 20	26 3	28 1 52	15 53	18 44
42	3 5	25 31	27 24 35	16 5	18 56
43	2 49	24 58	26 44 45	16 17	19 10
44	2 32	24 24	26 2 3	16 29	19 23
45	2 14	23 47	25 16 10	16 43	19 38
46	1 56	23 9	24 26 43	16 57	19 53
47	1 37	22 29	23 33 16	17 13	20 9
48	1 17	21 47	22 35 17	17 29	20 26
49	0 57	21 2	21 32 10	17 46	20 43
50	0 35	20 15	20 23 13	18 5	21 2
51	0 11	19 24	19 7 35	18 26	21 22
52	29 ♐ 47	18 31	17 44 18	18 48	21 43
53	29 21	17 34	16 12 12	19 12	22 5
54	28 53	16 32	14 29 52	19 38	22 29
55	28 24	15 26	12 35 40	20 8	22 55
56	27 52	14 15	10 27 36	20 40	23 23
57	27 18	12 58	8 3 21	21 15	23 53
58	26 41	11 34	5 20 7	21 56	24 26
59	26 1	10 2	2 14 41	22 41	25 1
60	25 17	8 21	28 ♑ 43 24	23 32	25 41
61	24 28	6 28	24 42 15	24 32	26 25
62	23 34	4 22	20 7 11	25 41	27 15
63	22 32	1 59	14 54 38	27 3	28 12
64	21 20	29 ♐ 14	9 2 28	28 43	29 18
65	19 55	26 1	2 31 12	0 ♉ 46	0 ♊ 38
66	18 8	22 7	25 ♐ 25 22	3 25	2 19

16 h 48 m MC 13 ♐ 24 2 **RAMC 252°**

Lat.	11		12		ASC			2		3	
0	11 ♑	2	9 ♒	34	10 ♓	29	54	13 ♈	2	14 ♉	28
5	10	23	8	29	9	45	10	13	22	14	57
10	9	43	7	21	8	56	16	13	44	15	28
15	9	1	6	9	8	1	44	14	7	16	0
20	8	17	4	50	6	59	35	14	33	16	34
21	8	7	4	34	6	46	1	14	38	16	41
22	7	58	4	17	6	32	0	14	44	16	49
23	7	49	3	59	6	17	31	14	50	16	56
24	7	39	3	42	6	2	31	14	56	17	4
25	7	29	3	24	5	46	58	15	2	17	12
26	7	19	3	5	5	30	51	15	8	17	20
27	7	9	2	46	5	14	6	15	15	17	28
28	6	59	2	27	4	56	41	15	22	17	36
29	6	48	2	7	4	38	33	15	29	17	44
30	6	37	1	46	4	19	38	15	36	17	53
31	6	26	1	25	3	59	52	15	44	18	2
32	6	14	1	3	3	39	12	15	51	18	11
33	6	3	0	40	3	17	32	15	59	18	21
34	5	51	0	17	2	54	48	16	8	18	31
35	5	38	29 ♑	53	2	30	54	16	17	18	41
36	5	26	29	28	2	5	43	16	26	18	51
37	5	13	29	2	1	39	9	16	36	19	2
38	4	59	28	35	1	11	4	16	46	19	13
39	4	45	28	8	0	41	18	16	56	19	25
40	4	31	27	39	0	9	42	17	7	19	36
41	4	16	27	8	29 ♒	36	4	17	19	19	49
42	4	0	26	37	29	0	10	17	31	20	2
43	3	44	26	4	28	21	47	17	44	20	15
44	3	27	25	29	27	40	36	17	58	20	29
45	3	10	24	53	26	56	18	18	12	20	44
46	2	52	24	15	26	8	31	18	28	20	59
47	2	33	23	35	25	16	46	18	44	21	16
48	2	13	22	53	24	20	34	19	2	21	33
49	1	52	22	8	23	19	18	19	21	21	50
50	1	30	21	21	22	12	15	19	42	22	9
51	1	7	20	31	20	58	34	20	4	22	29
52	0	42	19	37	19	37	14	20	28	22	51
53	0	16	18	40	18	7	4	20	54	23	14
54	29 ♐	48	17	38	16	26	36	21	23	23	38
55	29	19	16	32	14	34	7	21	54	24	4
56	28	47	15	21	12	27	30	22	29	24	32
57	28	12	14	3	10	4	17	23	7	25	3
58	27	35	12	39	7	21	26	23	51	25	36
59	26	55	11	6	4	15	25	24	40	26	12
60	26	10	9	24	0	42	7	25	35	26	53
61	25	21	7	30	26 ♑	36	58	26	40	27	37
62	24	26	5	22	21	55	11	27	55	28	28
63	23	23	2	57	16	32	26	29	23	29	26
64	22	11	0	9	10	25	50	1 ♉	11	0 ♊	34
65	20	44	26 ♐	51	3	35	38	3	25	1	56
66	18	53	22	48	26 ♐	6	56	6	19	3	41

Lat.	11	12	ASC	2	3
0	11 ♑ 58	10 ≈ 33	11 ♓ 34 12	14 ♈ 7	15 ♉ 28
5	11 18	9 29	10 51 47	14 29	15 58
10	10 38	8 22	10 5 24	14 52	16 29
15	9 56	7 10	9 13 38	15 17	17 1
20	9 12	5 53	8 14 35	15 45	17 36
21	9 3	5 36	8 1 40	15 51	17 44
22	8 54	5 20	7 48 20	15 57	17 51
23	8 44	5 3	7 34 33	16 3	17 59
24	8 35	4 45	7 20 17	16 10	18 6
25	8 25	4 27	7 5 30	16 16	18 14
26	8 15	4 9	6 50 9	16 23	18 22
27	8 5	3 50	6 34 13	16 30	18 31
28	7 54	3 30	6 17 37	16 38	18 39
29	7 44	3 11	6 0 20	16 45	18 48
30	7 33	2 50	5 42 18	16 53	18 57
31	7 22	2 29	5 23 28	17 1	19 6
32	7 10	2 7	5 3 45	17 10	19 15
33	6 59	1 45	4 43 4	17 18	19 25
34	6 47	1 22	4 21 22	17 27	19 35
35	6 34	0 58	3 58 33	17 37	19 45
36	6 22	0 33	3 34 30	17 47	19 55
37	6 8	0 8	3 9 6	17 57	20 6
38	5 55	29 ♑ 41	2 42 14	18 8	20 17
39	5 41	29 13	2 13 45	18 19	20 29
40	5 26	28 44	1 43 29	18 31	20 41
41	5 12	28 14	1 11 14	18 44	20 54
42	4 56	27 43	0 36 49	18 57	21 7
43	4 40	27 10	29 ≈ 59 58	19 11	21 21
44	4 23	26 36	29 20 24	19 26	21 35
45	4 6	26 0	28 37 47	19 41	21 50
46	3 47	25 22	27 51 46	19 58	22 5
47	3 28	24 42	27 1 53	20 16	22 22
48	3 8	24 0	26 7 37	20 35	22 39
49	2 47	23 15	25 8 22	20 55	22 57
50	2 25	22 28	24 3 25	21 17	23 16
51	2 2	21 38	22 51 54	21 41	23 37
52	1 37	20 44	21 32 47	22 7	23 58
53	1 11	19 47	20 4 51	22 35	24 21
54	0 43	18 45	18 26 35	23 6	24 46
55	0 14	17 39	16 36 13	23 40	25 12
56	29 ♐ 42	16 27	14 31 30	24 17	25 41
57	29 7	15 10	12 9 49	24 58	26 12
58	28 30	13 45	9 27 53	25 45	26 46
59	27 49	12 11	6 21 51	26 37	27 23
60	27 4	10 28	2 47 5	27 37	28 3
61	26 15	8 33	28 ♑ 38 22	28 46	28 49
62	25 19	6 24	23 50 5	0 ♉ 6	29 41
63	24 15	3 56	18 16 53	1 41	0 ♊ 40
64	23 1	1 5	11 54 59	3 37	1 49
65	21 32	27 ♐ 41	4 44 11	6 1	3 13
66	19 39	23 30	26 ♐ 50 5	9 10	5 2

16 h 56 m MC 15 ♐ 15 39 RAMC 254°

Lat.	11		12		ASC			2		3	
0	12 ♑	53	11 ≈	32	12 ♓	38	37	15 ♈	12	16 ♉	28
5	12	14	10	29	11	58	33	15	35	16	58
10	11	34	9	23	11	14	42	16	0	17	30
15	10	52	8	12	10	25	44	16	27	18	3
20	10	8	6	56	9	29	50	16	57	18	38
21	9	59	6	39	9	17	37	17	3	18	46
22	9	50	6	23	9	4	59	17	10	18	53
23	9	40	6	6	8	51	56	17	16	19	1
24	9	31	5	49	8	38	24	17	23	19	9
25	9	21	5	31	8	24	23	17	31	19	17
26	9	11	5	13	8	9	50	17	38	19	25
27	9	1	4	54	7	54	43	17	45	19	33
28	8	50	4	35	7	38	58	17	53	19	42
29	8	40	4	15	7	22	34	18	1	19	51
30	8	29	3	55	7	5	27	18	10	20	0
31	8	18	3	34	6	47	33	18	19	20	9
32	8	6	3	12	6	28	49	18	28	20	18
33	7	55	2	50	6	9	11	18	37	20	28
34	7	43	2	27	5	48	33	18	47	20	38
35	7	30	2	3	5	26	50	18	57	20	48
36	7	17	1	39	5	3	56	19	7	20	59
37	7	4	1	13	4	39	46	19	19	21	10
38	6	51	0	47	4	14	10	19	30	21	22
39	6	37	0	19	3	47	1	19	42	21	33
40	6	22	29 ♑	51	3	18	9	19	55	21	46
41	6	7	29	21	2	47	22	20	8	21	58
42	5	52	28	50	2	14	29	20	23	22	12
43	5	36	28	17	1	39	15	20	38	22	26
44	5	19	27	43	1	1	24	20	53	22	40
45	5	2	27	7	0	20	35	21	10	22	55
46	4	43	26	29	29 ≈	36	27	21	28	23	11
47	4	24	25	49	28	48	34	21	47	23	27
48	4	4	25	7	27	56	24	22	7	23	45
49	3	43	24	23	26	59	21	22	29	24	3
50	3	21	23	36	25	56	42	22	53	24	23
51	2	58	22	45	24	47	35	23	18	24	43
52	2	33	21	52	23	30	58	23	46	25	5
53	2	7	20	55	22	5	35	24	15	25	29
54	1	39	19	53	20	29	54	24	48	25	53
55	1	9	18	47	18	42	3	25	24	26	20
56	0	37	17	35	16	39	44	26	4	26	49
57	0	2	16	17	14	20	7	26	48	27	21
58	29 ♐	24	14	52	11	39	44	27	38	27	55
59	28	43	13	18	8	34	20	28	33	28	32
60	27	58	11	34	4	58	47	29	37	29	14
61	27	8	9	38	0	47	7	0 ♉	50	0 ♊	0
62	26	12	7	27	25 ♑	52	41	2	16	0	53
63	25	8	4	57	20	8	56	3	58	1	53
64	23	53	2	2	13	30	52	6	1	3	4
65	22	22	28 ♐	33	5	57	33	8	36	4	30
66	20	25	24	12	27 ♐	35	10	11	59	6	23

17 h 0 m MC 16 ♐ 11 19 RAMC 255°

Lat.	11	12	ASC	2	3
0	13 ♑ 49	12 ♒ 32	13 ♓ 43 9	16 ♈ 16	17 ♉ 28
5	13 10	11 30	13 5 28	16 41	17 59
10	12 30	10 24	12 24 11	17 8	18 31
15	11 48	9 15	11 38 4	17 36	19 4
20	11 4	7 59	10 45 22	18 8	19 40
21	10 55	7 43	10 33 50	18 15	19 48
22	10 46	7 26	10 21 56	18 22	19 55
23	10 36	7 10	10 9 36	18 29	20 3
24	10 27	6 52	9 56 51	18 37	20 11
25	10 17	6 35	9 43 37	18 44	20 19
26	10 7	6 17	9 29 52	18 52	20 27
27	9 57	5 58	9 15 35	19 0	20 36
28	9 46	5 39	9 0 43	19 9	20 44
29	9 36	5 20	8 45 13	19 17	20 53
30	9 25	5 0	8 29 2	19 26	21 2
31	9 14	4 39	8 12 7	19 36	21 12
32	9 2	4 18	7 54 24	19 45	21 21
33	8 51	3 56	7 35 49	19 55	21 31
34	8 39	3 33	7 16 17	20 6	21 41
35	8 26	3 9	6 55 43	20 16	21 52
36	8 14	2 45	6 34 2	20 28	22 3
37	8 1	2 20	6 11 7	20 40	22 14
38	7 47	1 53	5 46 50	20 52	22 25
39	7 33	1 26	5 21 5	21 5	22 37
40	7 19	0 58	4 53 40	21 18	22 50
41	7 4	0 28	4 24 26	21 33	23 3
42	6 48	29 ♑ 57	3 53 10	21 48	23 16
43	6 32	29 24	3 19 38	22 4	23 30
44	6 15	28 50	2 43 35	22 20	23 45
45	5 58	28 15	2 4 40	22 38	24 0
46	5 39	27 37	1 22 33	22 57	24 16
47	5 20	26 57	0 36 48	23 17	24 33
48	5 0	26 16	29 ♒ 46 53	23 39	24 50
49	4 39	25 31	28 52 13	24 2	25 9
50	4 17	24 44	27 52 5	24 27	25 29
51	3 54	23 54	26 45 37	24 54	25 50
52	3 29	23 1	25 31 46	25 23	26 12
53	3 2	22 3	24 9 16	25 55	26 35
54	2 34	21 2	22 36 33	26 30	27 1
55	2 4	19 55	20 51 41	27 8	27 28
56	1 32	18 43	18 52 17	27 50	27 57
57	0 57	17 25	16 35 23	28 37	28 29
58	0 19	15 59	13 57 15	29 29	29 3
59	29 ♐ 38	14 25	10 53 16	0 ♉ 28	29 41
60	28 53	12 40	7 17 45	1 36	0 ♊ 24
61	28 2	10 43	3 3 53	2 53	1 11
62	27 5	8 31	28 ♑ 3 52	4 24	2 4
63	26 0	5 59	22 9 38	6 12	3 5
64	24 44	3 1	15 14 34	8 22	4 17
65	23 12	29 ♐ 27	7 16 38	11 7	5 46
66	21 11	24 56	28 ♐ 22 31	14 46	7 43

17 h 4 m MC 17 ♐ 6 55 RAMC 256°

Lat.	11	12	ASC	2	3
0	14 ♑ 44	13 ♒ 32	14 ♓ 47 47	17 ♈ 21	18 ♉ 28
5	14 5	12 31	14 12 30	17 47	18 59
10	13 26	11 26	13 33 49	18 15	19 31
15	12 44	10 17	12 50 35	18 46	20 5
20	12 0	9 2	12 1 9	19 20	20 41
21	11 51	8 46	11 50 20	19 27	20 49
22	11 42	8 30	11 39 9	19 35	20 57
23	11 33	8 14	11 27 35	19 42	21 5
24	11 23	7 57	11 15 36	19 50	21 13
25	11 13	7 39	11 3 10	19 58	21 21
26	11 3	7 21	10 50 15	20 7	21 29
27	10 53	7 3	10 36 50	20 15	21 38
28	10 43	6 44	10 22 51	20 24	21 47
29	10 32	6 25	10 8 17	20 33	21 56
30	10 21	6 5	9 53 3	20 43	22 5
31	10 10	5 45	9 37 8	20 53	22 14
32	9 59	5 24	9 20 28	21 3	22 24
33	9 47	5 2	9 2 58	21 13	22 34
34	9 35	4 39	8 44 34	21 24	22 44
35	9 23	4 16	8 25 11	21 36	22 55
36	9 10	3 52	8 4 45	21 48	23 6
37	8 57	3 26	7 43 8	22 0	23 17
38	8 43	3 0	7 20 14	22 13	23 29
39	8 29	2 33	6 55 54	22 27	23 41
40	8 15	2 5	6 30 1	22 41	23 54
41	8 0	1 36	6 2 23	22 56	24 7
42	7 44	1 5	5 32 48	23 12	24 20
43	7 28	0 32	5 1 4	23 29	24 34
44	7 11	29 ♑ 59	4 26 54	23 47	24 49
45	6 54	29 23	3 50 1	24 6	25 5
46	6 36	28 46	3 10 2	24 26	25 21
47	6 17	28 6	2 26 32	24 47	25 38
48	5 56	27 25	1 39 3	25 10	25 56
49	5 35	26 40	0 46 57	25 35	26 14
50	5 13	25 53	29 ♒ 49 33	26 1	26 34
51	4 50	25 3	28 45 58	26 29	26 55
52	4 25	24 10	27 35 11	27 0	27 18
53	3 58	23 13	26 15 55	27 34	27 42
54	3 30	22 11	24 46 34	28 10	28 7
55	3 0	21 5	23 5 10	28 51	28 35
56	2 28	19 53	21 9 16	29 35	29 4
57	1 53	18 34	18 55 45	0 ♉ 24	29 37
58	1 15	17 8	16 20 39	1 20	0 ♊ 12
59	0 33	15 34	13 19 0	2 22	0 50
60	29 ♐ 48	13 48	9 44 31	3 33	1 33
61	28 57	11 50	5 29 28	4 54	2 20
62	27 59	9 36	0 24 41	6 30	3 14
63	26 54	7 2	24 ♑ 20 16	8 23	4 17
64	25 36	4 1	17 7 27	10 42	5 30
65	24 2	0 21	8 42 34	13 36	7 1
66	21 57	25 ♐ 40	29 ♐ 12 40	17 30	9 2

17 h 8 m MC 18 ♐ 2 27 RAMC 257°

Lat.	11	12	ASC	2	3
0	15 ♑ 40	14 ♒ 32	15 ♓ 52 32	18 ♈ 25	19 ♉ 27
5	15 1	13 32	15 19 39	18 53	19 59
10	14 22	12 28	14 43 37	19 23	20 32
15	13 40	11 20	14 3 18	19 55	21 6
20	12 57	10 6	13 17 10	20 31	21 43
21	12 48	9 50	13 7 4	20 39	21 50
22	12 38	9 34	12 56 38	20 47	21 58
23	12 29	9 18	12 45 50	20 55	22 6
24	12 19	9 1	12 34 38	21 3	22 14
25	12 10	8 44	12 23 1	21 12	22 23
26	12 0	8 26	12 10 57	21 21	22 31
27	11 49	8 8	11 58 25	21 30	22 40
28	11 39	7 50	11 45 21	21 39	22 49
29	11 28	7 31	11 31 43	21 49	22 58
30	11 18	7 11	11 17 29	21 59	23 7
31	11 7	6 51	11 2 35	22 9	23 17
32	10 55	6 30	10 46 59	22 20	23 27
33	10 43	6 8	10 30 36	22 31	23 37
34	10 31	5 46	10 13 22	22 43	23 47
35	10 19	5 23	9 55 13	22 55	23 58
36	10 6	4 59	9 36 3	23 7	24 9
37	9 53	4 34	9 15 47	23 21	24 20
38	9 40	4 8	8 54 18	23 34	24 32
39	9 26	3 41	8 31 28	23 49	24 44
40	9 11	3 13	8 7 9	24 4	24 57
41	8 56	2 44	7 41 11	24 20	25 10
42	8 41	2 13	7 13 23	24 37	25 24
43	8 25	1 41	6 43 31	24 54	25 38
44	8 8	1 7	6 11 20	25 13	25 53
45	7 50	0 32	5 36 34	25 33	26 9
46	7 32	29 ♑ 55	4 58 50	25 54	26 25
47	7 13	29 16	4 17 45	26 17	26 42
48	6 53	28 34	3 32 49	26 41	27 0
49	6 32	27 50	2 43 29	27 6	27 20
50	6 9	27 3	1 49 1	27 34	27 40
51	5 46	26 14	0 48 36	28 4	28 1
52	5 21	25 20	29 ♒ 41 11	28 36	28 24
53	4 55	24 23	28 25 29	29 12	28 48
54	4 26	23 22	26 59 56	29 50	29 14
55	3 56	22 15	25 22 32	0 ♉ 32	29 41
56	3 24	21 3	23 30 44	1 19	0 ♊ 11
57	2 49	19 45	21 21 20	2 11	0 44
58	2 10	18 19	18 50 10	3 9	1 19
59	1 29	16 43	15 51 53	4 14	1 58
60	0 43	14 58	12 19 38	5 28	2 41
61	29 ♐ 51	12 59	8 4 40	6 54	3 30
62	28 54	10 43	2 56 16	8 34	4 24
63	27 47	8 7	26 ♑ 42 17	10 33	5 28
64	26 29	5 3	19 11 10	12 58	6 43
65	24 53	1 18	10 16 47	16 2	8 15
66	22 44	26 ♐ 26	0 6 13	20 12	10 20

17 h 12 m MC 18 ♐ 57 54 RAMC 258°

Lat.	11	12	ASC	2	3
0	16 ♑ 36	15 ♒ 32	16 ♓ 57 21	19 ♈ 30	20 ♉ 26
5	15 57	14 33	16 26 55	19 59	20 59
10	15 18	13 30	15 53 32	20 30	21 32
15	14 37	12 23	15 16 11	21 5	22 7
20	13 53	11 10	14 33 25	21 42	22 44
21	13 44	10 55	14 24 3	21 50	22 52
22	13 35	10 39	14 14 22	21 59	22 59
23	13 25	10 23	14 4 20	22 7	23 8
24	13 16	10 6	13 53 57	22 16	23 16
25	13 6	9 49	13 43 10	22 25	23 24
26	12 56	9 32	13 31 58	22 34	23 33
27	12 46	9 14	13 20 19	22 44	23 42
28	12 36	8 55	13 8 11	22 54	23 51
29	12 25	8 37	12 55 31	23 4	24 0
30	12 14	8 17	12 42 17	23 14	24 9
31	12 3	7 57	12 28 27	23 25	24 19
32	11 52	7 36	12 13 56	23 37	24 29
33	11 40	7 15	11 58 41	23 48	24 39
34	11 28	6 53	11 42 40	24 1	24 50
35	11 16	6 30	11 25 46	24 13	25 0
36	11 3	6 6	11 7 55	24 27	25 12
37	10 50	5 42	10 49 3	24 40	25 23
38	10 36	5 16	10 29 1	24 55	25 35
39	10 23	4 49	10 7 44	25 10	25 47
40	10 8	4 21	9 45 3	25 26	26 0
41	9 53	3 52	9 20 48	25 43	26 14
42	9 38	3 22	8 54 50	26 0	26 28
43	9 21	2 50	8 26 55	26 19	26 42
44	9 5	2 17	7 56 49	26 39	26 57
45	8 47	1 42	7 24 16	26 59	27 13
46	8 29	1 5	6 48 54	27 22	27 29
47	8 10	0 26	6 10 22	27 45	27 47
48	7 50	29 ♑ 45	5 28 10	28 10	28 5
49	7 28	29 1	4 41 46	28 37	28 24
50	7 6	28 14	3 50 28	29 6	28 44
51	6 43	27 25	2 53 27	29 38	29 6
52	6 18	26 32	1 49 42	0 ♉ 12	29 29
53	5 51	25 35	0 37 57	0 49	29 53
54	5 23	24 33	29 ♒ 16 38	1 29	0 ♊ 19
55	4 52	23 27	27 43 44	2 13	0 47
56	4 20	22 15	25 56 42	3 2	1 18
57	3 45	20 56	23 52 13	3 56	1 51
58	3 6	19 30	21 25 58	4 56	2 26
59	2 24	17 54	18 32 15	6 4	3 6
60	1 38	16 8	15 3 38	7 22	3 49
61	0 47	14 8	10 50 18	8 51	4 38
62	29 ♐ 48	11 52	5 39 51	10 36	5 34
63	28 41	9 14	29 ♑ 17 24	12 40	6 38
64	27 22	6 7	21 27 44	15 12	7 54
65	25 44	2 16	12 1 7	18 25	9 29
66	23 32	27 ♐ 13	1 4 1	22 50	11 38

17 h 16 m MC 19 ♐ 53 18 **RAMC 259°**

Lat.	11	12	ASC	2	3
0	17 ♑ 32	16 ♒ 33	18 ♓ 2 16	20 ♈ 34	21 ♉ 26
5	16 53	15 34	17 34 18	21 5	21 58
10	16 14	14 32	17 3 36	21 38	22 32
15	15 33	13 26	16 29 15	22 14	23 7
20	14 50	12 15	15 49 53	22 53	23 45
21	14 40	11 59	15 41 15	23 2	23 52
22	14 31	11 44	15 32 20	23 10	24 0
23	14 22	11 28	15 23 6	23 19	24 9
24	14 12	11 11	15 13 31	23 29	24 17
25	14 3	10 55	15 3 35	23 38	24 25
26	13 53	10 37	14 53 16	23 48	24 34
27	13 43	10 20	14 42 32	23 58	24 43
28	13 32	10 2	14 31 20	24 8	24 52
29	13 22	9 43	14 19 39	24 19	25 1
30	13 11	9 24	14 7 27	24 30	25 11
31	13 0	9 4	13 54 41	24 41	25 21
32	12 48	8 43	13 41 17	24 53	25 31
33	12 37	8 22	13 27 13	25 5	25 41
34	12 25	8 0	13 12 25	25 18	25 52
35	12 13	7 38	12 56 48	25 32	26 3
36	12 0	7 14	12 40 19	25 45	26 14
37	11 47	6 50	12 22 52	26 0	26 26
38	11 33	6 24	12 4 21	26 15	26 38
39	11 19	5 58	11 44 39	26 31	26 50
40	11 5	5 31	11 23 39	26 48	27 3
41	10 50	5 2	11 1 12	27 5	27 17
42	10 34	4 32	10 37 7	27 24	27 31
43	10 18	4 0	10 11 14	27 43	27 45
44	10 2	3 27	9 43 18	28 4	28 0
45	9 44	2 52	9 13 3	28 25	28 16
46	9 26	2 15	8 40 11	28 49	28 33
47	9 7	1 37	8 4 19	29 13	28 51
48	8 46	0 56	7 25 1	29 40	29 9
49	8 25	0 12	6 41 43	0 ♉ 8	29 28
50	8 3	29 ♑ 26	5 53 47	0 38	29 49
51	7 39	28 36	5 0 26	1 11	0 ♊ 11
52	7 14	27 44	4 0 39	1 46	0 34
53	6 48	26 47	2 53 14	2 25	0 58
54	6 19	25 46	1 36 35	3 6	1 25
55	5 49	24 39	0 8 46	3 52	1 53
56	5 16	23 27	28 ♒ 27 10	4 43	2 24
57	4 41	22 9	26 28 28	5 39	2 57
58	4 3	20 42	24 8 11	6 42	3 33
59	3 21	19 7	21 20 22	7 53	4 13
60	2 34	17 20	17 57 0	9 14	4 57
61	1 42	15 20	13 47 16	10 47	5 46
62	0 43	13 2	8 36 49	12 35	6 42
63	29 ♐ 36	10 23	2 7 37	14 45	7 48
64	28 16	7 12	23 ♑ 59 41	17 23	9 5
65	26 36	3 17	13 58 0	20 46	10 42
66	24 20	28 ♐ 2	2 7 13	25 26	12 55

17 h 20 m MC 20 ♐ 48 39 RAMC 260°

Lat.	11		12		ASC			2		3	
0	18 ♑	28	17 ♒	33	19 ♓	7	15	21 ♈	38	22 ♉	25
5	17	50	16	36	18	41	46	22	10	22	58
10	17	10	15	35	18	13	47	22	45	23	31
15	16	29	14	30	17	42	27	23	22	24	7
20	15	46	13	19	17	6	32	24	4	24	45
21	15	37	13	4	16	58	39	24	13	24	53
22	15	28	12	49	16	50	30	24	22	25	1
23	15	19	12	33	16	42	4	24	31	25	9
24	15	9	12	17	16	33	20	24	41	25	18
25	14	59	12	0	16	24	15	24	51	25	26
26	14	49	11	43	16	14	50	25	1	25	35
27	14	39	11	26	16	5	1	25	11	25	44
28	14	29	11	8	15	54	47	25	22	25	53
29	14	19	10	50	15	44	7	25	33	26	3
30	14	8	10	31	15	32	57	25	45	26	12
31	13	57	10	11	15	21	16	25	57	26	22
32	13	45	9	51	15	9	1	26	9	26	32
33	13	34	9	30	14	56	9	26	22	26	43
34	13	22	9	8	14	42	36	26	36	26	54
35	13	10	8	46	14	28	18	26	49	27	5
36	12	57	8	23	14	13	12	27	4	27	16
37	12	44	7	59	13	57	13	27	19	27	28
38	12	30	7	34	13	40	14	27	35	27	40
39	12	16	7	7	13	22	11	27	51	27	53
40	12	2	6	40	13	2	55	28	9	28	6
41	11	47	6	12	12	42	18	28	27	28	19
42	11	32	5	42	12	20	12	28	46	28	33
43	11	15	5	11	11	56	24	29	7	28	48
44	10	59	4	38	11	30	43	29	28	29	4
45	10	41	4	3	11	2	53	29	51	29	20
46	10	23	3	27	10	32	37	0 ♉	15	29	36
47	10	4	2	48	9	59	33	0	41	29	54
48	9	44	2	8	9	23	16	1	8	0 ♊	13
49	9	22	1	24	8	43	16	1	37	0	32
50	9	0	0	38	7	58	55	2	9	0	53
51	8	36	29 ♑	49	7	9	28	2	43	1	15
52	8	11	28	57	6	13	58	3	20	1	38
53	7	45	28	0	5	11	13	4	0	2	3
54	7	16	26	59	3	59	43	4	43	2	30
55	6	46	25	53	2	37	31	5	31	2	58
56	6	13	24	41	1	2	4	6	23	3	29
57	5	38	23	23	29 ♒	10	2	7	22	4	2
58	4	59	21	56	26	56	52	8	27	4	39
59	4	17	20	20	24	16	25	9	41	5	19
60	3	30	18	33	21	0	11	11	4	6	4
61	2	38	16	32	16	56	21	12	40	6	54
62	1	39	14	14	11	48	36	14	33	7	50
63	0	31	11	33	5	15	12	16	47	8	56
64	29 ♐	10	8	20	26 ♑	50	8	19	31	10	15
65	27	29	4	19	16	10	37	23	3	11	54
66	25	9	28 ♐	53	3	17	25	27	59	14	11

Lat.	11	12	ASC	2	3
0	19 ♑ 24	18 ♒ 34	20 ♓ 12 19	22 ♈ 42	23 ♉ 23
5	18 46	17 37	19 49 20	23 16	23 57
10	18 7	16 38	19 24 5	23 52	24 31
15	17 26	15 34	18 55 48	24 31	25 7
20	16 43	14 24	18 23 21	25 14	25 45
21	16 34	14 9	18 16 14	25 24	25 53
22	16 25	13 54	18 8 53	25 33	26 2
23	16 15	13 39	18 1 16	25 43	26 10
24	16 6	13 23	17 53 22	25 53	26 19
25	15 56	13 7	17 45 9	26 3	26 27
26	15 46	12 50	17 36 38	26 14	26 36
27	15 36	12 33	17 27 46	26 25	26 45
28	15 26	12 15	17 18 31	26 36	26 54
29	15 16	11 57	17 8 51	26 48	27 4
30	15 5	11 38	16 58 46	27 0	27 14
31	14 54	11 19	16 48 11	27 12	27 24
32	14 42	10 59	16 37 6	27 25	27 34
33	14 31	10 38	16 25 26	27 38	27 44
34	14 19	10 17	16 13 10	27 52	27 55
35	14 7	9 55	16 0 14	28 7	28 6
36	13 54	9 32	15 46 33	28 22	28 18
37	13 41	9 8	15 32 3	28 38	28 30
38	13 28	8 43	15 16 40	28 54	28 42
39	13 14	8 17	15 0 17	29 11	28 55
40	12 59	7 50	14 42 48	29 30	29 8
41	12 44	7 22	14 24 5	29 49	29 22
42	12 29	6 53	14 4 0	0 ♉ 9	29 36
43	12 13	6 22	13 42 23	0 30	29 51
44	11 56	5 49	13 19 1	0 52	0 ♊ 6
45	11 39	5 15	12 53 41	1 15	0 23
46	11 20	4 39	12 26 7	1 41	0 39
47	11 1	4 1	11 55 59	2 7	0 57
48	10 41	3 20	11 22 52	2 36	1 16
49	10 20	2 37	10 46 19	3 6	1 36
50	9 57	1 52	10 5 45	3 39	1 57
51	9 34	1 3	9 20 27	4 14	2 19
52	9 9	0 10	8 29 31	4 52	2 42
53	8 42	29 ♑ 14	7 31 48	5 34	3 7
54	8 14	28 13	6 25 53	6 19	3 34
55	7 43	27 8	5 9 52	7 8	4 3
56	7 11	25 56	3 41 18	8 2	4 34
57	6 35	24 38	1 56 51	9 3	5 8
58	5 56	23 11	29 ♒ 52 1	10 10	5 45
59	5 14	21 35	27 20 31	11 26	6 25
60	4 27	19 48	24 13 31	12 53	7 10
61	3 35	17 47	20 18 19	14 32	8 0
62	2 35	15 28	15 16 39	16 28	8 58
63	1 26	12 45	8 42 43	18 47	10 5
64	0 5	9 30	0 2 54	21 37	11 24
65	28 ♐ 22	5 24	18 ♑ 43 19	25 16	13 5
66	25 58	29 ♐ 46	4 36 51	0 ♊ 28	15 26

Lat.	11		12		ASC			2		3	
0	20 ♑	20	19 ♒	35	21 ♓	17	27	23 ♈	46	24 ♉	22
5	19	42	18	39	20	56	58	24	21	24	56
10	19	3	17	41	20	34	29	24	59	25	30
15	18	23	16	38	20	9	16	25	39	26	7
20	17	40	15	30	19	40	21	26	25	26	46
21	17	31	15	15	19	34	0	26	34	26	54
22	17	22	15	0	19	27	26	26	44	27	2
23	17	12	14	45	19	20	38	26	54	27	10
24	17	3	14	29	19	13	35	27	5	27	19
25	16	53	14	13	19	6	16	27	15	27	28
26	16	44	13	57	18	58	40	27	26	27	37
27	16	33	13	40	18	50	44	27	38	27	46
28	16	23	13	22	18	42	29	27	50	27	55
29	16	13	13	4	18	33	52	28	2	28	5
30	16	2	12	46	18	24	51	28	14	28	15
31	15	51	12	27	18	15	24	28	27	28	25
32	15	40	12	7	18	5	29	28	41	28	35
33	15	28	11	47	17	55	5	28	54	28	46
34	15	16	11	26	17	44	7	29	9	28	56
35	15	4	11	4	17	32	32	29	24	29	8
36	14	51	10	41	17	20	18	29	40	29	19
37	14	38	10	18	17	7	20	29	56	29	31
38	14	25	9	53	16	53	33	0 ♉	13	29	44
39	14	11	9	28	16	38	54	0	31	29	57
40	13	57	9	1	16	23	14	0	50	0 ♊	10
41	13	42	8	33	16	6	28	1	9	0	24
42	13	26	8	4	15	48	28	1	30	0	38
43	13	10	7	33	15	29	5	1	52	0	53
44	12	54	7	1	15	8	7	2	15	1	9
45	12	36	6	27	14	45	23	2	40	1	25
46	12	18	5	51	14	20	36	3	6	1	42
47	11	59	5	14	13	53	30	3	33	2	0
48	11	39	4	34	13	23	42	4	3	2	19
49	11	17	3	51	12	50	46	4	34	2	39
50	10	55	3	6	12	14	10	5	8	3	0
51	10	31	2	17	11	33	15	5	44	3	22
52	10	6	1	25	10	47	9	6	24	3	46
53	9	40	0	29	9	54	50	7	7	4	11
54	9	11	29 ♑	29	8	54	56	7	53	4	38
55	8	41	28	23	7	45	40	8	44	5	7
56	8	8	27	12	6	24	40	9	40	5	38
57	7	32	25	54	4	48	46	10	43	6	13
58	6	54	24	28	2	53	30	11	52	6	50
59	6	11	22	52	0	32	40	13	10	7	30
60	5	24	21	4	27 ♒	37	12	14	39	8	16
61	4	32	19	3	23	53	47	16	21	9	7
62	3	32	16	43	19	2	22	18	21	10	5
63	2	23	13	59	12	32	56	20	44	11	12
64	1	0	10	42	3	42	45	23	39	12	33
65	29 ♐	16	6	32	21 ♑	42	0	27	26	14	15
66	26	48	0	42	6	8	54	2 ♊	53	16	40

17 h 32 m   MC 23 ♐ 34 22   RAMC 263°

Lat.	11		12		ASC			2		3	
0	21 ♑	17	20 ♒	36	22 ♓	22	38	24 ♈	49	25 ♉	21
5	20	39	19	42	22	4	41	25	26	25	55
10	20	0	18	44	21	44	58	26	5	26	30
15	19	20	17	43	21	22	52	26	48	27	6
20	18	37	16	35	20	57	29	27	34	27	45
21	18	28	16	21	20	51	55	27	44	27	54
22	18	19	16	6	20	46	9	27	55	28	2
23	18	10	15	51	20	40	11	28	5	28	11
24	18	0	15	36	20	34	0	28	16	28	19
25	17	51	15	20	20	27	34	28	27	28	28
26	17	41	15	4	20	20	53	28	39	28	37
27	17	31	14	47	20	13	56	28	51	28	46
28	17	21	14	30	20	6	41	29	3	28	56
29	17	10	14	12	19	59	6	29	15	29	5
30	16	59	13	54	19	51	11	29	28	29	15
31	16	48	13	35	19	42	53	29	42	29	25
32	16	37	13	16	19	34	10	29	56	29	36
33	16	26	12	56	19	25	1	0 ♉	10	29	47
34	16	14	12	35	19	15	22	0	25	29	58
35	16	2	12	14	19	5	12	0	41	0 ♊	9
36	15	49	11	51	18	54	26	0	57	0	21
37	15	36	11	28	18	43	1	1	14	0	33
38	15	23	11	4	18	30	53	1	32	0	45
39	15	9	10	39	18	17	59	1	50	0	58
40	14	55	10	12	18	4	11	2	9	1	12
41	14	40	9	45	17	49	25	2	30	1	25
42	14	24	9	16	17	33	33	2	51	1	40
43	14	8	8	46	17	16	27	3	14	1	55
44	13	51	8	14	16	57	57	3	38	2	11
45	13	34	7	40	16	37	52	4	3	2	27
46	13	16	7	5	16	15	59	4	30	2	45
47	12	57	6	27	15	52	1	4	58	3	3
48	12	36	5	48	15	25	39	5	29	3	22
49	12	15	5	6	14	56	29	6	1	3	42
50	11	53	4	21	14	24	2	6	36	4	3
51	11	29	3	33	13	47	42	7	14	4	25
52	11	4	2	41	13	6	43	7	54	4	49
53	10	38	1	45	12	20	8	8	38	5	15
54	10	9	0	45	11	26	40	9	26	5	42
55	9	39	29 ♑	40	10	24	41	10	19	6	11
56	9	6	28	29	9	11	58	11	17	6	43
57	8	30	27	11	7	45	31	12	21	7	17
58	7	52	25	45	6	1	7	13	32	7	54
59	7	9	24	10	3	52	40	14	53	8	35
60	6	22	22	22	1	11	13	16	24	9	21
61	5	29	20	21	27 ♒	43	8	18	9	10	12
62	4	29	18	0	23	7	0	20	12	11	11
63	3	19	15	16	16	48	47	22	38	12	19
64	1	56	11	56	7	55	22	25	39	13	40
65	0	11	7	42	25 ♑	14	55	29	33	15	24
66	27 ♐	40	1	40	7	58	45	5 ♊	15	17	53

Lat.	11		12		ASC			2		3	
0	22 ♑	13	21 ♒	37	23 ♓	27	53	25 ♈	53	26 ♉	19
5	21	36	20	44	23	12	28	26	31	26	53
10	20	57	19	48	22	55	33	27	12	27	29
15	20	17	18	47	22	36	33	27	56	28	6
20	19	34	17	41	22	14	45	28	44	28	45
21	19	25	17	27	22	9	58	28	55	28	53
22	19	16	17	13	22	5	0	29	5	29	2
23	19	7	16	58	21	59	53	29	16	29	10
24	18	58	16	43	21	54	33	29	27	29	19
25	18	48	16	27	21	49	2	29	39	29	28
26	18	38	16	11	21	43	17	29	51	29	37
27	18	28	15	55	21	37	18	0 ♉	3	29	46
28	18	18	15	38	21	31	4	0	16	29	56
29	18	8	15	21	21	24	33	0	29	0 ♊	6
30	17	57	15	3	21	17	44	0	42	0	16
31	17	46	14	44	21	10	36	0	56	0	26
32	17	35	14	25	21	3	6	1	10	0	36
33	17	23	14	5	20	55	13	1	25	0	47
34	17	12	13	45	20	46	55	1	41	0	58
35	16	59	13	24	20	38	9	1	57	1	10
36	16	47	13	2	20	28	53	2	14	1	22
37	16	34	12	39	20	19	3	2	31	1	34
38	16	21	12	15	20	8	36	2	49	1	46
39	16	7	11	50	19	57	29	3	9	1	59
40	15	52	11	24	19	45	35	3	29	2	13
41	15	38	10	57	19	32	51	3	50	2	27
42	15	22	10	28	19	19	10	4	12	2	42
43	15	6	9	59	19	4	24	4	35	2	57
44	14	49	9	27	18	48	26	5	0	3	13
45	14	32	8	54	18	31	5	5	26	3	29
46	14	14	8	19	18	12	10	5	53	3	47
47	13	55	7	42	17	51	26	6	23	4	5
48	13	35	7	3	17	28	37	6	54	4	24
49	13	14	6	21	17	3	21	7	28	4	44
50	12	51	5	36	16	35	13	8	4	5	5
51	12	28	4	49	16	3	40	8	42	5	28
52	12	3	3	58	15	28	3	9	24	5	52
53	11	36	3	3	14	47	29	10	9	6	18
54	11	8	2	3	14	0	50	10	59	6	45
55	10	37	0	58	13	6	39	11	53	7	14
56	10	4	29 ♑	48	12	2	53	12	52	7	46
57	9	29	28	30	10	46	49	13	58	8	21
58	8	50	27	4	9	14	29	15	11	8	58
59	8	7	25	29	7	20	13	16	33	9	40
60	7	20	23	42	4	55	21	18	7	10	26
61	6	27	21	40	1	46	26	19	54	11	17
62	5	27	19	20	27 ♒	31	25	22	0	12	16
63	4	17	16	34	21	33	3	24	30	13	25
64	2	53	13	13	12	47	27	27	35	14	47
65	1	6	8	56	29 ♑	33	40	1 ♊	36	16	32
66	28 ♐	32	2	43	10	14	47	7	32	19	5

17 h 40 m MC 25 ♐ 24 39 **RAMC 265°**

Lat.	11		12		ASC			2		3	
0	23 ♑	10	22 ♒	39	24 ♓	33	10	26 ♈	56	27 ♉	17
5	22	32	21	47	24	20	19	27	36	27	52
10	21	54	20	52	24	6	11	28	18	28	27
15	21	14	19	52	23	50	20	29	3	29	5
20	20	32	18	47	23	32	7	29	54	29	45
21	20	23	18	33	23	28	7	0 ♉	4	29	53
22	20	14	18	19	23	23	59	0	15	0 ♊	1
23	20	4	18	5	23	19	42	0	27	0	10
24	19	55	17	50	23	15	15	0	38	0	19
25	19	46	17	35	23	10	38	0	50	0	28
26	19	36	17	19	23	5	50	1	2	0	37
27	19	26	17	3	23	0	50	1	15	0	46
28	19	16	16	46	22	55	38	1	28	0	56
29	19	5	16	29	22	50	11	1	41	1	6
30	18	55	16	12	22	44	29	1	55	1	16
31	18	44	15	54	22	38	31	2	10	1	26
32	18	33	15	35	22	32	15	2	25	1	37
33	18	21	15	15	22	25	40	2	40	1	48
34	18	9	14	55	22	18	43	2	56	1	59
35	17	57	14	34	22	11	23	3	13	2	10
36	17	45	14	13	22	3	38	3	30	2	22
37	17	32	13	50	21	55	24	3	48	2	34
38	17	19	13	27	21	46	39	4	7	2	47
39	17	5	13	2	21	37	20	4	27	3	0
40	16	51	12	37	21	27	23	4	47	3	14
41	16	36	12	10	21	16	43	5	9	3	28
42	16	20	11	42	21	5	14	5	32	3	43
43	16	4	11	12	20	52	52	5	56	3	58
44	15	48	10	41	20	39	29	6	21	4	14
45	15	30	10	8	20	24	55	6	48	4	31
46	15	12	9	34	20	9	3	7	16	4	48
47	14	53	8	57	19	51	38	7	47	5	7
48	14	33	8	19	19	32	28	8	19	5	26
49	14	12	7	37	19	11	13	8	53	5	46
50	13	50	6	53	18	47	32	9	30	6	8
51	13	26	6	6	18	20	57	10	10	6	30
52	13	1	5	15	17	50	55	10	53	6	54
53	12	35	4	21	17	16	39	11	39	7	20
54	12	6	3	22	16	37	11	12	30	7	48
55	11	36	2	17	15	51	15	13	25	8	17
56	11	3	1	7	14	57	4	14	26	8	49
57	10	27	29 ♑	50	13	52	12	15	33	9	24
58	9	48	28	25	12	33	9	16	48	10	2
59	9	6	26	50	10	54	45	18	12	10	43
60	8	18	25	3	8	49	4	19	48	11	30
61	7	25	23	1	6	3	20	21	38	12	22
62	6	25	20	41	2	15	54	23	46	13	21
63	5	15	17	55	26 ♒	47	58	26	19	14	30
64	3	50	14	33	18	26	18	29	28	15	53
65	2	3	10	12	4	54	33	3 ♊	35	17	40
66	29 ♐	26	3	49	13 ♑	11	32	9	44	20	15

17 h 44 m MC 26 ♐ 19 45 **RAMC 266°**

Lat.	11		12		ASC			2		3	
0	24 ♑	6	23 ♒	41	25 ♓	38	29	27 ♈	59	28 ♉	15
5	23	29	22	50	25	28	12	28	40	28	50
10	22	51	21	56	25	16	52	29	24	29	26
15	22	11	20	57	25	4	10	0 ♉	11	0 ♊	4
20	21	29	19	54	24	49	35	1	3	0	44
21	21	20	19	40	24	46	23	1	14	0	52
22	21	11	19	26	24	43	4	1	25	1	1
23	21	2	19	12	24	39	38	1	37	1	10
24	20	53	18	58	24	36	4	1	49	1	18
25	20	43	18	43	24	32	22	2	1	1	27
26	20	34	18	27	24	28	31	2	14	1	37
27	20	24	18	11	24	24	31	2	27	1	46
28	20	14	17	55	24	20	20	2	40	1	56
29	20	3	17	38	24	15	58	2	54	2	6
30	19	53	17	21	24	11	24	3	8	2	16
31	19	42	17	3	24	6	36	3	23	2	26
32	19	31	16	45	24	1	35	3	38	2	37
33	19	19	16	26	23	56	17	3	54	2	48
34	19	8	16	6	23	50	43	4	11	2	59
35	18	56	15	45	23	44	50	4	28	3	11
36	18	43	15	24	23	38	37	4	46	3	23
37	18	30	15	2	23	32	0	5	4	3	35
38	18	17	14	39	23	24	59	5	24	3	48
39	18	3	14	15	23	17	30	5	44	4	1
40	17	49	13	50	23	9	30	6	5	4	15
41	17	34	13	23	23	0	56	6	28	4	29
42	17	19	12	55	22	51	43	6	51	4	44
43	17	3	12	26	22	41	46	7	16	4	59
44	16	46	11	56	22	31	0	7	42	5	15
45	16	29	11	24	22	19	18	8	9	5	32
46	16	11	10	50	22	6	31	8	39	5	50
47	15	52	10	13	21	52	30	9	10	6	8
48	15	32	9	35	21	37	3	9	43	6	27
49	15	11	8	54	21	19	56	10	18	6	48
50	14	49	8	11	21	0	50	10	56	7	9
51	14	25	7	24	20	39	22	11	37	7	32
52	14	0	6	34	20	15	6	12	20	7	56
53	13	34	5	40	19	47	23	13	8	8	22
54	13	5	4	41	19	15	25	14	0	8	50
55	12	35	3	38	18	38	8	14	56	9	20
56	12	2	2	28	17	54	4	15	58	9	52
57	11	26	1	11	17	1	11	17	7	10	27
58	10	47	29 ♑	47	15	56	29	18	24	11	5
59	10	5	28	12	14	35	34	19	50	11	47
60	9	17	26	26	12	51	31	21	27	12	33
61	8	24	24	25	10	32	56	23	19	13	26
62	7	24	22	4	7	19	54	25	30	14	25
63	6	13	19	18	2	34	37	28	6	15	35
64	4	48	15	55	24 ♒	58	54	1 ♊	18	16	59
65	3	0	11	32	11	39	59	5	30	18	46
66	0	21	5	0	17 ♑	16	10	11	51	21	24

17 h 48 m MC 27 ♐ 14 50 RAMC 267°

Lat.	11		12		ASC			2		3	
0	25 ♑	3	24 ♒	42	26 ♓	43	50	29 ♈	2	29 ♉	13
5	24	26	23	53	26	36	7	29	45	29	48
10	23	48	23	0	26	27	37	0 ♉	30	0 ♊	24
15	23	9	22	3	26	18	5	1	18	1	2
20	22	27	21	1	26	7	7	2	12	1	43
21	22	18	20	47	26	4	43	2	23	1	51
22	22	9	20	34	26	2	14	2	35	2	0
23	22	0	20	20	25	59	39	2	47	2	9
24	21	51	20	6	25	56	58	2	59	2	18
25	21	41	19	51	25	54	11	3	12	2	27
26	21	32	19	36	25	51	18	3	25	2	36
27	21	22	19	20	25	48	17	3	38	2	46
28	21	12	19	4	25	45	9	3	52	2	55
29	21	1	18	48	25	41	52	4	6	3	5
30	20	51	18	31	25	38	26	4	21	3	16
31	20	40	18	13	25	34	50	4	36	3	26
32	20	29	17	55	25	31	3	4	52	3	37
33	20	18	17	37	25	27	5	5	8	3	48
34	20	6	17	17	25	22	54	5	25	3	59
35	19	54	16	57	25	18	28	5	43	4	11
36	19	42	16	36	25	13	47	6	1	4	23
37	19	29	16	14	25	8	49	6	20	4	35
38	19	16	15	52	25	3	32	6	40	4	48
39	19	2	15	28	24	57	55	7	1	5	1
40	18	48	15	3	24	51	54	7	23	5	15
41	18	33	14	37	24	45	27	7	46	5	29
42	18	18	14	10	24	38	30	8	10	5	44
43	18	2	13	41	24	31	1	8	35	6	0
44	17	45	13	11	24	22	54	9	2	6	16
45	17	28	12	39	24	14	5	9	30	6	33
46	17	10	12	6	24	4	28	10	0	6	51
47	16	51	11	30	23	53	54	10	32	7	9
48	16	31	10	52	23	42	15	11	6	7	29
49	16	10	10	12	23	29	20	11	42	7	49
50	15	48	9	29	23	14	55	12	21	8	11
51	15	24	8	43	22	58	43	13	2	8	34
52	14	59	7	54	22	40	22	13	47	8	58
53	14	33	7	0	22	19	23	14	36	9	24
54	14	4	6	2	21	55	11	15	29	9	52
55	13	34	4	59	21	26	54	16	26	10	22
56	13	1	3	50	20	53	26	17	30	10	54
57	12	26	2	34	20	13	9	18	40	11	29
58	11	47	1	10	19	23	45	19	58	12	7
59	11	4	29 ♑	36	18	21	43	21	25	12	50
60	10	17	27	50	17	1	30	23	4	13	36
61	9	24	25	50	15	13	47	24	58	14	29
62	8	23	23	30	12	41	47	27	11	15	29
63	7	12	20	44	8	52	11	29	49	16	39
64	5	47	17	20	2	29	56	3 ♊	5	18	3
65	3	58	12	55	20 ♒	18	26	7	22	19	51
66	1	17	6	17	23 ♑	24	52	13	52	22	32

Lat.	11		12		ASC			2		3	
0	26 ♑	0	25 ♒	45	27 ♓	49	13	0 ♉	5	0 ♊	10
5	25	24	24	56	27	44	4	0	49	0	46
10	24	46	24	4	27	38	23	1	35	1	23
15	24	7	23	9	27	32	2	2	25	2	1
20	23	25	22	8	27	24	43	3	20	2	42
21	23	16	21	55	27	23	7	3	32	2	50
22	23	7	21	41	27	21	27	3	44	2	59
23	22	58	21	28	27	19	44	3	56	3	8
24	22	49	21	14	27	17	57	4	9	3	17
25	22	39	21	0	27	16	5	4	22	3	26
26	22	30	20	45	27	14	9	4	35	3	35
27	22	20	20	30	27	12	9	4	49	3	45
28	22	10	20	14	27	10	3	5	3	3	55
29	22	0	19	58	27	7	52	5	18	4	5
30	21	49	19	41	27	5	34	5	33	4	15
31	21	39	19	24	27	3	10	5	49	4	26
32	21	28	19	6	27	0	39	6	5	4	36
33	21	16	18	48	26	57	59	6	22	4	47
34	21	5	18	29	26	55	11	6	39	4	59
35	20	53	18	9	26	52	14	6	57	5	11
36	20	40	17	49	26	49	7	7	16	5	23
37	20	27	17	27	26	45	48	7	36	5	35
38	20	14	17	5	26	42	16	7	56	5	48
39	20	1	16	42	26	38	30	8	18	6	2
40	19	47	16	17	26	34	29	8	40	6	15
41	19	32	15	52	26	30	10	9	3	6	30
42	19	17	15	25	26	25	32	9	28	6	45
43	19	1	14	57	26	20	32	9	54	7	0
44	18	44	14	27	26	15	7	10	21	7	17
45	18	27	13	56	26	9	13	10	50	7	33
46	18	9	13	23	26	2	46	11	21	7	51
47	17	50	12	48	25	55	42	11	53	8	10
48	17	30	12	11	25	47	54	12	28	8	29
49	17	9	11	31	25	39	16	13	5	8	50
50	16	47	10	49	25	29	36	13	45	9	12
51	16	24	10	3	25	18	45	14	27	9	35
52	15	59	9	14	25	6	27	15	13	9	59
53	15	32	8	21	24	52	22	16	2	10	26
54	15	4	7	24	24	36	7	16	56	10	54
55	14	34	6	22	24	17	7	17	55	11	24
56	14	1	5	13	23	54	35	19	0	11	56
57	13	25	3	58	23	27	27	20	11	12	31
58	12	47	2	35	22	54	5	21	30	13	10
59	12	4	1	2	22	12	3	22	59	13	52
60	11	17	29 ♑	17	21	17	29	24	40	14	39
61	10	23	27	17	20	3	46	26	35	15	31
62	9	23	24	57	18	18	41	28	50	16	32
63	8	12	22	11	15	37	10	1 ♊	30	17	42
64	6	47	18	48	10	58	42	4	49	19	7
65	4	58	14	23	1	18	11	9	9	20	55
66	2	15	7	39	3 ♒	47	55	15	47	23	38

Lat.	11	12	ASC	2	3
0	26 ♑ 57	26 ♒ 47	28 ♓ 54 36	1 ♉ 8	1 ♊ 8
5	26 21	25 59	28 52 1	1 53	1 44
10	25 43	25 9	28 49 11	2 40	2 21
15	25 4	24 15	28 46 0	3 32	2 59
20	24 23	23 15	28 42 21	4 29	3 40
21	24 14	23 3	28 41 33	4 41	3 49
22	24 5	22 50	28 40 43	4 53	3 58
23	23 56	22 36	28 39 51	5 6	4 7
24	23 47	22 23	28 38 58	5 19	4 16
25	23 38	22 8	28 38 2	5 32	4 25
26	23 28	21 54	28 37 4	5 46	4 34
27	23 18	21 39	28 36 4	6 0	4 44
28	23 9	21 24	28 35 1	6 15	4 54
29	22 58	21 8	28 33 55	6 30	5 4
30	22 48	20 52	28 32 46	6 45	5 14
31	22 37	20 35	28 31 34	7 1	5 25
32	22 26	20 18	28 30 18	7 18	5 36
33	22 15	20 0	28 28 58	7 35	5 47
34	22 3	19 41	28 27 34	7 53	5 58
35	21 51	19 22	28 26 6	8 11	6 10
36	21 39	19 2	28 24 32	8 31	6 22
37	21 26	18 41	28 22 52	8 51	6 35
38	21 13	18 19	28 21 6	9 12	6 48
39	21 0	17 56	28 19 13	9 33	7 1
40	20 46	17 32	28 17 13	9 56	7 15
41	20 31	17 7	28 15 3	10 20	7 30
42	20 16	16 41	28 12 44	10 46	7 45
43	20 0	16 13	28 10 13	11 12	8 0
44	19 44	15 44	28 7 30	11 40	8 17
45	19 26	15 13	28 4 33	12 10	8 34
46	19 8	14 41	28 1 20	12 41	8 52
47	18 50	14 6	27 57 47	13 14	9 10
48	18 30	13 30	27 53 53	13 49	9 30
49	18 9	12 51	27 49 32	14 27	9 51
50	17 47	12 9	27 44 42	15 7	10 13
51	17 24	11 24	27 39 15	15 51	10 36
52	16 59	10 36	27 33 5	16 37	11 0
53	16 32	9 44	27 26 1	17 28	11 27
54	16 4	8 47	27 17 52	18 23	11 55
55	15 34	7 46	27 8 19	19 23	12 25
56	15 1	6 38	26 56 59	20 28	12 57
57	14 26	5 24	26 43 19	21 41	13 33
58	13 47	4 1	26 26 30	23 1	14 11
59	13 4	2 29	26 5 17	24 31	14 54
60	12 17	0 45	25 37 40	26 13	15 41
61	11 24	28 ♑ 45	25 0 12	28 10	16 34
62	10 23	26 27	24 6 29	0 ♊ 26	17 34
63	9 13	23 42	22 42 57	3 9	18 44
64	7 47	20 19	20 15 28	6 29	20 9
65	5 58	15 54	14 47 9	10 52	21 59
66	3 14	9 8	23 ♒ 43 34	17 35	24 42

Lat.	11		12		ASC			2		3	
0	27 ♑	55	27 ♒	49	0 ♈	0	0	2 ♉	10	2 ♊	5
5	27	18	27	3	0	0	0	2	57	2	42
10	26	41	26	14	0	0	0	3	46	3	19
15	26	2	25	21	0	0	0	4	38	3	58
20	25	21	24	23	0	0	0	5	37	4	39
21	25	12	24	11	0	0	0	5	49	4	48
22	25	4	23	58	0	0	0	6	2	4	56
23	24	55	23	45	0	0	0	6	15	5	5
24	24	46	23	32	0	0	0	6	28	5	14
25	24	36	23	18	0	0	0	6	42	5	24
26	24	27	23	4	0	0	0	6	56	5	33
27	24	17	22	49	0	0	0	7	10	5	43
28	24	7	22	34	0	0	0	7	25	5	53
29	23	57	22	19	0	0	0	7	41	6	3
30	23	47	22	3	0	0	0	7	57	6	13
31	23	36	21	47	0	0	0	8	13	6	24
32	23	25	21	30	0	0	0	8	30	6	35
33	23	14	21	12	0	0	0	8	48	6	46
34	23	2	20	54	0	0	0	9	6	6	58
35	22	51	20	35	0	0	0	9	25	7	9
36	22	38	20	15	0	0	0	9	44	7	22
37	22	26	19	54	0	0	0	10	5	7	34
38	22	13	19	33	0	0	0	10	26	7	47
39	21	59	19	11	0	0	0	10	49	8	1
40	21	45	18	47	0	0	0	11	12	8	15
41	21	31	18	23	0	0	0	11	37	8	29
42	21	15	17	57	0	0	0	12	3	8	45
43	21	0	17	30	0	0	0	12	30	9	0
44	20	43	17	1	0	0	0	12	58	9	17
45	20	26	16	31	0	0	0	13	28	9	34
46	20	8	15	59	0	0	0	14	0	9	52
47	19	49	15	25	0	0	0	14	34	10	11
48	19	30	14	49	0	0	0	15	10	10	30
49	19	9	14	11	0	0	0	15	48	10	51
50	18	47	13	30	0	0	0	16	30	11	13
51	18	24	12	46	0	0	0	17	14	11	36
52	17	59	11	58	0	0	0	18	1	12	1
53	17	33	11	7	0	0	0	18	52	12	27
54	17	5	10	11	0	0	0	19	48	12	55
55	16	34	9	11	0	0	0	20	49	13	26
56	16	2	8	4	0	0	0	21	55	13	58
57	15	26	6	51	0	0	0	23	9	14	34
58	14	48	5	29	0	0	0	24	30	15	12
59	14	5	3	58	0	0	0	26	2	15	55
60	13	18	2	15	0	0	0	27	45	16	42
61	12	25	0	16	0	0	0	29	43	17	35
62	11	24	27 ♑	59	0	0	0	2 ♊	1	18	36
63	10	14	25	15	0	0	0	4	44	19	46
64	8	49	21	53	0	0	0	8	6	21	11
65	6	59	17	29	0	0	0	12	31	23	1
66	4	15	10	43	0	0	0	19	17	25	45

Lat.	11	12	ASC	2	3
0	28 ♑ 52	28 ♒ 52	1 ♈ 5 24	3 ♉ 13	3 ♊ 3
5	28 16	28 7	1 7 59	4 0	3 39
10	27 39	27 19	1 10 49	4 51	4 17
15	27 1	26 28	1 14 0	5 45	4 56
20	26 20	25 31	1 17 39	6 44	5 37
21	26 11	25 19	1 18 27	6 57	5 46
22	26 2	25 7	1 19 17	7 10	5 55
23	25 53	24 54	1 20 9	7 23	6 4
24	25 44	24 41	1 21 2	7 37	6 13
25	25 35	24 27	1 21 58	7 51	6 22
26	25 26	24 14	1 22 56	8 5	6 32
27	25 16	24 0	1 23 56	8 20	6 42
28	25 6	23 45	1 24 59	8 36	6 51
29	24 56	23 30	1 26 5	8 51	7 2
30	24 46	23 14	1 27 14	9 8	7 12
31	24 35	22 58	1 28 26	9 24	7 23
32	24 24	22 42	1 29 42	9 42	7 34
33	24 13	22 25	1 31 2	10 0	7 45
34	24 2	22 7	1 32 26	10 18	7 57
35	23 50	21 48	1 33 54	10 38	8 9
36	23 38	21 29	1 35 28	10 58	8 21
37	23 25	21 9	1 37 8	11 19	8 34
38	23 12	20 48	1 38 54	11 41	8 47
39	22 59	20 26	1 40 47	12 4	9 0
40	22 45	20 3	1 42 47	12 28	9 14
41	22 30	19 39	1 44 57	12 53	9 29
42	22 15	19 14	1 47 16	13 19	9 44
43	22 0	18 47	1 49 47	13 46	10 0
44	21 43	18 19	1 52 30	14 16	10 16
45	21 26	17 50	1 55 27	14 46	10 34
46	21 8	17 19	1 58 40	15 19	10 52
47	20 50	16 45	2 2 13	15 53	11 10
48	20 30	16 10	2 6 7	16 30	11 30
49	20 9	15 32	2 10 28	17 9	11 51
50	19 47	14 52	2 15 18	17 51	12 13
51	19 24	14 9	2 20 45	18 36	12 36
52	19 0	13 22	2 26 55	19 24	13 1
53	18 33	12 32	2 33 59	20 16	13 28
54	18 5	11 37	2 42 8	21 12	13 56
55	17 35	10 37	2 51 41	22 14	14 26
56	17 3	9 31	3 3 1	23 21	14 59
57	16 27	8 19	3 16 41	24 36	15 34
58	15 49	6 58	3 33 30	25 58	16 13
59	15 6	5 28	3 54 43	27 31	16 56
60	14 19	3 46	4 22 20	29 15	17 43
61	13 26	1 49	4 59 48	1 ♊ 14	18 36
62	12 26	29 ♑ 33	5 53 31	3 33	19 37
63	11 16	26 51	7 17 3	6 18	20 47
64	9 51	23 31	9 44 32	9 40	22 13
65	8 1	19 8	15 12 51	14 6	24 2
66	5 18	12 24	6 ♉ 16 26	20 52	26 46

18h 8m MC 1 ♑ 50 6 RAMC 272°

Lat.	11		12		ASC			2		3	
0	29 ♑	50	29 ≈	54	2 ♈	10	47	4 ♉	15	4 ♊	0
5	29	14	29	11	2	15	56	5	4	4	36
10	28	37	28	24	2	21	37	5	55	5	14
15	27	59	27	34	2	27	58	6	51	5	53
20	27	18	26	39	2	35	17	7	52	6	35
21	27	10	26	28	2	36	53	8	5	6	44
22	27	1	26	15	2	38	33	8	18	6	53
23	26	52	26	3	2	40	16	8	32	7	2
24	26	43	25	50	2	42	3	8	46	7	11
25	26	34	25	37	2	43	55	9	0	7	21
26	26	25	25	24	2	45	51	9	15	7	30
27	26	15	25	10	2	47	51	9	30	7	40
28	26	5	24	56	2	49	57	9	46	7	50
29	25	55	24	41	2	52	8	10	2	8	0
30	25	45	24	26	2	54	26	10	18	8	11
31	25	34	24	11	2	56	50	10	35	8	21
32	25	24	23	54	2	59	21	10	53	8	32
33	25	13	23	38	3	2	1	11	12	8	44
34	25	1	23	20	3	4	49	11	31	8	55
35	24	49	23	2	3	7	46	11	50	9	7
36	24	37	22	43	3	10	53	12	11	9	20
37	24	25	22	24	3	14	12	12	32	9	33
38	24	12	22	3	3	17	44	12	55	9	46
39	23	58	21	42	3	21	30	13	18	9	59
40	23	45	21	20	3	25	31	13	42	10	13
41	23	30	20	56	3	29	50	14	8	10	28
42	23	15	20	31	3	34	28	14	35	10	43
43	23	0	20	6	3	39	28	15	3	10	59
44	22	43	19	38	3	44	53	15	32	11	16
45	22	27	19	9	3	50	47	16	4	11	33
46	22	9	18	39	3	57	14	16	37	11	51
47	21	50	18	6	4	4	18	17	12	12	10
48	21	31	17	31	4	12	6	17	49	12	30
49	21	10	16	55	4	20	44	18	29	12	51
50	20	48	16	15	4	30	24	19	11	13	13
51	20	25	15	32	4	41	15	19	56	13	36
52	20	1	14	47	4	53	33	20	45	14	1
53	19	34	13	57	5	7	38	21	38	14	28
54	19	6	13	3	5	23	53	22	35	14	56
55	18	36	12	4	5	42	53	23	38	15	26
56	18	4	11	0	6	5	25	24	46	15	59
57	17	29	9	49	6	32	33	26	1	16	35
58	16	50	8	29	7	5	55	27	25	17	13
59	16	8	7	1	7	47	57	28	58	17	56
60	15	21	5	20	8	42	31	0 ♊	43	18	43
61	14	29	3	24	9	56	14	2	43	19	37
62	13	28	1	10	11	41	19	5	2	20	37
63	12	18	28 ♑	29	14	22	50	7	48	21	48
64	10	53	25	11	19	1	18	11	11	23	13
65	9	5	20	51	28	41	49	15	37	25	2
66	6	22	14	13	26 ♉	12	5	22	20	27	45

18 h 12 m MC 2 ♑ 45 10 RAMC 273°

Lat.	11	12	ASC	2	3
0	0 ♒ 47	0 ♓ 57	3 ♈ 16 10	5 ♉ 17	4 ♊ 57
5	0 12	0 15	3 23 53	6 7	5 34
10	29 ♑ 36	29 ♒ 30	3 32 23	7 0	6 12
15	28 58	28 41	3 41 55	7 57	6 51
20	28 17	27 48	3 52 53	8 59	7 33
21	28 9	27 36	3 55 17	9 12	7 42
22	28 0	27 25	3 57 46	9 26	7 51
23	27 51	27 13	4 0 21	9 40	8 0
24	27 42	27 0	4 3 2	9 54	8 9
25	27 33	26 48	4 5 49	10 9	8 19
26	27 24	26 35	4 8 42	10 24	8 28
27	27 14	26 21	4 11 43	10 39	8 38
28	27 5	26 8	4 14 51	10 55	8 48
29	26 55	25 53	4 18 8	11 12	8 59
30	26 44	25 39	4 21 34	11 29	9 9
31	26 34	25 23	4 25 10	11 46	9 20
32	26 23	25 8	4 28 57	12 4	9 31
33	26 12	24 51	4 32 55	12 23	9 42
34	26 1	24 34	4 37 6	12 42	9 54
35	25 49	24 17	4 41 32	13 2	10 6
36	25 37	23 58	4 46 13	13 23	10 18
37	25 25	23 39	4 51 11	13 45	10 31
38	25 12	23 19	4 56 28	14 8	10 44
39	24 59	22 58	5 2 5	14 32	10 58
40	24 45	22 37	5 8 6	14 56	11 12
41	24 31	22 14	5 14 33	15 22	11 27
42	24 16	21 50	5 21 30	15 50	11 42
43	24 0	21 24	5 28 59	16 18	11 58
44	23 44	20 58	5 37 6	16 48	12 15
45	23 27	20 29	5 45 55	17 20	12 32
46	23 9	19 59	5 55 32	17 54	12 50
47	22 51	19 28	6 6 6	18 29	13 9
48	22 31	18 54	6 17 45	19 7	13 29
49	22 11	18 18	6 30 40	19 47	13 50
50	21 49	17 39	6 45 5	20 30	14 12
51	21 26	16 57	7 1 17	21 16	14 36
52	21 2	16 12	7 19 38	22 6	15 1
53	20 36	15 24	7 40 37	22 59	15 27
54	20 8	14 31	8 4 49	23 57	15 56
55	19 38	13 33	8 33 6	25 0	16 26
56	19 6	12 30	9 6 34	26 9	16 59
57	18 31	11 20	9 46 51	27 25	17 34
58	17 53	10 2	10 36 15	28 49	18 13
59	17 10	8 34	11 38 17	0 ♊ 23	18 56
60	16 24	6 55	12 58 30	2 9	19 43
61	15 31	5 1	14 46 13	4 10	20 36
62	14 31	2 49	17 18 13	6 30	21 37
63	13 21	0 10	21 7 49	9 16	22 48
64	11 57	26 ♑ 55	27 30 4	12 39	24 13
65	10 9	22 38	9 ♉ 41 34	17 4	26 2
66	7 28	16 8	6 ♊ 35 8	23 43	28 43

Lat.	11	12	ASC	2	3
0	1 ♒ 45	2 ♓ 0	4 ♈ 21 31	6 ♉ 19	5 ♊ 54
5	1 10	1 19	4 31 48	7 10	6 31
10	0 34	0 36	4 43 8	8 4	7 9
15	29 ♑ 56	29 ♒ 49	4 55 50	9 2	7 49
20	29 16	28 57	5 10 25	10 6	8 31
21	29 8	28 46	5 13 37	10 19	8 40
22	28 59	28 34	5 16 56	10 33	8 49
23	28 50	28 23	5 20 22	10 47	8 58
24	28 42	28 11	5 23 56	11 2	9 7
25	28 33	27 58	5 27 38	11 17	9 17
26	28 23	27 46	5 31 29	11 32	9 26
27	28 14	27 33	5 35 29	11 48	9 36
28	28 4	27 19	5 39 40	12 4	9 46
29	27 54	27 5	5 44 2	12 21	9 57
30	27 44	26 51	5 48 36	12 38	10 7
31	27 34	26 36	5 53 24	12 56	10 18
32	27 23	26 21	5 58 25	13 15	10 29
33	27 12	26 5	6 3 43	13 34	10 41
34	27 1	25 49	6 9 17	13 54	10 52
35	26 49	25 32	6 15 10	14 14	11 4
36	26 37	25 14	6 21 23	14 35	11 17
37	26 25	24 55	6 28 0	14 58	11 30
38	26 12	24 36	6 35 1	15 21	11 43
39	25 59	24 15	6 42 30	15 45	11 57
40	25 45	23 54	6 50 30	16 10	12 11
41	25 31	23 32	6 59 4	16 36	12 26
42	25 16	23 8	7 8 17	17 4	12 41
43	25 1	22 44	7 18 14	17 33	12 57
44	24 45	22 18	7 29 0	18 4	13 14
45	24 28	21 50	7 40 42	18 36	13 31
46	24 10	21 21	7 53 29	19 10	13 49
47	23 52	20 50	8 7 30	19 46	14 8
48	23 33	20 17	8 22 57	20 24	14 28
49	23 12	19 41	8 40 4	21 5	14 49
50	22 51	19 4	8 59 10	21 49	15 11
51	22 28	18 23	9 20 38	22 35	15 35
52	22 4	17 39	9 44 54	23 26	16 0
53	21 38	16 51	10 12 37	24 20	16 26
54	21 10	16 0	10 44 35	25 18	16 55
55	20 40	15 3	11 21 52	26 22	17 25
56	20 8	14 1	12 5 56	27 32	17 58
57	19 33	12 52	12 58 49	28 48	18 34
58	18 55	11 36	14 3 31	0 ♊ 13	19 13
59	18 13	10 10	15 24 26	1 47	19 55
60	17 27	8 33	17 8 29	3 34	20 43
61	16 34	6 41	19 27 4	5 35	21 36
62	15 35	4 30	22 40 6	7 55	22 36
63	14 25	1 54	27 25 23	10 42	23 47
64	13 1	28 ♑ 41	5 ♉ 1 6	14 5	25 12
65	11 14	24 29	18 20 1	18 28	27 0
66	8 36	18 9	12 ♊ 43 50	24 59	29 39

Lat.	11		12		ASC			2		3	
0	2 ♒	43	3 ♓	3	5 ♈	26	50	7 ♉	21	6 ♊	50
5	2	8	2	24	5	39	41	8	13	7	28
10	1	33	1	42	5	53	49	9	8	8	6
15	0	55	0	56	6	9	40	10	7	8	46
20	0	15	0	6	6	27	53	11	12	9	28
21	0	7	29 ♒	55	6	31	53	11	26	9	37
22	29 ♑	59	29	44	6	36	1	11	40	9	46
23	29	50	29	33	6	40	18	11	55	9	56
24	29	41	29	21	6	44	45	12	10	10	5
25	29	32	29	9	6	49	22	12	25	10	14
26	29	23	28	57	6	54	10	12	40	10	24
27	29	14	28	44	6	59	10	12	57	10	34
28	29	4	28	31	7	4	22	13	13	10	44
29	28	54	28	18	7	9	49	13	30	10	55
30	28	44	28	4	7	15	31	13	48	11	5
31	28	34	27	50	7	21	29	14	6	11	16
32	28	23	27	35	7	27	45	14	25	11	27
33	28	12	27	20	7	34	20	14	44	11	39
34	28	1	27	4	7	41	17	15	4	11	51
35	27	50	26	47	7	48	37	15	25	12	3
36	27	38	26	30	7	56	22	15	47	12	15
37	27	26	26	11	8	4	36	16	9	12	28
38	27	13	25	53	8	13	21	16	33	12	41
39	27	0	25	33	8	22	40	16	57	12	55
40	26	46	25	12	8	32	37	17	23	13	9
41	26	32	24	51	8	43	17	17	50	13	24
42	26	17	24	28	8	54	46	18	18	13	40
43	26	2	24	4	9	7	8	18	47	13	56
44	25	46	23	38	9	20	31	19	18	14	12
45	25	29	23	12	9	35	5	19	51	14	30
46	25	12	22	43	9	50	57	20	26	14	48
47	24	53	22	13	10	8	22	21	2	15	7
48	24	34	21	41	10	27	32	21	41	15	27
49	24	14	21	6	10	48	47	22	22	15	48
50	23	52	20	29	11	12	28	23	6	16	10
51	23	30	19	50	11	39	3	23	54	16	34
52	23	6	19	7	12	9	5	24	44	16	59
53	22	40	18	20	12	43	21	25	39	17	25
54	22	12	17	30	13	22	49	26	38	17	54
55	21	43	16	34	14	8	45	27	42	18	24
56	21	11	15	34	15	2	56	28	52	18	57
57	20	36	14	26	16	7	48	0 ♊	9	19	33
58	19	58	13	11	17	26	51	1	35	20	12
59	19	17	11	47	19	5	15	3	10	20	54
60	18	30	10	12	21	10	56	4	56	21	42
61	17	38	8	22	23	56	40	6	58	22	35
62	16	39	6	14	27	44	6	9	19	23	35
63	15	30	3	40	3 ♉	12	2	12	5	24	45
64	14	7	0	31	11	33	42	15	27	26	10
65	12	20	26 ♑	24	25	5	27	19	47	27	57
66	9	45	20	15	16 ♊	48	28	26	10	0 ♋	34

Lat.	11		12		ASC			2		3	
0	3 ♒	41	4 ♓	7	6 ♈	32	7	8 ♉	22	7 ♊	47
5	3	7	3	29	6	47	32	9	15	8	24
10	2	31	2	48	7	4	27	10	12	9	3
15	1	54	2	4	7	23	27	11	12	9	43
20	1	15	1	15	7	45	15	12	18	10	26
21	1	7	1	5	7	50	2	12	33	10	35
22	0	58	0	54	7	55	0	12	47	10	44
23	0	50	0	43	8	0	7	13	2	10	53
24	0	41	0	32	8	5	27	13	17	11	2
25	0	32	0	21	8	10	58	13	32	11	12
26	0	23	0	9	8	16	43	13	48	11	22
27	0	14	29 ♒	57	8	22	42	14	5	11	32
28	0	4	29	44	8	28	56	14	22	11	42
29	29 ♑	54	29	31	8	35	27	14	39	11	52
30	29	44	29	18	8	42	16	14	57	12	3
31	29	34	29	4	8	49	24	15	15	12	14
32	29	24	28	49	8	56	54	15	34	12	25
33	29	13	28	34	9	4	47	15	54	12	37
34	29	2	28	19	9	13	5	16	15	12	48
35	28	50	28	3	9	21	51	16	36	13	1
36	28	38	27	46	9	31	7	16	58	13	13
37	28	26	27	28	9	40	57	17	21	13	26
38	28	14	27	10	9	51	24	17	45	13	39
39	28	1	26	51	10	2	31	18	9	13	53
40	27	47	26	31	10	14	25	18	35	14	8
41	27	33	26	10	10	27	9	19	3	14	22
42	27	18	25	48	10	40	50	19	31	14	38
43	27	3	25	24	10	55	36	20	1	14	54
44	26	47	25	0	11	11	34	20	32	15	11
45	26	31	24	34	11	28	55	21	5	15	28
46	26	13	24	6	11	47	50	21	40	15	46
47	25	55	23	37	12	8	34	22	17	16	5
48	25	36	23	5	12	31	23	22	57	16	25
49	25	16	22	32	12	56	39	23	39	16	46
50	24	55	21	56	13	24	47	24	23	17	9
51	24	32	21	17	13	56	20	25	11	17	32
52	24	8	20	35	14	31	57	26	2	17	57
53	23	42	19	50	15	12	31	26	57	18	24
54	23	15	19	1	15	59	10	27	57	18	52
55	22	46	18	7	16	53	21	29	1	19	23
56	22	14	17	8	17	57	7	0 ♊	12	19	56
57	21	39	16	2	19	13	11	1	29	20	31
58	21	2	14	49	20	45	31	2	55	21	10
59	20	20	13	26	22	39	47	4	30	21	53
60	19	34	11	53	25	4	39	6	18	22	40
61	18	43	10	5	28	13	34	8	19	23	33
62	17	44	8	0	2 ♉	28	35	10	40	24	33
63	16	35	5	30	8	26	57	13	25	25	43
64	15	13	2	25	17	12	33	16	46	27	7
65	13	28	28 ♑	23	0 ♊	26	20	21	4	28	54
66	10	55	22	28	19	45	13	27	17	1 ♋	28

Lat.	11	12	ASC	2	3
0	4 ♒ 39	5 ♓ 10	7 ♈ 37 22	9 ♉ 23	8 ♊ 43
5	4 5	4 33	7 55 19	10 18	9 21
10	3 30	3 54	8 15 2	11 15	10 0
15	2 54	3 12	8 37 8	12 17	10 40
20	2 15	2 25	9 2 31	13 24	11 23
21	2 6	2 15	9 8 5	13 39	11 32
22	1 58	2 5	9 13 51	13 53	11 41
23	1 49	1 54	9 19 49	14 8	11 50
24	1 41	1 43	9 26 0	14 24	12 0
25	1 32	1 32	9 32 26	14 40	12 9
26	1 23	1 21	9 39 7	14 56	12 19
27	1 14	1 9	9 46 4	15 12	12 29
28	1 4	0 57	9 53 19	15 30	12 39
29	0 55	0 44	10 0 54	15 47	12 50
30	0 45	0 31	10 8 49	16 5	13 1
31	0 35	0 18	10 17 7	16 24	13 12
32	0 24	0 4	10 25 50	16 44	13 23
33	0 13	29 ♒ 49	10 34 59	17 4	13 34
34	0 2	29 34	10 44 38	17 24	13 46
35	29 ♑ 51	29 19	10 54 48	17 46	13 58
36	29 39	29 3	11 5 34	18 8	14 11
37	29 27	28 46	11 16 59	18 32	14 24
38	29 15	28 28	11 29 7	18 56	14 37
39	29 2	28 9	11 42 1	19 21	14 51
40	28 48	27 50	11 55 49	19 47	15 5
41	28 35	27 30	12 10 35	20 15	15 20
42	28 20	27 8	12 26 27	20 44	15 36
43	28 5	26 46	12 43 33	21 14	15 52
44	27 49	26 22	13 2 3	21 46	16 9
45	27 33	25 56	13 22 8	22 19	16 26
46	27 15	25 30	13 44 1	22 55	16 44
47	26 57	25 1	14 7 59	23 32	17 3
48	26 38	24 31	14 34 21	24 12	17 24
49	26 18	23 58	15 3 31	24 54	17 45
50	25 57	23 23	15 35 58	25 39	18 7
51	25 35	22 46	16 12 18	26 27	18 31
52	25 11	22 5	16 53 17	27 19	18 56
53	24 45	21 21	17 39 52	28 14	19 22
54	24 18	20 33	18 33 20	29 14	19 51
55	23 49	19 41	19 35 19	0 ♊ 19	20 21
56	23 17	18 43	20 48 2	1 30	20 54
57	22 43	17 39	22 14 29	2 48	21 30
58	22 6	16 27	23 58 53	4 14	22 8
59	21 25	15 7	26 7 20	5 50	22 51
60	20 39	13 36	28 48 47	7 37	23 38
61	19 48	11 51	2 ♉ 16 52	9 39	24 31
62	18 49	9 48	6 53 0	11 59	25 31
63	17 41	7 21	13 11 13	14 44	26 41
64	16 20	4 21	22 4 38	18 3	28 4
65	14 36	0 26	4 ♊ 45 5	22 17	29 49
66	12 7	24 ♑ 45	22 1 15	28 19	2 ♋ 20

18 h 32 m MC 7 ♑ 20 50 RAMC 278°

Lat.	11	12	ASC	2	3
0	5 ♒ 38	6 ♓ 14	8 ♈ 42 33	10 ♉ 25	9 ♊ 40
5	5 4	5 39	9 3 2	11 20	10 18
10	4 30	5 1	9 25 31	12 19	10 57
15	3 53	4 20	9 50 44	13 21	11 37
20	3 14	3 35	10 19 39	14 30	12 20
21	3 6	3 25	10 26 0	14 45	12 29
22	2 58	3 15	10 32 34	14 59	12 38
23	2 50	3 5	10 39 22	15 15	12 48
24	2 41	2 55	10 46 25	15 30	12 57
25	2 32	2 44	10 53 44	15 46	13 7
26	2 23	2 33	11 1 20	16 3	13 16
27	2 14	2 22	11 9 16	16 20	13 27
28	2 5	2 10	11 17 31	16 37	13 37
29	1 55	1 58	11 26 8	16 55	13 47
30	1 45	1 45	11 35 9	17 14	13 58
31	1 35	1 32	11 44 36	17 33	14 9
32	1 25	1 19	11 54 31	17 52	14 20
33	1 14	1 5	12 4 55	18 13	14 32
34	1 4	0 51	12 15 53	18 34	14 44
35	0 52	0 36	12 27 28	18 56	14 56
36	0 41	0 20	12 39 42	19 18	15 9
37	0 29	0 3	12 52 40	19 42	15 22
38	0 16	29 ♒ 46	13 6 27	20 6	15 35
39	0 3	29 29	13 21 6	20 32	15 49
40	29 ♑ 50	29 10	13 36 46	20 59	16 3
41	29 36	28 50	13 53 32	21 26	16 18
42	29 22	28 29	14 11 32	21 56	16 34
43	29 7	28 7	14 30 55	22 26	16 50
44	28 51	27 44	14 51 53	22 58	17 6
45	28 35	27 20	15 14 37	23 32	17 24
46	28 18	26 54	15 39 24	24 8	17 42
47	28 0	26 26	16 6 30	24 46	18 1
48	27 41	25 57	16 36 18	25 26	18 21
49	27 21	25 25	17 9 14	26 8	18 43
50	27 0	24 52	17 45 50	26 54	19 5
51	26 38	24 15	18 26 45	27 42	19 29
52	26 14	23 36	19 12 51	28 34	19 54
53	25 49	22 53	20 5 10	29 30	20 20
54	25 22	22 6	21 5 4	0 ♊ 31	20 49
55	24 53	21 15	22 14 20	1 36	21 19
56	24 22	20 19	23 35 20	2 47	21 52
57	23 47	19 17	25 11 14	4 6	22 28
58	23 10	18 7	27 6 30	5 32	23 6
59	22 30	16 49	29 27 20	7 8	23 49
60	21 44	15 20	2 ♉ 22 48	8 55	24 36
61	20 53	13 38	6 6 13	10 57	25 28
62	19 55	11 38	10 57 38	13 16	26 28
63	18 48	9 16	17 27 4	16 0	27 37
64	17 27	6 20	26 17 15	19 18	29 0
65	15 45	2 33	8 ♊ 18 0	23 28	0 ♋ 44
66	13 20	27 ♑ 6	23 51 6	29 18	3 12

Lat.	11		12		ASC			2		3	
0	6 ≈	37	7 ♓	18	9 ♈	47	41	11 ♉	25	10 ♊	36
5	6	3	6	44	10	10	40	12	22	11	14
10	5	29	6	8	10	35	55	13	22	11	53
15	4	53	5	28	11	4	12	14	26	12	34
20	4	15	4	45	11	36	39	15	35	13	17
21	4	7	4	36	11	43	46	15	50	13	26
22	3	58	4	26	11	51	7	16	5	13	35
23	3	50	4	17	11	58	44	16	21	13	45
24	3	41	4	7	12	6	38	16	37	13	54
25	3	33	3	56	12	14	51	16	53	14	4
26	3	24	3	46	12	23	22	17	10	14	14
27	3	15	3	35	12	32	14	17	27	14	24
28	3	6	3	23	12	41	29	17	45	14	34
29	2	56	3	12	12	51	9	18	3	14	44
30	2	46	3	0	13	1	14	18	21	14	55
31	2	36	2	47	13	11	49	18	41	15	6
32	2	26	2	34	13	22	54	19	1	15	18
33	2	16	2	21	13	34	34	19	21	15	29
34	2	5	2	7	13	46	50	19	43	15	41
35	1	54	1	53	13	59	46	20	5	15	53
36	1	42	1	37	14	13	27	20	28	16	6
37	1	30	1	22	14	27	57	20	52	16	19
38	1	18	1	5	14	43	20	21	16	16	32
39	1	5	0	48	14	59	43	21	42	16	46
40	0	52	0	30	15	17	12	22	9	17	1
41	0	38	0	11	15	35	55	22	37	17	16
42	0	24	29 ≈	51	15	56	0	23	7	17	31
43	0	9	29	30	16	17	37	23	38	17	47
44	29 ♑	54	29	8	16	40	59	24	10	18	4
45	29	37	28	44	17	6	19	24	45	18	21
46	29	21	28	19	17	33	53	25	21	18	40
47	29	3	27	52	18	4	1	25	59	18	59
48	28	44	27	24	18	37	8	26	39	19	19
49	28	24	26	53	19	13	41	27	22	19	40
50	28	3	26	21	19	54	15	28	8	20	3
51	27	41	25	45	20	39	33	28	57	20	26
52	27	18	25	7	21	30	29	29	49	20	51
53	26	53	24	26	22	28	12	0 ♊	45	21	18
54	26	26	23	41	23	34	7	1	46	21	46
55	25	57	22	51	24	50	8	2	52	22	17
56	25	26	21	57	26	18	42	4	3	22	49
57	24	52	20	57	28	3	9	5	22	23	25
58	24	15	19	49	0 ♉	7	59	6	48	24	4
59	23	35	18	33	2	39	29	8	24	24	46
60	22	50	17	7	5	46	29	10	11	25	33
61	22	0	15	28	9	41	41	12	13	26	25
62	21	2	13	31	14	43	21	14	32	27	25
63	19	55	11	13	21	17	17	17	14	28	34
64	18	36	8	23	29	57	6	20	30	29	55
65	16	55	4	43	11 ♊	16	41	24	35	1 ♋	38
66	14	34	29 ♑	31	25	23	9	0 ♋	14	4	2

Lat.	11	12	ASC	2	3
0	7 ♒ 35	8 ♓ 22	10 ♈ 52 45	12 ♉ 26	11 ♊ 32
5	7 2	7 49	11 18 14	13 24	12 10
10	6 29	7 15	11 46 13	14 24	12 50
15	5 53	6 37	12 17 33	15 29	13 31
20	5 15	5 56	12 53 28	16 40	14 14
21	5 7	5 47	13 1 21	16 55	14 23
22	4 59	5 38	13 9 30	17 11	14 32
23	4 51	5 28	13 17 56	17 26	14 41
24	4 42	5 19	13 26 40	17 43	14 51
25	4 34	5 9	13 35 45	17 59	15 1
26	4 25	4 59	13 45 10	18 16	15 11
27	4 16	4 48	13 54 59	18 34	15 21
28	4 7	4 37	14 5 13	18 51	15 31
29	3 57	4 26	14 15 53	19 10	15 41
30	3 48	4 15	14 27 3	19 29	15 52
31	3 38	4 3	14 38 44	19 48	16 3
32	3 28	3 50	14 50 59	20 9	16 15
33	3 17	3 37	15 3 51	20 30	16 26
34	3 6	3 24	15 17 24	20 51	16 38
35	2 55	3 10	15 31 42	21 14	16 50
36	2 44	2 56	15 46 48	21 37	17 3
37	2 32	2 40	16 2 47	22 1	17 16
38	2 20	2 25	16 19 46	22 26	17 30
39	2 7	2 8	16 37 49	22 52	17 44
40	1 54	1 51	16 57 5	23 19	17 58
41	1 41	1 32	17 17 42	23 48	18 13
42	1 27	1 13	17 39 48	24 18	18 28
43	1 12	0 53	18 3 36	24 49	18 45
44	0 56	0 31	18 29 17	25 22	19 1
45	0 40	0 9	18 57 7	25 56	19 19
46	0 24	29 ♒ 45	19 27 23	26 33	19 37
47	0 6	29 19	20 0 27	27 11	19 56
48	29 ♑ 47	28 52	20 36 44	27 52	20 16
49	29 28	28 22	21 16 44	28 35	20 38
50	29 7	27 51	22 1 5	29 21	21 0
51	28 45	27 17	22 50 32	0 ♊ 10	21 24
52	28 22	26 40	23 46 2	1 3	21 49
53	27 57	26 0	24 48 47	2 0	22 15
54	27 30	25 16	26 0 17	3 0	22 44
55	27 2	24 29	27 22 29	4 7	23 14
56	26 31	23 36	28 57 56	5 18	23 47
57	25 58	22 38	0 ♉ 49 58	6 37	24 22
58	25 21	21 32	3 3 8	8 3	25 1
59	24 41	20 19	5 43 35	9 39	25 43
60	23 56	18 55	8 59 49	11 26	26 30
61	23 6	17 19	13 3 39	13 27	27 22
62	22 10	15 27	18 11 24	15 45	28 21
63	21 4	13 13	24 44 48	18 27	29 29
64	19 45	10 28	3 ♊ 9 52	21 40	0 ♋ 50
65	18 6	6 57	13 49 23	25 40	2 31
66	15 49	2 1	26 42 35	1 ♋ 7	4 51

Lat.	11		12		ASC			2		3	
0	8 ♒	34	9 ♓	26	11 ♈	57	44	13 ♉	27	12 ♊	28
5	8	2	8	55	12	25	42	14	25	13	7
10	7	28	8	22	12	56	24	15	27	13	46
15	6	53	7	46	13	30	45	16	33	14	27
20	6	15	7	6	14	10	7	17	45	15	10
21	6	8	6	58	14	18	45	18	0	15	20
22	6	0	6	49	14	27	40	18	16	15	29
23	5	51	6	40	14	36	54	18	32	15	38
24	5	43	6	31	14	46	29	18	48	15	48
25	5	35	6	22	14	56	25	19	5	15	57
26	5	26	6	12	15	6	44	19	22	16	7
27	5	17	6	2	15	17	28	19	40	16	17
28	5	8	5	51	15	28	40	19	58	16	28
29	4	59	5	41	15	40	21	20	17	16	38
30	4	49	5	30	15	52	33	20	36	16	49
31	4	39	5	18	16	5	19	20	56	17	0
32	4	29	5	6	16	18	43	21	16	17	12
33	4	19	4	54	16	32	47	21	37	17	23
34	4	8	4	41	16	47	35	21	59	17	35
35	3	57	4	28	17	3	12	22	22	17	47
36	3	46	4	14	17	19	41	22	45	18	0
37	3	34	4	0	17	37	8	23	10	18	13
38	3	22	3	44	17	55	39	23	35	18	27
39	3	10	3	29	18	15	21	24	1	18	41
40	2	57	3	12	18	36	21	24	29	18	55
41	2	43	2	54	18	58	48	24	58	19	10
42	2	29	2	36	19	22	53	25	28	19	26
43	2	15	2	16	19	48	46	25	59	19	42
44	2	0	1	56	20	16	42	26	33	19	58
45	1	44	1	34	20	46	57	27	7	20	16
46	1	27	1	11	21	19	49	27	44	20	34
47	1	9	0	46	21	55	41	28	23	20	53
48	0	51	0	20	22	34	59	29	4	21	14
49	0	32	29 ♒	52	23	18	17	29	47	21	35
50	0	11	29	21	24	6	13	0 ♊	34	21	57
51	29 ♑	49	28	49	24	59	34	1	23	22	21
52	29	26	28	13	25	59	21	2	16	22	46
53	29	2	27	35	27	6	46	3	13	23	12
54	28	35	26	53	28	23	25	4	14	23	41
55	28	7	26	7	29	51	14	5	20	24	11
56	27	36	25	16	1 ♉	32	50	6	32	24	44
57	27	3	24	20	3	31	32	7	51	25	19
58	26	27	23	17	5	51	49	9	17	25	57
59	25	47	22	6	8	39	38	10	53	26	39
60	25	3	20	46	12	3	0	12	40	27	26
61	24	14	19	13	16	12	44	14	40	28	18
62	23	18	17	24	21	23	11	16	57	29	17
63	22	12	15	15	27	52	23	19	37	0 ♋	24
64	20	55	12	36	6 ♊	0	19	22	47	1	44
65	19	18	9	14	16	2	0	26	43	3	24
66	17	5	4	33	27	52	47	1 ♋	58	5	40

Lat.	11	12	ASC	2	3
0	9 ♒ 34	10 ♓ 30	13 ♈ 2 39	14 ♉ 27	13 ♊ 24
5	9 1	10 0	13 33 5	15 27	14 3
10	8 28	9 29	14 6 28	16 29	14 42
15	7 53	8 55	14 43 49	17 36	15 23
20	7 16	8 17	15 26 35	18 49	16 7
21	7 8	8 9	15 35 57	19 5	16 16
22	7 1	8 1	15 45 38	19 21	16 25
23	6 52	7 52	15 55 40	19 37	16 35
24	6 44	7 44	16 6 3	19 53	16 44
25	6 36	7 35	16 16 50	20 10	16 54
26	6 27	7 25	16 28 2	20 28	17 4
27	6 18	7 16	16 39 41	20 46	17 14
28	6 9	7 6	16 51 49	21 4	17 24
29	6 0	6 56	17 4 29	21 23	17 35
30	5 51	6 45	17 17 43	21 42	17 46
31	5 41	6 34	17 31 33	22 2	17 57
32	5 31	6 23	17 46 4	22 23	18 8
33	5 21	6 11	18 1 19	22 45	18 20
34	5 10	5 59	18 17 20	23 7	18 32
35	5 0	5 46	18 34 14	23 30	18 44
36	4 48	5 33	18 52 5	23 53	18 57
37	4 37	5 19	19 10 57	24 18	19 10
38	4 25	5 5	19 30 59	24 44	19 24
39	4 13	4 49	19 52 16	25 10	19 37
40	4 0	4 34	20 14 57	25 38	19 52
41	3 46	4 17	20 39 12	26 7	20 7
42	3 32	3 59	21 5 10	26 37	20 22
43	3 18	3 41	21 33 5	27 9	20 39
44	3 3	3 21	22 3 11	27 43	20 55
45	2 47	3 0	22 35 44	28 18	21 13
46	2 31	2 38	23 11 6	28 55	21 31
47	2 13	2 14	23 49 38	29 34	21 50
48	1 55	1 49	24 31 50	0 ♊ 15	22 10
49	1 36	1 22	25 18 14	0 59	22 32
50	1 16	0 53	26 9 32	1 45	22 54
51	0 54	0 22	27 6 33	2 35	23 17
52	0 31	29 ♒ 48	28 10 18	3 28	23 42
53	0 7	29 11	29 22 3	4 25	24 9
54	29 ♑ 41	28 31	0 ♉ 43 22	5 26	24 37
55	29 13	27 47	2 16 16	6 33	25 8
56	28 42	26 58	4 3 18	7 45	25 40
57	28 9	26 4	6 7 47	9 3	26 15
58	27 34	25 3	8 34 2	10 30	26 54
59	26 54	23 55	11 27 45	12 5	27 36
60	26 11	22 38	14 56 22	13 51	28 22
61	25 22	21 8	19 9 42	15 51	29 13
62	24 26	19 24	24 20 9	18 7	0 ♋ 12
63	23 22	17 20	0 ♊ 42 36	20 45	1 19
64	22 6	14 48	8 32 16	23 53	2 38
65	20 31	11 34	17 58 53	27 43	4 16
66	18 22	7 9	28 55 59	2 ♋ 46	6 28

Lat.	11		12		ASC			2		3	
0	10 ♒	33	11 ♓	34	14 ♈	7	28	15 ♉	27	14 ♊	20
5	10	1	11	6	14	40	21	16	28	14	59
10	9	28	10	36	15	16	23	17	32	15	38
15	8	54	10	4	15	56	42	18	39	16	20
20	8	17	9	28	16	42	50	19	53	17	3
21	8	10	9	21	16	52	56	20	9	17	12
22	8	2	9	13	17	3	22	20	25	17	22
23	7	54	9	5	17	14	10	20	42	17	31
24	7	46	8	56	17	25	22	20	58	17	41
25	7	37	8	48	17	36	59	21	15	17	50
26	7	29	8	39	17	49	3	21	33	18	0
27	7	20	8	30	18	1	35	21	51	18	11
28	7	11	8	21	18	14	39	22	10	18	21
29	7	2	8	11	18	28	17	22	29	18	32
30	6	53	8	1	18	42	31	22	49	18	42
31	6	43	7	50	18	57	25	23	9	18	53
32	6	33	7	40	19	13	1	23	30	19	5
33	6	23	7	29	19	29	24	23	51	19	17
34	6	13	7	17	19	46	38	24	14	19	29
35	6	2	7	5	20	4	47	24	37	19	41
36	5	51	6	52	20	23	57	25	1	19	54
37	5	40	6	39	20	44	13	25	26	20	7
38	5	28	6	25	21	5	42	25	52	20	20
39	5	16	6	11	21	28	32	26	18	20	34
40	5	3	5	56	21	52	51	26	47	20	49
41	4	50	5	40	22	18	49	27	16	21	4
42	4	36	5	23	22	46	37	27	46	21	19
43	4	22	5	5	23	16	29	28	18	21	35
44	4	7	4	46	23	48	40	28	52	21	52
45	3	51	4	27	24	23	26	29	27	22	10
46	3	35	4	5	25	1	10	0 ♊	5	22	28
47	3	18	3	43	25	42	15	0	44	22	47
48	3	0	3	19	26	27	11	1	25	23	7
49	2	40	2	53	27	16	31	2	9	23	28
50	2	20	2	25	28	10	59	2	56	23	51
51	1	59	1	55	29	11	24	3	46	24	14
52	1	36	1	23	0 ♉	18	49	4	39	24	39
53	1	12	0	48	1	34	31	5	36	25	5
54	0	46	0	9	3	0	4	6	38	25	34
55	0	19	29 ♒	27	4	37	28	7	44	26	4
56	29 ♑	49	28	41	6	29	16	8	56	26	36
57	29	16	27	49	8	38	40	10	15	27	11
58	28	41	26	51	11	9	50	11	41	27	50
59	28	2	25	46	14	8	7	13	16	28	31
60	27	19	24	31	17	40	22	15	2	29	17
61	26	30	23	6	21	55	20	17	1	0 ♋	9
62	25	36	21	26	27	3	44	19	16	1	6
63	24	32	19	27	3 ♊	17	43	21	52	2	13
64	23	17	17	1	10	48	50	24	56	3	31
65	21	45	13	57	19	43	13	28	42	5	7
66	19	40	9	48	29	53	47	3 ♋	34	7	16

Lat.	11	12	ASC	2	3
0	11 ♒ 32	12 ♓ 39	15 ♈ 12 13	16 ♉ 28	15 ♊ 16
5	11 1	12 12	15 47 30	17 29	15 55
10	10 29	11 44	16 26 11	18 33	16 34
15	9 55	11 14	17 9 25	19 42	17 16
20	9 19	10 40	17 58 51	20 57	18 0
21	9 11	10 32	18 9 40	21 13	18 9
22	9 3	10 25	18 20 51	21 29	18 18
23	8 55	10 17	18 32 25	21 46	18 27
24	8 47	10 9	18 44 24	22 3	18 37
25	8 39	10 1	18 56 50	22 20	18 47
26	8 31	9 53	19 9 45	22 38	18 57
27	8 22	9 44	19 23 10	22 56	19 7
28	8 13	9 35	19 37 9	23 15	19 17
29	8 4	9 26	19 51 43	23 34	19 28
30	7 55	9 17	20 6 57	23 54	19 39
31	7 46	9 7	20 22 52	24 15	19 50
32	7 36	8 57	20 39 32	24 36	20 1
33	7 26	8 46	20 57 2	24 58	20 13
34	7 16	8 35	21 15 26	25 20	20 25
35	7 5	8 24	21 34 49	25 44	20 37
36	6 54	8 12	21 55 15	26 8	20 50
37	6 43	7 59	22 16 52	26 33	21 3
38	6 31	7 46	22 39 46	26 59	21 17
39	6 19	7 33	23 4 6	27 26	21 31
40	6 6	7 18	23 29 59	27 54	21 45
41	5 53	7 3	23 57 37	28 24	22 0
42	5 40	6 47	24 27 12	28 55	22 16
43	5 26	6 30	24 58 56	29 27	22 32
44	5 11	6 13	25 33 6	0 ♊ 1	22 49
45	4 55	5 54	26 9 59	0 36	23 6
46	4 39	5 34	26 49 58	1 14	23 24
47	4 22	5 12	27 33 28	1 53	23 43
48	4 4	4 49	28 20 57	2 35	24 4
49	3 46	4 25	29 13 3	3 19	24 25
50	3 26	3 58	0 ♉ 10 27	4 6	24 47
51	3 5	3 30	1 14 2	4 56	25 10
52	2 42	2 59	2 24 49	5 49	25 35
53	2 18	2 26	3 44 5	6 47	26 2
54	1 53	1 49	5 13 26	7 48	26 30
55	1 25	1 9	6 54 50	8 55	27 0
56	0 56	0 25	8 50 44	10 7	27 32
57	0 23	29 ♒ 35	11 4 15	11 25	28 7
58	29 ♑ 48	28 40	13 39 21	12 51	28 45
59	29 10	27 38	16 41 0	14 26	29 27
60	28 27	26 27	20 15 29	16 11	0 ♋ 12
61	27 40	25 5	24 30 32	18 9	1 3
62	26 46	23 30	29 35 19	20 23	2 1
63	25 43	21 36	5 ♊ 39 44	22 57	3 6
64	24 30	19 18	12 52 33	25 58	4 24
65	22 59	16 23	21 17 26	29 38	5 58
66	20 58	12 29	0 ♋ 47 20	4 ♋ 19	8 3

19 h 0 m MC 13 ♑ 48 41 RAMC 285°

Lat.	11		12		ASC			2		3	
0	12 ♒	32	13 ♓	43	16 ♈	16	51	17 ♉	27	16 ♊	11
5	12	1	13	18	16	54	32	18	30	16	50
10	11	29	12	52	17	35	49	19	35	17	30
15	10	56	12	23	18	21	56	20	45	18	12
20	10	20	11	51	19	14	38	22	1	18	56
21	10	12	11	44	19	26	10	22	17	19	5
22	10	5	11	37	19	38	4	22	33	19	14
23	9	57	11	30	19	50	24	22	50	19	24
24	9	49	11	23	20	3	9	23	7	19	33
25	9	41	11	15	20	16	23	23	25	19	43
26	9	33	11	7	20	30	8	23	43	19	53
27	9	24	10	59	20	44	25	24	1	20	3
28	9	16	10	51	20	59	17	24	20	20	14
29	9	7	10	42	21	14	47	24	40	20	24
30	8	58	10	33	21	30	58	25	0	20	35
31	8	48	10	24	21	47	53	25	20	20	46
32	8	39	10	14	22	5	36	25	42	20	58
33	8	29	10	4	22	24	11	26	4	21	9
34	8	19	9	54	22	43	43	26	27	21	21
35	8	8	9	43	23	4	17	26	50	21	34
36	7	57	9	32	23	25	58	27	15	21	46
37	7	46	9	20	23	48	53	27	40	21	59
38	7	35	9	8	24	13	10	28	6	22	13
39	7	23	8	55	24	38	55	28	33	22	27
40	7	10	8	41	25	6	20	29	2	22	41
41	6	57	8	27	25	35	34	29	32	22	56
42	6	44	8	12	26	6	50	0 ♊	3	23	12
43	6	30	7	56	26	40	22	0	35	23	28
44	6	15	7	39	27	16	25	1	9	23	45
45	6	0	7	21	27	55	20	1	45	24	2
46	5	44	7	2	28	37	27	2	22	24	21
47	5	27	6	42	29	23	12	3	2	24	40
48	5	10	6	20	0 ♉	13	7	3	44	25	0
49	4	51	5	57	1	7	47	4	28	25	21
50	4	31	5	32	2	7	55	5	15	25	43
51	4	10	5	5	3	14	23	6	5	26	6
52	3	48	4	36	4	28	14	6	59	26	31
53	3	25	4	4	5	50	44	7	56	26	58
54	2	59	3	30	7	23	27	8	58	27	26
55	2	32	2	52	9	8	19	10	4	27	56
56	2	3	2	10	11	7	43	11	16	28	28
57	1	31	1	23	13	24	37	12	34	29	3
58	0	57	0	30	16	2	45	14	0	29	41
59	0	19	29 ♒	31	19	6	44	15	34	0 ♋	22
60	29 ♑	36	28	24	22	42	15	17	19	1	7
61	28	49	27	6	26	56	7	19	16	1	58
62	27	56	25	36	1 ♊	56	8	21	29	2	55
63	26	55	23	48	7	50	22	24	1	4	0
64	25	43	21	37	14	45	26	26	59	5	16
65	24	14	18	52	22	43	22	0 ♋	33	6	48
66	22	17	15	14	1 ♋	37	29	5	4	8	49

Lat.	11	12	ASC	2	3
0	13 ♒ 32	14 ♓ 48	17 ♈ 21 23	18 ♉ 27	17 ♊ 7
5	13 2	14 25	18 1 27	19 30	17 46
10	12 30	14 0	18 45 18	20 36	18 26
15	11 57	13 33	19 34 16	21 47	19 8
20	11 22	13 3	20 30 10	23 4	19 52
21	11 14	12 56	20 42 23	23 20	20 1
22	11 7	12 50	20 55 1	23 37	20 10
23	10 59	12 43	21 8 4	23 54	20 20
24	10 51	12 36	21 21 36	24 11	20 29
25	10 43	12 29	21 35 37	24 29	20 39
26	10 35	12 22	21 50 10	24 47	20 49
27	10 27	12 14	22 5 17	25 6	20 59
28	10 18	12 6	22 21 2	25 25	21 10
29	10 9	11 58	22 37 26	25 44	21 20
30	10 0	11 50	22 54 33	26 5	21 31
31	9 51	11 41	23 12 27	26 26	21 42
32	9 42	11 32	23 31 11	26 47	21 54
33	9 32	11 23	23 50 49	27 9	22 5
34	9 22	11 13	24 11 27	27 32	22 17
35	9 12	11 3	24 33 10	27 56	22 30
36	9 1	10 52	24 56 4	28 21	22 43
37	8 50	10 41	25 20 14	28 46	22 56
38	8 38	10 29	25 45 50	29 13	23 9
39	8 27	10 17	26 12 59	29 40	23 23
40	8 14	10 5	26 41 51	0 ♊ 9	23 38
41	8 2	9 51	27 12 38	0 39	23 53
42	7 48	9 37	27 45 31	1 10	24 8
43	7 34	9 22	28 20 45	1 42	24 24
44	7 20	9 6	28 58 36	2 17	24 41
45	7 5	8 49	29 39 25	2 53	24 58
46	6 49	8 32	0 ♉ 23 33	3 30	25 17
47	6 33	8 13	1 11 26	4 10	25 36
48	6 15	7 52	2 3 36	4 52	25 56
49	5 57	7 30	3 0 39	5 37	26 17
50	5 37	7 7	4 3 18	6 24	26 39
51	5 17	6 41	5 12 25	7 14	27 2
52	4 55	6 14	6 29 2	8 8	27 27
53	4 31	5 44	7 54 25	9 5	27 53
54	4 7	5 11	9 30 6	10 6	28 21
55	3 40	4 35	11 17 57	11 13	28 51
56	3 11	3 56	13 20 16	12 25	29 23
57	2 39	3 11	15 39 53	13 43	29 58
58	2 5	2 22	18 20 16	15 8	0 ♋ 36
59	1 28	1 26	21 25 40	16 42	1 17
60	0 46	0 22	25 1 13	18 26	2 2
61	0 0	29 ♒ 9	29 12 53	20 22	2 52
62	29 ♑ 7	27 44	4 ♊ 7 19	22 33	3 48
63	28 7	26 2	9 51 4	25 3	4 52
64	26 56	23 59	16 29 8	27 57	6 7
65	25 30	21 24	24 2 27	1 ♋ 26	7 38
66	23 37	18 0	2 ♋ 24 50	5 47	9 35

Lat.	11		12		ASC			2		3	
0	14 ♒	32	15 ♓	53	18 ♈	25	48	19 ♉	27	18 ♊	2
5	14	2	15	31	19	8	13	20	31	18	42
10	13	31	15	8	19	54	36	21	38	19	22
15	12	59	14	43	20	46	22	22	49	20	4
20	12	24	14	15	21	45	25	24	7	20	48
21	12	16	14	9	21	58	20	24	23	20	57
22	12	9	14	3	22	11	40	24	40	21	6
23	12	1	13	56	22	25	27	24	57	21	16
24	11	54	13	50	22	39	43	25	14	21	25
25	11	46	13	43	22	54	30	25	32	21	35
26	11	38	13	36	23	9	51	25	51	21	45
27	11	29	13	29	23	25	47	26	10	21	55
28	11	21	13	22	23	42	23	26	29	22	6
29	11	12	13	14	23	59	40	26	49	22	16
30	11	3	13	6	24	17	42	27	9	22	27
31	10	54	12	58	24	36	32	27	30	22	38
32	10	45	12	50	24	56	15	27	52	22	50
33	10	35	12	41	25	16	56	28	14	23	1
34	10	25	12	32	25	38	38	28	38	23	13
35	10	15	12	23	26	1	27	29	2	23	26
36	10	5	12	13	26	25	30	29	26	23	38
37	9	54	12	2	26	50	54	29	52	23	52
38	9	43	11	52	27	17	46	0 ♊	19	24	5
39	9	31	11	40	27	46	15	0	46	24	19
40	9	19	11	28	28	16	31	1	15	24	34
41	9	6	11	16	28	48	46	1	45	24	48
42	8	53	11	2	29	23	11	2	17	25	4
43	8	39	10	49	0 ♉	0	2	2	49	25	20
44	8	25	10	34	0	39	36	3	24	25	37
45	8	10	10	18	1	22	13	4	0	25	54
46	7	55	10	1	2	8	14	4	38	26	13
47	7	38	9	44	2	58	7	5	18	26	32
48	7	21	9	24	3	52	23	6	0	26	52
49	7	3	9	4	4	51	38	6	44	27	13
50	6	44	8	42	5	56	35	7	32	27	35
51	6	23	8	18	7	8	6	8	22	27	58
52	6	2	7	52	8	27	13	9	15	28	23
53	5	39	7	24	9	55	9	10	13	28	49
54	5	14	6	54	11	33	25	11	14	29	17
55	4	48	6	20	13	23	47	12	20	29	46
56	4	19	5	43	15	28	30	13	32	0 ♋	18
57	3	48	5	1	17	50	11	14	50	0	53
58	3	14	4	15	20	32	7	16	15	1	30
59	2	37	3	22	23	38	9	17	48	2	11
60	1	57	2	23	27	12	55	19	31	2	56
61	1	11	1	14	1 ♊	21	38	21	26	3	45
62	0	19	29 ♒	53	6	9	55	23	36	4	41
63	29 ♑	20	28	18	11	43	7	26	3	5	45
64	28	11	26	22	18	5	1	28	55	6	59
65	26	47	23	58	25	15	49	2 ♋	18	8	28
66	24	58	20	50	3 ♋	9	55	6	30	10	21

19 h 12 m MC 16 ♑ 35 58 RAMC 288°

Lat.	11		12		ASC			2		3	
0	15 ♒	32	16 ♓	57	19 ♈	30	6	20 ♉	26	18 ♊	58
5	15	3	16	37	20	14	50	21	31	19	37
10	14	32	16	16	21	3	44	22	39	20	17
15	14	0	15	53	21	58	16	23	51	20	59
20	13	26	15	27	23	0	25	25	9	21	43
21	13	19	15	21	23	13	59	25	26	21	53
22	13	11	15	16	23	28	0	25	43	22	2
23	13	4	15	10	23	42	29	26	0	22	11
24	12	56	15	4	23	57	29	26	18	22	21
25	12	48	14	58	24	13	2	26	36	22	31
26	12	40	14	51	24	29	9	26	54	22	41
27	12	32	14	45	24	45	54	27	13	22	51
28	12	24	14	38	25	3	19	27	33	23	1
29	12	16	14	31	25	21	27	27	53	23	12
30	12	7	14	23	25	40	22	28	14	23	23
31	11	58	14	16	26	0	8	28	35	23	34
32	11	49	14	8	26	20	48	28	57	23	46
33	11	39	14	0	26	42	28	29	19	23	57
34	11	29	13	52	27	5	12	29	42	24	9
35	11	19	13	43	27	29	6	0 ♊	7	24	22
36	11	9	13	34	27	54	17	0	32	24	34
37	10	58	13	24	28	20	51	0	57	24	47
38	10	47	13	14	28	48	56	1	24	25	1
39	10	35	13	3	29	18	42	1	52	25	15
40	10	24	12	52	29	50	18	2	21	25	29
41	10	11	12	41	0 ♉	23	56	2	51	25	44
42	9	58	12	28	0	59	50	3	23	26	0
43	9	45	12	15	1	38	13	3	56	26	16
44	9	31	12	2	2	19	24	4	30	26	33
45	9	16	11	47	3	3	42	5	6	26	50
46	9	1	11	32	3	51	29	5	44	27	8
47	8	44	11	15	4	43	14	6	24	27	27
48	8	27	10	57	5	39	26	7	7	27	47
49	8	10	10	38	6	40	42	7	51	28	8
50	7	51	10	18	7	47	45	8	39	28	30
51	7	31	9	56	9	1	26	9	29	28	53
52	7	9	9	32	10	22	46	10	22	29	18
53	6	46	9	6	11	52	56	11	20	29	44
54	6	22	8	37	13	33	24	12	21	0 ♋	12
55	5	56	8	6	15	25	53	13	27	0	41
56	5	28	7	31	17	32	30	14	39	1	13
57	4	57	6	52	19	55	43	15	56	1	48
58	4	24	6	9	22	38	34	17	21	2	25
59	3	48	5	20	25	44	35	18	53	3	5
60	3	7	4	24	29	17	53	20	35	3	50
61	2	23	3	20	3 ♊	23	2	22	29	4	39
62	1	32	2	5	8	4	49	24	37	5	34
63	0	34	0	36	13	27	34	27	3	6	37
64	29 ♑	26	28 ♒	48	19	34	10	29	50	7	49
65	28	4	26	35	26	24	22	3 ♋	9	9	16
66	26	19	23	41	3 ♋	53	4	7	11	11	7

19 h 16 m MC 17 ♑ 31 54 RAMC 289°

Lat.	11		12		ASC			2		3	
0	16 ♒	33	18 ♓	2	20 ♈	34	17	21 ♉	25	19 ♊	53
5	16	4	17	44	21	21	19	22	31	20	33
10	15	34	17	24	22	12	41	23	39	21	13
15	15	2	17	3	23	9	55	24	52	21	55
20	14	28	16	39	24	15	6	26	12	22	39
21	14	21	16	34	24	29	20	26	28	22	48
22	14	14	16	29	24	44	1	26	45	22	58
23	14	7	16	23	24	59	12	27	3	23	7
24	13	59	16	18	25	14	55	27	21	23	17
25	13	51	16	12	25	31	11	27	39	23	27
26	13	44	16	6	25	48	4	27	58	23	37
27	13	36	16	0	26	5	35	28	17	23	47
28	13	27	15	54	26	23	48	28	36	23	57
29	13	19	15	47	26	42	47	28	57	24	8
30	13	10	15	41	27	2	34	29	17	24	19
31	13	2	15	34	27	23	13	29	39	24	30
32	12	52	15	27	27	44	49	0 ♊	1	24	41
33	12	43	15	19	28	7	26	0	24	24	53
34	12	33	15	11	28	31	10	0	47	25	5
35	12	24	15	3	28	56	6	1	11	25	17
36	12	13	14	55	29	22	22	1	36	25	30
37	12	3	14	46	29	50	3	2	2	25	43
38	11	52	14	37	0 ♉	19	18	2	29	25	57
39	11	40	14	27	0	50	17	2	57	26	11
40	11	29	14	17	1	23	10	3	26	26	25
41	11	16	14	6	1	58	8	3	57	26	40
42	11	4	13	55	2	35	25	4	28	26	55
43	10	50	13	43	3	15	15	5	1	27	11
44	10	37	13	30	3	57	57	5	36	27	28
45	10	22	13	17	4	43	50	6	12	27	46
46	10	7	13	2	5	33	17	6	50	28	4
47	9	51	12	47	6	26	44	7	30	28	23
48	9	34	12	31	7	24	43	8	13	28	43
49	9	17	12	13	8	27	50	8	58	29	3
50	8	58	11	54	9	36	47	9	45	29	25
51	8	38	11	34	10	52	25	10	35	29	49
52	8	17	11	12	12	15	42	11	29	0 ♋	13
53	7	55	10	47	13	47	48	12	26	0	39
54	7	31	10	21	15	30	8	13	27	1	7
55	7	5	9	52	17	24	20	14	33	1	36
56	6	37	9	20	19	32	24	15	44	2	8
57	6	7	8	44	21	56	39	17	1	2	42
58	5	34	8	4	24	39	53	18	25	3	19
59	4	59	7	19	27	45	19	19	57	3	59
60	4	19	6	27	1 ♊	16	36	21	39	4	43
61	3	35	5	28	5	17	45	23	31	5	32
62	2	45	4	18	9	52	49	25	37	6	26
63	1	48	2	56	15	5	22	28	1	7	28
64	0	42	1	17	20	57	32	0 ♋	45	8	40
65	29 ♑	22	29 ♒	13	27	28	48	3	58	10	5
66	27	41	26	34	4 ♋	34	38	7	52	11	52

19 h 20 m MC 18 ♑ 27 56 RAMC 290°

Lat.	11	12	ASC	2	3
0	17 ♒ 33	19 ♓ 7	21 ♈ 38 20	22 ♉ 24	20 ♊ 49
5	17 5	18 50	22 27 38	23 30	21 28
10	16 35	18 33	23 21 26	24 40	22 9
15	16 4	18 13	24 21 20	25 54	22 50
20	15 31	17 51	25 29 30	27 14	23 35
21	15 24	17 47	25 44 22	27 30	23 44
22	15 17	17 42	25 59 42	27 48	23 53
23	15 10	17 37	26 15 34	28 5	24 3
24	15 2	17 32	26 31 58	28 23	24 12
25	14 55	17 27	26 48 57	28 42	24 22
26	14 47	17 21	27 6 34	29 0	24 32
27	14 39	17 16	27 24 51	29 20	24 42
28	14 31	17 10	27 43 51	29 40	24 53
29	14 23	17 4	28 3 38	0 ♊ 0	25 3
30	14 14	16 58	28 24 15	0 21	25 14
31	14 6	16 52	28 45 46	0 42	25 25
32	13 57	16 45	29 8 16	1 5	25 37
33	13 47	16 38	29 31 49	1 27	25 49
34	13 38	16 31	29 56 30	1 51	26 1
35	13 28	16 24	0 ♉ 22 26	2 15	26 13
36	13 18	16 16	0 49 43	2 41	26 26
37	13 8	16 8	1 18 29	3 7	26 39
38	12 57	16 0	1 48 52	3 34	26 52
39	12 46	15 51	2 21 1	4 2	27 6
40	12 34	15 42	2 55 6	4 31	27 20
41	12 22	15 32	3 31 20	5 2	27 35
42	12 10	15 21	4 9 55	5 33	27 51
43	11 56	15 10	4 51 8	6 7	28 7
44	11 43	14 59	5 35 15	6 41	28 24
45	11 29	14 47	6 22 36	7 18	28 41
46	11 14	14 33	7 13 35	7 56	28 59
47	10 58	14 19	8 8 37	8 36	29 18
48	10 41	14 4	9 8 14	9 18	29 38
49	10 24	13 48	10 13 2	10 3	29 59
50	10 6	13 31	11 23 42	10 50	0 ♋ 20
51	9 46	13 12	12 41 2	11 41	0 44
52	9 25	12 52	14 6 2	12 34	1 8
53	9 3	12 30	15 39 47	13 31	1 34
54	8 40	12 6	17 23 40	14 32	2 1
55	8 14	11 39	19 19 14	15 38	2 31
56	7 47	11 10	21 28 21	16 49	3 2
57	7 17	10 37	23 53 12	18 6	3 36
58	6 45	10 0	26 36 21	19 29	4 13
59	6 10	9 19	29 40 43	21 0	4 53
60	5 31	8 31	3 ♊ 9 34	22 41	5 36
61	4 48	7 37	7 6 24	24 32	6 25
62	3 59	6 33	11 34 40	26 37	7 18
63	3 3	5 18	16 37 17	28 57	8 19
64	1 58	3 47	22 15 52	1 ♋ 39	9 30
65	0 41	1 54	28 29 44	4 47	10 53
66	29 ♑ 3	29 ♒ 30	5 ♋ 14 49	8 33	12 37

Lat.	11		12		ASC			2		3	
0	18 ≈	34	20 ♓	12	22 ♈	42	16	23 ♉	23	21 ♊	44
5	18	6	19	57	23	33	47	24	30	22	24
10	17	37	19	41	24	29	59	25	40	23	4
15	17	7	19	23	25	32	31	26	55	23	46
20	16	34	19	4	26	43	34	28	15	24	30
21	16	27	19	0	26	59	4	28	32	24	39
22	16	20	18	55	27	15	3	28	50	24	49
23	16	13	18	51	27	31	34	29	7	24	58
24	16	6	18	46	27	48	39	29	25	25	8
25	15	58	18	42	28	6	19	29	44	25	18
26	15	51	18	37	28	24	39	0 ♊	3	25	28
27	15	43	18	32	28	43	40	0	22	25	38
28	15	35	18	27	29	3	26	0	42	25	48
29	15	27	18	21	29	24	0	1	3	25	59
30	15	18	18	16	29	45	25	1	24	26	10
31	15	10	18	10	0 ♉	7	46	1	46	26	21
32	15	1	18	4	0	31	8	2	8	26	32
33	14	52	17	58	0	55	34	2	31	26	44
34	14	43	17	52	1	21	11	2	55	26	56
35	14	33	17	45	1	48	5	3	19	27	8
36	14	23	17	38	2	16	21	3	44	27	21
37	14	13	17	31	2	46	9	4	11	27	34
38	14	2	17	23	3	17	36	4	38	27	48
39	13	51	17	15	3	50	51	5	6	28	1
40	13	40	17	7	4	26	5	5	35	28	16
41	13	28	16	58	5	3	30	6	6	28	31
42	13	16	16	48	5	43	20	6	38	28	46
43	13	3	16	38	6	25	49	7	11	29	2
44	12	49	16	28	7	11	16	7	46	29	19
45	12	35	16	17	7	59	59	8	22	29	36
46	12	21	16	5	8	52	23	9	1	29	54
47	12	5	15	52	9	48	53	9	41	0 ♋	13
48	11	49	15	39	10	49	59	10	23	0	33
49	11	32	15	24	11	56	18	11	8	0	54
50	11	14	15	9	13	8	29	11	55	1	15
51	10	54	14	52	14	27	20	12	46	1	38
52	10	34	14	33	15	53	48	13	39	2	3
53	10	12	14	13	17	28	57	14	36	2	28
54	9	49	13	51	19	14	5	15	37	2	56
55	9	24	13	27	21	10	40	16	42	3	25
56	8	57	13	0	23	20	29	17	53	3	56
57	8	28	12	31	25	45	33	19	9	4	30
58	7	57	11	57	28	28	14	20	32	5	6
59	7	22	11	20	1 ♊	31	9	22	2	5	46
60	6	44	10	37	4	57	13	23	42	6	29
61	6	1	9	47	8	49	31	25	32	7	17
62	5	13	8	49	13	10	58	27	35	8	10
63	4	19	7	41	18	3	59	29	53	9	10
64	3	15	6	19	23	29	48	2 ♋	31	10	20
65	2	0	4	37	29	27	37	5	34	11	41
66	0	26	2	27	5 ♋	53	50	9	13	13	22

19 h 28 m MC 20 ♑ 20 19 RAMC 292°

Lat.	11	12	ASC	2	3
0	19 ♒ 35	21 ♓ 17	23 ♈ 46 3	24 ♉ 22	22 ♊ 39
5	19 7	21 4	24 39 46	25 29	23 19
10	18 39	20 50	25 38 20	26 40	23 59
15	18 9	20 34	26 43 25	27 55	24 41
20	17 37	20 16	27 57 20	29 17	25 25
21	17 30	20 13	28 13 26	29 34	25 35
22	17 23	20 9	28 30 2	29 51	25 44
23	17 16	20 5	28 47 12	0 ♊ 9	25 54
24	17 9	20 1	29 4 56	0 27	26 3
25	17 2	19 57	29 23 17	0 46	26 13
26	16 55	19 52	29 42 18	1 5	26 23
27	16 47	19 48	0 ♉ 2 2	1 25	26 33
28	16 39	19 43	0 22 32	1 45	26 44
29	16 31	19 39	0 43 51	2 6	26 54
30	16 23	19 34	1 6 4	2 27	27 5
31	16 14	19 29	1 29 13	2 48	27 16
32	16 6	19 23	1 53 24	3 11	27 28
33	15 57	19 18	2 18 42	3 34	27 39
34	15 48	19 12	2 45 12	3 58	27 51
35	15 38	19 6	3 13 1	4 22	28 4
36	15 29	19 0	3 42 14	4 48	28 16
37	15 18	18 53	4 13 1	5 14	28 29
38	15 8	18 46	4 45 28	5 42	28 43
39	14 57	18 39	5 19 46	6 10	28 57
40	14 46	18 32	5 56 6	6 39	29 11
41	14 34	18 24	6 34 38	7 10	29 26
42	14 22	18 16	7 15 38	7 42	29 41
43	14 10	18 7	7 59 19	8 15	29 57
44	13 56	17 57	8 45 59	8 50	0 ♋ 14
45	13 43	17 47	9 35 59	9 27	0 31
46	13 28	17 37	10 29 41	10 5	0 49
47	13 13	17 25	11 27 31	10 45	1 8
48	12 57	17 13	12 29 58	11 28	1 28
49	12 40	17 0	13 37 37	12 12	1 48
50	12 22	16 46	14 51 9	13 0	2 10
51	12 3	16 31	16 11 20	13 50	2 33
52	11 43	16 15	17 39 2	14 43	2 57
53	11 22	15 57	19 15 21	15 40	3 23
54	10 59	15 37	21 1 27	16 41	3 50
55	10 35	15 16	22 58 47	17 46	4 19
56	10 8	14 52	25 8 58	18 56	4 50
57	9 40	14 25	27 33 55	20 12	5 24
58	9 8	13 55	0 ♊ 15 46	21 34	6 0
59	8 34	13 22	3 16 55	23 4	6 39
60	7 57	12 43	6 39 58	24 42	7 22
61	7 15	11 59	10 27 35	26 31	8 9
62	6 28	11 7	14 42 18	28 32	9 2
63	5 35	10 6	19 26 5	0 ♋ 48	10 1
64	4 33	8 52	24 39 53	3 22	11 9
65	3 20	7 22	0 ♋ 22 53	6 21	12 29
66	1 49	5 26	6 31 51	9 52	14 6

Lat.	11		12		ASC			2		3	
0	20 ≈	36	22 ♓	23	24 ♈	49	42	25 ♉	20	23 ♊	34
5	20	9	22	11	25	45	35	26	29	24	14
10	19	41	21	58	26	46	28	27	40	24	55
15	19	12	21	44	27	54	4	28	56	25	37
20	18	40	21	29	29	10	45	0 ♊	18	26	21
21	18	34	21	26	29	27	27	0	35	26	30
22	18	27	21	23	29	44	40	0	53	26	39
23	18	20	21	19	0 ♉	2	26	1	11	26	49
24	18	13	21	15	0	20	49	1	29	26	59
25	18	6	21	12	0	39	50	1	48	27	8
26	17	59	21	8	0	59	31	2	7	27	18
27	17	51	21	4	1	19	57	2	27	27	29
28	17	44	21	0	1	41	9	2	47	27	39
29	17	36	20	56	2	3	12	3	8	27	50
30	17	28	20	52	2	26	10	3	29	28	0
31	17	19	20	47	2	50	6	3	51	28	12
32	17	11	20	42	3	15	5	4	13	28	23
33	17	2	20	38	3	41	12	4	37	28	35
34	16	53	20	33	4	8	33	5	1	28	47
35	16	44	20	27	4	37	14	5	25	28	59
36	16	34	20	22	5	7	22	5	51	29	12
37	16	24	20	16	5	39	4	6	17	29	25
38	16	14	20	10	6	12	29	6	45	29	38
39	16	3	20	4	6	47	47	7	13	29	52
40	15	52	19	57	7	25	8	7	43	0 ♋	6
41	15	41	19	50	8	4	44	8	13	0	21
42	15	29	19	43	8	46	48	8	45	0	36
43	15	17	19	35	9	31	36	9	19	0	52
44	15	4	19	27	10	19	26	9	54	1	9
45	14	50	19	18	11	10	36	10	30	1	26
46	14	36	19	9	12	5	29	11	9	1	44
47	14	21	18	59	13	4	31	11	49	2	3
48	14	5	18	48	14	8	11	12	31	2	22
49	13	49	18	37	15	17	3	13	16	2	43
50	13	31	18	25	16	31	45	14	3	3	5
51	13	13	18	11	17	53	3	14	53	3	27
52	12	53	17	57	19	21	49	15	46	3	51
53	12	32	17	41	20	59	2	16	43	4	17
54	12	9	17	24	22	45	53	17	44	4	44
55	11	45	17	5	24	43	41	18	48	5	13
56	11	19	16	44	26	53	58	19	58	5	44
57	10	51	16	20	29	18	30	21	13	6	17
58	10	21	15	54	1 ♊	59	14	22	35	6	53
59	9	47	15	24	4	58	22	24	4	7	32
60	9	11	14	50	8	18	11	25	41	8	14
61	8	30	14	11	12	1	3	27	29	9	1
62	7	44	13	26	16	9	8	29	28	9	53
63	6	52	12	32	20	44	5	1 ♋	41	10	51
64	5	52	11	27	25	46	35	4	13	11	58
65	4	41	10	8	1 ♋	15	50	7	7	13	16
66	3	13	8	27	7	8	59	10	31	14	51

Lat.	11		12		ASC			2		3	
0	21 ♒	37	23 ♓	28	25 ♈	53	12	26 ♉	18	24 ♊	30
5	21	11	23	18	26	51	13	27	28	25	9
10	20	44	23	7	27	54	22	28	40	25	50
15	20	15	22	55	29	4	26	29	56	26	32
20	19	44	22	42	0 ♉	23	50	1 ♊	19	27	16
21	19	38	22	39	0	41	6	1	36	27	25
22	19	31	22	36	0	58	55	1	54	27	35
23	19	24	22	33	1	17	18	2	12	27	44
24	19	17	22	30	1	36	17	2	30	27	54
25	19	10	22	27	1	55	56	2	49	28	4
26	19	3	22	24	2	16	17	3	9	28	14
27	18	56	22	20	2	37	22	3	29	28	24
28	18	48	22	17	2	59	16	3	49	28	34
29	18	41	22	13	3	22	1	4	10	28	45
30	18	33	22	10	3	45	42	4	31	28	56
31	18	25	22	6	4	10	23	4	53	29	7
32	18	16	22	2	4	36	8	5	16	29	18
33	18	8	21	58	5	3	2	5	39	29	30
34	17	59	21	53	5	31	12	6	3	29	42
35	17	50	21	49	6	0	43	6	28	29	54
36	17	40	21	44	6	31	43	6	54	0 ♋	7
37	17	31	21	39	7	4	18	7	20	0	20
38	17	20	21	34	7	38	38	7	48	0	33
39	17	10	21	29	8	14	52	8	16	0	47
40	16	59	21	23	8	53	10	8	46	1	1
41	16	48	21	17	9	33	45	9	16	1	16
42	16	36	21	11	10	16	51	9	49	1	31
43	16	24	21	4	11	2	41	10	22	1	47
44	16	11	20	57	11	51	34	10	57	2	4
45	15	58	20	49	12	43	48	11	33	2	21
46	15	44	20	41	13	39	47	12	12	2	39
47	15	29	20	33	14	39	54	12	52	2	57
48	15	14	20	24	15	44	39	13	34	3	17
49	14	58	20	14	16	54	34	14	19	3	37
50	14	40	20	3	18	10	18	15	6	3	59
51	14	22	19	52	19	32	33	15	56	4	22
52	14	3	19	39	21	2	10	16	49	4	46
53	13	42	19	26	22	40	7	17	46	5	11
54	13	20	19	11	24	27	28	18	46	5	38
55	12	57	18	55	26	25	29	19	50	6	6
56	12	31	18	36	28	35	37	21	0	6	37
57	12	4	18	16	0 ♊	59	29	22	14	7	10
58	11	34	17	54	3	38	53	23	35	7	46
59	11	1	17	28	6	35	46	25	3	8	24
60	10	25	16	59	9	52	14	26	39	9	6
61	9	45	16	25	13	30	20	28	25	9	52
62	9	0	15	46	17	31	55	0 ♋	23	10	44
63	8	9	15	0	21	58	23	2	34	11	41
64	7	11	14	4	26	50	16	5	2	12	47
65	6	2	12	55	2 ♋	6	47	7	52	14	3
66	4	38	11	29	7	45	22	11	9	15	35

19 h 40 m MC 23 ♑ 9 44 RAMC 295°

Lat.	11	12	ASC	2	3
0	22 ♒ 39	24 ♓ 33	26 ♈ 56 33	27 ♉ 16	25 ♊ 25
5	22 13	24 25	27 56 40	28 26	26 4
10	21 46	24 16	29 2 3	29 39	26 45
15	21 18	24 6	0 ♉ 14 32	0 ♊ 56	27 27
20	20 48	23 55	1 36 34	2 19	28 11
21	20 41	23 52	1 54 24	2 37	28 20
22	20 35	23 50	2 12 47	2 55	28 30
23	20 28	23 48	2 31 45	3 13	28 39
24	20 22	23 45	2 51 21	3 31	28 49
25	20 15	23 42	3 11 36	3 50	28 59
26	20 8	23 40	3 32 35	4 10	29 9
27	20 1	23 37	3 54 19	4 30	29 19
28	19 53	23 34	4 16 52	4 50	29 29
29	19 46	23 31	4 40 18	5 11	29 40
30	19 38	23 28	5 4 41	5 33	29 51
31	19 30	23 25	5 30 5	5 55	0 ♋ 2
32	19 22	23 21	5 56 34	6 18	0 13
33	19 13	23 18	6 24 13	6 41	0 25
34	19 5	23 14	6 53 10	7 5	0 37
35	18 56	23 11	7 23 28	7 30	0 49
36	18 47	23 7	7 55 17	7 56	1 2
37	18 37	23 2	8 28 42	8 22	1 15
38	18 27	22 58	9 3 54	8 50	1 28
39	18 17	22 54	9 41 0	9 18	1 42
40	18 6	22 49	10 20 13	9 48	1 56
41	17 55	22 44	11 1 44	10 19	2 11
42	17 44	22 39	11 45 45	10 51	2 26
43	17 32	22 33	12 32 33	11 25	2 42
44	17 19	22 27	13 22 24	12 0	2 58
45	17 6	22 21	14 15 38	12 36	3 15
46	16 53	22 14	15 12 35	13 14	3 33
47	16 38	22 7	16 13 40	13 55	3 52
48	16 23	21 59	17 19 23	14 37	4 11
49	16 7	21 51	18 30 14	15 21	4 32
50	15 50	21 42	19 46 50	16 9	4 53
51	15 32	21 33	21 9 53	16 58	5 16
52	15 13	21 22	22 40 11	17 51	5 39
53	14 53	21 11	24 18 38	18 47	6 5
54	14 32	20 58	26 6 17	19 47	6 31
55	14 8	20 45	28 4 20	20 51	7 0
56	13 43	20 30	0 ♊ 14 5	22 0	7 30
57	13 17	20 13	2 37 4	23 14	8 3
58	12 47	19 54	5 14 55	24 35	8 38
59	12 15	19 32	8 9 26	26 2	9 16
60	11 40	19 8	11 22 26	27 37	9 58
61	11 1	18 40	14 55 46	29 21	10 44
62	10 17	18 7	18 51 2	1 ♋ 17	11 34
63	9 28	17 28	23 9 25	3 26	12 31
64	8 31	16 41	27 51 17	5 51	13 35
65	7 24	15 44	2 ♋ 55 56	8 36	14 50
66	6 3	14 32	8 21 4	11 47	16 19

19 h 44 m MC 24 ♑ 6 26 RAMC 296°

Lat.	11		12		ASC			2		3	
0	23 ♒	41	25 ♓	38	27 ♈	59	44	28 ♉	14	26 ♊	20
5	23	15	25	32	29	1	55	29	25	27	0
10	22	49	25	24	0 ♉	9	30	0 ♊	38	27	40
15	22	22	25	17	1	24	20	1	56	28	22
20	21	52	25	8	2	48	57	3	20	29	6
21	21	46	25	6	3	7	19	3	37	29	16
22	21	39	25	4	3	26	16	3	55	29	25
23	21	33	25	2	3	45	48	4	14	29	34
24	21	26	25	0	4	5	58	4	32	29	44
25	21	20	24	58	4	26	50	4	51	29	54
26	21	13	24	56	4	48	25	5	11	0 ♋	4
27	21	6	24	53	5	10	46	5	31	0	14
28	20	58	24	51	5	33	58	5	51	0	24
29	20	51	24	49	5	58	3	6	12	0	35
30	20	43	24	46	6	23	6	6	34	0	46
31	20	36	24	44	6	49	10	6	56	0	57
32	20	28	24	41	7	16	21	7	19	1	8
33	20	19	24	38	7	44	44	7	43	1	20
34	20	11	24	35	8	14	24	8	7	1	32
35	20	2	24	32	8	45	29	8	32	1	44
36	19	53	24	29	9	18	3	8	58	1	57
37	19	44	24	26	9	52	16	9	24	2	9
38	19	34	24	22	10	28	16	9	52	2	23
39	19	24	24	19	11	6	13	10	20	2	37
40	19	14	24	15	11	46	16	10	50	2	51
41	19	3	24	11	12	28	38	11	21	3	5
42	18	52	24	7	13	13	32	11	53	3	21
43	18	40	24	2	14	1	13	12	27	3	36
44	18	28	23	58	14	51	57	13	2	3	53
45	18	15	23	52	15	46	4	13	38	4	10
46	18	1	23	47	16	43	54	14	17	4	28
47	17	47	23	41	17	45	52	14	57	4	46
48	17	33	23	35	18	52	24	15	39	5	6
49	17	17	23	29	20	4	3	16	23	5	26
50	17	0	23	22	21	21	23	17	10	5	47
51	16	43	23	14	22	45	5	18	0	6	10
52	16	24	23	5	24	15	54	18	53	6	33
53	16	4	22	56	25	54	42	19	48	6	58
54	15	43	22	46	27	42	28	20	48	7	25
55	15	21	22	35	29	40	20	21	52	7	53
56	14	56	22	23	1 ♊	49	32	23	0	8	23
57	14	30	22	10	4	11	27	24	14	8	56
58	14	1	21	54	6	47	36	25	33	9	31
59	13	30	21	37	9	39	35	26	59	10	9
60	12	55	21	17	12	49	5	28	34	10	50
61	12	17	20	55	16	17	42	0 ♋	17	11	35
62	11	35	20	28	20	6	50	2	11	12	25
63	10	46	19	57	24	17	28	4	17	13	21
64	9	51	19	20	28	49	56	6	39	14	24
65	8	46	18	34	3 ♋	43	30	9	20	15	37
66	7	28	17	36	8	56	11	12	25	17	3

Lat.	11		12		ASC			2		3	
0	24 ♒	42	26 ♓	44	29 ♈	2	47	29 ♉	12	27 ♊	15
5	24	18	26	39	0 ♉	6	59	0 ♊	23	27	55
10	23	52	26	33	1	16	43	1	37	28	35
15	23	25	26	27	2	33	51	2	56	29	17
20	22	56	26	21	4	0	57	4	20	0 ♋	1
21	22	50	26	19	4	19	52	4	37	0	11
22	22	44	26	18	4	39	21	4	55	0	20
23	22	38	26	16	4	59	26	5	14	0	29
24	22	31	26	15	5	20	10	5	33	0	39
25	22	25	26	13	5	41	36	5	52	0	49
26	22	18	26	12	6	3	46	6	12	0	59
27	22	11	26	10	6	26	43	6	32	1	9
28	22	4	26	8	6	50	32	6	52	1	19
29	21	57	26	6	7	15	14	7	13	1	30
30	21	49	26	5	7	40	55	7	35	1	41
31	21	42	26	3	8	7	39	7	57	1	52
32	21	34	26	1	8	35	30	8	20	2	3
33	21	26	25	59	9	4	34	8	44	2	15
34	21	17	25	56	9	34	57	9	8	2	27
35	21	9	25	54	10	6	44	9	33	2	39
36	21	0	25	52	10	40	2	9	59	2	51
37	20	51	25	49	11	15	0	10	26	3	4
38	20	41	25	47	11	51	46	10	53	3	18
39	20	32	25	44	12	30	28	11	22	3	31
40	20	21	25	41	13	11	19	11	52	3	45
41	20	11	25	38	13	54	29	12	23	4	0
42	20	0	25	35	14	40	11	12	55	4	15
43	19	48	25	32	15	28	40	13	28	4	31
44	19	36	25	28	16	20	13	14	3	4	47
45	19	24	25	24	17	15	8	14	40	5	4
46	19	11	25	20	18	13	45	15	18	5	22
47	18	57	25	16	19	16	29	15	58	5	40
48	18	42	25	11	20	23	45	16	40	6	0
49	18	27	25	6	21	36	4	17	25	6	20
50	18	11	25	1	22	54	1	18	11	6	41
51	17	54	24	55	24	18	12	19	1	7	3
52	17	36	24	49	25	49	23	19	53	7	27
53	17	16	24	42	27	28	23	20	49	7	52
54	16	56	24	34	29	16	7	21	48	8	18
55	16	33	24	26	1 ♊	13	38	22	52	8	46
56	16	9	24	17	3	22	6	23	59	9	16
57	15	44	24	7	5	42	47	25	12	9	48
58	15	16	23	55	8	17	6	26	31	10	23
59	14	45	23	42	11	6	29	27	56	11	0
60	14	11	23	28	14	12	27	29	29	11	41
61	13	34	23	11	17	36	24	1 ♋	11	12	26
62	12	53	22	51	21	19	36	3	3	13	15
63	12	6	22	27	25	22	52	5	7	14	10
64	11	12	21	59	29	46	26	7	26	15	12
65	10	9	21	25	4 ♋	29	40	10	3	16	23
66	8	54	20	42	9	30	46	13	3	17	47

19 h 52 m MC 26 ♑ 0 15 RAMC 298°

Lat.	11		12		ASC			2		3	
0	25 ♒	45	27 ♓	49	0 ♉	5	39	0 ♊	10	28 ♊	10
5	25	20	27	46	1	11	51	1	22	28	50
10	24	55	27	42	2	23	41	2	36	29	30
15	24	29	27	38	3	43	4	3	55	0 ♋	12
20	24	1	27	34	5	12	36	5	19	0	57
21	23	55	27	33	5	32	1	5	37	1	6
22	23	49	27	32	5	52	1	5	55	1	15
23	23	43	27	31	6	12	39	6	14	1	24
24	23	36	27	30	6	33	55	6	33	1	34
25	23	30	27	29	6	55	54	6	52	1	44
26	23	23	27	28	7	18	38	7	12	1	54
27	23	17	27	27	7	42	10	7	32	2	4
28	23	10	27	25	8	6	33	7	53	2	14
29	23	3	27	24	8	31	52	8	14	2	25
30	22	55	27	23	8	58	10	8	36	2	36
31	22	48	27	22	9	25	31	8	58	2	47
32	22	40	27	20	9	54	1	9	21	2	58
33	22	32	27	19	10	23	44	9	45	3	9
34	22	24	27	18	10	54	46	10	9	3	21
35	22	16	27	16	11	27	13	10	34	3	34
36	22	7	27	14	12	1	13	11	0	3	46
37	21	58	27	13	12	36	53	11	27	3	59
38	21	49	27	11	13	14	21	11	54	4	12
39	21	39	27	9	13	53	47	12	23	4	26
40	21	30	27	7	14	35	22	12	53	4	40
41	21	19	27	5	15	19	15	13	24	4	55
42	21	8	27	3	16	5	42	13	56	5	10
43	20	57	27	1	16	54	55	14	30	5	25
44	20	45	26	59	17	47	12	15	4	5	42
45	20	33	26	56	18	42	50	15	41	5	58
46	20	20	26	53	19	42	9	16	19	6	16
47	20	7	26	51	20	45	33	16	59	6	34
48	19	53	26	47	21	53	27	17	41	6	54
49	19	38	26	44	23	6	20	18	25	7	14
50	19	22	26	41	24	24	45	19	12	7	35
51	19	5	26	37	25	49	19	20	1	7	57
52	18	47	26	32	27	20	43	20	53	8	20
53	18	28	26	28	28	59	46	21	49	8	45
54	18	8	26	23	0 ♊	47	18	22	48	9	11
55	17	47	26	17	2	44	20	23	51	9	39
56	17	23	26	11	4	51	55	24	58	10	9
57	16	58	26	4	7	11	16	26	10	10	41
58	16	31	25	57	9	43	38	27	28	11	15
59	16	1	25	48	12	30	22	28	53	11	52
60	15	28	25	38	15	32	47	0 ♋	24	12	32
61	14	52	25	27	18	52	10	2	5	13	16
62	14	11	25	14	22	29	37	3	55	14	5
63	13	26	24	58	26	25	50	5	57	14	59
64	12	33	24	39	0 ♋	41	1	8	13	16	0
65	11	33	24	16	5	14	34	10	46	17	10
66	10	21	23	47	10	4	54	13	40	18	31

Lat.	11	12	ASC	2	3
0	26 ♒ 47	28 ♓ 55	1 ♉ 8 22	1 ♊ 8	29 ♊ 5
5	26 23	28 53	2 16 31	2 20	29 45
10	25 59	28 51	3 30 24	3 35	0 ♋ 25
15	25 33	28 49	4 51 59	4 54	1 7
20	25 6	28 47	6 23 52	6 19	1 51
21	25 0	28 46	6 43 47	6 37	2 1
22	24 54	28 46	7 4 18	6 55	2 10
23	24 48	28 45	7 25 26	7 14	2 19
24	24 42	28 45	7 47 14	7 33	2 29
25	24 35	28 44	8 9 44	7 52	2 39
26	24 29	28 44	8 33 1	8 12	2 49
27	24 22	28 43	8 57 6	8 32	2 59
28	24 16	28 43	9 22 3	8 53	3 9
29	24 9	28 42	9 47 56	9 14	3 20
30	24 2	28 42	10 14 49	9 36	3 30
31	23 54	28 41	10 42 46	9 58	3 41
32	23 47	28 40	11 11 52	10 21	3 53
33	23 39	28 39	11 42 12	10 45	4 4
34	23 31	28 39	12 13 52	11 10	4 16
35	23 23	28 38	12 46 57	11 35	4 28
36	23 15	28 37	13 21 36	12 1	4 41
37	23 6	28 36	13 57 55	12 27	4 53
38	22 57	28 36	14 36 3	12 55	5 7
39	22 48	28 35	15 16 10	13 24	5 20
40	22 38	28 34	15 58 24	13 54	5 34
41	22 28	28 33	16 42 59	14 25	5 49
42	22 17	28 32	17 30 6	14 57	6 4
43	22 6	28 30	18 19 59	15 30	6 20
44	21 55	28 29	19 12 55	16 5	6 36
45	21 43	28 28	20 9 12	16 42	6 53
46	21 30	28 27	21 9 8	17 20	7 10
47	21 17	28 25	22 13 6	18 0	7 28
48	21 3	28 24	23 21 31	18 42	7 47
49	20 49	28 22	24 34 52	19 26	8 7
50	20 33	28 20	25 53 39	20 12	8 28
51	20 17	28 18	27 18 28	21 1	8 50
52	20 0	28 16	28 49 59	21 53	9 14
53	19 41	28 14	0 ♊ 28 56	22 48	9 38
54	19 21	28 11	2 16 9	23 47	10 4
55	19 0	28 9	4 12 33	24 49	10 32
56	18 37	28 6	6 19 9	25 56	11 1
57	18 13	28 2	8 37 3	27 8	11 33
58	17 46	27 58	11 7 23	28 25	12 7
59	17 17	27 54	13 51 24	29 48	12 44
60	16 45	27 49	16 50 18	1 ♋ 19	13 23
61	16 10	27 43	20 5 13	2 58	14 7
62	15 30	27 37	23 37 7	4 46	14 55
63	14 46	27 29	27 26 37	6 46	15 48
64	13 56	27 20	1 ♋ 33 53	8 59	16 48
65	12 57	27 8	5 58 20	11 28	17 56
66	11 48	26 54	10 38 37	14 17	19 15

20 h 0 m MC 27 ♑ 54 36 RAMC 300°

Lat.	11	12	ASC	2	3
0	27 ♒ 49	0 ♈ 0	2 ♉ 10 55	2 ♊ 5	0 ♋ 0
5	27 26	0 0	3 20 59	3 18	0 40
10	27 2	0 0	4 36 53	4 33	1 20
15	26 37	0 0	6 0 35	5 53	2 2
20	26 11	0 0	7 34 46	7 18	2 46
21	26 5	0 0	7 55 10	7 36	2 56
22	25 59	0 0	8 16 9	7 55	3 5
23	25 53	0 0	8 37 47	8 13	3 14
24	25 47	0 0	9 0 5	8 32	3 24
25	25 41	0 0	9 23 6	8 52	3 34
26	25 35	0 0	9 46 54	9 12	3 44
27	25 29	0 0	10 11 31	9 32	3 54
28	25 22	0 0	10 37 1	9 53	4 4
29	25 15	0 0	11 3 26	10 14	4 14
30	25 8	0 0	11 30 53	10 36	4 25
31	25 1	0 0	11 59 24	10 59	4 36
32	24 54	0 0	12 29 4	11 22	4 47
33	24 46	0 0	12 59 59	11 45	4 59
34	24 39	0 0	13 32 14	12 10	5 11
35	24 31	0 0	14 5 56	12 35	5 23
36	24 23	0 0	14 41 11	13 1	5 35
37	24 14	0 0	15 18 7	13 28	5 48
38	24 5	0 0	15 56 52	13 56	6 1
39	23 56	0 0	16 37 36	14 24	6 15
40	23 47	0 0	17 20 28	14 54	6 29
41	23 37	0 0	18 5 39	15 25	6 43
42	23 26	0 0	18 53 23	15 57	6 58
43	23 16	0 0	19 43 53	16 30	7 14
44	23 5	0 0	20 37 24	17 5	7 30
45	22 53	0 0	21 34 14	17 42	7 47
46	22 41	0 0	22 34 42	18 20	8 4
47	22 28	0 0	23 39 9	19 0	8 22
48	22 14	0 0	24 48 1	19 41	8 41
49	22 0	0 0	26 1 42	20 25	9 1
50	21 45	0 0	27 20 45	21 12	9 22
51	21 29	0 0	28 45 43	22 0	9 44
52	21 12	0 0	0 ♊ 17 13	22 52	10 7
53	20 54	0 0	1 55 58	23 47	10 31
54	20 35	0 0	3 42 45	24 45	10 57
55	20 14	0 0	5 38 26	25 47	11 25
56	19 52	0 0	7 43 56	26 53	11 54
57	19 28	0 0	10 0 16	28 4	12 25
58	19 2	0 0	12 28 32	29 21	12 59
59	18 34	0 0	15 9 49	0 ♋ 43	13 35
60	18 3	0 0	18 5 14	2 13	14 14
61	17 28	0 0	21 15 47	3 50	14 57
62	16 50	0 0	24 42 20	5 37	15 44
63	16 7	0 0	28 25 25	7 34	16 37
64	15 18	0 0	2 ♋ 25 10	9 44	17 35
65	14 22	0 0	6 41 6	12 10	18 42
66	13 15	0 0	11 11 57	14 54	19 59

Lat.	11		12		ASC			2		3	
0	28 ♒	52	1 ♈	5	3 ♉	13	17	3 ♊	2	0 ♋	55
5	28	29	1	7	4	25	15	4	15	1	35
10	28	6	1	9	5	43	6	5	31	2	15
15	27	42	1	11	7	8	53	6	52	2	57
20	27	16	1	13	8	45	17	8	17	3	41
21	27	10	1	14	9	6	8	8	35	3	50
22	27	5	1	14	9	27	36	8	54	4	0
23	26	59	1	15	9	49	42	9	13	4	9
24	26	53	1	15	10	12	29	9	32	4	19
25	26	47	1	16	10	36	0	9	51	4	28
26	26	41	1	16	11	0	17	10	11	4	38
27	26	35	1	17	11	25	25	10	32	4	48
28	26	28	1	17	11	51	25	10	52	4	59
29	26	22	1	18	12	18	22	11	14	5	9
30	26	15	1	18	12	46	20	11	36	5	20
31	26	8	1	19	13	15	24	11	58	5	31
32	26	1	1	20	13	45	37	12	21	5	42
33	25	54	1	21	14	17	5	12	45	5	53
34	25	46	1	21	14	49	53	13	10	6	5
35	25	39	1	22	15	24	9	13	35	6	17
36	25	31	1	23	15	59	58	14	1	6	30
37	25	22	1	24	16	37	28	14	28	6	42
38	25	14	1	24	17	16	48	14	55	6	56
39	25	5	1	25	17	58	5	15	24	7	9
40	24	56	1	26	18	41	31	15	54	7	23
41	24	46	1	27	19	27	17	16	25	7	37
42	24	36	1	28	20	15	34	16	57	7	52
43	24	26	1	30	21	6	36	17	30	8	8
44	24	15	1	31	22	0	38	18	5	8	24
45	24	3	1	32	22	57	58	18	41	8	40
46	23	51	1	33	23	58	53	19	19	8	58
47	23	39	1	35	25	3	45	19	59	9	16
48	23	26	1	36	26	12	57	20	41	9	35
49	23	12	1	38	27	26	55	21	24	9	55
50	22	57	1	40	28	46	8	22	11	10	15
51	22	42	1	42	0 ♊	11	8	22	59	10	37
52	22	25	1	44	1	42	31	23	50	11	0
53	22	8	1	46	3	20	58	24	45	11	24
54	21	49	1	49	5	7	13	25	43	11	50
55	21	29	1	51	7	2	3	26	44	12	17
56	21	7	1	54	9	6	22	27	50	12	46
57	20	44	1	58	11	21	6	29	0	13	17
58	20	19	2	2	13	47	14	0 ♋	16	13	50
59	19	51	2	6	16	25	47	1	37	14	26
60	19	21	2	11	19	17	45	3	6	15	5
61	18	47	2	17	22	24	3	4	42	15	47
62	18	10	2	23	25	45	26	6	27	16	34
63	17	29	2	31	29	22	24	8	22	17	25
64	16	42	2	40	3 ♋	15	3	10	29	18	23
65	15	47	2	52	7	22	57	12	51	19	28
66	14	43	3	6	11	44	58	15	31	20	43

Lat.	11		12		ASC			2		3	
0	29 ≈	54	2 ♈	11	4 ♉	15	30	3 ♊	59	1 ♋	50
5	29	33	2	14	5	29	17	5	13	2	30
10	29	10	2	18	6	49	4	6	29	3	10
15	28	47	2	22	8	16	52	7	50	3	52
20	28	21	2	26	9	55	24	9	16	4	36
21	28	16	2	27	10	16	42	9	34	4	45
22	28	10	2	28	10	38	37	9	53	4	55
23	28	5	2	29	11	1	11	10	12	5	4
24	27	59	2	30	11	24	26	10	31	5	13
25	27	53	2	31	11	48	25	10	50	5	23
26	27	48	2	32	12	13	11	11	10	5	33
27	27	41	2	33	12	38	47	11	31	5	43
28	27	35	2	35	13	5	17	11	52	5	53
29	27	29	2	36	13	32	44	12	13	6	4
30	27	22	2	37	14	1	12	12	35	6	14
31	27	16	2	38	14	30	46	12	58	6	25
32	27	9	2	40	15	1	30	13	21	6	37
33	27	2	2	41	15	33	29	13	45	6	48
34	26	54	2	42	16	6	49	14	9	7	0
35	26	47	2	44	16	41	36	14	34	7	12
36	26	39	2	46	17	17	57	15	0	7	24
37	26	31	2	47	17	55	59	15	27	7	37
38	26	23	2	49	18	35	50	15	55	7	50
39	26	14	2	51	19	17	39	16	24	8	3
40	26	5	2	53	20	1	37	16	54	8	17
41	25	56	2	55	20	47	53	17	24	8	32
42	25	46	2	57	21	36	40	17	56	8	46
43	25	36	2	59	22	28	11	18	30	9	2
44	25	25	3	1	23	22	40	19	4	9	18
45	25	14	3	4	24	20	25	19	41	9	34
46	25	3	3	7	25	21	43	20	19	9	52
47	24	50	3	9	26	26	55	20	58	10	10
48	24	38	3	13	27	36	23	21	40	10	28
49	24	24	3	16	28	50	31	22	23	10	48
50	24	10	3	19	0 ♊	9	49	23	9	11	9
51	23	55	3	23	1	34	46	23	57	11	30
52	23	39	3	28	3	5	57	24	48	11	53
53	23	22	3	32	4	44	1	25	42	12	17
54	23	3	3	37	6	29	37	26	40	12	42
55	22	44	3	43	8	23	33	27	41	13	9
56	22	23	3	49	10	26	36	28	46	13	38
57	22	0	3	56	12	39	40	29	56	14	9
58	21	36	4	3	15	3	38	1 ♋	10	14	42
59	21	9	4	12	17	39	28	2	31	15	17
60	20	40	4	22	20	28	2	3	58	15	55
61	20	7	4	33	23	30	11	5	33	16	37
62	19	31	4	46	26	46	37	7	16	17	23
63	18	51	5	2	0 ♋	17	44	9	9	18	13
64	18	5	5	21	4	3	39	11	14	19	10
65	17	13	5	44	8	3	57	13	33	20	14
66	16	12	6	13	12	17	41	16	8	21	27

20 h 12 m   MC 0 ♒ 47 12   RAMC 303°

Lat.	11	12	ASC	2	3
0	0 ♓ 57	3 ♈ 16	5 ♉ 17 32	4 ♊ 56	2 ♋ 45
5	0 36	3 21	6 33 7	6 10	3 25
10	0 15	3 27	7 54 46	7 27	4 5
15	29 ♒ 52	3 33	9 24 31	8 48	4 47
20	29 27	3 39	11 5 8	10 15	5 31
21	29 22	3 41	11 26 52	10 33	5 40
22	29 16	3 42	11 49 13	10 52	5 49
23	29 11	3 44	12 12 13	11 10	5 59
24	29 6	3 45	12 35 55	11 30	6 8
25	29 0	3 47	13 0 21	11 49	6 18
26	28 54	3 48	13 25 34	12 9	6 28
27	28 48	3 50	13 51 38	12 30	6 38
28	28 42	3 52	14 18 36	12 51	6 48
29	28 36	3 54	14 46 31	13 12	6 58
30	28 30	3 55	15 15 28	13 34	7 9
31	28 23	3 57	15 45 31	13 57	7 20
32	28 17	3 59	16 16 43	14 20	7 31
33	28 10	4 1	16 49 12	14 44	7 42
34	28 3	4 4	17 23 1	15 8	7 54
35	27 55	4 6	17 58 18	15 34	8 6
36	27 48	4 8	18 35 8	16 0	8 18
37	27 40	4 11	19 13 40	16 27	8 31
38	27 32	4 13	19 54 0	16 54	8 44
39	27 23	4 16	20 36 18	17 23	8 57
40	27 15	4 19	21 20 44	17 53	9 11
41	27 6	4 22	22 7 28	18 24	9 26
42	26 56	4 25	22 56 41	18 56	9 40
43	26 46	4 28	23 48 37	19 29	9 56
44	26 36	4 32	24 43 31	20 3	10 12
45	26 25	4 36	25 41 37	20 40	10 28
46	26 14	4 40	26 43 14	21 17	10 45
47	26 2	4 44	27 48 41	21 57	11 3
48	25 50	4 49	28 58 20	22 38	11 22
49	25 37	4 54	0 ♊ 12 35	23 21	11 41
50	25 23	4 59	1 31 52	24 7	12 2
51	25 8	5 5	2 56 41	24 55	12 23
52	24 52	5 11	4 27 35	25 46	12 46
53	24 36	5 18	6 5 10	26 39	13 10
54	24 18	5 26	7 50 4	27 36	13 35
55	23 59	5 34	9 43 0	28 37	14 2
56	23 39	5 43	11 44 44	29 41	14 30
57	23 17	5 53	13 56 5	0 ♋ 50	15 0
58	22 53	6 5	16 17 54	2 4	15 33
59	22 27	6 18	18 51 0	3 24	16 8
60	21 59	6 32	21 36 15	4 50	16 46
61	21 27	6 49	24 34 22	6 23	17 27
62	20 53	7 9	27 46 1	8 5	18 12
63	20 14	7 33	1 ♋ 11 33	9 56	19 2
64	19 30	8 1	4 51 4	11 58	19 57
65	18 39	8 35	8 44 13	14 13	20 59
66	17 40	9 18	12 50 7	16 44	22 11

20 h 16 m MC 1 ♒ 45 2 RAMC 304°

Lat.	11	12	ASC	2	3
0	2 ♓ 0	4 ♈ 22	6 ♉ 19 23	5 ♊ 53	3 ♋ 40
5	1 40	4 28	7 36 44	7 8	4 20
10	1 19	4 36	9 0 12	8 25	5 0
15	0 57	4 43	10 31 52	9 46	5 42
20	0 33	4 52	12 14 29	11 13	6 26
21	0 28	4 54	12 36 37	11 32	6 35
22	0 23	4 56	12 59 23	11 50	6 44
23	0 17	4 58	13 22 49	12 9	6 53
24	0 12	5 0	13 46 56	12 28	7 3
25	0 7	5 2	14 11 48	12 48	7 13
26	0 1	5 4	14 37 28	13 8	7 22
27	29 ♒ 55	5 7	15 3 58	13 29	7 32
28	29 50	5 9	15 31 22	13 50	7 43
29	29 44	5 11	15 59 44	14 11	7 53
30	29 37	5 14	16 29 8	14 33	8 4
31	29 31	5 16	16 59 38	14 56	8 14
32	29 25	5 19	17 31 18	15 19	8 26
33	29 18	5 22	18 4 14	15 43	8 37
34	29 11	5 25	18 38 31	16 7	8 49
35	29 4	5 28	19 14 15	16 33	9 0
36	28 57	5 31	19 51 32	16 59	9 13
37	28 49	5 34	20 30 31	17 25	9 25
38	28 41	5 38	21 11 18	17 53	9 38
39	28 33	5 41	21 54 2	18 22	9 52
40	28 25	5 45	22 38 54	18 51	10 5
41	28 16	5 49	23 26 2	19 22	10 20
42	28 7	5 53	24 15 39	19 54	10 34
43	27 57	5 58	25 7 57	20 27	10 50
44	27 47	6 2	26 3 11	21 2	11 5
45	27 37	6 8	27 1 35	21 38	11 22
46	27 26	6 13	28 3 27	22 16	11 39
47	27 14	6 19	29 9 5	22 55	11 57
48	27 2	6 25	0 ♊ 18 51	23 36	12 15
49	26 49	6 31	1 33 8	24 19	12 34
50	26 36	6 38	2 52 20	25 4	12 55
51	26 22	6 46	4 16 57	25 52	13 16
52	26 7	6 55	5 47 30	26 43	13 38
53	25 51	7 4	7 24 31	27 36	14 2
54	25 33	7 14	9 8 38	28 32	14 27
55	25 15	7 25	11 0 32	29 32	14 54
56	24 55	7 37	13 0 54	0 ♋ 36	15 22
57	24 34	7 50	15 10 30	1 45	15 52
58	24 11	8 6	17 30 7	2 58	16 24
59	23 46	8 23	20 0 33	4 16	16 59
60	23 18	8 43	22 42 31	5 41	17 36
61	22 48	9 5	25 36 45	7 13	18 17
62	22 15	9 32	28 43 47	8 53	19 1
63	21 37	10 3	2 ♋ 3 59	10 42	19 50
64	20 55	10 40	5 37 25	12 41	20 44
65	20 6	11 26	9 23 47	14 54	21 45
66	19 10	12 24	13 22 19	17 21	22 55

Lat.	11		12		ASC			2		3	
0	3 ♓	3	5 ♈	27	7 ♉	21	3	6 ♊	50	4 ♋	35
5	2	44	5	35	8	40	9	8	5	5	15
10	2	24	5	44	10	5	23	9	23	5	55
15	2	2	5	54	11	38	54	10	44	6	37
20	1	39	6	5	13	23	26	12	11	7	21
21	1	34	6	8	13	45	58	12	30	7	30
22	1	29	6	10	14	9	8	12	48	7	39
23	1	24	6	12	14	32	58	13	7	7	48
24	1	19	6	15	14	57	30	13	27	7	58
25	1	14	6	18	15	22	46	13	46	8	7
26	1	8	6	20	15	48	51	14	7	8	17
27	1	3	6	23	16	15	46	14	27	8	27
28	0	57	6	26	16	43	36	14	48	8	37
29	0	51	6	29	17	12	23	15	10	8	48
30	0	45	6	32	17	42	12	15	32	8	58
31	0	39	6	35	18	13	7	15	54	9	9
32	0	33	6	39	18	45	13	16	18	9	20
33	0	26	6	42	19	18	35	16	41	9	31
34	0	20	6	46	19	53	17	17	6	9	43
35	0	13	6	49	20	29	27	17	31	9	55
36	0	6	6	53	21	7	9	17	57	10	7
37	29 ≈	58	6	58	21	46	33	18	24	10	19
38	29	51	7	2	22	27	44	18	52	10	32
39	29	43	7	6	23	10	52	19	20	10	46
40	29	35	7	11	23	56	6	19	50	10	59
41	29	26	7	16	24	43	37	20	21	11	14
42	29	17	7	21	25	33	34	20	53	11	28
43	29	8	7	27	26	26	11	21	26	11	43
44	28	58	7	33	27	21	42	22	0	11	59
45	28	48	7	39	28	20	20	22	36	12	15
46	28	38	7	46	29	22	23	23	13	12	32
47	28	27	7	53	0 ♊	28	10	23	53	12	50
48	28	15	8	1	1	37	59	24	33	13	8
49	28	3	8	9	2	52	13	25	16	13	28
50	27	50	8	18	4	11	17	26	2	13	48
51	27	36	8	27	5	35	38	26	49	14	9
52	27	21	8	38	7	5	44	27	39	14	31
53	27	6	8	49	8	42	8	28	32	14	55
54	26	49	9	2	10	25	25	29	28	15	19
55	26	31	9	15	12	16	13	0 ♋	27	15	46
56	26	12	9	30	14	15	11	1	31	16	13
57	25	52	9	47	16	23	1	2	38	16	43
58	25	29	10	6	18	40	28	3	51	17	15
59	25	5	10	28	21	8	13	5	8	17	49
60	24	39	10	52	23	47	0	6	32	18	26
61	24	9	11	20	26	37	26	8	2	19	6
62	23	37	11	53	29	40	2	9	40	19	50
63	23	1	12	32	2 ♋	55	8	11	27	20	38
64	22	20	13	19	6	22	47	13	25	21	31
65	21	34	14	16	10	2	44	15	34	22	31
66	20	40	15	28	13	54	18	17	57	23	38

20 h 24 m MC 3 ≈ 41 11 RAMC 306°

Lat.	11		12		ASC			2		3	
0	4 ♓	7	6 ♈	32	8 ♉	22	33	7 ♊	46	5 ♋	30
5	3	48	6	42	9	43	20	9	2	6	10
10	3	28	6	53	11	10	18	10	20	6	50
15	3	8	7	5	12	45	36	11	42	7	32
20	2	45	7	18	14	31	59	13	9	8	15
21	2	41	7	21	14	54	55	13	28	8	25
22	2	36	7	24	15	18	27	13	46	8	34
23	2	31	7	27	15	42	40	14	5	8	43
24	2	26	7	30	16	7	35	14	25	8	52
25	2	21	7	33	16	33	15	14	45	9	2
26	2	16	7	36	16	59	44	15	5	9	12
27	2	10	7	40	17	27	3	15	25	9	22
28	2	5	7	43	17	55	16	15	46	9	32
29	1	59	7	47	18	24	27	16	8	9	42
30	1	53	7	50	18	54	41	16	30	9	53
31	1	48	7	54	19	26	0	16	53	10	3
32	1	41	7	58	19	58	30	17	16	10	14
33	1	35	8	2	20	32	15	17	40	10	26
34	1	29	8	7	21	7	21	18	4	10	37
35	1	22	8	11	21	43	54	18	29	10	49
36	1	15	8	16	22	22	0	18	55	11	1
37	1	8	8	21	23	1	46	19	22	11	14
38	1	1	8	26	23	43	20	19	50	11	26
39	0	53	8	31	24	26	49	20	18	11	40
40	0	45	8	37	25	12	23	20	48	11	53
41	0	37	8	43	26	0	13	21	19	12	7
42	0	28	8	49	26	50	28	21	50	12	22
43	0	20	8	56	27	43	21	22	23	12	37
44	0	10	9	3	28	39	5	22	58	12	53
45	0	0	9	11	29	37	55	23	34	13	9
46	29 ≈	50	9	19	0 ♊	40	6	24	11	13	26
47	29	40	9	27	1	45	57	24	50	13	43
48	29	28	9	36	2	55	45	25	31	14	1
49	29	16	9	46	4	9	54	26	13	14	21
50	29	4	9	57	5	28	45	26	58	14	41
51	28	50	10	8	6	52	46	27	45	15	2
52	28	36	10	21	8	22	22	28	35	15	24
53	28	21	10	34	9	58	6	29	28	15	47
54	28	5	10	49	11	40	30	0 ♋	23	16	11
55	27	48	11	5	13	30	9	1	22	16	37
56	27	30	11	24	15	27	41	2	25	17	5
57	27	10	11	44	17	33	45	3	31	17	34
58	26	48	12	6	19	49	1	4	43	18	6
59	26	25	12	32	22	14	9	6	0	18	40
60	25	59	13	1	24	49	49	7	22	19	16
61	25	31	13	35	27	36	34	8	51	19	56
62	25	0	14	14	0 ♋	34	54	10	28	20	39
63	24	25	15	0	3	45	6	12	13	21	26
64	23	46	15	56	7	7	15	14	7	22	18
65	23	1	17	5	10	41	7	16	14	23	16
66	22	10	18	31	14	26	5	18	33	24	22

Lat.	11		12		ASC			2		3	
0	5 ♓	10	7 ♈	37	9 ♉	23	53	8 ♊	43	6 ♋	26
5	4	52	7	49	10	46	18	9	59	7	5
10	4	33	8	2	12	14	57	11	17	7	45
15	4	13	8	16	13	51	58	12	39	8	27
20	3	52	8	31	15	40	9	14	7	9	10
21	3	47	8	34	16	3	26	14	26	9	19
22	3	43	8	37	16	27	21	14	44	9	28
23	3	38	8	41	16	51	56	15	3	9	38
24	3	33	8	45	17	17	13	15	23	9	47
25	3	28	8	48	17	43	16	15	42	9	57
26	3	23	8	52	18	10	6	16	3	10	6
27	3	18	8	56	18	37	48	16	23	10	16
28	3	13	9	0	19	6	24	16	44	10	26
29	3	7	9	4	19	35	58	17	6	10	37
30	3	2	9	8	20	6	34	17	28	10	47
31	2	56	9	13	20	38	15	17	51	10	58
32	2	50	9	18	21	11	7	18	14	11	9
33	2	44	9	22	21	45	15	18	38	11	20
34	2	38	9	27	22	20	43	19	2	11	31
35	2	32	9	33	22	57	37	19	27	11	43
36	2	25	9	38	23	36	4	19	53	11	55
37	2	18	9	44	24	16	11	20	20	12	8
38	2	11	9	50	24	58	5	20	48	12	21
39	2	4	9	56	25	41	53	21	16	12	34
40	1	56	10	3	26	27	45	21	46	12	47
41	1	48	10	10	27	15	51	22	16	13	1
42	1	40	10	17	28	6	22	22	48	13	16
43	1	31	10	25	28	59	28	23	21	13	31
44	1	22	10	33	29	55	23	23	55	13	46
45	1	13	10	42	0 ♊	54	21	24	31	14	2
46	1	3	10	51	1	56	37	25	8	14	19
47	0	53	11	1	3	2	28	25	47	14	36
48	0	42	11	12	4	12	13	26	27	14	55
49	0	30	11	23	5	26	12	27	10	15	14
50	0	18	11	35	6	44	48	27	54	15	33
51	0	5	11	49	8	8	25	28	41	15	54
52	29 ♒	52	12	3	9	37	29	29	31	16	16
53	29	37	12	19	11	12	29	0 ♋	23	16	39
54	29	22	12	36	12	53	57	1	18	17	3
55	29	5	12	55	14	42	26	2	16	17	29
56	28	47	13	16	16	38	30	3	18	17	56
57	28	28	13	40	18	42	47	4	24	18	26
58	28	8	14	6	20	55	53	5	35	18	57
59	27	45	14	36	23	18	27	6	50	19	30
60	27	20	15	10	25	51	4	8	12	20	6
61	26	53	15	49	28	34	15	9	39	20	45
62	26	23	16	34	1 ♋	28	28	11	14	21	27
63	25	50	17	28	4	34	0	12	57	22	14
64	25	12	18	33	7	50	54	14	50	23	5
65	24	30	19	52	11	18	58	16	53	24	2
66	23	41	21	33	14	57	42	19	9	25	6

20 h 32 m MC 5 ≈ 37 58 RAMC 308°

Lat.	11		12		ASC			2		3	
0	6 ♓	14	8 ♈	43	10 ♉	25	1	9 ♊	39	7 ♋	21
5	5	56	8	56	11	49	2	10	55	8	0
10	5	38	9	10	13	19	19	12	14	8	40
15	5	19	9	26	14	58	1	13	37	9	22
20	4	58	9	44	16	47	55	15	5	10	5
21	4	54	9	47	17	11	33	15	23	10	14
22	4	50	9	51	17	35	49	15	42	10	23
23	4	45	9	55	18	0	45	16	1	10	32
24	4	40	9	59	18	26	24	16	20	10	42
25	4	36	10	3	18	52	47	16	40	10	51
26	4	31	10	8	19	19	59	17	0	11	1
27	4	26	10	12	19	48	2	17	21	11	11
28	4	21	10	17	20	16	59	17	42	11	21
29	4	16	10	21	20	46	54	18	4	11	31
30	4	10	10	26	21	17	51	18	26	11	42
31	4	5	10	31	21	49	54	18	48	11	52
32	3	59	10	37	22	23	7	19	12	12	3
33	3	53	10	42	22	57	35	19	35	12	14
34	3	47	10	48	23	33	23	20	0	12	26
35	3	41	10	54	24	10	37	20	25	12	37
36	3	35	11	0	24	49	23	20	51	12	49
37	3	28	11	7	25	29	49	21	18	13	2
38	3	22	11	14	26	12	0	21	45	13	15
39	3	14	11	21	26	56	5	22	14	13	28
40	3	7	11	28	27	42	13	22	43	13	41
41	2	59	11	36	28	30	33	23	14	13	55
42	2	52	11	44	29	21	16	23	45	14	9
43	2	43	11	53	0 ♊	14	33	24	18	14	24
44	2	35	12	3	1	10	36	24	52	14	40
45	2	26	12	13	2	9	39	25	28	14	56
46	2	16	12	23	3	11	57	26	5	15	12
47	2	6	12	35	4	17	46	26	43	15	30
48	1	56	12	47	5	27	24	27	24	15	48
49	1	45	13	0	6	41	11	28	6	16	6
50	1	33	13	14	7	59	28	28	50	16	26
51	1	21	13	29	9	22	38	29	37	16	47
52	1	7	13	45	10	51	7	0 ♋	26	17	8
53	0	54	14	3	12	25	22	1	17	17	31
54	0	39	14	23	14	5	51	2	12	17	55
55	0	23	14	44	15	53	8	3	10	18	21
56	0	6	15	8	17	47	44	4	11	18	48
57	29 ≈	47	15	35	19	50	13	5	16	19	17
58	29	27	16	5	22	1	11	6	26	19	47
59	29	6	16	38	24	21	13	7	41	20	20
60	28	42	17	17	26	50	51	9	1	20	56
61	28	16	18	1	29	30	36	10	27	21	34
62	27	47	18	53	2 ♋	20	51	12	1	22	16
63	27	15	19	54	5	21	53	13	42	23	1
64	26	39	21	8	8	33	46	15	32	23	52
65	25	59	22	38	11	56	21	17	33	24	47
66	25	12	24	34	15	29	8	19	45	25	50

Lat.	11		12		ASC			2		3	
0	7 ♓	18	9 ♈	48	11 ♉	25	58	10 ♊	35	8 ♋	16
5	7	1	10	3	12	51	34	11	52	8	56
10	6	44	10	19	14	23	26	13	11	9	36
15	6	25	10	37	16	3	45	14	34	10	17
20	6	5	10	56	17	55	18	16	2	11	0
21	6	1	11	0	18	19	16	16	20	11	9
22	5	57	11	5	18	43	52	16	39	11	18
23	5	52	11	9	19	9	8	16	58	11	27
24	5	48	11	14	19	35	7	17	18	11	36
25	5	44	11	18	20	1	50	17	38	11	46
26	5	39	11	23	20	29	22	17	58	11	56
27	5	34	11	28	20	57	45	18	18	12	5
28	5	29	11	33	21	27	2	18	40	12	15
29	5	24	11	39	21	57	17	19	1	12	26
30	5	19	11	44	22	28	34	19	23	12	36
31	5	14	11	50	23	0	56	19	46	12	47
32	5	9	11	56	23	34	28	20	9	12	57
33	5	3	12	2	24	9	15	20	33	13	9
34	4	57	12	8	24	45	22	20	57	13	20
35	4	51	12	15	25	22	54	21	22	13	32
36	4	45	12	22	26	1	58	21	48	13	44
37	4	39	12	29	26	42	39	22	15	13	56
38	4	32	12	37	27	25	6	22	43	14	8
39	4	26	12	45	28	9	26	23	11	14	21
40	4	18	12	53	28	55	48	23	40	14	35
41	4	11	13	2	29	44	20	24	11	14	49
42	4	4	13	12	0 ♊	35	13	24	42	15	3
43	3	56	13	22	1	28	38	25	15	15	18
44	3	47	13	32	2	24	46	25	49	15	33
45	3	39	13	43	3	23	52	26	24	15	49
46	3	29	13	55	4	26	9	27	1	16	5
47	3	20	14	8	5	31	53	27	39	16	23
48	3	10	14	21	6	41	22	28	19	16	41
49	2	59	14	36	7	54	54	29	1	16	59
50	2	48	14	51	9	12	49	29	45	17	19
51	2	36	15	8	10	35	30	0 ♋	32	17	39
52	2	24	15	27	12	3	21	1	20	18	1
53	2	10	15	47	13	36	47	2	11	18	23
54	1	56	16	9	15	16	17	3	6	18	47
55	1	41	16	33	17	2	20	4	3	19	12
56	1	24	17	0	18	55	26	5	4	19	39
57	1	7	17	29	20	56	9	6	8	20	8
58	0	47	18	3	23	5	0	7	17	20	38
59	0	27	18	40	25	22	33	8	31	21	10
60	0	4	19	23	27	49	17	9	50	21	45
61	29 ≈	39	20	13	0 ♋	25	41	11	15	22	23
62	29	12	21	11	3	12	8	12	47	23	4
63	28	41	22	19	6	8	51	14	26	23	49
64	28	7	23	41	9	15	57	16	14	24	38
65	27	28	25	23	12	33	17	18	12	25	33
66	26	43	27	33	16	0	25	20	21	26	34

Lat.	11		12		ASC			2		3	
0	8 ♓	22	10 ♈	53	12 ♉	26	45	11 ♊	32	9 ♋	11
5	8	6	11	10	13	53	52	12	49	9	51
10	7	49	11	27	15	27	17	14	8	10	31
15	7	31	11	47	17	9	9	15	31	11	12
20	7	12	12	9	19	2	17	16	59	11	55
21	7	8	12	13	19	26	34	17	18	12	4
22	7	4	12	18	19	51	29	17	36	12	13
23	7	0	12	23	20	17	4	17	56	12	22
24	6	56	12	28	20	43	22	18	15	12	31
25	6	52	12	33	21	10	25	18	35	12	41
26	6	47	12	39	21	38	15	18	55	12	50
27	6	43	12	44	22	6	57	19	16	13	0
28	6	38	12	50	22	36	33	19	37	13	10
29	6	33	12	56	23	7	7	19	58	13	20
30	6	28	13	2	23	38	41	20	20	13	30
31	6	23	13	8	24	11	22	20	43	13	41
32	6	18	13	15	24	45	12	21	6	13	52
33	6	13	13	22	25	20	16	21	30	14	3
34	6	7	13	29	25	56	39	21	55	14	14
35	6	2	13	36	26	34	28	22	20	14	26
36	5	56	13	44	27	13	47	22	45	14	38
37	5	50	13	52	27	54	44	23	12	14	50
38	5	43	14	0	28	37	25	23	40	15	2
39	5	37	14	9	29	21	57	24	8	15	15
40	5	30	14	18	0 ♊	8	30	24	37	15	29
41	5	23	14	28	0	57	12	25	7	15	42
42	5	16	14	39	1	48	13	25	39	15	57
43	5	8	14	50	2	41	43	26	11	16	11
44	5	0	15	1	3	37	55	26	45	16	27
45	4	52	15	13	4	37	1	27	20	16	42
46	4	43	15	27	5	39	15	27	57	16	59
47	4	34	15	41	6	44	51	28	35	17	16
48	4	24	15	56	7	54	8	29	15	17	33
49	4	14	16	12	9	7	22	29	57	17	52
50	4	3	16	29	10	24	53	0 ♋	40	18	11
51	3	52	16	48	11	47	2	1	26	18	32
52	3	40	17	8	13	14	13	2	14	18	53
53	3	27	17	30	14	46	49	3	5	19	15
54	3	14	17	54	16	25	18	3	59	19	39
55	2	59	18	21	18	10	6	4	56	20	4
56	2	43	18	50	20	1	43	5	56	20	30
57	2	26	19	23	22	0	40	7	0	20	58
58	2	8	20	0	24	7	26	8	8	21	28
59	1	48	20	41	26	22	32	9	20	22	1
60	1	27	21	29	28	46	27	10	38	22	35
61	1	3	22	23	1 ♋	19	37	12	2	23	12
62	0	37	23	27	4	2	22	13	32	23	53
63	0	7	24	42	6	54	58	15	10	24	37
64	29 ≈	35	26	13	9	57	29	16	56	25	25
65	28	58	28	6	13	9	49	18	51	26	18
66	28	15	0 ♉	30	16	31	35	20	57	27	18

20 h 44 m MC 8 ≈ 34 25 RAMC 311°

Lat.	11		12		ASC			2		3	
0	9 ♓	26	11 ♈	58	13 ♉	27	20	12 ♊	28	10 ♋	7
5	9	10	12	16	14	55	56	13	45	10	46
10	8	54	12	36	16	30	51	15	4	11	26
15	8	38	12	57	18	14	14	16	28	12	7
20	8	20	13	21	20	8	53	17	56	12	50
21	8	16	13	26	20	33	28	18	15	12	58
22	8	12	13	31	20	58	41	18	33	13	7
23	8	8	13	37	21	24	34	18	53	13	17
24	8	4	13	42	21	51	10	19	12	13	26
25	8	0	13	48	22	18	31	19	32	13	35
26	7	55	13	54	22	46	39	19	52	13	45
27	7	51	14	0	23	15	39	20	13	13	55
28	7	47	14	6	23	45	32	20	34	14	4
29	7	42	14	13	24	16	23	20	55	14	15
30	7	37	14	19	24	48	15	21	18	14	25
31	7	33	14	26	25	21	12	21	40	14	35
32	7	28	14	33	25	55	18	22	3	14	46
33	7	23	14	41	26	30	38	22	27	14	57
34	7	17	14	49	27	7	17	22	51	15	8
35	7	12	14	57	27	45	20	23	16	15	20
36	7	6	15	5	28	24	53	23	42	15	32
37	7	1	15	14	29	6	3	24	9	15	44
38	6	55	15	23	29	48	56	24	36	15	56
39	6	48	15	33	0 ♊	33	39	25	4	16	9
40	6	42	15	43	1	20	21	25	34	16	22
41	6	35	15	54	2	9	11	26	4	16	36
42	6	28	16	5	3	0	18	26	35	16	50
43	6	21	16	17	3	53	51	27	7	17	5
44	6	13	16	30	4	50	4	27	41	17	20
45	6	5	16	43	5	49	8	28	16	17	36
46	5	57	16	58	6	51	16	28	53	17	52
47	5	48	17	13	7	56	42	29	30	18	9
48	5	39	17	29	9	5	44	0 ♋	10	18	26
49	5	29	17	47	10	18	38	0	52	18	45
50	5	19	18	6	11	35	43	1	35	19	4
51	5	8	18	26	12	57	19	2	20	19	24
52	4	57	18	48	14	23	48	3	8	19	45
53	4	45	19	13	15	55	32	3	59	20	7
54	4	32	19	39	17	32	58	4	52	20	31
55	4	18	20	8	19	16	31	5	48	20	55
56	4	3	20	40	21	6	39	6	47	21	21
57	3	46	21	16	23	3	50	7	51	21	49
58	3	29	21	56	25	8	32	8	58	22	19
59	3	10	22	41	27	21	15	10	10	22	51
60	2	49	23	33	29	42	25	11	26	23	25
61	2	27	24	32	2 ♋	12	26	12	49	24	1
62	2	2	25	42	4	51	39	14	18	24	41
63	1	34	27	4	7	40	17	15	53	25	24
64	1	3	28	43	10	38	25	17	37	26	11
65	0	28	0 ♉	47	13	45	58	19	30	27	4
66	29 ≈	48	3	26	17	2	37	21	33	28	2

Lat.	11		12		ASC			2		3	
0	10 ♓	30	13 ♈	3	14 ♉	27	45	13 ♊	24	11 ♋	2
5	10	15	13	23	15	57	48	14	41	11	41
10	10	0	13	44	17	34	10	16	1	12	21
15	9	44	14	7	19	19	0	17	24	13	2
20	9	27	14	33	21	15	5	18	53	13	44
21	9	23	14	39	21	39	58	19	11	13	53
22	9	20	14	44	22	5	28	19	30	14	2
23	9	16	14	50	22	31	38	19	49	14	11
24	9	12	14	56	22	58	31	20	9	14	21
25	9	8	15	2	23	26	8	20	29	14	30
26	9	4	15	9	23	54	34	20	49	14	39
27	9	0	15	15	24	23	50	21	10	14	49
28	8	56	15	22	24	53	59	21	31	14	59
29	8	51	15	29	25	25	6	21	52	15	9
30	8	47	15	37	25	57	14	22	14	15	19
31	8	42	15	44	26	30	26	22	37	15	30
32	8	38	15	52	27	4	47	23	0	15	40
33	8	33	16	0	27	40	22	23	24	15	51
34	8	28	16	8	28	17	15	23	48	16	3
35	8	23	16	17	28	55	31	24	13	16	14
36	8	17	16	26	29	35	17	24	39	16	26
37	8	12	16	36	0 ♊	16	38	25	5	16	38
38	8	6	16	46	0	59	41	25	33	16	50
39	8	0	16	57	1	44	33	26	1	17	3
40	7	54	17	8	2	31	23	26	30	17	16
41	7	48	17	19	3	20	18	27	0	17	30
42	7	41	17	32	4	11	28	27	31	17	44
43	7	34	17	45	5	5	3	28	3	17	58
44	7	27	17	58	6	1	15	28	37	18	13
45	7	19	18	13	7	0	14	29	12	18	29
46	7	11	18	28	8	2	14	29	48	18	45
47	7	3	18	45	9	7	29	0 ♋	26	19	2
48	6	54	19	3	10	16	14	1	5	19	19
49	6	45	19	22	11	28	46	1	46	19	37
50	6	35	19	42	12	45	22	2	29	19	56
51	6	25	20	4	14	6	23	3	14	20	16
52	6	14	20	28	15	32	8	4	2	20	37
53	6	2	20	54	17	2	59	4	52	20	59
54	5	50	21	23	18	39	21	5	44	21	22
55	5	37	21	54	20	21	39	6	40	21	47
56	5	22	22	29	22	10	17	7	39	22	13
57	5	7	23	8	24	5	43	8	41	22	40
58	4	50	23	51	26	8	25	9	48	23	9
59	4	32	24	40	28	18	47	10	58	23	40
60	4	13	25	36	0 ♋	37	16	12	14	24	14
61	3	51	26	40	3	4	15	13	35	24	50
62	3	27	27	55	5	40	2	15	2	25	29
63	3	1	29	24	8	24	51	16	36	26	12
64	2	32	1 ♉	12	11	18	47	18	18	26	58
65	1	59	3	25	14	21	46	20	9	27	49
66	1	21	6	19	17	33	32	22	9	28	46

20 h 52 m MC 10 ♒ 32 55 **RAMC 313°**

Lat.	11		12		ASC			2		3	
0	11 ♓	34	14 ♈	7	15 ♉	27	59	14 ♊	19	11 ♋	58
5	11	20	14	29	16	59	26	15	37	12	37
10	11	6	14	52	18	37	12	16	57	13	16
15	10	51	15	17	20	23	26	18	21	13	57
20	10	35	15	45	22	20	54	19	50	14	39
21	10	31	15	51	22	46	3	20	8	14	48
22	10	28	15	57	23	11	50	20	27	14	57
23	10	24	16	4	23	38	16	20	46	15	6
24	10	20	16	10	24	5	25	21	6	15	15
25	10	17	16	17	24	33	18	21	25	15	25
26	10	13	16	24	25	1	59	21	46	15	34
27	10	9	16	31	25	31	31	22	6	15	44
28	10	5	16	38	26	1	56	22	27	15	54
29	10	1	16	46	26	33	17	22	49	16	4
30	9	56	16	54	27	5	39	23	11	16	14
31	9	52	17	2	27	39	6	23	33	16	24
32	9	48	17	10	28	13	41	23	56	16	35
33	9	43	17	19	28	49	28	24	20	16	46
34	9	38	17	28	29	26	33	24	44	16	57
35	9	33	17	37	0 ♊	5	1	25	9	17	8
36	9	28	17	47	0	44	58	25	35	17	20
37	9	23	17	58	1	26	28	26	1	17	32
38	9	18	18	8	2	9	40	26	29	17	44
39	9	12	18	20	2	54	39	26	57	17	57
40	9	6	18	32	3	41	35	27	26	18	10
41	9	0	18	44	4	30	34	27	56	18	23
42	8	54	18	58	5	21	46	28	27	18	37
43	8	47	19	11	6	15	20	28	59	18	52
44	8	41	19	26	7	11	28	29	32	19	7
45	8	33	19	42	8	10	21	0 ♋	7	19	22
46	8	26	19	59	9	12	11	0	43	19	38
47	8	18	20	16	10	17	12	1	20	19	55
48	8	10	20	36	11	25	39	1	59	20	12
49	8	1	20	56	12	37	47	2	40	20	30
50	7	52	21	18	13	53	53	3	23	20	49
51	7	42	21	42	15	14	16	4	8	21	9
52	7	31	22	8	16	39	16	4	55	21	29
53	7	20	22	36	18	9	14	5	44	21	51
54	7	9	23	6	19	44	32	6	36	22	14
55	6	56	23	40	21	25	33	7	31	22	38
56	6	42	24	17	23	12	42	8	30	23	4
57	6	28	24	59	25	6	25	9	31	23	31
58	6	12	25	45	27	7	7	10	37	24	0
59	5	55	26	38	29	15	12	11	47	24	30
60	5	36	27	37	1 ♋	31	5	13	1	25	3
61	5	16	28	46	3	55	7	14	21	25	39
62	4	54	0 ♉	7	6	27	36	15	47	26	17
63	4	29	1	42	9	8	44	17	19	26	59
64	4	1	3	38	11	58	39	18	59	27	45
65	3	30	6	2	14	57	16	20	47	28	35
66	2	54	9	10	18	4	22	22	45	29	30

20 h 56 m MC 11 ♒ 32 25 RAMC 314°

Lat.	11	12	ASC	2	3
0	12 ♓ 39	15 ♈ 12	16 ♉ 28 1	15 ♊ 15	12 ♋ 53
5	12 26	15 35	18 0 51	16 33	13 32
10	12 12	16 0	19 39 58	17 53	14 11
15	11 58	16 27	21 27 33	19 17	14 52
20	11 42	16 57	23 26 20	20 46	15 34
21	11 39	17 4	23 51 45	21 4	15 43
22	11 36	17 10	24 17 46	21 23	15 52
23	11 32	17 17	24 44 28	21 42	16 1
24	11 29	17 24	25 11 52	22 2	16 10
25	11 25	17 31	25 40 0	22 22	16 19
26	11 22	17 38	26 8 56	22 42	16 29
27	11 18	17 46	26 38 42	23 3	16 38
28	11 14	17 54	27 9 21	23 24	16 48
29	11 10	18 2	27 40 56	23 45	16 58
30	11 6	18 10	28 13 32	24 7	17 8
31	11 2	18 19	28 47 11	24 30	17 19
32	10 58	18 28	29 21 58	24 53	17 29
33	10 54	18 37	29 57 57	25 16	17 40
34	10 49	18 47	0 ♊ 35 14	25 41	17 51
35	10 45	18 57	1 13 52	26 5	18 2
36	10 40	19 8	1 53 57	26 31	18 14
37	10 35	19 19	2 35 36	26 57	18 26
38	10 30	19 31	3 18 54	27 25	18 38
39	10 24	19 43	4 4 0	27 53	18 51
40	10 19	19 55	4 50 59	28 21	19 4
41	10 13	20 9	5 40 0	28 51	19 17
42	10 7	20 23	6 31 12	29 22	19 31
43	10 1	20 38	7 24 44	29 54	19 45
44	9 54	20 54	8 20 47	0 ♋ 27	20 0
45	9 48	21 11	9 19 32	1 2	20 15
46	9 41	21 28	10 21 10	1 37	20 31
47	9 33	21 47	11 25 55	2 15	20 47
48	9 25	22 8	12 34 1	2 54	21 5
49	9 17	22 30	13 45 44	3 34	21 23
50	9 8	22 53	15 1 18	4 17	21 41
51	8 59	23 19	16 21 3	5 1	22 1
52	8 49	23 46	17 45 16	5 48	22 21
53	8 39	24 16	19 14 19	6 37	22 43
54	8 28	24 49	20 48 32	7 28	23 5
55	8 16	25 25	22 28 17	8 23	23 29
56	8 3	26 4	24 13 58	9 20	23 54
57	7 49	26 49	26 5 59	10 21	24 21
58	7 34	27 38	28 4 42	11 26	24 50
59	7 18	28 34	0 ♋ 10 34	12 35	25 20
60	7 0	29 38	2 23 54	13 48	25 53
61	6 41	0 ♉ 51	4 45 5	15 7	26 28
62	6 20	2 16	7 14 22	16 31	27 5
63	5 57	3 58	9 51 59	18 2	27 46
64	5 30	6 1	12 38 2	19 40	28 31
65	5 1	8 36	15 32 28	21 26	29 20
66	4 28	12 0	18 35 5	23 20	0 ♌ 14

Lat.	11		12		ASC			2		3	
0	13 ♓	43	16 ♈	17	17 ♉	27	54	16 ♊	11	13 ♋	49
5	13	31	16	42	19	2	3	17	29	14	28
10	13	18	17	8	20	42	29	18	50	15	7
15	13	5	17	37	22	31	20	20	13	15	47
20	12	50	18	9	24	31	23	21	42	16	29
21	12	47	18	16	24	57	2	22	1	16	38
22	12	44	18	23	25	23	19	22	20	16	47
23	12	41	18	30	25	50	15	22	39	16	56
24	12	37	18	37	26	17	53	22	58	17	5
25	12	34	18	45	26	46	15	23	18	17	14
26	12	31	18	53	27	15	24	23	38	17	23
27	12	27	19	1	27	45	24	23	59	17	33
28	12	24	19	9	28	16	16	24	20	17	43
29	12	20	19	18	28	48	4	24	41	17	53
30	12	16	19	27	29	20	51	25	3	18	3
31	12	12	19	36	29	54	42	25	26	18	13
32	12	8	19	46	0 ♊	29	40	25	49	18	23
33	12	4	19	56	1	5	50	26	12	18	34
34	12	0	20	6	1	43	16	26	37	18	45
35	11	56	20	17	2	22	3	27	1	18	56
36	11	51	20	28	3	2	16	27	27	19	8
37	11	47	20	40	3	44	1	27	53	19	20
38	11	42	20	52	4	27	25	28	20	19	32
39	11	37	21	5	5	12	34	28	48	19	44
40	11	32	21	19	5	59	36	29	17	19	57
41	11	26	21	33	6	48	37	29	46	20	11
42	11	21	21	48	7	39	48	0 ♋	17	20	24
43	11	15	22	4	8	33	16	0	49	20	38
44	11	9	22	21	9	29	12	1	22	20	53
45	11	2	22	39	10	27	47	1	56	21	8
46	10	56	22	58	11	29	12	2	32	21	24
47	10	48	23	18	12	33	40	3	9	21	40
48	10	41	23	40	13	41	24	3	47	21	57
49	10	33	24	3	14	52	38	4	28	22	15
50	10	25	24	28	16	7	40	5	10	22	34
51	10	16	24	55	17	26	45	5	54	22	53
52	10	7	25	24	18	50	11	6	40	23	13
53	9	57	25	56	20	18	18	7	29	23	34
54	9	47	26	30	21	51	25	8	20	23	57
55	9	36	27	8	23	29	55	9	14	24	20
56	9	24	27	50	25	14	8	10	10	24	45
57	9	11	28	37	27	4	27	11	11	25	12
58	8	57	29	30	29	1	16	12	15	25	40
59	8	41	0 ♉	29	1 ♋	4	56	13	23	26	10
60	8	25	1	36	3	15	48	14	35	26	42
61	8	7	2	54	5	34	13	15	52	27	16
62	7	47	4	24	8	0	25	17	15	27	54
63	7	25	6	12	10	34	38	18	44	28	34
64	7	0	8	23	13	16	58	20	20	29	18
65	6	33	11	8	16	7	23	22	4	0 ♌	6
66	6	1	14	46	19	5	44	23	56	0	58

Lat.	11	12	ASC	2	3
0	14 ♓ 48	17 ♈ 21	18 ♉ 27 35	17 ♊ 6	14 ♋ 44
5	14 36	17 48	20 3 2	18 25	15 23
10	14 24	18 16	21 44 44	19 46	16 2
15	14 12	18 46	23 34 49	21 9	16 42
20	13 58	19 20	25 36 4	22 38	17 24
21	13 55	19 28	26 1 57	22 57	17 33
22	13 52	19 35	26 28 27	23 16	17 42
23	13 49	19 43	26 55 36	23 35	17 51
24	13 46	19 51	27 23 28	23 54	18 0
25	13 43	19 59	27 52 3	24 14	18 9
26	13 40	20 7	28 21 25	24 34	18 18
27	13 37	20 16	28 51 36	24 55	18 28
28	13 33	20 25	29 22 40	25 16	18 37
29	13 30	20 34	29 54 40	25 37	18 47
30	13 26	20 43	0 ♊ 27 39	25 59	18 57
31	13 23	20 53	1 1 40	26 22	19 7
32	13 19	21 3	1 36 48	26 45	19 18
33	13 15	21 14	2 13 7	27 8	19 28
34	13 11	21 25	2 50 41	27 32	19 39
35	13 7	21 36	3 29 35	27 57	19 51
36	13 3	21 48	4 9 55	28 22	20 2
37	12 59	22 1	4 51 46	28 49	20 14
38	12 54	22 14	5 35 13	29 15	20 26
39	12 49	22 27	6 20 25	29 43	20 38
40	12 45	22 42	7 7 27	0 ♋ 12	20 51
41	12 40	22 57	7 56 28	0 41	21 4
42	12 34	23 13	8 47 35	1 12	21 18
43	12 29	23 30	9 40 58	1 44	21 32
44	12 23	23 47	10 36 45	2 16	21 46
45	12 17	24 6	11 35 9	2 50	22 1
46	12 11	24 26	12 36 18	3 26	22 17
47	12 4	24 48	13 40 27	4 3	22 33
48	11 57	25 11	14 47 48	4 41	22 50
49	11 50	25 35	15 58 34	5 21	23 8
50	11 42	26 2	17 13 1	6 3	23 26
51	11 34	26 30	18 31 25	6 46	23 45
52	11 25	27 1	19 54 3	7 32	24 5
53	11 16	27 34	21 21 13	8 20	24 26
54	11 6	28 11	22 53 15	9 11	24 48
55	10 56	28 51	24 30 29	10 4	25 12
56	10 45	29 35	26 13 15	11 0	25 36
57	10 32	0 ♉ 25	28 1 55	12 0	26 2
58	10 19	1 20	29 56 50	13 3	26 30
59	10 5	2 22	1 ♋ 58 22	14 10	27 0
60	9 50	3 33	4 6 50	15 21	27 31
61	9 33	4 55	6 22 34	16 38	28 5
62	9 14	6 30	8 45 48	17 59	28 42
63	8 54	8 24	11 16 44	19 27	29 21
64	8 31	10 42	13 55 29	21 1	0 ♌ 4
65	8 5	13 37	16 42 4	22 42	0 51
66	7 36	17 31	19 36 18	24 32	1 43

Lat.	11	12	ASC	2	3
0	15 ♓ 53	18 ♈ 26	19 ♉ 27 5	18 ♊ 2	15 ♋ 40
5	15 42	18 54	21 3 48	19 21	16 19
10	15 31	19 24	22 46 43	20 41	16 58
15	15 19	19 56	24 38 0	22 5	17 38
20	15 6	20 32	26 40 22	23 34	18 19
21	15 4	20 39	27 6 28	23 53	18 28
22	15 1	20 47	27 33 11	24 12	18 37
23	14 58	20 55	28 0 33	24 31	18 46
24	14 55	21 4	28 28 37	24 50	18 54
25	14 52	21 12	28 57 24	25 10	19 4
26	14 49	21 21	29 26 58	25 30	19 13
27	14 46	21 30	29 57 20	25 51	19 22
28	14 43	21 39	0 ♊ 28 35	26 12	19 32
29	14 40	21 49	1 0 45	26 33	19 42
30	14 37	21 59	1 33 54	26 55	19 52
31	14 33	22 10	2 8 5	27 17	20 2
32	14 30	22 20	2 43 21	27 40	20 12
33	14 26	22 31	3 19 48	28 4	20 23
34	14 23	22 43	3 57 29	28 28	20 34
35	14 19	22 55	4 36 30	28 52	20 45
36	14 15	23 8	5 16 55	29 18	20 56
37	14 11	23 21	5 58 49	29 44	21 8
38	14 7	23 35	6 42 20	0 ♋ 11	21 20
39	14 2	23 49	7 27 32	0 38	21 32
40	13 58	24 4	8 14 34	1 7	21 45
41	13 53	24 20	9 3 32	1 36	21 58
42	13 48	24 37	9 54 34	2 7	22 11
43	13 43	24 55	10 47 50	2 38	22 25
44	13 38	25 14	11 43 28	3 11	22 40
45	13 32	25 33	12 41 38	3 44	22 55
46	13 26	25 55	13 42 31	4 20	23 10
47	13 20	26 17	14 46 20	4 56	23 26
48	13 14	26 41	15 53 15	5 34	23 43
49	13 7	27 7	17 3 32	6 14	24 0
50	13 0	27 35	18 17 23	6 55	24 18
51	12 52	28 5	19 35 6	7 39	24 37
52	12 44	28 37	20 56 55	8 24	24 57
53	12 35	29 12	22 23 9	9 12	25 18
54	12 26	29 51	23 54 5	10 2	25 40
55	12 16	0 ♉ 33	25 30 3	10 54	26 3
56	12 6	1 19	27 11 23	11 50	26 27
57	11 55	2 11	28 58 25	12 49	26 53
58	11 42	3 9	0 ♋ 51 29	13 51	27 20
59	11 29	4 14	2 50 55	14 57	27 49
60	11 15	5 29	4 57 3	16 8	28 20
61	10 59	6 54	7 10 10	17 23	28 54
62	10 42	8 34	9 30 32	18 43	29 30
63	10 23	10 33	11 58 18	20 9	0 ♌ 8
64	10 1	12 59	14 33 38	21 41	0 51
65	9 37	16 3	17 16 30	23 20	1 36
66	9 10	20 12	20 6 49	25 8	2 27

Lat.	11		12		ASC			2		3	
0	16 ♓	57	19 ♈	30	20 ♉	26	26	18 ♊	57	16 ♋	36
5	16	47	20	0	22	4	21	20	16	17	14
10	16	37	20	31	23	48	27	21	37	17	53
15	16	26	21	5	25	40	51	23	1	18	33
20	16	15	21	43	27	44	18	24	30	19	14
21	16	12	21	51	28	10	36	24	49	19	23
22	16	10	21	59	28	37	31	25	7	19	32
23	16	7	22	8	29	5	5	25	27	19	40
24	16	4	22	16	29	33	20	25	46	19	49
25	16	2	22	25	0 ♊	2	19	26	6	19	58
26	15	59	22	35	0	32	3	26	26	20	8
27	15	56	22	44	1	2	36	26	46	20	17
28	15	53	22	54	1	34	1	27	7	20	27
29	15	50	23	4	2	6	21	27	29	20	36
30	15	47	23	15	2	39	38	27	51	20	46
31	15	44	23	26	3	13	57	28	13	20	56
32	15	41	23	37	3	49	21	28	36	21	7
33	15	38	23	49	4	25	55	28	59	21	17
34	15	34	24	1	5	3	42	29	23	21	28
35	15	31	24	14	5	42	47	29	48	21	39
36	15	27	24	27	6	23	16	0 ♋	13	21	50
37	15	23	24	41	7	5	13	0	39	22	2
38	15	19	24	55	7	48	45	1	5	22	14
39	15	15	25	11	8	33	57	1	33	22	26
40	15	11	25	26	9	20	57	2	1	22	38
41	15	7	25	43	10	9	51	2	31	22	51
42	15	2	26	1	11	0	48	3	1	23	5
43	14	57	26	19	11	53	55	3	32	23	19
44	14	52	26	39	12	49	21	4	5	23	33
45	14	47	27	0	13	47	17	4	38	23	48
46	14	42	27	22	14	47	53	5	13	24	3
47	14	36	27	46	15	51	19	5	49	24	19
48	14	30	28	11	16	57	49	6	27	24	35
49	14	24	28	38	18	7	34	7	6	24	53
50	14	17	29	7	19	20	50	7	47	25	11
51	14	10	29	38	20	37	49	8	30	25	29
52	14	3	0 ♉	12	21	58	49	9	15	25	49
53	13	55	0	49	23	24	6	10	3	26	9
54	13	46	1	29	24	53	57	10	52	26	31
55	13	37	2	13	26	28	40	11	44	26	54
56	13	27	3	2	28	8	35	12	39	27	18
57	13	17	3	56	29	54	0	13	37	27	43
58	13	6	4	57	1 ♋	45	15	14	39	28	10
59	12	53	6	5	3	42	39	15	44	28	39
60	12	40	7	22	5	46	30	16	53	29	10
61	12	26	8	52	7	57	6	18	7	29	42
62	12	10	10	36	10	14	40	19	26	0 ♌	18
63	11	52	12	40	12	39	24	20	50	0	56
64	11	32	15	12	15	11	24	22	21	1	37
65	11	10	18	26	17	50	43	23	58	2	22
66	10	45	22	51	20	37	15	25	43	3	11

Lat.	11		12		ASC			2		3	
0	18 ♓	2	20 ♈	34	21 ♉	25	35	19 ♊	53	17 ♋	32
5	17	53	21	5	23	4	41	21	12	18	10
10	17	44	21	38	24	49	55	22	33	18	49
15	17	34	22	14	26	43	24	23	57	19	28
20	17	23	22	54	28	47	52	25	26	20	10
21	17	21	23	2	29	14	22	25	44	20	18
22	17	18	23	11	29	41	28	26	3	20	27
23	17	16	23	20	0 ♊	9	13	26	22	20	35
24	17	14	23	29	0	37	38	26	42	20	44
25	17	11	23	38	1	6	47	27	1	20	53
26	17	8	23	48	1	36	42	27	21	21	3
27	17	6	23	58	2	7	24	27	42	21	12
28	17	3	24	9	2	38	58	28	3	21	21
29	17	1	24	19	3	11	26	28	24	21	31
30	16	58	24	30	3	44	51	28	46	21	41
31	16	55	24	42	4	19	18	29	8	21	51
32	16	52	24	54	4	54	48	29	31	22	1
33	16	49	25	6	5	31	27	29	54	22	11
34	16	46	25	19	6	9	19	0 ♋	18	22	22
35	16	42	25	32	6	48	29	0	43	22	33
36	16	39	25	46	7	29	0	1	8	22	44
37	16	36	26	0	8	10	59	1	34	22	56
38	16	32	26	16	8	54	31	2	0	23	8
39	16	28	26	31	9	39	41	2	28	23	20
40	16	25	26	48	10	26	38	2	56	23	32
41	16	21	27	6	11	15	27	3	25	23	45
42	16	16	27	24	12	6	16	3	55	23	58
43	16	12	27	44	12	59	13	4	26	24	12
44	16	7	28	4	13	54	27	4	58	24	26
45	16	3	28	26	14	52	7	5	32	24	41
46	15	58	28	49	15	52	24	6	6	24	56
47	15	52	29	14	16	55	28	6	42	25	12
48	15	47	29	40	18	1	30	7	20	25	28
49	15	41	0 ♉	8	19	10	44	7	59	25	45
50	15	35	0	39	20	23	22	8	40	26	3
51	15	28	1	11	21	39	38	9	22	26	21
52	15	22	1	47	22	59	48	10	7	26	41
53	15	14	2	25	24	24	8	10	53	27	1
54	15	7	3	7	25	52	53	11	42	27	22
55	14	58	3	53	27	26	22	12	34	27	45
56	14	49	4	44	29	4	53	13	28	28	9
57	14	40	5	40	0 ♋	48	43	14	26	28	34
58	14	29	6	43	2	38	11	15	26	29	0
59	14	18	7	54	4	33	36	16	31	29	29
60	14	6	9	14	6	35	14	17	39	29	59
61	13	52	10	47	8	43	22	18	52	0 ♌	31
62	13	38	12	36	10	58	14	20	9	1	6
63	13	21	14	45	13	20	2	21	32	1	43
64	13	3	17	24	15	48	51	23	1	2	24
65	12	43	20	46	18	24	45	24	36	3	8
66	12	20	25	27	21	7	38	26	19	3	56

Lat.	11	12	ASC	2	3
0	19 ♓ 7	21 ♈ 38	22 ♉ 24 34	20 ♊ 48	18 ♋ 28
5	18 59	22 11	24 4 49	22 7	19 6
10	18 50	22 45	25 51 8	23 28	19 44
15	18 41	23 23	27 45 39	24 53	20 24
20	18 31	24 4	29 51 4	26 21	21 5
21	18 29	24 13	0 ♊ 17 45	26 40	21 13
22	18 27	24 22	0 45 1	26 59	21 22
23	18 25	24 32	1 12 57	27 18	21 31
24	18 23	24 41	1 41 32	27 37	21 39
25	18 21	24 51	2 10 50	27 57	21 48
26	18 18	25 1	2 40 54	28 17	21 57
27	18 16	25 12	3 11 45	28 37	22 7
28	18 13	25 23	3 43 27	28 58	22 16
29	18 11	25 34	4 16 2	29 19	22 26
30	18 8	25 45	4 49 34	29 41	22 35
31	18 6	25 57	5 24 7	0 ♋ 3	22 45
32	18 3	26 10	5 59 43	0 26	22 55
33	18 0	26 23	6 36 27	0 49	23 6
34	17 57	26 36	7 14 23	1 13	23 16
35	17 55	26 50	7 53 34	1 37	23 27
36	17 51	27 4	8 34 7	2 2	23 38
37	17 48	27 20	9 16 6	2 28	23 50
38	17 45	27 35	9 59 37	2 55	24 2
39	17 42	27 52	10 44 45	3 22	24 14
40	17 38	28 9	11 31 37	3 50	24 26
41	17 34	28 28	12 20 20	4 19	24 39
42	17 31	28 47	13 11 0	4 49	24 52
43	17 27	29 7	14 3 46	5 20	25 5
44	17 23	29 29	14 58 47	5 52	25 19
45	17 18	29 51	15 56 10	6 25	25 34
46	17 14	0 ♉ 15	16 56 7	6 59	25 49
47	17 9	0 41	17 58 47	7 35	26 4
48	17 4	1 8	19 4 21	8 12	26 21
49	16 59	1 38	20 13 2	8 51	26 38
50	16 53	2 9	21 25 2	9 31	26 55
51	16 47	2 43	22 40 35	10 13	27 13
52	16 41	3 20	23 59 55	10 58	27 33
53	16 34	4 0	25 23 17	11 44	27 53
54	16 27	4 44	26 50 58	12 32	28 14
55	16 19	5 31	28 23 13	13 23	28 36
56	16 11	6 24	0 ♋ 0 20	14 17	28 59
57	16 3	7 22	1 42 37	15 14	29 24
58	15 53	8 28	3 30 20	16 13	29 50
59	15 43	9 41	5 23 48	17 17	0 ♌ 18
60	15 32	11 5	7 23 17	18 24	0 48
61	15 20	12 41	9 29 2	19 36	1 20
62	15 6	14 33	11 41 18	20 52	1 54
63	14 51	16 47	14 0 14	22 13	2 30
64	14 35	19 32	16 25 59	23 41	3 10
65	14 17	23 3	18 58 35	25 14	3 53
66	13 56	27 59	21 37 58	26 55	4 40

21 h 24 m MC 18 ≈ 34 2 **RAMC 321°**

Lat.	11		12		ASC			2		3	
0	20 ♓	12	22 ♈	42	23 ♉	23	23	21 ♊	43	19 ♋	24
5	20	5	23	16	25	4	44	23	3	20	2
10	19	57	23	52	26	52	6	24	24	20	40
15	19	49	24	32	28	47	36	25	48	21	19
20	19	40	25	15	0 ♊	53	55	27	17	22	0
21	19	38	25	24	1	20	46	27	35	22	8
22	19	36	25	34	1	48	12	27	54	22	17
23	19	34	25	43	2	16	17	28	13	22	26
24	19	32	25	53	2	45	1	28	32	22	34
25	19	30	26	4	3	14	28	28	52	22	43
26	19	28	26	14	3	44	40	29	12	22	52
27	19	26	26	25	4	15	38	29	32	23	2
28	19	24	26	37	4	47	28	29	53	23	11
29	19	22	26	48	5	20	10	0 ♋	14	23	20
30	19	19	27	0	5	53	48	0	36	23	30
31	19	17	27	13	6	28	25	0	58	23	40
32	19	14	27	26	7	4	6	1	21	23	50
33	19	12	27	39	7	40	54	1	44	24	0
34	19	9	27	53	8	18	52	2	8	24	11
35	19	7	28	7	8	58	6	2	32	24	22
36	19	4	28	23	9	38	39	2	57	24	33
37	19	1	28	38	10	20	37	3	23	24	44
38	18	58	28	55	11	4	6	3	49	24	56
39	18	55	29	12	11	49	10	4	16	25	7
40	18	52	29	30	12	35	56	4	44	25	20
41	18	49	29	49	13	24	31	5	13	25	32
42	18	45	0 ♉	9	14	15	2	5	42	25	45
43	18	42	0	30	15	7	36	6	13	25	59
44	18	38	0	52	16	2	22	6	45	26	13
45	18	34	1	16	16	59	28	7	18	26	27
46	18	30	1	41	17	59	3	7	52	26	42
47	18	26	2	8	19	1	18	8	27	26	57
48	18	21	2	36	20	6	24	9	4	27	13
49	18	16	3	7	21	14	31	9	43	27	30
50	18	11	3	39	22	25	53	10	23	27	47
51	18	6	4	15	23	40	41	11	5	28	6
52	18	0	4	53	24	59	11	11	48	28	24
53	17	54	5	34	26	21	36	12	34	28	44
54	17	48	6	19	27	48	12	13	22	29	5
55	17	41	7	9	29	19	14	14	12	29	27
56	17	34	8	3	0 ♋	54	59	15	5	29	50
57	17	26	9	3	2	35	43	16	1	0 ♌	15
58	17	17	10	11	4	21	44	17	0	0	40
59	17	8	11	27	6	13	18	18	3	1	8
60	16	58	12	53	8	10	41	19	9	1	37
61	16	47	14	32	10	14	8	20	20	2	8
62	16	35	16	29	12	23	51	21	35	2	42
63	16	21	18	47	14	40	3	22	55	3	18
64	16	7	21	37	17	2	49	24	20	3	57
65	15	50	25	17	19	32	14	25	52	4	39
66	15	32	0 ♊	29	22	8	16	27	30	5	25

21 h 28 m MC 19 ♒ 34 59 RAMC 322°

Lat.	11		12		ASC			2		3	
0	21 ♓	17	23 ♈	46	24 ♉	22	2	22 ♊	39	20 ♋	20
5	21	11	24	21	26	4	27	23	58	20	58
10	21	4	24	59	27	52	49	25	19	21	36
15	20	57	25	40	29	49	16	26	43	22	15
20	20	49	26	25	1 ♊	56	25	28	12	22	55
21	20	47	26	35	2	23	25	28	31	23	4
22	20	45	26	45	2	51	1	28	49	23	12
23	20	44	26	55	3	19	14	29	8	23	21
24	20	42	27	5	3	48	6	29	28	23	30
25	20	40	27	16	4	17	41	29	47	23	38
26	20	38	27	27	4	48	0	0 ♋	7	23	47
27	20	36	27	38	5	19	6	0	28	23	56
28	20	34	27	50	5	51	1	0	48	24	6
29	20	32	28	2	6	23	49	1	9	24	15
30	20	30	28	15	6	57	32	1	31	24	25
31	20	28	28	28	7	32	14	1	53	24	35
32	20	26	28	41	8	7	58	2	16	24	45
33	20	24	28	55	8	44	48	2	39	24	55
34	20	21	29	9	9	22	49	3	2	25	5
35	20	19	29	24	10	2	3	3	26	25	16
36	20	17	29	40	10	42	36	3	51	25	27
37	20	14	29	57	11	24	32	4	17	25	38
38	20	11	0 ♉	14	12	7	57	4	43	25	50
39	20	9	0	31	12	52	57	5	10	26	1
40	20	6	0	50	13	39	36	5	38	26	14
41	20	3	1	10	14	28	3	6	6	26	26
42	20	0	1	31	15	18	23	6	36	26	39
43	19	57	1	53	16	10	44	7	6	26	52
44	19	53	2	16	17	5	14	7	38	27	6
45	19	50	2	40	18	2	1	8	11	27	20
46	19	46	3	6	19	1	14	8	45	27	35
47	19	42	3	34	20	3	3	9	20	27	50
48	19	38	4	3	21	7	39	9	56	28	6
49	19	34	4	35	22	15	13	10	34	28	22
50	19	30	5	8	23	25	55	11	14	28	40
51	19	25	5	45	24	39	59	11	55	28	58
52	19	20	6	24	25	57	38	12	39	29	16
53	19	14	7	7	27	19	6	13	24	29	36
54	19	9	7	54	28	44	38	14	11	29	56
55	19	3	8	45	0 ♋	14	28	15	1	0 ♌	18
56	18	56	9	41	1	48	52	15	54	0	41
57	18	49	10	43	3	28	6	16	49	1	5
58	18	41	11	53	5	12	26	17	47	1	30
59	18	33	13	11	7	2	9	18	49	1	57
60	18	24	14	40	8	57	29	19	54	2	26
61	18	14	16	22	10	58	40	21	3	2	57
62	18	4	18	22	13	5	57	22	17	3	30
63	17	52	20	44	15	19	29	23	36	4	5
64	17	39	23	40	17	39	23	25	0	4	43
65	17	24	27	27	20	5	44	26	30	5	25
66	17	8	2 ♊	54	22	38	31	28	6	6	10

21 h 32 m MC 20 ♒ 36 7 **RAMC 323°**

Lat.	11		12		ASC			2		3	
0	22 ♓	23	24 ♈	50	25 ♉	20	30	23 ♊	34	21 ♋	17
5	22	17	25	27	27	3	57	24	53	21	54
10	22	11	26	6	28	53	17	26	15	22	32
15	22	4	26	48	0 ♊	50	37	27	39	23	11
20	21	57	27	35	2	58	34	29	7	23	51
21	21	56	27	45	3	25	43	29	26	23	59
22	21	54	27	55	3	53	27	29	44	24	8
23	21	53	28	6	4	21	48	0 ♋	3	24	16
24	21	51	28	17	4	50	48	0	23	24	25
25	21	50	28	28	5	20	30	0	42	24	33
26	21	48	28	39	5	50	55	1	2	24	42
27	21	46	28	51	6	22	7	1	22	24	51
28	21	45	29	3	6	54	8	1	43	25	1
29	21	43	29	16	7	27	0	2	4	25	10
30	21	41	29	29	8	0	48	2	26	25	20
31	21	39	29	42	8	35	33	2	48	25	29
32	21	37	29	56	9	11	20	3	10	25	39
33	21	36	0 ♉	11	9	48	12	3	33	25	49
34	21	33	0	26	10	26	13	3	57	26	0
35	21	31	0	41	11	5	27	4	21	26	10
36	21	29	0	57	11	45	58	4	45	26	21
37	21	27	1	14	12	27	52	5	11	26	32
38	21	25	1	32	13	11	13	5	37	26	44
39	21	22	1	51	13	56	6	6	4	26	55
40	21	20	2	10	14	42	38	6	31	27	7
41	21	17	2	30	15	30	55	7	0	27	20
42	21	15	2	52	16	21	3	7	29	27	32
43	21	12	3	14	17	13	10	7	59	27	46
44	21	9	3	38	18	7	23	8	31	27	59
45	21	6	4	4	19	3	51	9	3	28	13
46	21	3	4	30	20	2	41	9	37	28	28
47	20	59	4	59	21	4	4	10	12	28	43
48	20	56	5	29	22	8	10	10	48	28	59
49	20	52	6	2	23	15	9	11	26	29	15
50	20	48	6	37	24	25	12	12	5	29	32
51	20	44	7	14	25	38	31	12	46	29	50
52	20	39	7	55	26	55	20	13	29	0 ♌	8
53	20	35	8	39	28	15	51	14	14	0	28
54	20	30	9	27	29	40	18	15	1	0	48
55	20	24	10	19	1 ♋	8	56	15	50	1	9
56	20	19	11	17	2	42	1	16	42	1	32
57	20	12	12	21	4	19	46	17	36	1	55
58	20	6	13	33	6	2	28	18	34	2	20
59	19	59	14	53	7	50	22	19	34	2	47
60	19	51	16	24	9	43	42	20	39	3	15
61	19	42	18	9	11	42	43	21	47	3	45
62	19	33	20	12	13	47	36	23	0	4	18
63	19	22	22	39	15	58	33	24	17	4	52
64	19	11	25	39	18	15	42	25	39	5	30
65	18	58	29	34	20	39	5	27	7	6	10
66	18	44	5 ♊	15	23	8	44	28	42	6	54

Lat.	11		12		ASC			2		3	
0	23 ♓	28	25 ♈	53	26 ♉	18	49	24 ♊	29	22 ♋	13
5	23	23	26	31	28	3	16	25	49	22	50
10	23	18	27	12	29	53	31	27	10	23	28
15	23	12	27	56	1 ♊	51	42	28	34	24	6
20	23	6	28	45	4	0	23	0 ♋	2	24	46
21	23	5	28	55	4	27	40	0	21	24	55
22	23	4	29	6	4	55	31	0	39	25	3
23	23	2	29	17	5	23	59	0	58	25	11
24	23	1	29	28	5	53	6	1	18	25	20
25	23	0	29	39	6	22	54	1	37	25	29
26	22	58	29	51	6	53	25	1	57	25	37
27	22	57	0 ♉	3	7	24	43	2	17	25	46
28	22	55	0	16	7	56	48	2	38	25	56
29	22	54	0	29	8	29	45	2	59	26	5
30	22	52	0	42	9	3	36	3	20	26	14
31	22	51	0	56	9	38	24	3	42	26	24
32	22	49	1	11	10	14	12	4	4	26	34
33	22	47	1	26	10	51	5	4	27	26	44
34	22	46	1	41	11	29	6	4	51	26	54
35	22	44	1	57	12	8	18	5	15	27	5
36	22	42	2	14	12	48	47	5	39	27	15
37	22	40	2	32	13	30	37	6	5	27	26
38	22	38	2	50	14	13	53	6	30	27	38
39	22	36	3	9	14	58	40	6	57	27	49
40	22	34	3	29	15	45	3	7	25	28	1
41	22	32	3	50	16	33	10	7	53	28	13
42	22	29	4	12	17	23	5	8	22	28	26
43	22	27	4	36	18	14	57	8	52	28	39
44	22	25	5	0	19	8	53	9	23	28	53
45	22	22	5	26	20	5	0	9	55	29	7
46	22	19	5	54	21	3	27	10	29	29	21
47	22	16	6	23	22	4	23	11	3	29	36
48	22	13	6	55	23	7	57	11	39	29	51
49	22	10	7	28	24	14	21	12	17	0 ♌	7
50	22	7	8	4	25	23	44	12	56	0	24
51	22	3	8	43	26	36	19	13	36	0	42
52	21	59	9	25	27	52	17	14	19	1	0
53	21	55	10	10	29	11	51	15	3	1	19
54	21	51	10	59	0 ♋	35	15	15	49	1	39
55	21	46	11	53	2	2	42	16	38	2	0
56	21	41	12	52	3	34	28	17	29	2	22
57	21	36	13	58	5	10	46	18	23	2	46
58	21	30	15	11	6	51	51	19	20	3	10
59	21	24	16	34	8	37	59	20	20	3	37
60	21	17	18	7	10	29	23	21	23	4	4
61	21	10	19	55	12	26	16	22	30	4	34
62	21	2	22	0	14	28	51	23	42	5	6
63	20	53	24	30	16	37	19	24	58	5	40
64	20	43	27	35	18	51	46	26	19	6	16
65	20	32	1 ♊	37	21	12	18	27	45	6	56
66	20	20	7	32	23	38	55	29	18	7	39

21 h 40 m   MC 22 ♒ 38 57   RAMC 325°

Lat.	11	12	ASC	2	3
0	24 ♓ 33	26 ♈ 57	27 ♉ 16 58	25 ♊ 24	23 ♋ 10
5	24 29	27 36	29 2 22	26 44	23 47
10	24 25	28 18	0 ♊ 53 31	28 5	24 24
15	24 20	29 4	2 52 29	29 29	25 2
20	24 15	29 54	5 1 52	0 ♋ 57	25 42
21	24 14	0 ♉ 5	5 29 16	1 16	25 50
22	24 13	0 16	5 57 14	1 34	25 58
23	24 12	0 27	6 25 49	1 53	26 7
24	24 11	0 39	6 55 2	2 12	26 15
25	24 10	0 51	7 24 55	2 32	26 24
26	24 8	1 3	7 55 32	2 52	26 33
27	24 7	1 16	8 26 53	3 12	26 42
28	24 6	1 29	8 59 3	3 32	26 51
29	24 5	1 42	9 32 3	3 53	27 0
30	24 3	1 56	10 5 56	4 15	27 9
31	24 2	2 10	10 40 46	4 36	27 19
32	24 1	2 25	11 16 35	4 59	27 29
33	23 59	2 40	11 53 28	5 21	27 38
34	23 58	2 56	12 31 28	5 45	27 49
35	23 56	3 13	13 10 38	6 9	27 59
36	23 55	3 30	13 51 4	6 33	28 10
37	23 53	3 49	14 32 49	6 58	28 21
38	23 52	4 7	15 15 59	7 24	28 32
39	23 50	4 27	16 0 38	7 50	28 43
40	23 48	4 48	16 46 52	8 18	28 55
41	23 46	5 9	17 34 47	8 46	29 7
42	23 44	5 32	18 24 29	9 15	29 20
43	23 42	5 56	19 16 5	9 45	29 33
44	23 40	6 22	20 9 43	10 16	29 46
45	23 38	6 48	21 5 28	10 48	0 ♌ 0
46	23 36	7 17	22 3 31	11 21	0 14
47	23 33	7 47	23 4 0	11 55	0 29
48	23 31	8 19	24 7 3	12 31	0 44
49	23 28	8 54	25 12 51	13 8	1 0
50	23 25	9 31	26 21 34	13 46	1 17
51	23 22	10 10	27 33 24	14 27	1 34
52	23 19	10 53	28 48 31	15 8	1 52
53	23 16	11 40	0 ♋ 7 9	15 52	2 11
54	23 12	12 30	1 29 30	16 38	2 30
55	23 8	13 26	2 55 48	17 26	2 51
56	23 4	14 26	4 26 16	18 17	3 13
57	23 0	15 34	6 1 8	19 10	3 36
58	22 55	16 49	7 40 39	20 6	4 0
59	22 50	18 13	9 25 3	21 5	4 26
60	22 44	19 48	11 14 33	22 7	4 54
61	22 38	21 38	13 9 22	23 14	5 23
62	22 31	23 46	15 9 43	24 24	5 54
63	22 24	26 20	17 15 45	25 38	6 27
64	22 16	29 29	19 27 37	26 58	7 3
65	22 7	3 ♊ 36	21 45 23	28 23	7 42
66	21 56	9 45	24 9 5	29 53	8 24

21 h 44 m MC 23 ♒ 40 37 RAMC 326°

Lat.	11	12	ASC	2	3
0	25 ♓ 38	28 ♈ 0	28 ♉ 14 58	26 ♊ 19	24 ♋ 6
5	25 35	28 41	0 ♊ 1 17	27 39	24 43
10	25 32	29 24	1 53 17	29 0	25 20
15	25 28	0 ♉ 11	3 53 0	0 ♋ 24	25 58
20	25 24	1 3	6 3 1	1 52	26 38
21	25 23	1 14	6 30 32	2 11	26 46
22	25 22	1 26	6 58 36	2 29	26 54
23	25 21	1 37	7 27 17	2 48	27 2
24	25 21	1 49	7 56 35	3 7	27 11
25	25 20	2 2	8 26 33	3 27	27 19
26	25 19	2 14	8 57 14	3 46	27 28
27	25 18	2 27	9 28 40	4 6	27 37
28	25 17	2 41	10 0 52	4 27	27 46
29	25 16	2 55	10 33 55	4 48	27 55
30	25 15	3 9	11 7 50	5 9	28 4
31	25 14	3 24	11 42 41	5 31	28 14
32	25 13	3 39	12 18 30	5 53	28 23
33	25 11	3 55	12 55 22	6 15	28 33
34	25 10	4 11	13 33 20	6 39	28 43
35	25 9	4 28	14 12 28	7 2	28 54
36	25 8	4 46	14 52 49	7 27	29 4
37	25 7	5 5	15 34 29	7 52	29 15
38	25 5	5 24	16 17 32	8 17	29 26
39	25 4	5 45	17 2 2	8 44	29 37
40	25 2	6 6	17 48 6	9 11	29 49
41	25 1	6 28	18 35 49	9 39	0 ♌ 1
42	24 59	6 52	19 25 17	10 7	0 13
43	24 58	7 16	20 16 37	10 37	0 26
44	24 56	7 42	21 9 55	11 8	0 39
45	24 54	8 10	22 5 19	11 40	0 53
46	24 53	8 39	23 2 57	12 12	1 7
47	24 51	9 10	24 2 57	12 46	1 22
48	24 49	9 43	25 5 28	13 22	1 37
49	24 46	10 19	26 10 40	13 58	1 53
50	24 44	10 56	27 18 43	14 37	2 9
51	24 42	11 37	28 29 48	15 16	2 26
52	24 39	12 21	29 44 5	15 58	2 44
53	24 37	13 9	1 ♋ 1 47	16 41	3 2
54	24 34	14 0	2 23 6	17 27	3 22
55	24 31	14 57	3 48 14	18 14	3 42
56	24 27	15 59	5 17 26	19 4	4 4
57	24 24	17 8	6 50 54	19 57	4 26
58	24 20	18 24	8 28 52	20 52	4 50
59	24 16	19 50	10 11 35	21 50	5 16
60	24 11	21 27	11 59 14	22 52	5 43
61	24 6	23 19	13 52 3	23 57	6 11
62	24 1	25 30	15 50 13	25 6	6 42
63	23 55	28 6	17 53 54	26 19	7 15
64	23 49	1 ♊ 19	20 3 15	27 37	7 50
65	23 41	5 31	22 18 21	29 0	8 28
66	23 33	11 51	24 39 13	0 ♌ 29	9 9

Lat.	11	12	ASC	2	3
0	26 ♓ 44	29 ♈ 3	29 ♉ 12 48	27 ♊ 14	25 ♋ 3
5	26 41	29 45	1 ♊ 0 1	28 34	25 40
10	26 39	0 ♉ 30	2 52 49	29 55	26 17
15	26 36	1 19	4 53 15	1 ♋ 19	26 54
20	26 33	2 12	7 3 51	2 47	27 33
21	26 32	2 24	7 31 27	3 5	27 41
22	26 32	2 35	7 59 38	3 24	27 50
23	26 31	2 47	8 28 23	3 43	27 58
24	26 30	3 0	8 57 46	4 2	28 6
25	26 30	3 12	9 27 49	4 21	28 15
26	26 29	3 25	9 58 33	4 41	28 23
27	26 28	3 39	10 30 2	5 1	28 32
28	26 28	3 52	11 2 17	5 21	28 41
29	26 27	4 7	11 35 21	5 42	28 50
30	26 26	4 21	12 9 17	6 3	28 59
31	26 25	4 37	12 44 8	6 25	29 9
32	26 24	4 52	13 19 57	6 47	29 18
33	26 24	5 9	13 56 48	7 9	29 28
34	26 23	5 26	14 34 43	7 32	29 38
35	26 22	5 43	15 13 47	7 56	29 48
36	26 21	6 2	15 54 3	8 20	29 59
37	26 20	6 21	16 35 37	8 45	0 ♌ 9
38	26 19	6 41	17 18 32	9 10	0 20
39	26 18	7 2	18 2 53	9 37	0 31
40	26 17	7 23	18 48 46	10 4	0 43
41	26 16	7 46	19 36 16	10 31	0 55
42	26 15	8 10	20 25 29	11 0	1 7
43	26 13	8 36	21 16 32	11 29	1 20
44	26 12	9 2	22 9 30	12 0	1 33
45	26 11	9 31	23 4 32	12 31	1 46
46	26 9	10 1	24 1 44	13 4	2 0
47	26 8	10 32	25 1 16	13 38	2 15
48	26 6	11 6	26 3 15	14 13	2 30
49	26 5	11 42	27 7 51	14 49	2 45
50	26 3	12 21	28 15 13	15 27	3 1
51	26 1	13 3	29 25 33	16 6	3 18
52	25 59	13 48	0 ♋ 39 0	16 47	3 36
53	25 57	14 36	1 55 46	17 30	3 54
54	25 55	15 29	3 16 3	18 15	4 13
55	25 53	16 27	4 40 4	19 2	4 33
56	25 50	17 30	6 8 0	19 51	4 55
57	25 48	18 40	7 40 6	20 43	5 17
58	25 45	19 58	9 16 33	21 37	5 40
59	25 42	21 26	10 57 36	22 35	6 5
60	25 38	23 5	12 43 27	23 35	6 32
61	25 35	24 59	14 34 19	24 40	7 0
62	25 31	27 11	16 30 22	25 48	7 30
63	25 26	29 50	18 31 47	27 0	8 2
64	25 21	3 ♊ 5	20 38 42	28 16	8 37
65	25 16	7 22	22 51 12	29 38	9 14
66	25 10	13 52	25 9 20	1 ♌ 5	9 54

Lat.	11	12	ASC	2	3
0	27 ♓ 49	0 ♉ 6	0 ♊ 10 29	28 ♊ 9	26 ♋ 0
5	27 48	0 49	1 58 33	29 29	26 37
10	27 46	1 36	3 52 7	0 ♋ 50	27 13
15	27 44	2 26	5 53 13	2 14	27 50
20	27 42	3 21	8 4 22	3 42	28 29
21	27 42	3 32	8 32 4	4 0	28 37
22	27 41	3 45	9 0 19	4 19	28 45
23	27 41	3 57	9 29 9	4 37	28 53
24	27 40	4 10	9 58 36	4 56	29 2
25	27 40	4 23	10 28 42	5 16	29 10
26	27 39	4 36	10 59 30	5 35	29 19
27	27 39	4 50	11 31 1	5 55	29 27
28	27 38	5 4	12 3 18	6 15	29 36
29	27 38	5 19	12 36 23	6 36	29 45
30	27 37	5 34	13 10 19	6 57	29 54
31	27 37	5 49	13 45 10	7 19	0 ♌ 4
32	27 36	6 6	14 20 58	7 41	0 13
33	27 36	6 22	14 57 46	8 3	0 23
34	27 35	6 40	15 35 37	8 26	0 33
35	27 34	6 58	16 14 37	8 49	0 43
36	27 34	7 17	16 54 48	9 14	0 53
37	27 33	7 36	17 36 14	9 38	1 4
38	27 33	7 57	18 19 1	10 4	1 14
39	27 32	8 18	19 3 12	10 30	1 26
40	27 31	8 40	19 48 53	10 56	1 37
41	27 30	9 4	20 36 10	11 24	1 49
42	27 30	9 29	21 25 7	11 52	2 1
43	27 29	9 54	22 15 52	12 21	2 13
44	27 28	10 22	23 8 30	12 52	2 26
45	27 27	10 51	24 3 8	13 23	2 40
46	27 26	11 21	24 59 55	13 55	2 53
47	27 25	11 54	25 58 57	14 29	3 8
48	27 24	12 29	27 0 24	15 3	3 22
49	27 23	13 5	28 4 24	15 39	3 38
50	27 22	13 45	29 11 6	16 17	3 54
51	27 21	14 28	0 ♋ 20 40	16 56	4 10
52	27 20	15 13	1 33 17	17 36	4 28
53	27 18	16 3	2 49 8	18 19	4 46
54	27 17	16 57	4 8 24	19 3	5 5
55	27 15	17 56	5 31 17	19 50	5 24
56	27 14	19 0	6 58 0	20 38	5 45
57	27 12	20 11	8 28 44	21 29	6 7
58	27 10	21 31	10 3 43	22 23	6 31
59	27 8	22 59	11 43 9	23 20	6 55
60	27 6	24 40	13 27 15	24 19	7 21
61	27 3	26 36	15 16 12	25 22	7 49
62	27 0	28 50	17 10 12	26 29	8 18
63	26 57	1 ♊ 31	19 9 24	27 40	8 50
64	26 54	4 49	21 13 57	28 55	9 23
65	26 51	9 9	23 23 57	0 ♌ 15	10 0
66	26 46	15 47	25 39 26	1 41	10 39

21 h 56 m MC 26 ♒ 46 43 RAMC 329°

Lat.	11	12	ASC	2	3
0	28 ♓ 55	1 ♉ 8	1 ♊ 8 1	29 ♊ 4	26 ♋ 57
5	28 54	1 53	2 56 54	0 ♋ 24	27 33
10	28 53	2 41	4 51 12	1 45	28 10
15	28 52	3 32	6 52 56	3 9	28 47
20	28 51	4 29	9 4 34	4 37	29 25
21	28 51	4 41	9 32 21	4 55	29 33
22	28 51	4 53	10 0 40	5 13	29 41
23	28 50	5 6	10 29 34	5 32	29 49
24	28 50	5 19	10 59 5	5 51	29 57
25	28 50	5 33	11 29 14	6 10	0 ♌ 6
26	28 50	5 46	12 0 4	6 29	0 14
27	28 49	6 0	12 31 37	6 49	0 23
28	28 49	6 15	13 3 54	7 9	0 31
29	28 49	6 30	13 37 0	7 30	0 40
30	28 49	6 46	14 10 56	7 51	0 49
31	28 48	7 2	14 45 46	8 12	0 59
32	28 48	7 18	15 21 31	8 34	1 8
33	28 48	7 35	15 58 16	8 57	1 18
34	28 48	7 53	16 36 4	9 19	1 27
35	28 47	8 12	17 14 59	9 43	1 37
36	28 47	8 31	17 55 3	10 7	1 48
37	28 47	8 51	18 36 22	10 31	1 58
38	28 46	9 12	19 18 59	10 56	2 9
39	28 46	9 34	20 3 0	11 22	2 20
40	28 46	9 57	20 48 29	11 49	2 31
41	28 45	10 21	21 35 31	12 16	2 43
42	28 45	10 46	22 24 12	12 44	2 55
43	28 44	11 13	23 14 38	13 13	3 7
44	28 44	11 41	24 6 55	13 43	3 20
45	28 44	12 10	25 1 10	14 14	3 33
46	28 43	12 41	25 57 31	14 46	3 47
47	28 43	13 15	26 56 4	15 19	4 1
48	28 42	13 50	27 56 57	15 54	4 15
49	28 42	14 28	29 0 21	16 29	4 30
50	28 41	15 8	0 ♋ 6 22	17 7	4 46
51	28 40	15 51	1 15 12	17 45	5 2
52	28 40	16 38	2 26 59	18 25	5 20
53	28 39	17 28	3 41 55	19 7	5 37
54	28 38	18 23	5 0 11	19 51	5 56
55	28 38	19 23	6 21 58	20 37	6 16
56	28 37	20 29	7 47 27	21 25	6 36
57	28 36	21 41	9 16 52	22 15	6 58
58	28 35	23 2	10 50 24	23 8	7 21
59	28 34	24 32	12 28 15	24 4	7 45
60	28 33	26 14	14 10 38	25 3	8 10
61	28 32	28 11	15 57 44	26 5	8 37
62	28 30	0 ♊ 27	17 49 44	27 11	9 6
63	28 29	3 9	19 46 47	28 20	9 37
64	28 27	6 29	21 49 3	29 34	10 10
65	28 25	10 52	23 56 36	0 ♌ 53	10 46
66	28 23	17 36	26 9 31	2 17	11 24

22 h 0 m MC 27 ≈ 49 5 RAMC 330°

Lat.	11		12		ASC			2		3	
0	0 ♈	0	2 ♉	11	2 ♊	5	24	0 ♋	0	27 ♋	55
5	0	0	2	57	3	55	5	1	19	28	30
10	0	0	3	46	5	50	4	2	40	29	6
15	0	0	4	39	7	52	23	4	4	29	43
20	0	0	5	37	10	4	28	5	31	0 ♌	21
21	0	0	5	49	10	32	19	5	49	0	29
22	0	0	6	2	11	0	43	6	8	0	37
23	0	0	6	15	11	29	40	6	26	0	45
24	0	0	6	28	11	59	13	6	45	0	53
25	0	0	6	42	12	29	25	7	4	1	1
26	0	0	6	56	13	0	16	7	24	1	10
27	0	0	7	11	13	31	50	7	43	1	18
28	0	0	7	26	14	4	8	8	3	1	27
29	0	0	7	41	14	37	14	8	24	1	36
30	0	0	7	57	15	11	9	8	45	1	45
31	0	0	8	13	15	45	56	9	6	1	54
32	0	0	8	30	16	21	39	9	28	2	3
33	0	0	8	48	16	58	21	9	50	2	13
34	0	0	9	6	17	36	4	10	13	2	22
35	0	0	9	25	18	14	52	10	36	2	32
36	0	0	9	45	18	54	50	11	0	2	42
37	0	0	10	6	19	36	0	11	24	2	53
38	0	0	10	27	20	18	28	11	49	3	3
39	0	0	10	49	21	2	17	12	15	3	14
40	0	0	11	13	21	47	33	12	41	3	25
41	0	0	11	37	22	34	20	13	8	3	37
42	0	0	12	3	23	22	45	13	36	3	49
43	0	0	12	30	24	12	52	14	5	4	1
44	0	0	12	59	25	4	48	14	35	4	13
45	0	0	13	29	25	58	39	15	6	4	26
46	0	0	14	1	26	54	32	15	37	4	40
47	0	0	14	35	27	52	36	16	10	4	54
48	0	0	15	11	28	52	56	16	44	5	8
49	0	0	15	49	29	55	43	17	19	5	23
50	0	0	16	30	1 ♋	1	4	17	56	5	39
51	0	0	17	14	2	9	8	18	34	5	55
52	0	0	18	2	3	20	7	19	14	6	12
53	0	0	18	53	4	34	8	19	56	6	29
54	0	0	19	49	5	51	24	20	39	6	47
55	0	0	20	49	7	12	6	21	24	7	7
56	0	0	21	56	8	36	24	22	12	7	27
57	0	0	23	9	10	4	30	23	1	7	48
58	0	0	24	31	11	36	37	23	54	8	11
59	0	0	26	2	13	12	55	24	49	8	34
60	0	0	27	45	14	53	38	25	46	9	0
61	0	0	29	44	16	38	55	26	48	9	26
62	0	0	2 ♊	1	18	28	58	27	52	9	55
63	0	0	4	45	20	23	56	29	1	10	25
64	0	0	8	7	22	23	58	0 ♌	13	10	57
65	0	0	12	31	24	29	10	1	30	11	32
66	0	0	19	17	26	39	36	2	53	12	10

Lat.	11		12		ASC			2		3	
0	1 ♈	5	3 ♉	13	3 ♊	2	39	0 ♋	55	28 ♋	52
5	1	6	4	1	4	53	5	2	14	29	27
10	1	7	4	51	6	48	43	3	35	0 ♌	3
15	1	8	5	45	8	51	35	4	58	0	40
20	1	9	6	45	11	4	5	6	26	1	17
21	1	9	6	57	11	31	59	6	44	1	25
22	1	9	7	10	12	0	26	7	2	1	33
23	1	10	7	24	12	29	26	7	20	1	41
24	1	10	7	37	12	59	2	7	39	1	49
25	1	10	7	52	13	29	15	7	58	1	57
26	1	10	8	6	14	0	7	8	18	2	5
27	1	11	8	21	14	31	42	8	37	2	14
28	1	11	8	36	15	4	0	8	57	2	22
29	1	11	8	52	15	37	4	9	18	2	31
30	1	11	9	8	16	10	58	9	39	2	40
31	1	12	9	25	16	45	43	10	0	2	49
32	1	12	9	42	17	21	22	10	21	2	58
33	1	12	10	0	17	58	0	10	43	3	8
34	1	12	10	19	18	35	37	11	6	3	17
35	1	13	10	38	19	14	19	11	29	3	27
36	1	13	10	58	19	54	9	11	53	3	37
37	1	13	11	19	20	35	11	12	17	3	47
38	1	14	11	41	21	17	28	12	42	3	58
39	1	14	12	4	22	1	5	13	7	4	8
40	1	14	12	28	22	46	7	13	33	4	19
41	1	15	12	53	23	32	39	14	0	4	31
42	1	15	13	19	24	20	46	14	28	4	43
43	1	16	13	47	25	10	34	14	57	4	55
44	1	16	14	16	26	2	8	15	26	5	7
45	1	16	14	47	26	55	35	15	57	5	20
46	1	17	15	19	27	51	1	16	28	5	33
47	1	17	15	54	28	48	35	17	1	5	47
48	1	18	16	30	29	48	22	17	34	6	1
49	1	18	17	9	0 ♋	50	32	18	9	6	16
50	1	19	17	51	1	55	12	18	46	6	31
51	1	20	18	36	3	2	32	19	23	6	47
52	1	20	19	24	4	12	41	20	3	7	4
53	1	21	20	16	5	25	49	20	44	7	21
54	1	22	21	13	6	42	6	21	26	7	39
55	1	22	22	14	8	1	43	22	11	7	58
56	1	23	23	22	9	24	51	22	58	8	18
57	1	24	24	36	10	51	40	23	47	8	39
58	1	25	25	59	12	22	23	24	39	9	1
59	1	26	27	31	13	57	11	25	33	9	24
60	1	27	29	15	15	36	15	26	30	9	49
61	1	28	1 ♊	15	17	19	47	27	30	10	15
62	1	30	3	33	19	7	56	28	34	10	43
63	1	31	6	18	21	0	52	29	41	11	13
64	1	33	9	41	22	58	45	0 ♌	52	11	44
65	1	35	14	6	25	1	39	2	8	12	18
66	1	37	20	52	27	9	40	3	29	12	55

22 h 8 m MC 29 ≈ 54 21 RAMC 332°

Lat.	11		12		ASC			2		3	
0	2 ♈	11	4 ♉	15	3 ♊	59	45	1 ♋	50	29 ♋	50
5	2	12	5	4	5	50	54	3	9	0 ♌	25
10	2	14	5	56	7	47	10	4	30	1	0
15	2	16	6	51	9	50	32	5	53	1	36
20	2	18	7	52	12	3	24	7	20	2	14
21	2	18	8	5	12	31	21	7	38	2	21
22	2	19	8	19	12	59	51	7	56	2	29
23	2	19	8	32	13	28	53	8	15	2	37
24	2	20	8	46	13	58	30	8	33	2	45
25	2	20	9	0	14	28	45	8	52	2	53
26	2	21	9	15	14	59	38	9	12	3	1
27	2	21	9	30	15	31	12	9	31	3	10
28	2	22	9	46	16	3	29	9	51	3	18
29	2	22	10	2	16	36	32	10	11	3	27
30	2	23	10	19	17	10	24	10	32	3	35
31	2	23	10	36	17	45	6	10	53	3	44
32	2	24	10	54	18	20	41	11	15	3	53
33	2	24	11	12	18	57	13	11	37	4	3
34	2	25	11	31	19	34	45	11	59	4	12
35	2	26	11	51	20	13	20	12	22	4	22
36	2	26	12	11	20	53	2	12	46	4	32
37	2	27	12	33	21	33	54	13	10	4	42
38	2	27	12	55	22	16	0	13	34	4	52
39	2	28	13	18	22	59	25	14	0	5	3
40	2	29	13	43	23	44	13	14	26	5	14
41	2	30	14	8	24	30	29	14	52	5	25
42	2	30	14	35	25	18	18	15	20	5	37
43	2	31	15	3	26	7	46	15	48	5	48
44	2	32	15	33	26	58	57	16	17	6	1
45	2	33	16	4	27	52	0	16	48	6	13
46	2	34	16	37	28	46	59	17	19	6	26
47	2	35	17	12	29	44	2	17	51	6	40
48	2	36	17	49	0 ♋	43	16	18	24	6	54
49	2	37	18	29	1	44	49	18	59	7	8
50	2	38	19	11	2	48	49	19	35	7	24
51	2	39	19	57	3	55	25	20	12	7	39
52	2	40	20	46	5	4	45	20	51	7	56
53	2	42	21	39	6	16	59	21	32	8	13
54	2	43	22	36	7	32	18	22	14	8	30
55	2	45	23	38	8	50	51	22	58	8	49
56	2	46	24	47	10	12	49	23	44	9	9
57	2	48	26	2	11	38	23	24	33	9	29
58	2	50	27	25	13	7	44	25	24	9	51
59	2	52	28	58	14	41	3	26	17	10	14
60	2	54	0 ♊	43	16	18	32	27	13	10	38
61	2	57	2	43	18	0	20	28	12	11	4
62	3	0	5	3	19	46	38	29	15	11	31
63	3	3	7	49	21	37	37	0 ♌	21	12	0
64	3	6	11	12	23	33	23	1	31	12	31
65	3	9	15	37	25	34	4	2	45	13	5
66	3	14	22	21	27	39	44	4	4	13	41

22 h 12 m MC 0 ♓ 57 13 **RAMC 333°**

Lat.	11		12		ASC			2		3	
0	3 ♈	16	5 ♉	18	4 ♊	56	43	2 ♋	45	0 ♌	47
5	3	19	6	7	6	48	34	4	4	1	22
10	3	21	7	0	8	45	25	5	25	1	57
15	3	24	7	57	10	49	15	6	48	2	33
20	3	27	8	59	13	2	26	8	14	3	10
21	3	28	9	13	13	30	26	8	32	3	17
22	3	28	9	26	13	58	57	8	50	3	25
23	3	29	9	40	14	28	1	9	9	3	33
24	3	30	9	54	14	57	40	9	27	3	41
25	3	30	10	9	15	27	55	9	46	3	49
26	3	31	10	24	15	58	48	10	6	3	57
27	3	32	10	40	16	30	21	10	25	4	5
28	3	32	10	56	17	2	38	10	45	4	14
29	3	33	11	12	17	35	39	11	5	4	22
30	3	34	11	29	18	9	27	11	26	4	31
31	3	35	11	47	18	44	5	11	47	4	40
32	3	36	12	5	19	19	36	12	8	4	49
33	3	36	12	23	19	56	3	12	30	4	58
34	3	37	12	43	20	33	28	12	52	5	7
35	3	38	13	3	21	11	55	13	15	5	17
36	3	39	13	24	21	51	28	13	38	5	27
37	3	40	13	46	22	32	10	14	2	5	37
38	3	41	14	8	23	14	5	14	27	5	47
39	3	42	14	32	23	57	17	14	52	5	57
40	3	43	14	57	24	41	50	15	18	6	8
41	3	44	15	23	25	27	50	15	44	6	19
42	3	45	15	50	26	15	20	16	11	6	31
43	3	47	16	19	27	4	28	16	39	6	42
44	3	48	16	49	27	55	17	17	8	6	54
45	3	49	17	21	28	47	54	17	38	7	7
46	3	51	17	54	29	42	26	18	9	7	20
47	3	52	18	30	0 ♋	38	58	18	41	7	33
48	3	54	19	8	1	37	39	19	14	7	47
49	3	55	19	48	2	38	35	19	48	8	1
50	3	57	20	31	3	41	55	20	24	8	16
51	3	59	21	17	4	47	46	21	1	8	32
52	4	1	22	6	5	56	18	21	39	8	48
53	4	3	23	0	7	7	40	22	19	9	4
54	4	5	23	58	8	22	1	23	1	9	22
55	4	7	25	1	9	39	31	23	45	9	40
56	4	10	26	10	11	0	21	24	30	10	0
57	4	12	27	26	12	24	41	25	18	10	20
58	4	15	28	50	13	52	41	26	8	10	41
59	4	18	0 ♊	24	15	24	34	27	1	11	4
60	4	22	2	10	17	0	28	27	56	11	28
61	4	25	4	10	18	40	36	28	55	11	53
62	4	29	6	30	20	25	7	29	56	12	19
63	4	34	9	16	22	14	9	1 ♌	1	12	48
64	4	39	12	40	24	7	53	2	10	13	18
65	4	44	17	5	26	6	24	3	23	13	51
66	4	50	23	43	28	9	48	4	40	14	26

22 h 16 m MC 2 ♓ 0 16 RAMC 334°

Lat.	11		12		ASC			2		3	
0	4 ♈	22	6 ♉	19	5 ♊	53	34	3 ♋	40	1 ♌	45
5	4	25	7	10	7	46	4	4	59	2	20
10	4	28	8	4	9	43	28	6	20	2	54
15	4	32	9	3	11	47	43	7	42	3	30
20	4	36	10	6	14	1	11	9	9	4	6
21	4	37	10	20	14	29	14	9	27	4	14
22	4	38	10	34	14	57	47	9	45	4	22
23	4	39	10	48	15	26	52	10	3	4	29
24	4	39	11	2	15	56	31	10	21	4	37
25	4	40	11	17	16	26	46	10	40	4	45
26	4	41	11	33	16	57	38	10	59	4	53
27	4	42	11	49	17	29	11	11	19	5	1
28	4	43	12	5	18	1	25	11	39	5	9
29	4	44	12	22	18	34	23	11	59	5	18
30	4	45	12	39	19	8	8	12	19	5	26
31	4	46	12	57	19	42	42	12	40	5	35
32	4	47	13	15	20	18	8	13	1	5	44
33	4	49	13	34	20	54	29	13	23	5	53
34	4	50	13	54	21	31	47	13	45	6	2
35	4	51	14	15	22	10	6	14	8	6	12
36	4	52	14	36	22	49	29	14	31	6	21
37	4	53	14	58	23	30	1	14	55	6	31
38	4	55	15	21	24	11	43	15	19	6	41
39	4	56	15	45	24	54	42	15	44	6	52
40	4	58	16	10	25	39	0	16	9	7	2
41	4	59	16	37	26	24	43	16	36	7	13
42	5	1	17	5	27	11	55	17	3	7	25
43	5	2	17	34	28	0	41	17	31	7	36
44	5	4	18	4	28	51	8	17	59	7	48
45	5	6	18	36	29	43	20	18	29	8	0
46	5	7	19	10	0 ♋	37	23	19	0	8	13
47	5	9	19	47	1	33	25	19	31	8	26
48	5	11	20	25	2	31	33	20	4	8	40
49	5	14	21	6	3	31	52	20	38	8	54
50	5	16	21	49	4	34	31	21	13	9	9
51	5	18	22	36	5	39	39	21	50	9	24
52	5	21	23	26	6	47	23	22	28	9	40
53	5	23	24	20	7	57	52	23	7	9	56
54	5	26	25	19	9	11	16	23	48	10	14
55	5	29	26	22	10	27	45	24	31	10	32
56	5	33	27	32	11	47	27	25	16	10	51
57	5	36	28	49	13	10	34	26	4	11	11
58	5	40	0 ♊	13	14	37	16	26	53	11	32
59	5	44	1	48	16	7	43	27	45	11	54
60	5	49	3	34	17	42	6	28	39	12	17
61	5	54	5	35	19	20	36	29	37	12	42
62	5	59	7	56	21	3	21	0 ♌	37	13	8
63	6	5	10	42	22	50	32	1	41	13	36
64	6	11	14	5	24	42	16	2	49	14	6
65	6	19	18	28	26	38	41	4	0	14	38
66	6	27	25	0	28	39	52	5	17	15	12

Lat.	11		12		ASC			2		3	
0	5 ♈	27	7 ♉	21	6 ♊	50	16	4 ♋	35	2 ♌	43
5	5	31	8	13	8	43	24	5	54	3	17
10	5	35	9	8	10	41	19	7	15	3	52
15	5	40	10	8	12	45	58	8	37	4	27
20	5	45	11	13	14	59	40	10	3	5	3
21	5	46	11	27	15	27	44	10	21	5	10
22	5	47	11	41	15	56	19	10	39	5	18
23	5	48	11	55	16	25	24	10	57	5	26
24	5	49	12	10	16	55	4	11	15	5	33
25	5	50	12	25	17	25	18	11	34	5	41
26	5	52	12	41	17	56	9	11	53	5	49
27	5	53	12	57	18	27	40	12	13	5	57
28	5	54	13	14	18	59	52	12	32	6	5
29	5	55	13	31	19	32	47	12	52	6	14
30	5	57	13	48	20	6	28	13	12	6	22
31	5	58	14	6	20	40	58	13	33	6	31
32	5	59	14	25	21	16	18	13	54	6	40
33	6	1	14	45	21	52	32	14	16	6	48
34	6	2	15	5	22	29	42	14	38	6	58
35	6	4	15	26	23	7	53	15	0	7	7
36	6	5	15	47	23	47	6	15	23	7	16
37	6	7	16	10	24	27	26	15	47	7	26
38	6	8	16	33	25	8	56	16	11	7	36
39	6	10	16	58	25	51	41	16	36	7	46
40	6	12	17	23	26	35	44	17	1	7	57
41	6	14	17	50	27	21	9	17	27	8	8
42	6	16	18	18	28	8	2	17	54	8	19
43	6	18	18	48	28	56	28	18	22	8	30
44	6	20	19	19	29	46	31	18	50	8	42
45	6	22	19	52	0 ♋	38	17	19	20	8	54
46	6	24	20	26	1	31	53	19	50	9	7
47	6	27	21	3	2	27	24	20	21	9	20
48	6	29	21	41	3	24	58	20	54	9	33
49	6	32	22	23	4	24	40	21	27	9	47
50	6	35	23	7	5	26	40	22	2	10	1
51	6	38	23	54	6	31	3	22	38	10	16
52	6	41	24	45	7	38	0	23	16	10	32
53	6	44	25	39	8	47	37	23	55	10	48
54	6	48	26	38	10	0	5	24	35	11	5
55	6	52	27	43	11	15	32	25	18	11	23
56	6	56	28	53	12	34	9	26	2	11	42
57	7	0	0 ♊	10	13	56	4	26	49	12	1
58	7	5	1	35	15	21	29	27	37	12	22
59	7	10	3	10	16	50	33	28	29	12	43
60	7	16	4	57	18	23	26	29	22	13	6
61	7	22	6	59	20	0	20	0 ♌	19	13	31
62	7	29	9	19	21	41	22	1	18	13	56
63	7	36	12	5	23	26	44	2	21	14	24
64	7	44	15	27	25	16	32	3	28	14	53
65	7	53	19	48	27	10	54	4	38	15	24
66	8	4	26	11	29	9	56	5	53	15	58

Lat.	11	12	ASC	2	3
0	6 ♈ 32	8 ♉ 23	7 ♊ 46 52	5 ♋ 30	3 ♌ 41
5	6 37	9 16	9 40 35	6 49	4 15
10	6 42	10 12	11 38 59	8 9	4 49
15	6 48	11 13	13 43 59	9 32	5 24
20	6 54	12 19	15 57 54	10 57	6 0
21	6 55	12 33	16 25 59	11 15	6 7
22	6 56	12 47	16 54 34	11 33	6 14
23	6 58	13 2	17 23 40	11 51	6 22
24	6 59	13 17	17 53 18	12 9	6 30
25	7 0	13 33	18 23 32	12 28	6 37
26	7 2	13 49	18 54 22	12 47	6 45
27	7 3	14 5	19 25 50	13 6	6 53
28	7 5	14 22	19 57 59	13 26	7 1
29	7 6	14 39	20 30 51	13 46	7 10
30	7 8	14 57	21 4 27	14 6	7 18
31	7 9	15 16	21 38 52	14 26	7 26
32	7 11	15 35	22 14 6	14 47	7 35
33	7 13	15 55	22 50 13	15 9	7 44
34	7 14	16 15	23 27 15	15 31	7 53
35	7 16	16 36	24 5 16	15 53	8 2
36	7 18	16 58	24 44 19	16 16	8 12
37	7 20	17 21	25 24 28	16 39	8 21
38	7 22	17 45	26 5 45	17 3	8 31
39	7 24	18 10	26 48 15	17 28	8 41
40	7 26	18 36	27 32 2	17 53	8 51
41	7 28	19 3	28 17 10	18 19	9 2
42	7 31	19 32	29 3 43	18 45	9 13
43	7 33	20 1	29 51 47	19 13	9 24
44	7 35	20 33	0 ♋ 41 27	19 41	9 36
45	7 38	21 6	1 32 48	20 10	9 48
46	7 41	21 41	2 25 55	20 40	10 0
47	7 44	22 18	3 20 56	21 11	10 13
48	7 47	22 57	4 17 55	21 43	10 26
49	7 50	23 39	5 17 1	22 16	10 40
50	7 53	24 24	6 18 21	22 51	10 54
51	7 57	25 11	7 22 1	23 26	11 9
52	8 1	26 2	8 28 10	24 3	11 24
53	8 5	26 57	9 36 57	24 42	11 40
54	8 9	27 57	10 48 29	25 22	11 57
55	8 14	29 2	12 2 56	26 4	12 14
56	8 19	0 ♊ 12	13 20 27	26 48	12 33
57	8 24	1 30	14 41 12	27 34	12 52
58	8 30	2 56	16 5 21	28 22	13 12
59	8 36	4 31	17 33 4	29 12	13 33
60	8 43	6 18	19 4 30	0 ♌ 5	13 56
61	8 50	8 20	20 39 49	1 1	14 20
62	8 58	10 40	22 19 12	1 59	14 45
63	9 7	13 26	24 2 46	3 1	15 12
64	9 17	16 47	25 50 41	4 6	15 40
65	9 28	21 4	27 43 4	5 15	16 11
66	9 40	27 17	29 40 0	6 29	16 44

22 h 28 m MC 5 ♓ 10 18 **RAMC 337°**

Lat.	11		12		ASC			2		3	
0	7 ♈	37	9 ♉	24	8 ♊	43	20	6 ♋	25	4 ♌	39
5	7	43	10	18	10	37	37	7	44	5	13
10	7	49	11	16	12	36	28	9	4	5	47
15	7	56	12	17	14	41	47	10	26	6	21
20	8	3	13	25	16	55	52	11	51	6	56
21	8	4	13	39	17	23	58	12	9	7	4
22	8	6	13	54	17	52	33	12	27	7	11
23	8	7	14	9	18	21	38	12	45	7	19
24	8	9	14	24	18	51	16	13	3	7	26
25	8	10	14	40	19	21	28	13	22	7	34
26	8	12	14	56	19	52	16	13	41	7	42
27	8	14	15	13	20	23	42	14	0	7	49
28	8	15	15	30	20	55	47	14	19	7	57
29	8	17	15	48	21	28	35	14	39	8	5
30	8	19	16	6	22	2	6	14	59	8	14
31	8	21	16	25	22	36	25	15	19	8	22
32	8	23	16	44	23	11	32	15	40	8	31
33	8	24	17	4	23	47	32	16	2	8	39
34	8	27	17	25	24	24	26	16	23	8	48
35	8	29	17	46	25	2	17	16	45	8	57
36	8	31	18	9	25	41	9	17	8	9	7
37	8	33	18	32	26	21	6	17	31	9	16
38	8	35	18	56	27	2	10	17	55	9	26
39	8	38	19	21	27	44	25	18	19	9	36
40	8	40	19	48	28	27	55	18	44	9	46
41	8	43	20	15	29	12	45	19	10	9	57
42	8	45	20	44	29	58	59	19	36	10	7
43	8	48	21	14	0 ♋	46	41	20	4	10	18
44	8	51	21	46	1	35	57	20	31	10	30
45	8	54	22	20	2	26	52	21	0	10	42
46	8	57	22	55	3	19	31	21	30	10	54
47	9	1	23	33	4	14	1	22	1	11	6
48	9	4	24	12	5	10	27	22	32	11	19
49	9	8	24	54	6	8	56	23	5	11	33
50	9	12	25	39	7	9	36	23	39	11	47
51	9	16	26	27	8	12	33	24	15	12	1
52	9	21	27	19	9	17	56	24	51	12	17
53	9	25	28	15	10	25	51	25	29	12	32
54	9	30	29	15	11	36	28	26	9	12	49
55	9	36	0 ♊	20	12	49	56	26	51	13	6
56	9	41	1	31	14	6	23	27	34	13	24
57	9	48	2	49	15	25	59	28	19	13	43
58	9	54	4	15	16	48	54	29	6	14	3
59	10	1	5	50	18	15	17	29	56	14	23
60	10	9	7	38	19	45	17	0 ♌	48	14	45
61	10	18	9	39	21	19	5	1	43	15	9
62	10	27	12	0	22	56	49	2	40	15	33
63	10	38	14	44	24	38	40	3	41	16	0
64	10	49	18	4	26	24	45	4	45	16	28
65	11	2	22	18	28	15	11	5	53	16	57
66	11	16	28	20	0 ♌	10	5	7	5	17	30

Lat.	11		12		ASC			2		3	
0	8 ♈	43	10 ♉	25	9 ♊	39	41	7 ♋	20	5 ♌	38
5	8	49	11	21	11	34	30	8	39	6	11
10	8	56	12	19	13	33	46	9	59	6	44
15	9	3	13	22	15	39	23	11	21	7	18
20	9	11	14	30	17	53	35	12	46	7	53
21	9	13	14	45	18	21	41	13	3	8	1
22	9	15	15	0	18	50	16	13	21	8	8
23	9	16	15	15	19	19	21	13	39	8	15
24	9	18	15	31	19	48	57	13	57	8	23
25	9	20	15	47	20	19	7	14	16	8	30
26	9	22	16	3	20	49	52	14	34	8	38
27	9	24	16	20	21	21	15	14	53	8	46
28	9	26	16	38	21	53	17	15	13	8	54
29	9	28	16	56	22	25	59	15	32	9	2
30	9	30	17	14	22	59	26	15	52	9	10
31	9	32	17	33	23	33	38	16	12	9	18
32	9	34	17	53	24	8	38	16	33	9	26
33	9	36	18	13	24	44	30	16	54	9	35
34	9	39	18	34	25	21	15	17	16	9	44
35	9	41	18	56	25	58	56	17	38	9	53
36	9	43	19	19	26	37	37	18	0	10	2
37	9	46	19	42	27	17	21	18	23	10	11
38	9	49	20	7	27	58	11	18	47	10	21
39	9	51	20	32	28	40	11	19	11	10	31
40	9	54	20	59	29	23	25	19	36	10	41
41	9	57	21	27	0 ♋	7	56	20	1	10	51
42	10	0	21	56	0	53	50	20	27	11	2
43	10	3	22	27	1	41	10	20	54	11	13
44	10	7	22	59	2	30	2	21	22	11	24
45	10	10	23	33	3	20	31	21	50	11	36
46	10	14	24	9	4	12	42	22	20	11	48
47	10	18	24	46	5	6	41	22	50	12	0
48	10	22	25	26	6	2	33	23	22	12	13
49	10	26	26	9	7	0	26	23	54	12	26
50	10	30	26	54	8	0	26	24	28	12	40
51	10	35	27	43	9	2	41	25	3	12	54
52	10	40	28	35	10	7	17	25	39	13	9
53	10	46	29	31	11	14	22	26	17	13	24
54	10	51	0 ♊	31	12	24	5	26	56	13	41
55	10	57	1	37	13	36	34	27	37	13	57
56	11	4	2	48	14	51	58	28	19	14	15
57	11	11	4	6	16	10	27	29	4	14	34
58	11	19	5	32	17	32	8	29	50	14	53
59	11	27	7	8	18	57	12	0 ♌	39	15	13
60	11	36	8	56	20	25	49	1	31	15	35
61	11	46	10	57	21	58	7	2	24	15	58
62	11	56	13	17	23	34	16	3	21	16	22
63	12	8	16	1	25	14	25	4	21	16	48
64	12	21	19	18	26	58	42	5	24	17	15
65	12	36	23	28	28	47	15	6	31	17	44
66	12	52	29	18	0 ♌	40	10	7	41	18	16

22 h 36 m MC 7 ♓ 17 44 RAMC 339°

Lat.	11		12		ASC			2		3	
0	9 ♈	48	11 ♉	26	10 ♊	35	56	8 ♋	16	6 ♌	37
5	9	55	12	23	12	31	15	9	34	7	9
10	10	3	13	22	14	30	54	10	54	7	42
15	10	11	14	26	16	36	46	12	15	8	16
20	10	20	15	36	18	51	4	13	40	8	50
21	10	22	15	51	19	19	10	13	57	8	58
22	10	24	16	6	19	47	44	14	15	9	5
23	10	26	16	21	20	16	47	14	33	9	12
24	10	28	16	37	20	46	22	14	51	9	19
25	10	30	16	53	21	16	29	15	9	9	27
26	10	32	17	10	21	47	12	15	28	9	34
27	10	34	17	27	22	18	31	15	47	9	42
28	10	36	17	45	22	50	28	16	6	9	50
29	10	38	18	3	23	23	6	16	25	9	58
30	10	41	18	22	23	56	26	16	45	10	6
31	10	43	18	41	24	30	32	17	5	10	14
32	10	46	19	1	25	5	25	17	26	10	22
33	10	48	19	22	25	41	8	17	47	10	31
34	10	51	19	43	26	17	43	18	8	10	39
35	10	53	20	5	26	55	14	18	30	10	48
36	10	56	20	28	27	33	43	18	52	10	57
37	10	59	20	52	28	13	14	19	15	11	7
38	11	2	21	17	28	53	50	19	39	11	16
39	11	5	21	43	29	35	35	20	3	11	26
40	11	8	22	10	0 ♋	18	31	20	27	11	36
41	11	11	22	38	1	2	44	20	52	11	46
42	11	15	23	7	1	48	18	21	18	11	56
43	11	18	23	38	2	35	16	21	45	12	7
44	11	22	24	11	3	23	44	22	12	12	18
45	11	26	24	45	4	13	46	22	41	12	30
46	11	30	25	21	5	5	28	23	10	12	41
47	11	34	25	59	5	58	56	23	40	12	53
48	11	39	26	40	6	54	15	24	11	13	6
49	11	44	27	23	7	51	32	24	43	13	19
50	11	49	28	8	8	50	53	25	16	13	33
51	11	54	28	57	9	52	24	25	51	13	47
52	12	0	29	50	10	56	14	26	26	14	1
53	12	6	0 ♊	46	12	2	30	27	4	14	16
54	12	12	1	47	13	11	20	27	42	14	32
55	12	19	2	52	14	22	51	28	23	14	49
56	12	26	4	4	15	37	13	29	5	15	6
57	12	34	5	22	16	54	35	29	49	15	24
58	12	43	6	49	18	15	5	0 ♌	35	15	43
59	12	52	8	25	19	38	52	1	23	16	4
60	13	2	10	12	21	6	6	2	13	16	25
61	13	13	12	13	22	36	57	3	6	16	47
62	13	25	14	32	24	11	33	4	2	17	11
63	13	39	17	15	25	50	3	5	1	17	36
64	13	53	20	30	27	32	35	6	3	18	3
65	14	10	24	36	29	19	17	7	8	18	31
66	14	28	0 ♋	14	1 ♌	10	16	8	17	19	2

22 h 40 m MC 8 ♓ 21 40 RAMC 340°

Lat.	11	12	ASC	2	3
0	10 ♈ 53	12 ♉ 27	11 ♊ 32 4	9 ♋ 11	7 ♌ 35
5	11 1	13 24	13 27 52	10 30	8 8
10	11 10	14 25	15 27 52	11 49	8 40
15	11 19	15 30	17 33 57	13 10	9 13
20	11 29	16 41	19 48 18	14 34	9 48
21	11 31	16 56	20 16 23	14 51	9 55
22	11 33	17 11	20 44 56	15 9	10 2
23	11 35	17 27	21 13 58	15 27	10 9
24	11 37	17 43	21 43 31	15 45	10 16
25	11 39	18 0	22 13 35	16 3	10 24
26	11 42	18 17	22 44 14	16 21	10 31
27	11 44	18 34	23 15 29	16 40	10 39
28	11 47	18 52	23 47 22	16 59	10 46
29	11 49	19 10	24 19 54	17 19	10 54
30	11 52	19 29	24 53 8	17 38	11 2
31	11 54	19 49	25 27 7	17 58	11 10
32	11 57	20 9	26 1 52	18 19	11 18
33	12 0	20 30	26 37 26	18 40	11 27
34	12 3	20 52	27 13 51	19 1	11 35
35	12 5	21 14	27 51 11	19 22	11 44
36	12 9	21 37	28 29 29	19 45	11 53
37	12 12	22 1	29 8 46	20 7	12 2
38	12 15	22 26	29 49 8	20 30	12 11
39	12 18	22 53	0 ♋ 30 36	20 54	12 21
40	12 22	23 20	1 13 16	21 19	12 30
41	12 26	23 48	1 57 10	21 43	12 40
42	12 29	24 18	2 42 22	22 9	12 51
43	12 33	24 49	3 28 58	22 36	13 1
44	12 37	25 22	4 17 2	23 3	13 12
45	12 42	25 57	5 6 38	23 31	13 24
46	12 46	26 33	5 57 52	23 59	13 35
47	12 51	27 12	6 50 48	24 29	13 47
48	12 56	27 52	7 45 34	25 0	13 59
49	13 1	28 36	8 42 14	25 32	14 12
50	13 7	29 22	9 40 56	26 5	14 26
51	13 13	0 ♊ 11	10 41 45	26 39	14 39
52	13 19	1 3	11 44 50	27 14	14 54
53	13 26	2 0	12 50 17	27 51	15 9
54	13 33	3 1	13 58 13	28 29	15 24
55	13 41	4 7	15 8 48	29 9	15 41
56	13 49	5 19	16 22 9	29 50	15 58
57	13 57	6 37	17 38 25	0 ♌ 33	16 15
58	14 7	8 4	18 57 44	1 19	16 34
59	14 17	9 40	20 20 16	2 6	16 54
60	14 28	11 27	21 46 10	2 56	17 14
61	14 40	13 28	23 15 35	3 48	17 36
62	14 54	15 46	24 48 40	4 43	18 0
63	15 9	18 27	26 25 33	5 41	18 24
64	15 25	21 40	28 6 22	6 41	18 50
65	15 43	25 41	29 51 17	7 46	19 18
66	16 4	1 ♋ 7	1 ♌ 40 22	8 54	19 48

22 h 44 m MC 9 ♓ 25 43 RAMC 341°

Lat.	11	12	ASC	2	3
0	11 ♈ 58	13 ♉ 27	12 ♊ 28 6	10 ♋ 6	8 ♌ 34
5	12 7	14 26	14 24 21	11 25	9 6
10	12 16	15 28	16 24 41	12 44	9 39
15	12 26	16 34	18 30 57	14 4	10 11
20	12 37	17 45	20 45 19	15 28	10 45
21	12 39	18 1	21 13 23	15 45	10 52
22	12 42	18 16	21 41 54	16 3	10 59
23	12 44	18 32	22 10 54	16 20	11 6
24	12 46	18 49	22 40 24	16 38	11 13
25	12 49	19 5	23 10 26	16 56	11 20
26	12 52	19 23	23 41 1	17 15	11 28
27	12 54	19 40	24 12 11	17 33	11 35
28	12 57	19 58	24 43 58	17 52	11 43
29	12 59	20 17	25 16 25	18 12	11 50
30	13 2	20 36	25 49 32	18 31	11 58
31	13 5	20 56	26 23 23	18 51	12 6
32	13 8	21 17	26 58 0	19 11	12 14
33	13 11	21 38	27 33 25	19 32	12 23
34	13 14	22 0	28 9 40	19 53	12 31
35	13 18	22 22	28 46 49	20 15	12 39
36	13 21	22 46	29 24 54	20 37	12 48
37	13 24	23 10	0 ♋ 3 58	20 59	12 57
38	13 28	23 36	0 44 4	21 22	13 6
39	13 32	24 2	1 25 17	21 46	13 16
40	13 35	24 29	2 7 38	22 10	13 25
41	13 39	24 58	2 51 13	22 34	13 35
42	13 44	25 28	3 36 5	23 0	13 45
43	13 48	26 0	4 22 19	23 26	13 56
44	13 53	26 33	5 9 58	23 53	14 7
45	13 57	27 8	5 59 7	24 21	14 18
46	14 2	27 45	6 49 52	24 49	14 29
47	14 8	28 23	7 42 18	25 18	14 41
48	14 13	29 4	8 36 30	25 49	14 53
49	14 19	29 48	9 32 35	26 20	15 6
50	14 25	0 ♊ 34	10 30 37	26 53	15 19
51	14 32	1 24	11 30 45	27 26	15 32
52	14 38	2 16	12 33 4	28 1	15 46
53	14 46	3 13	13 37 42	28 38	16 1
54	14 53	4 14	14 44 47	29 15	16 16
55	15 2	5 21	15 54 25	29 55	16 32
56	15 11	6 33	17 6 46	0 ♌ 35	16 49
57	15 20	7 51	18 21 57	1 18	17 6
58	15 31	9 18	19 40 8	2 3	17 25
59	15 42	10 53	21 1 26	2 49	17 44
60	15 54	12 40	22 26 1	3 38	18 4
61	16 8	14 40	23 54 2	4 30	18 26
62	16 22	16 58	25 25 37	5 24	18 48
63	16 39	19 37	27 0 56	6 20	19 12
64	16 57	22 48	28 40 6	7 20	19 38
65	17 17	26 43	0 ♌ 23 14	8 23	20 5
66	17 40	1 ♋ 58	2 10 29	9 30	20 34

22 h 48 m   MC 10 ♓ 29 54   RAMC 342°

Lat.	11		12		ASC			2		3	
0	13 ♈	3	14 ♉	28	13 ♊	24	2	11 ♋	2	9 ♌	34
5	13	13	15	27	15	20	42	12	20	10	5
10	13	23	16	30	17	21	20	13	38	10	37
15	13	34	17	37	19	27	45	14	59	11	9
20	13	45	18	50	21	42	7	16	22	11	42
21	13	48	19	5	22	10	9	16	39	11	49
22	13	50	19	21	22	38	39	16	57	11	56
23	13	53	19	37	23	7	36	17	14	12	3
24	13	56	19	54	23	37	3	17	32	12	10
25	13	58	20	11	24	7	1	17	50	12	17
26	14	1	20	28	24	37	31	18	8	12	25
27	14	4	20	46	25	8	37	18	27	12	32
28	14	7	21	5	25	40	18	18	46	12	39
29	14	10	21	23	26	12	39	19	5	12	47
30	14	13	21	43	26	45	39	19	24	12	55
31	14	16	22	3	27	19	22	19	44	13	2
32	14	19	22	24	27	53	50	20	4	13	10
33	14	22	22	45	28	29	5	20	25	13	19
34	14	26	23	7	29	5	10	20	45	13	27
35	14	29	23	30	29	42	7	21	7	13	35
36	14	33	23	54	0 ♋	19	59	21	29	13	44
37	14	37	24	18	0	58	49	21	51	13	53
38	14	41	24	44	1	38	41	22	14	14	2
39	14	45	25	11	2	19	37	22	37	14	11
40	14	49	25	39	3	1	41	23	1	14	20
41	14	53	26	8	3	44	56	23	25	14	30
42	14	58	26	38	4	29	27	23	51	14	40
43	15	3	27	10	5	15	17	24	16	14	50
44	15	8	27	43	6	2	32	24	43	15	1
45	15	13	28	18	6	51	15	25	10	15	12
46	15	18	28	55	7	41	31	25	39	15	23
47	15	24	29	34	8	33	26	26	8	15	35
48	15	30	0 ♊	15	9	27	5	26	38	15	47
49	15	36	0	59	10	22	34	27	9	15	59
50	15	43	1	46	11	19	58	27	41	16	12
51	15	50	2	35	12	19	24	28	14	16	25
52	15	57	3	28	13	20	58	28	49	16	39
53	16	5	4	25	14	24	48	29	24	16	53
54	16	14	5	27	15	31	1	0 ♌	2	17	8
55	16	23	6	33	16	39	44	0	40	17	24
56	16	33	7	45	17	51	6	1	21	17	40
57	16	43	9	4	19	5	13	2	3	17	57
58	16	54	10	30	20	22	16	2	47	18	15
59	17	7	12	6	21	42	22	3	33	18	34
60	17	20	13	52	23	5	40	4	21	18	54
61	17	34	15	52	24	32	18	5	11	19	15
62	17	50	18	8	26	2	26	6	4	19	37
63	18	8	20	46	27	36	12	7	0	20	1
64	18	28	23	53	29	13	44	7	59	20	26
65	18	50	27	44	0 ♌	55	10	9	1	20	52
66	19	15	2 ♋	47	2	40	37	10	6	21	21

22 h 52 m MC 11 ♓ 34 12 **RAMC 343°**

Lat.	11		12		ASC			2		3	
0	14 ♈	7	15 ♉	28	14 ♊	19	53	11 ♋	57	10 ♌	33
5	14	18	16	28	16	16	57	13	15	11	4
10	14	29	17	32	18	17	50	14	33	11	35
15	14	41	18	40	20	24	22	15	53	12	7
20	14	54	19	54	22	38	41	17	16	12	40
21	14	56	20	10	23	6	42	17	33	12	47
22	14	59	20	26	23	35	9	17	51	12	53
23	15	2	20	42	24	4	3	18	8	13	0
24	15	5	20	59	24	33	27	18	26	13	7
25	15	8	21	16	25	3	21	18	44	13	14
26	15	11	21	34	25	33	47	19	2	13	21
27	15	14	21	52	26	4	47	19	20	13	29
28	15	17	22	10	26	36	23	19	39	13	36
29	15	20	22	29	27	8	36	19	58	13	44
30	15	23	22	49	27	41	29	20	17	13	51
31	15	27	23	9	28	15	4	20	37	13	59
32	15	30	23	30	28	49	23	20	57	14	7
33	15	34	23	52	29	24	28	21	17	14	15
34	15	37	24	14	0 ♋	0	22	21	38	14	23
35	15	41	24	37	0	37	7	21	59	14	31
36	15	45	25	1	1	14	46	22	20	14	40
37	15	49	25	26	1	53	22	22	43	14	48
38	15	53	25	52	2	32	58	23	5	14	57
39	15	58	26	19	3	13	37	23	28	15	6
40	16	2	26	47	3	55	23	23	52	15	16
41	16	7	27	16	4	38	18	24	16	15	25
42	16	12	27	47	5	22	28	24	41	15	35
43	16	17	28	19	6	7	56	25	7	15	45
44	16	22	28	53	6	54	46	25	33	15	55
45	16	28	29	28	7	43	2	26	0	16	6
46	16	34	0 ♊	5	8	32	50	26	28	16	17
47	16	40	0	44	9	24	14	26	57	16	28
48	16	46	1	26	10	17	19	27	26	16	40
49	16	53	2	10	11	12	12	27	57	16	52
50	17	0	2	57	12	8	58	28	29	17	5
51	17	8	3	46	13	7	42	29	2	17	18
52	17	16	4	40	14	8	32	29	36	17	32
53	17	25	5	37	15	11	35	0 ♌	11	17	46
54	17	34	6	38	16	16	57	0	48	18	0
55	17	44	7	45	17	24	46	1	26	18	16
56	17	54	8	57	18	35	9	2	6	18	32
57	18	5	10	15	19	48	14	2	47	18	48
58	18	18	11	41	21	4	10	3	31	19	6
59	18	31	13	17	22	23	5	4	16	19	25
60	18	45	15	2	23	45	7	5	3	19	44
61	19	1	17	1	25	10	25	5	53	20	5
62	19	18	19	17	26	39	7	6	45	20	26
63	19	37	21	53	28	11	23	7	40	20	49
64	19	59	24	57	29	47	19	8	38	21	14
65	20	23	28	42	1 ♌	27	5	9	38	21	40
66	20	50	3 ♋	34	3	10	46	10	43	22	7

22 h 56 m MC 12 ♓ 38 37 RAMC 344°

Lat.	11		12		ASC			2		3	
0	15 ♈	12	16 ♉	28	15 ♊	15	39	12 ♋	53	11 ♌	32
5	15	24	17	29	17	13	4	14	10	12	3
10	15	36	18	34	19	14	11	15	28	12	34
15	15	48	19	43	21	20	49	16	48	13	5
20	16	2	20	58	23	35	4	18	10	13	38
21	16	5	21	14	24	3	2	18	27	13	44
22	16	8	21	30	24	31	26	18	45	13	51
23	16	11	21	46	25	0	17	19	2	13	58
24	16	14	22	3	25	29	37	19	19	14	5
25	16	17	22	21	25	59	26	19	37	14	12
26	16	20	22	39	26	29	47	19	55	14	19
27	16	23	22	57	27	0	42	20	13	14	26
28	16	27	23	16	27	32	11	20	32	14	33
29	16	30	23	35	28	4	18	20	51	14	40
30	16	34	23	55	28	37	3	21	10	14	48
31	16	37	24	15	29	10	29	21	29	14	55
32	16	41	24	36	29	44	38	21	49	15	3
33	16	45	24	58	0 ♋	19	33	22	9	15	11
34	16	49	25	21	0	55	16	22	30	15	19
35	16	53	25	44	1	31	48	22	51	15	27
36	16	57	26	8	2	9	14	23	12	15	35
37	17	1	26	34	2	47	36	23	34	15	44
38	17	6	27	0	3	26	56	23	57	15	53
39	17	11	27	27	4	7	18	24	20	16	2
40	17	15	27	55	4	48	45	24	43	16	11
41	17	20	28	24	5	31	21	25	7	16	20
42	17	26	28	55	6	15	10	25	32	16	30
43	17	31	29	28	7	0	14	25	57	16	40
44	17	37	0 ♊	1	7	46	39	26	23	16	50
45	17	43	0	37	8	34	29	26	50	17	0
46	17	49	1	14	9	23	48	27	17	17	11
47	17	56	1	54	10	14	41	27	46	17	22
48	18	3	2	35	11	7	14	28	15	17	34
49	18	10	3	20	12	1	31	28	45	17	46
50	18	18	4	7	12	57	38	29	17	17	58
51	18	26	4	57	13	55	42	29	49	18	11
52	18	35	5	50	14	55	48	0 ♌	23	18	24
53	18	44	6	47	15	58	4	0	58	18	38
54	18	54	7	49	17	2	35	1	34	18	52
55	19	4	8	55	18	9	30	2	12	19	8
56	19	15	10	7	19	18	56	2	51	19	23
57	19	28	11	26	20	30	59	3	32	19	40
58	19	41	12	52	21	45	50	4	14	19	57
59	19	55	14	26	23	3	35	4	59	20	15
60	20	10	16	12	24	24	22	5	46	20	34
61	20	27	18	10	25	48	22	6	34	20	54
62	20	46	20	24	27	15	41	7	26	21	15
63	21	6	22	58	28	46	28	8	20	21	38
64	21	29	25	59	0 ♌	20	51	9	16	22	2
65	21	55	29	39	1	58	58	10	16	22	27
66	22	24	4 ♋	20	3	40	56	11	19	22	54

23 h 0 m MC 13 ♓ 43 9 **RAMC 345°**

Lat.	11		12		ASC			2		3	
0	16 ♈	17	17 ♉	28	16 ♊	11	19	13 ♋	48	12 ♌	32
5	16	29	18	30	18	9	4	15	6	13	2
10	16	42	19	36	20	10	24	16	23	13	33
15	16	55	20	45	22	17	6	17	43	14	4
20	17	10	22	1	24	31	14	19	5	14	35
21	17	13	22	17	24	59	10	19	21	14	42
22	17	16	22	34	25	27	31	19	38	14	49
23	17	19	22	50	25	56	18	19	56	14	55
24	17	23	23	8	26	25	34	20	13	15	2
25	17	26	23	25	26	55	18	20	31	15	9
26	17	29	23	43	27	25	34	20	49	15	16
27	17	33	24	2	27	56	22	21	7	15	23
28	17	36	24	21	28	27	45	21	25	15	30
29	17	40	24	40	28	59	44	21	44	15	37
30	17	44	25	0	29	32	21	22	3	15	44
31	17	48	25	21	0 ♋	5	38	22	22	15	52
32	17	52	25	42	0	39	38	22	42	15	59
33	17	56	26	4	1	14	22	23	2	16	7
34	18	0	26	27	1	49	53	23	22	16	15
35	18	4	26	51	2	26	13	23	43	16	23
36	18	9	27	15	3	3	25	24	4	16	31
37	18	13	27	40	3	41	32	24	26	16	40
38	18	18	28	7	4	20	36	24	48	16	48
39	18	23	28	34	5	0	41	25	11	16	57
40	18	28	29	2	5	41	49	25	34	17	6
41	18	34	29	32	6	24	5	25	58	17	15
42	18	39	0 ♊	3	7	7	32	26	22	17	25
43	18	45	0	36	7	52	14	26	47	17	34
44	18	51	1	10	8	38	14	27	13	17	44
45	18	58	1	45	9	25	37	27	39	17	55
46	19	4	2	23	10	14	27	28	7	18	5
47	19	12	3	3	11	4	49	28	35	18	16
48	19	19	3	44	11	56	49	29	4	18	28
49	19	27	4	29	12	50	30	29	34	18	39
50	19	35	5	16	13	46	0	0 ♌	5	18	51
51	19	44	6	6	14	43	23	0	37	19	4
52	19	53	6	59	15	42	46	1	10	19	17
53	20	3	7	57	16	44	15	1	44	19	31
54	20	13	8	58	17	47	57	2	20	19	45
55	20	24	10	5	18	53	59	2	57	19	59
56	20	36	11	17	20	2	27	3	36	20	15
57	20	49	12	35	21	13	31	4	16	20	31
58	21	3	14	1	22	27	17	4	58	20	48
59	21	19	15	35	23	43	53	5	42	21	5
60	21	35	17	20	25	3	28	6	28	21	24
61	21	53	19	17	26	26	10	7	16	21	44
62	22	13	21	29	27	52	7	8	6	22	4
63	22	35	24	1	29	21	27	8	59	22	26
64	23	0	26	59	0 ♌	54	19	9	55	22	50
65	23	27	0 ♋	33	2	30	50	10	54	23	14
66	23	59	5	4	4	11	7	11	56	23	41

Lat.	11		12		ASC			2		3	
0	17 ♈	21	18 ♉	28	17 ♊	6	55	14 ♋	44	13 ♌	32
5	17	34	19	31	19	4	59	16	1	14	2
10	17	48	20	37	21	6	29	17	18	14	32
15	18	2	21	48	23	13	12	18	37	15	2
20	18	18	23	4	25	27	13	19	59	15	33
21	18	21	23	21	25	55	6	20	15	15	40
22	18	24	23	37	26	23	23	20	32	15	46
23	18	28	23	54	26	52	6	20	49	15	53
24	18	31	24	11	27	21	17	21	7	16	0
25	18	35	24	29	27	50	57	21	24	16	6
26	18	38	24	47	28	21	7	21	42	16	13
27	18	42	25	6	28	51	48	22	0	16	20
28	18	46	25	25	29	23	4	22	18	16	27
29	18	50	25	45	29	54	55	22	37	16	34
30	18	54	26	5	0 ♋	27	24	22	56	16	41
31	18	58	26	26	1	0	32	23	15	16	49
32	19	2	26	48	1	34	21	23	34	16	56
33	19	6	27	10	2	8	54	23	54	17	4
34	19	11	27	33	2	44	13	24	14	17	11
35	19	15	27	57	3	20	20	24	35	17	19
36	19	20	28	21	3	57	18	24	56	17	27
37	19	25	28	47	4	35	10	25	17	17	36
38	19	30	29	13	5	13	58	25	39	17	44
39	19	36	29	41	5	53	46	26	2	17	53
40	19	41	0 ♊	9	6	34	36	26	25	18	1
41	19	47	0	39	7	16	31	26	48	18	10
42	19	53	1	10	7	59	36	27	13	18	20
43	19	59	1	43	8	43	55	27	37	18	29
44	20	6	2	17	9	29	30	28	3	18	39
45	20	12	2	53	10	16	26	28	29	18	49
46	20	19	3	31	11	4	48	28	56	19	0
47	20	27	4	11	11	54	39	29	24	19	10
48	20	35	4	53	12	46	6	29	52	19	21
49	20	43	5	37	13	39	12	0 ♌	22	19	33
50	20	52	6	24	14	34	4	0	53	19	45
51	21	1	7	15	15	30	47	1	24	19	57
52	21	11	8	8	16	29	27	1	57	20	10
53	21	21	9	5	17	30	10	2	31	20	23
54	21	32	10	7	18	33	2	3	6	20	37
55	21	44	11	13	19	38	12	3	43	20	51
56	21	57	12	25	20	45	45	4	21	21	6
57	22	11	13	43	21	55	49	5	0	21	22
58	22	26	15	8	23	8	31	5	42	21	39
59	22	42	16	42	24	24	0	6	25	21	56
60	23	0	18	26	25	42	23	7	10	22	14
61	23	19	20	22	27	3	49	7	58	22	33
62	23	40	22	33	28	28	26	8	47	22	54
63	24	3	25	3	29	56	21	9	39	23	15
64	24	30	27	58	1 ♌	27	44	10	34	23	38
65	24	59	1 ♋	27	3	2	41	11	32	24	2
66	25	32	5	48	4	41	20	12	32	24	27

23 h 8 m MC 15 ♓ 52 32 RAMC 347°

Lat.	11	12	ASC	2	3
0	18 ♈ 26	19 ♉ 27	18 ♊ 2 27	15 ♋ 40	14 ♌ 32
5	18 40	20 31	20 0 47	16 56	15 1
10	18 54	21 38	22 2 26	18 13	15 31
15	19 9	22 50	24 9 10	19 32	16 1
20	19 25	24 7	26 23 0	20 53	16 32
21	19 29	24 24	26 50 50	21 9	16 38
22	19 32	24 40	27 19 3	21 26	16 44
23	19 36	24 57	27 47 42	21 43	16 51
24	19 40	25 15	28 16 48	22 0	16 57
25	19 43	25 33	28 46 22	22 18	17 4
26	19 47	25 51	29 16 26	22 35	17 10
27	19 51	26 10	29 47 1	22 53	17 17
28	19 55	26 30	0 ♋ 18 9	23 11	17 24
29	19 59	26 49	0 49 52	23 30	17 31
30	20 4	27 10	1 22 12	23 48	17 38
31	20 8	27 31	1 55 10	24 7	17 45
32	20 12	27 53	2 28 49	24 27	17 53
33	20 17	28 15	3 3 11	24 46	18 0
34	20 22	28 38	3 38 18	25 6	18 8
35	20 27	29 2	4 14 12	25 27	18 16
36	20 32	29 27	4 50 56	25 48	18 23
37	20 37	29 52	5 28 32	26 9	18 32
38	20 42	0 ♊ 19	6 7 4	26 31	18 40
39	20 48	0 47	6 46 33	26 53	18 48
40	20 54	1 16	7 27 4	27 16	18 57
41	21 0	1 46	8 8 40	27 39	19 6
42	21 6	2 17	8 51 23	28 3	19 15
43	21 13	2 50	9 35 18	28 27	19 24
44	21 19	3 24	10 20 28	28 53	19 34
45	21 27	4 0	11 6 57	29 19	19 44
46	21 34	4 38	11 54 50	29 45	19 54
47	21 42	5 18	12 44 11	0 ♌ 13	20 5
48	21 50	6 0	13 35 5	0 41	20 15
49	21 59	6 45	14 27 37	1 10	20 27
50	22 8	7 32	15 21 51	1 40	20 38
51	22 18	8 22	16 17 54	2 12	20 50
52	22 29	9 16	17 15 51	2 44	21 3
53	22 40	10 13	18 15 49	3 17	21 16
54	22 51	11 15	19 17 53	3 52	21 29
55	23 4	12 21	20 22 10	4 28	21 43
56	23 18	13 33	21 28 48	5 6	21 58
57	23 32	14 50	22 37 53	5 45	22 14
58	23 48	16 15	23 49 34	6 26	22 30
59	24 5	17 49	25 3 56	7 8	22 47
60	24 24	19 32	26 21 9	7 53	23 4
61	24 44	21 27	27 41 21	8 39	23 23
62	25 6	23 36	29 4 39	9 28	23 43
63	25 31	26 4	0 ♌ 31 11	10 19	24 4
64	25 59	28 55	2 1 6	11 13	24 26
65	26 30	2 ♋ 19	3 34 31	12 9	24 49
66	27 6	6 30	5 11 34	13 9	25 14

23 h 12 m MC 16 ♓ 57 21 RAMC 348°

Lat.	11		12		ASC			2		3	
0	19 ♈	30	20 ♉	26	18 ♊	57	54	16 ♋	35	15 ♌	32
5	19	45	21	31	20	56	30	17	52	16	1
10	20	0	22	39	22	58	16	19	9	16	30
15	20	16	23	51	25	4	58	20	27	17	0
20	20	33	25	10	27	18	37	21	47	17	30
21	20	37	25	26	27	46	23	22	4	17	36
22	20	40	25	43	28	14	32	22	20	17	42
23	20	44	26	1	28	43	6	22	37	17	49
24	20	48	26	18	29	12	7	22	54	17	55
25	20	52	26	36	29	41	35	23	11	18	1
26	20	56	26	55	0 ♋	11	32	23	29	18	8
27	21	0	27	14	0	42	1	23	47	18	15
28	21	4	27	33	1	13	1	24	5	18	21
29	21	9	27	53	1	44	36	24	23	18	28
30	21	13	28	14	2	16	46	24	41	18	35
31	21	18	28	35	2	49	35	25	0	18	42
32	21	22	28	57	3	23	3	25	19	18	50
33	21	27	29	20	3	57	13	25	39	18	57
34	21	32	29	43	4	32	7	25	59	19	4
35	21	37	0 ♊	7	5	7	48	26	19	19	12
36	21	43	0	32	5	44	17	26	39	19	20
37	21	48	0	58	6	21	38	27	0	19	28
38	21	54	1	25	6	59	53	27	22	19	36
39	22	0	1	52	7	39	5	27	44	19	44
40	22	6	2	21	8	19	17	28	7	19	52
41	22	12	2	52	9	0	32	28	30	20	1
42	22	19	3	23	9	42	53	28	53	20	10
43	22	26	3	56	10	26	24	29	18	20	19
44	22	33	4	31	11	11	9	29	42	20	29
45	22	41	5	7	11	57	12	0 ♌	8	20	38
46	22	49	5	45	12	44	36	0	34	20	48
47	22	57	6	25	13	33	27	1	1	20	59
48	23	6	7	7	14	23	48	1	29	21	9
49	23	15	7	52	15	15	44	1	58	21	20
50	23	25	8	39	16	9	22	2	28	21	32
51	23	35	9	29	17	4	45	2	59	21	44
52	23	46	10	23	18	2	0	3	31	21	56
53	23	58	11	20	19	1	12	4	4	22	9
54	24	10	12	22	20	2	28	4	38	22	22
55	24	23	13	28	21	5	55	5	14	22	36
56	24	38	14	39	22	11	38	5	51	22	50
57	24	53	15	57	23	19	46	6	29	23	5
58	25	10	17	21	24	30	25	7	9	23	21
59	25	28	18	54	25	43	42	7	51	23	37
60	25	47	20	36	26	59	46	8	35	23	55
61	26	9	22	30	28	18	45	9	20	24	13
62	26	33	24	38	29	40	45	10	8	24	32
63	26	59	27	3	1 ♌	5	56	10	59	24	52
64	27	28	29	51	2	34	25	11	52	25	14
65	28	1	3 ♋	9	4	6	20	12	47	25	37
66	28	39	7	12	5	41	49	13	46	26	1

Lat.	11		12		ASC			2		3	
0	20 ♈	34	21 ♉	26	19 ♊	53	18	17 ♋	31	16 ♌	33
5	20	50	22	31	21	52	7	18	48	17	1
10	21	6	23	40	23	53	59	20	4	17	30
15	21	22	24	53	26	0	38	21	21	17	58
20	21	40	26	12	28	14	3	22	41	18	28
21	21	44	26	29	28	41	45	22	58	18	34
22	21	48	26	46	29	9	50	23	14	18	40
23	21	52	27	3	29	38	19	23	31	18	47
24	21	56	27	21	0 ♋	7	14	23	48	18	53
25	22	0	27	39	0	36	36	24	5	18	59
26	22	5	27	58	1	6	27	24	22	19	6
27	22	9	28	17	1	36	47	24	40	19	12
28	22	13	28	37	2	7	40	24	58	19	19
29	22	18	28	57	2	39	6	25	16	19	26
30	22	23	29	18	3	11	7	25	34	19	32
31	22	27	29	39	3	43	45	25	53	19	39
32	22	32	0 ♊	1	4	17	2	26	12	19	46
33	22	37	0	24	4	51	0	26	31	19	54
34	22	43	0	47	5	25	42	26	51	20	1
35	22	48	1	12	6	1	9	27	11	20	8
36	22	54	1	37	6	37	23	27	31	20	16
37	22	59	2	3	7	14	28	27	52	20	24
38	23	5	2	30	7	52	27	28	13	20	32
39	23	12	2	58	8	31	20	28	35	20	40
40	23	18	3	27	9	11	13	28	57	20	48
41	23	25	3	57	9	52	7	29	20	20	57
42	23	32	4	29	10	34	6	29	44	21	5
43	23	39	5	2	11	17	14	0 ♌	8	21	14
44	23	47	5	36	12	1	34	0	32	21	24
45	23	55	6	13	12	47	10	0	57	21	33
46	24	3	6	51	13	34	6	1	23	21	43
47	24	12	7	31	14	22	26	1	50	21	53
48	24	21	8	13	15	12	14	2	18	22	3
49	24	31	8	58	16	3	36	2	46	22	14
50	24	41	9	45	16	56	36	3	16	22	25
51	24	52	10	36	17	51	20	3	46	22	37
52	25	3	11	29	18	47	53	4	18	22	49
53	25	15	12	26	19	46	21	4	50	23	1
54	25	28	13	28	20	46	50	5	24	23	14
55	25	42	14	34	21	49	26	5	59	23	28
56	25	57	15	45	22	54	16	6	35	23	42
57	26	14	17	2	24	1	27	7	13	23	57
58	26	31	18	26	25	11	5	7	53	24	12
59	26	50	19	58	26	23	19	8	34	24	28
60	27	11	21	39	27	38	15	9	17	24	45
61	27	33	23	32	28	56	2	10	2	25	3
62	27	58	25	38	0 ♌	16	47	10	49	25	22
63	28	26	28	1	1	40	38	11	38	25	41
64	28	57	0 ♋	46	3	7	43	12	30	26	2
65	29	32	3	59	4	38	9	13	25	26	25
66	0 ♉	12	7	53	6	12	5	14	22	26	48

Lat.	11	12	ASC	2	3
0	21 ♈ 38	22 ♉ 25	20 ♊ 48 39	18 ♋ 27	17 ♌ 33
5	21 54	23 31	22 47 39	19 43	18 1
10	22 11	24 40	24 49 35	20 59	18 29
15	22 29	25 54	26 56 9	22 16	18 58
20	22 48	27 14	29 9 20	23 35	19 27
21	22 52	27 31	29 36 57	23 52	19 33
22	22 56	27 48	0 ♋ 4 57	24 8	19 39
23	23 0	28 6	0 33 21	24 25	19 45
24	23 4	28 24	1 2 10	24 41	19 51
25	23 8	28 42	1 31 25	24 58	19 57
26	23 13	29 1	2 1 9	25 16	20 4
27	23 17	29 20	2 31 22	25 33	20 10
28	23 22	29 40	3 2 6	25 51	20 16
29	23 27	0 ♊ 0	3 33 23	26 9	20 23
30	23 32	0 21	4 5 14	26 27	20 30
31	23 37	0 43	4 37 42	26 45	20 37
32	23 42	1 5	5 10 48	27 4	20 43
33	23 47	1 28	5 44 34	27 23	20 50
34	23 53	1 51	6 19 2	27 43	20 58
35	23 58	2 16	6 54 15	28 3	21 5
36	24 4	2 41	7 30 15	28 23	21 12
37	24 10	3 7	8 7 4	28 43	21 20
38	24 17	3 34	8 44 45	29 5	21 28
39	24 23	4 2	9 23 21	29 26	21 36
40	24 30	4 32	10 2 54	29 48	21 44
41	24 37	5 2	10 43 27	0 ♌ 11	21 52
42	24 44	5 34	11 25 4	0 34	22 1
43	24 52	6 7	12 7 49	0 57	22 10
44	25 0	6 42	12 51 43	1 22	22 19
45	25 8	7 18	13 36 52	1 47	22 28
46	25 17	7 56	14 23 19	2 13	22 38
47	25 26	8 37	15 11 9	2 39	22 47
48	25 36	9 19	16 0 25	3 6	22 58
49	25 46	10 4	16 51 13	3 34	23 8
50	25 57	10 51	17 43 36	4 3	23 19
51	26 8	11 41	18 37 41	4 33	23 30
52	26 20	12 35	19 33 33	5 4	23 42
53	26 33	13 32	20 31 17	5 36	23 54
54	26 46	14 33	21 30 59	6 10	24 7
55	27 1	15 39	22 32 45	6 44	24 20
56	27 17	16 49	23 36 42	7 20	24 34
57	27 34	18 6	24 42 57	7 57	24 48
58	27 52	19 30	25 51 35	8 36	25 3
59	28 12	21 1	27 2 46	9 17	25 19
60	28 33	22 41	28 16 36	9 59	25 35
61	28 57	24 33	29 33 12	10 43	25 53
62	29 23	26 37	0 ♌ 52 42	11 30	26 11
63	29 53	28 58	2 15 15	12 18	26 30
64	0 ♉ 25	1 ♋ 39	3 40 58	13 9	26 51
65	1 2	4 47	5 9 58	14 3	27 12
66	1 45	8 33	6 42 23	14 59	27 36

Lat.	11		12		ASC			2		3	
0	22 ♈	42	23 ♉	23	21 ♊	43	56	19 ♋	24	18 ♌	34
5	22	59	24	30	23	43	7	20	39	19	2
10	23	16	25	41	25	45	5	21	54	19	29
15	23	35	26	55	27	51	32	23	11	19	57
20	23	55	28	16	0 ♋	4	26	24	30	20	25
21	23	59	28	33	0	31	59	24	46	20	31
22	24	3	28	50	0	59	54	25	2	20	37
23	24	8	29	8	1	28	12	25	19	20	43
24	24	12	29	26	1	56	55	25	35	20	49
25	24	16	29	45	2	26	3	25	52	20	55
26	24	21	0 ♊	4	2	55	40	26	9	21	1
27	24	26	0	23	3	25	45	26	26	21	8
28	24	31	0	43	3	56	20	26	44	21	14
29	24	36	1	3	4	27	27	27	2	21	21
30	24	41	1	24	4	59	9	27	20	21	27
31	24	46	1	46	5	31	26	27	38	21	34
32	24	51	2	8	6	4	20	27	57	21	41
33	24	57	2	31	6	37	54	28	16	21	47
34	25	3	2	55	7	12	9	28	35	21	54
35	25	9	3	20	7	47	8	28	54	22	2
36	25	15	3	45	8	22	52	29	14	22	9
37	25	21	4	11	8	59	25	29	35	22	16
38	25	28	4	38	9	36	49	29	56	22	24
39	25	34	5	7	10	15	6	0 ♌	17	22	32
40	25	42	5	36	10	54	20	0	39	22	40
41	25	49	6	7	11	34	32	1	1	22	48
42	25	56	6	38	12	15	47	1	24	22	56
43	26	4	7	12	12	58	8	1	47	23	5
44	26	13	7	46	13	41	37	2	11	23	14
45	26	21	8	23	14	26	19	2	36	23	23
46	26	31	9	1	15	12	18	3	2	23	32
47	26	40	9	41	15	59	37	3	28	23	42
48	26	50	10	24	16	48	21	3	55	23	52
49	27	1	11	9	17	38	35	4	22	24	2
50	27	12	11	56	18	30	22	4	51	24	13
51	27	24	12	46	19	23	48	5	20	24	24
52	27	36	13	40	20	18	59	5	51	24	35
53	27	50	14	36	21	15	59	6	23	24	47
54	28	4	15	37	22	14	54	6	55	24	59
55	28	19	16	43	23	15	51	7	29	25	12
56	28	36	17	53	24	18	56	8	5	25	26
57	28	53	19	10	25	24	16	8	42	25	40
58	29	13	20	32	26	31	56	9	20	25	54
59	29	33	22	3	27	42	5	10	0	26	10
60	29	56	23	42	28	54	49	10	41	26	26
61	0 ♉	21	25	32	0 ♌	10	16	11	25	26	43
62	0	48	27	35	1	28	33	12	10	27	1
63	1	19	29	54	2	49	49	12	58	27	19
64	1	53	2 ♋	31	4	14	11	13	48	27	39
65	2	32	5	35	5	41	46	14	41	28	0
66	3	17	9	13	7	12	42	15	36	28	23

23 h 28 m MC 21 ♓ 17 27 **RAMC 352°**

Lat.	11	12	ASC	2	3
0	23 ♈ 46	24 ♉ 22	22 ♊ 39 10	20 ♋ 20	19 ♌ 35
5	24 4	25 30	24 38 30	21 35	20 2
10	24 22	26 41	26 40 29	22 50	20 29
15	24 41	27 56	28 46 48	24 6	20 56
20	25 2	29 17	0 ♋ 59 24	25 24	21 24
21	25 6	29 34	1 26 52	25 40	21 30
22	25 10	29 52	1 54 41	25 56	21 36
23	25 15	0 ♊ 10	2 22 53	26 12	21 42
24	25 20	0 28	2 51 29	26 29	21 47
25	25 24	0 47	3 20 31	26 46	21 53
26	25 29	1 6	3 49 59	27 3	22 0
27	25 34	1 25	4 19 56	27 20	22 6
28	25 39	1 45	4 50 22	27 37	22 12
29	25 44	2 6	5 21 20	27 55	22 18
30	25 50	2 27	5 52 51	28 12	22 25
31	25 55	2 49	6 24 57	28 31	22 31
32	26 1	3 11	6 57 40	28 49	22 38
33	26 7	3 34	7 31 1	29 8	22 45
34	26 13	3 58	8 5 2	29 27	22 51
35	26 19	4 23	8 39 47	29 46	22 58
36	26 25	4 48	9 15 16	0 ♌ 6	23 6
37	26 32	5 15	9 51 33	0 26	23 13
38	26 38	5 42	10 28 39	0 47	23 20
39	26 46	6 10	11 6 38	1 8	23 28
40	26 53	6 40	11 45 31	1 30	23 36
41	27 1	7 11	12 25 23	1 52	23 44
42	27 8	7 42	13 6 16	2 14	23 52
43	27 17	8 16	13 48 12	2 37	24 0
44	27 25	8 51	14 31 17	3 1	24 9
45	27 34	9 27	15 15 32	3 25	24 18
46	27 44	10 5	16 1 2	3 51	24 27
47	27 54	10 46	16 47 51	4 16	24 36
48	28 4	11 28	17 36 3	4 43	24 46
49	28 15	12 13	18 25 42	5 10	24 56
50	28 27	13 0	19 16 53	5 38	25 7
51	28 39	13 50	20 9 41	6 8	25 17
52	28 53	14 44	21 4 11	6 38	25 29
53	29 6	15 40	22 0 28	7 9	25 40
54	29 21	16 41	22 58 38	7 41	25 52
55	29 37	17 46	23 58 47	8 15	26 5
56	29 54	18 56	25 1 0	8 50	26 18
57	0 ♉ 13	20 12	26 5 25	9 26	26 31
58	0 33	21 34	27 12 7	10 3	26 46
59	0 54	23 4	28 21 15	10 43	27 1
60	1 18	24 43	29 32 55	11 24	27 16
61	1 44	26 31	0 ♌ 47 14	12 6	27 33
62	2 13	28 32	2 4 20	12 51	27 50
63	2 45	0 ♋ 48	3 24 20	13 38	28 8
64	3 21	3 23	4 47 22	14 27	28 28
65	4 1	6 21	6 13 34	15 19	28 48
66	4 48	9 52	7 43 3	16 13	29 10

Lat.	11		12		ASC			2		3	
0	24 ♈	50	25 ♉	21	23 ♊	34	22	21 ♋	16	20 ♌	36
5	25	8	26	29	25	33	49	22	31	21	3
10	25	27	27	41	27	35	47	23	45	21	29
15	25	47	28	56	29	41	57	25	1	21	56
20	26	8	0 ♊	18	1 ♋	54	13	26	18	22	23
21	26	13	0	36	2	21	35	26	34	22	29
22	26	17	0	53	2	49	19	26	50	22	34
23	26	22	1	11	3	17	24	27	6	22	40
24	26	27	1	30	3	45	54	27	23	22	46
25	26	32	1	48	4	14	48	27	39	22	52
26	26	37	2	8	4	44	8	27	56	22	58
27	26	42	2	27	5	13	56	28	13	23	4
28	26	47	2	48	5	44	14	28	30	23	10
29	26	53	3	8	6	15	2	28	48	23	16
30	26	58	3	30	6	46	22	29	5	23	22
31	27	4	3	51	7	18	17	29	23	23	29
32	27	10	4	14	7	50	47	29	41	23	35
33	27	16	4	37	8	23	55	0 ♌	0	23	42
34	27	22	5	1	8	57	43	0	19	23	48
35	27	28	5	26	9	32	13	0	38	23	55
36	27	35	5	51	10	7	27	0	58	24	2
37	27	42	6	18	10	43	27	1	18	24	9
38	27	49	6	45	11	20	15	1	38	24	17
39	27	56	7	14	11	57	55	1	59	24	24
40	28	4	7	43	12	36	29	2	20	24	32
41	28	12	8	14	13	16	0	2	42	24	40
42	28	20	8	46	13	56	30	3	4	24	48
43	28	29	9	19	14	38	3	3	27	24	56
44	28	38	9	54	15	20	42	3	51	25	4
45	28	47	10	31	16	4	31	4	15	25	13
46	28	57	11	9	16	49	33	4	39	25	22
47	29	7	11	49	17	35	52	5	5	25	31
48	29	18	12	32	18	23	31	5	31	25	41
49	29	30	13	16	19	12	37	5	58	25	50
50	29	42	14	4	20	3	12	6	26	26	1
51	29	55	14	54	20	55	22	6	55	26	11
52	0 ♉	8	15	47	21	49	11	7	24	26	22
53	0	23	16	44	22	44	45	7	55	26	33
54	0	38	17	44	23	42	10	8	27	26	45
55	0	55	18	49	24	41	31	9	0	26	57
56	1	13	19	59	25	42	53	9	34	27	10
57	1	32	21	14	26	46	24	10	10	27	23
58	1	52	22	35	27	52	10	10	47	27	37
59	2	15	24	4	29	0	18	11	25	27	52
60	2	40	25	42	0 ♌	10	54	12	6	28	7
61	3	7	27	29	1	24	6	12	48	28	23
62	3	37	29	28	2	40	1	13	32	28	40
63	4	10	1 ♋	42	3	58	47	14	18	28	58
64	4	48	4	13	5	20	32	15	6	29	17
65	5	30	7	7	6	45	22	15	57	29	36
66	6	19	10	31	8	13	26	16	50	29	58

23 h 36 m MC 23 ♓ 27 53 **RAMC 354°**

Lat.	11	12	ASC	2	3
0	25 ♈ 53	26 ♉ 19	24 ♊ 29 31	22 ♋ 13	21 ♌ 37
5	26 12	27 28	26 29 5	23 27	22 3
10	26 32	28 40	28 31 0	24 41	22 29
15	26 52	29 57	0 ♋ 36 59	25 56	22 55
20	27 15	1 ♊ 19	2 48 53	27 13	23 22
21	27 19	1 37	3 16 10	27 28	23 28
22	27 24	1 54	3 43 47	27 44	23 33
23	27 29	2 12	4 11 47	28 0	23 39
24	27 34	2 31	4 40 9	28 17	23 44
25	27 39	2 50	5 8 55	28 33	23 50
26	27 44	3 9	5 38 7	28 50	23 56
27	27 50	3 29	6 7 47	29 6	24 2
28	27 55	3 49	6 37 54	29 23	24 8
29	28 1	4 10	7 8 32	29 41	24 14
30	28 7	4 32	7 39 42	29 58	24 20
31	28 12	4 54	8 11 25	0 ♌ 16	24 26
32	28 19	5 16	8 43 43	0 34	24 33
33	28 25	5 40	9 16 38	0 52	24 39
34	28 31	6 4	9 50 12	1 11	24 46
35	28 38	6 28	10 24 27	1 30	24 52
36	28 45	6 54	10 59 25	1 49	24 59
37	28 52	7 21	11 35 8	2 9	25 6
38	28 59	7 48	12 11 39	2 29	25 13
39	29 7	8 17	12 49 0	2 50	25 21
40	29 15	8 46	13 27 14	3 11	25 28
41	29 23	9 17	14 6 23	3 32	25 36
42	29 32	9 49	14 46 31	3 55	25 43
43	29 40	10 22	15 27 40	4 17	25 51
44	29 50	10 57	16 9 54	4 40	26 0
45	0 ♉ 0	11 34	16 53 16	5 4	26 8
46	0 10	12 12	17 37 50	5 28	26 17
47	0 20	12 53	18 23 39	5 54	26 26
48	0 32	13 35	19 10 47	6 19	26 35
49	0 44	14 20	19 59 18	6 46	26 45
50	0 56	15 7	20 49 18	7 13	26 55
51	1 10	15 57	21 40 50	7 42	27 5
52	1 24	16 50	22 33 59	8 11	27 15
53	1 39	17 46	23 28 51	8 41	27 26
54	1 55	18 46	24 25 31	9 13	27 38
55	2 12	19 51	25 24 4	9 45	27 50
56	2 30	21 0	26 24 37	10 19	28 2
57	2 50	22 15	27 27 15	10 54	28 15
58	3 12	23 36	28 32 5	11 30	28 29
59	3 35	25 4	29 39 13	12 8	28 43
60	4 1	26 40	0 ♌ 48 47	12 48	28 58
61	4 29	28 26	2 0 53	13 29	29 13
62	5 0	0 ♋ 23	3 15 39	14 12	29 30
63	5 35	2 35	4 33 12	14 58	29 47
64	6 14	5 3	5 53 40	15 45	0 ♍ 5
65	6 59	7 52	7 17 11	16 35	0 25
66	7 50	11 10	8 43 51	17 27	0 45

23 h 40 m MC 24 ♓ 33 10 **RAMC 355°**

Lat.	11		12		ASC			2		3	
0	26 ♈	57	27 ♉	17	25 ♊	24	39	23 ♋	9	22 ♌	39
5	27	16	28	27	27	24	17	24	23	23	4
10	27	36	29	40	29	26	8	25	36	23	30
15	27	58	0 ♊	57	1 ♋	31	54	26	51	23	55
20	28	21	2	20	3	43	26	28	7	24	21
21	28	26	2	37	4	10	36	28	23	24	27
22	28	31	2	55	4	38	7	28	38	24	32
23	28	36	3	13	5	6	0	28	54	24	38
24	28	41	3	32	5	34	14	29	10	24	43
25	28	46	3	51	6	2	53	29	27	24	49
26	28	52	4	10	6	31	57	29	43	24	54
27	28	57	4	30	7	1	27	0 ♌	0	25	0
28	29	3	4	51	7	31	25	0	17	25	6
29	29	9	5	12	8	1	52	0	34	25	12
30	29	15	5	33	8	32	51	0	51	25	18
31	29	21	5	55	9	4	22	1	9	25	24
32	29	27	6	18	9	36	27	1	26	25	30
33	29	34	6	41	10	9	9	1	45	25	36
34	29	40	7	6	10	42	29	2	3	25	43
35	29	47	7	31	11	16	29	2	22	25	49
36	29	54	7	56	11	51	11	2	41	25	56
37	0 ♉	2	8	23	12	26	37	3	1	26	3
38	0	9	8	50	13	2	50	3	20	26	10
39	0	17	9	19	13	39	52	3	41	26	17
40	0	25	9	49	14	17	46	4	2	26	24
41	0	34	10	19	14	56	34	4	23	26	32
42	0	43	10	52	15	36	20	4	45	26	39
43	0	52	11	25	16	17	5	5	7	26	47
44	1	2	12	0	16	58	54	5	30	26	55
45	1	12	12	37	17	41	49	5	53	27	3
46	1	22	13	15	18	25	54	6	17	27	12
47	1	33	13	55	19	11	13	6	42	27	21
48	1	45	14	37	19	57	50	7	8	27	30
49	1	57	15	22	20	45	48	7	34	27	39
50	2	10	16	9	21	35	12	8	1	27	49
51	2	24	16	59	22	26	6	8	29	27	59
52	2	39	17	52	23	18	36	8	58	28	9
53	2	54	18	48	24	12	46	9	27	28	20
54	3	11	19	48	25	8	41	9	58	28	31
55	3	29	20	52	26	6	28	10	30	28	42
56	3	48	22	1	27	6	11	11	4	28	54
57	4	8	23	15	28	7	56	11	38	29	7
58	4	31	24	35	29	11	51	12	14	29	20
59	4	55	26	2	0 ♌	18	1	12	51	29	34
60	5	21	27	37	1	26	34	13	30	29	48
61	5	51	29	22	2	37	35	14	11	0 ♍	4
62	6	23	1 ♋	18	3	51	13	14	53	0	19
63	6	59	3	26	5	7	35	15	37	0	36
64	7	40	5	52	6	26	48	16	24	0	54
65	8	26	8	37	7	48	59	17	13	1	13
66	9	20	11	48	9	14	17	18	4	1	33

23 h 44 m MC 25 ♓ 38 29 RAMC 356°

Lat.	11	12	ASC	2	3
0	28 ♈ 0	28 ♉ 15	26 ♊ 19 45	24 ♋ 6	23 ♌ 41
5	28 20	29 25	28 19 25	25 19	24 5
10	28 41	0 ♊ 39	0 ♋ 21 11	26 32	24 30
15	29 3	1 56	2 26 43	27 46	24 55
20	29 27	3 20	4 37 50	29 1	25 21
21	29 32	3 38	5 4 55	29 17	25 26
22	29 37	3 56	5 32 19	29 33	25 31
23	29 43	4 14	6 0 4	29 48	25 37
24	29 48	4 33	6 28 11	0 ♌ 4	25 42
25	29 53	4 52	6 56 42	0 20	25 47
26	29 59	5 11	7 25 36	0 37	25 53
27	0 ♉ 5	5 31	7 54 57	0 53	25 59
28	0 10	5 52	8 24 45	1 10	26 4
29	0 16	6 13	8 55 2	1 27	26 10
30	0 23	6 35	9 25 49	1 44	26 16
31	0 29	6 57	9 57 8	2 1	26 22
32	0 35	7 20	10 29 1	2 19	26 28
33	0 42	7 43	11 1 29	2 37	26 34
34	0 49	8 7	11 34 35	2 55	26 40
35	0 56	8 32	12 8 19	3 14	26 47
36	1 3	8 58	12 42 45	3 33	26 53
37	1 11	9 25	13 17 55	3 52	27 0
38	1 19	9 52	13 53 50	4 12	27 7
39	1 27	10 21	14 30 33	4 32	27 13
40	1 35	10 51	15 8 6	4 52	27 21
41	1 44	11 22	15 46 33	5 13	27 28
42	1 53	11 54	16 25 56	5 35	27 35
43	2 3	12 27	17 6 17	5 57	27 43
44	2 13	13 2	17 47 41	6 19	27 51
45	2 23	13 39	18 30 9	6 42	27 59
46	2 34	14 17	19 13 46	7 6	28 7
47	2 46	14 57	19 58 35	7 31	28 16
48	2 58	15 39	20 44 40	7 56	28 24
49	3 11	16 24	21 32 5	8 22	28 33
50	3 24	17 11	22 20 54	8 48	28 43
51	3 38	18 0	23 11 12	9 16	28 52
52	3 53	18 53	24 3 2	9 44	29 3
53	4 9	19 49	24 56 30	10 14	29 13
54	4 27	20 49	25 51 42	10 44	29 24
55	4 45	21 52	26 48 42	11 15	29 35
56	5 5	23 1	27 47 36	11 48	29 47
57	5 26	24 14	28 48 30	12 22	29 59
58	5 49	25 34	29 51 30	12 57	0 ♍ 12
59	6 14	27 0	0 ♌ 56 43	13 34	0 25
60	6 42	28 34	2 4 15	14 12	0 39
61	7 12	0 ♋ 17	3 14 13	14 52	0 54
62	7 45	2 11	4 26 44	15 34	1 9
63	8 23	4 18	5 41 55	16 17	1 26
64	9 5	6 40	6 59 54	17 3	1 43
65	9 54	9 21	8 20 48	17 51	2 1
66	10 50	12 26	9 44 45	18 41	2 21

Lat.	11		12		ASC			2		3	
0	29 ♈	3	29 ♉	13	27 ♊	14	50	25 ♋	3	24 ♌	42
5	29	24	0 ♊	24	29	14	32	26	16	25	7
10	29	45	1	38	1 ♋	16	11	27	28	25	31
15	0 ♉	8	2	56	3	21	26	28	41	25	55
20	0	33	4	20	5	32	8	29	56	26	20
21	0	38	4	38	5	59	6	0 ♌	11	26	25
22	0	44	4	56	6	26	23	0	27	26	30
23	0	49	5	14	6	54	1	0	42	26	36
24	0	54	5	33	7	22	0	0	58	26	41
25	1	0	5	52	7	50	22	1	14	26	46
26	1	6	6	12	8	19	8	1	30	26	52
27	1	12	6	32	8	48	19	1	46	26	57
28	1	18	6	53	9	17	56	2	3	27	3
29	1	24	7	14	9	48	2	2	20	27	8
30	1	30	7	36	10	18	38	2	37	27	14
31	1	37	7	58	10	49	45	2	54	27	20
32	1	43	8	21	11	21	24	3	11	27	26
33	1	50	8	44	11	53	39	3	29	27	32
34	1	57	9	9	12	26	30	3	47	27	38
35	2	5	9	34	12	59	59	4	6	27	44
36	2	12	9	59	13	34	9	4	24	27	50
37	2	20	10	26	14	9	1	4	43	27	57
38	2	28	10	54	14	44	38	5	3	28	3
39	2	37	11	23	15	21	2	5	23	28	10
40	2	45	11	52	15	58	15	5	43	28	17
41	2	54	12	23	16	36	20	6	4	28	24
42	3	4	12	55	17	15	20	6	25	28	31
43	3	14	13	29	17	55	18	6	47	28	39
44	3	24	14	4	18	36	16	7	9	28	46
45	3	35	14	40	19	18	18	7	32	28	54
46	3	46	15	19	20	1	27	7	55	29	2
47	3	58	15	59	20	45	46	8	19	29	10
48	4	10	16	41	21	31	20	8	44	29	19
49	4	23	17	25	22	18	12	9	9	29	28
50	4	37	18	12	23	6	26	9	36	29	37
51	4	52	19	1	23	56	6	10	3	29	46
52	5	8	19	54	24	47	17	10	31	29	56
53	5	24	20	49	25	40	5	11	0	0 ♍	6
54	5	42	21	49	26	34	33	11	30	0	17
55	6	1	22	52	27	30	47	12	1	0	28
56	6	21	24	0	28	28	53	12	33	0	39
57	6	43	25	13	29	28	56	13	6	0	51
58	7	7	26	32	0 ♌	31	2	13	41	1	3
59	7	33	27	57	1	35	18	14	17	1	16
60	8	1	29	30	2	41	51	14	54	1	30
61	8	33	1 ♋	12	3	50	46	15	34	1	44
62	9	7	3	4	5	2	11	16	14	1	59
63	9	46	5	8	6	16	13	16	57	2	15
64	10	30	7	27	7	32	59	17	42	2	32
65	11	21	10	4	8	52	37	18	29	2	50
66	12	20	13	3	10	15	14	19	18	3	8

Lat.	11		12		ASC			2		3	
0	0 ♉	6	0 ♊	10	28 ♊	9	54	26 ♋	0	25 ♌	45
5	0	27	1	22	0 ♋	9	35	27	12	26	8
10	0	50	2	37	2	11	6	28	24	26	32
15	1	13	3	55	4	16	4	29	36	26	55
20	1	39	5	20	6	26	18	0 ♌	51	27	20
21	1	44	5	38	6	53	10	1	6	27	25
22	1	50	5	56	7	20	20	1	21	27	30
23	1	55	6	14	7	47	50	1	37	27	35
24	2	1	6	33	8	15	41	1	52	27	40
25	2	7	6	53	8	43	54	2	8	27	45
26	2	12	7	12	9	12	30	2	24	27	50
27	2	19	7	33	9	41	31	2	40	27	56
28	2	25	7	53	10	10	58	2	56	28	1
29	2	31	8	14	10	40	53	3	13	28	7
30	2	38	8	36	11	11	17	3	30	28	12
31	2	44	8	59	11	42	11	3	47	28	18
32	2	51	9	22	12	13	38	4	4	28	24
33	2	58	9	45	12	45	38	4	21	28	29
34	3	6	10	9	13	18	15	4	39	28	35
35	3	13	10	35	13	51	28	4	57	28	41
36	3	21	11	0	14	25	21	5	16	28	48
37	3	29	11	27	14	59	56	5	35	28	54
38	3	37	11	55	15	35	15	5	54	29	0
39	3	46	12	24	16	11	19	6	14	29	7
40	3	55	12	53	16	48	12	6	34	29	14
41	4	4	13	24	17	25	56	6	54	29	20
42	4	14	13	57	18	4	34	7	15	29	27
43	4	24	14	30	18	44	7	7	36	29	35
44	4	35	15	5	19	24	40	7	58	29	42
45	4	46	15	41	20	6	15	8	21	29	50
46	4	57	16	20	20	48	56	8	44	29	57
47	5	10	17	0	21	32	46	9	8	0 ♍	6
48	5	22	17	42	22	17	49	9	32	0	14
49	5	36	18	26	23	4	7	9	57	0	22
50	5	50	19	13	23	51	46	10	23	0	31
51	6	5	20	2	24	40	50	10	50	0	40
52	6	21	20	54	25	31	23	11	17	0	50
53	6	38	21	49	26	23	30	11	46	1	0
54	6	57	22	48	27	17	15	12	15	1	10
55	7	16	23	51	28	12	43	12	46	1	21
56	7	37	24	58	29	10	1	13	17	1	32
57	8	0	26	11	0 ♌	9	14	13	50	1	43
58	8	24	27	29	1	10	28	14	24	1	55
59	8	51	28	53	2	13	48	15	0	2	8
60	9	20	0 ♋	25	3	19	21	15	37	2	21
61	9	53	2	5	4	27	15	16	15	2	35
62	10	29	3	55	5	37	35	16	55	2	49
63	11	9	5	57	6	50	29	17	37	3	5
64	11	55	8	13	8	6	4	18	21	3	21
65	12	47	10	46	9	24	27	19	7	3	38
66	13	48	13	41	10	45	46	19	55	3	56

Lat.	11		12		ASC			2		3	
0	1 ♉	8	1 ♊	8	29 ♊	4	57	26 ♋	57	26 ♌	47
5	1	31	2	20	1 ♋	4	37	28	9	27	10
10	1	54	3	35	3	5	57	29	20	27	33
15	2	18	4	54	5	10	37	0 ♌	32	27	56
20	2	44	6	20	7	20	23	1	45	28	19
21	2	50	6	37	7	47	7	2	0	28	24
22	2	55	6	56	8	14	10	2	15	28	29
23	3	1	7	14	8	41	31	2	31	28	34
24	3	7	7	33	9	9	14	2	46	28	39
25	3	13	7	53	9	37	18	3	2	28	44
26	3	19	8	12	10	5	44	3	17	28	49
27	3	25	8	33	10	34	35	3	33	28	55
28	3	32	8	53	11	3	52	3	50	29	0
29	3	38	9	15	11	33	35	4	6	29	5
30	3	45	9	37	12	3	47	4	23	29	11
31	3	52	9	59	12	34	29	4	39	29	16
32	3	59	10	22	13	5	42	4	56	29	22
33	4	6	10	46	13	37	28	5	14	29	27
34	4	14	11	10	14	9	49	5	31	29	33
35	4	21	11	35	14	42	47	5	49	29	39
36	4	29	12	1	15	16	24	6	8	29	45
37	4	38	12	28	15	50	41	6	26	29	51
38	4	46	12	56	16	25	42	6	45	29	57
39	4	55	13	24	17	1	27	7	5	0 ♍	4
40	5	4	13	54	17	37	59	7	24	0	10
41	5	14	14	25	18	15	21	7	44	0	17
42	5	24	14	57	18	53	36	8	5	0	24
43	5	34	15	31	19	32	46	8	26	0	31
44	5	45	16	6	20	12	54	8	48	0	38
45	5	57	16	42	20	54	2	9	10	0	45
46	6	9	17	20	21	36	15	9	33	0	53
47	6	21	18	0	22	19	35	9	56	1	1
48	6	34	18	42	23	4	7	10	20	1	9
49	6	48	19	26	23	49	53	10	45	1	17
50	7	3	20	13	24	36	57	11	11	1	26
51	7	18	21	2	25	25	25	11	37	1	35
52	7	35	21	53	26	15	19	12	4	1	44
53	7	52	22	49	27	6	45	12	32	1	53
54	8	11	23	47	27	59	48	13	1	2	3
55	8	31	24	50	28	54	32	13	31	2	14
56	8	53	25	56	29	51	3	14	2	2	24
57	9	16	27	8	0 ♌	49	26	14	34	2	35
58	9	41	28	25	1	49	47	15	8	2	47
59	10	9	29	49	2	52	12	15	42	2	59
60	10	39	1 ♋	19	3	56	47	16	19	3	12
61	11	13	2	58	5	3	40	16	56	3	25
62	11	50	4	47	6	12	56	17	36	3	40
63	12	31	6	46	7	24	43	18	17	3	54
64	13	18	8	59	8	39	8	19	0	4	10
65	14	13	11	29	9	56	17	19	45	4	27
66	15	17	14	18	11	16	20	20	33	4	44

DIE ZEITZONEN UND SOMMERZEITEN ALLER EUROPÄISCHEN LÄNDER 1582–1988

Time Changes in Europe 1582–1988

Zones de temps et heures d'été de tous les pays d'Europe 1582–1988

Obwohl die folgenden Angaben mit großer Sorgfalt zusammengestellt wurden, können Irrtümer nicht völlig ausgeschlossen werden. Die teilweise schwer zu ermittelnden Daten wurden u.a. dem Werk «Time Changes in the World» von Doris Chase Doane entnommen, zum Teil auch von den jeweiligen diplomatischen Vertretungen in der Bundesrepublik Deutschland sowie vom Bundesbahn-Zentralamt München zur Verfügung gestellt.

Although the following data have been compiled with great care, errors cannot be totally excluded. The data which were partly difficult to trace, were among others taken from the work «Time Changes in the World» by Doris Chase Doane, and partly also made available by the respective diplomatic missions in the Federal Republic of Germany and the Bundesbahn-Zentralamt in Munich.

Bien que les données ci-après aient été recherchées avec les plus grands soins, nous ne pouvons pas exclure totalement des erreurs. Un certain nombre de dates – en partie très difficiles à obtenir – a été tiré de l'ouvrage «Time Changes in the World» de Doris Chase Doane. D'autres nous ont été fournies par les différentes représentations diplomatiques, ainsi que par le Bundesbahn-Zentralamt à Munich.

Belgien Belgium Belgique

Hauptstadt, Capital(e): Brüssel, Brussels, Bruxelles
50 N 51 4 E 21

seit, since, du 21.2.1583 Gregorianischer Kalender
Gregorian Calendar
Calendrier Grégorien

von, from, depuis	1880	GT + 00h 17m
vom, from, du	1. 5.1892	GT
vom, from, du	23. 8.1914 0h 00m*	GT + 1h 00m
vom, from, du	16. 9.1918 0h 00m	GT
vom, from, du	20. 5.1940 3h 00m*	GT + 1h 00m
vom, from, du	1.10.1946 2h 00m	GT
von, from, depuis	1953	GT + 1h 00m

* Wurde in manchen ländlichen Gebieten, insbesondere während der Besetzung, nicht beachtet.
* Was ignored in some rural areas especially during occupation.
* A été ignoré souvent dans des régions de campagne pendant l'occupation.

Sommerzeiten, Daylight Saving Time, Heures d'été

vom, from, du	30. 4.1916 23h	bis, to, au	1.10.1916 1h	GT+2h
vom, from, du	16. 4.1917 2h	bis, to, au	17. 9.1917 3h	GT+2h
vom, from, du	15. 4.1918 2h	bis, to, au	16. 9.1918 3h	GT+2h
vom, from, du	1. 3.1919 23h	bis, to, au	5.10.1919 0h	GT+1h
vom, from, du	14. 2.1920 23h	bis, to, au	24.10.1920 0h	GT+1h
vom, from, du	14. 3.1921 23h	bis, to, au	26.10.1921 0h	GT+1h
vom, from, du	25. 3.1922 23h	bis, to, au	8.10.1922 0h	GT+1h
vom, from, du	21. 4.1923 23h	bis, to, au	7.10.1923 0h	GT+1h
vom, from, du	29. 3.1924 23h	bis, to, au	5.10.1924 0h	GT+1h
vom, from, du	4. 4.1925 23h	bis, to, au	4.10.1925 0h	GT+1h
vom, from, du	17. 4.1926 23h	bis, to, au	3.10.1926 0h	GT+1h
vom, from, du	9. 4.1927 23h	bis, to, au	1.10.1927 3h	GT+1h
vom, from, du	14. 4.1928 23h	bis, to, au	7.10.1928 3h	GT+1h
vom, from, du	21. 4.1929 2h	bis, to, au	6.10.1929 3h	GT+1h
vom, from, du	13. 4.1930 2h	bis, to, au	5.10.1930 3h	GT+1h
vom, from, du	19. 4.1931 2h	bis, to, au	4.10.1931 3h	GT+1h
vom, from, du	17. 4.1932 2h	bis, to, au	2.10.1932 3h	GT+1h
vom, from, du	26. 3.1933 2h	bis, to, au	8.10.1933 3h	GT+1h
vom, from, du	8. 4.1934 2h	bis, to, au	7.10.1934 3h	GT+1h
vom, from, du	31. 3.1935 2h	bis, to, au	6.10.1935 2h	GT+1h
vom, from, du	19. 4.1936 2h	bis, to, au	4.10.1936 3h	GT+1h
vom, from, du	4. 4.1937 2h	bis, to, au	3.10.1937 2h	GT+1h
vom, from, du	27. 3.1938 2h	bis, to, au	2.10.1938 2h	GT+1h
vom, from, du	16. 4.1939 2h	bis, to, au	19.11.1939 0h	GT+1h

vom, from, du 24. 2.1940 23h	bis, to, au 19. 5.1940 3h	GT+1h
vom, from, du 19. 5.1940	bis, to, au 2.11.1942 3h	GT+2h
vom, from, du 29. 3.1943 2h	bis, to, au 4.10.1943 3h	GT+2h
vom, from, du 3. 4.1944 2h	bis, to, au 17. 9.1944 3h	GT+2h
vom, from, du 2. 4.1945 2h	bis, to, au 16. 9.1945 3h	GT+2h
vom, from, du 19. 5.1946 2h	bis, to, au 1.10.1946 3h	GT+2h
vom, from, du 1.10.1946 2h	bis, to, au 7.10.1946 3h	GT+1h
vom, from, du 3. 4.1977 2h	bis, to, au 24. 9.1977 3h	GT+2h
vom, from, du 2. 4.1978	bis, to, au 1.10.1978 0h	GT+2h
vom, from, du 1. 4.1979	bis, to, au 30. 9.1979 0h	GT+2h
vom, from, du 6. 4.1980 2h	bis, to, au 28. 9.1980 3h	GT+2h
vom, from, du 29. 3.1981 2h	bis, to, au 27. 9.1981 3h	GT+2h
vom, from, du 28. 3.1982 2h	bis, to, au 26. 9.1982 3h	GT+2h
vom, from, du 27. 3.1983 2h	bis, to, au 25. 9.1983 3h	GT+2h
vom, from, du 25. 3.1984 2h	bis, to, au 30. 9.1984 3h	GT+2h
vom, from, du 31. 3.1985 2h	bis, to, au 29. 9.1985 3h	GT+2h
vom, from, du 30. 3.1986 2h	bis, to, au 28. 9.1986 3h	GT+2h
vom, from, du 29. 3.1987 2h	bis, to, au 27. 9.1987 3h	GT+2h
vom, from, du 27. 3.1988 2h	bis, to, au 25. 9.1988 3h	GT+2h

Bulgarien Bulgaria Bulgarie

Hauptstadt, Capital(e): Sofia 42 N 42 23 E 20

vom, from, du 13.11.1915 Gregorianischer Kalender
Gregorian Calendar
Calendrier Grégorien

bis, to, jusqu'en 1894	GT+1h 56m
vom, from, du 30.11.1894	GT+2h
vom, from, du 2.11.1942 3h	GT+1h
vom, from, du 2. 4.1945 3h	GT+2h

Sommerzeiten, Daylight Saving Time, Heures d'été

vom, from, de 1919 bis 1920, Sommerzeit wurde nur von der Eisenbahn, nicht von der einfachen Bevölkerung berücksichtigt, GT+3h

1919/20, Daylight Saving Time was used by railroad, not by populace, GT+3h

De 1919 jusqu'en 1920 les heures d'été ont été appliquées seulement par les chemins de fer non par la population, GT+3h

von, from, de 1921 bis, to, jusqu'en 1942 keine Angaben, not observed, pas de références

vom, from, du 29. 3.1943 2h	bis, to, au 4.10.1943 3h	GT+2h
vom, from, du 3. 4.1944 2h	bis, to, au 8.10.1944 0h	GT+2h
vom, from, du 1. 4.1979	bis, to, au 30. 9.1979 0h	GT+3h

vom, from, du 6. 4.1980		bis, to, au 27. 9.1980 0h	GT+3h
vom, from, du 29. 3.1981	0h	bis, to, au 27. 9.1981 0h	GT+3h
vom, from, du 28. 3.1982	0h	bis, to, au 26. 9.1982 0h	GT+3h
vom, from, du 27. 3.1983	1h	bis, to, au 25. 9.1983 0h	GT+3h
vom, from, du 25. 3.1984		bis, to, au 30. 9.1984	GT+3h
vom, from, du 31. 3.1985		bis, to, au 29. 9.1985	GT+3h
vom, from, du 30. 3.1986		bis, to, au 28. 9.1986	GT+3h
vom, from, du 29. 3.1987		bis, to, au 27. 9.1987	GT+3h
vom, from, du 27. 3.1988		bis, to, au 25. 9.1988	GT+3h

Dänemark Denmark Danemark

Hauptstadt, Capital(e): Kopenhagen, Copenhagen, Copenhague 55 N 42 12 E 35

seit, since, depuis 15.10.1582 Gregorianischer Kalender
Gregorian Calendar
Calendrier Grégorien

bis, to, jusqu'en 1894 Ortszeit, Local Mean Time, Heure locale
vom, from, du 1. 1.1894 GT+1h

Sommerzeit, Daylight Saving Time, Heures d'été

vom, from, du 14. 5.1916 23h bis, to, au 1.10.1916 0h GT+2h
1940–45 wie Deutschland, same as Germany, comme en Allemagne

vom, from, du 6. 4.1980	2h	bis, to, au 28. 9.1980 3h	GT+2h
vom, from, du 29. 3.1981	2h	bis, to, au 27. 9.1981 3h	GT+2h
vom, from, du 28. 3.1982	2h	bis, to, au 26. 9.1982 3h	GT+2h
vom, from, du 27. 3.1983	2h	bis, to, au 25. 9.1983 3h	GT+2h
vom, from, du 25. 3.1984	2h	bis, to, au 30. 9.1984 3h	GT+2h
vom, from, du 31. 3.1985	2h	bis, to, au 29. 9.1985 3h	GT+2h
vom, from, du 30. 3.1986	2h	bis, to, au 28. 9.1986 3h	GT+2h
vom, from, du 29. 3.1987	2h	bis, to, au 27. 9.1987 3h	GT+2h
vom, from, du 27. 3.1988	2h	bis, to, au 25. 9.1988 3h	GT+2h

Danzig Danzig Danzig

Hauptstadt, Capital(e): Danzig 54 N 21 18 E 40

vom, from, du 1. 4.1893 GT+1h
von, from, de 1945 GT+2h

Keine Sommerzeiten, no Daylight Saving Time, pas d'heures d'été

Deutschland Germany Allemagne

Hauptstadt, Capital(e): Berlin 52 N 30 13 E 23

vom, from, du 16.10.1583	Gregorianischer Kalender	in Bayern
	Gregorian Calendar	in Bavaria
	Calendrier Grégorien	en Bavière
vom, from, du 14.11.1583	Gregorianischer Kalender von Katholiken benützt	
	Gregorian Calendar adopted by Catholics	
	Calendrier Grégorien adopté par les catholiques	
vom, from, du 1. 3.1682	Gregorianischer Kalender	in Straßburg
	Gregorian Calendar	in Strassburg
	Calendrier Grégorien	à Strasbourg
vom, from, du 15.11.1699	Gregorianischer Kalender von Protestanten benützt	
	Gregorian Calendar adopted by Protestants	
	Calendrier Grégorien adopté par les protestants	
vom, from, du 12.12.1700	Gregorianischer Kalender	in Utrecht
	Gregorian Calendar	in Utrecht
	Calendrier Grégorien	à Utrecht
bis, to, à 1890	wurde mittlere Ortszeit benützt	
	Local Mean Time was used	
	l'heure locale a été employée	
vom, from, du 30. 7.1890	die Eisenbahn führte ein:	GT + 1h
	Railroads began observing:	GT + 1h
	les chemins de fer ont introduit:	GT + 1h
vom, from, du 15. 3.1891	bis, to, au 31. 3.1892	
	Baden	GT + 0h 34m
	Bayern	GT + 0h 46m
	Rheinland-Pfalz	GT + 0h 34m
	Württemberg	GT + 0h 37m
vom, from, du 1. 6.1891	Preußische Eisenbahn	GT + 1h
	Prussian railroads	GT + 1h
	chemins de fer Prussiens	GT + 1h
vom, from, du 1. 4.1892	Süddeutschland (Baden, Bayern, Rheinland-Pfalz u. Württemberg) führte ein:	GT + 1h
	Southern Germany (Baden, Bavaria, Rheinland-Pfalz and Wuerttemberg)	GT + 1h
	L'Allemagne du Sud (Baden, Bavière, Rhénanie Palatinat et Wurtemberg)	GT + 1h

vom, from, du 1. 4.1893 Ganz Deutschland, within Germany toute l'Allemagne GT+1h

Sommerzeiten, Daylight Saving Time, Heures d'été

vom, from, du 30. 4.1916 23h bis, to, au 1.10.1916 1h GT+2h
vom, from, du 16. 4.1917 2h bis, to, au 17. 9.1917 3h GT+2h
vom, from, du 15. 4.1918 2h bis, to, au 16. 9.1918 3h GT+2h

Französisch besetzte Zone (mit Mainz, Koblenz, Köln, Wiesbaden, Mannheim)
French-occupied Zone (including Mainz, Koblenz, Cologne, Wiesbaden, Mannheim)
Zone Française (avec Mayence, Coblence etc.) GT

vom, from, du 1. 1.1919 23h

Sommerzeiten, Daylight Saving Time, Heures d'été

vom, from, du 1, 3.1919 23h bis, to, au 6.10.1919 0h GT+1h
vom, from, du 14. 2.1920 23h bis, to, au 26.10.1920 0h GT+1h
vom, from, du 14. 3.1921 23h bis, to, au 26.10.1921 0h GT+1h
vom, from, du 25. 3.1922 23h bis, to, au 8.10.1922 0h GT+1h
vom, from, du 26. 5.1923 23h bis, to, au 7.10.1923 0h GT+1h
vom, from, du 29. 3.1924 23h bis, to, au 5.10.1924 0h GT+1h
vom, from, du 4. 4.1925 23h bis, to, au 4.10.1925 0h GT+1h
vom, from, du 17. 4.1926 23h bis, to, au 3.10.1926 0h GT+1h
vom, from, du 9. 4.1927 23h GT+1h

vom, from, du 1. 4.1940 2h bis, to, au 2.11.1942 3h GT+2h
vom, from, du 29. 3.1943 2h bis, to, au 4.10.1943 3h GT+2h
vom, from, du 3. 4.1944 2h bis, to, au 2.10.1944 3h GT+2h
vom, from, du 2. 4.1945 2h bis, to, au 16. 9.1945 2h GT+2h

Berlin und sowjetisch besetzte Zone, Berlin and Soviet-occupied Areas, Berlin at la Zone Soviétique

vom, from, du 24. 5.1945 2h bis, to, au 24. 9.1945 3h GT+3h
vom, from, du 24. 9.1945 3h bis, to, au 18.11.1945 2h GT+2h

vom, from, du 14. 4.1946 2h bis, to, au 7.10.1946 3h GT+2h
vom, from, du 6. 4.1947 3h bis, to, au 11. 5.1947 3h GT+2h
vom, from, du 11. 5.1947 3h bis, to, au 29. 6.1947 3h GT+3h
vom, from, du 29. 6.1947 3h bis, to, au 5.10.1947 3h GT+2h
vom, from, du 18. 4.1948 2h* bis, to, au 3.10.1948 3h GT+2h
vom, from, du 10. 4.1949 2h* bis, to, au 2.10.1949 3h GT+2h

*Ostzone 3h, East Zone 3h, Zone est 3h

Von, from, de 1950 → **Deutschland, Ost**
oder, or, ou **Deutschland, West**

Deutschland, Ost Germany, East Allemagne, Est

Hauptstadt, Capital(e): Ost-Berlin 52 N 30 13 E 23

seit, since, du 7.10.1949 2h		GT + 1h

Sommerzeiten, Daylight Saving Time, Heures d'été

vom, from, du 6. 4.1980 2h	bis, to, au 28. 9.1980 3h	GT + 2h
vom, from, du 29. 3.1981 2h	bis, to, au 27. 9.1981 3h	GT + 2h
vom, from, du 28. 3.1982 2h	bis, to, au 26. 9.1982 3h	GT + 2h
vom, from, du 27. 3.1983 2h	bis, to, au 25. 9.1983 3h	GT + 2h
vom, from, du 25. 3.1984 2h	bis, to, au 30. 9.1984 3h	GT + 2h
vom, from, du 31. 3.1985 2h	bis, to, au 29. 9.1985 3h	GT + 2h
vom, from, du 30. 3.1986 2h	bis, to, au 28. 9.1986 3h	GT + 2h
vom, from, du 29. 3.1987 2h	bis, to, au 27. 9.1987 3h	GT + 2h
vom, from, du 27. 3.1988 2h	bis, to, au 25. 9.1988 3h	GT + 2h

Deutschland, West Germany, West Allemagne, Ouest

Hauptstadt, Capital(e): Bonn 50 N 44 7 E 6

seit, from du 29. 9.1949 2h		GT + 1h

Sommerzeiten, Daylight Saving Time, Heures d'été

vom, from, du 6. 4.1980 2h	bis, to, au 28. 9.1980 3h	GT + 2h
vom, from, du 29. 3.1981 2h	bis, to, au 27. 9.1981 3h	GT + 2h
vom, from, du 28. 3.1982 2h	bis, to, au 26. 9.1982 3h	GT + 2h
vom, from, du 27. 3.1983 2h	bis, to, au 25. 9.1983 3h	GT + 2h
vom, from, du 25. 3.1984 2h	bis, to, au 30. 9.1984 3h	GT + 2h
vom, from, du 31. 3.1985 2h	bis, to, au 29. 9.1985 3h	GT + 2h
vom, from, du 30. 3.1986 2h	bis, to, au 28. 9.1986 3h	GT + 2h
vom, from, du 29. 3.1987 2h	bis, to, au 27. 9.1987 3h	GT + 2h
vom, from, du 27. 3.1988 2h	bis, to, au 25. 9.1988 3h	GT + 2h

Finnland Finland Finlande

Hauptstadt, Capital(e): Helsinki 60 N 9 24 E 58

bis, to, jusqu'en 1921		GT + 1h 40m
vom, from, du 1. 5.1921		GT + 2h

Sommerzeiten, Daylight Saving Time, Heures d'été

vom, from, du 29. 3.1981	bis, to, au 27. 9.1981	GT + 3h
vom, from, du 28. 3.1982	bis, to, au 26. 9.1982	GT + 3h
vom, from, du 27. 3.1983	bis, to, au 25. 9.1983	GT + 3h

vom, from, du 25. 3.1984	bis, to, au 30. 9.1984	GT+3h
vom, from, du 31. 3.1985	bis, to, au 29. 9.1985	GT+3h
vom, from, du 30. 3.1986	bis, to, au 28. 9.1986	GT+3h
vom, from, du 29. 3.1987	bis, to, au 27. 9.1987	GT+3h
vom, from, du 27. 3.1988	bis, to, au 25. 9.1988	GT+3h

Frankreich France France

Hauptstadt, Capital(e): Paris 48 N 50 2 E 20

vom, from, du 20.12.1582 24 h Gregorianischer Kalender
Gregorian Calendar
Calendrier Grégorien

vom, from, du 24.11.1793 Französischer Kalender
Calendar of France
Calendrier Français

vom, from, du 1. 1.1806 Gregorianischer Kalender
Gregorian Calendar
Calendrier Grégorien

bis, to, à 1816 Ortszeit, Local Mean Time,
Heure locale

von, from, depuis 1816*	GT + 0h 9m 20s
vom, from, du 15. 3.1891 0h	GT + 0h 9m 20s
vom, from, du 11. 3.1911 0h	GT

Korsika hatte weiterhin	GT+0h 2m 20s
Gesetzlich war die Zeit von Paris vorgeschrieben	GT+0h 9m 20s
Corsica Island continued using	GT+0h 2m 20s
The lawful time was the time of Paris	GT+0h 9m 20s
En Corse on comptait selon	GT+0h 2m 20s
Le temps préscrit par la loi était	GT+0h 9m 20s
vom, from, du 16. 9.1945 3h	GT+1h

* Nur die Regierung benützte diese Zeit, nicht das Volk.
* This time was only used by the Government, not by the people.
* Ces heures ont été appliquées seulement par le gouvernment, non par la population.

Sommerzeiten, Daylight Saving Time, Heures d'été

vom, from, du 14. 6.1916 23h	bis, to, au 2.10.1916 0h	GT+1h
vom, from, du 24. 3.1917 23h	bis, to, au 8.10.1917 0h	GT+1h
vom, from, du 9. 3.1918 23h	bis, to, au 7.10.1918 0h	GT+1h
vom, from, du 1. 3.1919 23h	bis, to, au 6.10.1919 0h	GT+1h
vom, from, du 14. 2.1920 23h	bis, to, au 26.10.1920 0h	GT+1h
vom, from, du 14. 3.1921 23h	bis, to, au 26.10.1921 0h	GT+1h

vom, from, du 25. 3.1922 23h	bis, to, au 8.10.1922 0h	GT+1h
vom, from, du 26. 5.1923 23h	bis, to, au 7.10.1923 0h	GT+1h
vom, from, du 29. 3.1924 23h	bis, to, au 5.10.1924 0h	GT+1h
vom, from, du 4. 4.1925 23h	bis, to, au 4.10.1925 0h	GT+1h
vom, from, du 17. 4.1926 23h	bis, to, au 3.10.1926 0h	GT+1h
vom, from, du 9. 4.1927 23h	bis, to, au 2.10.1927 0h	GT+1h
vom, from, du 14. 4.1928 23h	bis, to, au 7.10.1928 0h	GT+1h
vom, from, du 20. 4.1929 23h	bis, to, au 6.10.1929 0h	GT+1h
vom, from, du 12. 4.1930 23h	bis, to, au 5.10.1930 0h	GT+1h
vom, from, du 18. 4.1931 23h	bis, to, au 4.10.1931 0h	GT+1h
vom, from, du 2. 4.1932 23h	bis, to, au 2.10.1932 0h	GT+1h
vom, from, du 25. 3.1933 23h	bis, to, au 8.10.1933 0h	GT+1h
vom, from, du 7. 4.1934 23h	bis, to, au 7.10.1934 0h	GT+1h
vom, from, du 30. 3.1935 23h	bis, to, au 6.10.1935 0h	GT+1h
vom, from, du 18. 4.1936 23h	bis, to, au 4.10.1936 0h	GT+1h
vom, from, du 3. 4.1937 23h	bis, to, au 3.10.1937 0h	GT+1h
vom, from, du 26. 3.1938 23h	bis, to, au 2.10.1938 0h	GT+1h
vom, from, du 15. 4.1930 23h	bis, to, au 19.11.1939 0h	GT+1h

Besetzte Zone, Occupied Zone, Zone occupée

vom, from, du 24. 2.1940 23h	bis, to, au 16. 6.1945	GT+1h
vom, from, du 16. 6.1940	bis, to, au 2.11.1942 3h	GT+2h
vom, from, du 2.11.1942 2h	bis, to, au 29. 3.1943	GT+1h

Freie Zone, Free Zone, Zone libre

vom, from, du 24. 2.1940 23h	bis, to, au 4. 5.1941	GT+1h
vom, from, du 4. 5.1941	bis, to, au 6.10.1941	GT+2h
vom, from, du 6.10.1941	bis, to, au 8. 3.1942	GT+1h
vom, from, du 8. 3.1942	bis, to, au 2.11.1942 3h	GT+2h
vom, from, du 2.11.1942	bis, to, au 29. 3.1943	GT+1h

Beide Zonen, Both Zones, Bizone

vom, from, du 29. 3.1943 2h	bis, to, au 4.11.1943 3h	GT+2h
vom, from, du 4.11.1943 2h	bis, to, au 3. 4.1944 3h	GT+1h
vom, from, du 3. 4.1944 2h	bis, to, au 8.10.1944 1h	GT+2h
vom, from, du 8.10.1944 0h	bis, to, au 2. 4.1945 1h	GT+1h
vom, from, du 2. 4.1945 2h	bis, to, au 16. 9.1945 3h	GT+2h
1946–1975 keine Angaben,	not observed, pas de références	
vom, from, du 28. 3.1976	bis, to, au 26. 9.1976	GT+2h
vom, from, du 3. 4.1977	bis, to, au 24. 9.1977	GT+2h
vom, from, du 2. 4.1978	bis, to, au 1.10.1978	GT+2h
vom, from, du 1. 4.1979	bis, to, au 29. 9.1979	GT+2h
vom, from, du 6. 4.1980 2h	bis, to, au 28. 9.1980 3h	GT+2h
vom, from, du 29. 3.1981 2h	bis, to, au 27. 9.1981 3h	GT+2h

vom, from, du 28.	3.1982 2h	bis, to, au 26.	9.1982 3h	GT+2h
vom, from, du 27.	3.1983 2h	bis, to, au 25.	9.1983 3h	GT+2h
vom, from, du 25.	3.1984 2h	bis, to, au 30.	9.1984 3h	GT+2h
vom, from, du 31.	3.1985 2h	bis, to, au 29.	9.1985 3h	GT+2h
vom, from, du 30.	3.1986 2h	bis, to, au 28.	9.1986 3h	GT+2h
vom, from, du 29.	3.1987 2h	bis, to, au 27.	9.1987 3h	GT+2h
vom, from, du 27.	3.1988 2h	bis, to, au 25.	9.1988 3h	GT+2h

Griechenland Greece Grèce

Hauptstadt, Capital(e): Athen, Athens, Athènes
37 N 58 23 E 43

Julianischer Kalender von 1846 bis 15.7.1916, der zum 28.7.1916 des Gregorianischen Kalenders wurde. Die Kirche benützte den Julianischen Kalender bis zum 30.9.1923, der nächste Tag war der 14.10.1923 des Gregorianischen Kalenders.
1846 to 1916 Julian Calendar was used. July 15, 1916 became July 28, 1916 Gregorian Calendar. The Greek Church used the Julian Calender until September 30, 1923 which was followed by October 14, 1923.
Calendrier Julien à partir de 1846 jusqu'au 15.7.1916. Calendrier Grégorien à partir du 28.7.1916. L'église se servait du Calendrier Julien jusqu'au 30.9.1923. Le jour suivant était le 14.10.1923 du Calendrier Grégorien.

vom, from, du 14.	9.1895	GT+1h 35m
vom, from, du 28.	7.1916 0h 1m	GT+2h

Sommerzeiten, Daylight Saving Time, Heures d'été

vom, from, du 1.	7.1932 0h	bis, to, au 2.	9.1932 0h	GT+3h
vom, from, de	1933–1940	keine Angaben, not observed, pas de références		
vom, from, du 7.	4.1941 0h	bis, to, au 30.	4.1941	GT+3h
vom, from, du 30.	4.1941	bis, to, au 8.10.1944 wie, same as, comme Deutschland		
vom, from, de	1945–1952	keine Angaben, not observed, pas de références		
vom, from, du 1.	7.1952 0h	bis, to, au 2.11.1952 0h		GT+3h
vom, from, de	1953–1974	keine Angaben, not observed, pas de références		
vom, from, du 13.	4.1975 0h	bis, to, au 26.10.1975 1h		GT+3h
vom, from, du 11.	4.1976 0h	bis, to, au 10.10.1976 1h		GT+3h
vom, from, du 3.	4.1977	bis, to, au 25.	9.1977	GT+3h
vom, from, du 2.	4.1978	bis, to, au 24.	9.1978	GT+3h
vom, from, du 2.	4.1979	bis, to, au 1.10.1979		GT+3h
vom, from, du 6.	4.1980	bis, to, au 27.	9.1980	GT+3h

vom, from, du 29. 3.1981	bis, to, au 27. 9.1981	GT+3h
vom, from, du 28. 3.1982	bis, to, au 26. 9.1982	GT+3h
vom, from, du 27. 3.1983	bis, to, au 25. 9.1983	GT+3h
vom, from, du 25. 3.1984	bis, to, au 30. 9.1984	GT+3h
vom, from, du 31. 3.1985	bis, to, au 29. 9.1985	GT+3h
vom, from, du 30. 3.1986	bis, to, au 28. 9.1986	GT+3h
vom, from, du 29. 3.1987	bis, to, au 27. 9.1987	GT+3h
vom, from, du 27. 3.1988	bis, to, au 25. 9.1988	GT+3h

Grönland Greenland Groenlande

Hauptstadt, Capital(e): Godthaab 64 N 11 51 W 43

seit, since, depuis 28.7.1916 GT-2h, GT-3h, GT-4h, GT-5h

Angmagssalik	GT-3h
Etah	GT-4h
Scoresby Sound	GT-1h
Thule	GT-4h

Sommerzeiten, Daylight Saving Time, Heures d'été

vom, from, du 6. 4.1980	bis, to, au 28. 9.1980	*
vom, from, du 29. 3.1981	bis, to, au 27. 9.1981	*
vom, from, du 28. 3.1982	bis, to, au 26. 9.1982	*
vom, from, du 27. 3.1983	bis, to, au 25. 9.1983	*
vom, from, du 25. 3.1984	bis, to, au 30. 9.1984	*
vom, from, du 31. 3.1985	bis, to, au 29. 9.1985	*
vom, from, du 30. 3.1986	bis, to, au 28. 9.1986	*
vom, from, du 29. 3.1987	bis, to, au 27. 9.1987	*
vom, from, du 27. 3.1988	bis, to, au 25. 9.1988	*

* Scoresby Sound GT
* Angmagssalik GT-2h
* Etah, Thule keine Sommerzeit, no Daylight Saving Time, pas d'Heures d'été

Großbritannien Great Britain Grande Bretagne

Hauptstadt, Capital(e): London 51 N 31 0 W 6

Großbritannien umfaßt, Great Britain includes, Grande Bretagne contient:

England	England	Angleterre
Nord-Irland	Northern Ireland	Irlande du Nord
Schottland	Scotland	Ecosse
Wales	Wales	Pays de Galles

vom, from, du 14. 9.1752 Gregorianischer Kalender
Gregorian Calendar
Calendrier Grégorien

bis, to, à 1880	Ortszeit, Local Mean Time, Heure locale		
vom, from, du 1. 1.1880	außer Schottland und Irland except Scotland and Ireland sauf en Ecosse et en Irlande		GT GT GT
vom, from, du 29. 1.1884	Schottland, Scotland, Ecosse GT		
vom, from, du 18. 2.1968	2h		GT+1h
vom, from, du 1.11.1972	0h		GT

Nord-Irland, Northern Ireland, Irlande du Nord

vom, from, du 1. 1.1880			GT–0h 23m 40s
vom, from, du 1.10.1916			GT
vom, from, du 21. 5.1916		bis, to au 24. 7.1945 2h	GT+1h
von, from, depuis 1945	Sommerzeit wie England Daylight Saving Time same as England Heures d'été comme en Angleterre		

Sommerzeiten in England und Schottland
Daylight Saving Time in England and Scotland
Heures d'été en Angleterre et en Ecosse

vom, from, du 21. 5.1916	2h	bis, to, au 1.10.1916	2h	GT+1h
vom, from, du 8. 4.1917	2h	bis, to, au 17. 9.1917	2h	GT+1h
vom, from, du 24. 3.1918	2h	bis, to, au 30. 9.1918	2h	GT+1h
vom, from, du 30. 3.1919	2h	bis, to, au 29. 9.1919	2h	GT+1h
vom, from, du 28. 3.1920	2h	bis, to, au 25.10.1920	2h	GT+1h

Sommerzeiten in Großbritannien
Daylight Saving Time in Great Britain
Heures d'été en Grande Bretagne

vom, from, du 3. 4.1921	2h	bis, to, au 3.10.1921	2h	GT+1h
vom, from, du 26. 3.1922	2h	bis, to, au 8.10.1922	2h	GT+1h
vom, from, du 22. 4.1923	2h	bis, to, au 16. 9.1923	2h	GT+1h
vom, from, du 13. 4.1924	2h	bis, to, au 21. 9.1924	2h	GT+1h
vom, from, du 19. 4.1925	2h	bis, to, au 4.10.1925	2h	GT+1h
vom, from, du 18. 4.1926	2h	bis, to, au 3.10.1926	2h	GT+1h
vom, from, du 10. 4.1927	2h	bis, to, au 2.10.1927	2h	GT+1h
vom, from, du 22. 4.1928	2h	bis, to, au 7.10.1928	2h	GT+1h
vom, from, du 25. 4.1929	2h	bis, to, au 6.10.1929	2h	GT+1h
vom, from, du 13. 4.1930	2h	bis, to, au 5.10.1930	2h	GT+1h
vom, from, du 19. 4.1931	2h	bis, to, au 4.10.1931	2h	GT+1h
vom, from, du 17. 4.1932	2h	bis, to, au 2.10.1932	2h	GT+1h
vom, from, du 9. 4.1933	2h	bis, to, au 8.10.1933	2h	GT+1h
vom, from, du 22. 4.1934	2h	bis, to, au 7.10.1934	2h	GT+1h
vom, from, du 14. 4.1935	2h	bis, to, au 6.10.1935	2h	GT+1h

vom, from, du	19. 4.1936	2h	bis, to, au	4.10.1936	2h	GT+1h
vom, from, du	4. 4.1937	2h	bis, to, au	3.10.1937	2h	GT+1h
vom, from, du	10. 4.1938	2h	bis, to, au	2.10.1938	2h	GT+1h
vom, from, du	16. 4.1939	2h	bis, to, au	19.10.1939	2h	GT+1h
vom, from, du	25. 2.1940	2h	bis, to, au	4. 5.1941	2h	GT+1h
vom, from, du	4. 5.1941	2h	bis, to, au	10. 8.1941	3h	GT+2h
vom, from, du	10. 8.1941	2h	bis, to, au	5. 4.1942	2h	GT+1h
vom, from, du	5. 4.1942	2h	bis, to, au	9. 8.1942	3h	GT+2h
vom, from, du	9. 8.1942	2h	bis, to, au	4. 4.1943	2h	GT+1h
vom, from, du	4. 4.1943	2h	bis, to, au	15. 8.1943	3h	GT+2h
vom, from, du	15. 8.1943	2h	bis, to, au	2. 4.1944	2h	GT+1h
vom, from, du	2. 4.1944	2h	bis, to, au	17. 9.1944	3h	GT+2h
vom, from, du	17. 9.1944	2h	bis, to, au	1. 4.1945	2h	GT+1h
vom, from, du	1. 4.1945	2h	bis, to, au	15. 7.1945	3h	GT+2h
vom, from, du	15. 7.1945	2h	bis, to, au	7.10.1945	2h	GT+1h
vom, from, du	14. 4.1946	2h	bis, to, au	6.10.1946*	2h	GT+1h
vom, from, du	16. 3.1947	2h	bis, to, au	13. 4.1947	2h	GT+1h
vom, from, du	13. 4.1947	2h	bis, to, au	10. 8.1947	3h	GT+2h
vom, from, du	10. 8.1947	2h	bis, to, au	2.11.1947	2h	GT+1h
vom, from, du	14. 3.1948	2h	bis, to, au	31.10.1948	2h	GT+1h
vom, from, du	3. 4.1949	2h	bis, to, au	30.10.1949	2h	GT+1h
vom, from, du	16. 4.1950	2h	bis, to, au	22.10.1950	2h	GT+1h
vom, from, du	15. 4.1951	2h	bis, to, au	21.10.1951	2h	GT+1h
vom, from, du	20. 4.1952	2h	bis, to, au	26.10.1952	2h	GT+1h
vom, from, du	19. 4.1953	2h	bis, to, au	4.10.1953	2h	GT+1h
vom, from, du	11. 4.1954	2h	bis, to, au	3.10.1954	2h	GT+1h
vom, from, du	17. 4.1955	2h	bis, to, au	2.10.1955	2h	GT+1h
vom, from, du	22. 4.1956	2h	bis, to, au	7.10.1956	2h	GT+1h
vom, from, du	14. 4.1957	2h	bis, to, au	6.10.1957	2h	GT+1h
vom, from, du	20. 4.1958	2h	bis, to, au	5.10.1958	2h	GT+1h
vom, from, du	19. 4.1959	2h	bis, to, au	4.10.1959	2h	GT+1h
vom, from, du	10. 4.1960	2h	bis, to, au	2.10.1960	2h	GT+1h
vom, from, du	26. 3.1961	2h	bis, to, au	29.10.1961	2h	GT+1h
vom, from, du	25. 3.1962	2h	bis, to, au	28.10.1962	2h	GT+1h
vom, from, du	31. 3.1963	2h	bis, to, au	27.10.1963	2h	GT+1h
vom, from, du	22. 3.1964	2h	bis, to, au	25.10.1964	2h	GT+1h
vom, from, du	21. 3.1965	2h	bis, to, au	24.10.1965	2h	GT+1h
vom, from, du	20. 3.1966	2h	bis, to, au	23.10.1966	2h	GT+1h
vom, from, du	19. 3.1967	2h	bis, to, au	29.10.1967	2h	GT+1h
vom, from, du	19. 3.1972	2h	bis, to, au	29.10.1972	2h	GT+1h
vom, from, du	18. 3.1973	2h	bis, to, au	28.10.1973	2h	GT+1h
vom, from, du	17. 3.1974	2h	bis, to, au	27.10.1974	2h	GT+1h
vom, from, du	16. 3.1975	2h	bis, to, au	26.10.1975	2h	GT+1h
vom, from, du	21. 3.1976	2h	bis, to, au	24.10.1976	2h	GT+1h
vom, from, du	20. 3.1977	2h	bis, to, au	23.10.1977	2h	GT+1h

vom, from, du 19. 3.1978	2h	bis, to, au 29.10.1978	2h	GT+1h
vom, from, du 18. 3.1979	2h	bis, to, au 28.10.1979	2h	GT+1h
vom, from, du 16. 3.1980	2h	bis, to, au 26.10.1980		GT+1h
vom, from, du 29. 3.1981	2h	bis, to, au 25.10.1981	1h	GT+1h
vom, from, du 28. 3.1982	0h	bis, to, au 24.10.1982	1h	GT+1h
vom, from, du 27. 3.1983	0h	bis, to, au 23.10.1983	1h	GT+1h
vom, from, du 25. 3.1984		bis, to, au 28.10.1984		GT+1h
vom, from, du 31. 3.1985		bis, to, au 27.10.1985		GT+1h
vom, from, du 30. 3.1986		bis, to, au 26.10.1986		GT+1h
vom, from, du 29. 3.1987		bis, to, au 24.10.1987		GT+1h
vom, from, du 27. 3.1988		bis, to, au 23.10.1988		GT+2h

* Keine Angaben über mögliche doppelte Sommerzeit (GT+2h) für 1946.
* Double Daylight Saving Time (GT+2h) not observed for 1946.
* Pas de références concernant des doubles heures d'été (GT+2h) pour 1946.

Irland, Republik (Eire)
Ireland, Republic of Eire
Irlande, République d'

Hauptstadt, Capital(e): Dublin 53 N 20 6 W 15

vom, from, du 14. 9.1752	Gregorianischer Kalender Gregorian Calendar Calendrier Grégorien	
vom, from, du 1. 1.1880		GT+0h 25m
vom, from, du 1.10.1916		GT
vom, from, du 18. 2.1968		GT+1
vom, from, du 1.11.1972		GT

Sommerzeiten, Daylight Saving Time, Heures d'été
Wie Großbritannien, jedoch wurde während des Zweiten Weltkriegs keine doppelte Sommerzeit eingeführt.
Same as Great Britain, but Ireland did not use the Double Daylight Saving Time during World War II.
Même qu'en Angleterre, mais la République Irlandaise n'avait pas de doubles heures d'été pendant la Seconde Guerre Mondiale.

Island Iceland Islande

Hauptstadt, Capital(e): Reykjavik 64 N 9 21 W 57

vom, from, du 1. 1.1837	GT-1h 27m 48s
vom, from, du 1. 1.1908	GT-1h
von, from, depuis 1980	GT

Sommerzeiten, Daylight Saving Time, Heures d'été

vom, from, du	20. 2.1917		bis, to, au 25.10.1917		GT
vom, from, du	20. 2.1918		bis, to, au 15.11.1918		GT
vom, from, du	19. 2.1919		bis, to, au 15.11.1919		GT
	1920–1940		keine Angaben, not observed, pas de références		
vom, from, du	1. 3.1941	2h	bis, to, au 2. 7.1941	2h	GT
vom, from, du	7. 3.1942	2h	bis, to, au 2. 7.1942	2h	GT
vom, from, du	7. 3.1943	2h	bis, to, au 24.10.1943	2h	GT
vom, from, du	5. 3.1944	2h	bis, to, au 22.10.1944	2h	GT
vom, from, du	4. 3.1945	2h	bis, to, au 28.10.1945	2h	GT
vom, from, du	3. 3.1946	2h	bis, to, au 27.10.1946	2h	GT
vom, from, du	6. 4.1947	2h	bis, to, au 26.10.1947	2h	GT
vom, from, du	4. 4.1948	2h	bis, to, au 24.10.1948	2h	GT
vom, from, du	3. 4.1949	2h	bis, to, au 23.10.1949	2h	GT
vom, from, du	2. 4.1950	2h	bis, to, au 23.10.1950	2h	GT
vom, from, du	1. 4.1951	2h	bis, to, au 28.10.1951	2h	GT
vom, from, du	6. 4.1952	2h	bis, to, au 26.10.1952	2h	GT
vom, from, du	5. 4.1953	2h	bis, to, au 25.10.1953	2h	GT
vom, from, du	4. 4.1954	2h	bis, to, au 24.10.1954	2h	GT
vom, from, du	3. 4.1955	2h	bis, to, au 23.10.1955	2h	GT
vom, from, du	1. 4.1956	2h	bis, to, au 28.10.1956	2h	GT
vom, from, du	7. 4.1957	2h	bis, to, au 27.10.1957	2h	GT
vom, from, du	6. 4.1958	2h	bis, to, au 26.10.1958	2h	GT
vom, from, du	5. 4.1959	2h	bis, to, au 25.10.1959	2h	GT
vom, from, du	3. 4.1960	2h	bis, to, au 30.10.1960	2h	GT
vom, from, du	2. 4.1961	2h	bis, to, au 29.10.1961	2h	GT
vom, from, du	1. 4.1962	2h	bis, to, au 28.10.1962	2h	GT
vom, from, du	7. 4.1963	2h	bis, to, au 27.10.1963	2h	GT
vom, from, du	5. 4.1964	2h	bis, to, au 25.10.1964	2h	GT
vom, from, du	4. 4.1965	2h	bis, to, au 31.10.1965	2h	GT
vom, from, du	3. 4.1966	2h	bis, to, au 23.10.1966	2h	GT
vom, from, du	2. 4.1967	2h	bis, to, au 22.10.1967	2h	GT
vom, from, du	7. 4.1968	2h	bis, to, au 27.10.1968	2h	GT
vom, from, du	6. 4.1969	2h	bis, to, au 26.10.1969	2h	GT
vom, from, du	5. 4.1970	2h	bis, to, au 25.10.1970	2h	GT
vom, from, du	4. 4.1971	2h	bis, to, au 31.10.1971	2h	GT
vom, from, du	2. 4.1972	2h	bis, to, au 29.10.1972	2h	GT
vom, from, du	1. 4.1973	2h	bis, to, au 28.10.1973	2h	GT
vom, from, du	7. 4.1974	2h	bis, to, au 27.10.1974	2h	GT
vom, from, du	6. 4.1975	2h	bis, to, au 26.10.1975	2h	GT
vom, from, du	4. 4.1976	2h	bis, to, au 31.10.1976	2h	GT
vom, from, du	3. 4.1977	2h	bis, to, au 30.10.1977	2h	GT

Hauptstadt, Capital(e): Rom, Rome 41 N 54 12 E 29

vom, from, du 15.10.1582	Gregorianischer Kalender Gregorian Calendar Calendrier Grégorien	
vom, from, du 15.11.1866	oder or, ou 15.12.1866 Ortszeit, Local Mean Time, Heure locale	
Italienische Halbinsel:		GT+0h 50m
Italian Peninsula:		GT+0h 50m
Péninsule italienne:		GT+0h 50m
Sardinien:		GT+0h 36m
Sardinia:		GT+0h 36m
Sardaigne:		GT+0h 36m
Sizilien:		GT+0h 53m
Sicily:		GT+0h 53m
Sicile:		GT+0h 53m
vom, from, du 1.11.1893 0h		GT+1h

Sommerzeiten, Daylight Saving Time, Heures d'été

vom, from, du 4. 6.1916	0h	bis, to, au 1.10.1916	0h	GT+2h
vom, from, du 1. 4.1917	0h	bis, to, au 1.10.1917	0h	GT+2h
vom, from, du 10. 3.1918	0h	bis, to, au 7.10.1918	0h	GT+2h
vom, from, du 2. 3.1919	0h	bis, to, au 5.10.1919	0h	GT+2h
vom, from, du 21. 3.1920	0h	bis, to, au 19. 9.1920	0h	GT+2h
1921–1939 keine Angaben, not observed, pas de références				
vom, from, du 2. 4.1940	0h	bis, to, au 2.11.1942	3h	GT+2h
vom, from, du 29. 3.1943	2h	bis, to, au 4.10.1943	3h	GT+2h
vom, from, du 3. 4.1944	2h	bis, to, au 2.10.1944	3h	GT+2h
vom, from, du 2. 4.1945	2h	bis, to, au 17. 9.1945	0h	GT+2h
vom, from, du 17. 3.1946	2h	bis, to, au 6.10.1946	2h	GT+2h
vom, from, du 16. 3.1947	0h	bis, to, au 5.10.1947	1h	GT+2h
vom, from, du 29. 2.1948	2h	bis, to, au 3.10.1948	3h	GT+2h
1949–1965 keine Angaben, not observed, pas de références				
vom, from, du 22. 5.1966	0h	bis, to, au 25. 9.1966	0h	GT+2h
vom, from, du 28. 5.1967	0h	bis, to, au 1.10.1967	0h	GT+2h
vom, from, du 26. 5.1968	0h	bis, to, au 29. 9.1968	0h	GT+2h
vom, from, du 27. 5.1969	0h	bis, to, au 28. 9.1969	0h	GT+2h
vom, from, du 31. 5.1970	0h	bis, to, au 27. 9.1970	0h	GT+2h
vom, from, du 30. 5.1971	0h	bis, to, au 26. 9.1971	0h	GT+2h
vom, from, du 28. 5.1972	0h	bis, to, au 1.10.1972	0h	GT+2h
vom, from, du 3. 6.1973	0h	bis, to, au 29. 9.1973	0h	GT+2h

vom, from, du 26. 5.1974	0h	bis, to, au 29. 9.1974 0h	GT+2h
vom, from, du 1. 6.1975	0h	bis, to, au 28. 9.1975 0h	GT+2h
vom, from, du 30. 5.1976	0h	bis, to, au 26. 9.1976 0h	GT+2h
vom, from, du 22. 5.1977	0h	bis, to, au 25. 9.1977 0h	GT+2h
vom, from, du 28. 5.1978	0h	bis, to, au 1.10.1978 0h	GT+2h
vom, from, du 27. 5.1979	0h	bis, to, au 30. 9.1979 0h	GT+2h
vom, from, du 6. 4.1980	2h	bis, to, au 28. 9.1980 3h	GT+2h
vom, from, du 29. 3.1981	2h	bis, to, au 27. 9.1981 3h	GT+2h
vom, from, du 28. 3.1982	2h	bis, to, au 26. 9.1982 3h	GT+2h
vom, from, du 27. 3.1983	2h	bis, to, au 25. 9.1983 3h	GT+2h
vom, from, du 25. 3.1984	2h	bis, to, au 30. 9.1984 3h	GT+2h
vom, from, du 31. 3.1985	2h	bis, to, au 29. 9.1985 3h	GT+2h
vom, from, du 30. 3.1986	2h	bis, to, au 28. 9.1986 3h	GT+2h
vom, from, du 29. 3.1987	2h	bis, to, au 27. 9.1987 3h	GT+2h
vom, from, du 27. 3.1988	2h	bis, to, au 25. 9.1988 3h	GT+2h

Jugoslawien — Yugoslavia — Yougoslavie

Hauptstadt, Capital(e): Belgrad 44 N 50 20 E 27

von, from, de 1919 Gregorianischer Kalender
Gregorian Calendar
Calendrier Grégorien

von, from, de 1891 GT+1h

Sommerzeiten, Daylight Saving Time, Heures d'été
von, from, de 1941 bis, to jusqu'en 1944 wie Deutschland, same as Germany, comme en Allemagne

Sommerzeiten, Daylight Saving Time, Heures d'été

vom, from, du 27. 3.1983	2h	bis, to, au 25. 9.1983 3h	GT+2h
vom, from, du 25. 3.1984	2h	bis, to, au 30. 9.1984 3h	GT+2h
vom, from, du 31. 3.1985	2h	bis, to, au 29. 9.1985 3h	GT+2h
vom, from, du 30. 3.1986	2h	bis, to, au 28. 9.1986 3h	GT+2h
vom, from, du 29. 3.1987	2h	bis, to, au 27. 9.1987 3h	GT+2h
vom, from, du 27. 3.1988	2h	bis, to, au 25. 9.1988 3h	GT+2h

Liechtenstein — Liechtenstein — Liechtenstein

Hauptstadt, Capital(e): Vaduz 47 N 8 9 E 31

vom, from, du 1. 6.1894 GT+1h

Sommerzeiten, Daylight Saving Time, Heures d'été

vom, from, du 29. 3.1981	2h	bis, to, au 27. 9.1981 3h	GT+2h
vom, from, du 28. 3.1982	2h	bis, to, au 26. 9.1982 3h	GT+2h
vom, from, du 27. 3.1983	2h	bis, to, au 25. 9.1983 3h	GT+2h
vom, from, du 25. 3.1984	2h	bis, to, au 30. 9.1984 3h	GT+2h

vom, from, du 31. 3.1985 2h	bis, to, au 29. 9.1985 3h		GT+2h
vom, from, du 30. 3.1986 2h	bis, to, au 28. 9.1986 3h		GT+2h
vom, from, du 29. 3.1987 2h	bis, to, au 27. 9.1987 3h		GT+2h
vom, from, du 27. 3.1988 2h	bis, to, au 25. 9.1988 3h		GT+2h

Luxemburg Luxembourg Luxembourg

Hauptstadt, Capital(e): Luxemburg, Luxembourg
49 N 38 6 E 10

vom, from, du 1. 4.1892	GT+1h
vom, from, du 1.12.1918	GT
vom, from, du 24. 2.1940 23h	GT+1h

Sommerzeiten, Daylight Saving Time, Heures d'été

vom, from, du 1. 3.1916 23h	bis, to, au 30. 9.1916 10h	GT+1h
vom, from, du 30. 4.1917 23h	bis, to, au 30. 9.1917 1h	GT+1h
vom, from, du 15. 4.1918 2h	bis, to, au 16. 9.1918 3h	GT+1h
vom, from, du 15. 4.1919 2h	bis, to, au 15. 9.1919 3h	GT+1h
vom, from, du 14. 2.1920 23h	bis, to, au 23.10.1920 2h	GT+1h
vom, from, du 14. 3.1921 23h	bis, to, au 26.10.1921 2h	GT+1h
vom, from, du 25. 3.1922 23h	bis, to, au 8.10.1922 1h	GT+1h
vom, from, du 21. 4.1923 23h	bis, to, au 7.10.1923 2h	GT+1h
vom, from, du 29. 3.1924 23h	bis, to, au 5.10.1924 1h	GT+1h
vom, from, du 17. 4.1925 23h	bis, to, au 4.10.1925 2h	GT+1h
vom, from, du 16. 4.1926 23h	bis, to, au 3.10.1926 1h	GT+1h
vom, from, du 9. 4.1927 23h	bis, to, au 2.10.1927 1h	GT+1h
vom, from, du 18. 4.1928 23h	bis, to, au 7.10.1928 1h	GT+1h
vom, from, du 21. 4.1929 23h	bis, to, au 6.10.1929 3h	GT+1h
vom, from, du 13. 4.1930 2h	bis, to, au 5.10.1930 3h	GT+1h
vom, from, du 19. 4.1931 2h	bis, to, au 4.10.1931 3h	GT+1h
vom, from, du 17. 4.1932 2h	bis, to, au 2.10.1932 3h	GT+1h
vom, from, du 26. 3.1933 2h	bis, to, au 8.10.1933 3h	GT+1h
vom, from, du 8. 4.1934 2h	bis, to, au 7.10.1934 3h	GT+1h
vom, from, du 31. 3.1935 2h	bis, to, au 6.10.1935 3h	GT+1h
vom, from, du 19. 4.1936 2h	bis, to, au 4.10.1936 3h	GT+1h
vom, from, du 4. 4.1937 2h	bis, to, au 3.10.1937 3h	GT+1h
vom, from, du 27. 3.1938 2h	bis, to, au 2.10.1938 3h	GT+1h
vom, from, du 16. 4.1939 2h	bis, to, au 19.11.1939 3h	GT+1h
vom, from, du 14. 5.1940 2h	bis, to, au 1.11.1942 3h	GT+2h
vom, from, du 29. 3.1943	bis, to, au 3.10.1943	GT+2h
vom, from, du 3. 4.1944	bis, to, au 17. 9.1944	GT+2h
vom, from, du 2. 4.1945	bis, to, au 15. 9.1945	GT+2h
vom, from, du 19. 5.1946	bis, to, au 6.10.1946	GT+2h

1947–1976 keine Angaben,
not observed, pas de références

vom, from, du	3. 4.1977		bis, to, au	24. 9.1977		GT+2h
vom, from, du	2. 4.1978		bis, to, au	1.10.1978		GT+2h
vom, from, du	1. 4.1979		bis, to, au	29. 9.1979		GT+2h
vom, from, du	6. 4.1980	2h	bis, to, au	28. 9.1980	3h	GT+2h
vom, from, du	29. 3.1981	2h	bis, to, au	27. 9.1981	3h	GT+2h
vom, from, du	28. 3.1982	2h	bis, to, au	26. 9.1982	3h	GT+2h
vom, from, du	27. 3.1983	2h	bis, to, au	25. 9.1983	3h	GT+2h
vom, from, du	25. 3.1984	2h	bis, to, au	30. 9.1984	3h	GT+2h
vom, from, du	31. 3.1985	2h	bis, to, au	29. 9.1985	3h	GT+2h
vom, from, du	30. 3.1986	2h	bis, to, au	28. 9.1986	3h	GT+2h
vom, from, du	29. 3.1987	2h	bis, to, au	27. 9.1987	3h	GT+2h
vom, from, du	27. 3.1988	2h	bis, to, au	25. 9.1988	3h	GT+2h

Malta Malta Malte

Hauptstadt Capital(e): Valletta 35 N 54 14 E 31

bis, to, jusqu'en	1893	GT+0h58m
vom, from, du	2.11.1893	GT+1h

Sommerzeiten, Daylight Saving Time, Heures d'été

vom, from, du	4. 6.1916	0h	bis, to, au	1.10.1916	0h	GT+2h
vom, from, du	1. 4.1917	0h	bis, to, au	1.10.1917	0h	GT+2h
vom, from, du	10. 3.1918	0h	bis, to, au	7.10.1918	0h	GT+2h
vom, from, du	2. 3.1919	0h	bis, to, au	5.10.1919	0h	GT+2h
vom, from, du	21. 3.1920	0h	bis, to, au	19. 9.1920	0h	GT+2h
	1921–1939		keine Angaben, not observed, pas de références			
vom, from, du	15. 6.1940		bis, to, au	30. 9.1945		GT+2h
	1946–1965		keine Angaben, not observed, pas de références			
vom, from, du	22. 5.1966	0h	bis, to, au	25. 9.1966	0h	GT+2h
vom, from, du	28. 5.1967	0h	bis, to, au	24. 9.1967	0h	GT+2h
vom, from, du	26. 5.1968	0h	bis, to, au	22. 9.1968	0h	GT+2h
vom, from, du	1. 6.1969	0h	bis, to, au	28. 9.1969	0h	GT+2h
vom, from, du	31. 5.1970	0h	bis, to, au	27. 9.1970	0h	GT+2h
vom, from, du	23. 5.1971	0h	bis, to, au	26. 9.1971	0h	GT+2h
vom, from, du	28. 5.1972	0h	bis, to, au	1.10.1972	0h	GT+2h
vom, from, du	3. 6.1973	0h	bis, to, au	30. 9.1973	0h	GT+2h
vom, from, du	31. 3.1974	2h	bis, to, au	29. 9.1974	2h	GT+2h
vom, from, du	20. 4.1975	2h	bis, to, au	21. 9.1975	2h	GT+2h
vom, from, du	18. 4.1976	2h	bis, to, au	19. 9.1976	2h	GT+2h
vom, from, du	17. 4.1977	2h	bis, to, au	17. 9.1977	2h	GT+2h
vom, from, du	16. 4.1978	2h	bis, to, au	16. 9.1978	2h	GT+2h
vom, from, du	15. 4.1979	2h	bis, to, au	15. 9.1979	2h	GT+2h
vom, from, du	31. 3.1980	2h	bis, to, au	21. 9.1980	2h	GT+2h

vom, from, du 31. 3.1981	2h	bis, to, au 27. 9.1981	2h	GT+2h
vom, from, du 28. 3.1982	2h	bis, to, au 26. 9.1982	2h	GT+2h
vom, from, du 27. 3.1983	2h	bis, to, au 25. 9.1983	3h	GT+2h
vom, from, du 25. 3.1984	2h	bis, to, au 30. 9.1984	3h	GT+2h
vom, from, du 31. 3.1985	2h	bis, to, au 29. 9.1985	3h	GT+2h
vom, from, du 30. 3.1986	2h	bis, to, au 28. 9.1986	3h	GT+2h
vom, from, du 29. 3.1987	2h	bis, to, au 27. 9.1987	3h	GT+2h
vom, from, du 27. 3.1988	2h	bis, to, au 25. 9.1988	3h	GT+2h

Monaco Monaco Monaco

Hauptstadt, Capital(e): Monaco 43 N 42 7 E 24

bis, to, jusqu'en	1940	GT
von, from, de	1940	GT+1h

Sommerzeiten wie Frankreich. Daylight Saving Time same as France. Heures d'été comme en France.

Niederlande Netherlands Pays-Bas

Hauptstadt, Capital(e): Amsterdam 52 N 23 4 E 53

vom, from, du 2.12.1582	Gregorianischer Kalender in großen Städten Gregorian Calendar in large cities Calendrier Grégorien seulement valable en grandes villes	
vom, from, du 12. 1.1701	Gregorianischer Kalender Gregorian Calendar Calendrier Grégorien	
bis, to, jusqu'en 1846	Ortszeit, Local Mean Time, Heure locale	
vom, from, du 1. 5.1882	einige große Städte	GT+0h 19m 32s
	die Eisenbahn benützte	GT
	some large cities	GT+0h 19m 32s
	railroads observed	GT
	grandes villes	GT+0h 19m 32s
	les chemins de fer appliquaient	GT
vom, from, du 1. 5.1909		GT+0h 19m 32s
vom, from, du 1. 7.1937		GT+0h 20m
vom, from, du 16. 5.1940 3h		GT+1h

Sommerzeiten, Daylight Saving Time, Heures d'été

vom 1. 5.1916	0h	bis 1.10.1916	0h	GT+1h 19m 32s
vom 16. 4.1917	2h	bis 17. 9.1917	3h	GT+1h 19m 32s
vom 1. 4.1918	2h	bis 30. 9.1918	3h	GT+1h 19m 32s

vom 7. 4.1919 2h	bis 29. 9.1919 3h	GT+1h 19m 32s
vom 5. 4.1920 2h	bis 27. 9.1920 3h	GT+1h 19m 32s
vom 4. 4.1921 2h	bis 26. 9.1921 3h	GT+1h 19m 32s
vom 26. 3.1922 2h	bis 8.10.1922 3h	GT+1h 19m 32s
vom 1. 6.1923 2h	bis 7.10.1923 3h	GT+1h 19m 32s
vom 30. 3.1924 2h	bis 5.10.1924 3h	GT+1h 19m 32s
vom 5. 6.1925 2h	bis 4.10.1925 3h	GT+1h 19m 32s
vom 15. 5.1926 2h	bis 3.10.1926 3h	GT+1h 19m 32s
vom 15. 5.1927 2h	bis 2.10.1927 3h	GT+1h 19m 32s
vom 15. 5.1928 2h	bis 7.10.1928 3h	GT+1h 19m 32s
vom 15. 5.1929 2h	bis 6.10.1929 3h	GT+1h 19m 32s
vom 15. 5.1930 2h	bis 5.10.1930 3h	GT+1h 19m 32s
vom 15. 5.1931 2h	bis 4.10.1931 3h	GT+1h 19m 32s
vom 22. 5.1932 2h	bis 2.10.1932 3h	GT+1h 19m 32s
vom 15. 5.1933 2h	bis 8.10.1933 3h	GT+1h 19m 32s
vom 15. 5.1934 2h	bis 7.10.1934 3h	GT+1h 19m 32s
vom 15. 5.1935 2h	bis 6.10.1935 3h	GT+1h 19m 32s
vom 15. 5.1936 2h	bis 4.10.1936 3h	GT+1h 19m 32s
vom 23. 5.1937 2h	bis 3.10.1937 3h	GT+1h 20m
vom 15. 5.1938 2h	bis 2.10.1938 3h	GT+1h 20m
vom 15. 5.1939 2h	bis 8.10.1939 3h	GT+1h 20m
vom 16. 5.1940 2h	bis 2.11.1942 3h	GT+2h
vom 29. 3.1943 2h	bis 4.10.1943 3h	GT+2h
vom 3. 4.1944 2h	bis 2.10.1944 3h	GT+2h
vom 2. 4.1945 2h	bis 16. 9.1945 3h	GT+2h
vom, from, du 3. 4.1977	bis, to, au 24. 9.1977	GT+2h
vom, from, du 3. 4.1977	bis, to, au 24. 9.1977	GT+2h
vom, from, du 2. 4.1978	bis, to, au 1.10.1978	GT+2h
vom, from, du 1. 4.1979	bis, to, au 29. 9.1979	GT+2h
vom, from, du 6. 4.1980 2h	bis, to, au 28. 9.1980 3h	GT+2h
vom, from, du 29. 3.1981 2h	bis, to, au 27. 9.1981 3h	GT+2h
vom, from, du 28. 3.1982 2h	bis, to, au 26. 9.1982 3h	GT+2h
vom, from, du 27. 3.1983 2h	bis, to, au 25. 9.1983 3h	GT+2h
vom, from, du 25. 3.1984 2h	bis, to, au 30. 9.1984 3h	GT+2h
vom, from, du 31. 3.1985 2h	bis, to, au 29. 9.1985 3h	GT+2h
vom, from, du 30. 3.1986 2h	bis, to, au 28. 9.1986 3h	GT+2h
vom, from, du 29. 3.1987 2h	bis, to, au 27. 9.1987 3h	GT+2h
vom, from, du 27. 3.1988 2h	bis, to, au 25. 9.1988 3h	GT+2h

Norwegen Norway Norvège

Hauptstadt, Capital(e): Oslo 59 N 55 10 E 44

von, from, de 1834	Ortszeit, Local Mean Time, Heure locale	
vom, from, du, 1. 1.1895		GT+1h

Sommerzeiten, Daylight Saving Time, Heures d'été

vom, from, du	22. 5.1916	2h	bis, to, au	30. 9.1916 3h	GT+2h
	1917–1939 keine Angaben, not observed, pas de références				
vom, from, du	11. 8.1940	2h	bis, to, au	2.11.1942 3h	GT+2h
vom, from, du	29. 3.1943	2h	bis, to, au	4.10.1943 3h	GT+2h
vom, from, du	3. 4.1944	2h	bis, to, au	17. 9.1944 3h	GT+2h
vom, from, du	2. 4.1945	2h	bis, to, au	1.10.1945 3h	GT+2h
	1946–1958 keine Angaben, not observed, pas de références				
vom, from, du	15. 3.1959	2h	bis, to, au	20. 9.1959 3h	GT+2h
vom, from, du	20. 3.1960	2h	bis, to, au	18. 9.1960 3h	GT+2h
vom, from, du	19. 3.1961	2h	bis, to, au	17. 9.1961 3h	GT+2h
vom, from, du	18. 3.1962	2h	bis, to, au	16. 9.1962 3h	GT+2h
vom, from, du	17. 3.1963	2h	bis, to, au	15. 9.1963 3h	GT+2h
vom, from, du	15. 3.1964	2h	bis, to, au	20. 9.1964 3h	GT+2h
vom, from, du	25. 4.1965	2h	bis, to, au	19. 9.1965 3h	GT+2h
vom, from, du	6. 4.1980	2h	bis, to, au	28. 9.1980 3h	GT+2h
vom, from, du	29. 3.1981	2h	bis, to, au	27. 9.1981 3h	GT+2h
vom, from, du	28. 3.1982	2h	bis, to, au	26. 9.1982 3h	GT+2h
vom, from, du	27. 3.1983	2h	bis, to, au	25. 9.1983 3h	GT+2h
vom, from, du	25. 3.1984	2h	bis, to, au	30. 9.1984 3h	GT+2h
vom, from, du	31. 3.1985	2h	bis, to, au	29. 9.1985 3h	GT+2h
vom, from, du	30. 4.1986	2h	bis, to, au	28. 9.1986 3h	GT+2h
vom, from, du	29. 3.1987	2h	bis, to, au	27. 9.1987 3h	GT+2h
vom, from, du	27. 3.1988	2h	bis, to, au	25. 9.1988 3h	GT+2h

Österreich — Austria — Autriche

Hauptstadt, Capital(e): Wien, Vienna, Vienne 48 N 12 16 E 23

vom, from, du 16.10.1583 Gregorianischer Kalender
Gregorian Calendar
Calendrier Grégorien

bis, to, jusqu'en 1891 Ortszeit, Local Mean Time,
Heure locale

vom, from, du 1.10.1891 benützte die Eisenbahn GT+1h. In den meisten Städten sowie in ländlichen Gebieten wurde weiterhin die jeweilige Ortszeit benützt.
the railroads adopted GT+1h. Most towns and rural areas continued using Local Mean Time.
a été appliquée par les chemins de fer GT+1h. La plupart des villes et des ré-

		gions de campagne appliquaient l'Heure locale.	
vom, from, du	1. 4.1893	benützten auch einige kleinere Orte	GT+1h
		also some small towns used	GT+1h
		aussi certaines petites villes appliquaient	GT+1h

Sommerzeiten, Daylight Saving Time, Heures d'été

vom, from, du	30. 4.1916	23h	bis, to, au	1.10.1916	1h	GT+2h
vom, from, du	16. 4.1917	2h	bis, to, au	17. 9.1917	2h	GT+2h
vom, from, du	15. 4.1918	2h	bis, to, au	16. 9.1918	2h	GT+2h
vom, from, du	28. 4.1919	2h	bis, to, au	29. 9.1919	3h	GT+2h
vom, from, du	5. 4.1920	2h	bis, to, au	13. 9.1920	3h	GT+2h
vom, from, du	1. 4.1940	2h	bis, to, au	2.11.1942	3h	GT+2h
vom, from, du	1. 4.1943	2h	bis, to, au	4.10.1943	3h	GT+2h
vom, from, du	1. 4.1944	2h	bis, to, au	2.10.1944	3h	GT+2h
vom, from, du	1. 4.1945	2h	bis, to, au	18.11.1945	3h	GT+2h
vom, from, du	14. 4.1946	2h	bis, to, au	7.10.1946	3h	GT+2h
vom, from, du	6. 4.1947	2h	bis, to, au	5.10.1947	3h	GT+2h
vom, from, du	18. 4.1948	2h	bis, to, au	3.10.1948	3h	GT+2h
vom, from, du	6. 4.1980	0h	bis, to, au	27. 9.1980	24h	GT+2h
vom, from, du	29. 3.1981	2h	bis, to, au	27. 9.1981	3h	GT+2h
vom, from, du	28. 3.1982	2h	bis, to, au	26. 9.1982	3h	GT+2h
vom, from, du	27. 3.1983	2h	bis, to, au	25. 9.1983	3h	GT+2h
vom, from, du	25. 3.1984	2h	bis, to, au	30. 9.1984	3h	GT+2h
vom, from, du	31. 3.1985	2h	bis, to, au	29. 9.1985	3h	GT+2h
vom, from, du	30. 3.1986	2h	bis, to, au	28. 9.1986	3h	GT+2h
vom, from, du	29. 3.1987	2h	bis, to, au	27. 9.1987	3h	GT+2h
vom, from, du	27. 3.1988	2h	bis, to, au	25. 9.1988	3h	GT+2h

Polen — Poland — Pologne

Hauptstadt, Capital(e): Warschau, Warsaw, Varsovie
52 N 13   21 E 2

vom, from, du 15.10.1582 Gregorianischer Kalender
Gregorian Calendar
Calendrier Grégorien

von, from, depuis 1820 — GT+1h 24m

von, from, depuis 1916 im früher österreichischen und dem deutschen Teil von Polen benützte man — GT+1h

im früher russischen Teil gab es zwei Gebiete

1. Kongreßpolen (früher Hzgt. Warschau) — GT+1h 24m

2. alle anderen früher russischen Gebiete GT+2h 1m

Former Austrian and German Poland used GT+1h

Former Russian Poland used two systems:

1. Territories formerly known as Congress Poland used GT+1h 24m
2. All other parts of former Russian Poland used GT+2h 1m

Les anciennes régions autrichiennes et allemandes appliquaient GT+1h

L'ancien Pologne russe se divise en deux régions:

1. Régions connues sous le nom de Pologne du Congrès GT+1h 24m
2. Toutes les autres régions GT+2h 1m

30.4.1916–16.9.1919 keine Angaben, not observed, pas de références

vom, from, du	16. 9.1919 0h		GT+2h
vom, from, du	1. 6.1922 0h		GT+1h
vom, from, du	17. 9.1939 4h	nur im russischen Polen	GT+2h
		Russian Poland only	GT+2h
		seulement en Pologne russe	GT+2h
vom, from, du	22. 6.1941		GT+1h
vom, from, du	2. 4.1945 2h		GT+2h

1965–1976 keine Angaben, not observed, pas de références

vom, from, du	1. 1.1977	GT+1h

Sommerzeiten, Daylight Saving Time, Heures d'été

1916–1921 keine Angaben, not observed, pas de références

vom, from, du	31. 5.1922 23h	bis, to, au	1. 6.1922 0h	GT+2h
vom, from, du	1. 4.1940 2h	bis, to, au	1.11.1942 3h	GT+2h
vom, from, du	29. 3.1943 2h	bis, to, au	4.10.1943 3h	GT+2h
vom, from, du	3. 4.1944 2h	bis, to, au	3.10.1944 3h	GT+2h
vom, from, du	2. 4.1945 2h	bis, to, au	18.11.1945 2h	GT+3h

1946–1959 keine Angaben, not observed, pas de références

vom, from, du	29. 5.1960	bis, to, au	2.10.1960	GT+3h
vom, from, du	28. 5.1961	bis, to, au	1.10.1961	GT+3h
vom, from, du	27. 5.1962	bis, to, au	30. 9.1962	GT+3h
vom, from, du	26. 5.1963	bis, to, au	29. 9.1963	GT+3h
vom, from, du	31. 5.1964	bis, to, au	27. 9.1964	GT+3h

1965–1976 keine Angaben
not observed, pas de références

vom, from, du 3. 4.1977		bis, to, au 25. 9.1977		GT+2h
vom, from, du 1. 4.1978		bis, to, au 29. 9.1978		GT+2h
vom, from, du 1. 4.1979		bis, to, au 6.10.1979		GT+2h
vom, from, du 6. 4.1980		bis, to, au 27. 9.1980		GT+2h
vom, from, du 29. 3.1981	2h	bis, to, au 27. 9.1981	3h	GT+2h
vom, from, du 28. 3.1982	2h	bis, to, au 26. 9.1982	3h	GT+2h
vom, from, du 27. 3.1983	2h	bis, to, au 25. 9.1983	3h	GT+2h
vom, from, du 25. 3.1984	2h	bis, to, au 30. 9.1984	3h	GT+2h
vom, from, du 31. 3.1985	2h	bis, to, au 29. 9.1985	3h	GT+2h
vom, from, du 30. 3.1986	2h	bis, to, au 29. 9.1986	3h	GT+2h
vom, from, du 29. 3.1987	2h	bis, to, au 27. 9.1987	3h	GT+2h
vom, from, du 27. 3.1988	2h	bis, to, au 25. 9.1988	3h	GT+2h

Portugal Portugal Portugal

Hauptstadt, Capital(e): Lissabon, Lisbon, Lisbonne
38 N 43 9 W 10

vom, from, du 15.10.1582 Gregorianischer Kalender
Gregorian Calendar
Calendrier Grégorian

von, from, du	1903	GT–0h 36m 40s
vom, from, du	1. 1.1912	GT

Sommerzeiten, Daylight Saving Time, Heures d'été

vom, from, du 17. 6.1916	23h	bis, to, au 1.11.1916	0h	GT+1h
vom, from, du 28. 2.1917	23h	bis, to, au 15.10.1917	0h	GT+1h
vom, from, du 1. 3.1918	23h	bis, to, au 15.10.1918	0h	GT+1h
vom, from, du 28. 2.1919	23h	bis, to, au 15.10.1919	0h	GT+1h
vom, from, du 29. 2.1920	23h	bis, to, au 15.10.1920	0h	GT+1h
vom, from, du 28. 2.1921	23h	bis, to, au 15.10.1921	0h	GT+1h

1922–1923 keine Angaben,
not observed, pas de références

vom, from, du 16. 4. 1924	23h	bis, to, au 15.10.1924	0h	GT+1h

1925 keine Angaben,
not observed, pas de références

vom, from, du 17. 4.1926	23h	bis, to, au 3.10.1926	0h	GT+1h
vom, from, du 9. 4.1927	23h	bis, to, au 2.10.1927	0h	GT+1h
vom, from, du 14. 4.1928	23h	bis, to, au 7.10.1928	0h	GT+1h
vom, from, du 20. 4.1929	23h	bis, to, au 6.10.1929		GT+1h

1930 keine Angaben,
not observed, pas de références

vom, from, du 18. 4.1931	23h	bis, to, au 4.10.1931	0h	GT+1h
vom, from, du 2. 4.1932	23h	bis, to, au 2.10.1932	0h	GT+1h

1933 keine Angaben,
not observed, pas de références

vom, from, du	7. 4.1934 23h	bis, to, au	7.10.1934 0h	GT+1h
vom, from, du	30. 3.1935 23h	bis, to, au	6.10.1935 0h	GT+1h
vom, from, du	18. 4.1936 23h	bis, to, au	4.10.1936 0h	GT+1h
vom, from, du	3. 4.1937 23h	bis, to, au	3.10.1937 0h	GT+1h
vom, from, du	26. 3.1938 23h	bis, to, au	2.10.1938 0h	GT+1h
vom, from, du	15. 4.1939 23h	bis, to, au	27.11.1939 0h	GT+1h
vom, from, du	24. 2.1940 23h	bis, to, au	26.10.1940 0h	GT+1h
vom, from, du	5. 4.1941 23h	bis, to, au	25.10.1941 0h	GT+1h
vom, from, du	14. 3.1942 23h	bis, to, au	30. 4.1942 23h	GT+1h
vom, from, du	25. 4.1942 23h	bis, to, au	29. 8.1942 0h	GT+2h
vom, from, du	16. 8.1942 0h	bis, to, au	28.10.1942 0h	GT+1h
vom, from, du	13. 3.1943 23h	bis, to, au	27. 4.1943 23h	GT+1h
vom, from, du	17. 4.1943 23h	bis, to, au	25. 8.1943 0h	GT+2h
vom, from, du	28. 8.1943 0h	bis, to, au	27.10.1943 0h	GT+1h
vom, from, du	11. 3.1944 23h	bis, to, au	26. 4.1944 23h	GT+1h
vom, from, du	22. 4.1944 23h	bis, to, au	25. 8.1944 0h	GT+2h
vom, from, du	27. 8.1944 0h	bis, to, au	30.10.1944 0h	GT+1h
vom, from, du	10. 3.1945 23h	bis, to, au	21. 4.1945 23h	GT+1h
vom, from, du	21. 4.1945 23h	bis, to, au	26. 8.1945 0h	GT+2h
vom, from, du	26. 8.1945 0h	bis, to, au	28.10.1945 0h	GT+1h
vom, from, du	6. 4.1946 23h	bis, to, au	6.10.1946 0h	GT+1h
vom, from, du	6. 4.1947 2h	bis, to, au	5.10.1947 2h	GT+1h
vom, from, du	4. 4.1948 2h	bis, to, au	3.10.1948 2h	GT+1h
vom, from, du	3. 4.1949 2h	bis, to, au	2.10.1949 2h	GT+1h
vom, from, du	1. 4.1950 2h	bis, to, au	1.10.1950 2h	GT+1h
vom, from, du	2. 4.1951 2h	bis, to, au	7.10.1951 2h	GT+1h
vom, from, du	6. 4.1952 2h	bis, to, au	5.10.1952 2h	GT+1h
vom, from, du	5. 4.1953 2h	bis, to, au	4.10.1953 2h	GT+1h
vom, from, du	4. 4.1954 2h	bis, to, au	3.10.1954 2h	GT+1h
vom, from, du	3. 4.1955 2h	bis, to, au	2.10.1955 2h	GT+1h
vom, from, du	1. 4.1956 2h	bis, to, au	7.10.1956 2h	GT+1h
vom, from, du	7. 4.1957 2h	bis, to, au	6.10.1957 2h	GT+1h
vom, from, du	6. 4.1958 2h	bis, to, au	5.10.1958 2h	GT+1h
vom, from, du	5. 4.1959 2h	bis, to, au	4.10.1959 2h	GT+1h
vom, from, du	3. 4.1960	bis, to, au	2.10.1960	GT+1h
vom, from, du	2. 4.1961	bis, to, au	1.10.1961	GT+1h
vom, from, du	1. 4.1962	bis, to, au	7.10.1962	GT+1h
vom, from, du	7. 4.1963	bis, to, au	6.10.1963	GT+1h
vom, from, du	5. 4.1964	bis, to, au	4.10.1964	GT+1h
vom, from, du	4. 4.1965	bis, to, au	3.10.1965	GT+1h
vom, from, du	3. 4.1966	bis, to, au	2.10.1966	GT+1h
vom, from, du	2. 4.1967	bis, to, au	1.10.1967	GT+1h
vom, from, du	7. 4.1968	bis, to, au	6.10.1968	GT+1h

vom, from, du 6. 4.1969	bis, to, au 5.10.1969	GT + 1h
vom, from, du 5. 4.1970	bis, to, au 4.10.1970	GT + 1h
vom, from, du 4. 4.1971	bis, to, au 3.10.1971	GT + 1h
vom, from, du 2. 4.1972	bis, to, au 1.10.1972	GT + 1h
vom, from, du 1. 4.1973	bis, to, au 7.10.1973	GT + 1h
vom, from, du 7. 4.1974	bis, to, au 6.10.1974	GT + 1h
vom, from, du 6. 4.1975	bis, to, au 5.10.1975	GT + 1h
vom, from, du 4. 4.1976	bis, to, au 3.10.1976	GT + 1h
vom, from, du 27. 3.1977	bis, to, au 25. 9.1977	GT + 1h
vom, from, du 26. 3.1978	bis, to, au 24. 9.1978	GT + 1h
vom, from, du 25. 3.1979	bis, to, au 24. 9.1979	GT + 1h
vom, from, du 6. 4.1980	bis, to, au 28. 9.1980	GT + 1h
vom, from, du 29. 3.1981	bis, to, au 27. 9.1981	GT + 1h
vom, from, du 28. 3.1982	bis, to, au 26. 9.1982	GT + 1h
vom, from, du 27. 3.1983	bis, to, au 25. 9.1983	GT + 1h
vom, from, du 25. 3.1984	bis, to, au 30. 9.1984	GT + 1h
vom, from, du 31. 3.1985	bis, to, au 29. 9.1985	GT + 1h
vom, from, du 30. 3.1986	bis, to, au 28. 9.1986	GT + 1h
vom, from, du 29. 3.1987	bis, to, au 27. 9.1987	GT + 1h
vom, from, du 27. 3.1988	bis, to, au 25. 9.1988	GT + 1h

Rumänien Romanie Roumanie

Hauptstadt, Capital(e): Bukarest, Bucharest, Bucarest
44 N 26 26 E 6

vom, from, du 18. 3.1919 Gregorianischer Kalender
Gregorian Calendar
Calendrier Grégorien

vom, from, du 1.10.1891	GT + 1h 44m 24s
vom, from, du 24. 7.1931	GT + 2h
von, from, de Sommer, summer, l'été 1941	GT + 1h
vom, from, du ?. 4.1945	GT + 2h

Sommerzeiten, Daylight Saving Time, Heures d'été

vom, from, du 22. 5.1932 0h	bis, to, au 2.10.1932 1h	GT + 3h
vom, from, du 2. 4.1933 0h	bis, to, au 1.10.1933 1h	GT + 3h
vom, from, du 8. 4.1934 0h	bis, to, au 7.10.1934 1h	GT + 3h
vom, from, du 7. 4.1935 0h	bis, to, au 6.10.1935 1h	GT + 3h
vom, from, du 5. 4.1936 0h	bis, to, au 4.10.1936 1h	GT + 3h
vom, from, du 4. 4.1937 0h	bis, to, au 3.10.1937 1h	GT + 3h
vom, from, du 3. 4.1938 0h	bis, to, au 2.10.1938 1h	GT + 3h
vom, from, du 2. 4.1939 0h	bis, to, au 7.10.1939 1h	GT + 3h
vom, from, du 29. 3.1943 0h	bis, to, au 4.10.1943 1h	GT + 2h
vom, from, du 3. 4.1944 0h	bis, to, au 8.10.1944 1h	GT + 2h
vom, from, du 7. 4.1980 0h	bis, to, au 29. 9.1980 0h	GT + 3h

vom, from, du	5. 4.1981	0h	bis, to, au 27. 9.1981		0h	GT+3h
vom, from, du	4. 4.1982	0h	bis, to, au 26. 9.1982		0h	GT+3h
vom, from, du	3. 4.1983	0h	bis, to, au 25. 9.1983		0h	GT+3h
vom, from, du	25. 3.1984		bis, to, au 30. 9.1984			GT+3h
vom, from, du	31. 3.1985		bis, to, au 29. 9.1985			GT+3h
vom, from, du	30. 3.1986		bis, to, au 28. 9.1986			GT+3h
vom, from, du	29. 3.1987		bis, to, au 27. 9.1987			GT+3h
vom, from, du	27. 3.1988		bis, to, au 25. 9.1988			GT+3h

San Marino — San Marino — Saint Marin

Hauptstadt, Capital(e): San Marino 43 N 46 12 E 27

Sommerzeiten, Daylight Saving Time, Heures d'été:
Wie Italien, same as Italy, comme Italie

Schweden — Sweden — Suède

Hauptstadt, Capital(e): Stockholm 59 N 20 18 E 3

vom, from, du 1. 3.1753 Gregorianischer Kalender
Gregorian Calendar
Calendrier Grégorien

vom, from, du 31. 5.1878 GT+1h 12m
vom, from, du 1. 1.1900 1h GT+1h

Sommerzeiten, Daylight Saving Time, Heures d'été

vom, from, du	15. 5.1916	1h	bis, to, au 30. 9.1916	1h	GT+2h
vom, from, du	5. 5.1941	2h	bis, to, au 6.10.1941	0h	GT+2h
vom, from, du	4. 5.1942	2h	bis, to, au 5.10.1942	0h	GT+2h
vom, from. du	6. 4.1980	2h	bis, to, au 28. 9.1980	2h	GT+2h
vom, from, du	29. 3.1981	2h	bis, to, au 27. 9.1981	3h	GT+2h
vom, from, du	28. 3.1982	2h	bis, to, au 26. 9.1982	3h	GT+2h
vom, from, du	27. 3.1983	2h	bis, to, au 25. 9.1983	3h	GT+2h
vom, from, du	25. 3.1984	2h	bis, to, au 30. 9.1984	3h	GT+2h
vom, from, du	31. 3.1985	2h	bis, to, au 29. 9.1985	3h	GT+2h
vom, from, du	30. 3.1986	2h	bis, to, au 28. 9.1986	3h	GT+2h
vom, from. du	29. 3.1987	2h	bis, to, au 27. 9.1987	3h	GT+2h
vom, from, du	27. 3.1988	2h	bis, to, au 25. 9.1988	3h	GT+2h

Schweiz — Switzerland — Suisse

Hauptstadt, Capital(e): Bern, Berne 46 N 57 7 E 28

vom, from, du 22.1.1584 Gregorianischer Kalender in katholischen Gebieten, einschließlich Luzern, Schwyz, Solothurn und Zug.
Gregorian Calendar adopted by Catholic

	districts, including Lucern, Schwyz, Solothurn and Zug.
	Calendrier Grégorien adopté par les régions catholiques, inclus Lucerne, Schwytz, Soleure, Zoug.
vom, from, du 12.1.1701	Gregorianischer Kalender in Basel, Bern, Genf, Neuchâtel, Aargau, Schaffhausen, Thurgau, Zürich.
	Gregorian Calendar adopted by Basel, Berne, Geneva, Neuchâtel, Aargau, Schaffhausen, Thurgau, Zurich.
	Calendrer Grégorien à Bâle, Berne, Genève, Neuchâtel, Argovie, Schaffhouse, Turgovie, Zurich.
vom, from, du 1.1.1724	Gregorianischer Kalender in protestantischen Gebieten, einschließlich Appenzell, Glarus, St. Gallen.
	Gregorian Calendar adopted by Protestant districts, including Appenzell, Glarus, St. Gallen.
	Calendrier Grégorien adopté par les régions protestantes, inclus Appenzell, Glaris, St-Gall.

bis, to jusqu'en	1894	GT+0h 30m
vom, from, du	1. 6.1894	GT+1h

Sommerzeiten, Daylight Saving Time, Heures d'été

vom, from, du	5. 5.1941	2h	bis, to, au	6.10.1941 0h	GT+2h
vom, from, du	4. 5.1942	2h	bis, to, au	5.10.1942 0h	GT+2h
vom, from, du	29. 3.1981	2h	bis, to, au	27. 9.1981 3h	GT+2h
vom, from, du	28. 3.1982	2h	bis, to, au	26. 9.1982 3h	GT+2h
vom, from, du	27. 3.1983	2h	bis, to, au	25. 9.1983 3h	GT+2h
vom, from, du	25. 3.1984	2h	bis, to, au	30. 9.1984 3h	GT+2h
vom, from, du	31. 3.1985	2h	bis, to, au	29. 9.1985 3h	GT+2h
vom, from, du	30. 3.1986	2h	bis, to, au	28. 9.1986 3h	GT+2h
vom, from, du	29. 3.1987	2h	bis, to, au	27. 9.1987 3h	GT+2h
vom, from, du	27. 3.1988	2h	bis, to, au	25. 9.1988 3h	GT+2h

Sowjetunion Soviet Union Union Soviétique

Hauptstadt, Capital(e): Moskau, Moscow, Moscou
55 N 45 37 E 34

19. Jahrhundert: Julianischer Kalender. 12 Tage hinzuzählen, so erhält man das Datum im Gregorianischen Kalender.

20. Jahrhundert: bis zum 14.2.1918 Julianischer Kalender. 13 Tage hinzuzählen, so erhält man Daten im Gregorianischen Kalender.

19th century: Julian Calendar was used, dates differ from Gregorian Calendar by 12 days. Add 12 days to get the Gregorian date.
20th century: Julian Calendar was used until February 14, 1918. Add 13 days to get the Gregorian date.

19ième siècle: Calendrier Julien. Compter 10 jours de plus pour obtenir la date du Calendrier Grégorien.
20ième siècle: jusqu'au 14.2.1918 Calendrier Julien. Compter 13 jours de plus pour obtenir la date du Calendrier Grégorien.

Zeitzonen im europäischen Teil des früheren Russischen Reiches:
Imperial Russian Time Zones formerly in use (European part):
Zones de temps dans la part européenne de l'Empire russe:

Riga	GT+1h 36m 20s
Pulkowo (Leningrad)	GT+1h 59m 36s
Nikolajew	GT+2h 8m 00s
vom, from, du 16.6.1930	bis to, au 1.1.1931
Riga	GT+2h 36m 20s
Pulkowo (Leningrad)	GT+2h 59m 36s
Nikolajew	GT+3h 8m 00s

vom, from, à partir du 1.1.1931 wurde eine Einteilung der Sowjetunion in 11 Zeitzonen vorgenommen, davon liegen zwei in Europa:
Soviet Union rezoned into 11 time zones, two of them in Europe:
L'Union Soviétique a été divisée en 11 zones de temps, deux zones de temps en Europe:

1. Zone	20 E 30 bis, to, à 37 E 30	GT+2h
Weißrussische S.S.R.	Bylorussian S.S.R.	
Zentrales Schwarzerdengebiet	Central Black Soil Area	
Krim	Crimea	
Iwanowo Industriegebiet (West)	Ivanovo Industrial Area (West)	
Karelien	Karelian A.S.S.R	
Kola-Halbinsel	Kola Peninsula	
Gebiet von Leningrad	Leningrad Area	
Moldau S.S.R.	Moldavian S.S.R	
Moskauer Industriegebiet	Moscow Industrial Area	
Ukraine	Ukrainian S.S.R	

2. Zone	37 E 30 bis, to, à 52 E 30	GT+3h
Abchasische A.S.S.R.	Abkhaz A.S.S.R.	
Adscharische A.S.S.R.	Adzhar A.S.S.R.	
Armenien	Armenian S.S.R.	
Aserbeidschan	Azerbaijan S.S.R.	

Baschkirien	Bashkir S.S.R.
Zentrales Schwarzerdengebiet	Central Black Soil Area
Tschuwaschische A.S.S.R.	Chuvash A.S.S.R.
Dagestan	Dagestan A.S.S.R.
Georgien	Georgian S.S.R.
Iwanowo Industriegebiet	Ivanovo Industrial Area
Kalmückische A.S.S.R.	Kalmuck A.S.S.R.
Kasachische S.S.R.	Kazak S.S.R. (West)
Unteres Wolgagebiet	Lower Volga Area
Mittleres Wolgagebiet	Middle Volga Area
Nachitschewanische A.S.S.R.	Nakhichevan A.S.S.R.
Nischnij-Nowgorod (Gorki)	Nizhni-Novogorod Area
Nord-Kaukasisches Gebiet	N. Caucasian Area
Tatarische A.S.S.R.	Tatar A.S.S.R.
Uralgebiet (West)	Ural Area (West)

vom, from, du 1963		1.ZONE	GT+3h
		2.ZONE	GT+4h

Sommerzeiten, Daylight Saving Time, Heures d'été

vom, from, du 14.4.1917	bis, to, au 31. 5.1918	1.ZONE	GT+3h
		2.ZONE	GT+4h
vom, from, du 1.6.1918	bis, to, au 31.12.1918	1.ZONE	GT+4h
		2.ZONE	GT+5h
vom, from, du 16.6.1930	bis, to, au 31.12.1930	1.ZONE	GT+3h
		2.ZONE	GT+4h
vom, from, du ?.?.1941	bis, to, au ?. ?.1945	1.ZONE	GT+3h
		2.ZONE	GT+4h
vom, from, du 1.4.1981	bis, to, au 30. 9.1981	1.ZONE	GT+4h
		2.ZONE	GT+5h
vom, from, du 1.4.1982	bis, to, au 30. 9.1982	1.ZONE	GT+4h
		2.ZONE	GT+5h
vom, from, du 1.4.1983	bis, to, au 30. 9.1983	1.ZONE	GT+4h
		2.ZONE	GT+5h
vom, from, du 25.3.1984	bis, to, au 30. 9.1984	1.ZONE	GT+4h
		2.ZONE	GT+5h
vom, from, du 31.3.1985	bis, to, au 29. 9.1985	1.ZONE	GT+4h
		2.ZONE	GT+5h
vom, from, du 30.3.1986	bis, to, au 28. 9.1986	1.ZONE	GT+4h
		2.ZONE	GT+5h
vom, from, du 29.3.1987	bis, to, au 27. 9.1987	1.ZONE	GT+4h
		2.ZONE	GT+5h
vom, from, du 27.3.1988	bis, to, au 25. 9.1988	1.ZONE	GT+4h
		2.ZONE	GT+5h

Spanien | Spain | Espagne

Hauptstadt, Capital(e): Madrid 40 N 25 3 W 41

vom, from, du 15.10.1582	Gregorianischer Kalender Gregorian Calendar Calendrier Grégorien	
bis, to, jusqu'en 1901		GT + 0h 14m 44s
vom, from, du 1. 1.1901		GT
vom, from, du 30. 9.1946		GT + 1h

Sommerzeiten, Daylight Saving Time, Heures d'été

vom, from, du	5. 5.1917	23h	bis, to, au	7.10.1917	0h	GT + 1h
vom, from, du	6. 4.1918	23h	bis, to, au	6.10.1918	0h	GT + 1h
vom, from, du	5. 4.1919	23h	bis, to, au	5.10.1919	0h	GT + 1h
vom, from, du	16. 4.1920	23h	bis, to, au	5.10.1920	0h	GT + 1h
vom, from, du	16. 4.1921	23h	bis, to, au	5.10.1921	0h	GT + 1h
vom, from, du	16. 4.1922	23h	bis, to, au	5.10.1922	0h	GT + 1h
vom, from, du	16. 4.1923	23h	bis, to, au	5.10.1923	0h	GT + 1h
vom, from, du	15. 4.1924	23h	bis, to, au	5.10.1924	0h	GT + 1h
vom, from, du	17. 4.1926	23h	bis, to, au	3.10.1926	0h	GT + 1h
vom, from, du	9. 4.1927	23h	bis, to, au	2.10.1927	0h	GT + 1h
vom, from, du	14. 4.1928	23h	bis, to, au	7.10.1928	0h	GT + 1h
vom, from, du	20. 4.1929	23h	bis, to, au	6.10.1929	0h	GT + 1h

Während des Spanischen Bürgerkrieges war Spanien gespalten in:
Country split during Spanish Civil War in:
Pendant la guerre civile en Espagne la nation a été divisée en:

Zona Republicana

vom, from, du	16. 6.1937	23h	bis, to, au	7.10.1937	0h	GT + 1h
vom, from, du	2. 4.1938	23h	bis, to, au	30. 4.1938	23h	GT + 1h
vom, from, du	30. 4.1938	23h	bis, to, au	3.10.1938	0h	GT + 2h
vom, from, du	2.10.1938	23h	bis, to, au	31.12.1938	24h	GT + 1h
vom, from, du	1. 1.1939	0h	bis, to, au	1. 4.1939	24h	GT + 1h

Zona de los Insurrectos

vom, from, du	23. 5.1937	23h	bis, to, au	3.10.1937	0h	GT + 1h
vom, from, du	26. 3.1938	23h	bis, to, au	2.10.1938	0h	GT + 1h
vom, from, du	31. 3.1939	23h	bis, to, au	15. 4.1939	23h	GT + 1h

Ganz Spanien, All of Spain, Toute L'Espagne

vom, from, du	15. 4.1939	23h	bis, to, au	2. 5.1942	23h	GT + 1h
vom, from, du	2. 5.1942	23h	bis, to, au	2. 9.1942	0h	GT + 2h
vom, from, du	1. 9.1942	23h	bis, to, au	17. 4.1943	23h	GT + 1h
vom, from, du	17. 4.1943	23h	bis, to, au	4.10.1943	0h	GT + 2h
vom, from, du	3.10.1943	23h	bis, to, au	15. 4.1944	23h	GT + 1h
vom, from, du	15. 4.1944	23h	bis, to, au	11.10.1944	0h	GT + 2h

vom, from, du 10.10.1944 23h bis, to, au 14. 4.1945 23h GT+1h
vom, from, du 14. 4.1945 23h bis, to, au 1.10.1945 0h GT+2h
vom, from, du 30. 9.1945 23h bis, to, au 13. 4.1946 23h GT+1h
vom, from, du 13. 4.1946 23h bis, to, au 30. 9.1946 0h GT+2h
1947–1948 keine Angaben,
not observed, pas de références
vom, from, du 30. 4.1949 23h bis, to, au 3.10.1949 0h GT+2h
1950–1973 keine Angaben
not observed, pas de références
vom, from, du 13. 4.1974 23h bis, to, au 29. 9.1974 0h GT+2h
vom, from, du 1. 5.1975 23h bis, to, au 5.10.1975 1h GT+2h
vom, from, du 11. 4.1976 23h bis, to, au 26. 9.1976 1h GT+2h
vom, from, du 3. 4.1977 23h bis, to, au 25. 9.1977 0h GT+2h
vom, from, du 2. 4.1978 bis, to, au 1.10.1978 GT+2h
vom, from, du 1. 4.1979 bis, to, au 29. 9.1979 GT+2h
vom, from, du 6. 4.1980 bis, to, au 28. 9.1980 GT+2h
vom, from, du 29. 3.1981 2h bis, to, au 27. 9.1981 3h GT+2h
vom, from, du 28. 3.1982 2h bis, to, au 26. 9.1982 3h GT+2h
vom, from, du 27. 3.1983 2h bis, to, au 25. 9.1983 3h GT+2h
vom, from, du 25. 3.1984 2h bis, to, au 30. 9.1984 3h GT+2h
vom, from, du 31. 3.1985 2h bis, to, au 29. 9.1985 3h GT+2h
vom, from, du 30. 3.1986 2h bis, to, au 28. 9.1986 3h GT+2h
vom, from, du 29. 3.1987 2h bis, to, au 27. 9.1987 3h GT+2h
vom, from, du 27. 9.1988 2h bis, to, au 25. 9.1988 3h GT+2h

Tschechoslowakei, Czechoslovakia, Tchécoslovaqiue

Hauptstadt, Capital(e): Prag, Praha, Prague 50 N 5 14 E 25

bis, to jusqu'en 1891 GT+0h 57m 46s
vom, from, du 1.10.1891 GT+1h

Sommerzeiten, Daylight Saving Time, Heures d'été
vom, from, du 30. 4.1916 23h bis, to, au 1.10.1916 1h GT+2h
vom, from, du 16. 4.1917 2h bis, to, au 17. 9.1917 3h GT+2h
vom, from, du 15. 4.1918 2h bis, to, au 16. 9.1918 3h GT+2h
1919–1939 keine Angaben
not observed, pas de références
vom, from, du 1. 4.1940 2h bis, to, au 2.11.1942 3h GT+2h
vom, from, du 29. 3.1943 2h bis, to, au 4.10.1943 3h GT+2h
vom, from, du 3. 4.1944 2h bis, to, au 2.10.1944 3h GT+2h
vom, from, du 2. 4.1945 2h bis, to, au 18.11.1946 3h GT+2h
vom, from, du 30. 3.1979 bis, to, au 29. 9.1979 GT+2h
vom, from, du 6. 4.1980 bis, to, au 27. 9.1980 GT+2h
vom, from, du 29. 3.1981 2h bis, to, au 27. 9.1981 3h GT+2h

vom, from, du	28. 3.1982	2h	bis, to, au	26. 9.1982	3h	GT+2h
vom, from, du	27. 3.1983	2h	bis, to, au	25. 9.1983	3h	GT+2h
vom, from, du	25. 3.1984	2h	bis, to, au	30. 9.1984	3h	GT+2h
vom, from, du	31. 3.1985	2h	bis, to, au	29. 9.1985	3h	GT+2h
vom, from, du	30. 3.1986	2h	bis, to, au	28. 9.1986	3h	GT+2h
vom, from, du	29. 3.1987	2h	bis, to, au	27. 9.1987	3h	GT+2h
vom, from, du	27. 3.1988	2h	bis, to, au	25. 9.1988	3h	GT+2h

Ungarn — Hungary — Hongrie

Hauptstadt, Capital(e): Budapest 47 N 30 19 E 4

vom, from, du 1.11.1587 Gregorianischer Kalender
Gregorian Calendar
Calendrier Grégorien

bis, to, jusqu'en 1890 Ortszeit, Local Mean Time,
Heure locale

vom, from, du 1.10.1890 GT+1h

Sommerzeiten, Daylight Saving Time, Heures d'été

vom, from, du	30. 4.1916	23h	bis, to, au	1.10.1916	1h	GT+2h
vom, from, du	16. 4.1917	3h	bis, to, au	17. 9.1917	3h	GT+2h
	1918–1940		keine Angaben, not observed, pas de références			
vom, from, du	8. 8.1941	2h	bis, to, au	2.11.1942	3h	GT+2h
vom, from, du	29. 3.1943	3h	bis, to, au	4.10.1943	3h	GT+2h
vom, from, du	3. 4.1944	2h	bis, to, au	2.10.1944	3h	GT+2h
vom, from, du	2. 5.1945	0h	bis, to, au	3.11.1945	0h	GT+2h
vom, from, du	31. 3.1946		bis, to, au	6.10.1946		GT+2h
vom, from, du	6. 4.1947		bis, to, au	5.10.1947		GT+2h
vom, from, du	4. 4.1948		bis, to, au	3.10.1948		GT+2h
vom, from, du	10. 4.1949		bis, to, au	2.10.1949		GT+2h
vom, from, du	23. 5.1954	0h	bis, to, au	3.10.1954	0h	GT+2h
vom, from, du	23. 5.1955	0h	bis, to, au	2.10.1955	0h	GT+2h
vom, from, du	3. 6.1956	0h	bis, to, au	29. 9.1956	0h	GT+2h
vom, from, du	2. 6.1957	0h	bis, to, au	28. 9.1957	0h	GT+2h
	1958–1979		keine Angaben not observed, pas de références			
vom, from, du	6. 4.1980		bis, to, au	28. 9.1980		GT+2h
vom, from, du	29. 3.1981	2h	bis, to, au	27. 9.1981	3h	GT+2h
vom, from, du	28. 3.1982	2h	bis, to, au	26. 9.1982	3h	GT+2h
vom, from, du	27. 3.1983	2h	bis, to, au	25. 9.1983	3h	GT+2h
vom, from, du	25. 3.1984	2h	bis, to, au	30. 9.1984	3h	GT+2h
vom, from, du	31. 3.1985	2h	bis, to, au	29. 9.1985	3h	GT+2h
vom, from, du	30. 3.1986	2h	bis, to, au	28. 9.1986	3h	GT+2h
vom, from, du	29. 3.1987	2h	bis, to, au	27. 9.1987	3h	GT+2h
vom, from, du	27. 3.1988	2h	bis, to, au	25. 9.1988	3h	GT+2h

Schuler Doris